Zu diesem Buch

Bürgerkriege, Staatsstreiche, Hungersnöte, Ausbeutung und Korruption, Naturkatastrophen, Markteinbrüche und Seuchen – der tägliche Schreckensfilm aus der Dritten Welt spult monoton ab. Die Bürger des industrialisierten Nordens sind zu Zuschauern im Lehnstuhl geworden – eines dramatischen Entwicklungsprozesses, in den sie auf vielfältige Weise verflochten sind. Aber dann ist vom Nord-Süd-Gefälle, steigender Verschuldung und steigenden Militärausgaben die Rede. Oft wird vergessen, wie die Menschen in der Dritten Welt – in Asien, Afrika und Südamerika – leben, wie sie wohnen, wie ihre Kinder sterben, wie ihre Ernten verdorren.

Paul Harrison, ein britischer Fachjournalist, hat das zweite Entwicklungsjahrzehnt, die siebziger Jahre, zu Forschungsreisen durch die Elendszonen der Dritten Welt in Asien, Afrika und Lateinamerika genutzt. Es ist ein fesselnd geschriebener Erfahrungsbericht entstanden. Dem Autor ist es gelungen, einen allgemeinen Überblick über die vielfältigen Entwicklungsprobleme zu geben, der nicht nur für den Laien, sondern auch für den Experten deshalb von Nutzen sein kann, weil Harrison ihm Einsichten und Erklärungen für die komplizierten Wechselbeziehungen vermittelt.

Der Autor warnt eindringlich davor, erneut die Dritte Welt in die Auseinandersetzungen des Ost-West-Konflikts einzubeziehen oder gar die Entwicklungsmittel zugunsten von Militärausgaben zu kürzen, was in den USA diskutiert wird.

«Die Alternativen, zwischen denen der Norden und zuvor die Führer des Südens zu wählen haben, sind klar und eindeutig: Entweder soziale Gerechtigkeit und radikale, weitreichende Reformen auf nationaler und internationaler Ebene, und zwar ohne Aufschub und ohne Täuschungsversuche. Oder eine Welt stagnierender Wirtschaften, obszöner Armut, zusammenbrechender Ökosysteme, eine Welt der Revolutionen und Konterrevolutionen, ständiger Kriege und Bürgerkriege, drohender Konflikte zwischen den Supermächten, eine Welt ständig in Angst und Schrecken. Mit anderen Worten eine Welt, die in etwa so aussieht wie die, in der wir heute leben.»

Paul Harrison, geb. 1945, lebt als freier Schriftsteller und Journalist in London. Er unternahm zahlreiche Reisen durch insgesamt 28 Entwicklungsländer. Er schreibt regelmäßig für *Guardian, Sunday Times* und *New Scientist.* Studium der europäischen Literatur und Sprachen.

Paul Harrison

Hunger und Armut

«Inside the Third World»

Aus dem Englischen
von Hans-Werner Franz

rororo

Rowohlt

rororo aktuell – Herausgegeben von Freimut Duve

Deutsche Erstausgabe

Redaktion Barbara Neinass

Veröffentlicht im Rowohlt Taschenbuch Verlag GmbH,
Reinbek bei Hamburg, März 1982
Der vorliegenden deutschen Ausgabe liegt die bei
Penguin Books Ltd., Harmondsworth, erschienene Originalausgabe
«Inside the Third World» zugrunde.

Umschlagentwurf Werner Rebhuhn unter Verwendung
eines zeitgenössischen Fotos
Satz Times (Linotron 404)
Gesamtherstellung Clausen & Bosse, Leck
Printed in Germany
1680-ISBN 3 499 14826 9

Inhalt

Vorwort 9

Erster Teil

Die Wurzeln der Armut 13

1. Der Fluch der Tropen: Die grausame Sonne 14
2. Alles an die Gewinner: Vorkoloniale Gesellschaften und Kolonialismus 24
3. Die Verwestlichung der Welt 36

Zweiter Teil

Schlimm ergeht's dem Land: Landwirtschaft und landwirtschaftliche Probleme 47

4. Die Öko-Katastrophe in Afrika 48
5. Polarisierung in Asien 58
6. Land oder Tod in Lateinamerika 81
7. Die schwindende Erde: Ökologische Bedrohungen 100

Dritter Teil

Die Hölle ist eine Stadt: Verstädterung und Industrie 109

8. Exodus: Die Armen vom Land stimmen mit ihren Füßen ab 110
9. Das Gelobte Land: Wolkenkratzer und Wellblechhütten 121

10. Arbeitslose aller Länder:
Erfolg und Mißerfolg der großen Industrie 159

11. Der «Barfuß-Geschäftsmann»:
Traditionelle und kleine Industrie 154

12. Eine seltsame Wirtschaft 165

Vierter Teil

Das verlorene Volk: Die Unterentwicklung des Menschen 169

13. Die Sünden der Väter:
Wie es zur Unterentwicklung der Menschen kommt 170

14. Der Zauberlehrling: Die Bevölkerung 174

15. Der Mensch ist, was er ißt: Unterernährung 208

16. Das kontrollierte Sterben: Die Krankheiten der Armut 226

17. Die Entfremdungsmaschine:
Die Ungebildeten und die Verbildeten 245

18. Das ärmste Geschlecht: Die Frauen 266

Fünfter Teil

Die Machtstrukturen 277

19. Wer hat, dem wird gegeben:
Die unfaire Weltwirtschaft 280

20. Es ist was faul im Staate:
Die Politik der Armut 308

21. Reiche und Arme: Armut und Ungleichheit 338

22. Die Grenzen des ungleichen Wachstums 359

Literatur 370

Für meine Mutter
und meine Frau

Vorwort

Grundlage dieses Buches sind fünf Jahre Forschungsarbeit und Reisen in zwölf Länder. Zwischen 1975 und 1980 besuchte ich Sri Lanka (April/Mai 1975), Obervolta und die Elfenbeinküste (Februar/März 1976), Kolumbien und Peru (November/Dezember 1976), Brasilien (Mai 1977), Indonesien und Singapur (September/Oktober 1977), Indien dreimal (Juli/August 1974, März 1976 und Juni 1978), Bangladesh (September 1978), Guatemala (November 1979) und Kenia (Mai 1980).

In gewisser Weise war es ein geradezu tollkühnes Wagnis, ein solch umfangreiches Feld beackern zu wollen. Aus zwei Gründen habe ich es dennoch versucht. Der erste Grund: Ich glaube, daß ein allgemeiner, nicht akademisch abgefaßter Überblick über den gesamten Bereich der Entwicklungsprobleme nicht nur für den allgemein interessierten Leser von Nutzen sein kann, sondern auch für denjenigen, der theoretisch oder praktisch auf einem bestimmten Gebiet der Entwicklungsproblematik arbeitet und sich eine Vorstellung erwerben möchte von dem, was auf anderen Gebieten geschieht. Mit dieser Absicht vor Augen habe ich versucht, alle wichtigen Themen anzuschneiden. Der zweite Grund: Die Unterentwicklung von Ländern und Menschen darf nicht in einzelne Fachgebiete zergliedert werden, wenn sie vollends erfaßt werden soll. Wir haben es mit einer umfassenden Situation zu tun, in der jedes einzelne Element eine Rolle spielt.

Selbstverständlich ist ein Angriff auf so breiter Front mit Einbußen verbunden. Die Literatur zu jedem einzelnen Gebiet in diesem Buch ist unübersehbar. Ich mußte also in höchstem Maße selektiv vorgehen, und ich weiß selbst allzu gut, wieviel ich ausgelassen habe. Mein Ziel war es, die Hauptprobleme und -trends auf jedem Gebiet abzudecken, sofern sie mit der zentralen Frage von Armut und Ungleichheit zu tun haben. Ich habe die wichtigsten Untersuchungen der UN-Organisationen und bedeutende wissenschaftliche Forschungsergebnisse einbezogen. Wo ich über persönliche Erfahrungen zur Erläuterung eines Punkts verfügte, habe ich diesen den Vorrang vor dem Bezug auf Forschungsergebnisse eingeräumt. Und zwar in der Hauptsache deshalb, weil ich ein Gefühl für konkrete Orte und Menschen vermitteln wollte, schließlich sind sie es, um die es geht.

Leser, die gerne einen breiteren Überblick über vielversprechende Vorhaben, Programme und Reformen auf den hier behandelten Gebieten gewinnen möchten, mögen mein Buch *The Third World Tomorrow* zu Rate ziehen. Im vorliegenden Buch habe ich nur sehr kurz versucht, solche Lösungen zu skizzieren, welche die Entwicklungsorganisationen und einige fortschrittliche Regierungen zur Bewältigung der hier behandelten Probleme in Angriff genommen haben.

Die Zahl der Personen und Institutionen, die zum Zustandekommen dieses Buches beigetragen haben, ist beträchtlich. Bedanken möchte ich mich bei meiner Frau Alvina, die sich mit meiner wiederholten langen Abwesenheit, wie sie mit den Forschungsreisen verbunden war, geduldig abgefunden hat.

Finanzielle Unterstützung für meine Reisen erhielt ich von der Weltbank, dem Internationalen Bevölkerungshilfswerk (PSI), dem Internationalen Arbeitsamt (ILO), der Internationalen Förderation für Familienplanung (IPPF) und von UNICEF. Zu Dank verpflichtet für persönliche Ermutigung und freigiebige Versorgung mit Dokumenten bin ich Alun Morris und Mark Cherniavsky von der Weltbank, Jan Vitek und Peter David von der ILO, Tim Black vom PSI, Donald Allan von UNICEF und den Informationsbüros der Weltgesundheits-Organisation (WHO), der Ernährungs- und Landwirtschaftsorganisation (FAO) und der Organisation für wirtschaftliche Zusammenarbeit und Entwicklung (OECD). Ich möchte betonen, daß die hier geäußerten Ansichten meine eigenen sind und nicht unbedingt von diesen Organisationen geteilt werden müssen.

Die geschätzte Kommentierung des Entwurfs durch etliche Entwicklungsexperten trug zur Verbesserung der endgültigen Fassung des Buches bei: Besonders danken möchte ich Prof. Hans Singer sowie Dr. David Morley, Prof. Mark Blaug, Javed Ansari, Janice Jiggins, John Rowley, Penny Kane, Ann Weston, Chris Stevens und Martin Hogg.

Dank gebührt auch den Herausgebern von *Human Behavior*, *New Scientist*, *New Society*, *People* und *World Health* für ihre Zustimmung zur Eingliederung von Materialien aus meinen in ihren Zeitschriften veröffentlichten Artikeln.

Ich wünschte, ich könnte auch all den vielen Menschen namentlich danken, die ihre wertvolle Zeit aufwandten, um mich über zum Teil entsetzliche Straßen irgendwohin zu transportieren, mich durch Dörfer, Städte und Projekte zu führen und für mich zu dolmetschen. Leider sind es zu viele, als daß ich sie hier alle aufführen könnte, und in einigen Fällen werden sie es auch vorziehen, ungenannt zu bleiben. *Last but not least* bin ich all den einfachen Menschen zu Dank verpflichtet, die auf den folgenden Seiten erwähnt werden und die mir freundlicherweise meine Fragen beantworteten. Zwar habe ich immer erklärt, was ich mit meinen Fragen bezweckte, doch wird gewiß der eine oder andere gedacht haben, ich sei ein Spion oder ein Steuerinspektor. Andere meinten, ich könne ihnen zu einem Brunnen für ihr Dorf, Arzneien gegen ihre Krankheiten oder zu Gerechtigkeit für erlittene Ungerechtigkeiten verhelfen, und es schmerzte mich, daß ich es nicht konnte. Ich kann nur hoffen, daß dieses Buch dazu beiträgt, Verständnis zu wecken und ein Klima zu schaffen, in dem die Lage dieser Menschen verändert werden kann.

Der Entwicklungsprozeß, das Schicksal der ihm unterworfenen Menschen ist ein weltumspannendes Drama. Es ist die oft tragische Geschichte von Milliarden von Menschenleben, ihrer Hoffnungen und Enttäuschungen, ihrer Bemühungen und Fehlschläge, ihrer Leiden und Auseinandersetzungen. Vielleicht ist es die wichtigste Geschichte unserer Zeit. Eine Geschichte, die unmittelbar drei Viertel der Menschheit betrifft und von der sich das letzte, das industrialisierte Viertel weit mehr betroffen fühlen sollte; sei es auch nur, weil seine Bewohner in relativer Bequemlichkeit auf einem Planeten leben, auf dem es unerhört viel Armut gibt.

Auch wenn nur das Eigeninteresse unser Motiv sein sollte, so sollten wir den Geschehnissen der Dritten Welt große Aufmerksamkeit widmen, denn sie betreffen uns schon jetzt und werden uns in der Zukunft noch in zunehmendem Maße betreffen. Zunächst einmal durch Arbeitsplätze. Nur einige wenige Länder der Dritten Welt haben eine geringe Industrie aufgebaut. Doch schon stimmt der Westen lautes Gezeter über Ströme von Niedrigpreis-Importgütern an, die von Kulis produziert worden sind. Zum zweiten wird die langsam zunehmende Knappheit an Schlüsselrohstoffen dem Westen das Leben schwieriger machen, aber in noch größerem Maße wird das für die Entwicklungsländer der Fall sein, die in Zukunft vielleicht einen größeren Teil der Rohstoffe für sich behalten möchten, die sie bisher an die reichen Länder verkauft haben. Und drittens wird es Bedrohungen für den Weltfrieden geben. Zwar werden sich die Armen der Welt nicht in Supertanker zwängen und den Westen überfallen, denn die Armen sind auch schwach. Aber Knappheit und wachsende soziale Polarisierung in den Entwicklungsländern bedeuten – wenn nicht etwas dagegen unternommen wird –, daß Bürgerkrieg und internationale Konflikte häufiger auftreten können (ja schon vermehrt auftreten) und daß die Supermächte unweigerlich auf der jeweils gegnerischen Seite einbezogen werden.

Die alltägliche Berichterstattung der Massenmedien über die Dritte Welt ist voll von Meldungen über Katastrophen, Unruhen, Staatsstreiche und Korruption. Dieses Buch will den Versuch unternehmen, Hintergrund zu schaffen für jene scheinbar chaotischen Ereignisse und für die scharfen Auseinandersetzungen zwischen den reichen und den armen Ländern im Nord-Süd-Dialog, bei dem es vorrangig um Armut und Ungleichheit geht.

Die hier im Zusammenhang von Berichten aus erster Hand erwähnten Währungen werden im allgemeinen in Dollar zu den jeweils zum Zeitpunkt der Reise gültigen Wechselkursen umgerechnet. Flächen werden je nach Quelle mal in Acres (1 Acre sind 4046,8 Quadratmeter; d. Ü.), mal in Hektar angegeben. Zur Erleichterung: 1 Hektar entspricht 2,47 Acres. Abschnitte, die im Präsens gehalten sind, beziehen sich auf die Zeit der Abfassung des Buches oder auf die Zeit der jeweiligen Reise.

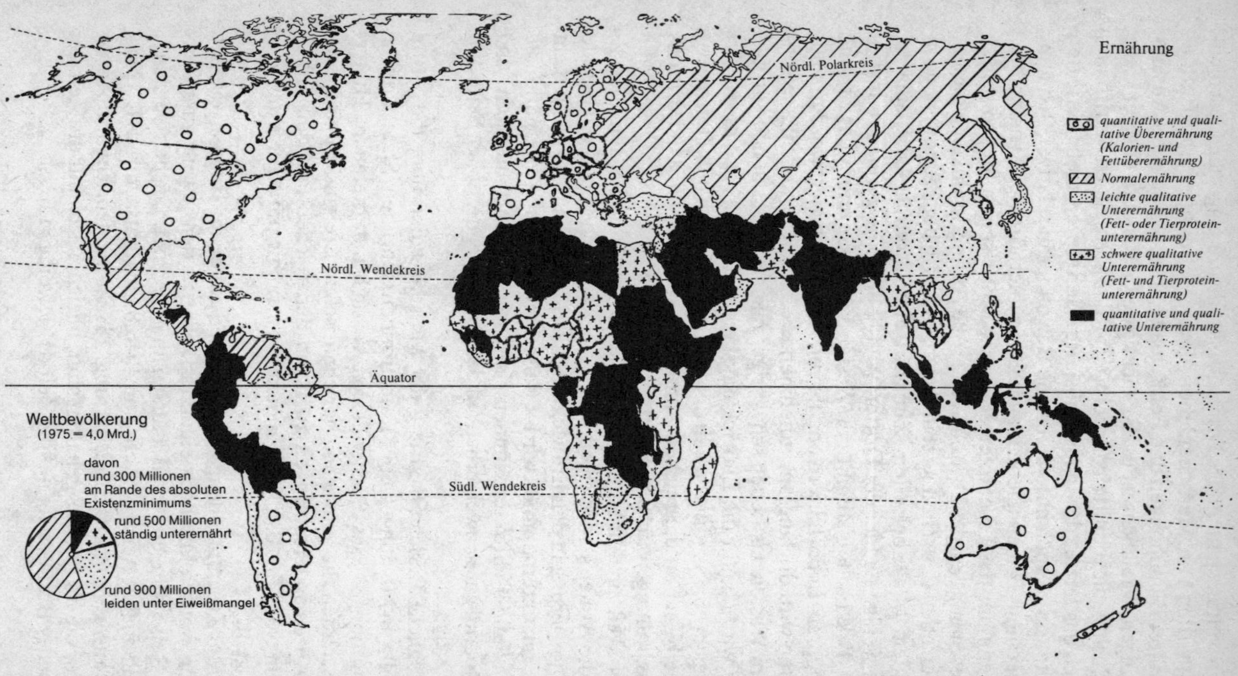

Die Welt-Ernährungssituation (nach: Diercke Weltatlas, Westermann Verlag, Auflage 1980)

Erster Teil

Die Wurzeln der Armut

«Denn wer hat, dem wird gegeben, daß er die Fülle habe; wer aber nicht hat, von dem wird auch genommen, was er hat.»

Matthäus-Evangelium 13,12

1. Der Fluch der Tropen: Die grausame Sonne

«Wir leben unter der Tyrannei der Tropen, und jeden Augenblick bezahlen wir teuer für das nackte Recht zu existieren.»

Rabindranath Tagore

Vier Monate lang war auf die Felder von Ife in Nigeria kaum ein Tropfen Regen gefallen, und der heiße *harmattan*-Wind hatte Wolken voller Staub von der Sahara hergeblasen. Jetzt endlich war der Regen wiedergekommen in roten und purpurnen Wolken, deren amboßförmige Köpfe sich drei Meilen hoch auftürmten. Immer wieder wurden sie von jäh aufblitzendem Wetterleuchten erfüllt wie eine defekte Neonröhre. Unten auf der Erde bekamen die Frauen mit ihren pfauenbunten Kopftüchern und die Männer in ihren *dashikis* einen rötlichen Schein in ihre schwarzen Poren. Unter den schroffen Klippen der schweren Nimbus-Wolken sah es aus wie im tiefsten Höllenschlund. Der leichte Wind wurde zur steifen Brise: Palmen schüttelten ihre Wipfel wie volles Haar, Blätter rissen ab und flogen davon. Der Himmel überzog sich mit einem niederen Dach aus Dunkelheit. Dann brach der Sturm los: es regnete, als ob Himmel und Erde mit einem dichten Wassernetz verbunden wären. Der Regen trommelte auf Land und Wald, Blitze bohrten sich wie starke Speere in den Grund, rissen Äste von den Bäumen. Alles rannte, auf der Suche nach Schutz: Männer, die sich das Hemd über den Kopf zogen und ihre glänzenden Rücken entblößten, Kinder unter Schirmen aus breiten Bananenblättern.

Typisches Tropenwetter. Nie gemäßigt, immer extrem. Zuviel Regen oder zuwenig Regen. Zuviel Hitze. Diese rauhen klimatischen Lebensumstände in Entwicklungsländern werden nur selten als primäre Ursachen von Armut genannt. Angesichts der materialistischen Einstellung unserer Zeit eine recht seltsame Unterlassung. Vielleicht steht diese Vorstellung im Gegensatz zu unserem verfassungsgemäßen Optimismus, der da besagt, Wohlstand könne nur durch menschliches Streben geschaffen werden.

Nehmen wir doch einmal den Atlas zur Hand. Wenn Sie irgendeinen halbwegs vernünftigen Atlas bei den buntfleckigen Karten über Temperaturen, Niederschlagsmengen, Böden und Vegetation aufschlagen, werden Ihnen ein paar eigenartige Sachen auffallen. Ganz grob gesagt, taucht das Problem der Unterentwicklung nur in den Tropen, das heißt zwischen dem 30. Breitengrad nördlich und dem entsprechenden südlich des Äquators auf.

Schauen Sie sich jetzt einmal die Karte über die jährlichen Niederschläge an. Auf die Entwicklungsländer entfällt ein überdurchschnittlicher Anteil an Regen, aber auch an Dürre. Fast nur bei ihnen finden sich, wieder grob verallgemeinert, die Kennzeichnungen für Gebiete mit über 1000 Millimeter Regen pro Jahr, neben der größten Zahl derer, mit denen 250 Millimeter und weniger angezeigt werden. Die meisten armen Länder stehen entweder «unter Wasser» oder sind «trockengelegt», und viele von ihnen sind beides, je nach der Jahreszeit.

Die auffallendste Verbindung ist die zwischen Niederschlagsmenge und Temperaturen. Alle Entwicklungsländer, außer einer winzigen Handvoll, liegen innerhalb der Zonen, wo die jährlichen Durchschnittstemperaturen 20 Grad Celsius übersteigen. Alle, die außerhalb liegen – die Türkei, Argentinien, Chile, Südafrika, Südkorea – gelten als halbentwickelt. Reiche Länder innerhalb dieser Zone verfügen über Ölvorkommen, massive ausländische Kapitalinvestitionen oder importiertes Kapital und Können (Israel). Alle entwickelten Länder liegen außerhalb dieser Gefahrenzone, mit Ausnahme der Wüstengebiete der USA und Australiens. Einem Schulkind müßte es verziehen werden, wenn es nach einem Blick in den Atlas die Theorie verkündete, daß ein jährlicher Temperaturdurchschnitt von 20 Grad Celsius oder darüber die Ursache der Unterentwicklung sei. Läge es mit seiner kleinen Entdeckung wirklich so weit neben der Wahrheit? Ist es wirklich nur Zufall, daß diese Faktoren Hitze und Regen so überraschend genau die Zone der Unterentwicklung eingrenzen?

Um diese Frage zu beantworten, müssen wir nach den Ursachen und Wirkungen der weltweiten Klimabedingungen Ausschau halten. In der Tat erweist sich die astronomische Ordnung für die Dritte Welt als ebenso unfair wie die Weltwirtschaftsordnung. Kurz gesagt: In den Tropen ist es heißer, weil die Erde rund ist. Da die Erdoberfläche gekrümmt ist, treffen die von der Sonne kommenden Strahlen zu den Polen hin sehr viel schräger auf. Die gleiche Menge Energie muß eine dickere Luftschicht durchqueren und sich über ein größeres Gebiet ausbreiten als in den Tropen, so daß der Boden nicht so stark aufgeheizt wird.

Insgesamt gesehen muß die Erde ein Strahlengleichgewicht aufrechterhalten, das heißt, sie muß ebensoviel Sonnenenergie in das All zurückstrahlen, wie sie von dort erhält, sonst würde sie sich in unerträglichem Maße aufheizen. Das bedeutet jedoch nicht, daß auch die einzelnen Teile des Erdballs ein derartiges Gleichgewicht aufrechterhalten. Die tropischen Zonen zwischen dem 37. Breitengrad Nord und dem entsprechenden im Süden weisen einen beträchtlichen Strahlungsüberschuß auf – sie nehmen mehr Strahlungsenergie auf, als sie zurückstrahlen. Demgegenüber verzeichnet die restliche Welt ein Strahlendefizit. Des weiteren ist es so eingerichtet, daß die Tropen ihre überschüssige Hitze in die gemäßigten Zonen exportieren. Der Ausgleichsvorgang wird durch die weltweite

Wettermaschine von Wind und Regen erledigt, die ihre Antriebskraft von der Sonne erhält, die gnadenlos auf die heißen Länder herunterprallt. Dank diesem Hitzetransfer bewegen sich die Temperaturextreme der Erde innerhalb relativ gemäßigter Grenzen, so daß auf dem größten Teil unseres Planeten Leben möglich ist.

Doch entstehen für die armen Länder beträchtliche Kosten dafür, daß sie im Kampf mit der Sonne die Frontstellung halten. Wärme beschleunigt chemische Reaktionen und somit auch biologische Kreisläufe. Daher ist die für die feuchten Tropen typische ökologische Formation, der Regenwald, eine unablässig pulsierende Explosion von Lebensformen. Tausende von unterschiedlichen Baumarten gedeihen, in Schlingpflanzen, Orchideen, Lianen und Bromeliaceae gekleidet. Ein in Nigeria lebender Freund, von Beruf Botaniker, vollführte Freudensprünge, als er auf einer Quadratmeile Urwald mehr Baumarten identifizieren konnte, als in ganz Großbritannien existieren.

Auf Grund dieser Lebensfülle mag man annehmen, der Boden sei sehr fruchtbar. Doch er ist es nicht. Die Hitze steigert zwar das Pflanzenwachstum – von den Bäumen des tropischen Regenwaldes fallen dreimal soviele Blätter als von denen eines Waldes in gemäßigten Breiten. Doch beschleunigt die Hitze auch die Aktivitäten der Bakterien, die den Zerfallsprozeß der Vegetation bewirken. An diesem Punkt erhält die Temperatur von 20 Grad Celsius geradezu tödliche Bedeutung. Bis zu dieser Temperatur wird Humus in zunehmendem Maße gebildet, so daß der Boden mit Pflanzennährstoffen angereichert wird. Dadurch wird er porös und aufnahmefähig für Feuchtigkeit. Oberhalb 20 Grad beginnen Bakterien schneller zu wirken, als abgestorbene Vegetation nachkommt. Oberhalb 25 Grad wird Humus sehr viel schneller zersetzt, als er sich bildet. Der tropische Regenwald hat für dieses Problem eine raffinierte Lösung parat. Das hohe Schutzdach der Baumwipfel hält den Boden im Schatten und damit auch die Temperaturen unter 25 Grad. Der Humus ist nicht sehr ergiebig und bildet nur eine dünne Schicht, doch wird diese Humusschicht durch die reichlich herabfallenden Blätter immer wieder erneuert. Die Bäume bilden nur Flachwurzeln aus, die ihre Nahrung aus diesen reichhaltigeren Schichten beziehen, und die großen Bäume müssen sich wie gotische Kathedralen mit auffallenden Stützpfeilern aufbocken.

In diesem ursprünglichen Regenwald sind als Formen menschlichen Überlebens nur primitives Jagen und Sammeln möglich. Sobald Landwirtschaft betrieben wird, muß der Wald gerodet werden, der Schatten geht verloren, die Temperaturen steigen, und der Nachschub zerfallender Vegetation wird vermindert. Die Humusschicht verschwindet vom Boden, der Pflanzennährstoff-Pegel sinkt, und die Bodenbeschaffenheit verschlechtert sich, wobei sie einen großen Teil ihrer Fähigkeit verliert, Feuchtigkeit aufzunehmen und festzuhalten. Außerhalb der feuchten

Tropen, in den halbtrockenen und trockenen Gebieten, herrschen diese Bedingungen ohnehin. Jeder, der auch nur ein paar Kohlköpfe im Garten hinterm Haus anbaut, kann sich vorstellen, was unter solchen Bedingungen dabei herauskäme.

Der Bruteffekt von Hitze auf biologische Prozesse führt aber auch noch zu einer anderen Beschwernis: dem Gedeihen von für den Menschen feindlichen Lebensformen. Moskitos, Tsetsefliegen, Läuse, Sandflöhe gedeihen so prächtig wie die Krankheiten, die sie übertragen, ebenso wie eine Million Arten von Parasiten, Mikroben und Pilzen, die den Menschen angreifen, schwächen und umbringen, die seine Pflanzen verdorren oder verfaulen lassen, seine Ernten auf den Feldern fressen oder sich in den Kornspeichern und Lagerräumen in aller Ruhe gütlich tun. In der Vorratskammer meines Hauses in Nigeria gab es in praktisch jedem Sack oder Paket eine andere Insektenart. Der Bauer in der Dritten Welt muß also erheblich mehr um seine Ernte fürchten, und um Verluste zu vermeiden, muß er weit mehr Insektenvertilgungsmittel benutzen als Bauern in den begünstigteren Temperaturzonen.

Die Hitze kann sich auch unmittelbar auf die Arbeitsproduktivität auswirken. Arbeit erzeugt Hitze, und der Körper muß überschüssige Hitze abgeben, wenn er zuverlässig funktionieren soll. Untersuchungen in Europa und den Vereinigten Staaten haben ergeben, daß die Produktivität von Handarbeitern etwa bis zur Hälfte zurückgeht, wenn die Temperaturen bis auf 35 Grad ansteigen – was in den Tropen ganz normal ist. Weiße Bauunternehmer in Nigeria beklagten sich immer, wie schwer es doch sei, die Arbeiter zu typisch europäischen Produktivitätsraten zu treiben. Wenn man es sich recht überlegt, war es eher bemerkenswert, daß sie es geschafft haben, sie nachmittags überhaupt noch zum Arbeiten zu bringen. Man sagt: Nur verrückte Hunde und Engländer gehen ins Freie und setzen sich der Mittagssonne aus.

Die Produktivität kann des weiteren durch Krankheiten bis zu einem Drittel gemindert werden, ebenso durch Unterernährung. Hunger ist vor allem ein Anzeichen für Armut, aber tropischer Boden hilft nicht dagegen. Häufig weist er nur geringe Stickstoffwerte auf und gibt keine gute Umgebung für natürliche, stark eiweißhaltige Pflanzen oder Viehfutterpflanzen ab. So kann also schon der Boden zu Eiweißmangel führen. Nehmen wir alle diese direkten und indirekten Auswirkungen zusammen, so kommen wir zu dem Schluß, daß die gebündelten Auswirkungen von Hitze, Krankheit und Hunger zu einer Beschneidung der Produktivität um bis zu drei Viertel führen können.

Dürre und Platzregen

Die unberechenbare Niederschlagsstruktur in den Tropen – zuviel oder zuwenig – bringt gleichfalls ernsthafte Probleme mit sich. Auch in diesem Fall ist die Wettermaschine daran schuld. Wenn eine mit Wasserdampf geladene Warmluftmasse aufsteigt und sich dabei ausdehnt, sinkt ihre Temperatur bis zu dem Punkt, wo die Feuchtigkeit kondensiert und als Regen zu Boden fällt. In der Nähe des Äquators, wo die Sonne größere Wassermengen aus den Ozeanen zum Verdampfen bringt, ist die Luft feuchter und heißer. Sie steigt daher höher und schneller als in anderen Breitengraden, wobei sich jene übereinandergetürmten Nimbuswolken bilden und Fallwinde schaffen, die den Regen auf die Erde hinunterwirbeln und durch die Reibung großer Dampfmassen aneinander Blitze hervorrufen.

Der Gürtel, innerhalb dessen solche Unwetter auftreten, bewegt sich nördlich und südlich des Äquators, da zunächst die nördliche, dann die südliche Erdhälfte der Sonne zugeneigt ist. Daher haben die meisten Tropengebiete Trocken- und Regenzeiten. In einigen Gebieten wird derselbe Effekt durch den Monsun hervorgerufen: in Asien zum Beispiel; die Luft über den großen Landmassen wird im Sommer stark erhitzt und steigt auf, wobei sie feuchte Luft vom Ozean nach sich zieht, die ebenfalls aufsteigt und als Regen wieder zu Boden fällt. Im Winter kühlt die Landmasse ab, und die Luft wird zum Ozean hin abgezogen, so daß eine Trockenzeit entsteht.

Zuviel Regen ist das Problem der Äquatorgebiete im Amazonas- und im Kongobecken sowie auf den Inseln Südost-Asiens. Zuwenig Regen bereitet den trockenen und halbtrockenen Gürteln nördlich und südlich der Feuchtzone Schwierigkeiten. Die Luft wird am Äquator nach oben gesaugt und kühlt wieder ab, wobei sie nach Norden und Süden in großen Höhen abzieht, allerdings in den Hochdruckgürteln zwischen dem 20. und dem 30. Breitengrad Nord und Süd wieder sinkt. In dieser Zone liegen die trockenen Landstriche, die mehr als ein Drittel der Erdoberfläche bedecken. Die Luft, die über diesen Gebieten absteigt, hat bereits einen großen Teil ihrer Feuchtigkeit in den Tropenschauern vergossen. Da sie jetzt fällt, erhitzt sie sich wieder, so daß es noch weniger wahrscheinlich ist, daß von der geringen verbliebenen Feuchtigkeit etwas kondensiert.

Wenn das Wasser in feuchte oder trockene Landstriche gelangt, fällt es nicht als jener sanfte Regen vom Himmel, den wir aus den gemäßigten Temperaturzonen kennen, sondern es prasselt als Unwetter und zerstörerischer Platzregen nieder. Im Norden Nigerias z. B. fallen 90 Prozent des Regens in Stürmen mit mehr als 25 Millimeter Niederschlag pro Stunde (zum Vergleich: das ist die Hälfte des durchschnittlichen Niederschlags pro Monat in London). In Java fällt ein Viertel der jährlichen Niederschlagsmenge in Schauern von 60 Millimetern pro Stunde, mehr als in

Berlin durchschnittlich im Monat. Plötzliche Stürme sind denkbar ungeeignet zur Bewässerung: Das meiste Wasser geht verloren und spült zudem große Mengen der kostbaren Bodenkrume weg. Die ersten schweren Tropfen eines Platzregens verstopfen die Erdporen mit feinen Teilchen von der Oberfläche. Schon nach wenigen Minuten kann der Boden nur noch einen geringen Bruchteil des Regens aufnehmen, um das Wasser für die gerade wachsende Ernte aufzuspeichern. Über zwei Drittel der Wassermengen werden durch plötzliche Überschwemmungen und kleine Rinnsale weggeschwemmt, die verheerende Erosionsschäden anrichten können. Untersuchungen in Obervolta haben ergeben, daß in einem Jahr fast 90 Prozent der gesamten Jahreserosion in nur sechs Stunden verursacht wurden.

Zuviel Regen wäscht wertvolle Mineralien und Nährsalze aus dem Boden. Dies und der Umstand, daß das Gestein in einem großen Teil der Tropen sehr alt und stark verwittert ist, macht viele Tropenböden unfruchtbar. Häufig sind als einzige Mineralien noch die unlöslichen Aluminium- und Eisenoxide übriggeblieben, die so vielen Böden in Entwicklungsländern jenen rostroten Ton verleihen, das sichtbare Anzeichen für die verheerenden Wirkungen von Regen und Sonne.

In einigen allerdings begrenzten Gebieten der Tropen gibt es auch fruchtbare Böden, weil die ausgewaschenen Mineralien ständig wieder ersetzt werden aus anderen Quellen. Es handelt sich hierbei um die Schwemmlandböden großer Flußtäler und Mündungsdeltas, wobei die Anreicherung jedoch auf Kosten der Wasserscheiden zustande kommt, deren Bodenkrume flußabwärts geschwemmt wird. Schwemmlandgebiete sind zugleich auch die am dichtesten besiedelten Regionen der Dritten Welt: das Ganges-Tal in Indien und Bangladesh, das Ufer des Jangtsekiang und des Gelben Flusses in China, das Mekong-Delta, das Niltal in Ägypten. Solche Böden waren auch die Grundlage für die frühesten Großkulturen: Ägypten, Sumer, Assyrien, Harappa, das Maurya- und das Gupta-Reich in Indien, China. Vulkanböden, wie es sie auf Java und in Kenia gibt, sind ebenfalls sehr fruchtbar, da sie aus jungem Gesteinsmaterial erneuert werden. Aber die Vorteile beider Bodenarten sind dadurch ausgelöscht worden, daß die Menschen sich bis an die Grenzen der Nahrungsmittelversorgung vermehrt haben, so daß sie fast ebenso arm sind wie die verstreuter lebenden Bewohner unfruchtbarer Zonen.

Nur der schmale Äquatorstreifen ist nahezu das ganze Jahr über vollständig und regelmäßig feucht. Überall sonst in den Tropen fällt der Regen in unregelmäßigen Abständen und Mengen, sowohl hinsichtlich der Verteilung über ein Jahr als auch der Verteilung über die Jahre.

Auf Grund der Hitze verdunsten Pflanzen in tropischen Ländern mehr Feuchtigkeit als Pflanzen in gemäßigten Klimazonen, so daß sie auch wieder mehr Wasser benötigen. Doch das Problem ist nicht, daß es überhaupt zu wenig Wasser gäbe, sondern eher, daß der Regen innerhalb weniger

Monate in Strömen niederprasselt und dazwischen monatelang kaum oder kein Regen fällt. Ein großer Teil der Dritten Welt leidet unter einem jährlichen Kreislauf von Dürre und Überschwemmung.

In Westeuropa und im Osten Nordamerikas variieren die Regenmengen innerhalb eines normalen Jahres kaum. In New York weist der regenreichste Monat nur eineinhalbmal soviel Regen auf wie der regenärmste Monat, in Berlin zweieinhalbmal soviel. Zum Vergleich Delhi, das ungefähr genausoviel Regen im Jahr zu verzeichnen hat wie Berlin: Im November hat es nur 10 Millimeter Regen, aber im Juli und August jeweils mehr als 170 Millimeter. In Zungeru, etwa in der Mitte Nigerias gelegen, fällt im feuchtesten Monat ungefähr 54mal soviel Regen wie im trockensten. Der Boden kann nur einen begrenzten Anteil Wasser für den Anbau aufnehmen und speichern. Zwar hat es in vielen Tropenländern den Anschein, als bekämen sie ein reichliches Maß an jährlichem Niederschlag, doch sie kriegen einen ganzen Haufen auf einmal wie einen Gewinn beim Toto. Das meiste ist rasch aufgebraucht, und das bißchen, was übrig ist, bleibt auf der Boden-Bank und ist innerhalb weniger Monate aufgezehrt. In Agra, wo das Taj Mahal steht, fällt zum Beispiel lediglich im Juli und im August mehr Regen, als die Vegetation benötigt. Da der Regen ab September merklich nachläßt, sind die Feuchtigkeitsersparnisse des Bodens innerhalb weniger Wochen verbraucht, so daß es neun Monate im Jahr kaum Wasser gibt.

Sind die Niederschlagsintervalle einigermaßen regelmäßig, kann man sich darauf wenigstens einrichten: wie in Asien, wo Bewässerungssysteme die Wasserversorgung in den Wachstumsmonaten ausgleichen helfen. In der Sahelzone südlich der Sahara bauen die Bauern schnellreifende Gräser wie Sorghum und Millet an, die von der Aussaat bis zur reifen Ähre nur drei bis vier Monate brauchen.

Aber was soll man tun, wenn der Regen Jahr für Jahr nur schockweise kommt. In Europa und Nordamerika ist er ziemlich gleichmäßig über das Jahr und die Jahre verteilt, die Abweichungen betragen durchschnittlich weniger als 15 Prozent im Jahr. Im größten Teil der Dritten Welt beträgt die Schwankung zwischen 15 und 20 Prozent, und in den halbtrockenen und trockenen Landstrichen etwa 40 und mehr Prozent. In den mageren Jahren sind Mißernten üblich. Kommt der Regen zu spät, wird die Wachstumsperiode abgebrochen, und die Erträge werden drastisch beschnitten. Hungersnot und Seuchen folgen. So erklärt sich, weshalb auf dem indischen Subkontinent der Monsun so sehnsüchtig erwartet wird und eine ein- oder zweiwöchige Verspätung geradezu panische Angst hervorruft.

Verheerende Umweltbedingungen

Die vier Reiter der Apokalypse galoppieren mit Vorliebe über die Himmel der Dritten Welt. Die Tropen werden von ungewöhnlich vielen natürlichen (und unnatürlichen) Katastrophen heimgesucht. Mehr als neun von zehn durch Katastrophen verursachte Todesfälle tragen sich in Entwicklungsländern zu.

Dürren, Überschwemmungen, tropische Wirbelstürme und Erdbeben sind die größten Zerstörer. Wir haben gesehen, wie die Weltwettermaschine die Tropen für die beiden ersten Fälle anfällig macht. Aber auch die zerstörerischsten Wirbelstürme bilden sich hier, zwischen dem 8. und 15. Breitengrad nördlich und südlich des Äquators, in den warmen Kernen von Kumuluswolken. Sie jagen über die Inselketten Südost-Asiens, über den Golf von Bengalen nach Süd-Indien und Bangladesh hinein sowie durch die Karibik. Die einzigen entwickelten Zonen, die zuweilen von ihnen heimgesucht werden, sind der Südosten der USA und die Ostküste Australiens. Erdbeben und Vulkane treten in solchen Zonen auf, wo die driftenden Kontinentalschollen, welche die Erdkruste bilden, aufeinandertreffen und dadurch, daß sie sich unter- oder übereinander schieben, ungeheuren Druck erzeugen. Der Zufall will es, daß diese Gebiete fast alle in der Dritten Welt zu finden sind: entlang dem gesamten Rückgrat Lateinamerikas, entlang den Inselketten des Pazifischen Ozeans und quer über den südlichen Rand des Himalaya bis hinüber in die Türkei. Bewohner solcher Zonen scheinen Sensoren an ihren Fußsohlen zu entwickeln, die ihnen mitteilen, wann ein Erdbeben im Anmarsch ist. Ich saß auf Bali bei einer Veranstaltung in einer Halle, als alle anderen plötzlich aufstanden und ohne ersichtlichen Grund ins Freie rannten: Es hatte eine ganz leichte Erschütterung gegeben, und ich hatte davon nichts bemerkt. In den entwickelten Ländern sind nur die Westküste der Vereinigten Staaten und Teile Italiens, Griechenlands, Jugoslawiens und Japans erdbebenanfällig.

Der jährliche Katastrophentribut ist so etwas wie eine fixe Steuer für ohnehin arme Länder, zu zahlen in Geld, Hilfsmitteln und Menschenleben. Man braucht nur die «Checkliste» einer einzigen Zwölf-Monats-Periode der Jahre 1975/76 durchzugehen. Im September 1975 machten Überschwemmungen in Nordost-Indien 233000 Menschen obdachlos und verursachten Schäden in Höhe von geschätzten 300 Millionen Pfund Sterling (600 Millionen Dollar). Im Februar 1976 ereignete sich das Erdbeben in Guatemala, bei dem 24000 Menschen ums Leben kamen, 77000 verletzt wurden und das 1,2 Millionen Menschen, das ist über ein Fünftel der Bevölkerung, obdachlos machte. Im Mai suchte der Taifun Olga die Philippinen heim und machte 800000 Menschen obdachlos. Juni und Juli waren Erdbebenmonate in Asien: Zwanzig Dörfer wurden in Westirian von der Erdoberfläche gewischt, auf Bali verloren 85000 Menschen ihr

Dach über dem Kopf. Und in China starb vielleicht eine halbe Million Menschen bei dem Erdbeben in der Bergbauregion von Tangshan. Der August war ein Monat der Überschwemmungen. In Pakistan trat der Indus über die Ufer und tötete 370 Menschen, in Baluchistan brach der Bolan-Damm, und seine Fluten rissen 25 Dörfer mit sich und überschwemmten ein 5000 Quadratmeilen großes Gebiet.

Dies war nur ein typisches Jahr menschlicher Tragödien und massiver Rückschläge für zahlreiche Entwicklungsprogramme. Die Kosten können ungeheuer hoch sein. Überschwemmungen, tropische Wirbelstürme und andere Stürme alleine verursachten in Asien zwischen 1961 und 1974 Schäden in Höhe von 30 Milliarden Dollar, forderten 280000 Menschenleben und zogen weitere 485 Millionen andere in Mitleidenschaft, überschwemmten 139 Millionen Hektar Land und zerstörten 35 Millionen Unterkünfte. Katastrophen in fünf mittelamerikanischen Ländern zwischen 1960 und 1974 kosteten durchschnittlich 2,3 Prozent des Bruttoinlandsprodukts dieser Länder – hätte diese Summe in Landwirtschaft oder Industrie investiert werden können, so hätte das gewiß ein beträchtlich größeres Entwicklungstempo zugelassen.

Selbstverständlich sind Katastrophen nicht alleine auf die Ungerechtigkeit der Natur zurückzuführen: Die Ungerechtigkeit der Menschen hat ebenfalls ihren Anteil. Armut trägt sowohl zur Verursachung als auch zur Verschlimmerung der Folgen von Katastrophen bei. Sie ist ein wichtiger Grund für Entwaldung und Verwüstung, durch die Überschwemmungen und Dürren noch schlimmere Auswirkungen haben. Armut und Überbevölkerung treiben die Armen in immer gefährlichere Wohnbedingungen wie Slums an steilen Berghängen oder die oft von Überschwemmungen und Wirbelstürmen heimgesuchten Inseln im Ganges-Delta von Bangladesh. Arme Menschen können sich nur zerbrechliche Häuser aus Holz, Lehm und Stroh leisten, die bei einem starken Sturm leicht zerbrechen. Schwere Katastrophen scheinen immer häufiger aufzutreten. Eine Untersuchung der Universität von Bradford fand heraus, daß die durchschnittliche Zahl der jährlichen Katastrophen zwischen 1919 und 1971 bei fünf lag, zwischen 1951 und 1971 auf elf stieg und zwischen 1968 und 1971 schon über siebzehn lag. Es ist unwahrscheinlich, daß die Unbilden der Natur in solchem Maße zugenommen haben sollten. Diese Zunahme ist wahrscheinlich eher auf die steigende Katastrophenanfälligkeit der Armen zurückzuführen. Katastrophen verschärfen von sich aus schon bestehende Armut und machen ihre Opfer anfälliger für zukünftige Katastrophen.

Alles in allem kann man sagen, daß die physischen Umweltbedingungen die Entwicklungsländer nicht gerade begünstigt haben. Die niedrige Produktivität des Bodens und der Menschen haben das Wachstum behindert und zusammen mit den Rückschlägen durch wechselhafte Niederschlagstätigkeit und Katastrophen die Entstehung eines großen und stabilen landwirtschaftlichen Mehrprodukts verhindern helfen. Ein solches Mehrprodukt aber ist die erste Voraussetzung für Entwicklung.

Es gibt einige potentielle Vorteile, wenn man der Sonne näher ist. Bei Benutzung von ausreichend Düngemitteln und Wasser kann Sonne das ganze Jahr über ein außerordentliches landwirtschaftliches Potential schaffen, das bis zu drei Ernten pro Jahr zuläßt. Wasserknappheit schränkt die Gebiete, wo dies möglich wäre, allerdings ein. Da uns das Öl ausgeht und Sonnenenergie wirtschaftlicher wird, wird die Dritte Welt größere Reserven unendlich erneuerbarer Energie besitzen als die entwickelten Länder der gemäßigten Breiten.

Bis dato sind diese Aussichten allerdings noch rein hypothetisch. Bis zum heutigen Tag gehören die feindlichen Umweltbedingungen zu den wichtigsten Beschränkungen, durch die die wirtschaftliche Entwicklung gebremst wird. Dadurch ist die Investitionsschwelle, die die Entwicklungsländer überwinden müssen, bevor sie industrialisieren können, noch höher gesetzt worden. Sie müssen größere Investitionssummen aufbringen, als es die westlichen Länder in vergleichbaren Entwicklungsstufen mußten, Investitionen für Bewässerungsmaßnahmen, Überschwemmungs- und Erosionskontrolle, für die Landwirtschaft und für die menschlichen Reserven, um die Auswirkungen von Krankheiten und Hitze auf die Arbeitsproduktivität einzudämmen.

Diese Investitionshürde hatten im Hinblick auf die Wasserkontrolle die alten Reiche des Mittleren Ostens, Asiens und Südamerikas schon genommen. Sie kann wieder genommen werden. Kleine, arbeitsintensive Technologien und elementare Maßnahmen zur Gesundheitsfürsorge, welche gemeinschaftlich getragen werden, können die Investitionskosten senken, während ausländische Hilfe und Anleihen das nötige Kapital aufbringen können.

2. Alles an die Gewinner: Vorkoloniale Gesellschaften und Kolonialismus

Warum die Dritte Welt sich nicht entwickelte

Am einfachsten läßt sich die Frage für Afrika beantworten. Die begrenzten Reichtümer von Reichen wie dem der Mossi (die, verglichen mit denen der asiatischen Reiche, bescheiden waren) gründeten sich nicht auf den produktiven Wohlstand aus Landwirtschaft und Industrie. Sie waren Marktreiche, wie der Historiker Michael Crowder sie genannt hat. Sie lagen an der wichtigsten Handelsroute quer durch die Sahara von Nordafrika zur Küste von Guinea, und ihre Einkünfte stammten hauptsächlich daher, daß sie einen gewissen Prozentsatz des Handels für sich abschöpften. Gold, Sklaven und Elfenbein gingen nach Norden, Salz, Pferde, Perlen und Tuche kamen zum Tausch in den Süden. Diese Gesellschaften waren so weit von der Entwicklung einer Industrie entfernt, daß die Frage nach dem Warum rein akademisch wäre. Der Hauptgrund für ihre Armut damals und in gewissem Maß auch heute ist das Fehlen eines nennenswerten landwirtschaftlichen Mehrprodukts über die Lebensbedürfnisse der Bauern hinaus. Und dies wiederum ist zurückzuführen auf die Unfruchtbarkeit des Bodens und den primitiven Entwicklungsstand der landwirtschaftlichen Technologie. Lange Brachperioden ließen immer drei Viertel des Landes ungenutzt. Der Pflug war unbekannt, der Hackstock war das fortschrittlichste Werkzeug, das sie benutzten. Es gab keinen Fruchtwechsel, Vieh- und Ackerwirtschaft waren getrennt. All dies ist weder ein Verdienst noch eine Schande. Ihre Technologie war nicht weiter fortgeschritten, weil es für sie keine solche Notwendigkeit gab. Die Bevölkerung war spärlich, es gab genügend Land, und die Produktion entsprach den Bedürfnissen der Menschen.

Sonnenreiche

Um Machu Picchu zu erreichen, muß man einen kleinen Zug besteigen, der im Zickzack von Cuzco aus die steilen Hänge über der Stadt hinaufschnauft und dann durch das felsige Anta-Tal bis dahin rollt, wo es auf das Tal des Urubamba-Flusses trifft. Bei Ollantaytambo hört die Straße auf. Nur der Fluß und die Eisenbahn führen noch weiter, das Geheul der Dampfpfeife hallt zurück von den steilen Talhängen unter schneebedeckten Gipfeln.

Machu Picchu, die Bergstadt, ist eine unglaubliche architektonische Großtat. Die steinernen Gebäude sind aufgereiht auf dem Kamm eines Berges zwischen senkrecht abfallenden Felsklippen, die der weit unten in Schleifen dahinrauschende Fluß zu einer Insel im Fels eingekerbt hat. Die Farben und Formen des Gemäuers geben Formen und Farben der steilabfallenden, dschungelverkleideten Bergformationen wieder. Sie sind so genau gearbeitet, daß nicht einmal eine Taschenmesserklinge zwischen die zyklopenhaften Blöcke geschoben werden kann. Steinerne Wasserkanäle führen vom höchsten Gebäude über die einzelnen Ebenen hinunter, und dahinter klettern steil angelegte Terrassen den Berghang hinab. Hier wurde Mais für die Garnison angebaut, denn Machu Picchu war ein befestigter Außenposten, der das Gebirgsreich der Inka vor den kriegerischen Stämmen aus dem dahinterliegenden Amazonas-Urwald schützen sollte.

Technisch waren die Inka zu Leistungen, etwa auf dem Gebiet des Straßenbaus, imstande, die weit über die Fähigkeiten westlicher Völker hinausgingen. Ihre wichtigste königliche Fernstraße führte 3250 Meilen durch die Anden, von Ecuador bis Chile, manchmal als Treppe in die Felsen geschlagen, wo nötig, wurden Flüsse mit auf Kragsteine gelagerten Bogenbrücken, Ponton- oder Hängebrücken überspannt.

Die Inka kümmerten sich um die Produktivität ihrer Landwirtschaft. Sie bauten Steinterrassen an beinahe senkrecht abfallenden Talhängen, in der Umgebung von Cuzco werden einige noch heute genutzt. Sie bauten bis zu neun Meilen lange, mit Steinen eingefaßte Bewässerungskanäle. Sie wußten durchaus auch um die Bedeutung von Dünger und wiesen jeder Region einen Anteil der reichen Guano-Ablagerungen von den Chincha-Inseln zu. Die Inka benutzten einen Teil des landwirtschaftlichen Mehrprodukts für sich selbst, etwa für Tempel, öffentliche Gebäude und Heere. Doch wurde ein großer Teil davon in öffentlichen Speichern aufbewahrt für Hungerszeiten oder um in Not geratenen Menschen zu helfen. Die Rücklagen reichten meist für mehrere Jahre. Was die Bodenerhaltung angeht und hinsichtlich der Wohlfahrt seiner Untertanen war das sozialistische Reich der Inka, wie es der Historiker Louis Baudin genannt hat, wahrscheinlich der fortgeschrittenste Staat der Welt.

Ihre Technologie war jedoch in einigen wichtigen Punkten primitiv. Das höchstentwickelte landwirtschaftliche Werkzeug war der Fußpflug, ein angespitzter Pfahl mit einer Fußstütze, die dazu diente, den Pfahl in den Boden zu rammen. Es gab keine Haustiere, die als Zugtiere oder zum Pflügen hätten dienen können. Alle Transporte wurden zu Fuß erledigt, und das Rad – das es auf der westlichen Erdhälfte schon als Kinderspielzeug gab – wurde nicht zu wirtschaftlichen Zwecken verwandt. Es gab einige nichtlandwirtschaftliche Wirtschaftsunternehmungen wie Gold- und Silberbergbau. Doch handelte es sich dabei um staatliche Monopole, und alle Edelmetalle in den Minen gehörten dem Inka. Wie der im 19. Jahrhundert lebende Historiker William Prescott darlegte, war es dem einzelnen Peruaner, der nicht zur herrschenden Elite gehörte, nicht möglich, durch Unternehmungsgeist oder handwerkliches Können vorwärts zu kommen. Und solche faustischen Beweggründe, von denen die Europäer getrieben wurden wie der von den Furien gehetzte Orestes, waren unbekannt: «Ehrgeiz, Habgier, die Neigung zum Wandel, der morbide Geist der Unzufriedenheit, derartige Leidenschaften, welche die Gedanken der Menschen am meisten erregen, hatten keinen Platz im Herzen eines Peruaners.»

Orientalische Despoten

Weder in Afrika noch in Amerika gab es auch nur die entfernteste Aussicht auf Entstehung einer industriellen Zivilisation. Ganz anders in Asien.

China war bis ungefähr ins 16. Jahrhundert auf wichtigen technischen Gebieten weiter fortgeschritten als Europa. Die Chinesen druckten schon 1050, vierhundert Jahre vor Gutenbergs erster gedruckter Bibel, mit beweglichen Lettern. Schon um 1200 gab es große Eisenschmelzöfen, an denen bis zu fünfhundert Mann beschäftigt waren. Im 17. und 18. Jahrhundert existierten zahlreiche Voraussetzungen für industrielle Fertigung: automatische wasserangetriebene Maschinen, hohe Kapitalkonzentration in den Händen von Kaufleuten, ja sogar einige große Fabriken mit hohen Beschäftigtenzahlen. Dennoch entwickelte sich keine Industrie, und im 19. Jahrhundert waren die Chinesen ein von fremden und zudem sehr viel kleineren Nationen beherrschtes Volk.

Indien war nicht so weit fortgeschritten wie China, dennoch aber weit genug entwickelt, um die Tatsache, daß sie den industriellen «Take-off» nicht geschafft haben, ebenfalls rätselhaft erscheinen zu lassen. Es gab ein umfangreiches landwirtschaftliches Mehrprodukt, das dem ochsengezogenen Pflug und der Bewässerungstechnik zu verdanken war. Das Handwerk stand in hoher Blüte, und Indien war der Welt größter Textilexporteur, bevor Großbritannien seine Industrie zerstörte.

Das entscheidende Hindernis für die Entstehung der großen Industrie in Asien war wahrscheinlich die Institution der orientalischen Despotie. Der Politikwissenschaftler Karl Wittfogel hat die Theorie vertreten, daß bürokratische Tyrannenreiche als Folge der Probleme in trockenen und halbtrockenen Zonen entstehen, wo die Hauptaufgabe darin besteht, die knappen Wasservorräte für die Landwirtschaft zu sammeln. Dämme und Kanäle müssen gebaut werden, um das Wasser zu verteilen, zu erhalten und zu kontrollieren. Dazu wird eine zentrale Autorität benötigt, die über die Macht verfügt, große Arbeiterheere zu befehligen. Um sie zu organisieren, die verschiedenen Installationen zu unterhalten und den Staat zu verteidigen, braucht der orientalische Despot unbedingt eine ungewöhnlich effektive Bürokratie, große wohlausgerüstete Heere und alles umfassende Nachrichtennetze – und all dies verschlingt den größten Teil des landwirtschaftlichen Mehrprodukts. Außerdem ist der Despot ein eifersüchtig wachsamer Herrscher, der bestrebt ist, alle von ihm unabhängigen Quellen von Macht und Wohlstand zu unterdrücken. Er und seine Verwandten mögen in geradezu grotesk anmutendem Reichtum leben – doch jeder, der es wagen sollte, ihm darin nachzueifern, muß befürchten, hingerichtet zu werden und seine Güter konfisziert zu sehen, womöglich gibt es auch Einschränkungen der Vererbbarkeit von Wohlstand, so daß privater Unternehmungsgeist kaum Impulse erfährt.

Universitätsgelehrte äußerten Zweifel an der Vorstellung, Indiens despotische Reiche seien aus der Notwendigkeit der Wasserkontrolle entstanden: Die meisten Bewässerungssysteme scheinen Dorfangelegenheit gewesen zu sein. Wittfogel hält dem jedoch entgegen, daß die Institutionen des Despotismus sehr wohl auch in Gebieten übernommen und nachgeahmt worden sein könnten, wo sie von der ökologischen Situation her nicht notwendig gewesen wären, sondern einfach nur deshalb, weil sie unverhohlenen Machtgelüsten entsprachen. Die rein politischen Aspekte von Wittfogels Darstellung lassen sich sehr wohl auf Indien anwenden. Das landwirtschaftliche Mehrprodukt wurde fast ganz vom Herrscher übernommen, der damit Kriege finanzierte, es in ausuferndem Konsum verschwendete und nichts übrigließ, um eine Mittelschicht von Landeignern und Geschäftsleuten zu unterstützen.

Im vorkolonialen Indien versorgten sich Dörfer weitgehend selbst und waren imstande, die meisten Güter, die sie benötigten, selbst herzustellen. Es gab keine breite Nachfrage nach Gütern, die über die Grundbedürfnisse hinausgingen, da die Herrscher das Mehrprodukt an sich gerissen hatten, mit dem die Menschen eventuell zusätzliche Dinge hätten kaufen können. Die Marktnachfrage nach verarbeiteten Gütern war weitgehend auf die Luxuswünsche des Hofes beschränkt, und diese Luxusartikel waren meist einmalige handgearbeitete Artikel von geschickten Handwerkern. Das Kastenwesen war die letztendliche Schranke vor dem Aufbau großer Industrien. Das bißchen an ökonomischer Spezialisierung, das existierte, gründete sich auf das Kastenwesen. Der Beruf eines Mannes war erblich, und die Straßenfeger oder -pflasterer hatten das unbeanstandete Recht, für eine bestimmte Gruppe von Kunden zu arbeiten und dafür mit landwirtschaftlichen Erzeugnissen entlohnt zu werden. Es gab keinerlei Konkurrenz, die als Anreiz zu technischen Verbesserungen hätte führen können.

Die Despotie war auch in China vorherrschend, obgleich sie vielleicht nicht so despotisch war wie in Indien. Jeglichen Wohlstand, den sich ein Gemeiner erworben hatte, mußte er in aller Stille genießen, und zudem mußte er dafür horrende Steuern und Abgaben an Zollbeamte leisten. Der Status war eng verbunden mit dem Erwerb einer Stellung in der Mandarin-Bürokratie, so daß Kaufleute nicht selten eher bestrebt waren, irgendwelche Prüfungen durchzustehen als ihre Geschäfte auszubauen. Es gab jedoch noch einen Faktor, der China an einer weiteren Entwicklung hinderte. Dem Wirtschaftshistoriker Mark Elvin zufolge war dies der unerbittliche Druck einer für das vorhandene Land riesigen Bevölkerung. China konnte die landwirtschaftliche Revolution, die Westeuropa erlebte, nicht durchmachen. Diese gründete sich auf die Mischung von Ackerbau und Viehzucht, und dafür gab es in China nicht genügend Weideland in fruchtbaren Gebieten. Landwirtschaftliche Verbesserungen waren weitgehend auf die intensivere Nutzung von menschlicher Arbeitskraft und Düngematerialien, einschließlich menschlicher Abfallstoffe, beschränkt. In dem Maße wie die Bevölkerung wuchs, nahm das landwirtschaftliche Mehrprodukt pro Person ab, und damit auch die potentielle Nachfrage nach verarbeiteten Gütern.

Möglicherweise hätte in China oder Indien eine industrielle Zivilisation auf spontane Weise entstehen können. Aber es ist müßig, darüber zu spekulieren: Europa entwickelte sich zuerst zu einer industriellen Kraft, und allein dieser Umstand veränderte die gesamte Situation, er führte zur Verkrüppelung dessen, was es an Industrie in Asien gegeben hatte und gab Europa einen Vorsprung, der mindestens zweihundert Jahre anhalten sollte.

Warum sich Europa entwickelte: freie Städte und bürgerliche Kaufleute

Wie und warum der Industrie-Kapitalismus in Europa entstand, ist eine ungeheuer komplexe Frage. Ich kann das komplizierte Zusammenwirken verschiedener Faktoren, das es auf anderen Kontinenten nicht gegeben hat, nur skizzieren. Wesentliche Elemente waren: ein erkleckliches landwirtschaftliches Mehrprodukt; eine Unternehmerklasse, die die Freiheit besaß, unabhängig vom Staat nach Wohlstand zu streben und dazu auch motiviert war; die durch sie erfolgte Akkumulation von genügend Kapital für finanzielle Investitionen; die Entwicklung einer auf Mathematik und Mechanik gründenden praktischen Wissenschaft und die Verfügbarkeit expandierender Märkte als Anreiz für eine rasche Entwicklung der maschinellen Produktion.

Erst im Zeitalter des Christentums wurde das Kernland des westlichen Industriesystems, Nordwest-Europa, in größerem Umfang besiedelt. Dafür gab es einen guten Grund: Die schweren Lehmböden dieser Region konnten mit dem mediterranen Kratzpflug, der, wie sein Name schon sagt, den Boden nur an der Oberfläche etwas kratzt, nicht bearbeitet werden. Sie konnten erst eröffnet werden, als es den schweren Pflug gab, der die Soden durchschneidet und umkehrt. Als jedoch einmal mit der Ausbeutung dieser Böden begonnen worden war, erwiesen sie sich als potentiell weit fruchtbarer als die Böden der Kernländer früherer Zivilisationen. Dazu kam ein verläßliches Klima mit angemessenem und stetigem Niederschlag, so daß zum Teil schon die natürlichen Bedingungen dieser Zone die nachfolgende Entwicklung erklären. Dieses landwirtschaftliche Mehrprodukt, das später noch durch Neuerungen wie Fruchtwechsel und Mischwirtschaft vergrößert wurde, stellte die Grundlage für das Wachstum von Städten und Industrie dar.

Westliche Städte unterschieden sich in hohem Maße von den Residenzen asiatischer Despoten. Sie entstanden als Marktzentren für den Austausch des landwirtschaftlichen Mehrprodukts, und ihre Bewohner erhielten beträchtliche Freiheiten, zunächst von den Feudalherren, die sich von den Märkten Einkünfte versprachen, dann von den Königen, die (insbesondere in England und Frankreich) bei den Stadtbürgern Unterstützung zu finden hofften in ihrem Kampf zur Unterordnung des Feudaladels. Daher erwuchs hier eine Klasse, die keinerlei erblichen Anspruch auf Macht oder Rang hatte; vielmehr hatte sie die Freiheit, durch Handel oder kleine Unternehmungen, in denen Handwerker beschäftigt waren, nach dem Status zu streben, den allein Wohlstand verschaffen konnte. Die freien Städte waren der Ausgangspunkt nahezu aller folgenden Entwicklungen. Die angewandte Wissenschaft, eine Kombination aus Mathematik, Experiment und technischem Können, ist aus der Klasse der Fachhandwerker hervorgegangen. Sie hätte niemals aus einer Adelsklasse hervorgehen können, die körperliche Arbeit als Erniedrigung ansah.

Westliche Handelsleute hatten auch größere Freiheiten und konnten relativ unabhängig von ihren Herrschern handeln, und es war ihr Riecher für Profite, der sie dazu trieb, ihre fälschlich so genannten «Entdeckungsreisen» in Länder zu unternehmen, die zuvor schon Chinesen, Arabern und selbstverständlich ihren Bewohnern längst bekannt waren. Die Türken hatten den Landweg für den gewinnträchtigen Gewürzhandel mit dem Osten verlegt, so daß ein Seeweg gefunden werden mußte – um die Südspitze Afrikas herum oder um die Welt auf dem Westweg. Technisch waren die Grundlagen für die Reisen von Kolumbus, Vasco da Gama und anderen durch Entwicklungen auf dem Gebiet der Navigation und des Segelbaus gelegt worden, wobei die Konkurrenz zwischen den Seefahrernationen beschleunigend wirkte. Die Kaufleute machten durch ihren Handel mit Asien riesige Gewinne, mit denen sie dann größere verarbeitende Unternehmen finanzieren konnten.

Schon in diesem frühen Stadium spielte die Ausbeutung nichtwestlicher Gesellschaften eine Schlüsselrolle bei der Entstehung des westlichen Kapitalismus. Ohne diese Ausbeutung ist es in der Tat sogar zweifelhaft, ob der Westen überhaupt als erster die Industrialisierung geschafft hätte.

Die blutbefleckten Gewinne aus der Eroberung Südamerikas und später aus dem Sklavenhandel kamen noch zu diesem Kapitalstock hinzu. Es war zum Teil das Geld aus Liverpool, der Stadt des Dreieckshandels mit Sklaven, Baumwolle und Rum zwischen Westafrika, den Westindischen Inseln und Britannien, mit dem die Fabriken von South Lancashire, der Wiege der industriellen Revolution, finanziert wurden. Die rasche Entwicklung der britischen Industrie wurde ihrerseits beschleunigt durch die Existenz riesiger aufnahmefähiger Märkte für verarbeitete Produkte aus England in den Kolonien. Ohne dieses riesige Gebiet mit seiner potentiellen Nachfrage hätte es keinen vergleichbaren Anreiz für eine so rasche Mechanisierung der Produktion gegeben.

Und schließlich war die militärische Überlegenheit zu Lande und zu Wasser ausschlaggebend für Europas weltweite Vormachtstellung. Sein taktisches Denken war durch jahrhundertelanges, schier endloses Kriegführen verfeinert worden, und es verfügte über Handwerker, die mit wissenschaftlicher Akribie an der Vervollkommnung von Waffen arbeiteten. Die starke Zersplitterung Europas – vergleicht man es mit der jahrhundertelangen Stabilität etwa des chinesischen Reiches – schmiedete seine militärischen Fähigkeiten.

Das koloniale Trauma

> «Die moderne Industrie hat den Weltmarkt hergestellt.»
>
> Karl Marx

Die Ausweitung der europäischen Handels- und Industriezivilisation nach Übersee sollte zur größten Umgestaltung führen, die die menschliche Welt jemals erlebt hat.

Sie führte zu einer ungeheuren Umwälzung der Rassen, einer Verschiebung und Neusetzung der genetischen Versatzstücke auf dem Schachbrett des Erdballs. Die Ankunft der iberischen Eroberer führte zur Entvölkerung großer Teile Mittel- und Südamerikas. Indios, die den Gewehren der Europäer entkamen, wurden durch ihre Krankheiten dahingerafft, nur auf den höchsten Höhen der Anden und in den tiefsten Tiefen des Urwalds konnten sie unangetastet überleben. Afrikaner wurden aus ihrem Heimatboden entwurzelt und nach Amerika verschifft, um der dortigen Arbeitskräfteknappheit zu begegnen. Asiaten wurden nach Ost- und Südafrika und in die Karibik transportiert. Selbst die riesigen Märkte der Kolonien waren nicht riesig genug, um die wachsende Bevölkerung Europas in der Industrie beschäftigen zu können: Sein Bevölkerungsüberschuß breitete sich nach Nordamerika, Australien, Südafrika und Südamerika aus.

Parallel dazu vollzog sich ein weltweiter Pflanzentransfer, der neue Grundnahrungsmittel herbrachte und die Grundlagen der Plantagenwirtschaft schuf. Aus Südamerika verbreiteten sich Mais und Maniok über die ganze Welt. Kakao aus Mexiko wurde zum Hauptlebensunterhalt von Millionen von Westafrikanern. Gummi aus dem Amazonasgebiet schlug in Südost-Asien Wurzeln. Umgekehrt erhielt auch die Neue Welt Früchte aus der alten: Zucker, der aus Bengalen stammt, wurde zum wichtigsten Erzeugnis aus der Karibik und der Nordostküste Südamerikas. Kaffee aus dem Nahen Osten wurde zum beherrschenden Anbauerzeugnis in Kolumbien, Brasilien und etlichen Ländern in West- und Ostafrika. Tee aus China wurde nach Indien und Ceylon und weiter nach Ostafrika verpflanzt.

Doch das Hauptergebnis europäischer Herrschaft war die Schaffung der Weltwirtschaft. Völker aus der Stein- und Eisenzeit kamen in für sie zerstörerische Berührung mit dem westlichen Industriewesen. Geldverbindungen warfen ihr Netz über die ganze Welt.

Frühere Erbauer von Imperien aus dem Osten wie aus dem Westen wurden getrieben von dem Traum von Macht. Hauptbeweggrund der Europäer war der Profit. Selten war politische Herrschaft das Hauptziel kolonialer Eroberung. Ihre Reiche entstanden beinahe als Nebenprodukt des individuellen Strebens nach Reichtum.

Als die Könige und Königinnen von Spanien und Portugal die Unterwerfung der amerikanischen Kontinente guthießen, mag ihr Hauptmotiv die Ausbreitung des Christentums und ihres eigenen Einflusses gewesen sein. Doch waren die Expeditionen keine königlichen Armeen. Eher waren sie Handelsunternehmungen. Möchtegern-Konquistadoren unterzeichneten Verträge mit ihren Königen. Sie brachten ihr eigenes Geld oder das von Freunden auf in der Erwartung, für ihre Investitionen eine Rückzahlung mit Gewinn zu erhalten, ganz wie die waghalsigen Kaufleute aus Britannien und den Niederlanden. Der Hauptunterschied lag darin, daß der Profit vor allem durch kriegerische Gewalt und weniger durch betrügerischen Handel zu erhalten war.

Gewehre und Pferde versetzten diese Raub-Unternehmer in die Lage, die größten Imperien der westlichen Halbkugel zu erobern. Cortez unterwarf mit nur 600 Männern, siebzehn Pferden und zehn Kanonen die Azteken-Hauptstadt Tenochtitlan. Seinem Beispiel folgend, übernahm Pizarro mit nur 102 Fußsoldaten und 62 Reitern das riesige Inkareich. Nachdem die Tempel und Paläste ihrer goldenen und silbernen Kunstwerke beraubt waren – und zwar so gründlich, daß es heute gerade noch eine Handvoll davon gibt, die das künstlerische Geschick der Inka zeigen –, mußte eben auf andere Weise weitergeplündert werden. Die Indios wurden zur Arbeit in den Bergwerken und auf den großen Landgütern der Iberer gezwungen, und der zeitgenössische Beobachter Bartolomé de las Casas, ein Jesuitenpater, bemerkte dazu: «So schwer und bedrückend war das Joch der Sklaverei, das sie ihnen auferlegten, daß ein Tier zu sein weit leichter zu erdulden wäre.» Die Edelmetalle, die von Schiffen zum alten Kontinent hinübergebracht wurden, finanzierten Spaniens Reich in

Europa und trugen zur allgemeinen Entfachung der Nachfrage bei. Für Spanier und Portugiesen war es nicht interessant, in größerem Umfang Industrien aufzubauen: Überreichlich mit Geld versorgt, konnten sie es sich leisten, alle benötigten Manufakturgüter in anderen Ländern zu kaufen.

Sowohl das holländische als auch das britische und das französische Kolonialreich wuchs als Ergebnis kommerzieller Erfordernisse. Die größten Besitzungen der Holländer und der Briten waren denn auch zunächst Privatdomänen von Handelsgesellschaften, der British East India Company und der Vereenigde Oostindische Compagnie.

Die Holländer wollten den profitablen Gewürzhandel mit Ost-Indien monopolisieren, um die Preise künstlich hochzuhalten. Aber verflixt, diese Eingeborenen wollten doch wirklich die bestmöglichen Preise für ihre Muskatnüsse und Gewürznelken herausschlagen und handelten mit den Briten, wo immer sie konnten. So sah sich die VOC gezwungen, ihr Handelsmonopol auf den Gewürzinseln mit Waffengewalt und physischer Eroberung durchzusetzen. Doch fiel bei diesem gewagten Unternehmen nicht einmal Gewinn ab: Die Kosten für die Verteidigung dieses Monopols überstiegen fast immer die Einkünfte aus dem Handel. 1799 brach die holländische VOC unter dem Gewicht des auf ihr lastenden Schuldenberges zusammen, und der holländische Staat übernahm ihre Besitztümer.

Auch die Briten waren in Asien und an den afrikanischen Küsten nur widerstrebende Eroberer. Ihr Hauptinteresse war es, mit diesen Gebieten Handel zu treiben. Aber kriegführende Stämme, Königreiche und Fürsten, die darauf bestanden, ihren Gewinnanteil abzuschöpfen, machten einen ordentlichen Handel unmöglich. Die Ausweitung der Eroberungen wurde unumgänglich, um die Sicherheit der Kaufleute zu garantieren und um Handelsverträge zu honorieren. Im allgemeinen folgte die Flagge dem Handel statt umgekehrt. Später, als noch einige weitere Länder sich zum Club der Industrieländer gesellt hatten, erwies sich die politische Kontrolle über die Kolonien auch als nützliches Werkzeug, um Handelskonkurrenten auszuschließen.

Erst während der achtziger Jahre des vergangenen Jahrhunderts, als die Europäer sich unziemlich um Afrika balgten (die Malaria hatte den Kontinent so lange verschont, bis das Chinin in Gebrauch kam), waren auf einmal politische Motive vorherrschend, was vor allem an den Rivalitäten und Spannungen in Europa lag. Allerdings ist es nur von akademischem Belang, ob in erster Linie politische oder wirtschaftliche Beweggründe das Denken der Kolonialregierungen bestimmten: Beide waren gewöhnlich nicht voneinander zu trennen. Man war der Ansicht, die wirtschaftlichen Interessen der herrschenden Eliten seien gleichbedeutend mit dem nationalen Interesse. Und wo politische Motive an erster Stelle standen, nahm das Privatinteresse auch mit, was es kriegen konnte. In einigen Kolonien lagen die Kosten für Verwaltung und Unterdrückung höher als die Einkünfte aus Handel und Geschäften. Aber der gemeine Steuerzahler daheim kam ja schließlich für ersteres auf, während letztere in die Taschen der privaten Interessenten flossen. Der Umstand, daß in eine bestimmte Kolonie mehr Geld hineingesteckt als herausgeholt wurde, beweist keineswegs, daß die Eingeborenen aus der Kolonialherrschaft Nutzen gezogen hätten, denn Verwaltung wie Handel funktionierten gewöhnlich zu ihrem Nachteil.

Wirtschaftliche Vorteile konnten zuweilen auch ohne die hohen Ausgaben offener Eroberung erworben werden. China schien als riesiger Markt soviele Möglichkeiten zu bieten, daß es schien, jeder würde dabei auf seine Kosten kommen. Durch ein paar kleinere Überfälle konnten die westlichen Kolonialmächte China zwingen, Handelsverträge zu ungleichen Bedingungen, nämlich sehr niedrigen Einfuhrzöllen für europäische Erzeugnisse, zu akzeptieren. Diese verarbeiteten Produkte konnten dann zu Preisen angeboten werden, bei denen die einheimische Industrie nicht mehr konkurrieren konnte. Doch der China-Handel erwies sich nicht einmal als halb so lukrativ wie erwartet worden war – die Massen waren zu arm, um viel zu kaufen. Dennoch gelang es dem Freihandel auf diese Weise, einheimische Unternehmen und Manufakturen zu untergraben. Das gleiche Spielchen wurde mit Japan gespielt, nur daß es den Japanern durch ungeheure Anstrengungen und weise Voraussicht doch gelang, trotz des anfänglichen Fehlens schützender Zollmauern nationale Industrien aufzubauen.

Hier ist nicht der Ort, die ganz unerfreuliche Geschichte der Kolonialherrschaft Revue passieren zu lassen: all die blutigen Eroberungskriege, die Niederschlagung von Aufständen, die Ermordung ortsansässiger Herrscher, das Hinschlachten und die Versklavung ganzer Bevölkerungen, die Landenteignung. Eroberungen wurden oft erreicht durch Verrat, wozu sich nur wenige nicht-europäische Eroberer herabgelassen haben. Hier und da gab es auch Beispiele für aufgeklärte Herrschaftsformen, aber die Kolonien wurden immer im Interesse der Mutterländer, nicht im Interesse ihrer eigenen Bewohner regiert.

Überkommene Autoritäts- und Statussysteme wurden untergraben. In Lateinamerika wurde die vorkoloniale Gesellschaft völlig aufgelöst, und die verlorenen, demoralisierten Seelen, die übrigblieben, wurden unter der Autorität der iberischen Invasoren versammelt. Könige und Bürokraten wurden in Asien ersetzt, in Afrika wurden Häuptlinge abgelöst oder manipuliert. Die Franzosen zogen das System direkter Herrschaft vor, sie setzten ihre eigenen Gouverneure und Distriktoffiziere ein. Die Briten wandten indirekte Herrschaft an, indem sie die Emire der Sahelzone oder die indischen Fürsten benutzten, um Puffer zwischen ihnen und den Massen der Eingeborenen zu schaffen. Die traditionellen Herrscher wurden entweder ihrer Macht beraubt und zu Strohmännern für rein zeremonielle Zwecke, wie der Moro Naba der Mossi, oder offensichtliche Marionetten und Kollaborateure.

Verfechter der Kolonialherrschaft – und es gibt selbst heute noch einige – weisen auf die mit ihr verbundenen Vorteile für die Kolonialvölker hin: Bildung, Wissenschaft und Technologie, Herrschaft des Gesetzes, effiziente Verwaltung usw. In Wirklichkeit wurden fast alle Unausgewogenheiten, mit denen sich heute Wirtschaft, Gesellschaft und Politik der Dritten Welt herumschlagen müssen, vom Kolonialismus verursacht. Auf die Einzelheiten komme ich in späteren Kapiteln zu sprechen. Hier will ich nur die Umrisse der Spur skizzieren, die der imperialistische Stiefel hinterlassen hat. In Lateinamerika setzten die Konquistadoren an die Stelle eines egalitären Systems gemeinschaftlicher Landbewirtschaftung riesige Landgüter und landlose Arbeiter. In Afrika wurde die Saat des Privateigentums in einen ähnlichen Traditionsboden gesenkt. In Bengalen schufen die Briten eine Klasse von Großgrundbesitzern, die es hier zuvor niemals gegeben hatte.

Die Kolonialmächte legten die Fundamente der heutigen Teilung der Welt in Industrienationen auf der einen und Holzfäller und Wasserschöpfer auf der anderen Seite. Sie vernichteten die einheimischen Industrien und zwangen die Kolonien, ihre Erzeugnisse zu kaufen. Sie untergruben die Selbstversorgung der Dritten Welt und machten sie zu Lieferanten von Rohstoffen für die westliche Industrie. Manchmal zwangen sie die Ortsansässigen, bestimmte Pflanzen anzubauen, wie etwa die Franzosen, die den Baumwollanbau in der Sahelzone erzwangen, oder die Holländer, die den Zuckeranbau in Indonesien forcierten. Zuweilen kauften sie auch Land oder nahmen es sich einfach, um Plantagen anzulegen, wofür sie dann billige Arbeitskräfte ins Land holten. Auf diese Weise schufen die Kolonialmächte die heute noch vorherrschende Weltwirtschaftsordnung mit ihrem Industriezentrum und der rohstofferzeugenden Peripherie, der im Wohlstand lebenden Metropole und den mit Armut geschlagenen Satelliten.

Die imperialen Herrscher schufen neue, separat angelegte Städte mit westlichem Charakter, schmarotzerhafte Auswüchse, deren einzige Aufgabe darin bestand, das wirtschaftliche Mehrprodukt aus der Kolonie heraus und nach Hause zu leiten. Diese Blutegel-Städte wurden zu den explodierenden Städten von heute, zu modernen, von Elendsquartieren umgebenen Zitadellen, die nach wie vor das sie umgebende Land aussaugen. Die Kolonialherren begannen mit der Einführung westlicher Technologie und Techniken. Mit ihren Gesetzen und Arzneien, die einerseits Nutzen brachten, wurde auch die Saat der Bevölkerungsexplosion gesät, und die neuen unabhängigen Staaten durften sehen, wie sie die bittere Ernte einbrachten. In der Industrie legten sie die Grundlagen für die technologische Abhängigkeit, die heute so stark ist wie eh und je. Um sich eine Schicht von mittleren Verwaltungsbeamten heranzuziehen, führten sie westliche Bildungsmethoden ein, welche die Menschen unfähig machten, in ihrer eigenen ländlichen Gesellschaft eine konstruktive Rolle zu spielen, und diese Bildungsmethoden gab es noch bis in die siebziger Jahren in den meisten Ländern, in vielen noch heute.

Die Staaten, die der Kolonialismus hinterließ, waren größtenteils künstliche Gebilde mit willkürlich gezogenen Grenzen, dazu verdammt, sich mit nutzlosen Grenzkonflikten und Abspaltungsbestrebungen herumzuschlagen. Die kostbare Herrschaft von Gesetz und Demokratie wurde bald durch unterschiedlich weitgehende Diktaturen ersetzt. Am schwerwiegendsten war jedoch, daß die Eliten, denen die Kolonialherren die Macht in die Hände legten, Erzeugnisse kolonialer Erziehungswesen und westlich geschult waren. Statt den einheimischen Bedingungen entsprechende Entwicklungsmodelle zu verfolgen, begaben sich fast alle daran, Nachahmungen westlicher Gesellschaften zu konstruieren. Moderne Industrie spielte eine größere Rolle als die Landwirtschaft, moderne Wolkenkratzer mußten hochgezogen werden, bevor Massenbehausungen geschaffen wurden, und modern beschäftigte Angestellte mußten hoch genug bezahlt werden, daß sie sich an der Nachahmung westlichen Lebensstils ergötzen konnten, während die Mehrheit der Bevölkerung weiterhin in Armut lebte. Aus diesen Weichenstellungen ergab sich viel Armut und Ungleichheit, mit denen sich der Rest des Buches beschäftigt. Die Fixierung der Dritten Welt auf den Westen ist so merkwürdig und in ihren Auswirkungen so fatal, daß ich das nächste Kapitel für den Versuch verwenden möchte, eine Erklärung dafür zu geben.

3. Die Verwestlichung der Welt

> «Durch die Exploitation des Weltmarkts hat die Bourgeoisie der Produktion und Konsumption in jedem Land kosmopolitischen Charakter verliehen.»
>
> Karl Marx

In Singapur ist die Pekingoper noch lebendig – in den Hintergassen. Am Boat Quay, wo die großen Lastschiffe festmachen, um Reis aus Thailand, Rohgummi aus Malaysia oder Bauholz aus Sumatra zu entladen, sah ich einer Truppe von Wanderschaustellern zu, wie sie ihre kleine, aus Holz und Leinen gefertigte Bühne aufstellten, wie sie sich ihre Gesichter weiß anmalten und ihre Augen rautenförmig schminkten und wie sie ihre glänzenden zinnoberroten, ultramarinblauen und goldschimmernden Roben überwarfen. Vor dem hingerissen lauschenden Publikum, gebeugten alten Frauen und kleinen Kindern mit kreisrunden Gesichtern, führten sie Erzählungen auf von Feudalfürsten und Zaubervögeln, von Kriegen und tragischen Liebesaffären, dabei schwangen sie die ausladenden Ärmel ihrer Kostüme und sangen mit eigenartig metallen klingenden Stimmen.

Die Aufführung wurde bezahlt von einem örtlichen Kulturverein und war Bestandteil eines religiösen Festes. Am Kai war ein Tempel aus purpurroten Stoffen errichtet worden, bemalte Figuren aus Pappmaché brannten ab wie überdimensionale Räucherstäbchen, und Männer im mittleren Alter teilten Geschenke aus, die an die Familienmitglieder weiterzugeben waren: rote Trinkbecher, geröstete Enten, Süßigkeiten und Mondkuchen. Der Sohn des Organisators, ein modisch gekleideter junger Mann mit italienischem Hemd und Goldrandbrille, sah dem ganzen Treiben mit amüsiertem Wohlwollen zu. Ich fragte ihn, wieso nur alte Leute und Kinder dabei seien.

«Die jungen Leute sehen diese Opern nicht gerne», sagte er. «Sie sind so altmodisch. Wir würden uns lieber eine hochkarätige westliche Varietéshow oder so etwas ansehen.»

Er sprach für eine ganze Generation. Man kann in fast jedes Dorf der Dritten Welt gehen, und man wird Jugendliche finden, die sich aus der traditionellen Kleidung nichts machen und lieber Jeans und T-Shirts tragen. Man braucht nur in irgendeine Bank zu gehen und wird sehen, daß die Schalterbeamten angezogen sind wie jeder x-beliebige europäische Kollege; abends wird der leitende Angestellte in sein Auto steigen und nach Hause fahren, um dort den Fernseher in einer Wohnung anzuschalten, die sich durchaus am europäischen oder nordamerikanischen Standard messen kann. Die Großstädte der Welt sehen einander immer ähnlicher; Marshall McLuhans Weltdorf wird Wirklichkeit, nur daß der Stil ausschließlich westlich ist. Und das nicht nur in bezug auf Verbrauchsgewohnheiten: Das Nachäffen erstreckt sich auch auf die Bereiche der Architektur, der Industrietechnologie, auf das Herangehen an Probleme der Gesundheitsversorgung, der Bildung und des Wohnungsbaus.

Dem ethnozentrischen Westmenschen oder dem verwestlichten Bewohner der Dritten Welt mag das als das Natürlichste von der Welt vorkommen. So ist das moderne Leben, werden sie sich sagen. So wird eines Tages alles einmal sein. Das ist es schließlich, was Entwicklung und Wirtschaftswachstum ausmacht.

Doch der leidenschaftslose Beobachter kann ob dieser zunehmenden Uniformität der Welt nur verwirrt den Kopf schütteln. Sollte man nicht doch mehr Unterschiedlichkeit, mehr einheimischen Stil und nationale Entwicklungsmodelle erwarten können? Warum sind fast alle dem europäischen Weg gefolgt? Die Besessenheit, mit der die Dritte Welt den westlichen «way of life» übernommen hat, hat zu einer Perversion der Entwicklung geführt und zerstört Gut und Böse in den traditionellen Kulturen. Das Kind wird mit dem Bade ausgeschüttet. Wir haben es hier mit dem wirklich umfassendsten Beispiel kultureller Diffusion – so nennen es die Historiker – in der Menschheitsgeschichte zu tun.

Die Ursprünge dieses Prozesses liegen selbstverständlich in der Erfahrung des Kolonialismus. Die europäische Herrschaft unterschied sich sehr stark von dem allgemeinen Drängen nach Eroberungen. Frühere Invasoren ließen sich meist in den neueroberten Territorien nieder, und sie übernahmen Teile der einheimischen Kultur oder paßten sich ihr zu einem gut Teil an. Nicht so die Europäer. Einige, wie die Iberer oder die Holländer, hatten zwar im Unterschied zu den Briten nichts gegen das Zusammenleben mit eingeborenen Frauen, sie schienen frei von rein *rassischen* Vorurteilen. Doch alle Europäer waren von derselben *kulturellen* Arroganz befallen. Vielleicht ist dieses Merkmal auf die eigenartige Selbstgerechtigkeit des paulinischen Christentums zurückzuführen.

Was auch immer der Grund dafür gewesen sein mag, sie kamen jedenfalls nicht ein einziges Mal auf den Gedanken, einheimische Kulturen könnten in irgendeiner Weise, sei es materiell, moralisch oder geistlich, der eigenen gleichwertig sein, und niemand zweifelte jemals daran, daß die angeblich unwissenden Bewohner der dunkleren Kontinente Aufklärung benötigten.

So entstand neben dem politischen und dem wirtschaftlichen Imperialismus jene hinterhältigere Form der Kontrolle – der Kulturimperialismus. Er eroberte nicht nur den Körper, sondern auch die Seelen der Opfer und machte sie zu willfährigen Komplizen.

Die Eroberung der Dritten Welt durch den Kulturimperialismus begann mit der Indoktrinierung einer Elite lokaler Kollaborateure. Die

Missionsschulen waren bestrebt, möglichst viele zum Christentum Bekehrte wieder als Missionare unter ihren eigenen Landsleuten einzusetzen, und halfen so, die traditionelle Kultur auszumerzen. Später bemühten sich die Regierungsschulen, eine Schicht von untergeordneten Bürokraten und niedrigen Militäroffizieren zu produzieren, die bei der Ausbeutung und Unterdrückung ihrer eigenen Landsleute behilflich sein sollten. Die Briten waren da ganz genau; nach ihren Wünschen mochten die Eingeborenen, auch die anglisierten unter ihnen, doch bitte Distanz wahren. Die Franzosen und die Portugiesen strebten in Afrika ausdrücklich die «Assimilation» der begabten Eingeborenen an, was soviel heißen sollte wie: Verwandlung der Afrikaner in Modell-Franzosen und -Portugiesen, die nur noch durch ihre Hautfarbe als «unecht» erkennbar waren.

Der zweite Übertragungskanal funktionierte weniger direkt und auf freiwilliger Basis. Soziologen würden die Wirkungsweise mit dem Begriff Bezugsgruppenverhalten belegen, das dann vorliegt, wenn jemand Verhaltensweise und Lebensstil einer sozialen Gruppe nachahmt, der er gerne angehören oder zugerechnet werden möchte, und die Verhaltensmerkmale seiner eigenen Gruppe aufgibt. Dies geschah im Westen, als die Neureichen der frühen Handels- und Industriebourgeoisie den Adel nachäfften, dem sie insgeheim angehören wollten. Es ist also nicht verwunderlich, wenn die sozialen Aufsteiger der Kolonien sich daran machten, ihre Eroberer nachzuahmen. Die aus Amerika zurückgekehrten Sklaven, die die erste Verwestlichungswelle in Westafrika in Gang setzten, trugen in der Hitze der Trockenzeit wolltuchene Anzüge und gestärkte Kragen. Die neuen Offizierskorps in Indien waren, wie der indische Schriftsteller Nirad Chaudhuri es nannte, «eine Imitation, polospielende englische Subalterne», komplett mit gewachsten Schnauzbärten und Pfauenbrust. Die Elite der Inder fügte ihrem eigenen Kastenbewußtsein noch das Klassenbewußtsein ihrer Herrscher hinzu und wurde britischer als die Briten (und ist es auch heute noch).

Es gab noch ein weiteres psychologisches Motiv zur Übernahme westlicher Manieren, das von der Arroganz und Hochnäsigkeit der Kolonialherren abgeleitet war. Wie der aus Martinique stammende politische Philosoph Frantz Fanon bemerkte, war die Kolonialherrschaft eine Erfahrung in Rassenerniedrigung. Praktisch jeder politische Führer eines gerade unabhängig gewordenen Staates könnte von einschlägigen Erfahrungen berichten, etwa aus einem Club geworfen oder von oft statusniedrigen Weißen auf der Straße mißhandelt worden zu sein. Die einheimische Elite wurde gelehrt, daß man sich für seine Hautfarbe und seine Kultur zu schämen habe. Fanon schreibt: «Ich fange an darunter zu leiden, daß ich kein Weißer bin, und zwar in dem Maße, wie der Weiße mich diskriminiert, mich zu einem kolonisierten Eingeborenen macht, mich all meiner Werte, all meiner Individualität beraubt ... Dann werde ich ganz einfach versuchen, selbst weiß zu werden, das heißt, ich werde den weißen Mann dazu zwingen anzuerkennen, daß ich ein Mensch bin.» Diesem Komplex ordnet Fanon die ständige Sorge der kolonisierten Eingeborenen zu, wie sie die Aufmerksamkeit des weißen Mannes auf sich ziehen, wie sie so mächtig wie der weiße Mann werden könnten, um mit allen Mitteln zu beweisen, daß Schwarze auch zivilisiert sein können. Angesichts des Rassismus und des Kulturdünkels der Weißen war dies nur möglich, wenn man nach ihren Kriterien Erfolg hatte und wenn man ihre Verhaltensweisen annahm.

Dieser Wunsch, seine Gleichwertigkeit zu beweisen, erleichtert uns gewiß zu erklären, weshalb Ghanas Nkrumah das riesige Stadion und den Triumphbogen am Platz des Schwarzen Sterns in Accra bauen ließ. Weshalb das winzige Heimatdorf des Präsidenten Houphouët-Boigny von der Elfenbeinküste mit einer im Nirgendwo beginnenden und endenden vierspurigen Autobahn, einem Fünf-Sterne-Hotel und einem hypermodernen Konferenzzentrum beglückt wurde. Weshalb Sukarno die indonesische Hauptstadt Jakarta zu einer von sechsspurigen Autobahnen und denkbar geschmacklosen neofaschistischen Denkmälern entstellten Übung in Gigantomanie machen ließ. Damit sollte nicht nur vor den alten Imperialisten, sondern auch vor den anderen Führern der Dritten Welt in der einzig beeindruckenden Weise, die sie anerkennen würden, nämlich der westlichen, angegeben werden.

Der Einfluß westlichen Lebensstils breitete sich sogar bis zu jenen wenigen Ländern aus, die dem Kolonialjoch entronnen sind. Gegen Ende des 19. Jahrhunderts sahen die Eliten der gesamten nichtwestlichen Welt Europa als ihre Bezugsgruppe an. Die Wurzel des Problems bei Ländern, die niemals Kolonien waren, wie die Türkei, China und Japan, liegt wahrscheinlich darin, daß sie sich der militärischen Überlegenheit des Westens bewußt waren. Die Schläge, die diese drei mächtigen Nationen vom Westen einstecken mußten, waren für sie erniedrigende und traumatische Erfahrungen. Für China und Japan war das Zusammentreffen mit der überlegenen Militärtechnologie der industrialisierten Nationen etwa ebenso erschreckend wie eine Invasion außerirdischer Wesen. Es stellte die Wurzeln ihrer Zivilisation sowie alle Grundlagen und Institutionen, auf denen ihr Leben beruhte, in Frage.

In allen drei Nationen entstanden Gruppen, die glaubten, ihr Land könne sich nur dann erfolgreich dem Westen annähern, wenn es die westliche Kultur, westliche Institutionen und sogar westliche Kleidung übernehme, denn all das war irgendwie mit der Produktion westlicher Technologie verbunden. Schon 1840 begannen chinesische Intellektuelle damit, sich vorsichtig von der alten Vorstellung zu lösen, China sei in jeder Hinsicht die größte Zivilisation der Welt. Der Administrator Wei Yüan hielt seine Landsleute an, «von der überlegenen Technologie der Barbaren zu lernen, um sie unter Kontrolle bringen zu können». Doch konnten die erwünschten Veränderungen nicht auf das Reich der Technik beschränkt werden. Technologische Effizienz ist das Ergebnis eines umfassenden Gesellschaftssystems. «Seit wir von Kanonenkugeln geschlagen wurden», schrieb M. Chiang, «fanden wir natürlich auch Interesse an ihnen, weil wir dachten, wenn wir sie herstellen lernten, könnten wir zurückschlagen. Über das Studium von Kanonenkugeln kamen wir zu mechanischen Erfindungen, die ihrerseits zu politischen Reformen führten, die uns wiederum zu den politischen Philosophien des Westens führten.» Die republikanische Revolution von 1911 versuchte, China zu modernisieren, aber ihre Unterordnung unter den Westen hielt an, bis ein Mann namens Mao Tse-tung jenes andere Markenzeichen von Verwestlichung: den Kommunismus, wenngleich in einer einzigartig angepaßten Weise, anwandte.

Die Japaner wurden 1853, nach einigen Jahrhunderten völliger Isolierung, gezwungen, ihre Grenzen für westliche Waren zu öffnen. Wenn sie überleben wollten, mußten sie schnell umdenken. Von 1867 an verwestlichten die Meiji-Herrscher Japan mit erstaunlicher Geschwindigkeit, sie übernahmen die westliche Wissenschaft, Technologie und sogar westliche Manieren: kurzer Haarschnitt wurde zur Regel, es gab nun Tanzveranstaltungen, und man trug *moningku* mit *haikara* (*morning coats and high collars*; das sind: eine dem Cut ähnliche Jacke und hohe (Hemd-)Kragen; (d. Ü.). Die Umgestaltung war so erfolgreich, daß die Japaner um 1970 herum den Westen bei seinem eigenen Spiel schlagen konnten. Doch hatten sie ihre wirtschaftliche Unabhängigkeit gewonnen durch den Verlust ihrer kulturellen Autonomie.

Die Türkei machte sich nach ihrer Niederlage im Ersten Weltkrieg und der Zerschlagung ihres ungeheuren Reiches daran, sich unter jenem zwingenden und rücksichtslosen Verwestlicher Kemal Atatürk von Grund auf zu verwandeln. Die arabische Schrift wurde abgeschafft und durch das römische Alphabet ersetzt. Kemals fixe Idee über das Tragen von Hüten wird wahrscheinlich als Symbol einer ins Absurde gesteigerten Verwestlichung anzusehen sein. Sein Biograph, Lord Kinross, berichtet, der spätere Präsident habe bei seinen Reisen als junger Mann westliche Beleidigungen und herablassende Bemerkungen über den türkischen Nationalhut, den Fes, als Kränkung empfunden. Später erklärte er das Tragen des Fes zum kriminellen Vergehen. «Die Bürger der türkischen Republik», so meinte er bei einer seiner Reden, mit denen er die neue Politik verkündete, «müssen auch mit ihrem Äußeren beweisen, daß sie zivilisierte und fortschrittlich denkende Menschen sind ... Eine zivilisierte, internationale Kleidung ist etwas wert und unserer Nation angemessen, und wir werden sie tragen. Stiefel oder Schuhe an unseren Füßen, Hosen an unseren Beinen, Hemd und Krawatte, Jackett und Weste – und zur Vervollständigung selbstverständlich auch eine Kopfbedeckung mit Rand. Damit das ein für allemal klar ist: Diese Kopfbedeckung nennt man einen Hut.»

Hausgemachte Kolonialherren

Die Fixierung auf den Westen war nicht etwa mit der Unabhängigkeitserklärung zu Ende. Die Eliten, die in Afrika und Asien ihr Amt antraten, waren Ableger der westlich erzogenen Schicht, die sauer geworden war auf ihre Herren. Ihre Forderungen nach Unabhängigkeit waren denn auch oft genug mit Zitaten westlicher politischer Denker untermauert, über deren Schriften sie in ihren Studentenbuden in Oxford, London oder Paris gebrütet hatten. Nehru schrieb mit unbewußtem Bezug auf sich selbst: «Die Briten hatten eine neue Kaste oder Klasse in Indien geschaffen, die englisch erzogene Klasse, die in einer eigenen, von der Masse der Bevölkerung abgeschnittenen Welt lebt und die immer, selbst noch bei ihren Protesten, auf ihre Herren blickt.» Ja, die sogar noch nach Erringung der Unabhängigkeit, hätte er hinzufügen können, auf ihre früheren Herren blickt.

Mit ein bißchen Überlegung liegt es auf der Hand, weshalb nur wenige der neuen herrschenden Eliten ein eigenständiges Entwicklungsmodell erstellten. Die meisten von ihnen gehörten nicht selbst zur traditionellen herrschenden Klasse. Wenn es etwas gab, dem sie ihre frisch gewonnene Macht verdankten, dann ihrer Belesenheit, ihrer westlichen Bildung, ihrer Vertrautheit mit westlichen Vorstellungen und westlich zugeschnittenen Regierungsinstitutionen, die sie geerbt hatten. Sofern sie klar umrissene Ziele hatten, bestanden diese darin, ihre Länder in der kürzestmöglichen Zeit in westliche Gesellschaften zu verwandeln, komplett und mit allem Komfort. So machten sie sich denn daran, im Zentrum der größten Städte westliche Gesellschaften en miniature aufzubauen. Von da aus sollte dann weitergebaut werden in der Hoffnung, schließlich das gesamte nationale Territorium umzubauen. Dabei merkten sie kaum, daß es auf diese Weise Jahrhunderte dauern würde, bis die Mehrheit etwas davon haben würde.

Der Abzug der Kolonialmächte hatte eine Art Status-Vakuum hinterlassen, und das Nachrücken, das jetzt einsetzte, gab dem Verwestlichungsprozeß noch einen weiteren Anstoß. Die alten Statuszeichen bei Zeremonien, aus ritueller und traditioneller Macht, waren im Sterben begriffen. Die neue Machtschicht von Politikern, Bürokraten, Geschäftsleuten usw. versuchte, ihren Status untereinander durch die einzige Methode abzustecken, die von ihnen allen anerkannt wurde: durch Zurschaustellung materieller Güter westlicher Herkunft. Indiens politische Elite zog in geschmackvolle Stadthäuser aus der Kolonialzeit – die noch nach einem in Britannien längst überholten Geschmack ausgestattet waren – in den baumgesäumten Avenuen Neu-Delhis, während die *nouveaux riches* jüngerer Staaten sich palastartige Häuser im Beverly-Hills-Stil bauen ließen.

Das Wachsen des modernen Staats und der modernen Wirtschaft untergrub Status- und Wertsystem auch auf lokalem Niveau, und die verwestlichte Elite wurde zur Bezugsgruppe, die soziale Aufsteiger, welche noch ein paar Sprossen tiefer auf der Leiter standen, nachzuäffen sich bemühten. Jeder, der imstande war mitzuspielen, rang durch ostentativen Konsum und modernen Lebensstil um «seinen» Status, und um die dafür nötigen Mittel zu beschaffen, war er bereit, alle traditionellen Bindungen zu lösen.

In vielen Ländern praktizierten die neuen Herren eine Art inneren Kolonialismus über ihr eigenes Volk. Besonders augenfällig war und ist dies in Lateinamerika der Fall, wo es auch noch eine rassische Seite gibt. Die neuen Herren, die im frühen 19. Jahrhundert die Macht übernahmen, waren europäischer Herkunft, und ihre Abkömmlinge beherrschen noch heute die Eliten. Menschen aus der eingeborenen Indio-Bevölkerung oder aus der als Sklaven aus Afrika stammenden Bevölkerung wurden als Untertanen behandelt, diskriminiert, zu niederen Arbeiten verdammt, zur Übernahme europäischer Kultur, Religion und Sprache gezwungen.

Die Situation in Afrika und Asien unterschied sich davon nicht allzusehr. In wenigen Ländern hatte der innere Kolonialismus auch eine rassische Seite: bei den Kreolen in Liberia und Sierra Leona, den Tutsi in Burundi. In den meisten anderen Ländern war er kultureller Natur. Die «Kolonisatoren» stellte die verwestlichte Elite, die Nirad Chaudhuri verglichen hat mit einer «getrennten Volksgruppe mit ihrer eigenen Kollektivpsychologie». «Kolonisiert» waren all jene Gruppen, die nicht zum modernen verwestlichten Teil der Gesellschaft gehörten. Auch sie wurden, wie noch zu zeigen sein wird, diskriminiert, bei der Planung der Regierungsausgaben vernachlässigt, und es gibt jetzt Anzeichen, daß sie zu einer Art erblicher Kaste werden, so als wären sie wirklich eine Untertanenrasse.

Heute ist die Verwestlichung bis in den letzten Winkel der Dritten Welt vorgedrungen, und auf Grund der Diskriminierung nicht verwestlichter Bevölkerungsgruppen dringt sie mit zunehmender Schnelligkeit noch weiter vor. Sie kriecht durch die Hauptarterien der eingeborenen Gesellschaft und vergiftet sie von innen. Von oben her wird sie durch die Tätigkeit und das Beispiel der lokalen Hierarchie verbreitet. Von unten her sind vor allem die jungen Leute ihre Träger, für sie sind das Tragen westlicher Kleidung und westlicher Verhaltensformen so etwas wie bei uns als Hippie, Punk oder Rocker aufzutreten. Es weist sie angeblich als überlegen aus und gibt ihnen einen Vorwand, ihre Eltern zu verachten. Dies ist ihre eigene Art der jugendlichen Rebellion, allerdings eine Art Rebellion, von der sie sich im Unterschied zu westlichen Heranwachsenden kaum jemals wieder erholen. Die Schulen haben als mächtige Instrumente der Verwestlichung der Jugend gewirkt: Sie zwingen die Schüler häufig, westliche Uniformen zu tragen, und der Unterrichtsstoff betont moderne städtische Aktivitäten und Werte. Wenn die jungen Leute die Schule verlassen, sind sie benommen und entwurzelt und verachten ihre eigene Kultur.

Der Sechs-Millionen-Dollar-Kultur-Imperialist

Die Bildungsinhalte werden durch die Massenmedien, die auf der ganzen Welt anglo-amerikanisch ausgerichtet sind, noch verstärkt.

In Indonesien und in Pakistan, in Thailand, Malaysia, Nigeria, Ghana, Kenia, Kolumbien und Peru ist die größte Werbeagentur in amerikanischer Hand. Von den fünf größten Agenturen in Indien, Mexiko und Argentinien sind drei amerikanisch. Sie benutzen westliche Werbemethoden, oft auch westliche Bilder. Die am häufigsten vorgestellte Bezugsgruppe in der Werbung in der Dritten Welt ist die verwestlichte Wohlstandselite, und selbst Regierungskampagnen benutzen das gleiche Bezugsimage. Eines der von mir gesammelten Familienplanungsplakate aus dem Iran zeigt auf der einen Seite eine arme Familie in traditioneller Kleidung in einer verwahrlosten nackten Lehmhütte mit einer riesigen schreienden Kinderschar und auf der anderen Seite eine kleine Familie mit zwei Kindern in einem luxuriös eingerichteten Vorstadthaus mit Radio und Fernseher, der Mann mit Anzug, Hemd und Krawatte, die Frau mit Rock, Bluse und Schürze. Die versteckte Aussage: Begnüge dich mit zwei Kindern, und du kannst dich auch dieses wünschenswerten westlichen Lebensstils erfreuen. Einheimische Lebensformen werden lächerlich gemacht, und genaugenommen ist überall in der Dritten Welt die traditionelle Gesellschaft zur negativen Bezugsgruppe geworden, der alle Menschen mit Ehrgeiz und klarem Kopf zu entkommen suchen und mit der jegliche Verbindung verwerflich ist.

Nicht nur die Marketing-Methoden sind westlich, die durch sie angepriesenen Waren sind es häufig auch; Levi's Jeans, Pop-Kassetten, Mopeds, für das alles wird hart geworben. Jemand, der davon etwas benutzt, nimmt damit schon ein Element des gewünschten Images an und ist zudem bereitwilliger für weitere Produkte zu gewinnen. Die großen multinationalen Konzerne können so die Vorteile der Massenproduktion nutzen, und auf der ganzen Welt sind die Produkte fast genau dieselben. Im November 1976 kündigte William Bourke, damals Vize-Präsident der zu Ford gehörenden Gesellschaft North American Automotive Operations, an, es werde einen einheitlichen Weltmarkt mit einem einheitlichen Weltstil geben: «Der Tag ist nicht fern, an dem in den Fabriken zum Verkauf in der ganzen Welt dieselben Produktreihen nur noch mit unwesentlichen Änderungen hergestellt werden.» Es werde auf Grund «der Vereinheitlichung des Verbrauchergeschmacks» durch die modernen Massenkommunikationsmittel soweit kommen. Wenn das Produkt nicht auf den Markt paßt, dann muß man eben den Markt dafür passend machen.

Westlicher Lebensstil wird auch durch die Unterhaltungsmedien gefördert. Westfilme gibt es in jeder größeren Stadt der Dritten Welt. Eine ähnliche Rolle spielt das Fernsehen. Arme Länder, die sich entschließen, ihr eigenes Fernsehen aufzuziehen (um so die nationale Integration zu fördern oder um den Wünschen der Elite zu Willen zu sein), sind fast immer gezwungen, sobald sie nicht nur Bildungs-, sondern auch Unterhaltungsprogramme ausstrahlen, auf große Mengen ausländischen, meist amerikanischen Materials zurückzugreifen, um ihre Programme zu füllen. Die amerikanischen Fernsehgesellschaften können von ihren Magnetbändern ohne weiteres Extrakopien anfertigen, die im Vergleich zu Eigenproduktionen lächerlich billig sind. Auf Grund der Produktion in großen Mengen können sie «Qualitäts»-Produkte weit billiger verkaufen, als andere Länder eigene Programme produzieren.

Auf diese Weise senden die Programme eines großen Teils der Länder der Dritten Welt den krassen Konsumindividualismus des «American way of life» frei Haus. CBS-Programme gibt es in hundert Ländern. *Bonanza* zum Beispiel sehen 350 Millionen Menschen. Eine Untersuchung des Medienexperten Tapio Varis über Fernsehprogramme der Jahre 1970–71 belegte, daß 84 Prozent des Fernsehprogramms von Guatemala aus importierten Programmen bestanden, in Uruguay waren es 62 Prozent, in Chile 55 Prozent, in der Dominikanischen Republik 50 Prozent. In den USA dagegen waren nur ein oder zwei Prozent importiert, in Großbritannien 12 Prozent. Nehmen wir Asien: Malaysias Programm war zu 71 Prozent importiert, Pakistans zu 35 Prozent, Koreas zu 31 Prozent, das der Philippinen zu 29 Prozent und das Taiwans zu 22 Prozent. Der Programm-Import in Afrika und im arabischen Raum: Zambia übernahm 64 Prozent, der Irak 52 Prozent, Ägypten 41 Prozent und der Libanon 40 Prozent. Singapurs Programm gehört zu den am stärksten von Importen beherrschten, es bringt 78 Prozent fremdes Material.

Der letzte Kanal des Kulturimperialismus ist der Tourismus. Vom leeren und stickigen Materialismus ihrer eigenen Zivilisation kranke Westler gehen auf den großen Treck nach Osten und Süden, auf Traumurlaub und jugendliche Odysseen, womöglich auf der Suche nach einer Einfachheit, die Europa vor vielen Jahrhunderten schon verloren hat und die die Dritte Welt dabei ist mit Windeseile zu verlieren.

Reiseziele sind in dem Maße anziehend, wie sie noch unverfälscht sind. Doch ist schon die bloße Reise dorthin eine Handlung, durch die diese Orte verdorben und geplündert werden. Der Westler sucht ein von Verwestlichung nicht infiziertes Irgendwo. Mit seinem Besuch infiziert er es. Er selbst überträgt den Virus. Er unterliegt dem gleichen Fluch wie König Midas. Sobald irgendwo Westler in größeren Mengen auftreten, stampfen Regierungen, Multis, ja sogar internationale Entwicklungsbehörden Fünf-Sterne-Hotels aus dem Boden. Der Westtourist kann seinem eigenen Schatten nicht entkommen, ein Schutzwall aus westlichem Komfort und minderwertigen Imitationen einheimischer Kultur umgibt ihn.

Die so entstehenden Kontraste tun einem in der Seele weh. Welch ein entzückender Anblick, wenn eine dicke amerikanische Witwe in einer idyllischen tunesischen Oase auf den Rücken eines Kamels gehievt wird oder wenn afrikanische Verkäufer an den Stränden von Gambia ein paar Oben-ohne-Schwedinnen umschwärmen wie die Fliegen. Die Dorfwirtschaft wird allmählich verzerrt; Hauptziel des Wirtschaftens sind nicht mehr die eigenen Bedürfnisse, sondern das Herumscharwenzeln zur Befriedigung der Konsumlaunen von Fremden. Die Einheimischen geben ihre Äcker und Fischerboote auf und werden Schlepper, Lakaien oder Eselführer. Diebe und Nutten lassen sich nieder.

Die nationalen Kulturen sind nicht immun. Malerei und gestaltende Kunst neigen dazu, vom Heiligen und Symbolischen zum Vulgären, zu kommerzialisierten Spektakeln und stereotypen Produkten zu degenerieren. Die Krämer übernehmen den Tempel. Dem Wirtschaftswissenschaftler Jacques Bugnicourt zufolge wächst sich der Tourismus zur Anstiftung zum Rauben und Plündern der einheimischen Kunst und archäologischer Stätten und zur Schändung religiöser Stätten aus. In Nigeria klopften fliegende Händler zu jeder Abendstunde an meine Tür und breiteten ihre Ware aus: das Künstliche neben dem Echten, glattpolierte Ebenholzköpfe neben grob behauenen Tanzmasken. Die Händler stellten die Dörfer auf den Kopf, um alte Familienschätze auszugraben: geschnitzte Trommeln und Kornspeichertüren, schmucke Speere und Götzenfiguren. Da die Leute arm waren, riskierten sie es, den Zorn ihrer Götter auf sich zu lenken, und verkauften.

Unter diesem Sperrfeuer und Dauerbeschuß leiden die überkommenen Kulturen und Gesellschaftsstrukturen, sie werden krank und sterben, sind vielerorts schon gestorben. Man kann diesen Trend beklagen, ohne der Nostalgie verfallen zu sein. So wie das Aussterben von Tierarten das Gleichgewicht und die Vielfalt in der Natur bedroht, die Genbank also, von der die dauernde Überlebensfähigkeit des Lebens abhängt, so vermindert das Verschwinden ganzer Gruppen von Gesellschaften die kulturelle Vielfalt der Menschheit.

Die Wiederbelebung des Islam, von der die muslimische Welt Ende der siebziger Jahre ergriffen wurde, stellt einen verständlichen Aufstand gegen fremde, aufgezwungene Kulturformen dar. Sie ist allerdings von ihrem Wesen her teilweise reaktionär und auf die Erhaltung einiger der am wenigsten zu billigenden Züge traditioneller Kultur gerichtet. Ähnliche Bewegungen gegen kulturelle Überfremdung gibt es in Indien. Die Restauration alter Sitten, guter und schlechter, ist ebenso wenig eine Lösung wie ihre völlige Ausradierung. Einige Züge des traditionellen Lebens haben es verdient, ausrangiert zu werden, denn sie stehen im Gegensatz zu Recht und Billigkeit: etwa die überall niedrige Stellung der Frau und der

Unberührbaren in Indien. Es müssen neue Wege zu einer Verbindung der besten einheimischen Werte mit der in anderen Ländern und zu anderen Zeiten errungenen sozialen Gerechtigkeit gefunden werden.

Was die Dritte Welt heute braucht, damit eine rasche Entwicklung, die allen zugutekommt, eingeleitet werden kann, das ist Umverteilung, Zusammenarbeit, Betonung von Produktion, Selbständigkeit, Selbsthilfe, Mitbestimmung. Die Verlockungen des Westens haben die Entwicklungsziele pervertiert, isoliertes Konsumverhalten zum Ziel der meisten Bemühungen gemacht. Westlicher Lebensstil, westliche Erzeugnisse und westliche Lösungsansätze bringen – wie wir in späteren Kapiteln noch sehen werden – unter den Bedingungen der armen Länder eine falsche Art von Entwicklung hervor. Der westliche Mittelschicht-Lebensstil liegt so hoch über dem, was für die große Masse der Bevölkerung in diesen Ländern möglich ist, daß die Eliten sich dieses Lebensstils nur auf Kosten grotesk anmutender Ungleichheiten und Ausbeutung erfreuen können.

Westliche Wohn-, Industrie- und Gesundheitstechnologie ist auch teuer, und den armen Ländern fehlt das Geld dafür. Die Entscheidung für westliche Lösungsansätze hatte notwendigerweise zur Folge, daß die Regierungsausgaben sich auf kleine, qualitativ hochstehende Pakete konzentrierten, die nur wenigen zugutekamen. Die Mehrheit wurde dabei vernachlässigt und ihrer Armut überlassen.

ZWEITER TEIL

Schlimm ergeht's dem Land: Landwirtschaft und landwirtschaftliche Probleme

«Schlimm ergeht's dem Land, das
all den Übeln ist nur Beute,
wo Wohlstand wächst den einen
und leiden Land und Leute.»

Oliver Goldsmith

4. Die Öko-Katastrophe in Afrika

Aus der Vogelperspektive ist Obervolta eine eintönige Hochebene aus Rostrot und Ocker, pastellfarben gesprenkelt mit dem Grün der Akazie, der Robinie und des Schibutterbaums. Hier und da große schwarze Flekken, wo Buschfeuer das zundertrockene Gras weggefressen und einen qualmenden Teppich hinterlassen haben, darin winzig kleine Einsprengsel: Vieh, das darüber hinwegzieht und Spuren hinterläßt wie Regentropfen auf einer Fensterscheibe. Die Dörfer, geordnete Ansammlungen von spitzen, strohgedeckten Hütten und drumherum, wie ein Schaf mit seinen Lämmern, Kornspeicher, Miniaturen der Hütten. Weit und breit kein Fluß, kein Bach, denn das Land stöhnt unter der Hitze der Trockenzeit.

Auf dem Boden die gleiche endlose Wiederholung von trockenem Buschwerk, rotem Staub, sandfarbenen Häusern, Frauen mit Wasserkrügen auf den Köpfen, die auf schmalen Pfaden entlangschlurfen, Männer auf Fahrrädern, ihre Köpfe unerklärlicherweise eingewickelt in wollene *balaclavas*, in denen es heiß sein muß wie im Hochofen, Perlhühner spritzen panikartig auseinander, aus dem Weg.

Riesige Affenbrotbäume stehen vereinzelt in der Landschaft mit ihren knorrigen Stämmen und spindeldürren Ästen, von denen eigenartige Früchte herunterhängen wie samtene Kegel am Ende eines Stricks. Hier oben regnet es nur drei oder vier Monate im Jahr, dazwischen liegt eine lange Trockenzeit, die Pflanzen und Menschen verdorren und versengen läßt. Der Affenbrotbaum hat in seiner Entwicklung Mittel und Wege gefunden, damit fertig zu werden, er speichert Wasser in seinem dicken Leib und wirft seine Blätter ab, um die Verdunstung zu vermindern. Auch das Gras hat sich diesen Bedingungen gut angepaßt: Bei einigen Arten haben die Samen Grannen, die aussehen wie Schraubenzieher und mit denen sie sich tief in den Boden bohren, so daß Buschfeuer sie nicht mehr erreichen können. Diese Grasarten haben enorme Wurzeln, die noch aus größten Tiefen Feuchtigkeit zu ziehen vermögen. In der Trockenzeit wird dieses Gras zu einer verschlungenen, losen, wie abgestorben daliegenden Strohmatte. Wenn dann der Regen kommt, schießt es aus dem Boden und wird innerhalb weniger Monate ungeheuer hoch.

Auch der Mensch hatte sich dieser ungastlichen Heimat angepaßt. Vielleicht nicht in idealer Weise, doch immerhin stabil genug, um jahrhundertelang auf diese Weise leben zu können, das heißt, bis die Bevölkerungsexplosion das prekäre Gleichgewicht zerstörte. Die hier traditionelle Art der Landbebauung ist typisch für den ganzen afrikanischen Kontinent südlich der Sahara und auch für Teile Lateinamerikas und Südost-Asiens. Die Methode ist bekannt als wandernder Hackbau oder als Roden und Brennen. Die Bauern roden erst ein Stück Busch oder Wald, das zwischen sechs und dreißig Jahre lang brachliegen gelassen wurde. Sie hauen Busch und Bäume mit einer Axt oder einer Machete ab, lassen alles eine Zeitlang trocknen und setzen es schließlich in Brand. Das Feuer hinterläßt ein verwüstetes Chaos von verkohlten Baumstümpfen, schwarzen umherliegenden Baumstämmen und verfilzter Grasasche. Es sieht aus wie ein ökologisches Massaker, aber es liegt ein Sinn in alledem. Die Baumstümpfe werden im Boden gelassen, um Arbeit zu sparen. Dadurch wird zwar das Pflügen unmöglich gemacht, dafür aber die Erosion be- oder verhindert. Die Pflanzen werden dazwischen gesetzt, in trockenen Gebieten meist nur eine Frucht: Hirse zum Essen, Baumwolle oder Erdnüsse zum Verkaufen. In den Regenwaldgebieten ist das bebaute Stück Land oft ein Stück Regenwald im kleinen, hier wächst alles durcheinander und in verschiedenen Höhen: Bananenstauden, Maniokstäucher, Yamsreben aus aufgehäufelten Bodenhügeln. Diese gemischte Anbauweise sorgt dafür, daß die Sonnenhitze nicht bis ganz nach unten vordringen kann, und bricht die fürchterliche Gewalt des niederprasselnden Regens. Die Fruchtbarkeit des Bodens läßt nach der Rodung rasch nach – schon im dritten Jahr können die Erträge nur noch ein Drittel der Ernte des ersten Jahres ausmachen. Daher wird dieses Stück Land nach ein oder zwei Jahren Anbau verlassen und brachliegen gelassen. Es bildet sich eine neue Decke aus Bäumen und Büschen. Sie wird nicht so hoch und komplex wie der ursprüngliche Wald, aber die Wurzeln der Holzpflanzen dringen tief in den Boden ein und ziehen viele Pflanzennährstoffe hoch, die der Regen in den Untergrund gespült hat. Freilebende Bakterien bilden im Boden Stickstoff. Zwar geht durch das Roden und Brennen der Stickstoff in den Pflanzen in Rauch auf, doch werden dadurch die Mineralien, die Kaliumkarbonate und Phosphate für den nächsten Anbau freigesetzt. Durch das Brennen wird der Boden anscheinend auch alkalihaltiger und für Kulturpflanzen gastfreundlicher. Die Erträge können bei dieser Methode wandernden Hackbaus im ersten Jahr erstaunlich groß sein, wenn man bedenkt, daß kein Geld für Dünger oder Tiere ausgegeben werden braucht und daß damit insgesamt weit weniger Arbeit verbunden ist als mit ständigem Pflügen beim seßhaften Bauern. Dies mag ein Grund dafür sein, daß in Afrika der Pflug nur langsam Anklang findet. Die Kehrseite ist allerdings, daß jederzeit bis zu drei Vierteln des Landes brachliegen können. Die Bevölkerung muß daher klein sein. Das ist wahrscheinlich auch der Hauptgrund dafür, daß es mit Ausnahme der Maya keine auf dieser Anbautechnik gründende fortgeschrittene Zivilisation gegeben hat.

Dieser wandernde Hackbau wurde früher von den Agronomen verlacht, doch wird er heute allgemein als eine rationale und ökologisch sinnvolle Anbauweise bei unfruchtbaren tropischen Böden akzeptiert, solange die Brachperiode lang genug ist. Es liegt an der Bevölkerungsexplosion, daß dieses Roden und Brennen zu einer ökologischen Tragödie und in den empfindlichen Ökosystemen der Trockenzonen wie in Obervolta zu einer Form des allmählichen Selbstmords geworden ist.

Überall in Afrika sind die Brachperioden – die für die Wiederherstellung der Bodenfruchtbarkeit von grundlegender Bedeutung sind – wegen der gewachsenen Bevölkerung kürzer geworden. Zu oft kommen die Bauern zum gleichen Stück Boden zurück, so daß die Erträge sinken und der Boden manchmal unwiderruflich ausgesogen wird. Moderne Landwirtschaftsmethoden könnten dafür einen Ausgleich schaffen: Durch Pflügen würden die tieferen Bodenschichten nach oben gebracht, und ein Stück Land könnte länger genutzt werden. Bei angemessener Nutzung von Kunst- oder natürlichem Dünger könnte ein Anbaugebiet ständig genutzt werden. Doch die meisten afrikanischen Bauern halten noch immer an den alten Methoden ohne Pflügen und Düngen fest. Sie praktizieren die ortsgebundene Landwirtschaft mit der Technologie des wandernden Hackbaus. Sie versuchen, eine zunehmend dichtere Bevölkerung mit den Methoden einer verstreut lebenden Bevölkerung zu unterhalten. Dieser Widerspruch ist es mehr als alles andere, der der schwierigen ökologischen Situation Afrikas und seiner endemischen Armut zugrundeliegt.

Die schleichende Wüste

In der Sahelzone, der Trockenregion, die sich am südlichen Rand der Sahara dahinzieht, kommt noch das Problem der Dürre hinzu, und die Bodenverschlechterung führt dazu, daß sich die Wüste unausweichlich immer weiter nach Süden frißt. Obervolta ist so trocken, daß seine drei wichtigsten Flüsse: der Rote, der Schwarze und der Weiße Volta (so genannt nach den kaum wahrnehmbaren Farbschattierungen des in ihnen gelösten Lehms) auf der Landkarte durch *gepunktete* Linien gekennzeichnet sind. Während der Trockenzeit verschwindet der Rote Volta völlig, der Weiße Volta trocknet aus, bis nur noch ein dünner Faden stehender Tümpel übrigbleibt; nur der Schwarze Volta, wenig mehr als ein stiller Bach, schlängelt sich noch zwischen schlammigen Ufern dahin, als einziger Fluß im ganzen Land.

Im Norden Obervoltas lebt die ärmste und dichteste Bevölkerung des Landes. Ungefähr zehn Meilen von Ouahigouya, der Bezirkshauptstadt, entfernt, zu erreichen über eine holprige Buschtrasse, liegt Aorema, eine staubbedeckte Ansammlung von Familienanwesen, von denen jedes wie eine Festung von einer hohen Mauer aus Lehm umgeben ist. Ich besuchte eines dieser Anwesen. Oberhaupt der Familie ist Moumouni Ouedraogo, ein hochaufgeschossener Sechzigjähriger, dessen Haut von tiefen Runzeln und Stammeszeichen durchfurcht ist. Das Anwesen ist innen unterteilt in einzelne Wohnbereiche für jeden der fünf Brüder, die hier mit insgesamt neun Frauen und 25 Kindern leben. Die kleineren Kinder waren völlig nackt und hatten trockene staubüberzogene Gesichter. Bei ein oder zwei Kindern war ein Auge zur Hälfte mit einer klebrigen gelben Masse geschlossen.

Moumouni erinnerte sich, daß in seiner Kindheit nur zwölf Menschen auf dem Anwesen seines Vaters lebten. Nun waren es 34 und weitere fünf junge Männer, die an der Elfenbeinküste arbeiteten. Das Land des Dorfes wird vom Häuptling verteilt nach dem Grundsatz: Jedem nach seinen Bedürfnissen. Je größer die Familie, desto mehr Land erhält sie zum Bebauen. Daher bebaute Moumouni mit seiner noch immer größer werdenden Sippe ein größeres Stück Land als jemals zuvor. Dasselbe galt für die anderen Familien des Dorfes. Dennoch war das traditionell zum Dorf gehörende Land kein bißchen mehr geworden, nach allen Seiten grenzte das Dorf an die Fluren anderer Dörfer. Das zusätzliche Land, das man benötigt hatte, war von den fünf Sechsteln des Landes genommen worden, die eigentlich brachliegen sollten. Die Brachperioden waren im Verlauf der Jahrzehnte allmählich gekappt worden, so daß sie jetzt nur noch vier oder fünf Jahre betrugen, obwohl mindestens zwölf Jahre nötig gewesen wären, um die erschöpfte Bodenfruchtbarkeit wiederherzustellen.

Moumouni nahm mich mit auf eine Bildungsreise über seine Felder. Selbst in der Nähe des Anwesens sah der Boden dürftig aus, steinig und staubig, ohne eine Spur von Humus, obwohl dies die einzigen Felder waren, die mit dem Mist eines Esels und von ein paar Ziegen gedüngt wurden. Außerhalb dieses gedüngten Umkreises um das Anwesen, der vielleicht einen Durchmesser von 50 Metern hatte, sah der Boden dunkelrot aus und war knochenhart. Er war im Jahr zuvor bebaut worden, hatte aber nur einen sehr geringen Ertrag gebracht. Moumouni meinte, dort werde dieses Jahr wohl überhaupt nichts wachsen. Dann beklagte er sich über die Erosion: «Früher hat es ziemlich viel geregnet, und wir haben nicht gemerkt, wie stark es regnete. Jetzt regnet es weniger, dafür aber immer stärker.» Seine Hände machten eine wegwerfende Handbewegung den sanften Abhang hinunter, so als wollte er mir zeigen, wie das Wasser – im letzten Jahr kamen in einer Nacht 150 Millimeter Regen herunter – den Boden weggeschwemmt hatte, oder als ob er in seiner Verzweiflung so das Problem vertreiben könnte. Sie «merkten» den Regen stärker, weil der erschöpfte Boden weniger Ertrag brachte, die Pflanzendecke war weniger dicht, und nichts konnte den Aufprall des Regens dämpfen, der so auf den Boden niederprasselte und die wertvolle Bodenkrume in jähen Sturzbächen, die sich wie aus dem Nichts bildeten, davontrug.

Weiter draußen war das Land, das Moumouni vor zwei oder drei Jahren bebaut hatte und das sich nun erholen sollte. Er wollte nicht so weit mit uns nach draußen gehen und meinte, wir sollten doch allein dahin gehen. Als ich den Boden dort sah, wußte ich, warum er den Anblick nicht ertragen konnte. Teile des Bodens waren rot und steinig, zu einer Eisenpfanne verbacken, andere Teile waren mit einer weichen Kruste bedeckt. Büsche, die im Vorjahr noch gelebt hatten, waren jetzt abgestorben, ihre Äste brachen mit einem trockenen Knacken. Ich brach einen Ast ab und versuchte, ihn in den Boden zu stoßen, er hinterließ auf dem felsenharten Boden nicht einmal eine Spur. Ein einziges Buschfeuer würde genügen, um diese verdorrten Überreste wegzufegen, und nichts würde übrigbleiben, um Wind und dem bodenfressenden Regen Einhalt zu gebieten, das Wasser würde Rinnen in den Boden kerben, und später würden sich Sanddünen bilden. Hier, dreihundert Meilen südlich der eigentlichen Sahara, lag einer ihrer sich ausweitenden Vorposten, eine Halbwüste.

Es gibt viele solche Vorposten, so als wären es ansteckende Sporen, die nach Süden geblasen worden sind und sich hier in aller Ruhe todbringend niedergelassen haben. Dieselben Verwüstungsprozesse spielen sich in der gesamten Sahelzone ab, von den Wüstenrändern in Mali bis hinüber zum Sudan und bis hinunter in die dicht besiedelten Anbaugürtel im Norden Ghanas, der Elfenbeinküste und Nigerias. Wie die Ränder einer Sandgrube frißt sich die Sahara vor und macht ganze Regionen unbewohnbar, treibt Menschen und Vieh nach Süden, so daß dort durch die Bevölkerungszunahme der Druck auf das verbleibende Land noch stärker wird und eines Tages das gleiche Schicksal bevorstehen könnte.

Die Sahelzone wäre selbst ohne Dürre ein ärmlicher Landstrich. Die scharfe Trennung des Jahres in Regen- und Trockenzeit hat, da es keine Bewässerung gibt, zur Folge, daß während sechs oder neun Monaten im Jahr keinerlei landwirtschaftliche Arbeit verrichtet werden kann, und das landwirtschaftliche Überschußprodukt ist nicht groß genug, um eine Industrie zu erlauben. Daher haben die Menschen in Aorema während zwei Dritteln des Jahres kaum etwas zu tun, außer ein paar Lehmwände hochzuziehen, die vom Regen eingedrückt worden sind, oder Seile, Matten und Dachmaterial aus dem steifen Halm der Hirsepflanze zu knüpfen oder zu flechten. Die fürchterliche Unvorhersehbarkeit des Regens trägt ebenfalls dazu bei, die Menschen arm zu halten. Noch in den fetten Jahren muß der Bauer an die mageren Jahre denken. Er wird nur selten Baumwolle oder Erdnüsse anbauen können, um durch ihren Verkauf Geld ins Haus zu bekommen, mit dem er bessere Werkzeuge oder Dünger kaufen könnte. Statt dessen wird er mehr Getreide anbauen und es zur Sicherheit in seinem Speicher aufbewahren.

In denjenigen Regionen Afrikas, in denen es ausreichend Niederschlag gibt, besteht keine Gefahr der Verwüstung. Doch bringt die Kürzung der Brachperioden andere ökologische Nachteile mit sich. In den am dichtesten besiedelten Teilen der Tiv-Zone in Zentral-Nigeria wird das Land ständig etwa sechs Jahre lang bebaut und nur ein oder zwei Jahre lang brachliegen gelassen, was für den Aufwuchs von Bäumen völlig unzureichend ist. Daher wächst hier in der Brachperiode hauptsächlich Gras, und das Alang-Alang-Gras mit seinen tiefreichenden und breitwuchernden Wurzeln kann den Boden verfilzen und ist praktisch nicht wieder zu beseitigen. Genau dieselbe Gefahr droht in großen Teilen Südost-Asiens. Eine der dichtesten Menschenkonzentrationen in Nigeria liegt im Ibo-Kernland, von dem der Sezessionskrieg in Biafra ausging. Der Geograph Barry Floyd hat berichtet, daß dort die Bodenerosion ernsthafte Zerstörungen angerichtet habe und daß der Verlust an Pflanzennährstoffen und der Zusammenbruch der Bodenstruktur fortschreite.

In den besser mit Wasser bedachten Zonen ist die Bevölkerung schneller gewachsen, und die Anpflanzung von Baumfrüchten wie Kakao zum Gelderwerb hat die Tendenz zur ständigen Bebauung beschleunigt. Dort fallen die Erträge auf ein abgrundtief niedriges Niveau. Da die Bevölkerung weiterwächst und kein zusätzliches Land zum Anbau zur Verfügung steht, bleibt den Menschen nur wegzugehen. Einige wandern in die noch verbliebenen freien Gebiete, wobei diese nur deshalb frei sind, weil sie schwer zu bearbeiten oder von ihren ökologischen Bedingungen her noch schwieriger sind als die Gegenden, aus denen die Menschen kommen. Weit mehr Menschen schließen sich dem Exodus in die Städte an.

Nomaden und Fliegen

Selbstverständlich gibt es noch eine andere Lösung. Gegen Ende des 20. Jahrhunderts hat Afrika größtenteils noch immer nicht die Agrarrevolution erlebt, die in Asien und Europa die Ernährung größerer Menschenmengen ermöglichte. In Asien kann der bewässerte Reisanbau jahrhundertelang ohne Fruchtbarkeitsverlust des Bodens fortgesetzt werden. In Europa werden Land- und Viehwirtschaft miteinander verbunden, so daß Vieh zum Pflügen und als Lieferant von Dünger, Milch und Fleisch zur Verfügung stand. Brachperioden wurden durch Fruchtwechsel, die den Feldern Wechsel und Ruhe gaben, umgangen.

Afrika ist vom Technologischen her gesehen der von den drei Entwicklungskontinenten am meisten zurückgebliebene. Doch müßte es, um die Unbilden von Geographie und Geologie auszugleichen, der am weitesten fortgeschrittene sein. Die Natur hat hier der Landwirtschaft beträchtliche Beschränkungen auferlegt. Nur ein Fünftel der Oberfläche Afrikas ist zum Anbau geeignet, und davon bestehen 57 Prozent aus dem roten Lateritboden, aus dem der Regen die wertvollsten Nährstoffe herausgewaschen hat, ein saurer, stark eisen- und aluminiumhaltiger Boden, auf dem Kulturpflanzen nicht mehr wachsen. Weitere 20 Prozent des bebaubaren Bodens sind Wüstenboden, der ähnlich arm an grundlegenden Pflanzennährstoffen ist. Afrika müßte erheblich mehr Dünger benutzen als Europa, um die gleichen Erträge herauszuholen. 1975 setzten entwickelte Länder durchschnittlich 100 Kilogramm Kunstdünger pro Hektar ein, in

Asien waren es 21 Kilogramm und in Lateinamerika 32 Kilogramm. Afrikanische Länder benutzten im Schnitt 5 bis 6 Kilogramm Dünger. Pflanzenpest, andere Krankheiten und Unkraut können mit Unterstützung durch Hitze und Feuchtigkeit über 40 Prozent der Frucht schon auf den Feldern zerstören. Dennoch werden Vertilgungsmittel nur in minimalem Umfang eingesetzt. Nach der Ernte kann noch ein weiteres Viertel in den Speichern verlorengehen durch Insekten, Nagetiere und Mikroben. Für kommerzielle Anbauprodukte mögen die Speichermöglichkeiten erstklassig sein. Die für das Essen der Bauern vorhandenen sind aber primitiv. Wasser erweist sich als weiteres Hindernis in Afrika. Mehr als die Hälfte des Kontinents ist trocken oder halbtrocken. Selbst in den halbfeuchten Zonen verdunsten die Pflanzen noch mehr Feuchtigkeit, als der Regen in sechs bis zehn Monaten an Niederschlag bringt. Lediglich in den feuchten Regionen – von denen viele nur spärlich besiedelt sind – brauchte man keine umfangreichen Bewässerungsarbeiten, wenn dort das ganze Jahr über angebaut werden sollte. Dennoch wurde Ende der sechziger Jahre nur ein Prozent des bebauten Landes auch bewässert.

Landwirtschaft und Viehwirtschaft sind in Afrika durch Entomologie und Anthropologie auseinander gehalten worden. In einem breiten Gürtel, der sich um die Taille des Kontinents schlingt, herrscht die Tsetsefliege, die Überträgerin der Trypanosomiasis oder Schlafkrankheit, für die Vieh noch anfälliger ist als Menschen. Nur ein paar Zwergrassen sind gegen sie immun, doch sind sie nicht sehr verbreitet, weil sie wenig Fleisch und noch weniger Milch geben. Gemischte Landwirtschaft wird es in den Tsetse-Gebieten erst geben, wenn die Fliege ausgerottet ist – ein schwieriges und teures Vorhaben, das unter Umständen Jahrzehnte zu seiner Verwirklichung benötigt – oder wirksame Impfstoffe entwickelt worden sind. Außerhalb des Tsetse-Territoriums hat sich die gemischte Landwirtschaft auch nicht sehr entwickelt, weil Landwirtschaft und Herdenwirtschaft im größten Teil Afrikas und in Teilen West-Asiens getrennte Beschäftigungen von getrennt lebenden Stämmen oder Gruppen sind.

Diese Trennung ist ökologisch sinnvoll in den trockenen Gebieten. Die Grasflächen der Tropen sind nur ein schwacher Abglanz der saftig grünen Weiden Irlands oder Neuenglands, wo eine Kuhherde auf ein paar Weiden fett werden kann. Die freßbare Vegetation ist spärlicher, und ein Tier muß weit laufen, um seinen Magen füllen zu können. Außerdem wandert die Grasdecke mit der Jahreszeit, sie bewegt sich mit dem Regengürtel nach Norden und bringt so auch der zundertrockenen Sahelzone einen Schimmer Grün, und sie wandert wieder mit dem Regen nach Süden. Das Grenzland zwischen ständigem Anbau und eigentlicher Wüste ist nur als Weideland zu gebrauchen, und die Hirtenvölker müssen notwendigerweise mit den Herden ziehen. Auch einige der ansässig gewordenen Stämme in Afrika besitzen Vieh, aber viele vertrauen es den darauf spezialisierten

Hirtenstämmen wie den Massai in Ostafrika und den Fulani in West-afrika an.

Die Hirtenstämme sind keine sehr leistungsstarken Viehzüchter. Ihre Techniken sind ebensowenig produktiv wie die ihrer landbewirtschaftenden Kollegen. Ein Herdenbesitzer wird oft mehr Vieh halten, als er mit Erfolg fett füttern kann, weil er so nämlich seine Stellung in der Gemeinschaft verstärken kann. Das Vieh leidet unter hohen Krankheits- und Sterberaten, nur die Hälfte der Kälber dürfte ein reiferes Alter erreichen, und selbst dann brauchen sie noch doppelt so lange wie europäisches Vieh, bis sie fett sind. Die Haltung von Vieh und Weiden könnte erheblich verbessert werden: Die gesamten Weiden könnten mit Weidegrünpflanzen wie *stylosanthes* neubepflanzt werden, das seinen Stickstoff selbst bindet, ein gutes Futter ist, sehr widerstandsfähig gegen Niedertrampeln ist und die Bodenfruchtbarkeit erhält. Aber die Weiden sind Gemeindeeigentum und gehören keinem einzelnen allein. Daher gibt es auch keinen direkten Anreiz, sie zu verbessern. Nur die Regierungen könnten diese Aufgabe angehen.

Gemeindeland

Die traditionellen Formen des Landbesitzes bremsen ebenfalls den technologischen Fortschritt bei den ackerbautreibenden Stämmen.

Die afrikanische Art des Landbesitzes hat viele Vorteile. Ein oft zitierter nigerianischer Häuptling hat es poetisch einmal so ausgedrückt: «Das Land gehört einer großen Familie. Viele ihrer Angehörigen sind tot, einige leben, und unzählige andere werden noch geboren werden.» Nach überkommener Ansicht kann ein Mensch kein Land besitzen, weil er es nicht gemacht hat: Es war immer da, eine Gabe der Götter, der Sippe zu treuen Händen. Ein Mensch kann nur die Früchte der Erde besitzen – Pflanzen und Bäume, die er selbst angepflanzt und gepflegt hat. Aber er kann nicht über sein Stück Land verfügen, es etwa verkaufen, es gibt keinen individuellen Besitztitel für Land, keinen Markt für Grundbesitz. Wie in Aorema wird Land gewöhnlich vom Dorfoberhaupt zugewiesen, und jede Familie erhält so viel, wie ihre Angehörigen zum Anbau brauchen. Es würde niemandem einfallen zu fragen, ob er ein Stück Land extra haben kann, um es von angeheuerten Arbeitskräften bestellen zu lassen.

Auf diese Weise hat nach dem traditionellen System jeder mehr oder minder den gleichen Zugang zum Land und seinen Erzeugnissen, und niemand ist ganz ohne Land. Die Einkünfte sind gleich, obwohl ein Mann mit zwei oder drei Frauen und vier oder fünf starken Söhnen offensichtlich besser zurechtkommen wird. Innerhalb dieses Systems des Landbesitzes sorgt die Großfamilie für die Alten, die Kranken, die Verwitweten, die selbst kein Land bestellen können.

Vom Standpunkt sozialer Gerechtigkeit her gesehen könnte dieses System kaum besser sein. Doch in technologischer Hinsicht weist es große Nachteile auf. Wenn einem das Land nicht gehört und wenn man auch tatsächlich seine Landstücke regelmäßig wechselt, gibt es keinen Anreiz für ständige Verbesserungen oder Investitionen in das Land wie Erosionskontrolle oder Bewässerung. Es gibt keinen Anreiz für technische Neuerungen. Bei einer kleinen stabilen Bevölkerung ist das auch völlig gleichgültig. Aber bei einer Bevölkerung, die größer ist, als das Land bei gegebener Technologie versorgen kann, wird dies zu einer Frage von Leben und Tod.

Das traditionelle System des Landbesitzes bricht heute in vielenTeilen Afrikas zusammen, und mit ihm die durch es garantierte soziale Gerechtigkeit. Privateigentum an Land entsteht, ohne daß zu sehen wäre, daß es vielerorts für eine ausreichende Beschleunigung des technischen Fortschritts gereicht hätte, um mit dem Bevölkerungswachstum Schritt zu halten. Die Herrschaft der Europäer versetzte dem traditionellen System die ersten schweren Schläge. In Südafrika und großenteils auch in Ostafrika, eigentlich überall, wo die Weißen das Klima zum Siedeln für erträglich hielten, fanden umfangreiche Enteignungen von Gemeindeeigentum statt. Im feuchten Westafrika, dem Grab des weißen Mannes, war der Druck nicht so stark. Einige Enteignungen hat es in Französisch-Westafrika gegeben, vor allem zum Anlegen von Plantagen an der Elfenbeinküste.

Vollständiger Privatbesitz von Land entwickelt sich zunehmend dort, wo die Bevölkerungsdichte so groß wird, daß mehr oder weniger permanent angebaut werden muß. Da die Bevölkerung wächst, müssen die Bauern immer häufiger auf dasselbe Stück Land zurückkehren und erwerben somit anerkannte Nutzungsrechte. Die größere Verbreitung von Baumpflanzungen wie Kakao, Kaffee und Ölpalmen, die ein oder zwei Jahrzehnte existieren, fördert diesen Vorgang noch. Zwar ist in den Ländern, wo die Landhaltung dem Status von Privateigentum am nächsten gekommen ist – in Kenia und an der Elfenbeinküste –, auch die gewerbsmäßige Landwirtschaft am weitesten fortgeschritten. Aber Privateigentum an Land ist – wie die beiden nächsten Kapitel zeigen werden – eine außerordentlich gefährliche Einrichtung für das Wohlergehen der Armen. Es führt zur gesellschaftlichen Polarisierung, zu zunehmender Ungleichheit und zu schmerzlicher Armut bei denjenigen, die keinen angemessenen Zugang zu Land haben. Es führt schließlich zum Entstehen von Landlosigkeit. Eine mit der Untersuchung von Problemen des Landeigentums in Afrika beschäftigte Arbeitsgruppe bemerkte dazu 1957 in Kenia prophetisch: «Der sicherste Weg, einen Bauern um sein Land zu bringen, ist, es ihm zu überschreiben und freiverkäuflich zu machen.» Kenia hat die Entwicklung privaten Landbesitzes gefördert, und das Ergebnis ist ein beträchtlicher Grad an Ungleichheit. 1970 nahmen 3175 landwirtschaftliche Großbetriebe, die Europäern, Afrikanern, Aktiengesellschaften und einigen Genossenschaften gehörten, 2,69 Millionen Hektar besten Landes ein, während die 777000 kleinen Landeigentümer Kenias sich auf ganzen 2,65 Millionen Hektar drängelten. Selbst unter letzteren gab es noch große Unterschiede: Die 52 Prozent der Farmen mit weniger als 2 Hektar Land teilten sich nur 15 Prozent des Landes, während die 7 Prozent der Größten unter den Kleinen über ein Drittel vom Gesamt beackerten. Die kenianische Regierung hat versucht, Landkäufe und -verkäufe unter Kontrolle zu halten und jene bäuerliche Verschuldung, wie wir sie aus Asien kennen, zu verhindern. Doch scheint auf lange Sicht die Polarisierung in Landbesitzer und Landlose unvermeidlich zu sein. Schon überlassen Besitzer von sehr kleinen Farmen ihren Frauen die Bearbeitung ihres Stükkes Land, während sie selbst der landwirtschaftlichen Saisonarbeit nachwandern. Ein weiteres Anwachsen der Bevölkerung wird vermutlich auch noch die mit der gewerblichen Landwirtschaft und dem Privatbesitz an Land verbundenen technischen Vorteile in Frage stellen. Gemischte Land- und Viehwirtschaft war unter den kenianischen Kleinbauern im Kommen, doch da in zunehmendem Maße Land für die Selbstversorgung mit Nahrungsmitteln benötigt wird, bleibt immer weniger Land als Weide für das Vieh übrig.

Es gibt eine Reihe von technischen Lösungen, die zu einer höheren Produktivität der afrikanischen Landwirtschaft beitragen könnten: gemischte Land- und Viehwirtschaft, Anbau von Reis auf bewässerten Feldern in Flußtälern und sumpfigen Niederungen, Neuansaat der Weiden mit Futtergrünpflanzen, sehr viel größere Verbreitung von Düngemitteln. In einigen Gegenden und bei einigen Pilotprojekten geschieht das alles schon, doch bei weitem noch nicht in ausreichend großem Maßstab, um der armen Mehrheit viel zu bringen. Die Armen haben einfach nicht genügend finanzielle Reserven, um solche Investitionen vorzunehmen. Sie sind gefangen in der Armut auf der falschen Seite eines breiten technologischen Abgrundes, den zu überspringen sie nicht imstande sind. Und so werden sie noch ärmer.

Um aus dieser Falle auszubrechen, benötigen sie Hilfe, und ihre Regierungen brauchen mehr Unterstützung. Afrika braucht zudem unbedingt eine drastische Einschränkung des Bevölkerungswachstums, von allen Entwicklungskontinenten verfügt es bisher über die wenigsten Familienplanungsprogramme. Irgendwie muß auch ein Anreiz zur Verbesserung des Landes und der Techniken geschaffen werden, der nicht die mit dem traditionellen System des gemeinschaftlichen Landbesitzes verbundene soziale Gerechtigkeit zerstört. Der Gemeinschaftsgeist, der das Herzstück des afrikanischen Dorfes ist, muß in genossenschaftliche Formen des Eigentums und der Arbeit überführt werden, er darf sich nicht im Konkurrenzindividualismus auflösen.

5. Polarisierung in Asien

Unter den steilen Vulkankegeln Zentral-Javas breitet sich eine vielfältig belebte, üppige Landschaft aus. Frauen, denen es kaum besser geht als Lasttieren, beugen sich unter der Last von Futterbündeln. Riesige überdachte Karren holpern vorbei, gezogen von weißen Ochsen, die, langsamer als das Schrittempo eines Menschen, unter ihrem Joch gemächlich dahintrotten. Jeder Zoll Boden ist bepflanzt – selbst auf den engen, wenig mehr als fußbreiten Pfaden zwischen den Reisfeldern wachsen Sojabohnen oder Maniokstraucher. In diesem ländlichen Gebiet sind mehr Menschen zusammengedrängt – bis zu zweitausend pro Quadratkilometer – als in vielen westlichen Städten.

Ein Reisfeld wird abgeerntet. Das Wasser ist schon abgelassen, aber die Füße sinken noch in den schlammigen Boden ein. Es sind vielleicht fünfzig Frauen, die hier bei der Arbeit sind, in ihren Batik-Sarongs, ihren enganliegenden Jacken in pastellfarbenen Schattierungen von Rosa, Blau und Braun und ihren Kuli-Hüten (Indonesierinnen sind selbst dann noch elegant, wenn sie arm sind). Sie arbeiten auf einem Stück Land, das nicht größer ist als etwa 30 Quadratmeter: Ein Mähdrescher mit einem Fahrer könnte die gleiche Fläche in ein paar Minuten abernten. Die Frauen verrichten ihre Arbeit mit kleinen Messern, die *ani ani* heißen und aus einer in einen kurzen Bambusschaft eingelegten rasiermesserscharfen, geraden Klinge bestehen. Sie schneiden die herabhängenden Reisähren eine nach der anderen etwa 15 Zentimeter unter der Spitze ab und lassen die Stengel im Boden.

Eine mühsamere und weniger produktive Erntetechnik könnte man sich kaum ausdenken, dennoch hat sie auch ihre Vorteile. Die Stengel werden für die nächste Anpflanzung in den Boden gepflügt, sie versorgen den Boden mit Pflanzennährstoffen und tragen zur Humusbildung bei. Die Benutzung des *ani ani*-Messers schafft die größtmögliche Zahl von Arbeitsplätzen. In der traditionellen Gesellschaft Javas haben die Dorffrauen das unangefochtene Recht, die Felder aller Reisbauern abzuernten. Sie bekommen dafür ein Neuntel der Ernte, doch mit Gezänk und Schummeln (kein Mensch schafft es, fünfzig Frauen auf einmal auf die Finger zu sehen) lassen sie die schweren Ährenköpfe bei der allgemeinen Betriebsamkeit in ihren eigenen Säckel gleiten und hieven so ihren Anteil auf bis zu einem Sechstel. Auf diese Weise ist garantiert, daß jeder, wie wenig Land er selbst auch besitzen mag, zumindest einen gewissen Anteil am Ertrag des Landes hat.

Der Reisanbau, die Hauptnahrungsquelle der am dichtesten bevölkerten Gebiete Asiens, ist in einzigartiger Weise geeignet, um eine wachsende Bevölkerung zu verkraften. Während das Roden-und-Brennen-Verfahren bei wachsender Bevölkerung letztlich zu einer ökologischen Katastrophe oder bestenfalls zum ständigen Abnehmen der Ernteerträge führt, hat der bewässerte Reisanbau über Jahrhunderte, wenn nicht Jahrtausende hinweg die gleichen oder gar zunehmende Ernteerträge auf demselben Land hervorgebracht. Das Geheimnis dieses Erfolgs ist bis heute noch nicht ganz begriffen worden, aber der entscheidende Faktor dabei scheint das Wasser zu sein. Das Wasser schützt den Boden gegen schwere Regenfälle, hält die Bodentemperatur niedrig und verteilt die Pflanzennährstoffe. Wichtiger noch, es bietet den blaugrünen Algen, die den Stickstoff aus der Luft binden, etwa wie die Bakterien in den Wurzelknoten von Bohnen, den Nährboden, und der Reis nutzt diesen Stickstoff für sein Wachstum. Auf diese Weise steht ein kostenloser Dünger zur Verfügung, so daß die Reisproduktion auch ohne Zuführung chemischer Stoffe jahrelang ohne Beeinträchtigung der Bodenfruchtbarkeit fortgeführt werden kann.

Und wie keine andere Pflanze lohnt der Reis es einem, wenn man sich liebevoll um ihn kümmert. Je mehr Arbeit und Mühe man ihm widmet, desto höher ist der Ertrag, und die absoluten Grenzen der Ertragszunahme liegen so hoch, daß es in den meisten Teilen Asiens noch lange dauern wird, bis diese Grenzen erreicht sind. Es gibt viele Möglichkeiten, mehr Arbeit auf den Reis zu verwenden: Man kann die Setzlinge in Pflanzenschulen ziehen und dann umsetzen, man kann beim Setzen der Reihen sorgfältiger auf die Abstände achten, man kann in umfangreicherem Maße Unkraut jäten, man kann die Wasserkontrolle noch verbessern.

Der Reisanbau hat die massive Bevölkerungszunahme in China, am Ganges und am Mekong, in Java und anderswo durch einen Prozeß verkraftet, den der amerikanische Anthropologe Clifford Geertz als landwirtschaftliche Involution bezeichnet hat. Für den Fortschritt im Westen war die Evolution charakteristisch: also technische Verbesserungen, die zu höherer Produktivität von Land und Arbeitern führten und dadurch höhere Pro-Kopf-Einkommen erzeugten. Involution bedeutet technischen Wandel, der die Produktivität des Landes allein dadurch erhöht, daß immer mehr Arbeiter immer mehr arbeitsintensive Arbeit leisten. Beim Reis führt dies zu höherer Nahrungsproduktion, da die Bevölkerung jedoch weiterwächst, gleichzeitig auch zu abnehmender Pro-Kopf-Erzeugung. Involution führt allmählich zur Abnahme des Pro-Kopf-Einkommens und zum Rückgang des landwirtschaftlichen Mehrprodukts, und sie behindert, wie wir am Beispiel Chinas sahen, die Entwicklung der Industrie.

Indonesien ist mit seiner unendlichen Vielfalt von winzigen Arbeiten und Handgriffen auf den Feldern und seinem ausgeprägten Arbeitsverteilungssystem ein klassischer Fall von Involution. Jeder erhält seinen Anteil am Ertrag des Landes, aber dieser Anteil wird allmählich immer kleiner, und die Menschen versinken in kollektiver Armut: Allesamt gehen mit dem Schiff unter.

Dieses moralisch überlegene System bricht nun unter dem Ansturm westlicher Technologie, westlichen Kommerzdenkens und nackter materialistischer Gier zusammen. Die Ausbreitung der Grünen Revolution mit ihrem Hochertrags-Saatgut, ihren Düngemitteln und Vertilgungsmitteln hat der Minderheit, die über genügend Land verfügt, um ein Mehrprodukt für den Verkauf zu erzeugen, weit größere Versprechungen gemacht. Doch je größer die Versprechungen und je größer die Versuchungen des Konsumdenkens, desto weniger sind die Glücklichen gewillt, mit denen, die wenig oder kein Land haben, zu teilen. Schließlich ist ein Sechstel einer vergrößerten Grünen Revolutions-Ernte sehr viel mehr als zuvor.

Auf diese Weise breiten sich immer häufiger neue, wirtschaftlich rationellere, aber sozial unverantwortliche Systeme aus, die an die Stelle der alten Ernteteilung treten und die Menschen, die bei der Ernte beschäftigt wurden, verdrängen. Der Bauer, der sich offen der üblichen Ernte durch die Dorffrauen zu widersetzen versucht, wird in den meisten Fällen schikaniert und geächtet. Daher kommt allmählich ein alternatives System, das sogenannte *tebasan*, in Gebrauch: Die Ernte wird, so wie sie auf dem Feld steht, etwa eine Woche vor dem Erntetermin an einen Dritten von außerhalb des Dorfes verkauft. Dieser Dritte bringt dann seine eigenen Leute zur Arbeit mit, und diese arbeiten für weniger als den üblichen Anteil, gewöhnlich für ein Elftel, manchmal sogar für Lohn. So kann der Bauer sich sowohl seiner sozialen Verantwortung als auch den gesellschaftlichen Folgen des Umstands entziehen, daß er dieser Verantwortung ausweicht. Der Bauer oder der Vertragspartner kann sein eigenes Einkommen noch weiter steigern, wenn er seine Erntekräfte statt mit dem *ani ani*-Messer mit der Sichel arbeiten läßt. Dadurch wird nur noch die Hälfte und weniger der üblicherweise eingesetzten Erntehelfer benötigt. Technischer Fortschritt also, verbunden mit moralischem und sozialem Rückschritt. Der wirklich ganz rationell wirtschaftende Bauer erhöht seinen Ertrag noch weiter, wenn er seine Ernte einer großen Fabrik zum Dreschen bringt, statt die Dorffrauen mit Dreschflegeln darauf einschlagen zu lassen. Doch wird die Dreschfabrik nur einen Mann beschäftigen, wo sonst zehn oder mehr Frauen arbeiten.

So ernten wenige die Gewinne des landwirtschaftlichen Fortschritts, während die vielen die Kosten ernten. Fast überall im nichtkommunistischen Asien trägt sich die gleiche Geschichte des kommerziellen und technischen Fortschritts zu, gepaart mit einer Zunahme der Landlosigkeit und der Armut und dem Tod des traditionellen Systems, das soziale Sicherheit für jeden bot.

Die Tatsachen sind alarmierend:

- Im Pandschab, wo die Grüne Revolution und der Einsatz von Landmaschinen am weitesten in Indien fortgeschritten sind, stieg der Prozentsatz landloser Arbeiter während der sechziger Jahre von 17 auf 23 Prozent der ländlichen Bevölkerung. 1960 lebte einer von fünf Menschen unterhalb einer sehr niedrig angesetzten Armutsgrenze. Zehn Jahre später hatte sich der Anteil verdoppelt.
- In West-Uttar Pradesch machten landlose Arbeiter 1961 11 Prozent der Landbevölkerung aus, 1971 waren es doppelt so viele. In Bihar stieg dieser Prozentsatz im selben Zeitraum noch rascher: von 30 auf 48 Prozent. In ganz Indien waren 1961 24 Prozent der Landbevölkerung landlos, zehn Jahre später waren es 38 Prozent.
- In Bangladesh stieg der Anteil landloser Arbeiter zwischen 1951 und 1967 um die Hälfte, während ihre Reallöhne mehr als halbiert wurden, von 2,66 Rupien pro Tag im Jahre 1964 auf 1,28 Rupien im Jahre 1975 (zu konstanten Preisen).
- Auf den Philippinen waren zu Beginn des Jahrhunderts vier von fünf Bauern Eigentümer des von ihnen bebauten Landes. 1960 waren es nur noch weniger als die Hälfte.

Asien war traditionell ein Kontinent von Kleineigentümern. Noch 1960 war die Landverteilung gleichmäßiger als etwa im Mittleren Osten oder in Lateinamerika. Außer in einigen wenigen Gegenden sind Großgrundbesitzer dünn gesät (wobei allerdings 1 Acre (etwa 4050 Quadratmeter) gutbewässertes Reisland soviel wert sein kann wie 100 Acres oder mehr Weideland in den Anden). Von den über 1 Hektar großen Grundbesitzen war nur einer von fünfen größer als 50 Hektar, und diese landwirtschaftlichen Betriebe nahmen auch nur 9 Prozent der Gesamtfläche ein. Dagegen breiteten sich die 78 Prozent der landwirtschaftlichen Betriebe unter 5 Hektar Größe auf 41 Prozent des Landes aus.

Das ursprüngliche egalitäre Landverteilungsmuster hat sich vermutlich aus dem Gemeindebesitz des wandernden Anbausystems, so wie es heute in Afrika geschieht, entwickelt. In dem Maße, wie die Bevölkerung wächst und die Bebauung permanent wird, wird der ursprünglich gleiche Anteil am Land zum Privatbesitz. Privater Grundbesitz führt fast automatisch zu wachsender Ungleichheit und zur Entstehung von Landlosigkeit, selbst bei nicht wachsender Bevölkerung. Kommt noch die Einrichtung der Kreditvergabe und rasches Bevölkerungswachstum hinzu (im ländlichen Asien etwa 2 Prozent im Jahr), läuft dieser Prozeß weit schneller ab.

In Asien wird noch hier und da etwas Land zusätzlich in Nutzung genommen, doch da schon mehr als vier Fünftel des bebaubaren Landes genutzt werden, wird man hier nicht sehr viel weiter kommen. Daher geht die durchschnittliche Anbaufläche pro Person zurück. 1975 kamen auf eine auf dem Land lebende Person nur 0,31 Hektar bebauten Landes – das ist 14 Prozent weniger als 1960 – gegenüber 0,72 Hektar in Afrika und 1,1 Hektar in Lateinamerika. Die Vererbungssitten in Asien verlangen (wie fast überall in der Dritten Welt) eine Aufteilung des Besitzes unter den Erben des Toten. Das hat in der Regel zur Folge, daß die Wirtschaften ständig in immer kleinere Anwesen geteilt werden, die durch Heiratserwerb zudem auch oft noch weit verstreut sind.

Die Verschuldung gehört zu den endemischen Leiden des ländlichen Asien. Es gibt zwei Hauptgründe, Schulden zu machen: zum einen, bis zur nächsten Erntezeit zu überleben – fast drei Viertel der Arbeiterhaushalte in Bihar nehmen beispielsweise zu Verbrauchszwecken Kredite auf; zum anderen, um eine Tochter zu verheiraten oder ein Elternteil zu begraben. Solche Zeremonien sind in den traditionellen Gesellschaften Afrikas und Asiens von überaus großer Bedeutung. Damit wird der Übergang vom Nichtsein zur Geburt, von der Kindheit zur Jugend und zur Elternschaft, vom Leben zum Tode angezeigt. Sie stellen unausweichliche Verpflichtungen dar, und jeder im Dorf achtet peinlich genau darauf, wie eine solche Feier ausgestaltet war, wie teuer sie war, welche Kleider getragen wurden und wieviel es für alle zu essen gab. Daß dadurch eine Konkurrenz um die schönste Feier entsteht, ist unvermeidbar, und wer hinter dem gerade gültigen Standard zurückbleibt, muß dafür mit ernstlichem Gesichtsverlust und dauernder Schande rechnen.

In Bali kann man hingehen, wo man will, überall gibt es irgendeine Feier. Es gibt Feiern zur Geburt, nach 45 Lebenstagen, am Beginn der Pubertät, wo dann die Zähne spitzgefeilt werden, zur Hochzeit und beim Tod. Dann gibt es noch bei jedem der drei Dorf- und der drei Feldtempel alle 210 Tage Feiern für das ganze Dorf. Es ist gut möglich, daß jede Familie jeden Monat eine Feier hat, und da müssen mindestens Reis und in Palmblätter gewickeltes Kokosfleisch angeboten werden. Hochzeiten sind sehr teuer. Verbrennungszeremonien sind mit geradezu ruinösen Kosten verbunden: für den Bau schmuckvoller Papiertürme und -pferde, für die Verpflegung des ganzen Dorfes, für *gamelan*-Orchester und für die Priester. Viele Balinesen finanzieren solche Feiern dadurch, daß sie Schulden machen. Normalerweise wird auf Bali Land, das man besitzt, gegen Bargeld auf fünf oder mehr Jahre verpfändet. Der Geldverleiher nimmt die Ernte auf dem verpfändeten Land als Zins. Ich habe ein Dorfoberhaupt in mittleren Jahren kennengelernt, Idewa Gde Putra, das gerade 300000 Rupiah (das sind rund 800 Dollar) für die Hochzeit seiner Tochter ausgegeben hatte, eine Summe, die etwa zwei Jahreseinkommen entspricht. Idewa hatte nun vor, sein gesamtes Land zu verpfänden – etwa ein drittel Hektar –, weil er weitere 150000 Rupiah benötigte, um mit anderen zusammen für die Kosten der Verbrennungszeremonie von zwei

Verwandten aufzukommen. Es würde ihm gestattet sein, sein eigenes Land in der Zwischenzeit als Pächter weiter zu bearbeiten und die halbe Ernte einzubehalten. Sollte es ihm nicht gelingen, die Schulden zurückzuzahlen, würde er ohne Land dastehen.

Fast überall in der Welt ist es zu einer Kosteninflation bei solchen traditionellen Feiern gekommen. Ein Nigerianer kann den Offenbarungseid leisten, wenn er das Bier für alle Besucher bei der Beerdigung seines Vaters oder seiner Mutter bezahlen soll. Die Neureichen veranstalten riesige Feiern, um alle Welt zu beeindrucken. Andere meinen dann, sie müßten mithalten, und machen dafür hohe Schulden. Selbst traditionelle Feiern werden auf diese Weise zu Verarmungsmechanismen, sobald es erst einmal zu größerer Ungleichheit gekommen ist.

Der kleine Mann wird von den offiziellen Banken bei der Kreditvergabe diskriminiert: Er hat keine Chance, von ihnen zu Verbrauchszwecken einen Kredit zu bekommen. Wenn er von seinen Verwandten nicht genügend Geld zusammenpumpen kann, ist er gezwungen, es sich von den Kredithaien zu beschaffen. Das Geld wird in der Regel von Großgrundbesitzern angeboten, so daß sie durch die Geldgeschäfte noch reicher werden. Die Zinsraten sind ruinös – bei einer Untersuchung in Sri Lanka lagen sie bei 40 bis 170 Prozent. Im Schnitt ist eine Zinsrate zwischen 25 und 60 Prozent üblich. Den Großgrundbesitzern leihen die offiziellen Banken allerdings Geld, und zwar zu weit niedrigeren Zinsraten, die zwischen 7 und 18 Prozent liegen. Der große Mann kann also noch größer werden, nur weil er beim Zugang zu Regierungskrediten bevorzugt wird und das durch Weiterverleihen des Geldes an weniger gutgestellte Nachbarn ausnutzt. Bei solchen Zinsraten wird die Schuld selbst zu einem noch schwereren Stein am Hals des armen Mannes als das Ungeschick, das ursprünglich zum Schuldenmachen führte. Der drittwichtigste Grund für die Aufnahme von Krediten ist die Abzahlung früherer Kredite: Schulden machen Schulden. Geldmangel und Schulden zusammen machen es dem armen Mann noch schwerer, seine Bedürfnisse zu befriedigen, so daß er weiter Schulden macht. Schließlich bleibt ihm nichts anderes übrig, als einen Teil seines Landes oder sein ganzes Land zu verkaufen, um seine Schulden zu bezahlen.

In ganz Asien verfallen Kleinbauern in Armut und werden zu landlosen Arbeitern. Zwar können sie sich als Arbeiter genauso verschulden, doch haben sie nichts als ihren Körper, mit dem sie bürgen könnten. Obwohl es fast überall ungesetzlich ist, ist die Praxis der Pfandarbeit (bonded labour) in Asien (ebenso wie in Mittelamerika, Brasilien und Bolivien) nichts Ungewöhnliches. Wenn jemand seine Schulden nicht bezahlen kann (was bei den Ärmsten häufig der Fall ist), arbeitet er bei dem Gläubiger die Zinsen ab. Auf diese Weise wird er möglicherweise niemals seine Schulden zurückzahlen können und dafür lebenslänglich im wahrsten Sinne des Wortes Sklavenarbeit leisten müssen. In Indien wird Pfandarbeit durch die Verfassung verboten, was jedoch nichts daran ändert, daß es sie gibt. Hier ein typisches Beispiel, wie es das Indische Institut für Sozialwissenschaften anführte: Ein Mann borgte sich ganze 200 Rupien (etwa 24 Dollar) zu einem Zinssatz von 25 Prozent und konnte dann die Raten nicht einhalten. Daher sah er sich gezwungen, zweihundert Tage im Jahr für seinen Gläubiger zu arbeiten und hat seine Schulden noch immer nicht ganz zurückerstattet. Pfandarbeiter sind nicht besser dran als Leibeigene: Sie können ohne Einwilligung ihres Gläubigers nicht einmal ihr Dorf verlassen. Und sie können sich vornehmen, was sie wollen, der Gläubiger hat zu jeder Zeit das Vorrecht zu bestimmen, was mit ihrer Arbeit geschehen soll.

Die Dynamik der Ungleichheit ist eine der asiatischen Gesellschaft innewohnende Einrichtung: durch privaten Landbesitz, gleiches Erbrecht und Schuldenmacherei. Die traditionelle Gesellschaft kannte noch Möglichkeiten, die Auswirkungen solcher Prozesse zu vermindern, etwa das Ernterecht in Indonesien oder das *jajmani*-System in Indien. Demzufolge hatte die landbesitzende Kaste jedes Dorfes einen bestimmten Anteil der Ernte an die landlosen Kasten abzugeben, die ihrerseits dafür zu arbeiten oder zu dienen hatten. Aber der Kolonialismus brachte die traditionellen Gesellschaften in der ganzen Welt in Kontakt mit einem neuen Virus, der sich kulturell ebenso tödlich auswirkte wie die mit Pocken infizierten Decken für die Indianer Nordamerikas: Der Virus heißt Kommerzialisierung und Geldwirtschaft. Selbstversorgerisch wirtschaftende Dörfer wurden oft gezwungen, bestimmte Früchte für den Verkauf anzubauen, um von dem Erlös Kolonialsteuern zahlen zu können. Straßen und Eisenbahnen machten es möglich, daß der Weltmarkt seine Fühler bis in die entlegensten Gebiete ausstrecken und sich daranmachen konnte, die traditionellen Bindungen zu zerreißen. Dieser Prozeß läuft gegenwärtig noch beschleunigt ab, weil die expandierenden Nahrungsmittelmärkte zunehmende Erwerbsmöglichkeiten und neue Technologien zunehmende Gewinnmöglichkeiten bieten. Die Geldbeziehung tritt immer öfter an die Stelle der Gebote von traditioneller Moral, wie sie überall in Asien und Afrika gang und gäbe waren. Die Bezahlung von Löhnen verdrängt allenthalben die Bezahlung in Naturalien. Das wäre nicht so schlimm, wenn die Löhne gleich oder wenigstens angemessen wären. Doch sind sie es nicht. Wie wir in Kapitel 21 sehen werden, ist die absolute Verelendung in Asien auf dem Vormarsch. Der größte Teil dieser Verelendung trägt sich in den ländlichen Gebieten unter denjenigen zu, die kein oder zuwenig Land haben, um sich selbst zu ernähren. Der Verelendungsprozeß unter den Landlosen folgt automatisch, wenn man das Bevölkerungswachstum und den Mißerfolg der Regierungen bei der Schaffung von Arbeitsplätzen in ländlichen Gebieten berücksichtigt. Wenn sie Pächter sind, dann gibt es mehr Pächter, die Land suchen, als Land zur Verfügung steht. Daher steigt der Pachtzins, und der dem Pächter überlassene Teil zur Befriedigung seiner eigenen Bedürfnisse nimmt ab. Wenn sie Arbeiter sind, dann gibt es mehr Arbeiter, die Arbeit suchen, als Arbeit zur Verfügung steht. Daher fallen die Löhne. Es ist nichts weiter als das Gesetz von Angebot und Nachfrage, das dies bewirkt.

Zersplitterung und Konzentration

Nirgendwo in Asien ist diese katastrophale Dynamik so weit gegangen wie in Bangladesh, dessen schwierige Lage Aufschluß gibt über die fatalen Folgen, die sich aus der der asiatischen Gesellschaft innewohnenden Logik ergeben. Auf knappen 142776 Quadratkilometern, einer Fläche, die unwesentlich größer ist als die des hochindustrialisierten England (Bevölkerung: 46 Millionen) drängen sich 85 Millionen Menschen, von denen neun Zehntel vom Ertrag des Landes leben. Das Wasser ist Bangladeshs größter Wohltäter – und Peiniger. Zwei der mächtigsten Ströme Asiens, der Ganges und der Brahmaputra, lagern hier ihre reichhaltige Fracht an Mineralien aus dem noch jungen Felsgestein des Himalaya ab und erneuern so jedes Jahr die Fruchtbarkeit des Bodens. Doch vier Monate lang im Jahr ist ein großer Teil des Landes unter Wasser, so daß nichts angebaut werden kann, statt dessen kreuzen über den ertränkten Feldern Hausboote, deren Stil sich seit dem Altertum nicht verändert haben mag.

Der Hunger nach Land hat bedrohliche Ausmaße angenommen. Bei Bangladeshs niedrigem Durchschnittsertrag von einer halben Tonne Reis pro Acre müßte ein Mann 1,8 Acres bebauen, um eine mittlere, das heißt sechsköpfige Familie gerade eben am Leben zu erhalten. Mindestens zwei Drittel der Haushalte verfügen über weniger: 11 Prozent haben überhaupt kein Land, nicht einmal, um ein Haus darauf zu bauen, und weitere 47 Prozent verfügen über weniger als einen Acre, im Durchschnitt über ganze 0,23 Acres (das ist ein Fleckchen Erde von nur 930 Quadratmetern). Zwei Vorgänge hätten diesem Zuwachs der Bevölkerung ausgleichend entgegenwirken können: die Einbeziehung neuen Landes in die Bebauung und die Erhöhung der Erträge. Aber während der letzten zehn Jahre ist die Anbaufläche praktisch nicht erweitert worden, und die Erträge sind nur um 5 Prozent gestiegen, während die Bevölkerung um 25 Prozent größer geworden ist.

Die Menschen haben in ihrer Verzweiflung begonnen, sich auf den Landstücken im Deltagebiet und auf den Inseln niederzulassen, die mehrmals im Jahr überschwemmt sind oder von tropischen Wirbelstürmen überzogen werden. Sie bauen sich nur allernotdürftigste Schutzhütten und wissen dabei sehr wohl, daß diese innerhalb kürzester Frist schon zerstört werden können. Wenn sie vor einem Zyklon oder vor einer Flutwelle gewarnt werden, klammern sie sich an das Strohdach ihrer Behausung und binden sich und ihre Familie daran fest in der Hoffnung, die hereinbrechenden Wasserfluten könnten sie davontragen und irgendwo sicher absetzen. Bangladeshs gewaltige Ströme wandern und fressen jedes Jahr große Brocken Landes, so daß deren Besitzer obdachlos und mittellos dastehen. Anderswo treten die Flüsse zurück und hinterlassen Schlickbänke mit neuem fruchtbarem Land, die als *chars* bezeichnet werden. Um diese *chars* brechen erbitterte und gewalttätige Auseinandersetzungen aus, wobei sowieso immer der Reiche gewinnt, der das größte Kontingent an bewaffneten Verwandten, Helfershelfern und gedungenen Verbrechern auf die Beine stellen kann.

Landlosigkeit im gegenwärtigen Ausmaß ist in Bangladesh eine ziemlich junge Erscheinung. Fast jeder landlose Bauer hat ursprünglich noch Land besessen, zumindest aber sein Vater. Durch die immer weitergehende Aufteilung des Landes beim Vererben ist die durchschnittliche Größe der Landstücke allmählich zurückgegangen. Sinkt diese Größe unter den für das nackte Überleben unerläßlichen Umfang, dann wird der Besitzer in zunehmendem Maße verwundbar. Findet er nicht genügend zusätzliche Arbeit – oder erwischt ihn eine Krankheit oder eine Katastrophe –, wird ihm nichts anderes übrigbleiben, als sein Land zur Kreditaufnahme mit einer Hypothek zu belasten und somit die Enteignung zu riskieren oder es Stück um Stück zu verkaufen, um sich zeitweilig Erleichterung zu verschaffen, was zwar auf kurze Sicht das Überleben sichert, auf lange Sicht allerdings zum Ruin zu führen droht.

Abdurrashid Ali Khan ist ein kleingewachsener Fünfzigjähriger aus dem Bezirk Sivalaya, den das Schicksal mit vier Töchtern geschlagen hat, denn sie bringen kein Geld nach Hause, statt dessen wird es vielleicht jeweils 120 Dollar kosten, sie unter die Haube zu bringen. Khans Vater hatte gerade genügend Land, um über die Runden zu kommen – eineinhalb Acres. Doch hatte er drei Söhne, unter denen bei seinem Tod das Land zu gleichen Teilen aufgeteilt wurde, so daß jeder einen halben Acre erhielt. Da er nicht ausreichend Arbeit finden konnte, um den Bedarf seiner Familie zu decken, sah Khan sich gezwungen, sein Land Stück für Stück zu verkaufen, um überleben zu können. Jetzt besitzt er nur noch das Land, auf dem sein Haus steht, ein Acre Pachtland und eine Kuh.

Der Verkauf von Land ist das unausweichliche Ergebnis der Elendswirtschaft in Bangladesh. Um sein Einkommensdefizit zu decken, müßte der durchschnittliche Kleinbauer jedes Jahr 0,03 bis 0,06 Acres oder zwischen einem Achtel und einem Viertel seines gesamten Landes verkaufen. Und das 1978, nach drei oder vier Jahren guter Ernten und steigender Realeinkommen. In der ersten Hälfte der siebziger Jahre hatte eine beispiellose Serie von Katastrophen den Druck auf die Kleinbauern noch erhöht, obwohl es sich dabei doch nur um eine etwas weiterverbreitete Form all jener Übel handelte, die den Armen in Bangladesh im Grunde zu jeder Zeit überfallen können. Im November 1970 tötete ein Zyklon, der mit einer Geschwindigkeit von über 200 Stundenkilometern über das Land raste, mehr als 200000 Menschen und machte eine Million oder mehr obdachlos. Im März 1971 begann dann der Bürgerkrieg, dem nach Schätzungen eine halbe Million Menschen zum Opfer fiel und der Schäden in Höhe von 1,2 Milliarden Dollar anrichtete. Eine Dürreperiode während der Anbauzeit von 1972/73 verringerte die Ernte von erwarteten 11,8 Millionen Tonnen auf 9,8 Millionen Tonnen, 1974 folgte katastrophalen Überschwemmungen eine Hungersnot; beides zusammen kostete zwischen 50000 und 500000 Menschenleben, weitere 1,3 Millionen Tonnen Getreide gingen verloren, und der Schaden belief sich auf 3,5 Milliarden Dollar. Das alles zusammen brach über das unglückliche Bangladesh herein, als ob der Fluch Gottes auf ihm lastete, und verstärkte den Druck auf die Kleinbauern, Land zu verkaufen oder mit Hypotheken zu belasten. So wurden also gleichzeitig die Ernten vernichtet und die Möglichkeiten für Arbeit auf dem Land drastisch vermindert. In der Folge schoß die Zahl der Landverkäufe katapultartig hoch: von 94100 im Jahre 1971 auf 453200 im Jahre 1974, um bis 1976 wieder leicht auf 378700 zurückzugehen. In den sechs Jahren nach 1971 wurden 761000 Acres Land verkauft. Nimmt man an, daß die Verkäufe hauptsächlich von Kleinbauern mit weniger als einem Acre Land getätigt wurden, dann bedeutet das, daß die Kleinstbauern in jenen apokalyptischen Jahren die Hälfte ihres Landes verkauft haben.

Die Mittelbauern – die sich ihren Lebensunterhalt auf 2 bis 5 Acres Land verdienen und die ungefähr 20 Prozent der Landbevölkerung ausmachen – könnten einigermaßen ungeschoren aus all diesen Unglücksereignissen hervorgegangen sein. Es muß jedoch daran erinnert werden, daß die Söhne eines Mittelbauern, sofern er bei seinem Tod mehr als einen männlichen Erben hinterläßt, automatisch zu Kleinstbauern werden. Die Gewinner bei diesem höllischen Schachspiel waren die reichen Bauern, die sich die verpfändeten Felder der Armen aufhoben, wie sie gerade fielen. Diese reichen Bauern machen im landhungrigen Bangladesh rund 6 Prozent der ländlichen Haushalte aus, die jeweils über 5 Acres groß sind und 1977 insgesamt 43 Prozent des Landes besaßen. Durch den Bevölkerungszuwachs und die Naturkatastrophen konnten sie ihr Besitztum durch Landkäufe von den Armen erweitern. Man kann also sagen, daß wir es hier und im übrigen nichtkommunistischen Asien mit einem zweifachen Polarisierungsprozeß zu tun haben. Am unteren Ende der Skala weist der Kleinbesitz ein immer höheres Maß an Zersplitterung auf und wächst die Zahl der Landlosen. Am oberen Ende der Skala nimmt die Konzentration des Bodens in der Hand der größeren, mit Überschuß arbeitenden Bauern zu.

Diese Landkonzentration bringt zugleich eine beträchtliche Konzentration wirtschaftlicher, gesellschaftlicher und politischer Macht mit sich, welche die Grundbesitzer dazu benutzt haben, um ihre Vorteile abzusichern und auszubauen. Sie sind bestrebt, Hilfsleistungen der Regierung für sich in Anspruch zu nehmen – und sie zur Ausbeutung der Armen einzusetzen. Düngemittel, die gewöhnlich nur in knappen Mengen vorhanden sind, werden von den Regierungsbeamten gewinnbringend an Höchstzahler verkauft – also nicht an die Armen. Bankkredite werden fast ausschließlich den größeren Bauern gewährt. Eine Gruppe von 26 praktisch landlosen Pachtbauern im Bezirk Savar erzählte mir, es sei ihnen nicht gelungen, von irgendeiner Bank einen Kredit zu bekommen: entweder weil sie nicht genügend Land als Bürgschaft besaßen; oder weil die Besitztitel über das vorhandene Land bei ihren Vätern oder Großvätern lagen, weil sie selbst nicht die Gebühren und Schmiergelder für die Eintragung ins Grundbuch aufbringen konnten; oder weil sie es sich nicht leisten konnten, einen Tag Urlaub zu nehmen, um in die Stadt zu fahren, oder das Schmiergeld zu zahlen, das die Bankbediensteten überall für die Gewährung eines Kredits verlangten. Sie mußten sich also das Geld bei den Reichen leihen, die ihnen dafür einen Zinssatz von 250 Prozent im Jahr berechneten. Da das Verleihen von Geld gegen Zins für Moslems nicht erlaubt ist, umgehen die Grundbesitzer dieses religiöse Gebot dadurch, daß sie eine Pacht-«Abgabe» in Form von Reis in Höhe der geforderten Geldsumme annehmen.

Röhrenbrunnen sind zu einem weiteren Unterdrückungsinstrument geworden. Die Regierung hat Röhrenbrunnen in großer Zahl für Bauern anlegen lassen, die sich zu Genossenschaften zusammengeschlossen haben. Allerdings haben sich meist die größeren Bauern zur Bildung einer Genossenschaft zusammengetan. Und nun erheben sie völlig überhöhte Gebühren für die Nutzung des Wassers aus diesen Brunnen. Auf diese Art und Weise werden sogar die Regierungsinvestitionen in ländlichen Gebieten mißbraucht, Gelder von allgemein als gemeinnützig angesehenen Institutionen werden so entgegen ihrem Sinn zur Verschlimmerung von Ungleichheit und Ausbeutung benutzt.

Schließlich kaufen sich die Großgrundbesitzer auch noch die Gunst von Polizei und Richtern. Als ich einmal einen beim Obersten Gerichtshof von Bangladesh zugelassenen Verteidiger fragte, ob denn die Polizei gewöhnlich auf der Seite der Reichen stehe, antwortete er mir: «Gewöhnlich nicht. *Immer.*» Diese Parteilichkeit des Rechts wird denn auch als Schutz für einen dritten Prozeß – neben Zersplitterung und Konzentration durch Verkauf – ausgenutzt, nämlich dafür, die Armen ihres Landes zu berauben: durch gewaltsame oder betrügerische Enteignung.

Hassan Ali, ein fünfunddreißigjähriger Bauer aus dem Bezirk Savar verpfändete ein Sechstel seines einen Acre Landes, das ungefähr 400 Taka wert war, für einen Kredit über 1200 Taka. Der Kreditgeber, ein ortsansässiger Großgrundbesitzer, ließ ihn ein leeres Blatt Papier unterschreiben, auf dem er dann eine Schuld über 1400 Taka eintrug. Als Hassan genug Geld zusammen hatte, um dem Grundbesitzer seine Schuld samt Zinsen zurückzuzahlen, bestand dieser darauf, er wolle statt dessen das Land behalten. Hassan mußte vor Gericht gehen und dafür weiteres Land verkaufen, um die 500 Taka (ca. 32 Dollar) für Schmiergelder aufzubringen. Sein Gegner hatte allerdings größere Mittel und gewann den Prozeß, so daß er auf diese Weise das Land zu weniger als einem Drittel seines Marktwertes erwarb.

Mohammed Ayubali, ein landloser Arbeiter aus dem übervölkerten Bezirk Comilla, denkt mit Bitterkeit daran, wie sein Vater vor zwölf Jahren um sein Land betrogen wurde. Ein Großgrundbesitzer hatte ein paar Ganoven vorbeigeschickt, die einem Nachbarn Teile seines Landes abnehmen sollten, und der alte Ayubali war dem Nachbarn zu Hilfe geeilt, um die Ganoven zu vertreiben. Aus Rache zeigte der Großgrundbesitzer daraufhin Ayubalis Vater an, er habe sein Vieh verletzt. Die Polizei suchte die Ayubalis auf, zwang den alten Ayubali durch Mißhandlungen, sich gegen den Vorwurf zu verteidigen, und nahm ihn schließlich fest wegen tätlicher Beleidigung. Er kam ins Gefängnis, sein Vieh und sein Haus wurden ihm weggenommen. Er mußte sein ganzes Land verkaufen, um die Gerichtskosten zu bezahlen, und starb dann an einem Herzschlag, bevor der Prozeß abgeschlossen war.

Der Zunahme der Landlosigkeit in Bangladesh stand kein entsprechender Zuwachs an Arbeitsmöglichkeiten auf dem Land oder in der Stadt gegenüber. Die Investitionen zur Schaffung von Arbeitsplätzen sind in Bangladesh zu kurz gekommen, da es praktisch nur Investitionen aus Mitteln der Entwicklungshilfe gibt. Der größte Teil des Mehrprodukts der Reichen im Lande wird unproduktiven Zwecken wie dem Kauf des Landes der Armen zugeführt. Als Ergebnis ist ein massiver und zunehmender Überhang an Arbeitskräften zu verzeichnen. Die Arbeiter einer Region konkurrieren untereinander um Arbeitsplätze und außerdem mit den Männern, die aus den Überschwemmungsgebieten gekommen sind und in noch verzweifelteren Verhältnissen leben. Auf diese Weise werden die Reallöhne stark gedrückt – 1974/75 lagen die Reallöhne bei nur 45 Prozent der ohnehin schon niedrigen Löhne des Jahres 1964/65; allerdings hatten sie 1976/77 wieder 65 Prozent dieses Ausgangsniveaus erreicht.

Als ich 1978 das Land besuchte, lagen die Tageslöhne bei etwa 10 Taka pro Tag (ca. 66 US-Cents), gerade genug, um 5 Pfund Reis zu kaufen oder eine sechsköpfige Familie am Leben zu erhalten. Doch haben die meisten vier Monate im Jahr keine Arbeit. Als ich Mohammed Ayubali kennenlernte, hatte er seit zwei Monaten keine Arbeit gehabt und von den Ersparnissen der davorliegenden Saison gelebt. Er gab pro Tag nur vier oder fünf Taka aus. Pro Tag aß er nur ein Pfund Reis, eventuell noch einige Schoten roten Pfeffers dazu, seine Frau und seine beiden Kinder teilten sich eineinhalb Pfund Reis. Um schwere Arbeit leisten zu können, hätte er mindestens doppelt soviel essen müssen. Auf Grund seiner schlechten Ernährung war er immer schwächer geworden und konnte jetzt nur noch leichte Arbeit verrichten, die noch schlechter bezahlt wird.

Wenn ein Landloser Glück hat, gelingt es ihm, Land zu pachten. Doch gibt es so viele, die nach Land schreien, daß die Grundbesitzer ihnen ihre Bedingungen aufzwingen können. Meine Gruppe von 26 landlosen Bauern klagte, die Ärmsten unter ihnen könnten kein Land zur Pacht bekommen, weil die Grundbesitzer nur solchen Bauern Land zur Pacht überließen, die einen Ochsen und einen Pflug hätten. Die Pachtherren verlangen für sich 50 Prozent der Ernte, da jedoch die Kosten für Düngemittel, Saatgut und Wasser vollständig von den Pächtern getragen werden müssen, beläuft sich das Einkommen des Pächters nur auf etwa ein Drittel des Ertrags des von ihm bearbeiteten Landes. Einige Grundbesitzer waren gerade dabei, andere Verträge einzuführen, in denen die Pacht nicht mehr in Ernteanteilen abgerechnet wurde, sondern die als kurzfristige Kreditverträge angelegt waren, deren Laufzeit nur ein Jahr oder nur für eine Ernte galt, so daß der Pachtzins regelmäßig erhöht werden konnte. Überschlagsrechnungen lassen die Vermutung zu, daß Bauern, die ihren Pachtzins nach solchen Verträgen zu entrichten hatten, nur ungefähr ein Viertel ihres Ertrags als ihr eigenes Einkommen betrachten konnten.

Es scheint paradox, aber je schlimmer die landwirtschaftliche Lage wird und je mächtiger die Großgrundbesitzer werden, um so ferner scheinen die Aussichten auf Reform oder Revolution. Es gibt in Bangladesh keine landesweiten Organisationen der landlosen oder armen Bauern. Die wenigen lokalen Aufstände, die es gegeben hat, endeten immer mit einer Niederlage für die Armen. Denn ihre Armut ist zugleich die größte Bedrohung für ihre Solidarität, weil sie miteinander um den geringsten Vorteil konkurrieren müssen, sei es um Arbeit, sei es um Pachtland. So wird die Macht der Reichen immer größer.

Ein Schritt vorwärts: die Grüne Revolution

Die Landwirtschaft hat in Asien nicht stagniert, wie es in Afrika tendenziell der Fall gewesen ist. Sie hatte eine viel weiter fortgeschrittene Ausgangsbasis, wies vielerorts schon Pfluganbau, Bewässerung und eine weitverbreitete Verwendung von Naturdünger auf. Die asiatischen Bauern zeigten sich anpassungsfähig, und wo sie in der Lage waren, solche Anpassung zu vollziehen, haben sie Neuerungen sehr schnell übernommen. Die Grüne Revolution trug zur Vergrößerung der Nahrungsproduktion bei, schuf mehr Arbeitsplätze auf dem Land und brachte auch einige Regionen wie etwa das Pandschab und Haryana auf den Weg zur Industrialisierung.

Seit ungefähr zehntausend Jahren, seit die ersten wilden Sorten Weizen, Reis und Mais domestiziert worden sind, hat der Mensch Pflanzenzucht betrieben. In der Dritten Welt ist dieser Prozeß noch keineswegs beendet, selbst die ärmsten Bauern versuchen ständig, ihr Saatgut zu verbessern, indem sie die gesündesten und fettesten Pflanzen als Eltern der nächsten Ernten aussuchen.

Die einheimischen Sorten, die durch diese Auslese hervorgebracht worden sind, sind den Bedingungen, unter denen sie zu wachsen haben, gut angepaßt. Sie haben große, in die Breite gehende Wurzeln, da der Boden oft nur einen geringen Stickstoffgehalt aufweist. Sie sind teilweise resistent gegen zahlreiche lokale Krankheiten oder gegen periodisch auftretende Dürren. Aber sie sind nur dürftig ausgestattet im Hinblick auf das drückendste Problem in überbevölkerten Regionen, nämlich dann, wenn es darum geht, den Ertrag pro gegebener Anbaufläche zu erhöhen. Sie können nicht sehr dicht gesetzt oder gesät werden, weil dann ihre Wurzeln sich gegenseitig die Nährstoffe wegnehmen. Wenn Düngemittel verwandt werden, schlägt sich das meistens in verstärktem Wuchs von Blättern oder Halmen und weniger bei den für die Ernährung wichtigen Körnern nieder. Sie nehmen sich so gegenseitig Sonnenlicht weg und entwickeln lange dünne Halme, die knicken, bevor das Korn reif ist.

Während der gesamten Kolonialzeit hat die wissenschaftliche Forschung des Westens die Nahrungspflanzen, von denen das Überleben von drei Vierteln der Menschheit abhing, nahezu völlig vernachlässigt. 1943 machte sich dann die Rockefeller-Stiftung zusammen mit der mexikanischen Regierung daran, ein Programm zur Entwicklung neuer tropentauglicher Weizensorten auf den Weg zu bringen. Man brauchte zehn Jahre, um Tausende von Sorten aus Nord- und Südamerika, aus Südasien, dem Mittleren Osten und Ostafrika zu sichten und zu prüfen, um schließlich eine zwergwüchsige Sorte zu entwickeln, die imstande war, Düngemittel so zu nutzen, daß sich statt Halmen und Blättern vor allem der Fruchtstand entwickelte und daß der Halm nicht frühzeitig knickte. Es handelte sich dabei um eine Kreuzung zwischen einer in Mexiko heimischen Art und einer nordamerikanischen, halb zwergwüchsigen Weizenart, die ihrerseits von einer unter dem Namen Norin bekannten japanischen Sorte abstammte.

Dieser neue Weizen half Mexiko, das 1940 noch die Hälfte seines Getreidebedarfs importieren mußte, bis 1956 die Selbstversorgung zu sichern. 1970 hatte der durchschnittliche Ertrag 3200 Kilogramm Weizen pro Hektar erreicht, was dem Vierfachen des Ertrags von 1940 entsprach. Bis 1966 wurden dann auch Hochertrags-Weizensorten entwikkelt, die den asiatischen Bedingungen angepaßt waren, und es wurde Saatgut in die Türkei, nach Indien und Pakistan ausgeführt. In Indien verdoppelten sich die Weizenerträge zwischen 1964 und 1972 und trugen dazu bei, die indischen Kornkammern Haryana und Pandschab zu den sich am schnellsten entwickelnden Bundesstaaten werden zu lassen.

Gehen wir dieser Weizen-Erfolgsstory noch ein Stück weiter nach: Die Rockefeller-Stiftung gründete 1960 zusammen mit der Ford-Stiftung das Internationale Reis-Forschungsinstitut (IRRI) mit Sitz in Los Banos auf den Philippinen. Das Institut sammelte zehntausend verschiedene Reissorten aus der ganzen Welt, züchtete und kreuzte sie mit dem Ziel, eine maximale Nutzung von Düngemitteln, geringen Blattwuchs und kurzen Halmwuchs zu erreichen. Es kam zu einer merkwürdigen Hochzeit zwischen einer hohen kräftigen Sorte aus Indonesien und Dee-Geo-Woo-Gen, einer Zwergreissorte aus Japan. Ihr Sprößling wurde IR 8 getauft, und mit dieser Hochertragskreuzung wurde die Grüne Revolution eingeleitet. Bei weiteren Forschungen wurden noch bessere Sorten entwickelt. Der jüngste Nachkomme heißt IR 28 und ist gegen viele Krankheiten, für die Reis anfällig ist, widerstandsfähig.

Das neue Saatgut hatte sofort überraschend starke Auswirkungen auf die Nahrungsproduktion, als es 1966 neu eingesetzt wurde. Die Hochertragssorten brachten zwischen 20 und 35 Prozent höhere Ernten als die traditionellen Sorten. Unter den Bauern mit genügend Wasser und Krediten verbreiteten sich die neuen Sorten wie ein Buschfeuer. Weltweit wuchs die Anbaufläche für Hochertragssorten zwischen 1965/66 und dem darauffolgenden Erntejahr von 58000 Acres auf 1,7 Millionen Acres und zwischen 1967/68 und 1972/73 von 6,7 Millionen auf 33 Millionen Acres. In vielen Gegenden wurde das neue Saatgut aber auch überstrapaziert und etwa in Gebieten angebaut, wo es nicht genügend Wasser gab. Unter solchen Bedingungen bringen diese neuen Sorten weniger als die treuen alten einheimischen Sorten. Anderswo dagegen, wo die Bauern ärmer waren und sich den für das neue Saatgut erforderlichen zusätzlichen Dünger nicht leisten konnten, erfuhren die neuen Sorten nicht annähernd die von den klimatischen Bedingungen her mögliche Verbreitung. 1976/77 wurden auf 72 Prozent des Weizenanbaulandes in Asien Hochertragssorten angebaut, aber auf der zum Reisanbau zur Verfügung stehenden Fläche nur 30 Prozent. In Lateinamerika wurden auf 41 Prozent des Weizenlandes und auf 13 Prozent des Reislandes Hochertragssorten angebaut. Und in Afrika wurden auf dem Weizenland nur 22 Prozent und auf dem Reisland nur ganze 3 Prozent erreicht.

Dieses Wundersaatgut hat sehr viel Gutes getan. Die verschiedenen Hochertragssorten sind *von sich aus* schon so geartet, daß sie in den Gebieten, in denen sie eingeführt werden, eine größere Menge von Arbeitsmöglichkeiten bieten. Ihre Pflege erfordert zwischen 10 und 60 Prozent mehr Arbeitsstunden pro Person als herkömmliche Sorten, und sie tragen so zur Tilgung jenes uralten Fluchs der Landwirtschaft bei: der saisongebundenen Arbeit bzw. Arbeitslosigkeit. Früher konnte nur eine Ernte eingebracht werden, weil die herkömmlichen Sorten bis zu sechs Monate zur Reife brauchten. Die neuen Saatgutsorten reiften in nur 120 Tagen. Dadurch wurden zwei Ernten im Jahr möglich, und in Gegenden, wo es das ganze Jahr über Wasser gibt, sogar drei Ernten in vierzehn Monaten. Die neue krankheitsresistente Sorte IR 28 kommt in nur 105 Tagen zur Reife und erhöht die Ernteintensität damit noch weiter. Auf diese Weise ist in Gegenden mit reichlich Wasser die jährliche Arbeit gleichmäßiger über das ganze Jahr verteilt, statt wie bisher fast ausschließlich zur Erntezeit geleistet zu werden, während es danach kaum noch Arbeit gibt. Vielleicht noch wichtiger ist zu beachten, daß zwei oder drei Ernten pro Jahr auf dem gleichen Stück Land gleichbedeutend sind mit einer Ernte auf zwei- oder dreimal soviel Land. Die Belastung des Landes durch die wachsende Bevölkerung wird gemildert, und der Druck auf die Städte durch die Landflucht verringert sich, denn die Landlosen haben mehr Arbeit, und die Kleinstbauern können mit weit weniger Land, als bisher nötig war, eine Familie ernähren.

Das ist der mögliche Nutzen dieser Sorten: in der Theorie. In der Praxis war der Nutzen so verteilt, wie es das Gleichnis von den Gaben erzählt, das so sehr für das Leben in der Dritten Welt zutrifft: «Denn wer hat, dem wird gegeben, daß er die Fülle habe, wer aber nicht hat, von dem wird auch genommen, was er hat.» Die größeren und reicheren Bauern machten die zusätzlichen Gewinne, während die Landlosen und Kleinbauern wenig davon hatten und die Trockenlandbauern womöglich noch schlechter dabei wegkamen.

Der Grund für diesen Fehleffekt liegt zum Teil bei der Physiologie des neuen Saatguts, teilweise aber auch in der von Ungleichheit gekennzeichneten Struktur der Gesellschaften, in denen es Wurzeln faßte. Hochertragssorten sind aristokratische Pflanzen: heikel, anfällig und überempfindlich. Sie verlangen gute Böden, reichlich Sonne, genug, aber nicht zuviel Wasser. Da sie kurz und stämmig sind, können sie leicht «ersaufen», wenn der Wasserspiegel zu hoch steigt, so daß eine sorgfältige Bewässerungskontrolle vonnöten ist. Und dann brauchen sie auch noch große Mengen Düngemittel, denn sie sind in allererster Linie hervorragende Umwandler von Düngemitteln in Nahrungsmittel. Sie können pro Acre dreimal mehr Dünger aufnehmen als herkömmliche Sorten und bringen doppelt soviel Kornfrucht pro eingesetztem Kilo Dünger. Ohne derartige Zaubermittel stehen sie da wie der König ohne Kleider: als ganz gewöhnliche Sterbliche. Kein zusätzlicher Dünger: keine zusätzlichen Nahrungsmittel.

Durch ihren Wasserbedarf verschärfen Hochertragssorten noch die Ungerechtigkeiten von Natur und Zufall. In trockenen Gegenden, die mit dem Wasser auskommen müssen, das der Regen bringt, konnten die ersten Generationen des neuen Saatguts nicht angebaut werden. Die internationale Forschung hat gerade erst angefangen, sich um die Verbesserung der Trockenland-Pflanzen zu kümmern: um Maniok, Bohnen, regenbewässerten Reis. Selbst in den Bewässerungsgebieten vergrößert sich der Abstand zwischen denjenigen, die ihr Land nur für eine Ernte bewässern können, und denen, die genug Wasser für zwei oder gar drei Ernten haben.

Die Reichen haben sogar in Gegenden mit denselben natürlichen Voraussetzungen stärker von den neuen Pflanzensorten profitiert als die Armen. Theoretisch ist die Technologie der Hochertragssorten unabhängig vom Umfang des Anbaus, sie kann also ebenso gut von kleinen wie von riesengroßen Landwirtschaften verwandt werden. In der Praxis sieht es aber so aus, daß ein Bauer, der sie anbauen will, zusätzliche Ausgaben finanzieren muß für Düngemittel, Insektenvertilgungsmittel, kleinere Verbesserungen des Bewässerungssystems und für Löhne, denn zu ihrer Pflege ist ein größerer Arbeitsaufwand erforderlich. Zwar wird er durch die zusätzliche Ernte diese Ausgaben mit reichlichem Zugewinn wieder hereinbekommen, aber bis dahin braucht er Kredite, um diese Zeit zu überbrücken. Die Großgrundbesitzer werden von den offiziellen Kreditinstituten gewöhnlich mit Vorrang versorgt, während es andererseits um so schwieriger wird, Kredite zu erhalten, je kleiner das Land ist, das man besitzt. Pächter, die kein Land auf ihren Namen eingetragen haben, das sie bei der Aufnahme eines Kredits als Sicherheit angeben könnten, haben ernsthafte Schwierigkeiten, überhaupt einen Kredit zu bekommen. Landlose Arbeiter schließlich können höchstens in der Weise profitieren, daß durch die neuen Sorten mehr Arbeit anfällt. Da es unter Umständen aber viel zu viele Arbeitsuchende gibt, schlägt sich das möglicherweise nicht einmal in höheren Löhnen nieder. Zudem werden, wie noch zu zeigen sein wird, durch die mit der Grünen Revolution einhergehende Mechanisierung der Landwirtschaft oft ebenso viele oder mehr Arbeitsplätze vernichtet als durch das neue Saatgut geschaffen werden. Es ist gut möglich, daß der Zugang zu Rat und Hilfe von seiten einschlägiger staatlicher Institutionen, ja selbst zur Versorgung mit neuem Saatgut und mit Düngemitteln, ebenso ungleich verteilt ist wie die Kredite. Auf Grund dieses ungleichen Zugangs zu Krediten, Versorgung und Beratung haben die Kleinen und Armen die neue Technologie überall meist später und in geringerem Umfang eingeführt als die Reichen und Großen. Im Kandy-Distrikt in Sri Lanka hatte beispielsweise im Jahre 1972 nur ein Viertel der landwirtschaftlichen Betriebe unter zwei Acres Land schon die neuesten Hochertragssorten angebaut, während es bei den Landwirtschaften über sechs Acres schon fast zwei Drittel waren.

Das Einkommen der Bauern steigt mit dem neuen Saatgut bis zum doppelten Betrag des Einkommens, das mit den alten Sorten erzielt wird. Auf diese Weise werden die Reichen noch reicher. Die Armen können dabei ohne weiteres noch ärmer werden, denn die Steigerung der Reisproduktion, die durch die Grüne Revolution erzielt wurde, führt nicht selten zum Sinken der Reiserzeugerpreise. Daher kann es passieren, daß die Trokkenlandbauern und die Kleinbauern, die noch immer die alten Sorten anbauen, jetzt weniger für ihre Ernte bekommen als vorher, dadurch noch weiter abgedrängt werden und in noch größere Gefahr geraten, ihr Land zu verlieren.

Es ist nach alledem also falsch, die Technologie der Grünen Revolution für all die sozialen Verschlechterungen verantwortlich zu machen, die in ihrem Gefolge aufgetreten sind. Zwar hat sie zu einer Zunahme der Ungleichheit zwischen den Regionen geführt. Aber innerhalb der einzelnen Regionen haben die schon zuvor bestehenden gesellschaftlichen und politischen Ungleichheiten dazu geführt, daß einige wenige in derart starkem Maße von den neuen Technologien profitiert haben.

Die «gemeine» Maschine

Überall in dem an Arbeitskräften reichen Asien werden Maschinen eingeführt, um Arbeitskräfte zu sparen. Die Nahrungsmittelproduktion wird gesteigert – aber die Kaufkraft der Massen, die sie verbrauchen sollen, nimmt ab. Hunger breitet sich aus inmitten der Fülle.

Technischer Fortschritt, der die Produktivität des *Landes* erhöht, etwa durch neues Saatgut, durch Düngemittel und Bewässerung, schafft eigentlich mehr Arbeitsplätze und mehr Nahrungsmittel. Diese Art von Fortschritt sollten Entwicklungsländer eigentlich auch anstreben. Was die einzelnen Bauern jedoch einführen, das sind technische Innovationen, die die Produktivität des *Arbeiters* erhöhen. Sie erzeugen zwar mehr Nahrungsmittel, zerstören gleichzeitig jedoch Arbeitsplätze. Auf diesem Kontinent, der einen ungeheuren Überschuß an Arbeitskräften aufweist, die nach Arbeit schreien, vernichtet die Mechanisierung Arbeitsplätze auf jeder einzelnen Stufe der Nahrungsmittelproduktion: beim Pflügen wie bei der Bewässerung, beim Dreschen wie beim Mahlen. Traktoren gehören zu den größten Übeltätern. Untersuchungen haben ergeben, daß sie ungefähr ein Drittel der normalerweise zur Landbearbeitung benötigten Arbeitskräfte überflüssig machen. Die Bauern scheinen Traktoren weniger wegen der Senkung der Lohnkosten anzuschaffen als wegen des Umstands, daß sie so die Landbearbeitung zwischen aufeinanderfolgenden Ernten schneller bewältigen können. In Sri Lanka kann ein kleiner Traktor ein Acre Land in sechs bis neun Stunden umpflügen, ein Büffelgespann braucht dafür zwanzig Stunden und ein Mann mit einer Hacke 128 Stunden. In Asien breiten sich die Traktoren rascher aus als auf jedem anderen Kontinent. In Afrika stieg die Zahl der Traktoren von 250000 im Jahre 1965 auf 400000 im Jahre 1975, in Lateinamerika von 370000 auf 580000. Im selben Zeitraum stieg die Zahl der Traktoren in Asien von 330000 auf 1,21 Millionen. Der stärkste Anstieg erfolgte durch die Grüne Revolution. Sie beschleunigte den Mechanisierungsprozeß aus zwei

Gründen: erstens, weil sie den Bauern die zusätzlichen Gewinne verschaffte, die sie benötigten, um sich Traktoren anschaffen zu können; und zweitens, weil sie den Faktor Zeit stärker ins Spiel brachte, wo es darum ging, in einem Jahr noch eine zweite oder gar dritte Ernte aus dem Boden herauszuholen. So stieg in Indien die Zahl der Traktoren von 66000 im Jahre 1967 auf 215000 im Jahre 1975, in Pakistan von 12500 auf 38000 und in Sri Lanka von 9700 auf 15800.

Eine Untersuchung über den Traktorisierungsprozeß in Pakistan verdeutlicht, wie stark der Kontrast zwischen Gewinn für einige wenige und Verlust für die vielen anderen ausgeprägt ist. 1965 gewährte die Weltbank Pakistan eine Anleihe über 17 Millionen Dollar, die an Bauern zur Finanzierung ihrer Mechanisierungsbestrebungen weiterverliehen werden sollten. Nur größere Bauern wurden als kreditwürdig angesehen. Es stellte sich heraus, daß Traktoren eine ausgezeichnete Investition waren: Die Gewinnrate aus dieser Anschaffung der Bauern belief sich auf stattliche 57 Prozent, und als Folge ihres erhöhten Einkommens konnten sie die durchschnittliche Größe ihrer Landwirtschaften von 45 Acres auf 109 Acres anheben. Aber nur einer von fünf hinzugewonnenen Acres war zuvor nicht bewirtschaftet worden. Mehr als die Hälfte war Land, das zuvor verpachtet oder meist nicht-traktorisierten Bauern abgekauft worden war. Jeder Bauer, der nun mit sehr viel weniger Arbeitskräften eine weit größere Fläche bearbeiten konnte, vertrieb durchschnittlich vier Pächter. Die Untersuchung kam zu dem Schluß, daß jeder Traktor im Durchschnitt fünf Arbeitsplätze zerstört hatte. Gesamtresultat: Einkommen und Wohlstand einiger weniger wurden stark angehoben, die Nahrungsmittelproduktion wurde vermehrt, dafür wurden aber viele Menschen ihres Zugangs zu Land und Arbeit beraubt. Die Mechanisierung hat in Gegenden mit Arbeitskräfteüberschuß gesellschaftlich eindeutig zerstörerische Auswirkungen und führt notwendig zu größerer Armut und zur Beschleunigung der Landflucht.

Traktoren vernichten also nicht nur Arbeitsplätze: Sie sind zugleich auch mächtige Motoren der Ungleichheit zwischen Besitzenden und Nichtbesitzenden. In Sri Lanka sind die Preise für die Miete eines Traktors so hoch, daß die Maschinen sich schon innerhalb von zwei Jahren amortisieren und zugleich 50 bis 60 Prozent Gewinn abwerfen. «Kreditwürdige» Bauern konnten es sich leisten, bei einem Zinssatz von nur 15 Prozent einen Traktor zu kaufen. In einer Untersuchung war zu lesen, daß Traktorenbesitzer soviel Extragewinn machen konnten, daß sie innerhalb weniger Jahre ihren Landbesitz verdoppelten, und zwar in der Regel auf Kosten der Nichtbesitzenden. Denn diese mußten sich in Schulden stürzen, um sich zu unverschämt hohen Preisen einen Traktor mieten zu können, wobei die Traktorenbesitzer hier auch oft noch zusätzlich als Wucherer auftraten. Die Traktoren erzeugten, so beschrieb es ein Autor, einen «neuen Feudalismus der Technologie».

In Asien und im Mittleren Osten sorgt selbst das Wasser für Arbeit, denn es werden Männer gebraucht, die es den Feldern zuführen. Pumpen erwiesen sich hier als die Traktoren des Wassers. In einem südindischen Distrikt stieg beispielsweise die Zahl der elektrisch betriebenen Pumpen innerhalb von nur vierzehn Jahren von null auf 120000. Pumpen haben ihre eigene, ganz besonders tückische Art und Weise, die Ungleichheit zu vermehren:

In Gegenden mit unzureichendem Niederschlag verringern sie das Grundwasser derart rasch, daß der Grundwasserspiegel sinkt und nur noch teure Röhrenbrunnen tief genug in die Erde reichen. Die per Hand ausgehobenen Brunnen der Armen trocknen aus. Pumpen machen sinnigerweise aus Wasser, einer Gabe Gottes, ein Privileg, das nur den ohnehin schon Privilegierten zugänglich ist.

Natürlich brauchen wir technische Neuerungen in der Landwirtschaft, wenn die Nahrungsmittelproduktion mit dem Bevölkerungswachstum Schritt halten soll oder gar noch schneller wachsen soll. Aber die neue Technik wurde in Asien (und in diesem Zusammenhang auch in Lateinamerika und bis zu einem gewissen Grad auch in Afrika) in ungleicher Weise in eine ungleiche Gesellschaft eingeführt und hat dergestalt zur Verschlimmerung von Ungleichheit und Armut beigetragen. Die Lösung für die mit der Grünen Revolution und der Mechanisierung aufgeworfenen Probleme kann jedoch nicht darin liegen, daß man den Fortschritt zurückweist.

Die Lösung heißt Landreform, gleicher Zugang zu Kredit und Beratung und Förderung arbeitsintensiver Methoden zur Steigerung der Nahrungsmittelproduktion.

Wird die Grüne Revolution zur Roten?

Der Vater der Grünen Revolution, der Pflanzengenetiker Norman Borlaug, erhielt 1970 für seinen Beitrag zur Vergrößerung der Weltnahrungsmittelversorgung den Friedensnobelpreis. Aber die Grüne Revolution und die Mechanisierung haben in der ländlichen Gesellschaft tiefe soziale Klüfte entstehen lassen. Sie haben soziale Unruhen und häufig auch gewalttätige Auseinandersetzungen auf dem Lande mit sich gebracht. Die Grüne Revolution ist vielerorts rot geworden, rot vom Blut und rot durch die Radikalisierung der Bauern.

Vermehrte Gewinne und der Niedergang der traditionellen Moral haben zu immer erbitterteren Kämpfen um die Aufteilung der Ausbeute geführt. Kämpfe zwischen Grundherren und Pächtern, da die Grundherren versuchen, die Extragewinne aus der neuen Technologie dadurch zu monopolisieren, daß sie die Pächter vertreiben, um sie als Arbeiter wieder anheuern zu können. Kämpfe zwischen Landbesitzern und Landlosen, die als Landarbeiter bestrebt sind, von dem durch die Grüne Revolution erzeugten Wohlstand auch für sich etwas abzuzweigen, und daher versuchen, die Grundbesitzer zur Erhöhung der Löhne zu zwingen. Im ländlichen Asien brechen heute offene Klassenauseinandersetzungen aus.

In Indochina brachte die in zunehmendem Maße unerträgliche Lage in der Landwirtschaft kommunistischen Guerillas Unterstützung in der Landbevölkerung. Auf den Philippinen, wo die Verschuldung Landbesitzer zu Pächtern auf ihrem vormals eigenen Land machte, breitete sich die Rebellion unter den Bauern aus. In Indien gibt es Ansätze für Bauernbewegungen, und die Zahl gewalttätiger Zusammenstöße zwischen landlosen Arbeitern und Grundbesitzern nimmt zu. Die ostindische Bewegung der Naxaliten erhielt die größte Beachtung durch ihr Programm der Liquidierung der führenden Grundbesitzer in allen Dörfern. Kleinere Auseinandersetzungen gibt es in vielen Bundesstaaten Indiens fast täglich, wobei die indische Presse sie häufig fälschlicherweise als Kastenkonflikte darstellt, weil gewöhnlich eine einzige Kaste das gesamte Land besitzt, während eine andere Kaste, oft Unberührbare oder bestimmte Stämme, den größten Teil der Landarbeiter stellt.

Einer der schrecklichsten Zwischenfälle ereignete sich 1968 im Distrikt Ost-Thanjavur im Bundesstaat Tamil Nadu. Als die landlosen Arbeiter sich zu einer Gewerkschaft zusammenschlossen, um höhere Löhne zu erzwingen, organisierten die Grundbesitzer ihrerseits eine Widerstandsvereinigung. Immer wenn die Gewerkschaft zum Streik aufrief, holten sich die Grundbesitzer Landarbeiter von anderswo, so daß Auseinandersetzungen zwischen Streikenden und Streikbrechern unvermeidlich waren. Die Grundbesitzer boten den Landarbeitern dann an, sie könnten wieder bei ihnen arbeiten, sofern sie aus der Gewerkschaft austräten und jeder eine Strafe über 250 Rupien bezahle (was drei Monatslöhnen entspricht).

Die Arbeiter lehnten ab, und im Verlauf der hitzigen Diskussionen wurde ein Vertreter der Grundbesitzer getötet. Daraufhin organisierten die Grundbesitzer eine Strafexpedition. Auf Lastwagen gedrängt und mit Stöcken, Schwertern und Gewehren bewaffnet, fuhren sie zu dem Hauptstützpunkt der Landarbeiter, dem Dorf Klivenmani. Sie trieben Männer, Frauen und Kinder zusammen, pferchten sie alle in eine Hütte und setzten sie in Brand. Über 40 Menschen wurden bei lebendigem Leibe verbrannt.

Das Oberste Gericht von Madras sprach alle 25 Grundbesitzer, die des Verbrechens beschuldigt wurden, frei – und verurteilte die acht Landarbeiter, die wegen der Tötung des Grundbesitzer-Vertreters vor Gericht standen, zu langen Freiheitsstrafen.

Im Cuddapah-Distrikt von Andhra Pradesh war *harijans* (indische Bezeichnung der Kastenlosen) von der Regierung brachliegendes Land zugewiesen worden. Da dieser Umstand die Abhängigkeit der *harijans* von der Lohnarbeit verringern würde, wurden sie von ortsansässigen Grundbesitzern von diesem Land vertrieben. Im Juli 1974 griffen 500 bewaffnete Angehörige der landbesitzenden Reddy-Kaste das Unberührbaren-Dorf Ramanpalle an, verletzten 30 Leute aus dem Dorf und brannten 118 Hütten nieder.

Ähnliche Zusammenstöße hat es in vielen anderen Bundesstaaten gegeben, und sie nehmen an Häufigkeit zu. Während die allgemeine Verbrechensrate in Indien zwischen 1974 und 1976 um 10 Prozent zurückging, nahmen Gewalttaten gegen Unberührbare um 42 Prozent und Morde an Unberührbaren um 100 Prozent zu. 1977 stellte die Janata-Party die Regierung, deren stärkste Anhänger aus den Reihen der landbesitzenden Kasten kamen. Die Zahl der Gewalttaten gegen *harijans* lag 1977 54 Prozent über dem Stand von 1976. Seit kurzem haben die landlosen Kasten begonnen zurückzuschlagen, aber die Grundbesitzer reagierten darauf mit einer Eskalation der Gewalt. Im Dezember 1979 wurde im Bundesstaat Bihar ein landbesitzender Angehöriger der Kurmi-Kaste ermordet, der *harijans* Land abgenommen, den Landarbeitern dann die Löhne vorenthalten und eine eigene bewaffnete Streitmacht aufgestellt hatte. Als Antwort darauf überfielen 500 bewaffnete Kurmis in der Nacht zum 25. Februar 1980 das *harijan*-Dorf Pipra in der Nähe von Patna, setzten das Dorf in Brand, erschossen vierzehn Menschen und warfen ihre Leichen in die Flammen.

Nur zwei Wochen zuvor hatten 100 Angehörige der Bhumibar-Kaste das *harijan*-Dorf Parasbigha angezündet und dabei zwölf Menschen getötet, um die Ermordung eines derselben Kaste angehörenden Grundbesitzers zu rächen, der sich illegal Land angeeignet hatte, das landlosen Arbeitern zugewiesen worden war. Es wurde immer mehr darüber diskutiert, ob man den *harijans* nicht Waffenlizenzen ausstellen sollte, damit sie sich besser verteidigen könnten; in zehn Distrikten des Bundesstaates Bihar begannen landlose Arbeiter im Dezember 1979, sich im Umgang mit Waffen zu üben.

Die Situation in großen Teilen Asiens nimmt allmählich lateinamerikanische Ausmaße der Polarisierung auf dem Lande an. Wohlhabende Grundbesitzer, die die Vorteile moderner Technologie nutzen, auf der einen Seite und die Masse der Landarbeiter und Kleinstbauern auf der anderen stehen einander feindlich gegenüber. Dieselben Unterdrükkungsmechanismen bilden sich heraus: Den Armen wird der Zugang zu Land verweigert, und sie werden gezwungen, sich als Lohnarbeiter zu verdingen. Die Grundbesitzer greifen zur offenen Gewalt, um jeglichen Widerstand oder jeglichen Ansatz zur Organisation unter den Bauern zu unterdrücken, und die örtliche Polizei und Gerichtsbarkeit treten als ihre Komplizen auf. Die Bauern sind schwach, weil sie arm sind. Sie haben kein Geld für Gewehre oder um die Polizei zu bestechen. Sie haben keinerlei Rücklagen, um einen Streik durchzustehen, weder eine Streikkasse noch eine Sozialversicherung. Sie haben Hunger, und die Hungrigsten können immer in der Versuchung stehen, sich als Streikbrecher oder Lohndrücker mißbrauchen zu lassen. Ihre Armut ist es, die sie davon abhält, sich wirksam zu organisieren, um höhere Löhne durchzusetzen, und da sie über keinerlei Organisation verfügen, bleiben sie arm.

6. Land oder Tod in Lateinamerika

Im ländlichen Afrika liegen die Wurzeln der Armut im Boden und in den Beziehungen der Menschen zum Boden, den fatalen Auswirkungen von Bevölkerungswachstum und Anbaumethoden auf dürftigem Land. In Asien sind Armut und wachsende Ungleichheit das Ergebnis von Bevölkerungswachstum, Landknappheit und bestimmten Dynamiken der ländlichen Gesellschaft. Aber in Lateinamerika liegen die Ursprünge von Armut und Ungleichheit in der uralten und fortdauernden Unmenschlichkeit von Menschen gegen Menschen, in der nackten, rücksichtslosen und häufig gewalttätigen Ausbeutung. Oft ist der Begriff Feudalismus benutzt worden, um die Macht der Großgrundbesitzer in Lateinamerika über Landarbeiter, Pächter und Kleinbauern zu beschreiben. Aber der Feudalismus des europäischen Mittelalters war ein Verhältnis auf Gegenseitigkeit. Die Leibeigenen versorgten ihren Grundherren mit Arbeit und Erzeugnissen, und der Grundherr schützte sie dafür gegen Angriffe. Und es gab gewohnheitsmäßige Grenzen, die das Maß der Ausbeutung nicht überschreiten durfte. Der lateinamerikanische Feudalismus ist eine Einbahnstraße. Der Bauer hat Pflichten, der Grundbesitzer Rechte. Der Bauer gibt, der Grundbesitzer nimmt. Selbst gesetzlich festgelegte Grenzen der Ausbeutung werden geflissentlich überschritten, denn auf örtlicher Ebene ist der Grundbesitzer das Gesetz. Die einzige Grenze, die dem Grundbesitzer gesetzt ist, ergibt sich aus dem Umstand, daß er ständig billige Arbeitskräfte benötigt: Der Landarbeiter muß soviel verdienen, daß er überleben und sich reproduzieren kann. Aber das reicht nicht, um gesund zu bleiben oder um viele seiner Kinder vor frühem Tod zu retten.

Das Erbe der Gewalt

Die Erklärung für das einzigartige Ausmaß an Ungleichheit, Ausbeutung und Ungerechtigkeit in Lateinamerika muß in der Kolonialvergangenheit gesucht werden. Denn so unglaublich es scheinen mag, die Gesellschaft der Conquista, der Eroberung Lateinamerikas, ist heute, mehr als viereinhalb Jahrhunderte danach, in den meisten ländlichen Gegenden noch immer lebendig. Die Konquistadoren, Cortez, Pizarro und ihre Nachfolger, kamen nach Amerika, auf der Suche nach Reichtum, angesehener Stellung und Macht. Sie hatten erlebt, wie während der Reconquista, der Rückeroberung Iberiens von den Mauren, Männer geadelt, berühmt und reich geworden waren; die Neue Welt bot nun eine neue Möglichkeit, dem nachzueifern. Die Eroberer kamen, um sich anzusiedeln, aber im Unterschied zu den aus Unter- und Mittelschicht stammenden Europäern, die die Kolonisierung Nordamerikas betrieben, kamen sie nicht, um zu arbeiten, sondern, wie es sich für einen richtigen Adligen gehört, um von der Arbeit anderer zu leben. Nackte Plünderei war ihre strategische Devise. Als sie es geschafft hatten, den gesamten Reichtum zu stehlen, den Azteken, Inka, Chibcha und andere Reiche angehäuft hatten, wandten sie sich längerfristigen Unternehmungen zu: dem Silber- und Goldbergbau und dem Herausschnippeln großer Landbesitztümer aus dem besten indianischen Land für sich selbst, was die spanischen Könige dann dadurch «legalisierten», daß sie ihnen das Land durch Gnadenerlasse, sogenannte *mercedes reales*, überließen.

Aber Land ohne Arbeit ist nutzlos. Der größte Teil der Geschichte des ländlichen Lateinamerika erzählt davon, wie die Konquistadoren und ihre Erben es anstellten, das von ihnen enteignete Land mit einem kontinuierlichen Strom von billigen und gehorsamen Arbeitskräften zu versorgen. In der Karibik und in den Küstengebieten wurde die einheimische Bevölkerung durch Massaker und Epidemien dahingerafft, weshalb aus Afrika Sklaven importiert werden mußten, die auf den Plantagen zu arbeiten hatten. Im Landesinnern, besonders in den Anden, wo die ursprüngliche Indiobevölkerung zu überleben vermochte, stellte sich das Problem, wie man aus unabhängigen Bauern, die in kommunistischen Gemeinschaften lebten, eine Klasse wahrhafter Leibeigener machen konnte. Die erste zu diesem Zweck erfundene Einrichtung war die *encomienda*: Jedem der Konquistadorenführer wurde eine bestimmte Anzahl Indios zugewiesen, von denen er Arbeit und Abgaben verlangen konnte. Als Gegenleistung hatte er sie in den Grundgeboten des Christentums und den überlegenen Tugenden europäischer Zivilisation zu unterweisen. Die spanische Königin Isabella schuf die *encomienda* durch einen Erlaß aus dem Jahre 1503, in dem die gesamte Geschichte des Kontinents enthalten ist: «Da, wie Uns zugetragen, die Indios, weil sie sich einer allzu großen Freiheit erfreuen, Kontakt und Gemeinschaft mit den Spaniern meiden in einem Maße, daß sie nicht einmal für Lohn arbeiten, sondern müßig herumgehen und sich von den Christen auch nicht zum heiligen katholischen Glauben bekehren lassen wollen ... gebiete Ich Euch, Unserem Gouverneur, daß Ihr die Indios verpflichten und zwingen möget, mit den Christen zusammenzuleben, an ihren Gebäuden zu arbeiten, Gold und andere Metalle zu sammeln oder danach zu graben und die Felder zu bestellen und Nahrung zu erzeugen für die christlichen Bewohner und Siedler.»

Um die Indios zur Einwilligung zu zwingen, wurden sie zusammengetrieben, oft gefoltert und gemordet. Da es zu Mißbräuchen kam, schaffte Karl V. die *encomienda* 1520 ab, doch hat sie in einem Dutzend verschiedener Gewänder bis auf den heutigen Tag überdauert. Meistens wurde den Indios einfach der Zugang zu ausreichendem Land verwehrt, so daß sie sich nicht selbst versorgen konnten, weshalb sie gezwungen waren, zu den Iberern zu kommen und für sie zu arbeiten. Im spanischen Amerika wurden die Indios in sogenannten *congregaciones* zusammengefaßt, in Brasilien in sogenannten *aldeias*, was soviel heißt wie Dörfer. Der vorgebliche Grund war der, daß auf diese Weise dem Priester erleichtert werde, für die Bekehrung ihrer Seelen zu wirken, aber der wahre Grund war der, daß die Weißen die Gelegenheit bekommen sollten, sich ihr Land unter den Nagel zu reißen. Der Sklaverei an der Küste entsprach im Inland die *Peonage*: Indios wurde das Recht gewährt, ein kleines Stück des schlechtesten Landes zu bebauen, und als Gegenleistung mußten sie Land- und sogar Hausarbeit auf dem Gut des Grundbesitzers verrichten oder beim Bau oder bei Reparaturen von Straßen, Brücken usw. arbeiten. Bei den Inka und Azteken war unbezahlte Gemeindearbeit an den Straßen gang und gäbe: Die Konquistadoren übernahmen und machten diese Arbeit im Interesse des Gemeinwohls zu Arbeit in ihrem eigenen Privatinteresse. Dieses System gibt es auch heute noch, legal oder nicht, in vielen Gegenden. In Ecuador ist es unter dem Namen *huasipingo* bekannt, in Chile nennt es sich *inquilinaje*. Im vorrevolutionären Peru bedeutete es beispielsweise, daß man 160 Tage pro Jahr auf dem Land des Grundbesitzers arbeiten mußte und zudem noch jederzeit und je nach Bedarf zu irgendwelchen anderen Arbeiten als Nachtwächter, Hausdiener, Schweinehirt oder Brennholzsammler verpflichtet war. Im Nordosten Brasiliens waren die Pächter gezwungen, über ihren Pachtzins hinaus zwischen acht und fünfzehn Tage im Jahr unbezahlte Arbeit auf den Feldern des Grundbesitzers zu leisten. Dieses System nannte sich *cambão*, das Joch, denn, so schrieb der Bauernführer Francisco Julião: «Der unter dem Joch gehende Ochse und der Bauer führen dasselbe unfreie und unsichere Leben, das sich in einer Arbeit erschöpft, die für den einen erst im Schlachthaus, für den anderen erst im Grab endet.» Unter den liberalen Regimes des 19. Jahrhunderts wurde eine Reihe von Gesetzen verabschiedet, mit denen die schlimmsten Formen der Leibeigenschaft eingeschränkt und die Sklaverei abgeschafft wurden. Die Grundbesitzer ignorierten diese Gesetze und führten statt der Sklaverei vertraglich gebundene Arbeit und Schuldverschreibungen ein. Die Bauern erhielten Kredite, damit sie ihr Essen und ihre Kleidung bezahlen konnten, die sie in den Läden des Grundbesitzers zu überhöhten Preisen kaufen mußten. Die Kredite mußten in Form von Arbeit zurückgezahlt werden, wurden dadurch aber nicht abgetragen, und wenn ein Mann starb, ging seine Schuld auf seinen Sohn über.

Neben dem Großgrundbesitz, dem *latifundio*, ist der Kleingrundbesitz, das *minifundio*, entstanden, der in der Regel zu klein ist, als daß eine Familie davon leben könnte. Diese beiden Extreme sind in Lateinamerika fast untrennbar miteinander verbunden, und zwischen ihnen gibt es nur wenig. Das *minifundio* ist die Kehrseite der Medaille, das, was übrigblieb, nachdem der Großgrundbesitzer sich alles gewünschte Land einverleibt hatte und alle zu seiner Bearbeitung benötigten Arbeitskräfte ausgepreßt wurden. Der Kleingrundbesitz stammt aus zwei Wurzeln: Zum einen waren das die gemeinen iberischen Soldaten, die später arme Siedler wurden, weil ihnen keine Heerscharen indianischer Arbeitskräfte «anvertraut» wurden, und die statt dessen gezwungen waren, sich soviel Land zu nehmen, wie sie alleine bearbeiten konnten; zum anderen handelte es sich um das Land, das den Indio-Gemeinschaften belassen wurde. Ursprünglich gehörte dieses Land allen und wurde zu gleichen Teilen bearbeitet, vergleichbar dem traditionellen System in Afrika. Doch teilten die liberalen Reformer des 19. Jahrhunderts einen großen Teil dieses Landes in kleine Stücke Privatland mit veräußerlichen Besitztiteln auf. Viele der besseren *minifundios* wurden durch Erwerb, Übergriffe oder Grundstücksbetrug von den *latifundios* geschluckt. *Minifundios*, die das überstanden hatten, wurden auf Grund der Erbteilung mit jeder Generation kleiner.

Im Falle Lateinamerikas ist es wichtig zu bedenken, daß die Ungleichheit nicht allmählich und durch Mechanismen entstanden ist, die viele – obgleich widerwillig – mit der Zeit als faire Angelegenheit akzeptiert haben, wie dies in Asien der Fall war oder zur Zeit in Afrika geschieht. Sie hatte ihren Ursprung in der gewaltsamen Versklavung von Afrikanern und der nicht minder gewaltsamen Enteignung von Indios und ist seitdem durch nichts anderes als durch nackte Gewalt aufrechterhalten worden.

Entgegengesetzte Pole

Wohlstand und Einkommen haben im ländlichen Lateinamerika eine Polarisierung erfahren, wie sie in diesem Ausmaß nur in wenigen anderen Teilen der Welt vorkommt. Bei der übergroßen Mehrzahl handelt es sich entweder um landlose Arbeiter oder um Landbesitzer, deren Land so klein ist, daß sie davon nicht einmal eine kleine Familie ernähren können. Wie einer von der Interamerikanischen Kommission für Landwirtschaftliche Entwicklung in Auftrag gegebenen Untersuchung in sieben Ländern aus dem Jahre 1966 zu entnehmen ist, fielen 61 Prozent der Bauernfamilien in Argentinien unter diese Kategorie, in Brasilien waren es 68 Prozent und in Chile und Kolumbien 70 Prozent, in Ecuador, Guatemala und Peru waren es 88 Prozent. Über die Hälfte der erwerbstätigen Bevölkerung in Chile, Uruguay, Costa Rica und Argentinien besteht aus landlosen Arbeitern, in Kolumbien, Mexiko, Jamaica und Nicaragua sind es 40 bis 50 Prozent.

Wer Land besitzt, hat deshalb noch keine Garantie fürs Überleben. In

Ecuador, Guatemala und Peru waren neun von zehn Farmen zu klein, um eine Familie mit zwei arbeitenden Erwachsenen zu ernähren. Diese Farmen unter Familiengröße zwängten sich auf eine Fläche von 7 Prozent (in Peru) und 17 Prozent (in Ecuador) der gesamten Anbaufläche. In Kolumbien lagen zwei Drittel aller Farmen unter dem Selbstversorgungsniveau und bedeckten doch nur 5 Prozent des Landes.

Am anderen Ende der Skala standen die großen Grundbesitze (groß genug, um zwölf oder mehr Menschen zu beschäftigen). In keinem Land machten sie mehr als 7 Prozent der *Zahl* der Farmen aus. Aber sie machten sich breit auf 37 Prozent (Argentinien) bis 82 Prozent (in Chile und Peru) der gesamten *Fläche*. Die Fläche eines durchschnittlichen großen Grundbesitzes dieser Kategorie war in Kolumbien fünfhundertmal größer als die typische kleine Landwirtschaft unter Familiengröße, fünfhundertsiebzigmal größer in Brasilien, fünfhundertneunzigmal größer in Argentinien und neunhundertmal größer in Peru. In Ecuador war sie tausendfünfhundertmal größer, in Chile zweitausendzweihundertmal und in Guatemala siebenundzwanzigtausendmal größer.

Die Einkommen sind ganz genauso ungleich verteilt. In Chile erhielten die unteren 70 Prozent der ländlichen Bevölkerung nur ein Drittel des Gesamteinkommens. In Kolumbien machte das Einkommen der untersten 85 Prozent nur 9 Prozent des Einkommens in diesem Gebiet aus. Der durchschnittliche Landbesitzer hatte ein zwischen achtzig- und zweihundertmal größeres Einkommen als der durchschnittliche Landarbeiter.

Brasilien, das lateinamerikanische Wirtschaftswunderland, São Paulo, das nur so strotzt vor Wolkenkratzern und Fabriken und das widerhallt vom ohrenbetäubenden Lärm endloser Verkehrsstockungen. Rio, die Stadt, wo Playboys auf 500-Kubik-Motorrädern die Promenade am Strand von Ipanema rauf- und runterdonnern, vorbei an weißglänzenden Marmor-, Glas- und Stahlfassaden von Apartmenthäusern, in denen die Wohlhabenden leben.

Brasilien, Land bitterer Armut: zusammengeschusterte Holzhütten an den Hängen der Berge um Recife; Lehmhütten, Elend und demoralisierter trunkener *machismo* im ländlichen Nordosten, wo das Leben in den gesellschaftlichen Verhältnissen einer gewaltsamen Vergangenheit eingefroren ist.

In Serra Pelada, einem kleinen Dorf im Bundesstaat Rio Grande do Norte, ziehen sich die Adobe- und Bambus-Hütten an der dreckigen Landstraße entlang, ausgesperrt durch Stacheldraht, der um die Landsitze der Großgrundbesitzer mit ihren palastartigen Ranchgebäuden gezogen worden ist. Auf einem holprigen Acker sind sechs Landarbeiter dabei, mit ihren Feldhacken Unkraut zu jäten. Einer wie der andere sind sie ausgemergelt, mit drahtigen Waden, die aus den hochgerollten Hosenbeinen ragen, und dürren, sehnigen Oberkörpern. Sie arbeiten in einer Reihe und hacken das losgeschlagene Unkraut auf einem breiten Streifen rückwärts. Ihre Bewegungen sind kraftlos, lustlos. Ihre Gesichter sind gezeichnet und unendlich traurig. Am Ende des Hackstreifens angekommen, trotten sie wieder an den Beginn des Feldes und fangen von neuem an. Die Hosen aller Arbeiter sind mit Flicken besetzt. Die Hemden von zweien sind fast nur noch Fetzen.

Wie alle Landarbeiter in Serra Pelada haben sie kein eigenes Land, nicht einmal ein Stückchen Garten vor oder hinter dem Haus, wo sie Bohnen oder Maniok anbauen könnten. Der Staat hat in seiner Güte einen Mindestlohn von 30 Cruzeiros (etwa 2 Dollar) pro Tag festgesetzt. In der Praxis ist dieses Minimum das Maximum. Kein Landbesitzer in der ganzen Gegend würde mehr zahlen. Wirkungsvolle Gewerkschaften und Streiks sind seit 1964, als die Militärs an die Macht kamen, verboten – das Recht der Grundbesitzer zur Ausbeutung der Arbeiter dagegen erfährt die volle Unterstützung des Staates. Zusätzlich hat das boomartige Bevölkerungswachstum die Arbeiter bei ihrem ungleichen Kampf mit den Grundbesitzern in jeder Art und Weise geschwächt. Die meisten Familien ernähren sich hauptsächlich von Maniokmehl, das praktisch nichts weiter ist als Kalorien ohne Eiweiß. Die Männer sind körperlich schwach, und es gibt sehr viel mehr Männer als Arbeit. Die Grundbesitzer beschäftigen nur einen Grundstock von wenigen Vollzeit-Arbeitern und stellen je nach Bedarf und saisonalem Arbeitsanfall zusätzliche Arbeitskräfte ein. Arbeit am Stück gibt es nur ein paar Wochen lang zu Spitzenzeiten – das restliche Jahr über kriegt der Landarbeiter vielleicht zwei oder drei Tage in der Woche Arbeit, nachdem er mit der Kappe in der Hand schier endlos über die verschiedenen Ranches gezogen ist. Die Grundbesitzer umgehen das Gesetz über den Mindestlohn, indem sie den Arbeitern Verträge anbieten, denenzufolge sie beispielsweise für 60 Cruzeiros einen Acker jäten sollen, für den sie drei oder vier Tage brauchen. Kann der Arbeiter es in weniger Zeit schaffen, schön und gut. Wenn er aber, wie das meist der Fall ist, nicht genügend Kalorien zu sich nimmt, um schwere Arbeit leisten zu können, wird er eben nur die Hälfte des Mindestlohns verdienen. Da es einen riesigen Arbeitskräfteüberschuß gibt, finden die Grundbesitzer immer jemanden, der praktisch zu jedem Lohn und zu allen Bedingungen, die ihnen gerade einfallen, die Arbeit macht. Sie selber sorgen dafür, daß es auch bei einem Arbeitskräfteüberschuß bleibt, indem sie riesige Landflächen brachliegen und mit Unkraut und Gebüsch zuwachsen lassen. Würde all dieses Land bearbeitet, gäbe es ohne Zweifel genug Arbeit für alle einheimischen Männer. So aber sterben die Leute an Unterernährung und ihren Folgen, während gutes Land ganz in der Nähe ihrer Häuser ungenutzt bleibt.

Die Dinge stehen schlecht in Serra Pelada. Fünfzig Familien geben pro Jahr den Kampf in diesem Bezirk auf und gehen in die Städte, nach Natal, nach Recife oder nach São Paulo. Die Männer, die zu Hause bleiben, verkaufen sich oft per Schuldverschreibung, nur um genug zu essen zu haben. Von Zeit zu Zeit kommen Agenten vorbei, die Arbeitskräfte für den Boom im Amazonasbecken suchen, und bieten «freien» Transport, Essen, Unterkunft und Kleidung gegen eine auf zwei Jahre befristete Schuldverschreibung, Arbeit ohne Lohn also. Nach Ablauf dieser Zeit wäre der Arbeiter theoretisch frei. In der Praxis hat er aber dann mehr Schulden für Essen gemacht und bleibt unter «Vertrag», bis er zu alt oder zu krank ist, um noch gut genug arbeiten zu können. (Im Amazonasbekken erzählte man sich, daß Männer, die versucht hatten abzuhauen und wieder gefangen wurden, häufig getötet wurden.)

In Mittelamerika lastet die Unterdrückung noch schwerer. In Guatemala kontrollieren ganze 2 Prozent der Landbesitzer drei Viertel des gesamten landwirtschaftlich genutzten Landes. Diese Feudalbarone, von denen viele hohe und höchste Armeeoffiziere sind, lassen nahezu zwei Drittel ihres Landes ungenutzt, dennoch sind die Profite so hoch, daß sie leben können wie die Könige. In den Auffahrten vor ihren palastartigen Häusern stehen Range Rover und Mercedes, am Flughafen Privatflugzeuge. Guatemalas vier Millionen arme Bauern, meistens Nachkommen der Mayas, leben im Hochland vom kärglichen Ertrag ihrer winzigen Stücke Land, die mit jeder Generation kleiner werden und auf denen der Mais fast drei Meter hoch schießt. In den Wintermonaten ziehen 1,5 Millionen von ihnen, oft mit Frau und Kindern, auf die großen Haziendas des Südens und Ostens zur Kaffee-, Zucker- und Baumwollernte. Die entsetzlichen Lebens- und Arbeitsbedingungen dieser Menschen sind die Grundlage für die Vermögen, die in Guatemala gemacht werden.

José Luís, 49 Jahre alt, ist ein typischer Vertreter dieser Wanderarbeiter. Jedes Jahr zieht er mit seiner Frau und seinen fünf Kindern auf eine Kaffeeplantage in der Nähe von Barberena an den Gebirgshängen zum Pazifischen Ozean hin. Von ihrem Stückchen Land im Heimatdorf, es ist ein Zehntel Acre groß, können sie nicht leben. Wenn sie Geld zum Kauf der Dinge, die sie zum Leben brauchen, aufbringen wollen, müssen sie die jährliche Wanderung machen. Maria steht jeden Morgen um drei Uhr auf, um das Frühstück zuzubereiten. Die anderen stehen eine Stunde später auf. Der Arbeitgeber stellt das Essen für die drei täglichen Mahlzeiten zur Verfügung. Es ist immer dasselbe: sechs kleine Tortillas (geschmacklose Pfannkuchen aus Maismehl), die dünn sind wie Oblaten, plus 30 Gramm Bohnen pro Arbeiter – und das alles muß noch mit den Kindern geteilt werden. Der Tag wird in der prallen Sonne verbracht, sie pflücken die reifen roten Beeren von den Kaffeebüschen. Bezahlt wird nach Menge, im Schnitt nicht mehr als 1 Dollar 50 pro Tag. Luís' Familie verbringt wie alle Wanderarbeiter und ihre Familien die Nacht in der *galera* (Galeere) – das ist nichts weiter als ein großes, ausladendes Blechdach auf Pfählen über dem Lehmboden, das Ganze ohne Mauern, Wasser oder Toiletten. Luís und elf weitere Arbeiter haben hier aus Spaltbambus kleine Räume für ihre Familien errichtet. Weitere fünfzig Familien aus demselben Dorf leben in niedrigen Strohzelten, die ungefähr ein mal zwei Meter groß sind und in denen bis zu sechs oder sieben Leute hausen, die bei Regen bis auf die Haut naß werden.

Krankheiten grassierten in dem kleinen Lager. Eine Frau schwitzte sich gerade auf einer Matratze aus halbvergammeltem Karton einen Malariaanfall aus dem Leib. Das Trinkwasser, das in Öleimern von einem Bach eine halbe Meile vom Lager entfernt geholt werden mußte, war trüb vor Dreck. Daß während dieser Wandermonate jemand stirbt, ist gang und gäbe. Norberta Vázquez, 30 Jahre alt, hat auf diese Weise vier ihrer acht Kinder durch Keuchhusten und Durchfallerkrankungen verloren. Viele Erwachsene sterben an Vergiftung durch die Vertilgungsmittel, die mit den morgendlichen Nebelschwaden über die Erntehänge ziehen – wieder andere, wenn die schlecht gewarteten Lastwagen, mit denen sie von ihren Dörfern an die Küste gebracht werden wie Vieh zum Schlachthof, von den Bergstraßen abkommen.

Ein Stück weiter die Landstraße hinunter gab es zwei *galeras*, die nach einem anderen typischen Stil gebaut waren: riesige Schuppen mit Betonwänden, in denen auf einem Raum von nicht einmal 10 mal 30 Metern Fläche und vielleicht sieben Meter Höhe 700 Menschen (in Worten: siebenhundert) hausten wie auf einer Sklavengaleere oder einer industriell betriebenen Viehzucht. In diesem trostlosen Raum schlafen die Leute auf langen Holzrampen, die wie Regale übereinander gestapelt sind, in der Mitte fünf Lagen übereinander, drei an der Mauer. Jeder hat zum Schlafen eine 75 Zentimeter breite Koje, die von den Nachbarkojen durch Bretter abgeteilt ist. Der Raum bis zur darüberliegenden Schlaframpe reicht geradeeben zum Sitzen. Arbeiter mit Familie bekommen zwei solcher Kojen zugewiesen, wobei die Trennplanke herausgenommen wird. Eine Privatsphäre gibt es hier nicht. Die Leute legen sich nach der Arbeit hin, wie sie sind, ungewaschen. Am Sonntag, dem einzigen freien Tag, ziehen die Männer in die Berge, um Brennholz zum Kochen zu sammeln, während die Frauen in bunten Gewändern über kleinen Feuerstellen Kaffee rösten.

Gesetze zur Kontrolle von Bezahlung und Arbeitsbedingungen gibt es, aber sie werden in den meisten Fällen einfach übergangen. Nur starke Bauernorganisationen könnten für die Einhaltung solcher Gesetze kämpfen – aber Bauernführer werden systematisch umgebracht, ebenso wie in der Stadt Gewerkschaftsführer, liberale Journalisten, Linkspolitiker und jeder andere, der sich für die Beendigung solcher unmenschlichen Ausbeutung einsetzt. Jeden Tag sind die Zeitungen voll mit Berichten von Leuten, die «verschwunden» sind, oder mit den Bildern blutverschmierter Leichname, die irgendwo mit allen Anzeichen schwerer Folter gefunden worden sind. Nach Schätzungen von Amnesty International gibt es jedes Jahr etwa 1500 politische Morde in Guatemala. Diese Morde sind in der Hauptsache das Werk von vier rechten Terrororganisationen: der

Weißen Hand, der Organisation «Auge um Auge», der Geheimen Antikommunistischen Armee und der Todesschwadron. Man nimmt an, daß die Mörder ehemalige Angehörige der Armee oder der Polizei sind, die von Aktiengesellschaften und Großgrundbesitzern finanziert werden, die sich auf diese Weise lästiger Arbeiterführer entledigen möchten.

Das *latifundio* hat seinem Besitzer ein großes und sicheres Einkommen garantieren können, aber hinsichtlich der Übernahme neuer Technologie zur Erhöhung der Nahrungsmittelproduktion erwies es sich als ganz und gar ungeeignet. Nur eine Minderheit großer Besitzungen war imstande, sich den technischen Neuerungen und Geschäftsführungsmethoden moderner Landwirtschaft anzupassen. In den meisten lateinamerikanischen Ländern gibt es einerseits den modernen Großgrundbesitz mit rationeller profitorientierter Leitung, die das neueste Saatgut, den besten Dünger, die wirksamsten Vertilgungsmittel sowie die modernsten Bewässerungstechniken und mechanischen Hilfswerkzeuge nutzt und damit auch die noch verbleibenden Arbeitskräfte überflüssig macht. Aber diese Wirtschaften sind noch eine Minderheit. Andererseits existiert der traditionelle Sektor aus *minifundios* und *latifundios*, die noch den ochsengezogenen Hakenpflug oder gar die Hacke und den Fußpflug aus vorkolumbianischen Zeiten benutzen.

Dem *latifundio* fehlen sicherlich nicht die finanziellen Mittel oder der Einfluß zum Modernisieren. Warum also tätigt es keine Modernisierungsinvestitionen? Die Antwort auf diese Frage liegt bei eben jenem extremen Ausbeutungsgrad der Arbeitskraft des Latifundiensystems. Dadurch ist jedem Grundbesitzer, gleich ob er ein guter Landwirt ist oder nicht, ein hohes Einkommen gesichert. Investitionen in die Erhaltung oder Erhöhung des Ausbeutungsgrades können sich ebenso auszahlen wie Investitionen in Modernisierungsmaßnahmen.

Die Grundherren lassen häufig große Teile ihres Landes unbearbeitet – in der schon erwähnten Sieben-Länder-Untersuchung der Interamerikanischen Kommission für Landwirtschaftliche Entwicklung wurde festgestellt, daß im Schnitt 5 von 6 Hektar Grundbesitz ungenutzt blieben. Dieser überaus große Anteil ungenutzten Landes sollte uns schließlich auf den Umstand aufmerksam machen, daß das *latifundio* keineswegs eine nach Profit strebende, wirtschaftlich rationelle Einrichtung ist. Das Einkommen aus dem Großgrundbesitz ist so hoch, daß es kaum einen Anreiz zur weiteren Steigerung gibt. Landbesitz gilt in erster Linie als Quelle gesellschaftlichen Ansehens und politischen Einflusses. Leute aus gehobenen Berufen oder Geschäftsleute glauben nicht selten, sie müßten ihre eigene *finca* oder *hacienda* auf dem Lande haben. Landbesitz ist lange Zeit eine Quelle sofortiger Statushebung gewesen und konnte gleichzeitig als Versicherung gegen die in Lateinamerika oft irrsinnig hohen Inflationsraten angesehen werden. Zudem verschafft Grundbesitz politisches Durchsetzungsvermögen, zumal der Grundherr oft die Stimmen seiner

Pächter und Arbeiter kontrolliert. Modernisierungsmaßnahmen, die die Leitung einem zuverlässigen Verwalter statt Sklaventreibern überlassen und die Arbeitskräfte vernünftig anstellen und entlassen, statt sie wie Leibeigene oder Strafgefangene zu halten, würden in der Tat das gesellschaftliche und politische Hauptprinzip der meisten Grundbesitzer aushöhlen.

Versuche, das bestehende System zu ändern, und sei es auch nur zum Zwecke der landwirtschaftlichen Modernisierung, sind fast immer zurückgewiesen worden, denn häufig kontrollieren Vertreter der Grundbesitzer auch die politische Macht. Das System war so ungleich angelegt, daß bis in die jüngste Zeit keine Industriebourgeoisie entstehen konnte, die sich der Macht der Großgrundbesitzerinteressen hätte entgegenstellen können. Der Grund: Die Mehrheit der Bevölkerung wurde so arm gehalten, daß sie für Konsumgüter als Markt nicht ausgereicht hätte.

Leben auf einer Briefmarke: die Minifundios

Der Klein- und Kleinstlandbesitz hat sich jedoch ebenso als Hindernis des landwirtschaftlichen Fortschritts erwiesen. Bei dem überbeanspruchten Boden, der eine zunehmende Bevölkerungslast aushalten soll, können die Kleinbauern nicht das Kapital aufbringen, das nötig wäre, um bessere Ausrüstung und Düngemittel zu kaufen, und das politische System verstellt ihnen häufig den Zugang zu Krediten.

Die *minifundistas* drängen sich auf kleinsten Stücken Land, an steilen Berghängen, in erosionszerfressenen Mondlandschaften. Im Nordosten Brasiliens breiteten sie sich bis in den ausgedörrten und unwirtlichen *sertão* aus, wo die Armut tausend Jahre alte religiöse Bewegungen in die Welt gesetzt hat.

Am nördlichen Ufer des Titicaca-Sees, 3800 Meter hoch in den Anden, fegt der Wind über das dürre, baumlose *altiplano*, die Hochebene, wo die Quechua- und Aymara-Indianer seit Menschengedenken leben. Die Legende erzählt, die Sonne habe zwei ihrer Kinder, die ersten Inka Manco Capac und Mama Huaco, hierher gesandt, um die Menschen die Begriffe der Zivilisation zu lehren. Um das Jahr 1000 war der See der Mittelpunkt jener geheimnisvollen hochentwickelten Gesellschaften, von denen die Ruinenstadt Tiahuanaco herstammt. Einst war diese Gegend wohlhabend. Wie Treppen ziehen sich die uralten Steinterrassen an den Berghängen hinauf bis zu den Gipfeln. Heute sind sie verlassen, und die Puno-Region gehört zu den ärmsten in Peru mit einem Pro-Kopf-Einkommen, das nur ein Zehntel des peruanischen Durchschnitts ausmacht. Die Kleinbauern begannen hier mit ihren Indio-Gemeinschaften, aber ihr Land wurde von der fehlgeleiteten Gesetzgebung des

19. Jahrhunderts in einzelne Stücke unterteilt und ist heute in hohem Maße zerstückelt.

Carmen Zea gehört ungefähr ein Hektar beackerbares Land. Er ist 60 Jahre alt, und er möchte sich nicht fotografieren lassen, weil sein Pullover völlig durchlöchert ist, sein zerrissener Filzhut vor Schweiß und Staub starrt und weil er barfuß läuft. Sein Land liegt weit verstreut in viele kleine Stücke. Zum Ackern benutzt er einen uralten Holzpflug mit einem flachen Eisenzahn, der von zwei Ochsen gezogen wird. Düngemittel benutzt er nicht. Der Viehdung dient ihm als Brennstoff.

Um den mageren Ertrag der Feldarbeit, Kartoffeln und *quinhua* (eine Getreideart) etwas aufzubessern, haben Zea und seine Familie mehrere Nebenbeschäftigungen, die aber auch nur winzige Beträge einbringen. Als ich sie besuchte, waren gerade alle bei der Arbeit. Zeas Frau – im Gesicht unzählige Falten, unter dem verbeulten grauen Filzhut hing das graue Haar in dünnen Strähnen herab – verspann gerade Wolle mit einer einfachen Holzspindel. Seine vierundzwanzigjährige Tochter, mit langem Zopf und ebenfalls mit Filzhut, war eifrig dabei, auf einem niedrigen Handwebstuhl, dessen Stützbein in den Boden gerammt war, Streifen für einen Poncho zu weben. Und sein Enkel, ohne Hemd unter dem Jumper und mit einem Dutzend Flicken auf den Hosen, zerschlug zwischen zwei Steinen Schilfrohr, dessen lange Strähnen zu Seilen gedreht wurden.

Zea hat auch Vieh: vier Rinder und zehn Schafe. Das Weideland ist armselig – ein paar Büschel des drahtharten *ichu*-Grases, die weitverstreut stehen und sich abwechseln mit ein paar Flecken dünner Moosdekke und blankem Boden. Zea hat sich durchgerechnet, daß es ihn etwa 18000 Soles (damals ungefähr 320 Dollar) kosten wird, ein Stück Rind, Kuh oder Ochse, zwei Jahre lang zu füttern, bis er sie verkaufen könnte. Ein erstklassiges Tier bringt auf dem Markt etwa 20000 Soles. Zea meint, wenn er Glück hat, kriegt er die Futterkosten wieder raus. Die Familie ist also arm dran. Die Lehmmauern ihrer Hütte sind rissig und bröckeln. Widerliche Stücke Schweinefleisch hängen von einem Strick an der Wand, wo sie trocknen sollen: ein Unterkiefer, ein Oberkiefer mit den Augen und große gedörrte Brocken Haut und Fett. «Es geht uns nicht gut», klagt Zea. «Der Regen ist seit zwei Monaten überfällig. Ich konnte meine Kartoffeln nicht setzen, und ich glaube, dieses Jahr werden ein paar Schafe sterben. Die Weiden geben nicht genug her.»

Wenn sie nicht verhungern wollten, mußte Zea einen Ochsen verkaufen. Ich ging mit ihm auf den Viehmarkt in Huancané. Auf einem hügeligen Platz aus nacktem roten Fels sitzen hier die Bauern, mit rosigen Wangen vom Wind und kleinen Augen von der Sonne, ihre Kühe an einen Strick gebunden, und kippen aus winzigen Metallschalen den einheimischen Gin. Viele stehen unter demselben Druck wie Zea: Sie müssen verkaufen, sie haben keine Wahl, aber es gibt zuviel Vieh, das zum Verkauf angeboten wird. Die Aufkäufer von der Küste wissen genau: Das ist ihr Markt, und sie picken sich das beste Vieh zu niedrigen Preisen heraus. Zea bekam ein einziges Gebot über 16000 Soles für seinen schwarzweißen Ochsen, und der Aufkäufer wollte trotz langen Handelns kein Jota höher gehen. Zea wies ihn ab und wartete ein paar Stunden in immer größerer Verzweiflung, gab dann auf und ging nach Hause. Dabei wußte er, daß er beim nächsten Markt wohl mit Verlust verkaufen müßte. Die Puno-Provinz war sicher auch zu ihrer besten Zeit nicht reich. Aber ihre Armut wird von diesen Aufkäufern aus der Stadt noch verschlimmert. Sie kaufen Vieh und Wolle billig auf und verkaufen Kleidung und Bleche für Dächer teuer. Da es in der Gegend keinerlei Industrie gibt, wird ein großer Teil des Mehrprodukts, das hier erwirtschaftet wird, von den Industriestädten an der Küste abgeschöpft.

Gegenreform auf dem Land

Die Bedingungen, unter denen die Mehrheit der Bevölkerung in Lateinamerika auf dem Land leben muß, sind nicht länger zu ertragen. Immer mehr Bauern haben die Schule besucht und können lesen und schreiben, daher merken sie, daß ihre Regierungen meist nur schöne Reden schwingen. Sie wollen aber endlich ihren Anteil am wachsenden Wohlstand. Ihre Erwartungen sind gehoben worden, und sie wollen sie nicht wieder zurückschrauben. So ist die landwirtschaftliche Situation zum explosivsten politischen Problem des Kontinents geworden. Nach dem Vorbild der erfolgreichen Revolution in Kuba entstanden Ende der fünfziger und während der sechziger Jahre überall ländliche Guerillagruppen, in Peru, in Kolumbien, in Venezuela, in Bolivien, Guatemala und Nicaragua. Viele gingen an ihrem Sektierertum ein oder wurden durch scharfe Unterdrückungsmaßnahmen dezimiert, die von US-ausgebildeten und -ausgerüsteten Streitkräften durchgeführt wurden.

Dadurch wurde das Problem allerdings nicht aus der Welt geschafft, und heute werden in zunehmendem Maße Bauernvereinigungen nach dem Vorbild von Gewerkschaften organisiert, die auf eine Landreform drängen und als Interessenvertretung und Verteidigung der Rechte der Bauern auftreten. Die meisten dieser Vereinigungen achten sorgfältig darauf, daß sie sich im Rahmen der Gesetze bewegen, dennoch wird ihnen oft mit Unterdrückungsmaßnahmen entgegengetreten.

Aber auch die Einstellung der Regierungen hat sich zum Teil geändert, und zwar in dem Maße, wie städtische, industrielle und technokratische Interessen größeren Einfluß gewonnen haben und, wenn auch nicht auf soziale Gerechtigkeit, so doch auf rationelle, gewerbsmäßig betriebene und vom feudalen Makel befreite Landwirtschaft drängen. Sogar den ganz Hartgesottenen ist inzwischen aufgegangen, daß bloße Unterdrückung keine ausreichende Antwort ist. Die Unterdrückung funktioniert viel besser und billiger, wenn sie mit Scheinreformen einhergeht. Daher versuchten die Vereinigten Staaten in den frühen sechziger Jahren aus Angst, die kubanische Revolution könne sich ausbreiten, die Regierungen in eine solche Richtung der Reformen zu drängen. Die Charta der Allianz für den Fortschritt, die 1961 in Punta del Este unterzeichnet worden war, rief auf zur «wirksamen Umgestaltung der ungerechten Strukturen und Systeme der Landhaltung und -nutzung».

Viele Regierungen stimmten damals diesen Forderungen der Charta auf dem Papier zu, aus Furcht, sie würden wirtschaftliche und militärische Unterstützung verlieren. Es gab einen Boom von Landreformgesetzen, und Landreforminstitute schossen in allen Hauptstädten wie Pilze aus dem Boden. Aber die Wirklichkeit hatte – mit Ausnahme von einigen Ländern wie Peru, Chile vor Pinochet, Bolivien vor Banzer – mit den Versprechungen reichlich wenig zu tun. Die Landreform blieb nichts weiter als ein Schlagwort, eine raffinierte List, um die aufrührerischen Bauern zur Ruhe zu bringen, indem man ihnen so wenige Zugeständnisse machte, wie nur eben menschenmöglich war. Das Phänomen der «Gegenreform» wurde aus der Taufe gehoben. Der Wirtschaftswissenschaftler Ernesto Feder definiert sie als ein Bündel von politischen Maßnahmen und Praktiken, die bestrebt sind, die Landreform rückgängig zu machen oder gar nicht erst zur Durchführung gelangen zu lassen. Scheinreform und Gegenreform haben seitdem in den meisten lateinamerikanischen Ländern auf der Tagesordnung gestanden.

Die Landreform in Kolumbien ist dafür ein typisches Beispiel. Sie wurde angegangen, um Guerilla-Aktionen und spontanen Bauernaufständen entgegenzuwirken, die in den fünfziger und zu Beginn der sechziger Jahre erfolgreich autonome Gebiete in den zentralen Provinzen hatten einrichten können. Das erste Gesetz über die Landreform wurde 1960 eingebracht. Es war eine rein kosmetische Angelegenheit: Aber es hob die Erwartung unter den landlosen Massen, und die Bauern begannen, die Güter, auf denen sie arbeiteten, zu besetzen. Die Regierung antwortete mit Zucker und Peitsche. Mit einer Hand warf sie den Bauern noch ein paar zusätzliche Brosamen hin, indem sie die Landreform 1968 und dann 1974 durch Gesetze erweiterte. Und mit einem Stiefel in Form von Polizei und Armee zertrat sie wildentschlossen alle Besetzungen, wo immer sie sich zutrugen. Außerdem zog sie eine von der Regierung geförderte Bauernorganisation, die Nationale Bauernvereinigung (ANUC) auf, um die Energie der Bauern vom Weg der Gewalt in den harmlosen Weg des Argumentierens und Bittens zu kanalisieren. So wie das System 1976 funktionierte, als ich Kolumbien besuchte, ist es geradezu teuflisch raffiniert. Selbst die Beamten des Kolumbianischen Instituts für Agrarreform (INCORA) gaben zu, daß es den Grundbesitzern alle Karten in die Hand gab. Es gibt keine Grenze, von der an die Enteignung von Land automatisch eintritt. In der Praxis sieht das vielmehr so aus, daß das INCORA nur dann eingreift, wenn die Bauern eines Gebiets sich als Zweig der ANUC organisieren und darum bitten, man möge ihnen Land geben. Das INCORA versucht dann, Land aufzukaufen. Das alles braucht aber seine Zeit und beschränkt die Agrarreform auf solche Gebiete, wo es zu aktiven Bekundungen der Unzufriedenheit kommt. Das INCORA leitet dann eine umfangreiche und teure landwirtschaftliche, geologische und soziale Untersuchung des Gebiets ein und entscheidet danach, ob es für ein solches «Projekt» geeignet ist. Sollte es zu dem Schluß kommen, daß es Land kaufen will, muß es sich zuerst einmal an den Grundbesitzer wenden und mit ihm einen Preis aushandeln. In der Regel verkaufen nur diejenigen Landbesitzer freiwillig, die sehr viel schlechtes Land oder besonders aufrührerische Landarbeiter haben.

Will der Grundbesitzer aber nicht verkaufen, muß ein Gesetz verabschiedet werden, und das wiederum ist mit einem langen, aufwendigen, formalistischen und haarspalterischen Vorgang verbunden. In einigen Fällen hat das Ganze acht Jahre gedauert. Das Gesetz ist so stark zugunsten der Grundbesitzer ausgefallen, daß von zehn Grundbesitzen, die das INCORA zu kaufen versuchte (und das waren alles Güter, die ganz offensichtlich die besten Übernahmevoraussetzungen boten), nur einer erworben werden konnte. Das Gesetz hat mehr Löcher für Grundbesitzer zum Durchschlüpfen als ein Sieb. «Gut genutztes Land» ist beispielsweise ausgenommen. Um als gut genutztes Land angesehen zu werden, braucht ein Gut nur 80 Prozent der durchschnittlichen jährlichen Erträge in der jeweiligen Region zu erbringen, und diese Erträge liegen niedrig, denn die Grundbesitzer geben zuwenig an, um die Steuer niedrig zu halten. Selbst in dem Fall, daß ein Stück Land schlecht genutzt wird, kann der Besitzer sich doch noch retten, indem er einen Verbesserungsplan hervorzaubert: 95 Prozent der Landgüter, die einer INCORA-Untersuchung unterzogen werden, werden denn schließlich auch als gut genutzt angesehen.

Die wenigen Grundbesitzer, die durch keines dieser Löcher passen, haben noch andere Taktiken zur Verfügung. Ab 1968 wurden bevorzugt solche Grundstücke für eine Enteignung in Betracht gezogen, die verpachtet waren. Die Antwort der Grundbesitzer: Sie hoben die Pachtverträge auf und stellten die Leute als Landarbeiter ein. In den fünf Jahren nach 1968 gab es doppelt soviele Pachtaufhebungen wie in den 25 Jahren davor. Die ehemaligen Pächter ließen die Reservearmee an Landarbeitern noch größer werden und drückten außerdem noch auf die Löhne. Bezeichnenderweise wurde so aus einem Gesetz, das die Lage der Bauern verbessern sollte, ein Gesetz, das sie nur noch verschlechterte.

Einige der Akten im Hauptquartier von INCORA, in einer Vorstadt von Bogotá, bestehen aus mehreren faustdicken Bänden. Eine Geschichte aus einem dieser Aktenbände über ein typisches *latifundio* in der Provinz gibt Auskunft über das, was wirklich in den Landgebieten vor sich geht, sie zeigt, welche Betrügereien, Täuschungsmanöver und Auseinandersetzungen im Kampf zwischen Landbesitzern und Landlosen vorkommen. Das INCORA inspizierte den Grundbesitz zum erstenmal im Juli 1969 und sah sich mit einem Enteignungskandidaten erster Güte konfrontiert: 208 Hektar Land, auf dem ganze 182 Kühe weideten und das langsam aber sicher vor die Hunde ging. «Einige Weiden», so heißt es im Bericht, «konnten vor lauter Unkraut kaum gefunden werden. Das ganze Land wurde beherrscht und geradezu erstickt von den Unmassen Unkraut.» Zehn Pächterfamilien gehörten elf Hektar Land, wobei eine Familie jeweils zwischen einem Viertel und zwei Hektar Land bebaute.

Dann gab es jedoch Verzögerungen, und zwei Jahre später wandte sich der Grundbesitzer, ein Mann namens Rayos, persönlich an das INCORA und lud es zu einer erneuten Inspektion ein. Es gab nun keine Pächter mehr. Weit und breit war nichts von ihnen, ihren Häusern und ihren Pflanzungen zu sehen. Es hieß, sie hätten ihr Land freiwillig aufgegeben, und der örtliche Polizeiinspektor bestätigte dies geflissentlich – allerdings wurde nicht erklärt, wie es kam, daß er bei der Abreise zugegen war.

In Wirklichkeit waren die Pächter natürlich nicht verschwunden, sie waren nur zeitweise vertrieben worden. Bald danach erhielten sie neue, jetzt aber kürzere Verträge mit noch schlimmeren Unterdrückungsklauseln, denen zufolge sie das Land für den Zeitraum von eineinhalb Jahren nutzen konnten, unter der Bedingung, daß sie es unkrautfrei und mit Gras angesät wieder übergäben. Jetzt waren es 61 Familien, von denen eine jede weniger als einen halben Hektar bebaute. Im November 1971 beschlossen sie dann, sich zu einem Zweig der ANUC zusammenzuschließen. Sprecher der Gruppe war Melqueades Roa Silveira, 38 Jahre alt, Vater von sechs Kindern. Im Februar 1973 schrieben sie an das INCORA und baten es, den Grundbesitz aufzukaufen. «Wir haben nicht einen Meter Land, auf dem wir arbeiten könnten, doch wollen wir der Gesellschaft nicht zur Last fallen und dazu beitragen, die nationale Nahrungsmittelknappheit zu verringern. Wir hoffen, daß unsere Bitte erhört wird.» Sechs der 24 Unterschriften waren purpurrote Flecken, Fingerabdrücke.

Der Besitzer schrieb seinerseits, er habe gar keine Pächter, die Briefschreiber seien illegal eingedrungen: «Die Bauern behaupten, sie hätten einen Vertrag unterschrieben. Dies ist eine Lüge, denn es gibt keinerlei Vertrag. Ich gebe mein Wort als Ehrenmann, daß ich keinerlei Vertrag mit ihnen geschlossen habe.» Rayos führte an, die Bauern hätten seine Kühe getötet, und kein geringerer als der Bürgermeister der naheliegenden Kleinstadt bestätigte geflissentlich, er selbst habe einen einjährigen Ochsen mit abgeschnittenem Kopf, ein vergrabenes Jungrind und andere tierische Überreste gefunden. Diese Angaben können durchaus der Wahrheit entsprochen haben, denn zur gleichen Zeit waren die Bauern zur Polizei gegangen, um Rayos zu beschuldigen, er habe sein Vieh auf ihre Felder laufen lassen, um sie zu schikanieren, so daß sie vielleicht die Tiere zur Vergeltung getötet haben. Bei der Gerichtsverhandlung stellte sich der Richter auf die Seite des Grundbesitzers (wie dies zuvor auch schon der Polizeichef und der Bürgermeister getan hatten). Er kam zu dem Urteil, die Bauern selbst seien schuld, denn sie hätten ja die Tore offen gelassen.

Nun hatte das INCORA den Fall erneut aufgerollt und im März 1974 eine neuerliche Untersuchung durchgeführt, die zu der Empfehlung gelangte, man solle das Projekt mit allen 206 Familien durchführen. Rayos schien unter diesen Umständen zu allem entschlossen, um die lästigen Pächter loszuwerden. Nach Angaben der Bauern versuchte er es nun mit einer neuen Art von Schikane, indem er 30 oder 40 andere Familien dafür bezahlte, daß sie auf seinen Grund und Boden eindrangen, um die rechtmäßigen Pächter zu vertreiben. Der Bürgermeister unternahm nichts, um diesem Treiben ein Ende zu machen, und mußte vom Generalstaatsanwalt von Kolumbien auf seine Pflicht hingewiesen werden, die Pächter zu schützen.

Dennoch waren die von Rayos bezahlten Handlanger nicht wieder abgezogen. Im November 1974 schrieb Melqueades Roa Silveira an den Präsidenten von Kolumbien, Rayos versuche weiterhin, sie zu tätlichen Auseinandersetzungen mit den Eindringlingen zu provozieren. Damit solle der Polizei ein Vorwand gegeben werden, einzugreifen und sie aus ihren Häusern zu vertreiben. (Es handelt sich hierbei um eine gängige Taktik in Kolumbien.) Um nicht ausgespielt zu werden, schrieb Rayos seinerseits an den Präsidenten und beklagte sich, das INCORA unterstütze eine Bande von kriminellen Elementen, und er müsse nun sein Vieh zu lächerlich niedrigen Preisen abstoßen, damit es ihm nicht weggemordet werde.

Im August 1976 bot das INCORA Rayos für sein Land 2000 Pesos (ca. 80 Dollar) pro Acre. Rayos lehnte ab, sein Land sei bestimmt acht mal soviel wert. Als ich Kolumbien verließ, wühlte sich gerade ein Anwalt des INCORA durch die Dreihundert-Seiten-Akte, um darüber zu entscheiden, ob man nun vor Gericht gehen solle oder nicht. Das war sieben Jahre nach der ersten Besichtigung des Landes, und der eigentliche Rechtsstreit hatte nicht einmal begonnen.

Ich habe diesen Fall so ausführlich dargelegt, weil er sehr gut die Mittel verdeutlicht, mit denen die Grundbesitzer die Pächter und die Landreformgesetze überhaupt bekämpfen, und zwar nicht nur in Lateinamerika, sondern auch in Teilen des Mittleren Ostens und Asiens. Gewöhnlich können sie sich auf die Unterstützung durch örtliche Polizei, die ansässigen Richter und Verwaltungsbeamten verlassen. Sie zögern nicht, das Gesetz zu brechen, und bleiben dabei normalerweise auch ungeschoren.

Die Armut auf dem Lande ist so groß, daß es immer verzweifelte Bauern gibt, die sich für den Kampf gegen ihresgleichen hergeben, statt die Grundbesitzer zu bekämpfen, und das alles nur, um ein bißchen länger am Leben zu bleiben. In diesem Fall hatten die Bauern die Hilfe einer Vereinigung, der ANUC, und eine vergleichsweise unbestechliche nationale Institution, das INCORA, auf ihrer Seite. Aber es kommt häufiger vor, daß die armen Bauern im Kampf gegen das gesammelte Gewicht der etablierten Mächte alleine stehen.

Es ist kein Zufall, daß das kolumbianische Landreformgesetz den Grundbesitzern so viele Schlupflöcher bietet. Viele Gesetzgeber, die an der Erstellung des Gesetzes beteiligt waren, sind selbst Grundbesitzer oder zumindest von Stimmen abhängig, die von den Grundbesitzern geliefert werden. Daher können sie, wie die Gesetzgeber in anderen lateinamerikanischen Ländern auch, wenig tun gegen die geballte Macht der Grundbesitzer. Und daher bleiben sie auch von ihnen abhängig.

Selbst bei einer Scheinagrarreform wie der in Kolumbien gibt es immer ein paar Glückliche, die der Reform ihren Schein verleihen. Bis 1976 hatten ungefähr 120000 Familien Land erhalten. Meistens war es staatseigenes Land aus den riesigen ungenutzten Flächen in den Grasebenen der *llanos* oder im jungfräulichen Amazonas-Regenwald. Einige Bauern erhielten sogar Land in der Nähe ihres Dorfes und bildeten Genossenschaften zu seiner Bearbeitung, aber im ganzen Land gab es nur wenige Dutzend solcher Genossenschaften. Sie erhalten in großzügiger Weise Kredite, Hilfsmittel, organisatorische Hilfe und Beratung. Sie werden zu Modellprojekten, während die Mehrheit ihrer Brüder vernachlässigt wird und arm bleibt.

Solche Scheinreformen heben solchermaßen einige wenige Bauern aus der Masse der vielen hervor und machen die kämpferischsten Führer zu Kandidaten für die Mittelschichten. Die Köpfe einiger weniger Grundbesitzer rollen als Opfer in den Sand der Arena. Doch selbst diese wenigen, die zum Verkaufen gezwungen werden, erhalten dafür eine Entschädigung, die sie dann in städtischen Grundbesitz investieren, um auf diese Weise wieder die Grundherren für jene Millionen von Menschen zu werden, die in die Städte gewandert sind, weil sie auf dem Land nicht überleben konnten. Die geläufigste Form der Scheinreform in Lateinamerika ist gar keine Reform. Dabei werden lediglich landlose oder Kleinstbauern auf bis dahin ungenutztem jungfräulichem Land angesiedelt – statt ihnen das zu wenig genutzte Land auf den Großgrundbesitzen zu geben. So werden den Grundbesitzerklassen keinerlei Opfer abverlangt. Die Gebiete mit der größten Armut können so ein bißchen Dampf ablassen – ohne daß sich an den feudalen Verhältnissen in diesen Gebieten dadurch etwas änderte. Kolumbien, Venezuela, Peru, Bolivien und Brasilien, sie alle haben umfangreiche Kolonisierungsprogramme, die sich in der Hauptsache auf das riesige Gebiet des Amazonas-Beckens konzentrieren.

Im brasilianischen Amazonasgebiet sieht es aus wie im Wilden Westen, nur daß er in die Tropen verlegt worden ist: im Zuge des Booms aus dem Boden gestampfte Städte, die sich an dreckigen Landstraßen dahinziehen, Pferde, die mit den Zügeln am Geländer des Bürgersteigs befestigt sind, breitkrempige Hüte und Lederstiefel der Cowboys, die Viehherden treiben. Doch liegen hinter dieser Kulisse nicht weite offene Räume, sondern von Lianen und Schlingpflanzen erdrosselter Regenwald, und die Rinderbullen sind höckerbepackte Zebus. Einer der Hauptgründe für die Machtübernahme durch die Militärs 1964 war die Verhinderung der Landreform im Nordosten Brasiliens. Was ich am Amazonas sah, war ein Luftschloß, das man den unterdrückten Bauern bot, um sich den Aufruhr aus dem Kopf zu schlagen. Ansonsten sollte auf diese Weise diese riesiggroße Region mit ihrem Reichtum an natürlichen Ressourcen erschlossen werden. So wurden dann Ende der sechziger Jahre breite Straßen durch den Urwald getrieben, von Cuiabá nach Santarem und von Belém nach Brasilia.

Die Kolonisierungsanstrengungen werden hier vom Nationalen Institut für Kolonisierung und Agrarreform (INCRA) geplant und durchgeführt. Seine Niederlassung vor Ort in der aufstrebenden Grenzstadt Maraba wird Tag für Tag von Dutzenden von Möchtegern-Siedlern mit verbeulten Hüten und zerknitterten Hosen aus Rio Grande do Norte, Ceará, Pernambuco, Bahia und anderswo belagert. Im gesamten Amazonasbekken gehören dem INCRA unvorstellbare 350 Millionen Hektar Land, etwa zwei Fünftel der Fläche der Vereinigten Staaten. Rund zwölf Millionen davon werden jetzt mit aufeinander abgestimmten Kolonisierungsprojekten besiedelt. Siedler können Land für 74 Cruzeiros (etwa 4 Dollar) pro Hektar kaufen, das ist halb geschenkt. Das brasilianische Kolonisierungsprogramm ist eine Modellübung dafür, wie man es nicht machen soll, wenn man die Armut auf dem Land mildern will. Die Hundert-Hektar-Landstücke sind so groß, daß nur eine kleine Minderheit daraus den Nutzen ziehen kann. Eine Familie kann mit ihren eigenen Kräften nur etwa 10 Hektar oder weniger bearbeiten: Die wenigen Siedler, die das Glückslos erwischt haben, stellen die vielen, die kein Glück hatten, als Landarbeiter an. Auf diese Weise wird das alte System von Landbesitzern und Landlosen im Urwald von neuem aufgebaut. Der Löwenanteil am Amazonasgebiet wird 90 Kilometer hinter dem 10 Kilometer breiten Streifen für Kleingrundbesitzer in Stücken verkauft, die so groß sind wie ganze Landkreise oder gar Länder. Käufer sind private Gesellschaften – oft auch ausländische –, die das Land erschließen, Bergbau betreiben, das Holz verkaufen oder Viehzucht betreiben wollen. Und das Abholzen des

Urwalds bedroht das prekäre ökologische Gleichgewicht des Regenwaldes, der eine der wichtigsten Sauerstofflungen der Erde ist. Der Dschungel wird wahllos abgeholzt und verfeuert, und auf dem dürftigen Busch- und Grasland, das an seiner Stelle wächst, weidet Vieh. Die breiten Straßen durchqueren endlose Brachflächen mit verkohlten Baumstümpfen.

Die anmutigen Paranußbäume, die das Gesetz mit hohen Geldbußen schützt, stehen tot, weiß und ohne Laub, Geisterskelette eines massakrierten Urwaldes.

7. Die schwindende Erde: Ökologische Bedrohungen

1977 veröffentlichten die Ernährungs- und Landwirtschaftsorganisation der UNO und die UNESCO gemeinsam eine alarmierende Karte über das bedrohliche Vordringen der Wüsten auf der Erde. Alle Gebiete, die unmittelbar von der Verwüstung bedroht wurden, waren in Orange, Rosa und Rot abgestuft worden. Die farbigen Flecken bedeckten einen großen Teil der Entwicklungsländer in den Gebieten außerhalb des regenreichen Äquatorgürtels. In Lateinamerika wiesen der Nordosten Brasiliens, Mittel- und Nord-Mexiko solche Farbflecken auf, und sie führten an der Andenkette entlang bis hinunter nach Chile. Sie fraßen sich in das Horn von Afrika und über einen großen Teil des Südwestens von Afrika. Und ohne Unterbrechung reichten sie in einem breiten Schwenk um den halben Erdball, von der Atlantikküste der Sahara quer über den Norden Afrikas und die Sahelzone, durch den Mittleren Osten und Persien bis nach Pakistan und Nordwest-Indien.

Einen besseren graphischen Ausdruck für die ökologischen Gefahren, die unsere Nahrungsmittelproduktion und so viele Leben in den Entwicklungsländern bedrohen, konnte man sich nicht wünschen. Neue Schätzungen der FAO und des UN-Umweltprogramms über die Bodenverschlechterung zeichnen ein gleichfalls alarmierendes Bild. Die frühesten dieser Schätzungen ließen vermuten, daß nicht weniger als 53 Prozent des afrikanischen Kontinents nördlich des Äquators und 35 Prozent der Nahost-Region der Erosion durch Wasser, Wind oder Versalzung unterlagen.

Die Welt verliert doppelt so schnell wertvolles Anbauland wie neues Land für landwirtschaftliche Zwecke erschlossen wird. Jedes Jahr verschwindet ein Gebiet, das größer ist als Großbritannien. Pro Jahr werden zweieinhalb Milliarden Tonnen guten Bodens ausgelaugt, erodiert und weggeweht. Bis zum Ende des Jahrhunderts wird die Welt etwa die eineinhalbfache Bevölkerung mit dem Ertrag von nur drei Vierteln der heute bewirtschafteten Gebiete ernähren müssen.

In seinem Bericht über den Stand der Umweltbedingungen im Jahre 1977 warnte der Direktor des Umweltprogramms der Vereinten Nationen, Mostafa Tolba, im Jahr 2000 werde es, sofern sich die jetzige Entwicklung fortsetze, nur noch 0,15 Hektar Ackerland pro Kopf geben, das ist die Hälfte des Stands von 1975. Die Produktivität müßte lediglich verdoppelt werden, um zu garantieren, daß jeder soviel zu essen hat wie heute. Er gründete seine Berechnungen auf folgende Zahlen: 1975 wurden 1,24 Milliarden Hektar Land bebaut. In den nächsten 25 Jahren würden vielleicht weitere 300 Millionen Hektar Neuland erschlossen. Aber im selben Zeitraum würden 600 Millionen Hektar, die Hälfte der gesamten 1975 bearbeiteten Fläche, verlorengehen. Davon wird wahrscheinlich die Hälfte unter dem Tintenklecks der ausufernden Städte verschwinden, die sich horizontal doppelt so rasch ausbreiten, wie ihre Bevölkerungszahl wächst, und zwar nicht selten auf bestem Agrarland. Die restlichen 300 Millionen werden ein Tribut an die Bodenverschlechterung sein.

Mindestens die Hälfte der gesamten Erosion wird auf den 45 Millionen Quadratkilometern der Erde vor sich gehen, die potentiell produktiv sind, aber ökologisch prekäres Trockenland sind, das sich durch 100 Nationen zieht. Rund 700 Millionen Menschen leben in dieser Zone, fast alle in Entwicklungsländern, und 80 Millionen leben in Gebieten, die zur Zeit einem raschen Verwüstungsprozeß unterworfen sind.

Überall dringen die Wüsten vor. Im Sudan rückte die Sahara zwischen 1958 und 1975 100 Kilometer nach Süden vor. Die Thar-Wüste in Radschasthan breitet sich mit einer Geschwindigkeit von einer halben Meile pro Jahr aus. Wüsten rücken nicht in geschlossener Front vor wie eine Armee. Wie in Aorema in Obervolta, treten in der Umgebung von Ansiedlungen oder Wasserlöchern solche Wüstenflecken auf, breiten sich aus, verbinden sich mit anderen und münden schließlich in die eigentliche Wüste.

Der Hauptträger dieser Krankheit, die auch als Bodenlepra bezeichnet wird, ist der Mensch, sind die Folgen seines Wirkens in hochempfindlichen und sorgfältig ausbalancierten Ökosystemen. Wichtigster Faktor ist das Bevölkerungswachstum. Die Zahl der Menschen in der Sahelzone zum Beispiel verdoppelt sich alle 25 bis 30 Jahre. Welche Folgen das für die dort ansässigen Bauern hat, sahen wir in Kapitel 4: Verkürzung der Brachperioden, fortschreitender Verfall der Vegetationsdecke, zunehmende Erosion. Da die Bevölkerung weiterwächst, wird die Vegetation in Gebiete zurückgedrängt, die für die Landwirtschaft völlig ungeeignet sind, und dort vollzieht sich der gleiche Vorgang sogar noch schneller.

Die als Nomaden umherziehenden Hirtenvölker und ihre Tiere sind weitere Hauptdarsteller in dieser Tragödie. Auch ihre Bevölkerung ist gewachsen, wenn auch ein bißchen langsamer als die der Bauern, aber immer noch zu schnell für das Land. Man braucht vier oder fünf Stück Vieh, um eine Person zu ernähren, so daß mit der Bevölkerungszahl automatisch auch die Viehzahlen steigen. Doch haben andere Faktoren die Herden über alle Grenzen des gesunden Menschenverstandes hinaus vergrößert. Bessere Viehzuchtmethoden und Veterinärdienste haben die großen Epidemien unterbunden, die sonst die Herdengrößen in Grenzen hielten. Hirtenvölker sind nicht gerade berühmt für rationelles Herdenmanagement. Die Tiere sind ihr Wohlstand, ihre Statussymbole, ihre Versicherungspolicen. In Jahren mit reichlichem Regen vergrößern sie die Herden, um sich so gegen Dürrejahre zu versichern. Doch zahlt sich diese Politik nicht aus. Wenn sie dann in trockenen Jahren die Herden aussortieren, fallen meist die Fleischpreise, so daß sie die Herden nicht genügend und nur widerwillig verkleinern. Allmählich sammeln sich dadurch weit mehr Tiere an, als das System verkraften kann, so daß es unter der Belastung zusammenbricht.

Bei einem fehlgeleiteten Versuch einiger Regierungen, das Einkommen der Hirtenvölker durch die Steigerung der Fleischproduktion zu heben, legten sie Brunnen und Wasserlöcher an – aber nicht genug. Das Ergebnis war, daß die Herden sich an den vorhandenen Wasserstellen sammelten und so einige wenige Gebiete sehr stark belasteten, statt sich gleichmäßig zu verteilen. Um viele dieser Brunnen zieht sich heute ein mindestens 15 Kilometer breiter öder Ring. Ein Gebiet mit sandigem Weideland kann innerhalb von zwei oder drei Jahren zu einer nackten Dünenlandschaft werden, wenn dort zu viele Tiere grasen. Einfach ausgedrückt heißt das, daß die Tiere schneller fressen, als die Erde das Grün wieder regenerieren kann. Harte holzige Gewächse breiten sich bald aus, die für das Vieh ungenießbar sind, so daß die Tiere sich noch mehr dort konzentrieren, wo ihr Lieblingsgras wächst. Die Hirten machen alles noch schlimmer, indem sie während der Trockenzeit große Buschfeuer legen. Diese bringen dann später zwar ein paar zarte Schößlinge Grün für das hungernde Vieh hervor, schwächen und zerstören aber die Pflanzendecke. Daher ist der Boden der Sonne stärker ausgesetzt und die Bodenfeuchtigkeit nimmt ab, so daß den verbleibenden Pflanzen das Leben noch schwerer gemacht wird. Die Tiere tragen mit ihren Hufen ebenfalls ihr Teil dazu bei: sie lockern den Boden auf, stampfen ihn fest und machen ihn dadurch weniger wasserdurchlässig. Wenn es regnet, kann dann nicht soviel Wasser in den Boden eindringen, das meiste Wasser läuft weg. Und schließlich das fehlende Glied in der Kette: der Boden reflektiert, wenn er wenig bewachsen ist, immer mehr Sonnenlicht, er wird weniger heiß, und da der Regen durch aufsteigende feuchte Warmluft verursacht wird, regnet es jetzt weniger als zuvor.

Die Wälder verschwinden

Neben Landwirtschaft und Viehzucht gibt es einen dritten Faktor, durch den der Mensch die Ausbreitung der Wüsten fördert: die Entwaldung. Die fortschreitende Zerstörung des Baumbestandes der Dritten Welt richtet nicht nur in trockenen Regionen Schaden an: Überall kann durch Abholzung der Verfall des Bodens beschleunigt und seine Kapazität, Menschen zu ernähren und zu beschäftigen, verringert werden. Sie kann zu einer Verminderung des Niederschlags und zu Dürren führen. Und wenn es zu größeren Niederschlägen kommt, nimmt der Boden das Wasser nicht auf. Statt dessen fließt es in die Flüsse und Bäche und schwemmt die Bodenkrume fort. Dies führt im Unterlauf der Flüsse zur Verschlammung, zum Verfall von Bewässerungssystemen und zum vermehrten Auftreten von Überschwemmungen.

Die Entwaldung hat auch einen verheerenden Rückgang der biologischen Vielfalt zur Folge – nicht nur bei exotischen Tieren und Insekten, sondern auch bei Baum- und Pflanzenarten, die für die Zukunft als Grundstoff für neue Materialien, Nahrungsmittel oder Medikamente dienen könnten. Ob und in welchem Maße die Entwaldung den Kohlendioxid-Pegel der Atmosphäre hebt und so zu einem «Treibhauseffekt», einem Aufheizen der Atmosphäre führt, ist noch nicht bekannt. Wird der Wald durch Baumpflanzungen oder eine Mischung aus Wald- und Landwirtschaft ersetzt, können die Folgen für Boden und Atmosphäre gering gehalten werden. Doch werden ursprüngliche Waldgebiete fast überall zu Äckern oder Weiden.

Der Waldbestand der Erde geht in alarmierendem Maße zurück. Nach Schätzungen ist zwischen 1900 und 1965 die Hälfte der Waldgebiete in den Entwicklungsländern zu Anbauzwecken gerodet worden. Das gegenwärtige Ausmaß des Abholzens ist Gegenstand harter Meinungsverschiedenheiten. Die FAO stellte 1979 fest, daß der Verlust an geschlossenen tropischen Waldgebieten auf rund 6 Millionen Hektar pro Jahr zu beziffern ist – das ist etwa die doppelte Fläche Belgiens. Doch veranschlagten Untersuchungen für *Global 2000*, einen Bericht für den amerikanischen Präsidenten, den jährlichen Verlust sogar auf 20 Millionen Hektar – das sind vier Fünftel der Fläche der Bundesrepublik Deutschland. Wenn dieser Rhythmus beibehalten wird, werden in weniger als 60 Jahren alle Wälder verschwunden sein.

In Brasilien ist bis 1974 ein Viertel der Waldreserven abgeholzt worden. 1975 erreichte die jährliche Rodung von Wäldern in Brasilien den Umfang von 62500 Quadratmeilen. Wenn das so weitergeführt wird, würde dies den Amazonas-Urwald, von dem man annimmt, daß er ein Viertel des Sauerstoffvorrats der Erde produziert, in nur 27 Jahren zerstören. Vergleiche von Luftaufnahmen der Elfenbeinküste aus den Jahren 1956 und 1966 zeigten, daß nahezu ein Drittel der Walddecke in diesen zehn Jahren verschwunden war. Mitte der siebziger Jahre waren von 15 Millionen Hektar Wald, über die die Elfenbeinküste zu Beginn dieses Jahrhunderts noch verfügte, nur fünf Millionen übriggeblieben. Ein großer Teil des Waldes wird zur Erschließung neuer Anbauflächen gerodet – aber es wird auch eine ganze Menge Wald für Brennholz geschlagen. Die Ernährungs- und Landwirtschaftsorganisation der UNO schätzt, daß etwa 86 Prozent des gefällten Holzes in den Entwicklungsländern zum Verfeuern benutzt werden. Insgesamt gehen pro Jahr 1,22 Milliarden Kubikmeter Holz in Rauch auf, das ist ungefähr ein halber Kubikmeter oder ein mittelgroßer Baum pro Person.

Dabei ist Holz als Energiequelle nicht einmal effizient: Beim Kochen etwa auf offenem Feuer gehen 94 Prozent der Hitze verloren. Holz ist ein armseliger Brennstoff, aber für die Armen gibt es keine Alternative. Kerosin ist zu teuer, besonders nach dem Ansteigen der Ölpreise, und zudem sind auch die Verbrennungsgeräte ziemlich teuer. Aber auch Brennholz wird jetzt teurer, da die Vorräte schwinden und die Menschen immer weiter laufen oder fahren müssen, um eine Ladung Holz zu beschaffen. In Nepal, wo man früher ein oder zwei Stunden brauchte, um Holz zu sammeln, muß man heute etwa einen Arbeitstag dafür rechnen. Da alle verfügbaren Bäume in der Nähe von Bevölkerungszentren geplündert oder gefällt sind, ist der Preis für Brennholz steil in die Höhe gegangen. Berichten zufolge müssen Landarbeiter in Niamey in Niger ein Viertel ihres Einkommens für Holz aufwenden. Diese schwierige Situation hat der Umwelt-Schriftsteller Erik Eckholm als die Energiekrise des armen Mannes bezeichnet.

Die Entwaldung beschleunigt den Prozeß der Verwüstung. In einigen Teilen Afrikas ist die Brennstoffknappheit so groß, daß selbst Ernteüberreste und Stoppeln, die man sonst im Boden ließ, um wenigstens ein bißchen Humus zum Binden des Bodens zu haben, ausgerissen und verfeuert werden. In Gebirgsgegenden sind Bäume und Büsche oft das einzige, was den Boden an den steileren Hängen festhält. Entfernt man sie, entfernt sich auch bald der Boden. In den Bergen im Osten Nepals ist die Bodenkrume mittlerweile fast ganz weggespült worden, und zwei Fünftel der bebauten Äcker mußten aufgegeben werden. Der Mangel an Brennholz trifft den Boden auch indirekt. Die Bauern benutzen nun den Kuhdung als Brennstoff statt als Dünger. Zu Beginn des Jahrhunderts hatte Dung nur einen Anteil von fünf bis zehn Prozent am Brennstoffverbrauch in Indien. Heute sind es drei Viertel. Mit den Kuhfladenfeuern gehen mehr Stickstoff und Phosphor in Rauch auf, als die gesamte indische Chemieindustrie an Düngemitteln produziert.

Schlamm und Salz

Der Boden von Wasserscheiden und Berghängen wird die Flüsse hinuntergewaschen. In vernünftigen Mengen kann das von Nutzen sein. Die Gangesebene verdankt diesem ständigen Zufluß von Mineralien aus den jungen Bergen des Himalaya ihre andauernde Fruchtbarkeit. Der griechische Geschichtsschreiber Herodot nannte Ägypten ein Geschenk des Nils; wenn man das als gegeben nimmt, dann ist es allerdings ein Geschenk aus Äthiopien, dessen Bodenkrume verlorengeht, um die Ägyptens aufzufüllen.

Aber die beschleunigte Erosion, die durch die Entwaldung verursacht wird, bringt soviel Schlamm in die Flüsse, daß diese in ihrem Unterlauf nicht mehr damit fertig werden. In Java hat die Verschlammung das Fassungsvermögen vieler Bewässerungskanäle bis auf die Hälfte verringert, und zwei Drittel des Bewässerungsnetzes bedürfen dringend einer Überholung. Eine wirkungsvolle Bewässerung ist von entscheidender Bedeutung für die Steigerung der Nahrungsmittelproduktion in den Entwicklungsländern. Durch den Schlick kann weniger Wasser auf die Felder geleitet werden, oder die Bauern verlieren die Kontrolle über das Wasser. Dutzende von Dämmen, die mit großen Mitteln gebaut wurden, werden in ihrer Kapazität beeinträchtigt durch den Schlamm, der sich hinter ihnen in den Stauseen ansammelt. Der Shishmen-Stausee in Taiwan, der 70 Jahre halten sollte, verlor in nur fünf Jahren fast die Hälfte seines Fassungsvermögens. Überschwemmungen führen das zerstörerische Werk des Schlamms zu Ende. Der Schlick hebt den Wasserpegel der Flüsse und Kanäle, so daß sie öfter über ihre Ufer treten und selbst Deiche überfluten, die zu ihrer Eindämmung aufgeworfen wurden. Nicht nur daß die Schlammbelastung der Flüsse zunimmt, von den nackten Berghängen kommt auch mehr Wasser herunter als vorher. So kommt es, daß der Ganges und seine Nebenflüsse wie der Kosi und der Gandak in Bihar während des Monsuns Felder und Dörfer überschwemmen.

Eine andere Bedrohung für bewässertes Land ist die Versalzung und Versickerung. Viele Bewässerungskanäle der Dritten Welt sind nicht eingefaßt, so daß sie, statt das Wasser abzuleiten, dazu beitragen, daß das Wasser im Boden versickert und den Grundwasserspiegel hebt. Dadurch werden die schädlichen Salze, die der Regen in den Untergrund gespült hat, in den Einzugsbereich der Wurzeln gehoben, wo sie das Wachstum der Pflanzen hemmen und die Ernteerträge reduzieren. Im Pandschab hat die Versickerung in nur zehn Jahren den Grundwasserspiegel um sieben bis neun Meter gehoben. In Indien sind insgesamt 15 Prozent des ganzen bewässerten Landes durch die vermehrte Salzhaltigkeit des Wassers geschädigt worden, in Pakistan ist es ein Fünftel und im Irak sogar ein Viertel. Weitere betroffene Gebiete sind die peruanische Küste, der Nordosten Brasiliens, Mittel- und Nord-Mexiko. Alles in allem gehen jedes Jahr ungefähr 300000 Hektar Land durch Versalzung und Versickerung verloren – und dabei handelt es sich um bewässertes Land, das soviel wert ist wie eine Million Hektar trockenes Land, was etwa der Fläche des Libanon entspricht.

Die Ökologie der Armut

Alle Bedrohungen für das Land, vielleicht mit Ausnahme der Versalzung, werden durch Armut und Überbevölkerung verursacht und verschlimmern ihrerseits wiederum die Armut. Nomaden halten zuviel Vieh für ihre Weidegründe als Versicherung gegen Dürrejahre und tragen damit unmittelbar zu einer Vergrößerung der Dürregefahr bei. Bauern überbeanspruchen und unterdüngen ihren Boden, um zu überleben, und als Ergebnis werden sie und der Boden noch ärmer. Geldmangel hindert sie daran, Kerosin zu benutzen, und zwingt sie, Wälder abzuholzen und wertvollen Viehdung zu verfeuern, aber damit ruinieren sie ihr Land und verringern ihr Einkommen nur noch mehr. Mensch und Boden in armen Ländern sind, scheinbar unentrinnbar, in einem zerstörerischen Verhältnis gefangen, das sie in einer immer wieder selbstbetriebenen, spiralförmigen Bewegung abwärts und zur gegenseitigen Zerstörung treibt.

Land ist von wesentlicher Bedeutung für Nahrung und Arbeit. Der Verlust von Land ist einer jener Prozesse, die die Lebensmöglichkeiten der Armen auf dem Lande in der Dritten Welt untergraben. Wir haben am Beispiel von drei Kontinenten auch gesehen, wie die anderen Prozesse ablaufen: die Enteignung der Kleinbauern, die Zunahme der Landlosigkeit, die Mechanisierung, das Bevölkerungswachstum. Das alles zusammen führt allmählich dazu, daß die Zahl der Familien, die nicht genügend Arbeit finden können, um sich zu ernähren, in erschreckendem Maße zunimmt.

Die Auswirkungen dieser Prozesse hätten durch die richtigen Sozialreformen und Investitionen gemildert werden können: in erster Linie durch eine radikale Landreform und durch den Aufbau von Genossenschaften, so daß jeder, der vom Lande lebt, Zugang zu Land und zu seinen Erzeugnissen gehabt hätte; dann durch die Kanalisierung von Investitionen an die kleinen und selbstversorgerischen Bauern, um die Produktivität ihres Bodens soweit zu verbessern, daß sie nicht auf den Arbeitsmarkt angewiesen sind; indem man dem kleinen Mann, was sein gutes Recht ist, gleichen Zugang zu Hilfeleistungen, Krediten, Vorräten und Beratung von Regierungsseite gibt; dadurch, daß man die Ausbreitung der Mechanisierung unter Kontrolle hält, was so zu erreichen ist, daß man arbeitsplatzzerstörende Maschinen teuer und arbeitsplatzschaffende, arbeitsintensive Methoden attraktiver macht; und in Genossenschaften wird die Mechanisierung zu einem gewinnbringenden statt bedrohlichen Vorgang, da das zusätzliche Einkommen gleich verteilt wird und die freigesetzten Arbeitskräfte in kleinen verarbeitenden Betrieben beschäftigt werden können.

In den meisten Ländern hatte die Regierungspolitik das genaue Gegenteil dieser Maßnahmen zum Inhalt. Die Landreform wurde nur widerwillig statt radikal angegangen, und die Grundbesitzer konnten sich der Reform mit stillschweigender Duldung oder gar Hilfe korrupter Polizei- oder Verwaltungsbeamter entziehen oder sie zu Fall bringen. Der Löwenanteil der Investitionen floß in einige wenige bevorzugte Regionen und an ohnehin bessergestellte Landwirte. In den meisten Fällen wurden öffentliche Investitionen nicht breit verteilt, sondern in großen Paketen an vergleichsweise wenige Leute vergeben: an Modellprojekte mit wohlgenährten und adrett gekleideten Arbeitskräften, welche zu Besuch weilenden Würdenträgern auf wohlorganisierten Rundfahrten präsentiert werden, während die zerlumpten und hungernden vielen weiter unten an der Landstraße sorgfältig verborgen bleiben. Aufwendige Siedlungspläne lassen einigen Glücklichen alles zukommen: Land, Straßen, sauberes Wasser, Vorräte, Kredite, Schulen, Krankenhäuser – während für die Unglücklichen, und das ist die Mehrheit, nichts übrigbleibt.

Schwerwiegender als all das ist noch, daß dem Land insgesamt nur die Brosamen vom Investitionstisch zugefallen sind, während die Städte und modernen Industrien geradezu verwöhnt wurden. So nimmt es nicht wunder, daß die Armen vom Lande, durch eine Verschwörung von Mensch und Natur um ihren Anteil betrogen, in eben jene Städte fliehen. Dort bekamen sie das erwartete goldene Pflaster zu sehen – eine Nachahmung westlicher Städte und westlicher Fabriken –, aber siehe, es war für eine bevorrechtigte Minderheit bestimmt und nicht für sie. So ließ man sie denn hausen und werkeln, so gut sie konnten. Die meisten Armen vom Lande vermehrten die Scharen des verarmten Subproletariats der Städte. Es gab keinen Raum für sie in der Herberge.

DRITTER TEIL

Die Hölle ist eine Stadt: Verstädterung und Industrie

«Die Briten haben Indien durch ihre Städte ausgebeutet, letztere beuteten die Dörfer aus. Das Blut der Dörfer ist der Zement, mit dem unsere Städte errichtet worden sind.»

Gandhi

8. Exodus: Die Armen vom Land wählen mit ihren Füßen

Ein Eselskarren holpert die Landstraße im Nordosten Brasiliens entlang, Richtung Recife. Der Mann sitzt vorne auf dem Bock. Hinter ihm stapeln sich Stühle, Matratzen, Pfannen und Töpfe, Kleidung, Frau und Kinder und obendrauf ein grüner Wellensittich im Holzkäfig.

Am Hooghly-Bahnhof von Calcutta kommt ein Zug aus Delhi, Allahabad, Lucknow, Benares, Patna und südlicheren Stationen an. In der Menschenmasse, die aus den geöffneten Türen quillt, gibt es viele Hoffnungsvolle aus dem überschwemmten Norden oder dem von Dürre heimgesuchten Süden des Bundesstaates Bihar, aus dem von Armut geschlagenen Orissa und dem überfüllten Uttar Pradesh; sie pressen Segeltuchtaschen oder zerbeulte Pappkoffer an sich.

Die Wanderung auf der Suche nach Arbeit nimmt in der Dritten Welt immer schneller zu. Zum Teil geht sie in die von Natur und Staatsinvestitionen etwas begünstigteren Regionen, aber meistens flutet sie in die Städte. Ein paar Arbeitsmigranten mögen einem vagen Traum von Großstadt und feinem Leben folgen. Aber die Mehrheit wird von der Not des Überlebenwollens getrieben. Das Land kann ihnen keine Arbeit geben, wenn sie es also verlassen, so ist das nichts anderes als eine Bitte um Beschäftigung, mit der sie beherzt zum Ausdruck bringen wollen, daß sie gerne mehr arbeiten möchten, als der dürftige Boden oder eine ungerechte Gesellschaft in ihrer Heimat ihnen gestattet. Die Landflucht ist ein Anzeichen für ländliche Armut und städtische Überprivilegiertheit.

Alle Wege führen nach Rom: Die auf dem Lande wirksamen Dynamiken aller drei Kontinente drängen die Menschen, zu wandern. In Afrika ist die Erschöpfung des Bodens der Stachel. Die Armut kann man noch teilen, aber wenn die Nahrungserträge des Bodens zu niedrig werden, müssen einige Leute auf dem völlig überfüllten Rettungsboot über Bord springen und versuchen, schwimmend das unsichere Ufer zu erreichen. Da der Kleinbesitz in Asien und Lateinamerika so klein wird, daß man davon nicht mehr leben kann, müssen einige der Landerben ihr Recht auf einen gleichen Anteil abtreten und sich in Richtung Stadt aufmachen. Und da die Zahl der Landarbeiter zunimmt und die Zahl der Arbeitsplätze durch die Mechanisierung abnimmt, müssen sich auch die Landlosen anderswo nach Arbeit umsehen. Das Ergebnis ist immer dasselbe, ob das Land nun im Besitz des Stammes oder der Gemeinde, ob es privat und zersplittert oder groß und kapitalistisch ist.

Wegzuziehen ist nicht leicht. Es bedeutet, daß man ins Exil geht, das Heimatdorf verläßt, das stützende und schützende Netz der Großfamilie aufgibt, daß man sich aus der komplexen Kultur von Stellung und Zeremonie, in der man eines Tages eine Rolle zu spielen hoffte, herausbegibt. Wegzuziehen ist das letzte Mittel, wenn alles andere nicht geklappt hat.

Die Arbeitsmigration ist anfänglich eine zeitlich begrenzte Erscheinung. In Zentral-Java ist fast jeder arbeitsfähige Mann mehrere Monate im Jahr außer Haus. Die Baugrundstücke in Bombay oder Calcutta sind voller Saisonarbeiter. Sie leben in heruntergekommenen Zeltlagern wie die Horden des Dschingis-Khan. Die landlosen Arbeiter von Radschasthan gehen während der Trockenzeit nach Delhi oder Ahmadabad, weil es dann auf dem Land keine Arbeit gibt – und ihre Frauen und Kinder gehen mit ihnen. Auf den Straßen und Baugrundstücken kann man sie oft sehen, die Frauen in ihren dunkelgrünen, kastanienbraunen und orangefarbenen Saris, in der Hand eine Spitzhacke wie die Männer oder einen Korb voller Steine auf dem Kopf, den sie mit graziösen Bewegungen im Gleichgewicht halten, während ihre Kinder alleine auf dem Bauschutt spielen.

Selbst Menschen, die für immer das Land verlassen haben, wollen nicht alle Verbindungen zu ihrer Heimat abreißen lassen. In Indien ist es gang und gäbe, daß Männer, die in der Stadt arbeiten, ihre Familie noch daheim im Dorf lassen. Calcutta ist voller alleinstehender Männer. Unter den Fabrikarbeiterinnen hat sich ein schwunghaftes Geschäft mit der Prostitution entwickelt. Ein tragisches Zusammentreffen von Armut und Einsamkeit.

In einer schäbigen Vorstadtnebenstraße von Calcutta hockt eine Reihe von Flickschustern im Schneidersitz neben ihren Sachen. Es sind landlose Arbeiter aus Bihar. Ein alter Mann, ein Sechzigjähriger, mit einem Teppich weißer Haare auf der Brust, sitzt da mit seinen Werkzeugen. Ein paar Hämmer, Messer, Ahlen und Nadeln sind sein ganzes Arbeitskapital. Er verbringt seine Tage auf der Straße mit Schuhflicken. An einigen Tagen verdient er gar nichts, manchmal fünf oder zehn Rupien, wie das Geschäft gerade geht. Seine Nächte verbringt er auf einer Matte in einer einszwanzig mal zwei Meter winzigen fensterlosen Zelle, wo seine wenigen Kleidungsstücke an der Wand über einer Leine hängen. Seine Frau blieb daheim im Dorf, und er besucht sie vielleicht dreimal im Jahr, wenn er sich die Fahrt erlauben kann. Einmal im Monat geht er zu einem Schreiber vor dem Gebäude der Hauptpost, der ihm eine Geldanweisung über 40 oder 60 Rupien (4 bis 6 Dollar) für seine Frau ausfüllt. Kein besonders angenehmes Leben, aber daheim in Bihar wäre er froh, wenn er nur halb soviel wie hier verdienen könnte, und es würde ihm schwerfallen, Leib und Seele zusammenzuhalten.

Landesgrenzen können zu allem entschlossene Arbeitsmigranten nicht schrecken. Ein steter Strom von Arbeitern, meistens aus den ländlichen Regionen, zieht aus der Dritten Welt nach Norden und Westen in die reiche Erste Welt. Nach Schätzungen des der UNO angegliederten Internationalen Arbeitsamts schlossen sich in den sechziger Jahren 5,1 Millionen Arbeiter aus den armen Ländern diesem langen Treck auf der Suche nach Arbeit an. Einigen Schätzungen zufolge soll die Zahl dieser Arbeitsmigranten 1980 ingesamt 20 Millionen betragen haben.

Nach amtlichen Angaben hatten die Vereinigten Staaten und Kanada einen Netto-Zuzug von 4 Millionen ausländischen Arbeitern zu verzeichnen, zuzüglich mehrerer Millionen *wetbacks*, illegal eingewanderter Mexikaner, die durch den Rio Grande gewatet sind, um in den USA als unterbezahlte Farmarbeiter oder Angehörige der städtischen Unterschicht zu enden. Die deutsche Industrie stellte rund 600000 Türken ein, von denen viele an die geisttötenden Fließbänder der Autoindustrie gestellt wurden: 1973 waren 9 Prozent der deutschen Arbeitskräfte Ausländer. Deutschland benutzte sie, wie man bei Ballonfahrten Ballast benutzt. Man nahm mehr an Bord, als die Wirtschaft steilansteigende Wachstumsraten zu verzeichnen hatte, und warf sie über Bord, um Höhe zu gewinnen, als die Mühle schlechter lief. Die Arbeitsemigranten vom Mittelmeer machten es den Deutschen möglich, ihre Arbeitslosigkeit zu exportieren. In gleicher Weise war Frankreich von algerischen und marokkanischen Arbeitskräften abhängig – 1974 befanden sich 5 Prozent der algerischen Arbeitskräfte in Frankreich. Großbritannien nahm in den Tagen des Wachstumsbooms Ende der fünfziger, Anfang der sechziger Jahre Arbeitsemigranten aus den Ländern an Bord, die nicht zuletzt durch seine Kolonialpolitik in den Ruin getrieben worden sind. Die Volkszählung von 1971 weist 1,16 Millionen Bewohner aus, die in Ländern des Neuen Commonwealth geboren sind, vorwiegend in Indien, auf den Westindischen Inseln, in Pakistan und Bangladesh. Viele traten in die Reihen des Subproletariats und verrichteten die schmutzigen und schlechtbezahlten Arbeiten, die die Briten selbst nicht mehr anfassen wollten. Als der Westen in den siebziger Jahren durch eine langanhaltende Depression stolperte, nahm der Rassismus zu. Spannungen zwischen verschiedenen Volksgruppen in den reichen Ländern brachten die weltweiten Ungleichheiten zum Ausdruck, hier schlummerte ein Mikrokosmos des Nord-Süd-Konflikts.

Aber auch innerhalb der Dritten Welt gibt es ein beträchtliches Ausmaß an Arbeitsmigration. Überall wo ein armes Land mit zuwenig Arbeitsmöglichkeiten in der Nähe eines reicheren Landes liegt, das Arbeitskräfte benötigt, fließt dieser Menschenverkehr so natürlich, wie Wärme aus einem warmen in einen kälteren Raum fließt. Allein in Südamerika gibt es drei Millionen Arbeitsmigranten. Die Binnenstaaten Bolivien und Paraguay weisen jeweils rund 700000 Arbeiter aus, die außer Landes, meist in Argentinien arbeiten. Das vom Erdöl reiche Venezuela (mit einem Durchschnittseinkommen von 2570 Dollar im Jahr 1976) hat 600000 Arbeiter aus dem benachbarten Kolumbien angezogen, wo die Einkommen nur ein Viertel der venezolanischen erreichen. Große Mengen von Asiaten arbeiten heute in den arabischen Ölstaaten. In Westafrika beläuft sich die Zahl der Wanderarbeiter auf sechs Millionen und macht jeweils einen großen Teil der Arbeitskräfte der abgebenden bzw. aufnehmenden Länder aus. Etwa 43 Prozent der mauretanischen und der togolesischen Arbeiter sind im Ausland beschäftigt. In Obervolta ist es ein Drittel. Die Wirtschaft der Elfenbeinküste würde ohne die 55 Prozent Arbeitskräfte, die aus dem Ausland kommen, zusammenbrechen, und die Gambias (25 Prozent Anteil Arbeitsemigranten) und Ghanas (22 Prozent) würde zumindest ganz schön durchgeschüttelt, wenn sie die fremden Arbeitskräfte nicht hätte.

Die Elfenbeinküste und Obervolta sind durch die Arbeitsemigranten unauflösbar miteinander verbunden. Die Elfenbeinküste braucht die Arbeiter aus Volta auf ihren Kaffee-, Kakao-, Öl- und Kokospalmen-Pflanzungen, auf denen der wirtschaftliche Aufschwung des Landes basiert. Das Pro-Kopf-Einkommen ist ständig gewachsen und hat 1976 610 Dollar erreicht, das ist das höchste Einkommen, das es in einem nicht ölproduzierenden, südlich der Sahara gelegenen Staat zu verzeichnen gibt. Obervolta dagegen trat auf der Stelle, sein Pro-Kopf-Einkommen liegt bei 110 Dollar. Seine wacklige Zahlungsbilanz ist auf Auslandshilfe und die Geldüberweisungen der im Ausland Arbeitenden angewiesen, die 1973 30 Millionen Dollar oder 40 bis 50 Dollar pro Mann nach Hause schickten. Die Arbeitsemigration ist bei den Mossi geradezu zur Tradition geworden, ein obligatorischer Ritus an der Schwelle von der Jugend zum Mannesalter. Von den jungen Voltaern erwartet man, daß sie vier oder fünf Jahre an der Elfenbeinküste verbringen.

Die Elfenbeinküste ruft wie eine Sirene. Wer noch nicht dagewesen ist, träumt und phantasiert von ihren asphaltierten Straßen, den Straßenlichtern, dem mit Flutlichtanlage ausgestatteten Stadion, dem überall anzutreffenden Grün – Träume also, die auf traurige Weise ein Widerschein der Dürre und Armut ihres eigenen Landes sind. Kommen die Arbeiter wieder nach Hause, prahlen sie mit ihren Errungenschaften. Sie fragen ostentativ, ob jemand eine Tausend-Francs-Note wechseln kann, zahlen die Jahressteuer der Familie, als wenn's gar nichts wäre, tragen westliche Kleidung, führen Radios mit sich herum, haben Fahrräder und sprechen Französisch, um ihre Freunde zu verwirren. Die Mädchen werden angezogen von ihrem Anstrich von Vornehmheit, und sie machen sich lustig über diejenigen, die diesen Ausflug noch nicht hinter sich gebracht haben. «Wer noch nicht gereist ist, ist wie einer, der noch nicht beschnitten ist», lautet eine stehende Redewendung. Schließlich bleibt demjenigen, der noch nicht fort war, nichts anderes übrig, als auch zu gehen.

Die Wirklichkeit, die er vorfindet, ist selbstverständlich nicht ganz so glänzend. Joseph Yameogo, ein dreiundzwanzigjähriger Mossi, wohnt in einem winzigen Raum mit Lehmboden in einer morastigen Slumvorstadt von Abidjan. Während der fünf Jahre, die er bisher an der Elfenbeinküste verbracht hat, hat er eine Menge Jobs gehabt: Plantagenarbeiter, Hausboy, Nachtwächter, Autowäscher und -abschmierer, Hilfsarbeiter in einer Fabrik. Er sagt, in der Hauptsache sei er hier, um sich das Geld für ein Fahrrad zusammenzusparen.

Mitte der siebziger Jahre hatte Obervolta die Arbeitsemigration in die Elfenbeinküste offiziell untersagt, nachdem die Küste sich geweigert hatte, den Mindestlohn für Plantagenarbeiter hochzusetzen und den Arbeitern aus Volta regelmäßig einen Zwangssparbetrag von ihrem Lohn abzuziehen und nach Obervolta zu überweisen. Daher kam es zu einer illegalen Wanderbewegung und zu Arbeitspiraterie, wie immer, wenn Gesetze und Bestimmungen den Strom der Armen auf der Suche nach Arbeit einschränken wollen. Die meisten großen Plantagen an der Elfenbeinküste beschäftigen jetzt ganztags angestellte Arbeitskräfte-Anwerber. Ich lernte einen dieser Piraten auf einer großen Ölpalmen-Pflanzung kennen. Es war ein massiger, kahlköpfiger, fünfzig Jahre alter Mann mit einem kurzen grauen Bart. Er beschrieb mir seine Methoden: «Ich fahre mit dem Zug bis zur Grenze, steige vor der Grenze aus und überquere sie zwischen den offiziellen Übergängen zu Fuß. Dann gehe ich von Dorf zu Dorf. Überall frage ich nach dem Häuptling. Er ruft dann die Leute für mich zusammen. Ich erzähle ihnen von den hohen Löhnen, dem hübschen Krankenhaus, den modernen Gebäuden auf unserer Plantage. Für jeden Mann, der mitkommt, kriegt der Häuptling 1000 Francs (etwa 5 Dollar) von mir.» Pro Reise rekrutiert er ungefähr 40 Männer und zahlt ihnen die Fahrt bis zur Grenze, wo ein Lastwagen auf sie wartet, der sie in den Süden bringt.

Privilegierte Inseln: die Städte

Heutzutage, wo wir es mit Nationalstaaten zu tun haben, ziehen die meisten erst einmal in die Städte ihres eigenen Landes. Wir haben es mit einem Exodus von epischen, ja geradezu historischen Ausmaßen zu tun.

1940 lebten in den kleineren und großen Städten der Dritten Welt 185 Millionen Menschen. 1975 war diese Zahl schon auf 770 Millionen angestiegen. Ungefähr die Hälfte dieses Anstiegs war auf die Zuwanderung aus den ländlichen Gebieten zurückzuführen. Nach Schätzungen der Vereinten Nationen aus dem Jahre 1960 überfluteten jährlich etwa 9,2 Millionen Menschen die Städte der Dritten Welt – das sind pro Tag 25000. Anfang der siebziger Jahre belief sich dieser Menschenstrom auf 12 Millionen pro Jahr und 33 000 pro Tag.

Dabei wurden die ländlichen Gebiete nicht etwa entvölkert: weit gefehlt. Die Landbevölkerung wuchs weiter, und zwar schneller, als Arbeitsplätze zur Verfügung standen, und selbst in absoluten Zahlen noch schneller als die Bevölkerung der Städte: von etwa 1,35 Milliarden im Jahre 1950 auf 2,06 Milliarden im Jahre 1975. Doch lag die Wachstums-*Rate* der Städte zwei- bis viermal höher. Das hatte zur Folge, daß der Anteil der ländlichen Bevölkerung an der Gesamtbevölkerung von durchschnittlich 84 Prozent im Jahre 1950 auf 73 Prozent im Jahre 1975 zurückging. In Süd-Asien und Afrika blieben dennoch vier Fünftel der Bevölkerung auf dem Lande, aber in Lateinamerika lebten schon drei Fünftel in den Städten (1950 waren es noch drei Fünftel auf dem Land).

Was macht die Städte der Dritten Welt so unwiderstehlich anziehend? Ist es die Armut und Verlassenheit ihrer ländlichen Umgebung – oder die der Stadt selbst innewohnende Anziehungskraft? Allerdings ist die Frage, ob die Migranten vom ländlichen Elend gedrängt oder vom städtischen Wohlstand gezogen werden, rein akademischer Natur. Es sind zwei Seiten ein und desselben Zusammenhangs. Die Stadt scheint gerade deshalb so wohlhabend, weil das Land so arm ist, und das Land erscheint arm im Vergleich zum Wohlstand der Städte. Der Vergleich ist es, der auf die Wahrnehmung der Armen vom Lande wirkt – obgleich vielerorts ihre Wahrnehmung einzig und allein von der Aussicht auf den unmittelbar bevorstehenden Hungertod bestimmt werden mag.

In den westlichen Ländern ist der Unterschied zwischen dem Einkommen auf dem Lande und dem in der Stadt gering, sehr gering sogar, wenn man die Lebenshaltungskosten vergleicht. In der Dritten Welt liegen die städtischen Einkommen im Schnitt zweieinhalbmal höher als die Einkommen auf dem Land. Je größer der Einkommensunterschied, desto steiler das Gefälle, das die Menschen in die Städte zieht. Am ausgeprägtesten ist dieses Gefälle im allgemeinen in Afrika, wo die Städte auch am schnellsten gewachsen sind.

Der Ökonom Paul Bairoch schätzte Anfang der sechziger Jahre, daß die Einkommen aus nicht-landwirtschaftlicher Betätigung in Gabun fünfzehnmal höher lagen als solche aus landwirtschaftlicher Beschäftigung, in Liberia waren sie neuneinhalbmal und an der Elfenbeinküste achteinhalbmal höher. In Asien waren diese Unterschiede nicht ganz so stark ausgeprägt, aber immer noch beträchtlich; die städtischen Einkommen lagen in Thailand 6,3 mal so hoch wie die ländlichen, in Kambodscha 4,6 mal so hoch, 2,4 mal so hoch auf den Philippinen und 1,9 mal so hoch in Indien. Das größte Gefälle in Lateinamerika wiesen auf: Venezuela (5,3 mal), Bolien (4,2 mal), Mexiko (4,1 mal), Haiti (3,9 mal) und Guatemala (3,8 mal).

Doch ist dieses Einkommensgefälle nicht das einzige, was von Bedeutung ist. Ein geradezu groteskes Gefälle zwischen Stadt und Land besteht auch auf dem Gebiet der Versorgung mit den verschiedensten staatlichen Dienstleistungen im Gesundheitswesen, in bezug auf sanitäre Anlagen (Abwasser, Müll etc.), Schulen, Elektrizität, sauberes Wasser. Das alles gehört ja zu einer Art unsichtbarem oder sozialem Einkommen, und wer in die Stadt geht, weiß sehr wohl, daß dies alles seine und seiner Kinder Lebenschancen erhöht.

Zum Beispiel sauberes Wasser: In Afrika hatten 1975 68 Prozent der städtischen Bevölkerung Zugang zu sicherer Wasserversorgung, aber nur 21 Prozent der Landbevölkerung. In Mittel- und Südamerika lag die Stadtbevölkerung mit 81 Prozent gegenüber 32 Prozent der Landbevölkerung weit vorne, und in Süd- und Ost-Asien stand es 70 Prozent zu 19 Prozent zugunsten der städtischen Bevölkerung.

Zwar mag die Gefahr von Epidemien in den überlaufenen Stadtgebieten leicht höher liegen. Doch kann dies noch keine Rechtfertigung dafür sein, daß alle Krankenhäuser und die meisten Ärzte sich in den größten Städten ansammeln. Auf den Philippinen gibt es in der Stadt siebenmal mehr Ärzte als auf dem Land, in Ghana und Senegal zehnmal mehr, in Haiti fünfundzwanzigmal mehr, in Thailand einunddreißigmal mehr und in Kenia siebenundfünfzigmal mehr.

Und wieweit ist es her mit jenem glitzernden Symbol der Modernisierung, der Elektrizität? Für die Bauern ist die Versorgung mit Strom von hohem Wert. Sie verlangen danach und sparen dafür so lange wie für ein Blechdach über dem Kopf. Während alle modernen Großstädte und die meisten größeren Städte in den Entwicklungsländern an die Stromversorgung angeschlossen sind, muß die große Mehrheit der Dörfer noch darauf warten. 1971 hatten nur 23 Prozent der lateinamerikanischen Dörfer, 15 Prozent der asiatischen und ganze 4 Prozent der afrikanischen Dörfer Elektrizität.

Der vielleicht wichtigste von all diesen nicht in Geld zu messenden Vorteilen der Städte ist die Bildung. Auf dem Lande in der Dritten Welt darf man sich glücklich schätzen, wenn man im Umkreis von zwei Stunden zu Fuß eine Schule antrifft. In den ärmsten Ländern können nur 36 Prozent der Schulen auf dem Land mit dem vollständigen Grundschulprogramm aufwarten, während es in den Städten immerhin 53 Prozent sind. Praktisch alle weiterführenden Schulen befinden sich in Städten.

Diese unfaire Kanalisierung der öffentlichen Gelder in die Städte erreicht in den meisten Entwicklungsländern geradezu skandalöse Ausmaße. So sah beispielsweise der Entwicklungsplan der Elfenbeinküste für die Jahre 1967 bis 1970 8000 einheimische Francs pro Einwohner für Straßen, Abwässerkanäle, Wasser- und Stromversorgung, Grundschulen und Ambulatorien in Abidjan vor. Andere Städte erhielten 6000 Francs pro Person. Der Plan sah aber für die ländlichen Gebiete nur 400 Francs pro Person vor. Von den insgesamt 980 Millionen Dollar, die in allen Entwicklungsländern 1970 für die Verbesserung der Wasserversorgung ausgegeben wurden, gingen vier Fünftel in die Stadtgebiete, in denen aber nur etwas mehr als ein Viertel der Bevölkerung lebte und die ohnehin schon besser versorgt waren als die ländlichen Gebiete.

Die übermäßige Versorgung der Städte mit staatlichen Dienstleistungen führt auch zu einer unziemlichen Ansammlung privater Investitionen und durch sie geschaffener Arbeitsplätze in den Städten. Da nur die Städte Straßen, Energie, Kommunikationsmittel und Wasser bieten können, wie die Industrie dies alles braucht, ganz abgesehen von den ersehnten Vorstädten, wo die leitenden Angestellten wohnen, konzentriert sich heute die moderne Industrie in ihrer überwältigenden Mehrheit in einigen wenigen großstädtischen Zentren in jedem Land. Industrie und Verwaltung ziehen ihrerseits wiederum Dienstleistungsbetriebe mit entsprechenden Arbeitsplätzen an.

Wie soll man sich diesen Sachverhalt erklären, den der britische Wirtschaftswissenschaftler Michael Lipton als Stadtvoreingenommenheit der staatlichen Politik in der Dritten Welt bezeichnet hat? Warum diskriminieren – wie anders sollte man es nennen? – die Regierungen in so offensichtlicher und empörender Weise die auf dem Lande lebende Mehrheit ihrer Bürger? Eingeleitet wurde dieser Vorgang durch die Kolonialmächte, die sich in ihren städtischen Stützpunkten selbst mit all den Dienstleistungen und Gehaltsansprüchen versorgten, die sie von zu Hause gewohnt waren. Bei Erreichen der Unabhängigkeit hätten die nationalen Eliten dann zwar die Ansicht vertreten können, die Großstädte seien schon ausreichend versorgt und nun seien mal die ländlichen Gebiete dran. Aber die Eliten waren einer Gehirnwäsche unterzogen worden und von allem Westlichen so fasziniert, daß sie aus ihrem Land am liebsten westliche Enklaven machen wollten. Und als die Kolonialbeamten gegen Amtsinhaber aus den jeweiligen Ländern ausgewechselt wurden, verfügten nur wenige über soviel Selbstbeherrschung, daß sie sich mit niedrigeren Gehältern begnügt hätten, die den Zahlungsmöglichkeiten ihres Landes angemessener gewesen wären. Im privatwirtschaftlichen Bereich konnten die städtischen Lohnabhängigen höhere Löhne durchsetzen, weil sie sich leichter organisieren konnten als die verstreut lebenden Bauern. Fabriken und Städte sind einfach komplexere Organisationen als selbstversorgerisch wirtschaftende Dörfer, die durch das Wirken von Interessenorganisationen leichter zerrissen werden.

Die konzentrierten Stadtmassen befinden sich insgesamt ständig in stillschweigenden Tarifverhandlungen mit ihren Regierungen: Werden beispielsweise die Preise zu stark angehoben, so gibt es sofort Unruhen, die nicht eher aufhören, bis die Preise auf ein annehmbares Niveau verringert werden. Seit dem antiken Rom ist der städtische Pöbel eines der gefährlichsten und am meisten destabilisierenden Elemente im Staat gewesen, und man muß ihn nach Möglichkeit besänftigen, wenn man sich

Hoffnungen macht, die Zügel der Macht noch länger in Händen halten zu wollen. Doch gibt es hier ein Problem des Ausgleichs: Der Nahrungsmittelpreis ist zugleich auch das Einkommen des Bauern. Der städtische Pöbel ist schlicht und einfach auf Grund seiner Konzentration in der Nähe des Regierungssitzes besser organisiert als die verstreut lebenden und normalerweise unorganisierten Bauern, wenn es darum geht, die jeweiligen Interessen im Hinblick auf mehr oder minder hohe Nahrungsmittelpreise durchzusetzen. Daher halten die Regierungen gewöhnlich die Nahrungsmittelpreise künstlich hoch, womit sie allerdings das Einkommen im Bereich der Landwirtschaft drücken.

Das Verhältnis zwischen Stadt und Land in der Dritten Welt gleicht dem zwischen reichen und armen Ländern. Die ländlichen Gebiete haben meist schlechte Handelsbedingungen, das heißt, ihre Erzeugnisse erzielen außergewöhnlich niedrige Preise im Vergleich zu den Kosten für in der Stadt hergestellte Produkte, seien es nun Plastikschüsseln, Traktoren oder Verwaltungsdienstleistungen. Und die Gründe für diese schlechten Handelsbedingungen sind ohne weiteres vergleichbar mit den *terms of trade* für Dritte Welt-Produkte im allgemeinen. Den Armen vom Lande fehlt einfach der Muskel der Organisation und Koordination, mit dessen Hilfe sie höhere Preise verlangen könnten.

Demnach liegt also der Vorteil der Großstädte darin, daß sich Regierungen, Beamte und organisierte Arbeiter auf Kosten der ländlichen Massen zu einer Verschwörung zugunsten ihrer eigenen Einkommen zusammengetan haben. Wie der Präsident Tansanias, Julius Nyerere, bemerkte, stammt ein großer Teil des in den Städten ausgegebenen Geldes aus Auslandsanleihen, die in fremder Währung zurückgezahlt werden müssen, und diese Devisen werden in der Regel durch den Export landwirtschaftlicher Produkte hereingeholt. Die Bauern tragen die Kosten, die Stadtbewohner ernten die Gewinne. «Wenn wir uns nicht vorsehen», warnte Nyerere, «dann können wir in Tansania in die Lage geraten, daß die Stadtbewohner die Bauern ausbeuten.» Diese Lage ist in den meisten Entwicklungsländern längst eingetreten.

Demzufolge ist die Landflucht eine Form der Wahl mit den Füßen, eine Form, einen Platz am festlich gedeckten Tisch zu verlangen. Sie ist eine Folge der ungleichen Entwicklung und der ungleichen Verteilung der Wachstumsgewinne.

Doch kann die Landflucht ihrerseits zu einer weiteren Schädigung der ländlichen Gebiete führen. Zwar gewinnen sie einiges: Der Konkurrenzdruck bei Suche nach Land und Arbeit wird etwas reduziert, und die Abgewanderten schicken Geld nach Hause, mit dem das niedrige Einkommen in den Dörfern etwas gestreckt werden kann.

Dem steht jedoch entgegen, daß die ländlichen Gebiete ihre hellsten und besten, gebildetsten, fortschrittlichsten, anpassungsfähigsten, jüngsten und kräftigsten Leute an die Städte verlieren. Aus Untersuchungen über die Landflucht geht hervor, daß der typische Migrant zwischen 25 und 40 Jahre alt ist. Vier Fünftel derjenigen, die nach Bombay ziehen, sind im Arbeitsalter – im Unterschied zum Durchschnitt der indischen Gesamtbevölkerung, der etwa bei der Hälfte liegt. Auf den Dörfern bleiben nur wenige Ernährer, die noch die Kinder und alten Leute versorgen. Migranten haben auch eine bessere Bildung. Eine von der UNICEF und der Internationalen Arbeitsorganisation gemeinsam in Auftrag gegebene Studie an der Elfenbeinküste fand heraus, daß die Wahrscheinlichkeit, daß jemand sein Dorf verläßt, um so größer war, je gebildeter er war. Insgesamt war ca. ein Drittel der auf dem Land geborenen jungen Männer in die Städte gezogen. Während der Anteil der Abwanderer unter denjenigen, die die Grundschule abgeschlossen hatten, bei 61 Prozent lag, hatten sich bei denjenigen, die weiterführende Schulen besucht hatten, nicht weniger als 93 Prozent in die Städte abgesetzt. Migranten scheinen intelligenter und anpassungsfähiger zu sein als die, die bleiben. Eine Untersuchung in Huaylas in Peru verglich die Migranten mit ihren daheimgebliebenen Landsleuten und kam zu dem Schluß, daß die Leute diejenigen, die weggezogen waren, als unabhängiger, intelligenter und wißbegieriger ansahen als diejenigen, die geblieben waren. Gegangen war also genau die Sorte Leute, die auf den Dörfern hätte dazu beitragen können, neue Technologien einzuführen, die die Dörfer benötigen, wenn sie sich entwickeln sollen.

Junge Leute, die jahrelang zur Schule gegangen sind, erwarten dafür eine gewisse Stellung – doch gibt es auf Grund der Stadtvoreingenommenheit im Dorf kaum Arbeit, die eine solche Stellung verleiht. In den Dörfern gibt es kaum Schulen, Krankenhäuser, Straßen und somit auch kaum Arbeitsplätze für Lehrer, Krankenschwestern und Ingenieure. Investitionen auf dem Lande würden mehr solcher Arbeitsplätze schaffen und auch mehr Begabte in den Dörfern halten. So wie die Dinge stehen, tragen die Dörfer die Kosten für die jungen Menschen, bis sie ins Arbeitsalter kommen, und die Städte tragen den Nutzen davon. Die Stadt bringt das Land um sein Kapital an Menschen. Dies ist eine unsichtbare, aber schwere Belastung, die noch zu allen anderen Ungerechtigkeiten hinzukommt.

Wie lange werden sie noch kommen?

Das Gelobte Land, auf das die Wanderer ihre Hoffnung setzen, erweist sich für viele als Trugbild. Zwar ist ihr Einkommen in der Regel besser als daheim auf dem Dorf, doch häufig genug enden sie, wenn sie überhaupt Arbeit finden, als Straßenverkäufer oder Gelegenheitsarbeiter. Und fast mit Sicherheit erwartet sie ein Leben unter den unmenschlichen Bedingungen der Überbevölkerung und hygienischen Vernachlässigung, Bedingungen, die ebenso schlecht sind wie die im London von Dickens oder im New York von Jakob Riis.

Warum also kommen sie noch immer? Gibt es etwa einen Gleichgewichtspegel menschlicher Erniedrigung, einen Stand derart entsetzlicher Lebensumstände, daß keine Zuwanderer mehr kommen, die sie noch ertragen wollten? Zieht man die Lehren aus den Verhältnissen in Calcutta, wo Familien in Betonröhren auf der Straße leben, so kommt man zu dem Schluß, daß es einen solchen Pegel nicht zu geben scheint.

Die Antwort auf diese Frage ist in der Ökonomie zu suchen. Die heutzutage differenzierteste Erklärung für Migration ist als Todaro-Modell bekannt, so benannt nach dem Wirtschaftswissenschaftler, der es erdachte. Dieser Theorie zufolge wissen die Migranten sehr wohl um den hohen Zaun aus Arbeitslosigkeit, der sie von den attraktiven Großstadtlöhnen, von denen sie gehört haben, trennt. Doch werden sie solange weiter in die Städte ziehen, wie das von ihnen erwartete Einkommen höher ausfällt als das zur Zeit erzielte. Das erwartete Einkommen setzt sich zusammen aus dem wahrscheinlichen Lohn in der Stadt, multipliziert mit den Möglichkeiten, ihn auch zu verdienen. Nehmen wir das typische Beispiel eines Landes, in dem das durchschnittliche Einkommen auf dem Lande 100 Dollar und das durchschnittliche Einkommen in der Stadt 250 Dollar beträgt, wo sich allerdings die Arbeitslosenquote auf 20 Prozent beläuft – dann ist die Möglichkeit, diesen Lohn auch zu erhalten, also nur in acht von zehn Fällen gegeben. Das erwartete Einkommen beläuft sich demnach auf acht Zehntel des Durchschnittslohns oder 200 Dollar, wofür es sich immer noch lohnt, in die Stadt zu ziehen. In diesem typischen Land würde es sich weiterhin für die Leute lohnen, in die Städte zu ziehen, und zwar so lange, bis die Arbeitslosigkeit auf die erstaunliche Höhe von 60 Prozent geklettert wäre (solche Prozentzahlen werden heute nur in einigen Squattergebieten erreicht).

Man wird vielleicht noch lange herumrechnen, bis man eventuell einen genauen Gleichgewichtspegel gefunden haben wird, bei dem die Migrantenmassen zum Stillstand kommen. Doch läßt sich schon jetzt der bittere Schluß folgern: Der Exodus vom Land in die Städte wird wahrscheinlich noch sehr lange weitergehen, so lange nämlich, wie die Städte soviel reicher sind als das Land. Wird die Landflucht nicht gebremst durch ein mehr oder minder sofort aufzustellendes und durchzuführendes Programm, das sich die Annäherung der Einkommen auf dem Lande an die Einkommen in der Stadt zum Ziel setzt, dann wird in vielen Ländern der Bremseffekt durch das Ansteigen der Arbeitslosigkeit in unerträglichem Ausmaß bewirkt, und das bedroht nicht nur die Stabilität der einzelnen Länder, sondern den Weltfrieden.

9. Das Gelobte Land: Wolkenkratzer und Wellblechhütten

Im Gedränge der Fußgänger auf Bogotás Hauptschlagader, der Carrera 10, steht ein adretter junger Mann, Typ Akademiker, am Straßenrand und winkt nach einem Taxi. Er hebt den Arm, öffnet dabei die Hand und läßt seinen sauber in ein Lederetui zusammengefalteten Schirm locker am Daumen baumeln. Plötzlich, wie ein Windhund beim Rennen aus dem Käfig schießt, fegt eine abgerissene barfüßige Gestalt mit einer drei Nummern zu großen Jacke unter dem Arm des Mannes hindurch, grapscht sich den Schirm, und weg ist er, kurvt mit sicheren Schlenkern durch den dichten Feierabendverkehr und zwingt einen orangefarbenen Bus zu einer Notbremsung. Bremsen quietschen. Hupen ertönen. Weg.

Auf diese Weise bekam ich zum erstenmal Fabio zu sehen, einen gerade elf Jahre alten Jungen, dessen unschuldiges Gesicht unter dem rabenschwarzen Wuschelkopf – es könnte einem jener sauberen Comic Strips entsprungen sein – noch drei Jahre jünger aussieht. Er ging von zu Hause weg, als er acht war, weil sein Stiefvater ihn ständig mit einer Eisenstange verprügelte. Seitdem ist er einer aus dem Heer der fünf- oder zehntausend – wer weiß schon, wieviele es sind – Bengel und Bälger von Bogotá, dort heißen sie *gamines*, die in den Straßen dieser herzlosen Stadt wohnen, schlafen, betteln, singen, klauen, kämpfen, lieben, hassen und nicht selten auch sterben. In dieser nackten Konfrontation der Armen mit dem Wohlstand der Reichen bieten die *gamines* ein Gleichnis für alle Städte der Dritten Welt.

Wie alle solche Ballungszentren ist Bogotá ein Ort mit zwei Gesichtern. Wolkenkratzer aus Stahl und getöntem Glas umgeben die Hochstraßen und die sorgfältig gepflegten Palmen des Parque de la Independencia, und eine halbe Meile weiter drängen sich Hütten aus Holz und Pappkartons aneinander, um nicht die steilen Berghänge hinunterzupurzeln, die der Stadt ihre Kulisse geben. Dem reichen Bogotá ist es gelungen, die Behausungen der Armen aus dem Blickfeld zu wischen. Doch wollen die Armen nicht am Hungertuch nagen, während die Reichen rauschende Feste feiern. Mit Dreck und Lumpen dringen sie in das Zentrum ein. Entlang der Bürgersteige vor den schicken Läden der Carrera 7 und der Avenida Jiménez stehen die Bettler. Eine rotgesichtige Frau hustet und deutet auf ihr Baby, das an ihrer Schulter eingeschlafen ist, sie hält die Hand auf, will Geld, aufdringlich, hartnäckig, verzweifelt steht sie da. Ein Krüppel malt surrealistische Szenen auf das Pflaster, er sammelt Geld für eine Operation. Dann gibt es die Müllsammler, ein Heer von Verdammten, die fast so zerlumpt und dreckig sind wie der Abfall, den sie aus dem Staub und den Mülleimern der Stadt sammeln. Zwischen adrettgekleideten Sekretärinnen und gutangezogenen Bankangestellten drängen sich Frauen mit großen Säcken voller Pappkartons auf dem Rücken und Jungen mit verschmierten Gesichtern, die den Müll aus den Abfallkörben an den Straßenlampen auf wackelige Karren laden.

Das Problem wurde durch die Reichen geschaffen, durch die Anwälte und Geschäftsleute, die draußen auf dem Land ihren Grundbesitz haben und ihren Arbeitern so wenig zahlen, daß sie in die Städte ziehen müssen. Durch die Spekulanten, die Bruchbudenslums ohne Licht, Straßen und Wasser in die Gegend stellen und Wuchermieten für das Sonderrecht verlangen, darin wohnen zu dürfen. Die Reichen haben die Armen hierher geholt, und als sie hier waren, haben sie dafür gesorgt, daß die Armen auch arm bleiben. Vielleicht muß das so sein, damit die Reichen nicht auf den Gedanken kommen, sie könnten sich in ihrem Wohlstand wohlfühlen.

Die *gamines* bilden die Vorhut dieses großen Armenheeres. Sie belästigen die Privilegierten der Stadt wie Viehbremsen und erinnern sie unablässig an das Elend, deren Ausdruck sie sind. Sie springen auf ihre Busse auf und singen für Geld tragische Lieder. Sie betteln mit ausgestreckter Hand und trotzig vorgeschobener Unterlippe, und mit ihren schmuddeligen Fingern beschmutzen sie feine Anzüge. Obendrein beklauen, überfallen und terrorisieren sie die Mittelschichten und entreißen ihnen die Besitztümer, die diese mit dem aus den Armen herausgepreßten Profit gekauft haben.

Diese Kinder und Jugendlichen leben in *galladas*, in Banden von zehn bis 25 Mitgliedern, von denen jede ihr eigenes Territorium und ihren eigenen Schlafplatz hat. Jede Bande hat einen älteren Anführer, der seinen Rang in einem Dutzend Straßenschlachten erworben hat, wie ein Hirsch sich seine Vormachtstellung in seinem Rudel erkämpft. Fabio gehört zur Heißrohr-Bande. Francisco, 21, ist der Bandenführer. Die Hälfte seiner Vorderzähne fehlt, sie kamen ihm bei einer Rauferei abhanden. Seine Stellung als Führer gibt ihm das Recht, Befehle zu erteilen und sich auszuruhen, während die anderen die harte Arbeit des Klauens verrichten, und den Löwenanteil der Beute für sich zu behalten. Als er mir die Tricks seiner Branche verriet, saßen wir im Herzen seines Territoriums auf der Carrera 10 zusammen. «Auf den Straßen arbeiten wir in Dreier- oder Vierergruppen. Wenn du dir eine Brieftasche oder eine Handtasche geschnappt hast, gibst du sie schnell einem Freund und haust ab, und wenn sie dich dann kriegen, bist du sauber. Wenn die Leute dir nachrennen, kriegen sie von Freunden ein Bein gestellt oder werden bedroht oder kriegen auch mal einen Stich ab. Am leichtesten kann man Frauen mit Päckchen und Paketen beklauen. Du stichst ihnen einfach eine Nadel in den Hintern, und sie lassen alles fallen. Wir verkaufen unsern Krempel an die Second-hand-Shops. Sie geben uns vielleicht ein Zehntel von dem, was die Sachen wirklich wert sind, aber an guten Tagen machst du einen ganz guten Schnitt. Heute sind zweitausend Pesos (rund 80 Dollar) reingekommen.»

Eines Nachts machte ich mit einem Sozialarbeiter zusammen eine Runde über die Schlafplätze der *gamines*. Wo immer es irgendwie möglich war, hatten sie sich eine kleine Koje angelegt. Ein winzigkleiner Junge hatte sich im Eingang eines Geschäfts in einer Pappschachtel zusammengerollt und schlief da mutterseelenallein. Eine andere Bande lebte zusammen mit Ratten als Schlafgefährten in einem Betonschacht, der hinab in die Abwässerkanäle der Stadt führt. Die Bande von der 25. Straße hatte sich auf einem Baugrundstück aus Ästen und Blättern einen notdürftigen Unterschlupf errichtet. Schließlich kamen wir auch zur Heißrohr-Bande, und ich erfuhr nun, wie sie zu ihrem Namen gekommen war. Acht oder zehn der Jüngsten lagen da neben- und übereinander zusammengerollt um den Fuß eines Lampenmastes, der durch einen Kurzschluß in seinem Inneren ständig heiß war und Wärme abstrahlte. Überall dieselben Knäuel von schmuddeligen, nervösen, vorzeitig gealterten Gesichtern, dieselben Lumpen und nackten schwarzen Füße. Überall derselbe Geruch nach Schweiß und Marihuana. Fast alle *gamines* nehmen Drogen, einschließlich Kokain und Heroin – Kolumbien ist eines der Hauptversorgungsländer für den nordamerikanischen Drogenmarkt. Eine Art, sich zu berauschen, haben die Jungen selber erfunden, sie schnüffeln Benzindämpfe. Damit ruinieren sie sich zwar ihre Lungen, aber es gibt ihnen, wie sie sagen, ein Gefühl von Wärme, das sie über die kalten Nächte bringt. Drogen töten den stechenden Schmerz des Hungers ab – und sie geben ihnen die Courage, die sie brauchen, um zu klauen und die Leute zu überfallen.

Das Leben eines *gamin* ist für so ein Kind Himmel und Hölle zugleich. Es genießt eine unbegrenzte Freiheit, von der die meisten Kinder nur träumen können. Er reist von Stadt zu Stadt, von Abenteuer zu Abenteuer, wie Huckleberry Finn. Für ihn ist die Stadt wie ein Dschungel: einmal ist er Raubtier, ein anderes Mal Aasfresser, der von den Mülltonnen hinter Restaurants lebt. Er badet nackt in öffentlichen Brunnen und fährt ohne Fahrschein auf den Puffern der Eisenbahnwaggons. Er verachtet die üblichen Wege der imposanten modernen Großstadt, wie sie den Privilegierten vorbehalten sind. Doch kann das Leben auf der Straße gefährlich sein wie Guerillakrieg. Alle *gamines* kommen häufig mit dem Gesetz in Konflikt und heilen dann ihre Wunden im Gefängnis aus. Ständig laufen sie Gefahr, von Autos angefahren zu werden, wenn sie so mitten durch den Verkehr rennen. Doch sind des *gamin* schlimmste Feinde die *gamines*. Die meisten von ihnen tragen Messer oder Rasiermesser mit sich, und tagtäglich riskieren sie, in Kämpfe verwickelt zu werden. Vielleicht die Hälfte derjenigen, die ich kennengelernt habe, hatte auffallende Wunden oder Narben.

Der *gamin* ist, wie die Slums, aus denen er kommt, Symptom einer kranken Gesellschaft. Die meisten sind Kinder von Leuten, die vom Lande zugewandert sind und die dort von denjenigen vertrieben wurden, deren Macht wir in Kapitel 7 kennengelernt haben. Sie machen sich auf in die Städte, in der Hoffnung, dort bessere Lebensbedingungen zu finden. Viele können weder lesen noch schreiben und haben auch nichts gelernt, was sie in den modernen Wirtschaftsbereichen als Arbeitskraft verkaufen könnten. Die Mieten sind hoch, selbst für dreckige Löcher ohne Licht, Abwasserrohre und Wasser. Daher bleibt wenig Geld für Nahrung und Kleidung übrig. Viele Familien leben von Tortillas, Suppe und *panela* (Zuckerwasser). Die Wohnung wird zu einem übervollen Rettungsboot mit schwindenden Nahrungsvorräten, und die Angehörigen ein und derselben Familie kämpfen darum gegeneinander wie Ratten. Viele der *gamines*, die ich kennenlernte, sind von zu Hause weggegangen, weil sie geschlagen wurden, oft nachdem sie aus dem Küchenschrank etwas zu essen «geklaut» hatten. Die kolumbianische Familie hat schon keine festen Bindungen, wenn es ihr einigermaßen gut geht. Aber in der Stadt wird die Familie durch den starken Druck zum Zusammenbruch gedrängt: Kämpfe ums Essen, ums Geld, wegen der Unfähigkeit, Arbeit zu finden. Kaputte Familien sind die Regel. Alleinstehende Mütter verlassen ihr Kind oder ihre Kinder, wenn sie sie nicht mehr durchfüttern können. Oder sie bringen einen anderen Mann nach Hause, der von seinen Stiefkindern nichts wissen will (ebensowenig wie sie von ihm) und der sie schlägt. Außerdem hat das Kind meist schon einen Vorgeschmack vom Straßenleben, weil man es auf die Straße geschickt hat zum Zigaretten verkaufen oder Schuheputzen, damit ein bißchen zusätzliches Geld reinkommt. Das Kind weiß, man kann von der Straße leben, vielleicht sogar besser als zu Hause. Weg ist es.

Natürlich ist den *gamines* nicht bewußt, daß sie das Opfer sozialer Ungerechtigkeit sind, und es ist ihnen auch nicht klar, daß das, was sie tun, eine Art chaotischer Rache für diese Ungerechtigkeit ist. Sie führen einen selbstvernichtenden, individualistischen Verbrechenskrieg, wo das Problem eigentlich disziplinierten und organisierten Kampf verlangt. Doch stehen sie deutlicher als alles andere für die Kluft, welche die Dritte Welt durchzieht: zwischen der modernen City der städtischen Privilegierten und der Großstadt samt ihrem Vorfeld, wo die Armen vor den Toren ihre Zelte aufgeschlagen haben.

Die duale Stadt: Wolkenkratzer und Slums

Diese Teilung stammt aus der Kolonialzeit. Vorkoloniale Städte entstanden als Markt-, Religions-, Handels- und Verwaltungszentren. Zuweilen waren es Schmarotzerstädte, Sitze von Eroberern, die lediglich dazu dienten, dem untertanen Volk Abgaben abzupressen und sie durch aufwendigen Konsum zu verprassen. Die meisten waren organisch aus den Gesellschaften, deren Bestandteil sie waren, hervorgewachsen. Doch benahmen sich die Europäer nicht wie andere Eroberer. Sie waren keine rohen Barbaren wie die Araber, die Mongolen oder die Mogule, die kamen, um sich des Wohlstands der Leute vom Land zu bemächtigen und zu erfreuen und ihre Manieren anzunehmen. Die Europäer kamen in der Überzeugung der absoluten Überlegenheit ihrer eigenen Kultur und bauten sich Modelle ihrer heimischen Städte. Von der Plaza de Armas in Lima bis zum Dalhousie Square in Calcutta war die koloniale Stadt ein Ableger europäischer Städte auf exotischem Boden. Abgesehen von einigen kleinen Abweichungen, zu denen Regen und Hitze zwangen, unterschieden sie sich kaum. Fremd und unnachgiebig war sie der sichtbare Brennpunkt einer gleichermaßen kompromißunwilligen Kultur.

Gleichwohl brauchte man die Eingeborenen als Kofferträger, Teejungen oder Hausgesinde. Wo die koloniale Stadt sich nicht einer einheimischen Stadt anschloß, sonderte sie daher um sich herum Behausungen für die Eingeborenen ab. So entstand die duale Stadt. Wirtschaftlich gesehen war die koloniale Stadt im wesentlichen parasitär, gewöhnlich wurde sie an Orten angesiedelt, die zur Sammlung des der Kolonie ausgepreßten wirtschaftlichen Mehrprodukts und dessen Verschiffung nach Europa dienten.

Der parasitäre Charakter der Städte der Dritten Welt blieb auch nach der Erringung der Unabhängigkeit. Das Blut der Dörfer ist noch immer der Zement, mit dem die Städte errichtet werden. Genaugenommen ist das Problem der Über-Verstädterung erst aufgetaucht, als die Kolonialherren schon abgetreten waren. Im großen und ganzen hatten sie die Zuwanderung vom Land durch physische Mittel unterbunden. Sie hatten keinerlei Industrie gefördert. Sie hatten nur so vielen Eingeborenen Bildung angedeihen lassen, wie sie in ihrem eigenen Dienstleistungsapparat beschäftigen konnten. Mit der Unabhängigkeit begannen auch die Städte der neuen Staaten aufzustreben. Der öffentliche Dienst wurde umfangreicher, in einigen Ländern wurden neue Hauptstädte gebaut. Massive Investitionen flossen in die Ansiedlung und den Anbau neuer Industrien in den Städten, und mit dem Ausbau des Bildungswesens wurden zugleich auch die Werte des verwestlichten Großstadtlebens immer mehr Leuten nahegebracht.

So sind denn die Stadtgebiete der Dritten Welt angeschwollen wie Eiterbeulen. 1920 belief sich die Stadtbevölkerung der weniger entwickelten Regionen auf 100 Millionen, womit sie nur 28 Prozent der gesamten städtischen Bevölkerung auf der Erde ausmachte. 1940 war diese Zahl schon auf 185 Millionen angestiegen und hatte sich bis 1960 auf 419 Millionen mehr als verdoppelt. 1980 enthielten die städtischen Zonen der Dritten Welt 970 Millionen Menschen, das ist über die Hälfte der gesamten Welt-Stadtbevölkerung, und fünfzehn der zwanzig größten Städte der Welt befanden sich in Entwicklungsländern.

Das Wachstum der Städte und Großstädte der Dritten Welt hat sich noch beschleunigt, wie der todbringende Absturz von Materie in ein schwarzes Loch. In den zwanziger Jahren wuchsen sie im Rhythmus von 3 Prozent pro Jahr, in den fünfziger Jahren ging es mit 3,9 Prozent schon etwas schneller. In den siebziger Jahren breiteten sich die Städte pro Jahr um 4,3 Prozent aus. Das Wachstum der Großstädte ließ das rasche Wachstum der Bevölkerung noch weit hinter sich. Die Stadtbevölkerung verachtfachte sich zwischen 1920 und 1975, die Gesamtbevölkerung hingegen wuchs nur um das Zweieinhalbfache. Die Städte der Dritten Welt wachsen zur Zeit doppelt so schnell wie die westlichen Städte, die wirtschaftlich auf einer vergleichbaren Entwicklungsstufe stehen. Die Wachstumsrate einzelner Städte, vor allem der Hauptstädte, brach alle Rekorde. Die am schnellsten wachsenden Städte sind fast ausnahmslos in Afrika zu finden. Zwischen 1960 und 1970 wuchs die Bevölkerung Kinshasas um 12 Prozent im Jahr, die von Abidjan um 11 Prozent und die Bevölkerung von Monrovia und Blantyre um 10 Prozent. Daressalam und Rabat wuchsen um 9 Prozent jährlich, Nairobi, Lagos und Lomé um 8 Prozent.

In Asien stand Seoul an der Spitze mit 8,5 Prozent im Jahr, gefolgt von Kuala Lumpur mit 6,5 Porzent, Bangkok mit 6,2 Prozent und Karatschi mit 5,6 Prozent. Die schnellsten in Lateinamerika waren Belo Horizonte (8,3 Prozent), Bogotá (7,3 Prozent), São Paulo (6,4 Prozent), Mexiko-City (5,8 Prozent) und Lima (5,1 Prozent). Diese Städte waren die Spitzenreiter, die um vieles schneller wuchsen als ihre schärfsten Rivalen in irgendeinem anderen Land der Welt. Es wird erwartet, daß dieses krebsartige Wuchern der Städte sich während der beiden kommenden Jahrzehnte fortsetzt. Im Jahr 2000 werden die städtischen Zonen 40 Prozent der Bevölkerung in den Entwicklungsländern beherbergen, das sind 1,98 Milliarden Menschen (gegenüber 23 Prozent im Jahre 1975). Von diesem Gesamt wird sich wiederum der Anteil der Menschen, die in den riesigen Metropolen mit mehr als 5 Millionen Einwohnern leben, von 10,9 Prozent im Jahre 1975 auf 23,5 Prozent im Jahre 2000 mehr als verdoppeln. 1950 gab es in der Dritten Welt nur eine einzige Stadt dieser Größenordnung, auf der ganzen Welt nur sechs. 1975 war ihre Zahl schon auf zehn von insgesamt 21 angestiegen. Gegen Ende dieses Jahrhunderts werden sich nicht weniger als 42 aller 58 Großstädte mit 5 Millionen und mehr Einwohnern in der Dritten Welt befinden.

Solche Riesenstädte werden schon in wohlhabenden Ländern leicht zu ungesunden Organismen mit einem ganzen Paket von Problemen: Überfüllung, Wohnungsknappheit, Mangel an Grünflächen, höhere Verbrechensraten, Entfremdung, Isolierung, Bindungslosigkeit. In armen Ländern werden diese Probleme durch soziale und ethnische Spannungen, die weit schärfere Formen annehmen als in entwickelten Ländern, noch vergrößert und kompliziert.

Nach zwei oder drei Jahrzehnten Unabhängigkeit sind die Städte der Dritten Welt noch immer die dualen Städte der Kolonialzeit. Die Zentren dieser Großstädte unterscheiden sich, abgesehen von den Bettlern, fast überhaupt nicht von denen westlicher Großstädte. Aber das moderne Zentrum dieser Städte erinnert einen fatal an einen Westernfilm, wo die Gebäude nur aus einer mit Stützbalken und Querträgern stabilisierten Stirnseite bestehen, hinter der sich die nackte Wüste ausbreitet. Solch eine City ist eine kleine Insel in einem Meer von Elend. Wo London von einem Gürtel grünen Acker- und Weidelandes umgeben ist, haben Dritte Welt-Städte riesige schwarze Gürtel der Armut, monströse Auswüchse, wahre Gettos für die Ausgestoßenen und Ungewaschenen.

Die Stadtvoreingenommenheit bei den Investitionen erstreckt sich nicht auf diese Lager der Armen vor den Stadtmauern. Hier gibt es nur ganz wenige Schulen, Kliniken, Straßen, Abwässerkanäle und all die anderen Errungenschaften, mit denen der moderne Teil so gut versorgt ist. Die Slums sind im Verhältnis zur modernen Großstadt so unterversorgt und diskriminiert wie das Land im Vergleich zu den Städten. In Lusaka, der Hauptstadt von Sambia, beispielsweise liegt die nächste Klinik im Durchschnitt 13 Kilometer von den Squattersiedlungen entfernt, und ein Kind aus dem Slum hat im Vergleich mit einem Kind aus einem «Beamten-Viertel» nur eine Chance von 1 zu 60, einen Platz in der Grundschule zu bekommen. Die Squatters müssen zum Wasserholen an einem Standrohr Schlange stehen, aus dem das Wasser für tausend Leute heraussikkert, oder sie müssen Wasserverkäufern ihr verschmutztes Wasser abkaufen zu einem Preis, der zehnmal höher liegt als das, was der Bewohner der modernen City für sein fließendes Wasser zu Hause pro Kubikmeter zahlt.

Auf diese Weise sind die Privilegierten in den Städten sogar durch die Lage der Versorgungseinrichtungen noch privilegierter, und die Armen vor den Städten sind dadurch noch ärmer. Privilegiertsein und Unterprivilegiertsein wird dadurch sogar vererbbar: Die Kinder der Armen werden durch das schmutzige Wasser leichter krank und durch die Krankheit leichter unterernährt, und durch Krankheit und Unterernährung fällt es ihnen schwerer, zur Schule zu gehen und einen Schulabschluß zu bekommen.

Die Squattersiedlungen wachsen noch schneller als die boomartig wachsenden Städte, die sie umgeben. *Slums, shanties, bustees, barrios, favelas, pueblos jóvenes, villas miserias, bidonvilles:* Jede Sprache hat ein Wort für sie. Nach Schätzungen des Sekretariats der Vereinten Nationen wachsen die Squattersiedlungen im Schnitt um 15 Prozent jährlich, das ist fast viermal schneller als die Wachstumsrate von Großstädten insgesamt. Ankara wuchs zwischen 1960 und 1970 beispielsweise um 5,3 Prozent pro Jahr, während seine Slumvorstädte um 12,6 Prozent wuchsen. Mexiko City wuchs zwischen 1952 und 1966 um 2,8 Prozent im Jahr, doch seine Elendsviertel breiteten sich fast zehnmal schneller aus. Heute leben mehr als zwei Fünftel der Bevölkerung der größten Städte der Dritten Welt in solchen Squattersiedlungen, vielerorts sind es sogar weit mehr: in Mexiko City sind es 46 Prozent der Einwohner, in Casablanca und Ouagadougou 70 Prozent, 80 Prozent in Douala und 90 Prozent in Addis Abeba.

Keine noch so reiche Stadt der Welt könnte so schnell moderne Häuser bauen, Straßen asphaltieren, Abwässerkanäle ausheben, Wasserleitungen und Stromkabel verlegen, wie die Menschen herbeiströmen. Und die Städte der Dritten Welt sind keine reichen Städte. Die Flut der Zuwanderer sprengt alle Schranken von Planung und Gesetzgebung. Sie fragen niemanden danach, ob sie kommen dürfen oder nicht, sie kommen einfach. Sie stellen keine Anträge, wenn sie sich aus Holz und Pappe und Konserven ein wackliges Haus hinstellen, sie machen es einfach. So breiten sich die Städte Amöben gleich an Plätzen aus, die sich kein Stadtplaner träumen ließe: über flache Sümpfe hinweg, zu 60 Prozent an steilen Abhängen hinauf und hinunter, zwischen Eisenbahngleisen und auf Pfählen über stehenden Lagunen.

Jede Stadt hat ihre Eigenheiten, ihre eigene Geschichte und ihren eigenen Charakter, ihre eigenen Wohnviertel- und Besitzstrukturen. Um ein Gefühl für diese eigenartigen Organismen zu bekommen, muß man sie nach und nach und jeden für sich entdecken. Ich habe hier nur Platz zur Darstellung von zwei Städten: die eine in ihrer frühen Kindheit, die andere in den letzten Stadien der Hinfälligkeit und des Verfalls.

Das Stadtdorf: Ouagadougou

Man käme niemals auf die Idee, daß Ouagadougou die Hauptstadt von Obervolta wäre. Einem Freiwilligen des Friedenskorps passierte es, daß er einfach durchflitzte, in der Annahme, er befinde sich noch in den Außenbezirken. Es gibt nur wenige Autos – Mopeds sind das Statussymbol der hauptstädtischen Mittelschicht von Regierungsangestellten. Das Moderne bildet nur eine dünne Deckschicht. Es gibt nur einen zweispurigen Fahrdamm, beidseitig eingefaßt von offenen Abwassergräben, in denen Reiher graziös auf und ab schreiten. Die größte Straßenkreuzung im Zentrum trägt den stolzen Namen Place des Nations-Unies und ist nichts weiter als ein Punkt, an dem sechs stille Straßen aufeinanderstoßen, ohne Bürgersteige, Fußgängerüberwege und Straßenbeleuchtung.

Ouagadougou ist eine im Entstehen begriffene Metropolie, die 1973 erst 150000 Einwohner hatte. Hier kann man sehr gut die Frühphasen städtischen Wachstums beobachten. Land ist knapp im offiziellen und geplanten Teil der Stadt, denn das Verlegen von Rohren kostet Geld und Zeit. Es gibt einen flotten Schwarzmarkthandel mit Baugrundstücken, die in der Theorie auf eins pro Familie beschränkt sind. Doch gibt es außerhalb des Stadtzentrums bisher noch keine Bodenknappheit. Hier gehört der Boden den Stämmen. Die afrikanischen Siedler mögen staatliche Gesetze mißachten, aber sie achten Brauch und Sitte: Ein Neuankömmling muß beim Häuptling vorsprechen, der traditionell für die Bodenverteilung zuständig ist, und um ein kleines Stück Land bitten, auf dem er dann bauen kann. Die Genehmigung wird kostenlos erteilt, allerdings wird der Häuptling sich dem einen oder anderen Gefallen oder kleinen Geschenken bei Feierlichkeiten nicht versagen. Doch ist der Bodenbesitz unsicher. Der Häuptling kann die Siedler nämlich ganz unfeierlich wieder verjagen, wenn er ihnen aus irgendwelchen Gründen grollt, und die Siedler wissen das. Bisher gibt es noch kein Gedrängel, und zwischen den planlos verstreuten Anwesen verlaufen noch breite, von tiefen Furchen durchzogene Wege. Die Anwesen sind weitläufige, von Mauern umgebene Festungen im Kleinen, im reinen Dorfstil erbaut, mit drei oder vier kreisrunden Hütten, die um einen großen Platz herum angelegt sind, auf dem die Leute kochen, spielen oder arbeiten, die Schweine herumwühlen und die Hühner scharren. Eines der größten Probleme, zusammen mit dem Mangel an Arbeitsmöglichkeiten, ist die Beschaffung von Wasser. Jeder gräbt seinen eigenen Brunnen, doch in der Trockenzeit trocknen sie aus, und die Bewohner müssen das Wasser bei einem Wasserverkäufer kaufen, der mit seinen auf Räder montierten, bunten Ölfässern umherzieht. Wasser kostet einen halben Dollar pro Faß. Ihre Notdurft verrichten die Leute auf den Feldern.

Die Leute sind arm, was sonst.

Issaho Kandibi ist ein starkknochig gebauter Mann in den Vierzigern vom Stamm der Mossi. Er hat eine Frau und vier Kinder und versorgt außerdem auch die Frau seines Bruders und ihre vier Kinder. Das Anwesen ist spartanisch, die materiellen Güter der Familie lassen sich an einer Hand abzählen: eine verrostete Eisentür an der Rundhütte, in der Issaho schläft; ein fünfzehn Jahre altes Fahrrad, von dessen Pedalen nur noch der Mittelzapfen übriggeblieben ist und das von den Ersparnissen eines Arbeitsaufenthalts an der Elfenbeinküste erstanden wurde; und fünf angeschlagene Emailschüsseln, die vor den feuergeschwärzten Wänden stehen. Alles andere ist selbstgemacht, sogar das Spielzeug der Kinder. Assetta, acht Jahre alt, treibt mit einem Zuckerrohrstock eine alte Reifenfelge vor sich her. Die sechsjährige Adissa spielt mit einem halben Gummiball. Die jüngeren Kinder sind völlig nackt, die älteren tragen ausgebeulte, gebraucht gekaufte Strick-Badeanzüge.

Im Schatten des überhängenden Strohdachs setzen sich die Kinder der Reihe nach hin und warten ganz still vor Hunger darauf, daß Issahos Frau das Essen bringt, für jeden einen Teller schwarze Bohnen. Die Erwachsenen essen nur einmal am Tag, normalerweise Hirsebrei mit einer scharfgewürzten roten Soße. Wenn sie ihren Appetit zügeln können und sich etwas aufbewahren, das sie am nächsten Morgen mit Wasser vermischen, kommen sie auch zu einem Frühstück. Issaho hat es aufgegeben, alle Ämter, Märkte und Kaufhäuser abzuklappern, um eventuell irgendeinen Gelegenheitsjob zu ergattern. Statt dessen sucht er sich wie so mancher andere Slumbewohner selber irgendeine Beschäftigung. Er verkauft bündelweise Binsen zum Dachdecken für 250 Francs (ca. 1 Dollar) das Stück und aus Hirsestroh geflochtene Matten für Türen oder Wände zu 400 Francs das Stück. Er arbeitet sorgfältig und mit Stolz. Im expandierenden Ouagadougou ist die Nachfrage weit größer als daheim. Es reicht immerhin, um seiner Familie ein Jahreseinkommen von rund 110 Dollar zu verschaffen. Davon gehen allerdings während der Trockenzeit 40 Dollar zum Kauf von Wasser drauf.

Trotz seiner Armut hat Issaho seine Würde behalten, und er nutzt seinen Einfallsreichtum, so gut er kann. Ich fragte ihn, ob er genug verdient, um seinen Bedarf zu decken, und zu meiner Überraschung bejahte er meine Frage, er wolle «nicht mehr haben als seine Klasse». Doch gab er zu, daß er nicht genug hätte, wenn er statt einmal zwei- oder dreimal am Tag essen wollte.

Obwohl hier die meisten arm sind, gibt es wenig Ausbeutung. Noch spekuliert niemand mit der Armut. Niemand zahlt Pacht oder Miete für seinen Grund und Boden oder für das Haus, das er sich gebaut hat. Die Leute lassen sich in der Nähe von Landsleuten aus ihrer Heimat nieder. Wie viele mittelgroße Städte in anderen Ländern ist Ouagadougou bisher kaum mehr als eine Ansammlung von Stadtdörfern, die noch zum großen Teil aussehen wie ihre Heimatdörfer auf dem Land, denen sie nachgebaut sind, und die noch über den gleichen sozialen Zusammenhalt verfügen wie diese, da die meisten Neuankömmlinge sich in der Nähe von Verwandten oder Bekannten von zu Hause niederlassen.

Das muß nicht so bleiben. Wenn Ouagadougou dem Muster anderer afrikanischer Städte folgt, werden die ortsansässigen Stämme oder Häuptlinge in dem Maße, wie die Nachfrage nach Land zunimmt, wohl zu Bodenspekulanten werden und für den Boden einen Zins verlangen oder ihn verkaufen. Seit längerem ansässige Einwohner könnten sich dann entschließen, zusätzlich Häuser zu bauen und sie zu vermieten. Und wenn es einmal Mieten gibt, wird es ohne Zweifel auch bald Mieterhöhungen geben. Doch noch ist Zeit, all das zu verhindern. Für Ouagadougou ist Unrecht und Unbill noch Zukunft.

Calcutta: verseucht und vollgestopft

Lange bevor Krankheiten die ganze Stadt erfaßten, litt Calcutta schon an den Symptomen der Überverstädterung. Calcutta war unter den kranken Städten der Dritten Welt der erste große Stadt-Schanker.

Am 24. August 1690 nahm Job Charnock, ein Bediensteter der British East India Company, eine jener Lehmbänke im Hooghly, einem Nebenarm im Mündungsdelta des Ganges, und machte sie zum neuen Handelszentrum der Gesellschaft. Calcutta wurde rasch zum wichtigsten Vorposten des größten Reiches, das die Welt jemals gesehen hat. Seit 1772 war es 140 Jahre lang die Hauptstadt von Britisch-Indien. Seit Beginn des 20. Jahrhunderts wurde Calcutta zum Zentrum der juteverarbeitenden Industrie, die viele Menschen aus den, von der britischen Verwaltung ruinierten, ländlichen Gebieten anzog. Danach kam Maschinenbau hinzu, der die Fabriken mit Maschinen versorgen sollte. Hinduflüchtlinge, die aus Ost-Bengalen flohen, als Indien 1947 geteilt wurde, ließen die letzte Zuwandererwelle hereinschwappen.

So ging Calcutta auf wie ein Kind, das Kwaschiorkor hat, nicht wie gesundes Fleisch oder Fett, sondern wie ein wäßriges und krankhaftes Ödem. Von allen menschlichen Ansammlungen kommt Calcutta einem Ameisenhaufen am nächsten, es ist ein Meer, ein dichter Strom von Menschen, der die hoffnungslos verstopften Straßen überschwemmt, wo Taxis handgezogenen Rikschas ausweichen und Busse in Handkarren fahren, Postwägelchen und Privatautos, ja, sogar Ziegenherden kämpfen um das bißchen Platz. Straßenbahnen und Busse fahren mit durchgesackten Federn, und die Leute drängeln sich darauf dichter als britische Häftlinge im Schwarzen Loch; zwanzig oder dreißig stehen drinnen, sechs klammern sich an Haltestangen draußen am Einstieg, drei oder vier stehen auf der hinteren Stoßstange, zwei auf dem Reserverad, und ein Akrobat schafft es irgendwie, sich nur mit seinen Fingerspitzen am Fensterrahmen zu halten.

Calcuttas Slums beherbergen rund ein Drittel der Einwohner dieser Stadt. Typisch ist Haransar Para, ein dunkles Gewirr baufälliger Gebäude am träge dahinfließenden schwarzen Wasser des Ost-Kanals. Diese Gebäude haben lange genug hier gestanden, so daß die Hausbesitzer Zeit gehabt hätten, Verbesserungsarbeiten durchführen zu lassen. Viele sind aus Ziegelsteinen oder Beton gebaut und mit Dachziegeln gedeckt, andere sind exotische zweistöckige Gebilde mit einer wackligen Konstruktion aus verrostetem Eisen auf einem Holzrahmen. Die Wohnungen sind um einen Innenhof herum angelegt. Auf jedem Stock gibt es eine Toilette für fünfzig oder mehr Leute: ein Loch in einer Betonplatte mit einer Erdgrube darunter, der Inhalt ist dem Benutzer allzu sichtbar und in allen Wohnungen zu riechen. Für jede Familie gibt es nur einen Raum, 2,50 oder 3 Meter im Quadrat groß, in denen acht oder zehn Leute leben, mitsamt ihren Töpfen und Pfannen, ihren Fahrrädern und grellfarbigen Bildern von Ganesh oder Parvati. Die engen, unbeleuchteten Straßen Haransars sind weder gepflastert noch asphaltiert. Selbst während der Trockenzeit kann man sie nur auf wackligen Ziegelsteinreihen, die gerade noch aus den trüben Pfützen herausschauen, überqueren. Während der Regenzeit ist alles überflutet, und einige Wohnungen stehen einen halben Meter unter Wasser, die Familien halten sich dann nur noch auf den Holzbetten auf, die dafür 1,20 Meter über dem Boden stehen. Der Inhalt der Plumpsklos schwimmt überall herum wie kleine Spielzeugflöße.

Die Mieten in den Slums sind einigermaßen erschwinglich, sie liegen zwischen 1 Dollar 50 und 3 Dollar im Monat. Dennoch gibt es Leute, die sie sich nicht leisten können. Für sie gibt es Lager, die häufig an Kanälen liegen, wo sich die Leute waschen und ihre Notdurft verrichten können. Die Wände aus rauhen Treibholzbrettern, die Dächer aus Säcken, die von Ziegelsteinen beschwert gehalten werden, das sind die Unterkünfte der Elendslegionen von Rikscha-Fahrern und Bauarbeitern. Und dann gibt es noch diejenigen, die auf der Straße wohnen. Ihre Zahl wird auf 40000 bis 200000 geschätzt. Da liegen sie, zusammengerollt auf einer Strohmatte oder einem Stück Pappe, neben ihnen ein zerbeulter Aluminiumtopf. Vor den gleichförmigen Arkaden aus der Kolonialzeit mit ihren Geschäften aufgereiht, in den Unterführungen, auf dem Platz an den riesenhaften Pylonen der Howrah-Brücke. Dann noch ein paar unter einer hohen Mauer bei den Kaufhäusern der Strand Road unten am Fluß: eine dreiköpfige Familie in einem winzigen Unterschlupf aus zerrissenem Khakituch über einigen Bambusstecken, höchstens 1,20 Meter im Quadrat. Eine Frau träumt auf ihrem *charpoy*, einer Art Sprungrahmen auf Beinen, vor sich hin, an ihrer Seite ein Baby mit einem zerfetzten Hemd über dem Gesicht, unter dem Bett Töpfe, Pfannen und Schachteln. Eine große, achtköpfige Familie unter einer Plane, die Teetassen hängen an Schnüren von der Mauer. Das alles vor den Augen der Passanten und im Lärm des vorbeifließenden Verkehrs. Leben auf der Straße ist per definitionem ein Leben in der Öffentlichkeit.

Ein jedes dieser Gesichter verbirgt ein persönliches Unglück. Ein fünfzehnjähriger Junge: seine Eltern starben vor vier Jahren an der Cholera, seine Verwandten kümmerten sich nicht um ihn; deshalb verließ er sein Heimatdorf und ging nach Calcutta; er sammelt Lumpen und Altpapier und verdient damit zwei Rupien am Tag. Eine vierzigjährige Witwe mit fünf Kindern: Als ihr Mann starb, konnte sie das kleine Stück Land der Familie nicht bearbeiten und die Kinder großziehen, sie mußte Schulden machen und dann dafür Haus und Land verkaufen. Sie lebt jetzt auf einem Bahnsteig im Ballygunge-Bahnhof und muß Ganoven dafür bezahlen, daß sie sie nicht vertreiben. Sie ergänzt ihr mageres Dienstbotengeld mit Betteln.

Straßenbewohner sind wie wilde Vögel. Sie haben ihre eigene besondere Ökologie, ihre Lieblingsnistplätze und Futterstellen. Man findet sie immer in der Nähe von Märkten, Basaren und Kaufhäusern, wo sie unter Umständen eine Gelegenheitsarbeit finden könnten; oder in der Nähe von Tempeln, wo sie die Frommen anbetteln können; oder am Bahnhof, wo sie ankamen; oder an einer Mauer oder einem Zaun, der wenigstens ein bißchen Schutz vor dem Wetter bietet. Wie und wo sie leben, hängt unmittelbar davon ab, wieviel sie zum Leben haben und wovon sie leben: Sie können es sich nicht leisten, da zu wohnen, wo sie arbeiten oder wo ihr Geld herkommt, und sie können sich auch nicht die Fahrkarte für den Bus leisten, der von weiter draußen kommt, wo die Mieten billiger sind. Während der Notstandsregierung von Frau Gandhi wurden viele in die Außenbezirke gebracht, doch wenn man sie versetzt, wird ihre unsichere ökologische Nische zerstört und ihr Überleben gefährdet. Ohne Lösung für ihre wirtschaftlichen Probleme gibt es auch keine Lösung für ihre Probleme mit der Unterbringung.

Keine Wahl – oder: Warum Squatter Squatter werden

Während im Westen die Großstädte ausdünnen, weil die Leute in die Vorstädte ziehen, werden Dritte Welt-Städte immer dichter. Leere Räume werden sofort aufgefüllt, Schicht für Schicht häufen sich unsichere Strukturen übereinander. In Istanbul sprießen die Zelte unter den bröckeligen Mauern des alten Byzanz aus dem Boden, und dreistöckige Holzschuppen werden entgegen allen Bauverordnungen und -regeln zwischen moderne Wohnblocks geklebt. 1970 mußten hier 2,2 Millionen Türken auf demselben Raum leben, auf dem zehn Jahre zuvor nur 1,3 Millionen Menschen wohnten. Pro Hektar drängen sich in asiatischen Städten 100 Menschen, in West-Europa nur 45 und in den Vereinigten Staaten nur siebzehn.

In der Regel haben die Wohnungen der Squattersiedlungen nur einen Raum. Unter diesen Umständen brechen die Großfamilien, die sonst mit Großeltern, Großonkeln und -tanten, Brüdern und allen ihren Frauen auf demselben Anwesen leben, allmählich in ihre Bestandteile auseinander: zwei Elternteile und ihre Kinder. In Teheran leben mehr als neun von zehn Squattern in Ein-Raum-Wohnungen mit durchschnittlich nicht mehr als einem knappen Quadratmeter Platz pro Person. Im Slumviertel Usmania Mohajir von Karatschi wohnen in zwei Fünfteln aller Wohnungen mehr als sechs Personen in einem Raum (im durchschnittlichen britischen Heim sind es 0,6). Durch die Überfüllung kommt es zwangsläufig zu Spannungen, Nervenkrankheiten treten häufiger auf, Familienspannungen nehmen zu, Rivalitäten zwischen den Geschwistern sind heftiger, Privatsphäre ist ein unbekannter Luxus. Überfüllung kommt noch zu den anderen Belastungen durch schmutziges Wasser, zu wenige Gesundheitseinrichtungen und Schulen hinzu, die Produktivität derjenigen, die für das tägliche Brot schuften müssen, nimmt ab, und der Druck auf die Kinder, deren schulische Leistungen sinken, nimmt zu. Die Armen leben da, wo ihre Armut wahrscheinlich verfestigt und verewigt wird.

Und das wissen sie auch. Jedem gefällt es, eine nette Wohnung und sauberes Wasser zu haben, und jeder will, daß seine Kinder in die Schule gehen. Die Armen leben aus einem ganz einfachen Grund in den Armenvierteln: sie haben keine Wahl. Sie können sich die anständigen Wohnungen, wie die meisten Behörden und privaten Entwicklungsinstitutionen sie bauen, einfach nicht leisten. Sie können sie sich nicht leisten, weil sie arm sind. Sie müssen schon die Hälfte bis drei Viertel ihres Einkommens für Essen ausgeben. Sich eine bessere Wohnung zu leisten, würde bedeuten, daß der ohnehin schon knochendürre Speiseplan in Stücke geht. Wenn sie vor die Wahl gestellt werden, zu hungern oder unter einem lekken Dach zu wohnen, dann halten sie es mit dem lecken Dach. Und arm sind sie auch, weil es nicht genügend Arbeit gibt. Das Slumproblem ist nichts weiter als der sichtbare Ausdruck der wirtschaftlichen Krisenlage der Städte in der Dritten Welt.

Statt Unterkünfte nach dem Maß des Geldbeutels der Armen zu bauen, haben die meisten Regierungen und Aufsichtsräte vornehmlich Häuser nach westlichen Standards gebaut, mit teurem Material und teuren Bauweisen. Durch die hohen Kosten können nur relativ wenige Wohnungen gebaut werden – und nur die städtischen Privilegierten, die Regierungsangestellten und die Gehaltsempfänger können sich leisten, sie zu kaufen oder zu mieten. Aus einer Untersuchung der Weltbank in sechs Entwicklungsländer-Großstädten geht hervor, daß ein großer Teil der städtischen Haushalte sich selbst die billigsten öffentlich finanzierten Wohnungen nicht leisten kann, weder gekauft noch gemietet. Der Prozentsatz derjenigen, die das *nicht* können, ging von 35 Prozent der Einwohner von Hongkong über 47 Prozent der Einwohner von Bogotá und 55 Prozent derer von Mexiko-City bis zu ganzen zwei Dritteln der Einwohner von Städten wie Madras, Ahmadabad und Nairobi. Die Kosten für moderne Wohnungen liegen in vielen Städten der Dritten Welt heute genauso hoch oder höher als in einigen Hauptstädten des Westens.

Die hochschießenden Bodenpreise tragen zu den hohen Wohnkosten bei. Die Bodenpreise stiegen an der expandierenden Peripherie Calcuttas zwischen 1950 und 1965 um 1300 Prozent. In Teheran und Seoul stiegen die Bodenpreise doppelt so schnell wie die Verbraucherpreise, in Mexiko-City dreimal so schnell, in Jamaica fünfmal so schnell. Wenn das öffentliche Versorgungsnetz – Straßenbelag, Wasser und Licht – auf einen neuen Bezirk ausgeweitet wird, können die Bodenpreise ohne weiteres auf das Vierfache ansteigen. Sobald es irgendwo bewohnbar wird, können die städtischen Massen es sich nicht mehr leisten, dort zu wohnen. Die Bodenpreise wurden von Bodenspekulanten hochgetrieben, die sich lediglich auf den Nachfragedruck verlassen brauchten, der erzeugt wird durch die unaufhörlich weiterströmenden Fluten von Zuwanderern auf der Suche nach einer Bleibe – und durch deren ungleichen Kampf mit nationalen und multinationalen Gesellschaften, Banken und Hotels um Bauland in Zentrumsnähe. Da die Arbeitsplätze meist zentral gelegen sind, werden die Armen immer weiter von ihrem Arbeitsplatz weggedrängt, so daß sie entweder eine Verringerung ihrer Arbeitsmöglichkeiten oder immer höhere Kosten für die Fahrt zur Arbeit hinnehmen müssen.

Eine Verstaatlichung des städtischen Grund und Bodens könnte die schlimmsten Auswüchse dieser Bodenpreisinflation verhindern, durch die städtische Grundbesitzer zu Millionären werden, und zwar nicht, weil sie so gute Unternehmer wären, sondern weil die gesamte Wirtschaftslage ihres Landes dahin treibt. Dann könnte der Boden nach sozialen Gesichtspunkten statt nach dem Prinzip, daß der am meisten bekommt, der am meisten zahlen kann, verteilt werden. Doch ist eine Reform der städtischen Bodenbesitzverhältnisse nicht einmal auf dem Reißbrett der meisten Regierungen der Dritten Welt zu sehen, möglicherweise weil die Bodenspekulation eines der profitabelsten Nebengeschäfte vieler hoher Beamter und Politiker ist.

Die Lösung der Squatterfrage: Beseitigung unerlaubter Ansiedlungen

Staatliche und städtische Verwaltungen sind die Hauptarchitekten des Slumproblems gewesen, denn sie haben es versäumt, in den ländlichen Gebieten zu investieren und so die Leute in ihren Dörfern zu halten. Sie haben es versäumt, in den Städten genügend Arbeitsplätze zu schaffen, den Stadtbewohnern ein angemessenes Einkommen zu verschaffen, und sie waren es auch, die die knappen Mittel in zu teure Wohnungsbauprojekte investierten. Die Zuwanderer wandern zu und die Squatter werden Squatter, weil sie sich schlicht und einfach den von den Herrschenden geschaffenen Verhältnissen entsprechend verhalten: schließlich müssen sie überleben, und schließlich müssen sie irgendwo wohnen. Doch viele Regierungen haben nicht kapiert, wie es zur Bildung von Squattersiedlungen gekommen ist, und haben sie als eine Art abweichendes Verhalten, als Wohnungsbauverbrechen oder häßlichen Schandfleck behandelt, den man einfach beiseitefegen kann, vorausgesetzt, man hat genug Planierraupen und Polizisten zur Durchführung der Reinigungsaktion. Nicht genug damit, daß sie sie vernachlässigt haben, einige Regierungen sind nun auch noch dazu übergegangen, die Armen vom Lande, die draußen vor den Stadtmauern oder auch auf den Straßen der Stadt kampieren, zu schikanieren und zu verfolgen, als handelte es sich um Belagerungsheere oder eingeschleuste Agenten.

Zu viele Regierungen haben sich entschlossen, die Symptome statt der Ursache zu beseitigen. In Manila, Colombo, Tripoli, Nairobi und anderswo wurden Squattersiedlungen eingeebnet. In Indien stellte sich Indira Gandhis Sohn Sanjay an die Spitze eines «moralischen Kreuzzugs» gegen die Slums und die Straßenbewohner. Delhi machte sich nun daran, «alle unerlaubten Behausungen zu beseitigen und zu zerstören», machte die vollgestopften Straßen und Basare des alten Delhi dem Boden gleich und karrte die Bewohner zu den Schuttabladeplätzen weit draußen vor der

Stadt, um sie dort ohne Licht, Wasser, sanitäre Anlagen, Transportmöglichkeiten oder Arbeit ihrem Schicksal zu überlassen.

Das rigorose Zerstörungsprogramm der Elfenbeinküste wurde zwar von dem lobenswerten Motiv inspiriert, die Wohnbedingungen zu verbessern, doch das genaue Gegenteil kam dabei heraus. Das schicke, glitzernde Abidjan wurde zur betörenden Sirene für ganz Westafrika. Die mit Manhattan vergleichbare Wolkenkratzer-Skyline des Plateau-Bezirks erhebt sich über Straßen, die vom Hupen der Peugeots, Mercedes, Alfa Romeos usw. widerhallen. In den französischen Boutiquen gibt es die neueste Pariser Mode zu kaufen. Abidjan verfolgte eine Politik großzügigen öffentlichen Wohnungsbaus mit nahezu westlichem Standard. Da jedoch die Kosten so hoch lagen, gibt es keine Hoffnung, daß nun etwa auch die Slumbewohner dort einziehen könnten, geschweige denn daß der Zustrom von Neuankömmlingen, es sind etwa hundert pro Tag, gestoppt werden könnte. Um Bauplätze für die neuen Wohnungen zu schaffen, wurden die Slumsiedlungen von Planierraupen dem Boden gleichgemacht und ihre Bewohner vertrieben, so daß jeder sehen konnte, wo er blieb. Seit 1969 wurde in fünf Jahren ein Fünftel der Wohnungen aller Familien in Abidjan vernichtet. Die meisten davon wurden zwar ausquartiert, nicht aber wieder einquartiert.

Die vertriebenen Slumbewohner wurden nicht etwa bevorzugt wieder mit Wohnungen versorgt, denn formal hatten sie keinerlei Anrecht auf den Boden, den sie bewohnten. Wie jeder andere haben sie die Freiheit, einen Antrag auf eine neue Wohnung oder einen neuen Bungalow zu stellen – doch nur wenige können sich die neuen Mieten leisten. Aus dem Schicksal von Port Bouet läßt sich die traurige Moral der Slums der Dritten Welt ziehen. Es war einmal ein Fischerdorf, das lag am steilen Strand über der Brandung des Atlantischen Ozeans. Dahinter erstreckte sich eine lebhafte gemischte Ansiedlung von Zuwanderern mit großen, solide gebauten Häusern aus rohgezimmerten Holzplanken. An den Durchfahrtsstraßen reihten sich in Überfülle die kleinen Händler, wie es sie in allen Squattersiedlungen gibt: Holzkohlenhändler, Fischräucherer, Tischler, Fahrradmechaniker und Verkäufer von allerlei Sorten Gargekochtem.

Alles was von Port Bouet übriggeblieben war, als ich es besuchte, war ein kleines Dreieck. Drumherum, hinter einem Niemandsland aus Schutt und Geröll schob sich langsam eine Reihe moderner Wohnblocks vor. Die billigsten Mieten lagen noch viermal höher als das, was die Slumfamilien im Schnitt zu zahlen hatten. Und die Bau- und Bezugsregeln für das neue, geplante und sanitär versorgte Gebiet werden sich gewiß am westlichen Stil messen können, aber ebenso gewiß werden sie verhindern, daß hier wieder so viele informelle Geschäfte entstehen wie zuvor, und damit auch alle die Beschäftigungsmöglichkeiten, die sie schaffen.

Die früheren Bewohner von Port Bouet wurden über die restlichen

Squattersiedlungen Abidjans verstreut. In einer morastigen Ansiedlung von Hütten und Baracken, die sich Port Bouet Zwei nannte, traf ich eine Familie, die schon dreimal von derlei Slumsbeseitigungsaktionen vertrieben worden war, und auch der Platz, wo sie jetzt wohnten, stand auf irgendeiner Aufräumliste. Familienoberhaupt war eine geschiedene Frau mit zwei Kindern. Man hatte ihr ein Stück städtischen Boden angeboten, worauf sie hätte bauen können, doch konnte sie die hohe Bodensteuer nicht bezahlen, die man dafür verlangte. Sie zahlte ein Fünftel ihres monatlichen Einkommens von 36 Dollar, die sie durch den Verkauf von gekochtem Reis einnahm, als Miete für den einen Raum in dem Holzschuppen, der zum Teil einstürzte, während ich mit ihr sprach.

Es ist nicht schwer einzusehen, warum die Squattersiedlungen den Regierungen nicht gefallen. Die hygienischen Verhältnisse sind in aller Regel unerträglich (was allerdings Sache der Regierung ist), und sie sind normalerweise hoffnungslos überfüllt. Da es sich dabei um die Städte der Armen handelt, beherbergen sie mehr als andere Städte kleine Diebe, Säufer und Mörder (obwohl die Verbrecher großen Stils in der modernen Stadt leben). Die Squattersiedlungen mißachten die Eigentumsgesetze. Sie sind ungesetzlich oder stehen bestenfalls außerhalb des Gesetzes. Sie werden in aller Eile hochgezogen, ohne Rücksicht auf Planungs-, Sicherheits- oder Gesundheitsverordnungen. Sie pfeifen auf Bürokratie und Behörden, sie sind ein Hauch von Anarchie und Freiheit.

Doch haben sie auch eine Reihe von Vorteilen, die man gerade erst einzusehen beginnt. Es gibt praktisch keine Mieten, zumindest sind sie weit niedriger als Mieten im modernen Wohnungsbau, daher haben die Familien mehr Geld zum Essen. Die Leute können ihre Häuser nach ihrem eigenen Geschmack, ihren Vorstellungen von Bequemlichkeit und Haushaltsführung und gemäß einem für sie erschwinglichen Standard bauen. Sofern und sobald sie dafür Geld haben, können sie für Verbesserungen an den Häusern sorgen, ein weiteres Stockwerk hinzufügen, eine Wand aus alten Teekisten durch eine aus Ziegelsteinen ersetzen oder ähnliches.

Solche Siedlungen erlauben den Leuten eine freiere Wahl ihres Wohnorts. Normalerweise werden sich Zuwanderer vom Lande in der Nähe von Verwandten oder Leuten aus ihrer Heimat niederlassen, so daß die Squattersiedlungen zu Stadtdörfern in der Umgebung von Städten werden, wo die Leute wenigstens ihre Kultur, ihre Feiern, ihr Netz nachbarschaftlicher Hilfe und Unterstützung erhalten können. Dadurch können sie sich vielleicht gegen die Isolierung und Entfremdung des vereinzelten Stadtlebens abschirmen. Schließlich leiden die Squattersiedlungen nicht an den unangebrachten westlichen Planungsvorstellungen getrennter Bereiche von Wohnen und Industrie – solche Vorstellungen haben im übrigen auch im Westen das Entstehen vieler Arbeitsplätze im Handwerk und im kleinen Handel verhindert. Slums sind Orte, wo man arbeitet und wohnt.

Alle diese Vorteile bestehen neben den tatsächlichen Nachteilen: Überfüllung, unhaltbare sanitäre Verhältnisse, mangelnde Versorgung, Unsicherheit des Bodeneigentums. Ideal wäre es, wenn man die Vorteile der Squattersiedlungen erhalten und die Nachteile beseitigen könnte. Das Entstehen von Squattersiedlungen ist in absehbarer Zukunft nicht zu verhindern und muß daher akzeptiert werden. Soweit sie bestehen, sollten sie außer in den schlimmsten Fällen stehengelassen werden, wie sie sind: mit ihren niedrigen Mieten, ihren Arbeitsmöglichkeiten und ihren Gemeinschaftsbindungen. Doch können sie mit sehr billigen Mitteln aufgewertet werden durch Straßen, Abwässerkanäle, Wasser, Licht usw., am besten durch die freiwillige Arbeit der Squatter selber. Zuziehende Neuankömmlinge erhalten Bauplätze, wo sie ihre eigenen Häuser unter einer gewissen fachlichen Anleitung durch Experten errichten können, Bauplätze, wo die wichtigsten Versorgungseinrichtungen schon vorhanden sind oder von den Squattern installiert werden. Einige Regierungen haben diesen Grundsatz mittlerweile anerkannt: Sambia, Tansania, Malawi, Senegal, die Türkei, der Irak, Indien, Pakistan, sie alle haben nun umfangreiche Programme dieser Art. Man kann den Squattern Grundbesitzsicherheiten bieten und den für Wohnungsbau vorgesehenen Grund und Boden verstaatlichen, um der Mietinflation entgegenzuwirken. Schulen und Gesundheitseinrichtungen können gleichmäßig über die ganze Stadt verteilt werden, statt für offizielle Bezirke reserviert zu bleiben. Mit diesen Maßnahmen wird man sicher keine grünen Modellstädte schaffen, aber sie werden angemessene Städte hervorbringen. Solche Maßnahmen werden den Zuwanderern eine gesündere und menschenwürdigere Umwelt bieten, in der sie und ihre Kinder bessere Lebenschancen erhalten.

Die Einkommen der städtischen Armen können durch die Schaffung vermehrt arbeitsintensiver Arbeitsplätze gehoben werden. Letztlich gibt es jedoch nur einen Weg, der Überverstädterung Einhalt zu gebieten: Die geradezu unanständige Kluft zwischen städtischen und ländlichen Einkommen muß durch Investitionsmaßnahmen verringert werden, die dazu beitragen, die Armen vom Lande auf dem Land zu halten. Mit anderen Worten, das Problem der übermäßig aufgeblähten Städte kann nur gelöst werden, wenn zuvor das Problem der unterentwickelten ländlichen Gebiete in Angriff genommen wird.

10. Arbeitslose aller Länder: Erfolg und Mißerfolg der großen Industrie

«Die Maschinen haben Indien arm gemacht. Wenn wir Manchester in Indien wiederholen, werden wir zwar unser Geld behalten, aber mit unserem Blut dafür bezahlen.»

Gandhi

Den ganzen Tag über drängen sich die Menschen vor dem Anschlagbrett in Calcuttas zentralem Arbeitsamt, bei dem wohl mit die meisten Arbeitslosen der ganzen Welt registriert sein müssen. Als ich 1976 dort war, führten sie 201 052 Arbeitslose in ihren Büchern, die um ganze 8469 freie Stellen kämpften. Über seinem abschreckend häßlichen schmiedeeisernen Tor steht zwar nicht: «Laßt alle Hoffnung fahren, ihr, die ihr hier eintretet», aber es sollte vielleicht dort stehen. Im Inneren herrscht eine düstere, verzweifelte Atmosphäre. An den Wänden dieser trübseligen, von nackten, rauchgeschwärzten Glühlampen dürftig erhellten Räume stehen grüne Aktenschränke, und aus jedem Fach quellen vergilbte Akten halbvergessener Antragsteller. Junge Männer drängen sich mit ihren Antragsformularen voller Hoffnung zu den Angestellten, so als ob diese ihnen sofort eine Arbeitsstelle dafür geben könnten. Andere tippen auf einer Schreibmaschine eifrig vor sich hin, nachdem sie nun die Gelegenheit haben, ihre großartigen Versprechungen in den Formularen praktisch unter Beweis zu stellen. Draußen haben ein paar unternehmungstüchtige Schlepper ihr eigenes Arbeitslosigkeitsproblem dadurch gelöst, daß sie vorgeben, es auch für andere lösen zu können: sie verkaufen die *All India Employment Gazette* (sinngemäß: den Arbeitsplatzanzeiger für ganz Indien) oder hektographierte Antragsformulare für bestimmte Jobs, die kürzlich in der Zeitung annonciert wurden. Alles verlorene Liebesmüh. Die meisten Antragsteller sind dazu verdammt, den Nachmittag damit zu verbringen, daß sie sich die Bilder der umliegenden Kinos ansehen, ohne das Eintrittsgeld dafür aufbringen zu können, oder sich von einem Schild «Keine Stellen frei» zum nächsten gleichlautenden zu schleppen. Sie leben, weil sie irgendwelchen Verwandten auf der Tasche liegen und dafür irgendwelche niedrigen Hausarbeiten verrichten.

Nach Schätzungen des Internationalen Arbeitsamts waren 1977 rund 331 Millionen Menschen – das sind zwei Fünftel der gesamten Arbeitskräfte in der nichtsozialistischen Dritten Welt – arbeitslos oder unterbeschäftigt. Davon waren etwa 40 Millionen, 5 Prozent also, völlig ohne Arbeit. Doch ist die Arbeitslosigkeit in den Städten weit höher, als diese Durchschnittsangaben vermuten lassen. Einer Studie über 34 Länder aus den sechziger Jahren ist zu entnehmen, daß in zehn dieser Länder die Arbeitslosigkeit in den Städten über 10 Prozent lag, in acht weiteren über 15 Prozent und in vieren ganze 20 Prozent erreichte.

In vielen Ländern ist die offene Arbeitslosigkeit ständig gestiegen und selbst bei Konjunkturaufschwüngen kaum zurückgegangen: In Indien ist die Zahl der registrierten Arbeitslosen von 2,6 Millionen im Jahre 1966 Jahr für Jahr weiter gestiegen und hat 1979 die Zahl von 14 Millionen erreicht. Doch macht die offene Arbeitslosigkeit nur einen geringen Bruchteil des eigentlichen Beschäftigungsproblems aus. Arbeitslosigkeit ist eher ein Stadtproblem – denn dort befinden sich die Arbeitsämter, sofern es welche gibt, wo sich die Leute eintragen und zählen lassen können. Zudem sind vorwiegend Angehörige der Mittel- und unteren Mittelschicht davon betroffen. Wer wirklich arm ist, kann es sich nicht leisten, arbeitslos zu sein, und wird auch von seinen Verwandten nicht ausgehalten.

Unterbeschäftigung ist sehr viel weiter verbreitet und trifft vor allem die Menschen in den Landgebieten und die Armen der Städte. Nach Schätzungen des ILO sind 290 Millionen Menschen in der nichtsozialistischen Dritten Welt von diesem Problem betroffen, und davon leben 250 Millionen auf dem Land. Unterbeschäftigung ist dann gegeben, wenn jemand weniger als normal beschäftigt ist und zusätzliche Arbeit sucht. Auch wenn er einer Vollzeitbeschäftigung nachgeht, sein Einkommen aber nicht zur Deckung seines Grundbedarfs ausreicht, wird er dazugezählt.

Von allen Problemen der Dritten Welt ist das Problem der Arbeitslosigkeit wahrscheinlich das wichtigste. Selbst das Ernährungsproblem, das die öffentliche Diskussion im Westen so stark bestimmt, ist im Grunde eine Frage der Versorgung der Armen mit Arbeit und Einkommen, damit sie sich das Essen, das sie brauchen, kaufen können. Wenn schon jetzt die Zahlen über die Schaffung von neuen Arbeitsplätzen nicht gerade eindrucksvoll ausfielen, so sehen die zukünftigen Aufgaben auf diesem Gebiet geradezu erschreckend aus. Zwischen 1975 und dem Jahr 2000 wird nach einer mittleren Hochrechnung die Zahl der Arbeitskräfte in den Entwicklungsländern von 1,125 Milliarden auf 1,907 Milliarden anwachsen. Die Zahl der Arbeitskräfte in Asien wird um 60 Prozent steigen, die der afrikanischen um 86 Prozent und die der lateinamerikanischen um 103 Prozent, gerechnet auf der Grundlage von 1975. Wenn wir dann noch die gegenwärtig un- und unterbeschäftigten 331 Millionen hinzuzählen, so kommen wir zu dem niederschmetternden Schluß: *Bis zum Ende des Jahrhunderts müssen in der Dritten Welt über eine Milliarde Arbeitsplätze geschaffen werden.*

Die Bilanz der Vergangenheit sieht nicht gerade ermutigend aus. Die sechziger und frühen siebziger Jahre waren einigermaßen gute Zeiten: Die Industrie expandierte rasch, und die neuen Saatgutsorten erlaubten vielen kleinen Landbesitzern (wenn auch nicht einer ausreichenden Zahl), die sonst hätten aufgeben müssen, sich über Wasser zu halten. Doch selbst zu jener Zeit konnte die Schaffung neuer Arbeitsplätze nicht Schritt halten mit der Zeugung neuer Menschen, so daß die Arbeitslosigkeit zunahm. In Kolumbien beispielsweise nahm die Zahl der Arbeitskräfte jährlich um 3,5 Prozent zu, während die Zahl der Arbeitsstellen nur um 2,3 Prozent zunahm. In Sri Lanka wurden pro Jahr 2 Prozent neue Arbeitsplätze geschaffen, aber die Zahl der Arbeitskräfte wuchs um 3 Prozent.

Insgesamt gesehen wuchs die Zahl der Arbeitskräfte in der Dritten Welt Anfang der sechziger Jahre um 1,66 Prozent pro Jahr und Anfang der siebziger Jahre um 1,97 Prozent. In den kommenden Jahren zwischen 1980 und 1985 wird sich die Zunahme auf 2,1 Prozent beschleunigen und zehn Jahre später mit 2,23 Prozent eine absolute Spitze erreichen. Selbst wenn das Unmögliche geschähe und der Bevölkerungszuwachs über Nacht zum Stillstand käme, so würde die Zahl der Arbeitskräfte noch fünfzehn oder zwanzig Jahre lang weiter steigen, bis der Baby-Boom auf den Arbeitsmarkt durchschlägt. Wenn schon zu Zeiten raschen wirtschaftlichen Wachstums und langsamerer Zunahme der Arbeitskräfte nicht genügend neue Arbeitsplätze geschaffen werden konnten, wie soll dann in Zukunft Schritt gehalten werden?

Überhaupt nicht, wenn die gegenwärtige Politik auf diesem Gebiet weiter betrieben wird.

Wir haben gesehen, woran es liegt, daß das Land keine zusätzlichen Arbeiter verkraften kann: weil der Boden erschöpft, der Landbesitz zersplittert ist und unablässig mechanisiert wird. Zum Teil wurden die landwirtschaftlichen Probleme durch den Umstand verursacht, daß die Regierungen einen geradezu grotesk anmutenden, übermäßig hohen Teil der knappen Investitionsmittel in die Industrie und die für sie benötigte Infrastruktur pumpte.

Was ist zu halten von diesem Allheilmittel, diesem «goldenen Kalb» Industrie? Es wuchs rasch – doch es brachte einfach nicht genug. Diejenigen, die für es arbeiteten, bezahlte es verhältnismäßig gut, doch bot es nicht genug Arbeit für alle, die arbeiten wollten. Es zog die zurückgebliebenen ländlichen Gebiete nicht unter großem Getöse ins 20. Jahrhundert, wie es sich die politischen Führer erhofft hatten. Vielmehr trug es zum Ruin dieser Gebiete bei. Pompös angekündigt als die große Zugnummer der Modernisierung, machte es eine fürchterliche Bauchlandung.

Die Gründe dafür sind allerdings wichtig. Der erste und unmittelbarste Grund für das Scheitern der Industrie ist der Umstand, daß ihre Ausgangsgrundlage sehr niedrig lag, so daß selbst «große Sprünge nach vorn» in absoluten Zahlen nicht zu einer starken Expansion führten. Der zweite Grund ist, daß hier wie in jedem anderen Sektor, den wir uns ansehen, unangemessene westliche Modelle als Vorbild dienten. Man kaufte die neuesten, größten und kapitalintensivsten Maschinen, die durch ein paar Aufsichtspersonen am Laufen gehalten wurden. Da die Maschinen so teuer und das Geld so knapp war, bedeutete das auch, daß man nur noch ein paar Arbeitsplätze schaffen konnte. Die durchschnittlichen Kosten für einen Arbeitsplatz in einem kleinen Unternehmen reichen in Afrika von 50 bis 200 Dollar und in Lateinamerika von 1000 bis 2000 Dollar. Ein Arbeitsplatz in Großunternehmen kostet das Fünf- bis Zehnfache, so daß angesichts beschränkter Haushaltsmittel auch nur ein Fünftel oder ein Zehntel der Leute beschäftigt werden kann. Diese Philosophie des «big is beautiful» brachte den wenigen, die mit den neuen Maschinen arbeiteten, hohe Einkommen und brachte die vielen, die nicht mit ihnen arbeiteten, um Lohn und Brot. Wie die Mechanisierung auf dem Land funktionierten die großen Maschinen in der Industrie als Motoren zunehmender Ungleichheit und Armut.

Entindustrialisierung während der Kolonialzeit

Daß die Industrie bei einem niedrigen Ausgangsniveau beginnen mußte, lag zum Teil daran, daß die Europäer vom Tisch wischten, was es vor ihrem Auftauchen an Industrie gegeben hatte. Sie war immer klein und dezentralisiert gewesen. Es gab einerseits Dorfhandwerk, Schmiede, Töpfer, Spinner und Weber, Tischler, Maurer, Korbmacher – nichts also, was weit außerhalb der unmittelbaren Nachbarschaft zu verkaufen war. Andererseits gab es die Berufe der Fachhandwerker, die Luxusgüter für die Könige, den Hofstaat, die Bürokraten und die Tempel herstellten. Es gab kaum Konkurrenz: Handwerkliche Erzeugnisse wurden von den Familien zur Deckung des eigenen Bedarfs hergestellt oder von Angehörigen halberblicher Kasten. Es gab, wie der schwedische Wirtschaftswissenschaftler Gunnar Myrdal feststellt, keinen Anreiz für effizienteres Arbeiten und für eine Verbesserung der Technologie. Bevor die Europäer kamen, spielte dies auch keine Rolle. Nirgendwo war ein großer Teil der Bevölkerung in Manufakturen beschäftigt, obwohl es in Indien und China schon bedeutende Manufakturindustrien gab, die unter Umständen schließlich auch eine stärkere Entwicklung genommen hätten.

Wenn es nicht dazu kam, dann weil Europa industrialisierte und damit den Rest der Welt entindustrialisierte. In vielen Fällen gab es eine absichtsvolle Politik, die die ortsansässigen Unternehmer daran hinderte, mit den Industrien der Kolonialmächte konkurrierende Unternehmen aufzubauen, ja eine Politik, die selbst die schon bestehenden Industrien dieser Art zu Boden stampfte. Wenn es dem Westen gelang, in den Anfangsjahren die industrielle Herrschaft zu erlangen, dann keineswegs durch fairen Freihandel. In Großbritannien beispielsweise war das Tragen oder Verkaufen von Seiden- und Kattunstoffen aus Indien, Persien und China verboten. Großbritannien zerstörte mit voller Absicht, was es in Indien an Industrie gab, durch eine Einschränkung des Exports von verarbeiteten Produkten; es war verboten, britische Textilverarbeitungsmaschinen nach Indien zu exportieren, statt dessen wurde Indien mit Fertigwaren aus Großbritannien überschwemmt. Die indische Textilindustrie wurde ruiniert. Das Spinnen von Baumwolle verschwand aus dem Bild der indischen Dörfer. Genausowenig förderten Spanien und Portugal die Entstehung einer Industrie in Lateinamerika. Lange Zeit war es den dortigen Kolonien verboten, irgend etwas zu produzieren, was schon im Mutterland hergestellt wurde. Erst während der napoleonischen Kriege, als der Handel mit der Iberischen Halbinsel abgeschnitten war, begann eine verarbeitende Industrie zu sprießen. Dadurch hätte die Grundlage für einen Industrialisierungsprozeß gelegt werden können, wie er etwa zur selben Zeit in Nordamerika begann. Doch die Gruppen, die in den gerade unabhängig gewordenen lateinamerikanischen Staaten des frühen 19. Jahrhunderts die Macht ergriffen und auch behielten, waren Grundbesitzer, die Rohstoffe herstellten, und Handelsbürgertum, die diese Rohstoffe exportierten und die für die dortigen Reichen bestimmten Luxusgüter importierten. Die in den Kinderschuhen steckenden Industriebesitzer verlangten Schutzzölle, damit ihre Fabriken ins Laufen kämen, doch wollten die herrschenden Gruppen nichts davon wissen, weil dies eine Verteuerung ihrer Importgüter bedeutet hätte, und genausowenig waren sie an einer Entwicklung des heimischen Marktes für verarbeitete Produkte interessiert, denn dies hätte eine Erhöhung der bäuerlichen Einkommen bedeutet. Daher übernahm Lateinamerika viel zu früh die in Großbritannien entwickelte Freihandelstheorie. Die lateinamerikanischen Industrien konnten nicht konkurrieren mit den billigeren Produkten aus Großbritannien und den USA, so daß sie bis weit in unser Jahrhundert hinein auf keinen grünen Zweig kamen. Erst mit der Weltwirtschaftskrise, die erneut den Handel mit dem Westen unterbrach, schaffte sie den Absprung. Der Freihandelsvirus tötete auch die entstehenden und die alteingesessenen Industrien in den nichtkolonialisierten Ländern wie China und Japan ab, die mit militärischer Gewalt gezwungen wurden, ihre Grenzen für westliche Manufakturprodukte zu öffnen. Von allen nichtwestlichen Ländern gelang es nur Japan, den Hindernisparcours zu überwinden, den ihm die westlichen Industriemächte gesetzt hatten, und schließlich zu industrialisieren.

Unabhängigkeit: mit Riesenschritten voran

Trotz dieser anfänglichen Handicaps konnten die Länder der Dritten Welt in den letzten zwei, drei Jahrzehnten ihre Industrien mit bemerkenswertem Tempo ausbauen. Selbst wenn man das rasche Bevölkerungswachstum berücksichtigt, so ist die Industrieproduktion insgesamt pro Kopf schneller als in den Industrialisierungsjahren der westlichen Länder (mit Ausnahme der USA) gestiegen. In den Jahren des großen Aufschwungs, zwischen 1953 und 1970, wuchs die Gesamtindustrieproduktion pro Jahr um 7,2 Prozent, pro Kopf um jährlich 4 Prozent. Großbritannien erreichte in den Jahren seines raschesten Wachstums zwischen 1800 und 1850 lediglich 3,6 Prozent bei der Gesamtproduktion und 2,2 Prozent bei der Pro-Kopf-Produktion.

Die Industrie der Dritten Welt wuchs auch während der siebziger Jahre weiter wie Bohnenranken und erreichte im Durchschnitt zwischen 1970 und 1975 8,7 Prozent, womit sie das ehrgeizige Ziel, das die Vereinten Nationen für das zweite Entwicklungsjahrzehnt gesetzt hatten, noch übertraf. Auch während der düsteren, von der Ölkrise überschatteten Jahre 1973 und 1974, als die Industrieproduktion der westlichen Länder zurückging, setzten die Entwicklungsländer ihre Produktionsentwicklung noch fort.

Die Industrie in den Ländern der Dritten Welt hat sich gewöhnlich nach einem als Importersatz bekannten Muster entwickelt; demnach sollen hinter einem Zaun von oft außerordentlich hohen Schutzzöllen eigene Industrien aufgebaut werden, um Einfuhren aus dem Westen zu ersetzen. Gewöhnlich werden in erster Linie solche Industriezweige entwickelt, die der Verarbeitung einheimischer, leicht verderblicher Produkte, vor allem von Nahrungsmitteln, dienen, also Industrien wie das Backhandwerk, Nahrungsmittelverarbeitung, Konservenfabriken, nicht-alkoholische Getränke, Bier. An zweiter Stelle rangieren solche Industriezweige, in denen große oder sperrige Güter hergestellt werden, die vor Ort verfügbar sind und die, wenn sie eingeführt würden, durch die hohen Transportkosten zu teuer würden, also Produkte wie Zement, Ziegelsteine, Sanitärmaterial, Möbel. Die ersten Schritte zu dauerhaften Gebrauchsgütern stellen sich mit den Montagefabriken ein: Ortsansässige Arbeiter, die noch keine ausreichende Ausbildung (oder keinen Rückhalt durch inländische Produzenten) zur Herstellung von Teilen für Autos, Kühlschränke oder Herde haben, montieren aus den industrialisierten Ländern eingeschiffte Teile. Langsam aber sicher wird der Anteil der vor Ort gefertigten Teile erhöht, wodurch Arbeitsplätze in der Teileherstellung, in der Werkzeugherstellung und in der Herstellung von Spritz- und Formgußteilen entstehen. Schließlich kommt es, allerdings nur in wenigen Ländern, zur Entwicklung einer Investitionsgüter-Industrie, die Maschinen herstellt, und der Staat sorgt dann für den Aufbau einer Eisen- und Stahl-Industrie zu deren Versorgung. Das Importersatz-Spiel kann sich lange hinziehen, bis es sich auszahlt und zur Verringerung der Importe führt. Der Grund dafür ist, daß die gesamte Maschinerie, die man zur Industrialisierung benötigt, das gesamt Know-how und die Ersatzteile, oft auch ein großer

Teil der Rohstoffe wie Plastikteile und besondere Metalle eingeführt werden müssen.

Eine neuere Strategie, die während der siebziger Jahre vermehrt Zuspruch erhielt, war die exportorientierte Industrialisierung. Damit sollte das Problem der kleinen Inlandsmärkte umgangen werden: Man produzierte, normalerweise mit Hilfe westlicher multinationaler Unternehmen, Manufakturgüter für den westlichen Markt und nutzte dabei das riesige Reservoir an billigen Arbeitskräften in den Entwicklungsländern. Die südost-asiatischen Länder sind in der Bekleidungsbranche, in der Schuhbranche, bei elektrischen und elektronischen Gebrauchsgütern vom Haartrockner bis zu Rechnern und Kameras so vorgegangen. Doch hat diese Strategie auch ihre Probleme: Sie schließt ebenfalls Abhängigkeit von der Einfuhr westlicher Technologie mit ein. Da ihre Produkte auf dem internationalen Markt mit den ausgereiftesten Waren der westlichen Industrieländer konkurrieren müssen, verlangt diese Strategie einen guten Stamm von fachlich versierten Arbeitskräften und wirksame Vermarktungsmethoden – zwei Faktoren also, bei denen es in den meisten Ländern der Dritten Welt hapert. Der größte Haken an der Sache ist jedoch, daß sie sich selbst zu Fall bringen kann: In den siebziger Jahren führte diese Strategie dazu, daß immer mehr westliche Länder sich auf protektionistische Gefühle besannen und die Importquoten kappten oder die Einfuhr verarbeiteter Güter aus der Dritten Welt mit Beschränkungen belegten.

Eine der größten Erfolgsstories von der raschen Industrialisierung kann Singapur erzählen, das in einem Zeitraum von nur zehn Jahren, nämlich von 1965 bis 1975, von einem Handelsstützpunkt zum einzigen Nicht-Ölförderland der Dritten Welt wurde, das ein größeres Pro-Kopf-Einkommen (2700 Dollar in 1976) als etliche Länder Europas erreichte. Das Nationaleinkommen wuchs während der ersten Hälfte der siebziger Jahre um erstaunliche 17 Prozent im Jahr, und die Arbeitsplätze in der verarbeitenden Industrie verdreifachten sich fast von 79000 im Jahre 1968 auf 207000 im Jahre 1977. Auf den ehemaligen Lehmbänken von Jurong schossen die Fabriken nur so aus dem Boden, und im Verlauf von fünf, sechs, sieben Jahren sproß aus der Wildnis eine ganze moderne Stadt mit Wohnungen für die Arbeiter, Häusern für die leitenden Angestellten, Parks, Golfplätzen und breiten Straßen. Der größte Teil der neuen Investitionen kam aus dem Ausland: aus Europa, Amerika, Japan strömten die Multis nur so herein. Die westdeutsche Firma Rollei, zu Hause von der japanischen Konkurrenz vom Markt gefegt, machte eine Fabrik für Kameras auf. Philips, dem es in Holland und in Großbritannien nicht besser ergangen war, eröffnete vier Fabriken, die von elektrischen Haushaltsgeräten bis zur Fernmeldeausrüstung so ziemlich alles herstellen. Die einheimischen Unternehmer profitierten von den Aufträgen der Multis und von der gehobenen Kaufkraft ihrer Beschäftigten. Ngai Mee stellt beispielsweise farbenfrohes Verpackungsmaterial für Schokolade, Kekse und Pralinen her. Doch ist selbst das winzigste Teilchen ihrer Maschinen importiert. Die Druckerpresse, für Sechsfarben-Druck ausgelegt und ihr ganzer Stolz, kommt aus Japan, wo denn auch mehrere Arbeiter einen Lehrgang machen mußten, um die Maschine fachgerecht fahren zu können.

Bis genügend Fachkräfte für eine solche Industrie ausgebildet sind, das dauert seine Zeit. Vier Jahre braucht man, um einen Fachingenieur auszubilden, und einen weiteren Fachingenieur, den man aus der Produktion herausholen muß, um die Ausbildung durchzuführen. Schulen zu schaffen, die mechanisches und praktisches Denken fördern, kann zur Umstrukturierung des gesamten Bildungswesens, weg von der traditionellen akademischen Schlagseite, führen. Fortgeschrittenere Fachkenntnisse müssen im Ausland, in den industrialisierten Ländern erworben werden, eine teure Angelegenheit, von der immer nur wenige Studenten zur gleichen Zeit Gebrauch machen können.

Der Erfolg Singapurs ließ viele andere Länder glauben, sie könnten seinem Beispiel folgen. Doch hofften sie vergeblich. Die Multis brauchen nur wenige Plattformen für billig und massenhaft produzierte Exportartikel, solange der Weltmarkt durch die Armut so eingeschränkt bleibt.

Daher bleibt der größte Teil der Industrie in der Dritten Welt trotz des raschen Wachstums auf einem vergleichsweise niedrigen Entwicklungsstand stehen und ist nahezu völlig abhängig von westlichem Know-how und westlicher Technologie. Ihr Anteil an der Weltindustrieproduktion hat sich seit 1955 fünfzehn Jahre lang praktisch nicht verändert und stagnierte bei etwa 7 Prozent vom Gesamt, um bis 1979 auf ganze 9 Prozent anzusteigen. Die tatsächlichen Fortschritte gehen auf das Konto einer Handvoll Länder: Süd-Korea, Hongkong, Taiwan, Singapur, Indien. 1975 brachte Lateinamerika 56 Prozent der Industrieproduktion der Dritten Welt hervor. Ganze vier Länder der Dritten Welt – Brasilien, Mexiko, Argentinien und Süd-Korea – konnten sich über die Hälfte der industriellen Produktionssteigerung in der Dritten Welt zwischen 1966 und 1975 zuguteschreiben.

1975 setzte die zweite Generalversammlung der Industrieentwicklungs-Organisation der Vereinten Nationen (UNIDO) in Lima als Zielmarke fest, die Entwicklungsländer sollten bis zum Ende des Jahrhunderts einen Anteil von 25 Prozent an der Weltindustrieproduktion erreichen – wie es scheint, eine vernünftige Zielsetzung. Doch mußten die Hintergrund-Studien zur dritten Generalversammlung der UNIDO im Jahre 1980 eingestehen, daß der Anteil bei einer Fortsetzung der gegenwärtigen Trends im Jahre 2000 höchstens 14 Prozent betragen werde. Der Anteil von 25 Prozent hätte nur durch massive Steigerungen des Transfers von Investitionsmitteln und riesige Handelskonzessionen des Nordens erreicht werden können – beides war jedoch kaum wahrscheinlich. Das Ziel könnte höchstens noch erreicht werden, wenn die Industrieproduktion des Westens weiter stagnierte und die der Dritten Welt weiter wüchse. Doch das wäre ein leerer Sieg.

Siebenmeilenstiefel und winzige Füße

Trotz aller Anstrengungen und Opfer war die Industrie nicht einmal imstande, den Zuwachs an Arbeitskräften aufzunehmen, geschweige denn die Millionen, die aus der Landwirtschaft kamen. Während der sechziger Jahre nahm die Zahl der Arbeitskräfte um 165 Millionen zu, die Industrie hatte nur für 54 Millionen von ihnen Arbeit.

Auf Grund der niedrigen Ausgangsbasis brauchte man schier unmögliche Wachstumsraten in der Industrie, wenn dort der größte Teil der hinzugekommenen Arbeitskräfte beschäftigt werden sollte. 1970 beschäftigte die Industrie in Lateinamerika nur 22 Prozent der Erwerbstätigen, in Asien nur 17 Prozent und in Afrika nur 11 Prozent. 1975 waren insgesamt vielleicht 18 Prozent der Erwerbstätigen in den Entwicklungsländern in der verarbeitenden Industrie tätig – und die Arbeitskräfte nahmen insgesamt um 2 Prozent im Jahr zu. Um diese zwei zusätzlichen Arbeiter, die auf jeweils hundert schon beschäftigte kommen, mit Arbeitsplätzen zu versorgen, müßten die achtzehn in der Industrie vorhandenen Arbeitsplätze pro Jahr um 11 Prozent zunehmen. Nur einer Handvoll Länder gelang es in der ersten Hälfte der siebziger Jahre, die Zahl der in der Industrie Beschäftigten im Jahr um mehr als 10 Prozent zu vergrößern. Das waren Nigeria, Singapur, Kenia, Haiti, der Irak, Korea, Tansania und die Philippinen. In einigen Ländern, in denen die Hälfte der Bevölkerung der Dritten Welt lebt, nahm die Beschäftigung in der Industrie nur um 4 Prozent oder weniger pro Jahr zu. Berücksichtigt man die Produktivitätssteigerung, dann müßte die Industrieproduktion der Dritten Welt pro Jahr um rund 15 Prozent zunehmen, das ist etwa das Doppelte der jetzigen Wachstumsrate, um die neu auf den Arbeitsmarkt strömenden Arbeitskräfte zu beschäftigen. Und das ist ganz und gar unmöglich: ein weiterer Hinweis darauf, daß der größere Teil der neuen Arbeitsplätze auf dem Land geschaffen werden müßte.

Dennoch hätte die verarbeitende Industrie weit größere Beschäftigtenzahlen erreichen können, als sie tatsächlich erreicht hat, und sie hätte den von ihr geschaffenen Reichtum breiter und gleichmäßiger verteilen können, als sie es getan hat, wenn man sich für arbeitsintensive Technologie entschieden hätte. Da jedoch die meisten politischen Führer von der Idee besessen waren, den Westen einzuholen, wollten sie nur das Beste vom Besten der westlichen Technologie. Es versteht sich, daß die westliche Technologie für die gesellschaftlichen und wirtschaftlichen Bedingungen des Westens entwickelt worden ist: für eine große, fachlich gut ausgebildete Industriearbeiterschaft, für hohe Löhne und Sozialleistungen und für reichlich Kapital. Unter diesen Bedingungen war es sinnvoll, arbeitskraftsparende, kapitalintensive Technologie einzuführen, obwohl selbst im Westen der Prozeß heute weiter geht, als unsere Gesellschaftssysteme verkraften können, und selbst in Jahren des wirtschaftlichen Wachstums zu hohen Arbeitslosenquoten führt. Und das ist die Technologie, die die meisten Entwicklungsländer mit ihren arbeitsuchenden Menschenmassen, ihren gerade zum Überleben reichenden Löhnen und ihrem chronischen Kapitalmangel eingeführt haben. Die Produktivität – ein schönfärberischer Ausdruck, der häufig nichts anderes bedeutet als «Freisetzung von Arbeitskräften» – nahm in der Dritten Welt ebenso rasch zu wie im Westen, nämlich um rund 2,4 Prozent im Jahr. Während also die Industrieproduktion in den sechziger Jahren etwa um 7 Prozent im Jahr stieg, nahm die Zahl der in der Industrie Beschäftigten nur um 5 Prozent zu. Die Lücke war auf die Einführung von mehr und mehr produzierenden Maschinen zurückzuführen. Die Produktivität der Industriearbeiter nahm immer mehr zu, und viele von ihnen wurden immer besser bezahlt. Doch zur gleichen Zeit vergrößerte sich das Heer der Arbeitslosen und Unterbeschäftigten, die in für westliche Verhältnisse unvorstellbarer Armut leben. Was hatten sie davon, daß qualitativ bessere Erzeugnisse zu niedrigeren Preisen dabei herauskamen? Sie könnten sie nicht kaufen, auch wenn sie noch so billig geworden wären.

Der Kauf westlicher Technologie, ohne zu überlegen, welche Konsequenzen das für die Beschäftigungslage haben würde, erwies sich für die Dritte Welt als schlechtes Geschäft. Dadurch wurde die Abhängigkeit vom Westen nicht nur nicht verringert, sie wurde noch verstärkt. Häufig führte sie nicht zu einer Verringerung, sondern zu einer Steigerung der Importe. Sie arbeitete nur mit einem Bruchteil ihrer Kapazität. Und oft genug brachte sie ebensoviele oder mehr Leute um ihre Arbeit, wie sie beschäftigen konnte. Der Ökonom Keith Marsden vom Internationalen Arbeitsamt führt den schlimmen, aber nichtsdestoweniger charakteristischen Fall eines Landes an, in dem eine neue Fabrik für Schuhe aus Kunststoff errichtet wurde. Zwei teure Kunststoff-Einspritzmaschinen wurden für 100000 Dollar importiert. Das PVC-Material für die Schuhe mußte ebenfalls eingeführt werden. Die Fabrik beschäftigte insgesamt vierzig Arbeiter, die pro Jahr rund eineinhalb Millionen Paar Plastiksandalen herstellten. Sie verkauften sich gut, denn bei einem Preis von 2 Dollar das Paar waren sie nicht teurer als welche aus Leder, hielten aber viel länger. Bald verdrängten sie Lederschuhe vom Markt und brachten den Herstellern fette Profite und den Arbeitern anständige Löhne ein. Gleichzeitig wurden die 5000 Handwerker, die bis dahin die Lederschuhe herstellten, aus dem Geschäft gedrängt und zu schlechter Letzt auf den Müllhaufen der Gesellschaft geworfen – die Schuhmacher samt ihren Zulieferern für Leder, Werkzeuge, Ösen, Innenfutter, Schnürsenkel und

Leisten. Ergebnis unterm Strich: 40 neue Arbeitsplätze gewonnen, rund 8000 Arbeitsplätze verloren. Die Importrechnungen stiegen (das Leder stammte aus einheimischer Produktion). Ungleichheit und Armut wurden vermehrt. Marsden führt weitere traurige Beispiele derart unangemessener Verwendung westlicher Technologie an: die für zwei Millionen Dollar angeschaffte Datenverarbeitungsanlage, die zwei Jahre lang nicht benutzt werden konnte, weil niemand wußte, wie man sie repariert; oder die lateinamerikanische Fabrik für Süßigkeiten, die den größten Teil des Jahres über stillstand, weil 80 Prozent des Umsatzes aus dem Verkauf in den wenigen Wochen vor einem religiösen Fest stammten.

Die fortgeschrittene Technologie hat unmittelbar zum übermäßigen Anwachsen der Städte beigetragen, sowohl durch die vergleichsweise hohen Einkommen der durch sie beschäftigten Arbeitskräfte als auch durch die Zerstörung des dörflichen Handwerks, das vielen Menschen eine Beschäftigung bot. Während die Dorfindustrie gleichmäßig über das Land verteilt ist, führt Großtechnologie zu Zentralisation und Konzentration. Sie muß in städtischen Zentren mit Straßen, Wasser- und Energieversorgung eingerichtet werden, die die Dörfer noch nicht erreicht hat. Sie enteignet die Arbeit der Dörfer und überführt sie in die Städte und zwingt so die Dorfbewohner, ihr zu folgen. Schließlich verlangt sie Fertigkeiten, die die Zuwanderer aus den Dörfern nicht besitzen, und beschäftigt nur einige wenige von ihnen. Sie beraubt sie ihres Lebensunterhalts, macht sie zu menschlichem Strand- und Treibgut, zum verlorenen Lumpenproletariat der Slums.

Der gestrandete Wal

Eine der bittersten Ironien bei der Verwendung der Technologie des reichen Mannes in den armen Ländern ist, daß sie während eines großen Teils der Zeit unnütz herumsteht, brachliegt wie ein großer gestrandeter Wal in einem Süßwasserteich. Millionen sind arbeitslos, während die Maschinen stillstehen.

Bevor die Wirtschaftskrise in den siebziger Jahren in solchen Industriezweigen des Westens wie der Eisen- und Stahlindustrie, der Ölraffinierung, der Kunststoffindustrie, dem Schiffbau und der Autoindustrie Überkapazitäten schuf, arbeitete sie mit achtzig- bis hundertprozentiger Auslastung. Für ein Entwicklungsland wäre selbst die untere Grenze dieser Marge eine außergewöhnliche Leistung. Eine Untersuchung nach der anderen hat die fürchterliche Verschwendung teurer Industrieanlagen in der Dritten Welt aufgedeckt: Die indische Industrie arbeitet nur mit 75 Prozent Auslastung, die Industrie West-Pakistans ist nur zu 64 Prozent ausgelastet, die Textilfabriken Afghanistans nutzen nur 43 Prozent ihrer Kapazitäten. Eine in vier Ländern durchgeführte Untersuchung der Weltbank über 1451 Firmen fand heraus, daß die Kapitalnutzung im Durchschnitt nur zwischen 35 Prozent (Israel) und 50 Prozent (Malaysia) liegt. Daher gibt es sehr viel weniger Arbeitsplätze in diesen Industrien, als wenn sie mit voller Auslastung gefahren würden. Nach Feststellungen des Internationalen Arbeitsamtes würden bei voller Nutzung der bestehenden Kapazitäten zwischen 40 und 100 Prozent der offenen Arbeitslosigkeit im modernen Sektor abgebaut werden.

Die Kapazitätsverschwendung ist nur das sichtbare Anzeichen einer ganzen Palette von Mängeln in der Industrie der armen Länder.

Firmen, die ausländische Maschinen und importierte Rohstoffe verwenden, brauchen zu deren Kauf selbstverständlich Devisen. Doch auf Grund der Zahlungsbilanz-Alpträume, von denen praktisch jedes Entwicklungsland verfolgt wird, sind Devisen wertvoller als Gold, und an Devisen heranzukommen, ist mit unendlichen Schwierigkeiten verbunden. Fast zwei Drittel der Firmen einer in Tansania durchgeführten Untersuchung gaben an, ein Teil ihrer Überkapazitäten sei auf die unüberwindlichen Schwierigkeiten bei der Devisenbeschaffung zurückzuführen. Eine Firma war zur Herstellung von Fischernetzen errichtet worden. Sie verwandte ausländische Maschinen und stellte die Netze aus Nylon her, das eingeführt werden mußte, obgleich Tansania einer der weltgrößten Produzenten von Sisal ist. Es kam, wie es kommen mußte, die Firma bekam Probleme mit der Devisenbeschaffung und konnte kein Nylon mehr einführen. Die teuren Maschinen konnten nicht auf die Verarbeitung von Sisal umgestellt werden und standen daher still. Einmal abgesehen von den Schwierigkeiten, Geld für die Bezahlung der Importe zu beschaffen, ist in den meisten Entwicklungsländern die Einfuhr überhaupt häufig an ein alptraumartiges Labyrinth bürokratischer Vorgänge geknüpft – auch dies zum Teil wegen der Zahlungsbilanzschwierigkeiten und der Bestrebungen, die Einfuhren auf das Wesentliche zu beschränken. Importlizenzen sind oft nur nach langen Verzögerungen zu erhalten. Zolloffiziere können strikter und genauer sein als die Wächter der Himmelspforten (es sei denn, man schmiert sie gehörig).

Ein weiterer Haken bei westlicher, kapitalintensiver Technologie ist, daß sie auf eine verläßliche Infrastruktur angewiesen ist, die es in den Entwicklungsländern oft nicht gibt. Sie braucht weniger menschliche als leblose Energie – und da Brennstoffe immer teurer werden, wird die Entscheidung für teure Technologie immer unrationeller. Außerdem sind ja auch die Kraftwerke Teile ausländischer Technologie und unterliegen den gleichen Problemen. Stromunterbrechungen wegen Mängeln in der Unterhaltung der Anlagen, Überbelastung oder tropischen Stürmen gehören zu den gängigen Lebensumständen in armen Ländern. Daher findet man in den meisten Hotelzimmern auch einen kleinen Stapel Kerzen für den Notfall. Sieben von zehn tansanischen Firmen beklagten sich über nicht angekündigte Stromausfälle. Eine von drei Firmen gab an, sie leide

Die Bücher kosten nur noch
ein Fünftel ihres früheren Preises …

… schrieb der Bischof von Aleria 1467 an Papst Paul II. Das war Gutenberg zu verdanken.

Heute, 500 Jahre später, kosten Taschenbücher nur etwa ein Fünftel bis ein Zehntel des Preises, der für gebundene Ausgaben zu zahlen ist. Das ist der Rotationsmaschine zu verdanken und zu einem Teil auch – der Werbung: Der Werbung für das Taschenbuch und der Werbung im Taschenbuch, wie zum Beispiel dieser Anzeige, die Ihre Aufmerksamkeit auf eine vorteilhafte Sparform lenken möchte.

unter Wasserknappheit. Reparaturen und Unterhaltung solcher Anlagen stellen immer ein Problem dar, denn Devisen braucht man auch zur Beschaffung von Ersatzteilen, und selbst wenn man sie erhält, ist noch keineswegs sicher, daß jemand da ist, der sie anbringen kann. Die Knappheit an Fachkräften und mangelhafte Unternehmensführung spielen also ebenso eine Rolle.

Es gibt jedoch noch einen weiteren Grund für solche Überkapazitäten, der den Kern der Probleme mit der Industrie in der Dritten Welt trifft. Und zwar ist das der Umstand, daß das durchschnittliche Entwicklungsland nur über einen kleinen Inlandsmarkt für industriell erzeugte Güter verfügt. In vielen Ländern ist der Markt zahlenmäßig klein – zwei Drittel der Länder der Dritten Welt haben eine Bevölkerung, die weniger als zehn Millionen Einwohner umfaßt. Von größerer Bedeutung ist jedoch, daß ihr Markt hinsichtlich der tatsächlichen Nachfrage klein ist: es gibt nicht genügend Leute, die industriell hergestellte Erzeugnisse bezahlen könnten, auch wenn sie sie brauchen oder haben wollen. Es kann sogar gut sein, daß einige derjenigen, die sie bezahlen könnten, außerhalb der Reichweite der unterentwickelten Vermarktungsnetze leben. In Tansania gab es Leute, die ganz dringend nach diesem oder jenem Produkt verlangten, es aber nicht erhalten konnten, weil die schlechten Landstraßen oder das zu dünn geknüpfte Einzelhandelsnetz es nicht zuließen.

Westliche Firmen, die auf dem Gebiet des Maschinen- und Anlagenbaus tätig sind, sind in aller Regel auf die beherrschenden westlichen Märkte eingestellt und verfügen über entsprechend große Vermarktungsnetze im In- und Ausland. Westliche Firmen benötigen normalerweise Anlagen mit hohen Kapazitäten und Maschinen, mit denen Rohstoffe rasch verarbeitet werden können. Sehr oft ist noch die kleinste Anlage, die westliche Firmen anbieten, zu groß für die in einem armen Land vorhandene Nachfrage.

Weshalb also findet die westliche Großtechnologie so breite Anwendung, wenn sie dermaßen offensichtlich unangemessen ist? Zumindest zum Teil deshalb, weil es meist keine andere Technologie gibt. In den meisten Ländern der Dritten Welt sind die nationalen Forschungs- und Entwicklungskapazitäten außerordentlich rudimentär – auch hier wieder, weil der Markt für Forschungswissenschaftler klein ist, aber auch, weil Ober- und Hochschulen weniger entwickelt sind und häufig eine wenig praxisbezogene, geisteswissenschaftlich ausgerichtete Bildung vermitteln. 1975 lagen die Forschungsausgaben der großen westlichen Multis General Motors, IBM und Ford höher als die jedes Entwicklungslandes, einschließlich Indiens.

Schließlich sind da noch die falschen Verlockungen des Modernen. Viele politische Führer der Dritten Welt halten die kleinere und mittlere Technologie, wie sie einige Organisationen der Vereinten Nationen heute empfehlen, für zweitklassig, für das Zweitbeste: aber was sie wollen, ist das Beste. Größe bringt auch politische Vorteile mit sich, wenn auch solche eher primitiver Natur: Ein Minister, der ein riesiges Stahlwerk eröffnet, kann halt mehr Eindruck schinden als einer, der eine kleine Mechanikerwerkstatt eröffnet.

Technologie ist zum Teil auch Geschmackssache. Während der Kolonialzeit nahmen Sachen aus Europa eine Aura von Glamour und Prestige an und wurden schließlich dem einheimischen Stil vorgezogen – so als könnte man durch die Übernahme des äußeren Erscheinungsbildes des weißen Mannes etwas von seiner geheimnisvollen Kraft und Überheblichkeit abbekommen. Daher änderten die Maharadschahs ihre Manieren und tauschten ihre Elefanten gegen Prachtautos von Rolls-Royce und Cadillac ein. Geschmäcker sind immer an die sozialen Ungleichheiten gebunden: Die verwestlichten Eliten leisten sich den verschwenderischen Konsum westlicher Produkte, und jedermann meint, ihnen nachäffen zu müssen. Wer sich westlichen Geschmack leistet, muß es sich auch leisten, westlichem Stil nachempfundene Güter herzustellen. Und das zieht automatisch die Verwendung westlicher Technologie nach sich, die gewöhnlich kapitalintensiv ist. Flotte Autos kann man eben nicht in kleinen arbeitsintensiven Werkstätten herstellen. Die Wahl des Gesellschaftsmodells ist daher mit der Wahl der Konsumgüter verbunden, welche ihrerseits mit der Wahl der Maschinen zu ihrer Herstellung verbunden ist.

Die multinationalen Konzerne, die einen großen Teil der Privatinvestitionen in der Dritten Welt aufbringen, benutzen fast immer kapitalintensive Technologie. Was sie herstellen wollen, sind die dem allgemeinen Standard entsprechenden Markenprodukte, und dafür benutzen sie in den armen Ländern die gleichen Maschinen wie in den reichen. In allgemeinerer Form kann man auch sagen, daß es in den meisten Entwicklungsländern gewisse wirtschaftspolitische Verzerrungen gibt, die die Anwendung kapitalintensiver Technologie noch fördern. Viele dieser Länder lassen Kapital selbst dann noch billig erscheinen, wenn sie an chronischer Kapitalknappheit leiden, und lassen die Arbeitskräfte als vergleichsweise teuer erscheinen, obgleich sie einen chronischen Arbeitskräfteüberschuß zu verzeichnen haben. Die Nationalwährungen sind häufig überbewertet, so daß ausländische Maschinen billig einzukaufen sind. Die amtlichen Zinsraten liegen oft extrem niedrig und ermutigen so zur Investition in neue Anlagen. Andererseits sind die von den Industriearbeitern verlangten Löhne nicht selten zu hoch, weil einheimische Firmen mit den multinationalen Konzernen, die im allgemeinen besser zahlen, um Fachkräfte konkurrieren müssen. Private Firmen mechanisieren oft auch, weil sie Schwierigkeiten mit kämpferischen Arbeiterorganisationen oder den Fehlern unausgebildeter Arbeitskräfte aus dem Weg gehen wollen. Alle diese Faktoren zusammen summieren sich zu einem starken Anreiz zum Kauf von mehr Maschinen und zur Beschäftigung von weniger menschlicher Arbeitskraft. Doch würde ein Land, das mehr Arbeitsplätze schaffen will, das gerade Gegenteil benötigen. So kommt es dann, daß große neue Fabriken Schilder aushängen, auf denen steht: «Keine Stellen frei», und dann, weil viele Arbeitsuchende nicht lesen können, Leute für den Werkschutz suchen und große Sicherheitstore anbringen, um den Strom der Verzweifelten und Demoralisierten, die auf der Suche nach Arbeit ans Tor klopfen, draußen zu halten.

11. Der «Barfuß-Geschäftsmann»: Traditionelle und kleine Industrie

«Einer, der zu Fuß geht, ist automatisch verdächtig.»
Jean Cocteau

Das Victoria-Denkmal auf dem Maidan-Platz in Calcutta glänzt weiß in der heißen Sonne, und die schwarze Statue der Königin des britischen Weltreiches, vierschrötig und finster dreinblickend wie immer, heizt sich auf. Zu ihren Füßen hockt ein Schlangenbeschwörer und lauert auf Beute in Gestalt vorbeikommender Touristen. Ich komme ihm wohl wie leichte Beute vor. Er starrt mich aus schwarzglänzenden Augen an und fummelt an seinem flachen runden Korb herum. «Schlange sehen, Sir, schnell, schnell.» Seine Hände zittern vor Eile und Furcht, er könnte eine Verdienstmöglichkeit verpassen, an sich vorbeiziehen lassen wie Oasen in der Wüste eines langen Tages voller Warten und Hoffen. Schließlich reißt er den Korbdeckel auf, greift nach seiner Flöte und stimmt ein langsames und wehmütiges Totenlied an. Die Schlange liegt da wie tot. Er schlägt ihr mit dem Handrücken auf den Kopf, wild bläst er auf seiner Flöte, die Wangen bis zum Platzen gebläht, sein Kopf schwenkt hin und her, doch die Schlange regt sich nicht. Er schlägt ihr nun mit der Flöte auf den Kopf, bis sie sich schließlich bewegt, sich halb erhebt und ihn halb gelangweilt, halb verwundert anstiert.

Neben ihm sitzt seine Tochter mit einem langen, pelzigen und spitznasigen Mungo, der sich an ihre Schulter klammert. Der Schlangenbeschwörer bemerkt, daß mein Blick dahin wandert: «Okay, Sir, Sie wollen einen Kampf sehen zwischen Schlange und Mungo, nur dreißig Rupien.» Er öffnet einen zweiten Korb und wühlt nervös in einem halben Dutzend zusammengequetschter Schlangen herum, zieht eine heraus und glättet sie ein bißchen. «Nein danke», antworte ich ihm. «Er wird die Schlange töten.» – «Nein, nein, nicht töten.» – «Ich habe keine Zeit.» – «Es geht ganz, ganz schnell.» – «Ich gebe Ihnen fünf Rupien für das, was ich schon gesehen habe.» – «Okay, geben Sie mir zehn Rupien, und Sie können einen Kampf sehen.»

Der Schlangenbeschwörer, wie die Mehrheit der nicht in der Landwirtschaft Beschäftigten, gehört zum informellen Sektor, jener großen Masse unausgebildeter und unterbezahlter Schwerstarbeiter, denen nicht das Glück widerfahren ist, mit einer Arbeit im glitzernden neuen und modernen Teil der Industrie, im öffentlichen Dienst oder bei westlich anmutenden Dienstleistungsunternehmen gesegnet worden zu sein. Er kommt vielleicht ein bißchen besser über die Runden als die meisten, vorausgesetzt es kommen genug Touristen vorbei und andere Schlangenbeschwörer halten sich fern. Doch mit allen anderen im informellen Sektor Beschäftigten hat er die Unsicherheit gemein, die Abhängigkeit von zufälliger Nachfrage und zufälligem Zusammentreffen, die nahezu alltägliche Gefahr der Katastrophe. Auf dem Land ist immer weniger Platz für die Armen, und der moderne Wirtschaftsbereich kann sie nicht gebrauchen. Dennoch müssen sie sich irgendwie ihren Lebensunterhalt verdienen. In der traditionellen Manufakturstruktur fanden sie gewöhnlich immer noch irgendwo ein Plätzchen, doch heute ist diese im Aussterben begriffen, und ihr Ende bietet sich überall in der Dritten Welt als tragisches Schauspiel dar. Die solchermaßen Enterbten verlassen ihren angestammten Platz und gehen irgendwelchen Beschäftigungen, man könnte sie Spontanwirtschaft nennen, nach, eben all jenen Geschäften und Geschäftigkeiten auf halbem Weg zwischen Tradition und Moderne, die unter den an den Rand der Gesellschaft gedrängten Massen in den Städten so entstehen.

Der Tod der Tradition

Die traditionelle Handfertigung und Dienstleistungsweise hatte viele Vorteile. Meistens waren sie dezentral auf den Dörfern angesiedelt und gleichmäßig über das ganze Land verteilt. In ländlichen Gebieten schufen sie die so sehr benötigten zusätzlichen Beschäftigungsmöglichkeiten – noch heute beschäftigen die nichtlandwirtschaftlichen Tätigkeitsbereiche zwischen einem Viertel und der Hälfte der Arbeitskräfte auf dem Lande. Sie boten auch Arbeit während der stillen Jahreszeit an, wo es auf dem Land nicht viel zu tun gibt – und während dieser Jahreszeit ist es gut möglich, daß sie bis zu drei Viertel aller Arbeitskräfte in ländlichen Gebieten beschäftigen. Sie sind auch noch immer eine bedeutende Quelle zusätzlichen Familieneinkommens zur Aufstockung des mageren Verdienstes, den die landwirtschaftliche Arbeit bringt. Von besonderer Bedeutung ist das für die Landlosen und die kleinsten Landbesitzer. In fünf pakistanischen Dörfern machte einer Untersuchung aus dem Jahr 1968 zufolge die nichtbäuerliche Arbeit ein Viertel des gesamten Einkommens der Bauernfamilien aus, bei den kleinsten Bauern waren es sogar zwei Fünftel. Im Norden Thailands kamen drei Viertel des Einkommens der kleinsten Bauern aus dieser Quelle.

Es liegt also klar auf der Hand: Jede Bedrohung der nichtbäuerlichen Arbeit in ländlichen Gebieten stellt für die Einkommen der sozial schwächsten Gruppen eine doppelte Bedrohung dar. Und diese Bedrohung ist durchaus real. In einem Bereich nach dem anderen hat die in den Städten angesiedelte Industrie die Lebensgrundlagen der Dorfhandwerker zerstört. Töpfer werden in dem Maße überflüssig, wie billige Plastikschüsseln und -eimer den Markt überfluten, und Schmiede geraten in zunehmendem Maße in Armut, weil die Bauern ihren Bedarf an Hacken und Macheten mit industriell produzierten Erzeugnissen decken.

Natürlich bieten nicht allein das Handwerk und die Manufaktur in ländlichen Gebieten nichtbäuerliche Arbeitsmöglichkeiten. Nahezu gleichviel Arbeitsplätze dürften im Handel und im Dienstleistungsbereich und in geringerem Umfang auch im Baugewerbe und im Transportwesen zur Verfügung stehen. Doch können all diese Tätigkeiten nur gedeihen, wenn Landwirtschaft und ländliche Industrie gedeihen. Alle wichtigen Zweige der ländlichen Fertigung sind gefährdet. Rund ein Drittel ihrer Arbeitskräfte sind im Textilsektor, in der Herstellung von Kleidung und in der Verarbeitung von Leder beschäftigt. Ein weiteres Sechstel dürfte jeweils im Bereich der Nahrungsmittelverarbeitung, der Holzverarbeitung und Möbelfertigung sowie im metallverarbeitenden Gewerbe beschäftigt sein. Bei diesen Wirtschaftsaktivitäten handelt es sich um eben jene, in denen die Länder der Dritten Welt ihre ersten Industrien aufbauen. Die Entstehung der modernen Industrie hat den Dörfern einen schweren Schlag versetzt.

Die traditionelle Handfertigung gibt es allerdings auch in den Städten. Viele Städte sind im Verlauf der Geschichte sogar zu Mittelpunkten besonderer handwerklicher Fertigkeiten geworden wie Messingverarbeitung, Edelsteinverarbeitung und Schmuckherstellung, Keramik- oder Teppichherstellung. Es sind nicht nur die dörflichen Unternehmen, die im Sterben liegen, sondern es ist der gesamte Bereich der herkömmlichen Fertigung, dessen Arbeitskräfte nun auf der Straße stehen und sich anderweitig Arbeit suchen müssen oder arbeitslos bleiben und verarmen. Die Hauptprobleme dieser Herstellungsweise sind: niedrige Produktivität im Verhältnis zur Konkurrenz, die ihr die Fabriken machen; geringe Qualität, zumindest in den Augen der Verbraucher, denen die Gehirnwäsche der Konsumwerbung eingeredet hat, standardisierte Fabrikprodukte seien besser (zugegeben, in einigen Fällen halten sie länger und funktionieren besser); und Mangel an Organisation und Vermarktungsmethoden.

Nehmen wir die Handwerker von Kaschmir. Die Mogule zogen sich in dieses Gebirgsparadies zurück, um schon im Frühsommer der drückenden Hitze der Gangesebene zu entkommen. Sie und ihr Hofgefolge verhalfen Kaschmirs Spezialitäten zu einem wohlfeilen Markt: lackierten, mit Blumen, Blättern und Tieren bemalten Pappschachteln, Holzschnitzereien, Schmuck aus Jade, Saphiren und Rubinen aus dem nahegelegenen Ladakh. Die britischen Kolonialherren setzten diese Tradition der Sommerfrische im gemäßigten Klima der Berge fort. Auch sie hielten ihre Hand über die einheimischen Handwerker. Als die Briten abzogen, fehlte der Markt für ihre Produkte, und die Touristen konnten nicht in ausreichendem Maße für Ersatz sorgen.

Kaschmirteppiche werden mit großem handwerklichem Geschick auf großflächigen senkrecht aufgestellten Rahmen aufgezogen, jede Noppe wird einzeln mit der Hand geknüpft. Die traditionellen Muster werden nach vergilbten Pergamentvorlagen gearbeitet. Die Teppichknüpfer können die esoterische Schrift fließend lesen, selbst wenn sie ihre eigene Sprache nicht lesen oder schreiben können. Die Löhne sind im Verhältnis zu den Lebenshaltungskosten so tief gesunken, daß ein Mann mit Familie davon nicht leben kann. Die meisten erwachsenen Männer haben daher ihr Handwerk aufgegeben und sich andere Arbeit gesucht – als ungelernte Straßenbauarbeiter können sie doppelt soviel verdienen. Ihre Söhne sind an ihre Stelle getreten. Kleine Jungen von sieben, acht Jahren aufwärts sitzen den ganzen Tag vor den Spannrahmen, und ihre winzigen Finger arbeiten mit unglaublicher Geschwindigkeit. Bei dieser Arbeitsweise braucht man zur Fertigstellung eines mittelgroßen Teppichs zwischen einem und neun Monaten, bei der am dichtesten geknüpften Seide noch mehr. Doch wer kauft schon die arbeitsintensiven Kaschmirteppiche, mögen sie auch noch so schön sein, wenn man in der Fabrik passable Nachahmungen zu weit niedrigeren Preisen herstellen kann? Heute stellen nur noch Touristen und westliche Käufer in Nobelgeschäften einen Markt für ihre handgeknüpften Teppiche dar. Bei traditionellen Teppichen scheint es auf dem Markt ein chronisches Überangebot zu geben, es gibt einfach so viele Dörfer im Mittleren Osten und in West-Asien, wo sie hergestellt werden.

Auf Grund ihrer geringen Arbeitsproduktivität können die traditionellen Industrien mit den Fabriken nur konkurrieren, wenn sie auch die Löhne extrem niedrig halten. Eine weitere Ursache von Armut ist jedoch auch der Mangel an Organisation, insbesondere bei dem weitverbreiteten Verlags- oder Heimarbeitssystem. In vielen Fällen dominieren hier Vermittler, die das Rohmaterial zu völlig überhöhten Preisen liefern und die fertigen Produkte wieder zu viel zu niedrigen Preisen abkaufen. Der arme Mensch dazwischen, der gearbeitet hat, wird so an den Rand des Überlebens gedrängt. Immer wieder ist man erstaunt, wie wenig doch die Heimarbeiter – oft sind es Frauen und Kinder, die in ihrer freien Zeit arbeiten – für ihre ganz beträchtliche Arbeit erhalten. Im Nordosten Brasiliens nähen Frauen ganze Tischtücher mit der Hand oder häkeln geduldig mit einem halben Dutzend Nadeln auf einmal komplizierte Spitzenmuster, und dafür kriegen sie ganze 10 Cent die Stunde, oder weniger. Aus einer Untersuchung in dieser Region geht hervor, daß man die ganztägige Arbeit von sechs handwerklich geschickten Heimarbeitern braucht, um ein dem gesetzlich vorgeschriebenen Mindestlohn entsprechendes Einkommen zu erreichen.

Die Vermittler können die Einkommen der Heimarbeiter drücken, weil sie besser organisiert sind. Sie kontrollieren die Herkunftsquellen der Rohmaterialien ebenso wie die Verkaufsstellen. Sie treffen untereinander Absprachen. Die Handwerker und Heimarbeiter sind dagegen zerstreut und ohne Organisation. Sie verfügen nicht über eigene Kontakte zum Kauf von Rohmaterial oder zum Verkauf ihrer Produkte. Sie brauchen das Geld sofort und können die Ware nicht zurückhalten, um die Preise hochzutreiben. Häufig genug sind sie sogar noch bei den Vermittlern verschuldet.

Agra – berühmt wegen des Tadsch Mahal – ist auch Indiens wichtigstes Zentrum für handgefertigte Schuhe, dort arbeiten rund 80000 Handwerker in diesem Gewerbe. Tag für Tag bringen die Schuhmacher etwa 75000 Paar Schuhe auf den Großhandelsmarkt, doch sind die Käufer in der besseren Position, sie sind nicht so viele und verfügen daher über das Monopson, das Kaufmonopol. Sie verfügen über Kapital und können mit ihren Rücklagen eine Zeitlang auf den Einkauf verzichten, während die Schuhmacher hier und jetzt verkaufen müssen, weil sie das Geld zum Essen und Leben und zum Kauf von neuem Leder für die weitere Arbeit brauchen.

Das Sterben des traditionellen Sektors und alle die Zerrüttungserscheinungen und Leiden der Menschen, die damit verbunden sind, sind nicht ganz unvermeidlich. Bedeutende Teile davon könnten gerettet werden, obgleich mit weniger Arbeitskräften. Der Staat könnte dazu beitragen, sie konkurrenzfähiger zu machen, Kapital hineinpumpen, um ihnen bei der Verbesserung der Technologie, der Produktqualität und der Vermarktungsmethoden zu helfen, und die Heimarbeiter organisieren, um die parasitären Vermittler auszuhungern.

Einige wenige Regierungen haben sich diesbezüglich eine Reihe von politischen Maßnahmen einfallen lassen. Doch die meisten sind von der Theorie ausgegangen, daß der traditionelle Sektor auf natürliche Weise absterben wird und die so freigesetzten Arbeitskräfte vom modernen Sektor aufgefangen werden. Bei oberflächlicher Rechnung haben sie gewiß nicht unrecht, doch rechnet man genauer, so erweist sich, daß sie auf gefährliche Weise nicht recht haben. Statt sich auf vorhandene Fähigkeiten und traditionelle Fertigkeiten zu verlassen, haben die meisten Regierungen alle vorhandenen Mittel in den Sektor der modernen Großindustrie gepumpt. Statt allmählichen organischen Wachstums kam es so zu scharfen Brüchen.

Der verwestlichte moderne Sektor bringt den traditionellen Sektor um. Meistenteils haben die im letzteren freigesetzten Arbeitskräfte im modernen Sektor keine Beschäftigung gefunden, sondern sind in den informellen Sektor eingegangen. Hier haben sie wie zuvor unter der Vernachlässigung durch die Regierung zu leiden und arbeiten ebenfalls mit geringer Produktivität, niedriger Bezahlung und mangelnder Organisation. Doch übernehmen sie Arbeiten, die nicht ganz so unvermeidlich dem Untergang geweiht sind, weil die Geschmäcker sich ändern. Der unternehmerische Dorfschmied wird sich nicht hinlegen, um mit seinen Leidensgenossen zusammen zu sterben, sondern nun, statt Macheten herzustellen, Pumpen und Traktoren reparieren.

Der «Barfuß-Geschäftsmann»

Auf dem Markt von Bouaké, der zweitgrößten Stadt der Elfenbeinküste, herrscht reges Treiben. Wahrsager sitzen mit gekreuzten Beinen auf Faltschachteln und warten darauf, jemandem die Zukunft erzählen zu dürfen. Traditionelle Medizinmänner verkaufen Widderhörner, Schlangenköpfe und ausgetrocknete Chamäleons. Die winzige Glaskabine von Uhrendoktor Monsieur Emmanuel Ipadé ist mit kindisch anmutenden Darstellungen riesiger Zifferblätter dekoriert, und über einem Schneiderjungen, der an seiner Nähmaschine vor sich hinträumt, verkündet ein Reklameschild: «Pop-Mode, Ihre Kleidung von Mr. O Dao». Um die Ecke floriert ein flotter Handel mit gebrauchten Kartons zur Verpackung oder zum Hausbau, man kann sogar leere Bohnenkonserven, Shampoo-Krüge und White Horse-Whiskyflaschen zur Aufbewahrung von Ersparnissen, Speiseöl und Plastikblumen kaufen.

Das ist die Spontan-Wirtschaft des informellen Sektors: vielfältig, erfinderisch, zahlenmäßig groß und größer, wenn schon sonst nichts. Eine Untersuchung fand heraus, daß es 1969 in Bouaké mehr als 3100 informelle Unternehmen gab. Darunter waren: 513 Schneider, 440 Weber, 459 Taxis, 425 Rikschas, 259 Maurer, 207 Prostituierte, 136 Auto- und Fahrradreparateure, 131 Tischler und Schreiner, 112 Restaurants und Bars, 87 Friseure, 60 Schmiede, 54 Juweliere, 43 Uhrmacher, 36 Fotografen, fünfzehn Haarbleicher und zehn Schuhputzer. Heute wird sich die Zahl solcher Geschäfte auf das Doppelte oder Dreifache belaufen.

Die Spontan-Wirtschaft wächst noch rascher als die Städte: in Kumasi, dem Sitz der Ashanti-Könige, kommen im Jahr 12 Prozent hoffnungsvolle Unternehmer dazu, in Freetown, der ständig verregneten Hauptstadt von Sierra Leone, sind es 25 Prozent.

Der Definition des Internationalen Arbeitsamtes zufolge sollen Unternehmen dann als informell eingestuft werden, wenn sie nur eine Handvoll Arbeiter beschäftigen, niedrige Löhne zahlen, elementare Ausrüstung benutzen und außerhalb der gesetzlichen Bestimmungen und Regelungen tätig sind. Der informelle Sektor umfaßt Dienstleistungen – Schuhputzer, Zigarettenverkäufer, Straßenkehrer, Portiers, Schreiber – und verarbeitendes Gewerbe, das heißt alles von der Palmblätter-Dachmatte über Reisigbesen bis zu religiösen Gegenständen. Die *makan*-Verkäufer von Jakarta, die ihre kleinen Karren mit glühenden Holzkohlenfeuern vor sich her schieben, auf denen sie Suppen und gebratene Pfannkuchenrollen im Licht von Sturmlampen wärmen, gehören ebenso zur nahrungsmittelverarbeitenden Branche wie eine Konservenfabrik – geradeso wie die Maiskolbenröster in Afrika oder die Süßigkeiten- und Keksbäcker des Mittleren Ostens.

Der informelle Sektor beschäftigt einen großen Teil der städtischen Bevölkerung. Nach Untersuchungen in Bombay, Nairobi, São Paulo, Abidjan, Jakarta und Städten in Peru liegt der Anteil der solchermaßen Beschäftigten bei 40 bis 60 Prozent. Da die Landflucht weitergeht, ist kaum anzunehmen, daß dieser Anteil zurückgehen wird. Die meisten Zuwanderer beginnen ihr Arbeitsleben in der Stadt in diesem Sektor, und umgekehrt sind die meisten Beschäftigten des informellen Sektors Zuwanderer. Vier Fünftel der Straßenhändler von Lima und neun Zehntel derer von Jakarta kommen von außerhalb dieser Städte. Nach einigen Jahren bei solcher Arbeit weiß der Zuwanderer, wie man's in der Stadt machen muß, und hat über Kontakte einen Job im modernen Sektor an Land gezogen. Viele Zuwanderer bleiben jedoch für immer in einem Leben in Armut und Unsicherheit gefangen wie in einer Falle.

Einer Studie aus Lima, der Hauptstadt von Peru, ist zu entnehmen, daß drei Viertel der Straßenverkäufer weniger als den von der Regierung festgesetzten Mindestlohn verdienen, ja, daß es 13 Prozent ganz Unglückliche gibt, die dabei sogar mit Verlust arbeiten. Die meisten hatten mit dem Handel angefangen, weil sie einfach nichts anderes finden konnten. Nach einer schwierigen Anfangsphase konnten sie sich dann damit einigermaßen über Wasser halten und hatten sich dann auch ihren eigenen Stil und Fachkenntnis angeeignet. Sie wußten genau, welche Straßenecke und welche Geschäftsstraße zu welcher Tageszeit die meisten Kunden brachte. Ihr Einkommen war nicht deshalb niedrig, weil sie nicht hart gearbeitet hätten – über die Hälfte von ihnen verbrachte 45 Stunden und mehr mit dieser Tätigkeit –, sondern weil es so viele Konkurrenten gab. Die Produktivität war niedrig, weil sie von einem Kunden auf den nächsten unter Umständen ein oder zwei Stunden warten mußten. Nahezu die Hälfte der eine Million Beschäftigten in Jakarta ist im informellen Gewerbe tätig. Zwei Drittel der 30000 Hausierer in dieser Stadt hatten Umfragen zufolge einen Tagesumsatz von weniger als 12 Dollar. Ein ähnlich großer Teil war so unendlich arm, daß praktisch 100 Prozent ihres Einkommens für die Ernährung ausgegeben wurden. Drei Viertel von ihnen waren Hausierer geworden, weil sie andere Arbeiten nicht finden konnten. Eine peruanische Untersuchung aus dem Jahr 1970 fand heraus, daß 59 Prozent der im informellen Sektor Beschäftigten weniger als 47 Dollar im Monat verdienten, während es im regulären Sektor nur 18 Prozent waren.

Ihre Armut ist auf zwei Faktoren zurückzuführen: zunächst darauf, daß die Regierungen diesen Bereich schmählich vernachlässigt haben, ihn mit seiner primitiven Technologie, Unternehmensführung und Vermarktungsorganisation sowie in seiner niedrigen Produktivität allein gelassen haben; zum zweiten darauf, daß es zu viele Arbeitsuchende auf dem informellen Sektor gibt, die sich um zu wenige Arbeitsplätze reißen. Es gibt nicht genug Arbeit, weil ihre Kundschaft nicht zahlungskräftig genug ist, arm ist wie sie selber. Und es gibt zu viele Arbeitsuchende, weil der Strom der Landflüchtigen einfach nicht abreißen will.

Die Vorteile der Spontaneität

Trotz alledem verfügt der informelle Sektor doch über ein beträchtliches verborgenes Potential.

Der moderne Sektor liegt für die meisten Armen außerhalb ihrer Reichweite. Er kann und oft will er ihnen keine Arbeit geben. Er wird auch einen beträchtlichen Teil ihres Bedarfs nicht decken, weil sie sich nur wenige seiner Produkte und noch weniger seiner Dienstleistungen leisten können. Der Dualismus, wie er auf dem Lande besteht, findet sich auch hier in den Städten wieder. Der moderne Sektor ist die Wirtschaft der Privilegierten. Er beschäftigt sie, versorgt sie mit Wohnungen und zahlt ihnen genug, damit sie sich seine Produkte leisten können. Der informelle Sektor ist die Wirtschaft der Armen. Durch ihn versorgen sie sich mit Wohnungen, besorgen sie sich Beschäftigung und stellen sie sich Waren und Dienstleistungen her, die sie auch bezahlen können. Und zwischen diesen beiden Wirtschaften gibt es herzlich wenig Berührungspunkte.

Der größte Vorteil der Spontanwirtschaft liegt darin, daß sie nur ein Minimum an Kapital und Kenntnissen verlangt. Die Anfangsbarrieren sind so niedrig, daß praktisch jeder so ein Geschäft aufziehen kann. Der informelle Sektor mobilisiert so die Ersparnisse der Armen, erspart ihnen die Würdelosigkeit des Bettelns um Arbeit und erlaubt ihnen die Freiheit (mit dem dazugehörigen Risiko), frei tätig sein zu können. Zwei von fünf Unternehmern der Elfenbeinküste verfügten über Kapital von weniger als 10000 Francs CFA (ca. 50 Dollar), und nur einer von Fünfen hatte mehr als 50000 Francs vorzuweisen. Fast alle hatten sie ihr Geld selbst zusammengeklaubt oder es sich von Verwandten und Freunden geliehen. Auf dem informellen Sektor braucht man keine Diplome, keine Grade, keine Abschlußzeugnisse – alles Papiere, die die Armen ohnehin nicht besitzen. Zwei Drittel aller informellen Beschäftigten von Freetown verfügten beispielsweise über keinerlei Schulbildung, ebenso wie zwei Fünftel der Selbständigen. Die übrigen hatten meist nicht einmal die Grundschule abgeschlossen. Neun Zehntel der fachlich versierten Arbeiter des informellen Sektors in Kumasi hatten sich eben abgeguckt, was sie wußten und konnten. Das bedeutet nicht, daß sie keinerlei Ausbildung gehabt hätten. Neulinge werden oft als Lehrlinge an- und beinahe in die Familie aufgenommen, sie wohnen im Haus des Chefs und strecken ihre Beine unter seinen Tisch, geradeso, wie sie in seiner Werkstatt arbeiten. Der Sektor hält die billigsten und einfachsten Modelle zur Verbesserung der Fertigkeiten der Arbeitskräfte bereit, was eine Voraussetzung für die Verbesserung ihrer Einkommen ist. Außerdem bringt der Sektor auch wirklich notwendige Dienstleistungen und Erzeugnisse hervor.

Auch wenn der informelle Sektor sein Licht unter den Scheffel stellt, verfügt er wahrscheinlich doch über die größten Reserven an Anpassungsfähigkeit und Erfindungsgabe, die es in den Entwicklungsländern gibt. Während westliche Berater und Organisationen die Regierungen der Dritten Welt drängen, angemessene kleinere Technologien zu übernehmen, setzen die barfüßigen Geschäftsleute im Grunde schon viele dieser Ratschläge in die Praxis um. Die von ihnen verwandte Technologie ist notwendigerweise klein und arbeitsintensiv, da sie nur über wenig Kapital verfügen. Sie benutzen einheimisches Material, weil sie Einfuhrlizenzen nicht bezahlen oder nicht bekommen können. Die Wiederverwertung von Abfällen ist ihre Spezialität, in der sie wahre Spitzenkönner sind. In Ouagadougou werden aus alten Autoreifen ganz passable Latschen und Sandalen geschnitten, und aus verrosteten Fahrradketten werden dort Eselsgeschirre. Im Süden Perus lernte ich einen alten Dorfschmied kennen, der aus aufpolierten gebrauchten Blechdosen Kessel, Pfannen und Trichter schmiedete. In Calcutta traf ich auf eine winzigkleine Werkstatt, in der Speiseölbehälter aufgeschnitten und zu netten runden Dosen zur Aufbewahrung der einheimischen groben *beedi*-Zigaretten umgearbeitet wurden.

Entwicklungsorganisationen empfehlen heute die Verwendung von gebrauchter Ausrüstung für einige Industriezweige: Sie ist weit billiger als neue und schafft normalerweise auch mehr Arbeitsplätze. In der Daramtolla-Straße in Calcutta kann man sich reihenweise kleine Werkstätten ansehen, wo dies seit Jahrzehnten schon so gehandhabt wird. Diese Firmen führen in der Regel kleinere Aufträge für größere Unternehmen oder Autowerkstätten aus. Anscheinend haben die meisten Besitzer dieser Kleinbetriebe ihre Kenntnisse und Fertigkeiten in Fabriken erworben, sich alte Drehbänke und Bohrmaschinen aufgehoben oder für etwa 2000 Rupien (rund 200 Dollar) gekauft, einen Straßenladen gemietet, ein paar gelehrige Burschen eingestellt und sie selbst angelernt.

Die meisten wirtschaftlichen Aktivitäten des informellen Sektors sind in den Squatter- und Slumgebieten angesiedelt. Haransar Para, das Slumviertel von Calcutta, mit dem wir uns früher schon einmal beschäftigt haben, ist ein einziger Ameisenhaufen von Industrie und Handel. Jugendliche hämmern auf einem freien Platz Teekisten zusammen, wo eine andere Familie zwei schlammverdreckte Wasserbüffel grasen läßt, deren Milch sie verkauft. Eine Gruppe von schmuddeligen, khakifarben gekleideten Automechanikern schleift ein uraltes Auto mit Sandpapier ab, um es nachher umzuspritzen. Ein Mann aus der angrenzenden Wäscherei nimmt von Westen und *dhotis* die Schildchen und Kontrollstreifen ab, während ein Bürstenverkäufer von Haus zu Haus zieht.

In der Tat ist die Spontanwirtschaft die genaue wirtschaftliche Parallele zu den spontanen Ansiedlungen. Für beide sind die gleichen Triebkräfte verantwortlich. Die Stadtvoreingenommenheit bei den Investitionen führt zu höheren Einkommen in den Städten, die die Armen vom Land anziehen. Doch werden diese Investitionen sowohl bei den Arbeitsplätzen als auch beim Wohnungsbau für teure, am westlichen Stil orientierte

Pakete ausgegeben, die nur den wenigen zugute kommen. Den vielen bleibt es überlassen, sich selbst ein Dach über dem Kopf zu besorgen und sich selbst um Arbeit zu kümmern. Solange die ländlichen Einkommen so drastisch unter den städtischen Einkommen liegen und solange die übersteigerte Begeisterung für westliche Architektur, Geschmäcker und Technologie anhält, wird der informelle Sektor auch weiterwachsen. Daß er abstirbt und verschwindet, ist noch lange nicht abzusehen.

Logischerweise sollten die Regierungen dieser Tatsache ins Auge sehen und das Beste daraus machen. Die informelle Wirtschaft ist der ideale Ort, um die Möglichkeiten kleiner und mittlerer Technologie zu testen. Sie können mit besseren Maschinen ausgerüstet werden, den Eigentümern kann man Kredite geben und eine bessere Ausbildung in Unternehmensführung, Qualitätskontrolle und Vermarktungsmethoden zukommen lassen, ihre Arbeiter könnten eine bessere fachliche Ausbildung erhalten. Sie könnten mit dem modernen Sektor verbunden werden, wenn man Großbetriebe dazu anhielte, sie mit Zulieferaufträgen zu versehen. Man könnte sich auf diese ganz riesige Masse an Selbstverbesserungswillen und -fähigkeit stützen, um für eine noch nie erlebte Anhebung der gesamten Verarbeitungsindustrie und Dienstleistungen in den Stadtökonomien der Dritten Welt zu sorgen.

In der Praxis wird die Spontanwirtschaft von den meisten Regierungen ebenso behandelt wie spontane Ansiedlungen. Sie wird als eine vorübergehende und vom Normalen abweichende Verhaltensweise angesehen, als ein Ärgernis, das wenig zu der Art von Wirtschaft beiträgt, die die politischen Führer gerne aufgebaut sehen möchten, ja als unnötige Belastung für die öffentliche Gesundheit und die politische Stabilität, wie die Slums, in denen diese spontane Art zu wirtschaften lebt.

Im besten Fall wird sie ignoriert und vernachlässigt. Sie erhält keinerlei öffentliche Kredite, verbilligte Devisenzuschläge und staatliche Beratung wie die großen Firmen. Dem kleinen Geschäftsmann aus dem informellen Sektor werden die Banken noch weniger bereitwillig Geld leihen als dem Kleinbauern. Denn er kann außer seinen rappligen alten Maschinen und seinem baufälligen Schuppen keinerlei Sicherheit bieten. Er führt nicht Buch, es sei denn im Kopf. Alles in allem ist er ein ausgemachtes Kreditrisiko. Nur 4 Prozent der Unternehmen von Kumasi und 2 Prozent der Unternehmen von Freetown hatten von Banken oder offiziellen Kreditinstituten Geldanleihen erhalten. Ohne Kredite fällt es dem kleinen Mann aber noch schwerer, seine Wirtschaft zu verbessern, so daß er dazu verurteilt ist, klein zu bleiben.

Obendrein kann es ihm passieren, daß er sich noch mit einer ganzen Reihe von Diskriminierungsmaßnahmen, Einschränkungen und nicht selten auch offenen Schikanen von Regierungsseite herumschlagen muß. Die amtlichen Qualitäts- oder Sicherheitsvorschriften werden, unter ausschließlicher Berücksichtigung des modernen Sektors, künstlich hoch angesetzt. Der informelle Sektor hat keine Chance, sie einzuhalten, und ist damit von vielen Märkten ausgeschlossen. Die Dienstleistungen für spontanwirtschaftende Betriebe sehen nicht besser aus als die für die Slums: Die meisten haben kein Dach über dem Kopf oder hausen in Zelten oder Baracken. Die meisten verfügen nicht über Wasser oder Strom – wesentliche Voraussetzungen für Fertigungsbetriebe. Die Stadtverwaltungen richten sich nach den Vorbildern westlicher Städte und bestehen auf Lizenzen und Konzessionen, die oft zahlenmäßig beschränkt sind. Nur wenige Kleinbetriebe stellen dafür Anträge, und noch weniger Betriebe bekommen sie auch bewilligt. Daher sind sie oft im strengen Sinne illegal und noch stärker als nötig mit Risiken und Unsicherheit belastet. Sie werden leicht das Opfer von Erpressungsversuchen korrupter Beamter und Polizisten. Zahlen sie nicht diese «Unter dem Ladentisch-Steuern», sind sie fällig, werden vertrieben und vielleicht sogar um das bißchen Kapital gebracht, das sie haben. Immer wenn ein Slum zerstört wird, walzen die Planierraupen nicht nur Holz, Pappe und Blech nieder, sondern auch Dutzende kleiner Betriebe mitsamt dem Fleiß und guten Willen der dort Arbeitenden, und es gehen Hunderte von Arbeitsplätzen verloren.

12. Eine seltsame Wirtschaft

Alles in allem haben wir es bei der Wirtschaft eines typischen Landes der Dritten Welt mit einem ziemlich seltsamen Tier zu tun. Sie weist kaum Ähnlichkeiten mit jenem bis vor kurzem noch so wohlproportionierten, muskulösen und ausgeglichenen Pferd eines gesunden Industrielandes auf. Sie ähnelt vielmehr einer Giraffe. Alle Körperteile sehen irgendwie so aus, als fielen sie aus dem Rahmen, als gehorchten sie keiner Symmetrie und wollten jeden Moment auf die Nase fallen, so wie eine Person mit einem Wasserkopf in fortgeschrittenem Stadium, der zu schwer ist für den dünnen Körper und der ihm alles Leben entzieht.

Um das etwas plastischer darzustellen, muß man vielleicht erst einmal in vereinfachter Form die wichtigsten Umrisse der Entwicklung der großen Industriemächte skizzieren. In Großbritannien beispielsweise wurde die industrielle Revolution auf den stabilen Grundlagen einer Agrarrevolution errichtet, und die Produktivität des Landes wuchs Hand in Hand mit der Industrie. Die Industrie kann nur wachsen, wenn die Landwirtschaft in zunehmendem Maße einen Überschuß hervorbringt: Die Bauern müssen weit mehr erzeugen, als sie selbst verbrauchen, damit die Arbeiter in der Stadt ernährt werden können. Umgekehrt kann die Industrie nur aufblühen, wenn die Bauern über ein ausreichendes Einkommen aus ihrem Mehrprodukt verfügen, das sie für die Fertigprodukte aufwenden können.

Die westliche Industrie hat klein anfangen müssen, und die große Industrie entstand erst nach und nach in dem Maße, wie sich die Technologie auf der stabilen Grundlage des in früheren Stadien erworbenen Wissens und Könnens entwickelte. Westliche Städte weiteten sich denn auch in dem Maße aus, wie die Industrie anwuchs. Im großen und ganzen kann man sagen, daß für jeden Arbeitsplatz auf dem Lande, der verlorenging, ein nichtlandwirtschaftlicher Arbeitsplatz geschaffen wurde.

Auch die westlichen Länder haben ihre kleine Bevölkerungsexplosion erlebt, doch war sie in keinem Land so gewaltig wie heute in der Dritten Welt, vor allem stand sie im allgemeinen im Einklang mit dem Zuwachs an Nahrungsmitteln und Beschäftigungsmöglichkeiten. Reichten die Arbeitsplätze nicht aus, wurden die überzähligen Leute in die weit geöffneten Räume Nord-Amerikas und Süd-Asiens exportiert.

Und als Landwirtschaft und Industrie schließlich eine höhere Produktivität erlangten und eine größere Bevölkerung mit geringerem Aufwand ernähren und versorgen konnten, waren sie auch in der Lage, einen wachsenden tertiären Sektor zu erhalten, der nichts produziert, aber Dienstleistungen, zunächst für die Arbeit und dann auch für die Freizeit, erbringt.

Damit soll nicht gesagt werden, daß die Industrialisierung in den Ländern des Westens schmerzlos verlaufen wäre. Die britische Arbeiterklasse mußte gewiß ebensoviel durchmachen wie die Betroffenen in den meisten Ländern der Dritten Welt heute: Durch die Einhegungsbewegung wurden die Bauern aus ihren Dörfern vertrieben, die Fabriken löschten die Existenzen der Handwerker aus, Industriearbeiter wurden samt ihren Frauen und Kindern gezwungen, viele, viele Stunden am Tag zu arbeiten und unter fürchterlichen sanitären Bedingungen zu leben. Doch hielt sich die Entwicklung an die logische Abfolge, jede einzelne Phase gründete auf den von der vorhergegangenen Phase gelegten Fundamenten.

In den Entwicklungsländern entwickelten sich die einzelnen Elemente nicht in derselben Abfolge, sondern so wie es gerade kam. Die Industrie wurde forciert aufgebaut, ohne daß es ein angemessenes landwirtschaftliches Mehrprodukt zu ihrer Stützung gegeben hätte, sie wurde bewußt und absichtlich entwickelt von politischen Führern, die nicht rasch genug Resultate sehen konnten und die lediglich die Oberflächenerscheinungen der westlichen Volkswirtschaften kopierten, von den Prozessen, die zu ihrer Entstehung geführt hatten, aber nichts wußten. Eine weitere Gesellschaft, die in etwa der gleichen Weise den Aufbau der Industrie forcierte, war Sowjet-Rußland, und dort konnte die Industrialisierung nur durch schlimmste Leiden für die Landbevölkerung erreicht werden. Die große Industrie wurde entwickelt, bevor die kleine Industrie in jedem einzelnen Land einen selbständigen Bestand an Wissen und Können zuwege gebracht hatte, auf dem diese Entwicklung hätte aufbauen können.

So wurde denn der moderne Sektor ins Nest gelegt wie ein Kuckucksei, kaum geschlüpft, begann er schon die frischgeschlüpften Eingeborenen aus dem Nest zu werfen und sich mit Hilfe der unermüdlich Futter heranschaffenden Eltern dick und fett zu fressen. Dieser schmarotzerhafte Sektor wurde in den Städten angesiedelt. Die – von den Herrschenden künstlich aufgebauten – riesengroßen Einkommensunterschiede zwischen diesem Sektor und dem verarmten Land zogen die Menschen weit vor der eigentlichen Zeit in die Städte. Die Städte der Dritten Welt wuchsen zahlenmäßig bei weitem schneller als die Industrie.

Gleichzeitig schwoll der Kopf des Untiers, der Tertiärsektor, über alle Maßen an. 1960 bestand in den entwickelten Regionen ein Verhältnis von einem Industriearbeiter zu einem Beschäftigten im Dienstleistungsbereich. Lediglich in Asien sind diese beiden Bereiche gegeneinander ausbalanciert. In Lateinamerika und in Afrika kommen auf zwei Industriearbeiter drei Beschäftigte im Dienstleistungssektor. Dieses verfrühte Anschwellen des Dienstleistungsbereiches war auf zwei weitere Bedingungen zurückzuführen: zum ersten darauf, daß der Verwaltungsapparat übergroß ausfiel und daß die dort Beschäftigten, gemessen an der wirtschaftlichen Kapazität, die vonnöten gewesen wäre, ihn ohne Opfer zu tragen, überbezahlt wurden; zum zweiten darauf, daß die zugewanderten Massen, die von der Industrie nicht beschäftigt werden konnten, in der Hausiererei, in der Prostitution und ähnlichem Zuflucht suchten.

Neben all diesen Unausgewogenheiten nahm die Bevölkerung mit rasendem Tempo zu und fügte all den anderen Beschwernissen noch weitere Schwierigkeiten hinzu. Die Bevölkerung wuchs schneller als die abhängig arbeitende Bevölkerung. Das Lohnverhältnis entstand nicht in organischer Weise aus diesen Gesellschaften heraus, sondern es wurde ihnen aufgezwungen, bevor sie dafür reif waren. Die Zunahmen der landwirtschaftlichen Produktivität wurden so immer gleich vom übermäßigen Bevölkerungszuwachs aufgefressen.

Es gibt fünf grundlegende Unausgewogenheiten, die für eine Entwicklungswirtschaft typisch sind: industrielle Entwicklung ohne angemessene landwirtschaftliche Entwicklung; Aufbau von Großindustrie ohne vorherige Entwicklung kleinerer Industrie; die Verstädterung vollzieht sich schneller als die Industrialisierung; die Dienstleistungen nehmen zu rasch zu im Verhältnis zur produktiven Grundlage von Landwirtschaft und Industrie; und die Bevölkerung wächst weit schneller als die Zahl der neugeschaffenen Arbeitsplätze.

Vier dieser fünf Punkte sind der diskriminierenden Regierungspolitik zur Last zu legen: nicht einfach nur der Stadtvoreingenommenheit, sondern allgemeiner: der Voreingenommenheit gegen alles, was nicht auf dem neuesten Stand ist, was nicht «fortschrittlich», westlich ist – der Voreingenommenheit gegen den landwirtschaftlichen Bereich, aber auch gegen den Bereich der Armen in der Stadt, denn das Ziel waren glitzernde neue Städte und Fabriken. Mit anderen Worten, innerer Kolonialismus der Verwestlichten über die Nicht-Verwestlichten.

Mittlerweile ist es soweit gekommen, daß die Prioritäten auch schon anders gesetzt werden. Einige Regierungen und die meisten Organisationen der Vereinten Nationen, aber auch andere Institutionen wie die Weltbank merken nun, daß die Waage sich stärker zur Entwicklung der Landwirtschaft und zur Anhebung der Einkommen der Armen aus Stadt und Land hin neigen muß. Die Mehrheit jedoch scheint nur geringe Korrekturen an ihrem Traum von der Errichtung kleiner westlicher Konsumgesellschaften auf tropischem Boden zulassen zu wollen.

VIERTER TEIL

Das verlorene Volk: Die Unterentwicklung des Menschen

«Durch mich geht man hinein
zum ewigen Schmerze,
Durch mich geht man zu dem
verlornen Volke.»
Inschrift über dem Höllentor

Dante, Inferno,
Dritter Gesang, 2–3

13. Die Sünden der Väter: Wie es zur Unterentwicklung der Menschen kommt

Franciscos Mutter Fatima ist klein für ihr Alter. Man sieht, daß sie schwach ist, sie scheint irgendwie abwesend, dennoch regen die Kinder sie leicht auf. Lange Jahre der Schwangerschaft und der Menstruation haben ihr zusammen mit einer von der Armut diktierten eisernen Diät aus Mais eine chronische Anämie angehängt. Jaime, ihr Mann, ist ein landloser Landarbeiter mit geringem und unregelmäßigem Einkommen, das gerade ausreicht, um sie am Leben zu halten und nicht nackt herumlaufen zu lassen. Niemand von ihnen hat genug zu essen, und wenn es nicht reicht, was auf den Tisch kommt, geht Fatima eben leer aus, selbst wenn sie schwanger ist. Und das kommt oft vor, da das Ehepaar keinerlei Verhütungsmittel benutzt. Sie hatten zehn Kinder, sechs davon haben es geschafft, das Erwachsenenalter zu erreichen.

Fatima machte mehrere Abschnitte der Unterernährung durch, als sie mit Francisco schwanger ging. Zu Zeiten fand Jaime keine regelmäßige Arbeit, so daß alle Hunger leiden mußten. Fatima litt auch ein paarmal unter akuter Überbelastung und Angstzuständen, als Jaime sie schlug. Francisco erlitt wahrscheinlich seinen ersten Anfall von geistiger und körperlicher Wachstumshemmung schon, bevor er das Licht der Welt erblickte.

Er wurde mit Untergewicht geboren, und sein Gehirn war schon bei der Geburt kleiner als normal. Während der ersten Monate gab ihm seine Mutter die Brust, und er hatte nur wenige Infektionen, da er zum Teil von Antikörpern in der Muttermilch geschützt wurde. Dann wurde er mit dünnen Breichen und Suppen gepäppelt, der Brust entwöhnt und auf mit verschmutztem Brunnenwasser verdünnte Kondensmilch gesetzt. Seine Ernährung war unzureichend. Er bekam nun immer häufiger Infektionen, Fieber, Bronchitis, Masern und regelmäßige Anfälle von Magen- und Darmverstimmung. Bei wohlgenährten Kindern gehen solche Erkrankungen innerhalb weniger Tage vorüber, doch bei Francisco dauerten sie Wochen, manchmal sogar einen Monat oder länger. Während dieser Zeit konnte er keine Milch bei sich behalten und nur wenige feste Speisen zu sich nehmen, deshalb erhielt er nur leichte Brühe, Tee oder Zuckerwasser. Inzwischen hatte er schon 25 Prozent Untergewicht. Auf Grund seiner Unterernährung wurde er noch anfälliger für Infektionen, und jedesmal, wenn er krank war, verlor er den Appetit und aß noch weniger. Dann bekam er eine Bronchitis, die sich zu einer Lungenentzündung auswuchs. Fatima borgte sich von Verwandten Geld, ging in die Stadt und holte ihm Antibiotika.

Das rettete ihm das Leben. Doch durch die Unterernährung war er ständig irgendwie abwesend und apathisch. Seine Mutter hatte wenig Freude, wenn sie mit ihm spielte. Also spielte sie kaum noch mit ihm, und so erhielt er wenig Anregung, obwohl sein Gehirn sie zu seiner richtigen Entwicklung besonders gebraucht hätte. Als er älter wurde, bekam er nicht mehr ganz so oft Infektionen, doch als er dann mit acht Jahren zur Schule gehen sollte, war er schon etwa ein Jahr hinter der normalen körperlichen und zwei Jahre hinter der normalen geistigen Entwicklung zurückgeblieben. Die Schule war ohnehin nicht sonderlich gut, hatte nur drei Klassen, keinerlei Ausstattung, und der Lehrer war auch nur schlecht ausgebildet. Da Francisco ständig daran dachte, ob und was er denn den Tag über essen würde, war er abgelenkt, konnte sich nicht konzentrieren und schien dem Unterricht und den Hausarbeiten wenig Aufmerksamkeit zu widmen. Der Lehrer bestätigte, daß der Junge ein langsamer Lerner sei, und es hatte nicht den Anschein, als ob er Rechnen, Lesen und Schreiben kapieren würde. Da die Familie arm war, wollten die Eltern nicht, daß er noch länger zur Schule ginge. Er war in der Schule ohnehin so schlecht, daß es keinen Zweck zu haben schien. Ein Jahr blieb er in der Schule, dann war er drei Jahre weg und half einem Onkel auf dessen Farm, danach ging er noch mal ein Jahr zur Schule, und schließlich gab er es ganz auf, da konnte er gerade ein paar Buchstaben lesen und schreiben. Und das bißchen, das er gelernt hatte, vergaß er bald wieder. So fing er denn an, wie sein Vater über die umliegenden Güter zu ziehen und nach Arbeit zu fragen. Ohne irgendwelche Ausbildung oder Fertigkeiten würde er wohl kaum jemals etwas anderes tun. Und da es so viele gab, denen es so oder ähnlich ging, war die Bezahlung schlecht. Mit 22 heiratete er Graciela, ein Mädchen aus der Gegend, das erst fünfzehn Jahre alt war. Sie hatte auch an Unterernährung gelitten und war ebenfalls Analphabetin. Bald war sie schwanger und mußte einen anderen Organismus in ihrem Bauch miternähren, bevor sie selbst voll entwickelt war. Graciela hatte von einer Freundin etwas über Familienplanung gehört, doch wollte Francisco nicht, daß sie davon Gebrauch mache, außerdem wußte sie selbst nicht recht, ob sie es wollen sollte. Mit 25 Jahren hatte Graciela dann schon fünf Kinder und zwei Fehlgeburten. Die Kinder hatten alle Aussichten, genauso aufzuwachsen wie Francisco und Graciela, mit zu vielen anderen, unterernährt, mit schlechter Gesundheit und ohne lesen und schreiben zu lernen.

An Franciscos Fall wird die vielleicht größte Tragödie der Armut in der Dritten Welt deutlich: die Unterentwicklung der Menschen selbst. Arme Leute erreichen niemals ihre volle menschliche Schaffenskraft, weder in bezug auf ihre körperliche Stärke noch auf ihre Intelligenz und ihr Wohlbefinden. Sie sind in einem Muster einander überschneidender Teufelskreise gefangen. Übervölkerung bringt Armut hervor, die Hunger macht. Hunger führt zu Krankheit und Krankheit zu Unterernährung. Eine Spirale, die entweder mit dem Tod oder mit ständiger Untauglichkeit endet. Für das Gehirn kommt dabei immer ein Mangel an Ernährung und Anregung heraus, und dann auch Mißerfolg in der Schule. Dies wiederum führt zu schlecht bezahlter Arbeit und zu mehr Armut. Die Stellung der Frau in den meisten nichtsozialistischen Entwicklungsländern verschlimmert alle diese Behinderungen noch. Frauen spielen die Hauptrolle bei der Fortpflanzung, der Ernährung, der Gesundheitspflege und der Erziehung der Kinder. So wird ihre viel zu starke Arbeitsbelastung und ihr Mangel an Bildung und praktischen Kenntnissen über den Tatbestand hinaus, daß dies für sie selbst ein großes Handicap ist, zu einer ernsthaften Bedrohung für ihre heranwachsenden Kinder, dadurch wird nicht nur ihr eigenes Leistungsvermögen geschmälert, sondern auch das Einkommen für die ganze Familie. Die größte Tragik liegt also darin, daß der unterentwickelte Mann und die unterentwickelte Frau auch unterentwickelte Nachkommen haben. Die Sünden der Väter gehen so auf ihre Kinder über. Armut wird erblich.

Und sie bringt nationale Armut hervor. In früheren Kapiteln haben wir die Unangemessenheit und Fehlleitung von Investitionen in physisches Kapital auf dem Land, in den Städten und in bezug auf Arbeitsplätze betrachtet. Doch ist das menschliche Kapital eines armen Landes ebenso wichtig, wenn nicht sogar wichtiger. Unterernährung, Krankheiten und Unwissen schaffen schwache, schlecht ausgebildete Arbeitskräfte, deren Leistungsvermögen nicht ausreicht, um einen Überschuß hervorzubringen, und deren Ausbildung nicht reicht, um ihre Leistung zu verbessern.

Investitionen in Menschen können eine ebenso hohe Gewinnrate erbringen wie Investitionen in Maschinen. Ein wohlgenährter und gesunder Arbeiter kann weit mehr produzieren als das bißchen, was es kostet, ihn wohlgenährt und gesund zu erhalten. Ein Landarbeiter kann viel mehr aus dem Boden herausholen, wenn man ihm beigebracht hat, mit welchen Techniken das am besten geht. Die Industrie kann rascher expandieren, wenn das Bildungswesen sie mit der richtigen Mischung ausgebildeter Arbeitskraft versorgt. Mehr als jeder andere Faktor für sich alleine genommen kann eine angemessene, praktisch anwendbare Ausbildung die Menschen in die Lage versetzen, ihre eigene Umwelt zu verändern. Auch Bevölkerungsprobleme sind eine Investition in menschliches Kapital. Damit wird sichergestellt, daß weniger Kinder in größeren Abständen gezeugt werden, so daß ein jedes eine größere Chance hat, seine Fähigkeiten zu entfalten. Programme, die den Frauen ihr Los erleichtern und ihnen helfen, verbessern auch die Pflegemöglichkeiten für die Kinder und tragen zu einer Hebung der Produktivität in solchen Beschäftigungszweigen bei, wo Frauen eine wichtige Rolle spielen, also auch in der selbstversorgerischen Landwirtschaft und bei Handwerkern.

In den nächsten fünf Kapiteln werde ich mich mit dem Zustand der menschlichen Reserven in den Entwicklungsländern beschäftigen, mit der Bevölkerung, der Ernährung, der Bildung und Ausbildung und mit der Stellung der Frau. Alle fünf Bereiche sind auf das engste miteinander verbunden, wie die Geschichte von Fatima, Jaime, Francisco und Graciela gezeigt hat. Verbunden sind sie auch mit der Entwicklung von Landwirtschaft und Industrie und mit der Verteilung von Wohlstand und Macht, der ich mich im Schlußabschnitt zuwenden werde.

In jedem Bereich stehen die Entwicklungsländer anfangs vor ungeheuren Problemen. Doch die Art und Weise, mit der diese Probleme angegangen worden sind, hat bisher die Armut nicht zu lindern vermocht, dafür aber um so mehr zur Vergrößerung der Ungleichheit beigetragen. Bis vor kurzem wurden Frauen besonders vernachlässigt, und alle Vorteile der Entwicklung flossen den Männern zu. Bei der Ernährung hat die bloße Produktionsmenge im Mittelpunkt gestanden, die Hauptfrage, wie die Nahrungsmittel zu verteilen seien, blieb unbeachtet. Bei der Gesundheit und der Bildung wurden (wie zuvor beim Wohnungsbau und bei der Industrie) unangemessene westliche Modelle übernommen, wodurch die privilegierte Minderheit den Nutzen davontrug, während die in Armut lebende Mehrheit unbeachtet blieb. Ganz im Sinne des Gleichnisses, nach dem gegeben werde dem, der hat, wurde die Stellung der Privilegierten gestärkt und die Stellung der Unterprivilegierten weiter geschwächt, bis zu dem Punkt, wo die Armen Gefahr laufen, eine erbliche Kaste zu werden, so daß ihre Armut bis in die dritte und vierte Generation übertragen wird.

14. Der Zauberlehrling: Die Bevölkerung

«Gott hat die Frauen dazu geschaffen, Kinder zu kriegen. Ein Baum, der keine Früchte trägt, sollte gefällt werden.»

Jiuseppa Soares Acosta

Die Hütte von Maria Nazaré de Souza steht im Nordosten Brasiliens. Steif sitzt sie vor ihrer Hütte auf einem Stuhl ihrer Nachbarin – einen eigenen hat sie nicht – und blinzelt in das Blitzlicht des Fotografen. Zu ihrer Rechten und zu ihrer Linken hat sie ihre Kinder aufgereiht. Sechs stehen steif und förmlich neben ihr. Die beiden jüngsten, zwei und drei Jahre alt, können nicht gehen und stehen, daher sitzt eines auf dem Schoß Marias, das andere auf dem Arm einer Schwester.

Maria wäre hübsch, wenn ihre Wangen nicht eingesunken wären vom Fasten und ihre Augen nicht so starr blickten, weil sie sich jede Nacht in den Schlaf weint. Sie trägt ein kurzes schwarzes Kleid, das sich über dem schwellenden Bauch vorwölbt; denn Maria ist im siebten Monat schwanger. Schwarz trägt sie, weil sie in Trauer ist. Ihr Mann starb vor drei Tagen, er war erst 45 Jahre alt. Er hatte sich beim Roden eines Stücks Land ins Bein gehauen, und die Wunde war vom Wundbrand befallen worden. Er war nur Tagelöhner gewesen und hatte ganze 15 Cruzeiros (etwa 1,20 Dollar) pro Tag verdient an den zwei oder drei Tagen in der Woche, an denen er Arbeit finden konnte. Einen Arzt konnten sie sich nicht leisten.

Der Dorfbürgermeister brachte den Fotografen mit. Er will versuchen, ein Foto von ihr in die Zeitung zu setzen und eine Sammlung zu organisieren. Maria würde von dem abhängig sein, was die Leute ihr gäben. Ihr ältester Junge ist vierzehn Jahre alt, und er würde jetzt wie ein Mann arbeiten müssen, um die Familie nach Möglichkeit zu ernähren, doch würde es bestimmt noch einige Jahre dauern, bis er auch den Lohn eines Mannes fordern könnte. Wie kann sie mit all den Kindern rumkommen, fragt sie sich. Es reichte schon kaum, als ihr Mann noch lebte, und ihr Mann war stark. Ein Gefühl äußerster Hilflosigkeit und Verlassenheit überkommt sie, sie kommt sich vor wie ein Stück Treibholz in der Flut. An der Schulter ihrer Nachbarin bricht sie zusammen und weint.

Selbst für die Frauen, die einen Mann haben, ist das Leben schwer. Anderthalb Kilometer weiter sitzt Iracema Gomez im Schatten des überstehenden Dachs ihrer Hütte. Elf ihrer dreizehn Kinder kurven in der warmen Abendluft herum wie ein Schwarm Fliegen. Und eine jugendliche Tochter, die selbst schon Kinder bekommen könnte, kümmert sich um den jüngsten Nachwuchs. Iracema kann sich wenig um die Kleinsten kümmern, obwohl sie doch ihr ganzes Leben damit verbringt, Kinder zu bekommen und sie großzuziehen. Ihr untersetzter, drahtiger Mann, Francisco, ist 45 Jahre alt, Iracema 38. Es bleibt ihr noch Zeit für zwei oder drei weitere Schwangerschaften, vielleicht auch für mehr. Ich fragte Francisco, ob er noch mehr Kinder wolle. «Bei dreizehn würde ich aufhören, wenn ich könnte», sagte er, «aber ich kann nicht, verstehen Sie. Dazu bin ich noch nicht alt genug. Ich bin noch jung, meine Frau ist noch jung, was soll ich machen? Da kann man nichts machen. So kommt dann alle dreizehn Monate oder alle siebzehn Monate was Kleines. Na ja, ich sage immer, so zeigt sich, daß bei mir noch alles richtig funktioniert.»

Familien mit zweistelligen Kinderzahlen sind im Nordosten Brasiliens etwas ganz Normales. Die Mütter aus den Landgebieten des Bundesstaates Rio Grande do Norte haben im *Durchschnitt* mehr als sieben lebende Kinder. Ein Viertel der Frauen kommt auf zehn und mehr Kinder, und zwar ohne die toten Kinder mitzuzählen. Frauen wie Luisa Gomez, klein und schwach, 39 Jahre alt, trifft man oft. Sie heiratete mit vierzehn. Seitdem ist sie sechzehnmal schwanger gewesen, alle achtzehn Monate einmal. Die Hälfte ihres Erwachsenenlebens ist sie schwanger gewesen, und während der anderen Hälfte hat sie den jeweils jüngsten Nachwuchs gestillt. Von den sechzehn Kindern leben nur noch sechs. Drei wurden tot geboren und sieben starben im ersten Lebensjahr. Zehn Schwangerschaften umsonst. Siebeneinhalb Jahre, in denen ihr ohnehin schwacher Organismus ausgezehrt wurde, für nichts. Für weniger als nichts, bedenkt man all die Angst, die Sorge, die Zuwendung und den Kummer.

So geht das Leben dahin. Bevor das erste Kind auf den Füßen stehen kann, ist das nächste schon unterwegs. Ohne irgendwelche arbeitsparenden Geräte wird die Hausarbeit so zu einer niederdrückenden Last. Wenn sie für die Familie das Essen zubereitet, dann ist es, als kochte sie für eine Werkskantine. Und mit jeder neuen Geburt schlafft die Figur weiter ab, die Brüste hängen noch mehr, und es entwickelt sich ein Bauch, der die Frauen auch schwanger erscheinen läßt, wenn sie es gar nicht sind. Privatsphäre, Zeit für sich selbst oder gar Zeit, sich ein bißchen auszuruhen, das ist unerhörter Luxus, von dem man nicht einmal zu träumen wagt. Kinderkriegen und Kindergroßkriegen, so wird es jedem Mädchen erzählt, das ist die einzige Aufgabe der Frau. Würde sie an etwas anderes glauben, so wäre sie zur Verzweiflung verdammt. Daher akzeptiert die Frau diese Vorstellung – und gibt sie an ihre Töchter weiter.

Sterblichkeitskontrolle ohne Geburtenkontrolle

So sieht die Wirklichkeit der Bevölkerungsexplosion für die Menschen aus, nicht nur in Brasilien, sondern auch in Bangladesh, in Ägypten, Nigeria. Überall wo die Zuwachsraten hoch liegen, sind die Familien arm, und das Leben der Frauen ist eingeschränkt und armselig.

Die blanken Zahlen sind nicht weniger unbequem: Zur Jahrhundertwende lebte in den Entwicklungsländern knapp mehr als eine Milliarde Menschen. Die zweite Milliarde kam in den darauffolgenden 60 Jahren hinzu. Die Drei-Milliarden-Marke wurde 1977 überschritten. 1980 lebten von 4,415 Milliarden Menschen auf der ganzen Welt 3,284 Milliarden in den Entwicklungsländern.

Die Wachstumsgeschwindigkeit hat also erheblich zugenommen. Anfang des 20. Jahrhunderts wuchs die Bevölkerung in den Ländern der heutigen Dritten Welt nur um 0,5 Prozent jährlich. Zwischen 1920 und 1950 betrug die Rate dann 1 Prozent im Jahr. Seitdem ist die Wachstumsrate nach oben geschossen: auf 2 Prozent zwischen 1950 und 1955 und 2,27 Prozent zwischen 1955 und 1960. Zwischen 1960 und 1965 erreichte die Wachstumsrate einen Höhepunkt von 2,35 Prozent und ging danach dann langsam zurück. Für die Jahre 1980 bis 1985 wird mit einer Rate von 2,17 Prozent jährlich gerechnet, und bis zum Ende des Jahrhunderts geht sie möglicherweise bis auf 1,84 Prozent im Jahr zurück.

In der Zwischenzeit sind die Wachstumsraten der entwickelten Länder nur langsam zum Stillstand gekommen. Auf Grund dessen lebt ein immer größerer Teil der Weltbevölkerung in den armen Ländern. Um 1960 machte sie zwei Drittel der gesamten Weltbevölkerung aus. 1980 belief sich dieser Anteil schon auf gut drei Viertel, und nach dem Jahr 2000 werden die Entwicklungsländer vier Fünftel der Menschheit umfassen.

Die Bevölkerungsexplosion ist keineswegs auf ein Hochschnellen der Geburtenrate zurückzuführen, vielmehr auf einen erheblichen Rückgang der Sterberate.

Europa erlebte seine eigene etwas mildere Version dieses Sachverhalts während der industriellen Revolution. Seit der ersten Agrarrevolution hatte die Bevölkerung Europas fast unmerklich langsam zugenommen, hohen Geburtenraten standen ebenso hohe Sterblichkeitsraten gegenüber. Seit dem 18. Jahrhundert verbesserte sich die Ernährungssituation durch vermehrte Nahrungsmittelproduktion, dann waren auch Fortschritte in der medizinischen Versorgung und in der Medizin selbst zu verzeichnen, so daß seitdem die Sterblichkeitsrate in einem Land nach dem anderen abzunehmen begann. In England beispielsweise sank sie von 35 pro 1000 Einwohner im Jahr 1740 auf 26 pro 1000 im Jahr 1800, 22 pro 1000 im Jahr 1850 und 15 pro 1000 im Jahr 1900. Die Geburtenrate dagegen nahm viel langsamer ab: noch 1870 betrug sie 35 pro 1000, und danach sank sie bis 1910 auf 25 pro 1000 und erreichte erst 1930 die Rate von 16 pro 1000. In allen Ländern der Welt kommt der natürliche Bevölkerungszuwachs durch diese sich immer weiter öffnende Kluft zwischen abnehmender Sterblichkeitsrate und langsamer sinkender Geburtenrate zustande. Schließlich ist dann auch die Geburtenrate soweit gesunken, daß sie mit der Sterberate gleichauf liegt, so daß sich das Bevölkerungswachstum einpendelt. Dieser Vorgang wird als demographischer Übergangsprozeß bezeichnet, und er kann sehr lange dauern – in England dauerte er rund 200 Jahre.

Die Dritte Welt steckt seit gut zwei Jahrzehnten mitten in ihrem demographischen Übergangsprozeß, der unendlich viel traumatischer verläuft als der des Westens. Und in den meisten Ländern der Dritten Welt wird dieser Prozeß nach den optimistischsten Prognosen noch mindestens 70 Jahre anhalten. Von den entwickelten Ländern hat keines derart hohe Raten zu verzeichnen gehabt, im Höchstfall einen Zuwachs von 1 bis 1,5 Prozent. Das westliche Bevölkerungswachstum überstieg selten die Möglichkeiten der Landwirtschaft zur Nahrungsmittelerzeugung und die Kapazität der Industrie zur Aufnahme neuer Arbeitskräfte. Die Industrialisierung Europas im 19. Jahrhundert wurde von einem Bevölkerungswachstum von nur 0,6 Prozent pro Jahr begleitet, und selbst dann exportierte Europa noch einen großen Bevölkerungsüberschuß nach Nord- und Südamerika und nach Südasien.

Das Bevölkerungswachstum im Westen entstand organisch aus seinen inneren Verhältnissen. Die Dritte Welt hingegen wurde in den demographischen Übergangsprozeß hineingezogen, und ihr wurde der Bevölkerungszuwachs von außen aufgezwungen, bevor sie darauf vorbereitet war.

In der Natur ist überschäumende Fruchtbarkeit ein Segen. Jede Tierart zeugt weit mehr Nachkommen als vermutlich jemals die Reife erreichen. Die hohe Fruchtbarkeit garantiert, daß genügend einzelne durchkommen, um das wertvolle Erbgut jeder Art weiterzureichen und noch zu verbessern, denn durch die natürliche Auslese werden die schwächsten ausgesondert. Die Zahlen bleiben auf lange Zeiträume gesehen stabil, wozu weniger die einzelne Tierart selbst als das gesamte Ökosystem, ihre großen und kleinen natürlichen Feinde, Raubtiere und Krankheiten beitragen. Werden diese natürlichen Kontrollmechanismen beseitigt, kann es zu Bevölkerungsexplosionen und ökologischen Katastrophen kommen.

In den traditionellen menschlichen Gesellschaften werden die Zahlen durch Kriege, Hungersnöte und Epidemien im Gleichgewicht gehalten. Vor der Entstehung der Nationalstaaten konnte eine Gruppe, die rascher wuchs als ihre Nahrungsmittelversorgung, sich aufmachen und auswandern oder sich auf Kosten ihrer Nachbarn ein Stück zusätzlichen Lebensraums erobern. Dann kamen die Kolonialmächte und brachten diese Regelmechanismen durcheinander. Stammeskriege und Auseinandersetzungen zwischen einzelnen Fürsten wurden zum Nutzen eines ordentlichen Handels unterdrückt und eine *pax colonialis* aufgezwungen. «Barbarische» Bräuche wie Kindesermordung, Blutrache und Sati – die Selbstverbrennung der Hindu-Witwe auf dem Scheiterhaufen ihres verstorbenen Gatten – wurden durch die Herrschaft westlicher Gesetze ausgerottet. Straßen und Schienenwege wurden gebaut, die den Transport überflüssiger Nahrungsmittel aus einer Region in eine unter Hungersnöten leidende Region ermöglichten. In Indonesien und Indien wurden Bewässerungssysteme eingerichtet, durch die mit der Nahrungsmittelproduktion auch die Bevölkerungszahlen in die Höhe getrieben wurden – in Java war die 1800 noch 5 Millionen zählende Bevölkerung nur ein Jahrhundert später auf 30 Millionen angewachsen.

All diese Faktoren brachten die Dritte Welt in ihre ersten Stadien eines demographischen Übergangsprozesses, lange bevor irgendwelche bedeutenden medizinischen Fortschritte gemacht worden waren. Doch war es die Medizin, die die Bevölkerungswachstumsraten auf so verheerende Weise beschleunigte. Nach dem Zweiten Weltkrieg reihte sich eine neue Medizintechnologie in die Kampffront gegen die Krankheiten ein. Zunächst waren es die Sulfonamide, dann Antibiotika, die bis zu den Leuten durchsickerten, wozu allerdings weniger die jeweiligen Gesundheitsdienste beitrugen, die den größten Teil der Bevölkerung nicht erreichten, als vielmehr die Dorfapotheker. Gegen Malaria-übertragende Mücken kam DDT in Gebrauch, Impfkampagnen schützten viele Kinder gegen die uralten tödlichen Kinderkrankheiten.

Als Ergebnis sanken schlagartig die Sterblichkeitsraten der Dritten Welt. Von rund 35 pro 1000 Einwohner unmittelbar vor dem Zweiten Weltkrieg (dem Stand Englands zwei Jahrhunderte zuvor) fielen sie auf 16 pro 1000 Ende der sechziger Jahre. In nur 30 Jahren wurde die Sterblichkeit um mehr als die Hälfte verringert. In England dauerte der gleiche Vorgang gut eineinhalb Jahrhunderte. Währenddessen bewegten sich die Geburtenraten weiter auf dem alten hohen Niveau: 42 pro 1000 während der Jahre 1950 bis 1955, zehn Jahre danach leicht darunter noch immer bei 40 pro 1000 und in der ersten Hälfte der siebziger Jahre bei 37,5 pro 1000.

Sterblichkeitskontrolle ohne Geburtenkontrolle: das ist, auf eine Kurzformel gebracht, das Bevölkerungsproblem der armen Länder gewesen.

Es ist nur natürlich, daß die Geburtenraten soviel länger als die Sterberaten brauchen, um zu fallen. Die Sterberaten sinken durch den Einfluß äußerer Faktoren, die außerhalb der Kontrollmöglichkeiten einzelner Personen liegen. Um jedoch die Geburtenraten zum Sinken zu bewegen, müssen die Menschen erst einmal ihr eigenes Verhalten ändern und aus ihnen in Jahrhunderten nahezu angeborenen Verhaltensmustern herauswachsen. Politische Revolutionen können über Nacht ablaufen, technologische Revolutionen tragen sich in wenigen Jahren zu, doch soziale Revolutionen brauchen Jahrzehnte. Die zuweilen fatale Zeitverschiebung dazwischen bezeichnet man als kulturelle Lücke. Die Menschen in der Dritten Welt entwickelten ihre gesellschaftlichen Verhaltensweisen und Mechanismen zur Ermutigung hoher Geburtenraten aus einem besonderen Grund: als Ausgleich für die hohen Sterblichkeitsraten und insbesondere für die hohe Kindersterblichkeit. Ende der dreißiger Jahre unseres Jahrhunderts erlebten von 1000 Lebendgeborenen 230 Kinder nicht ihren ersten Geburtstag. Noch heute liegt die Kindersterblichkeit in vielen afrikanischen Ländern bei 180 pro 1000 oder höher, und in den ärmsten Gegenden können Hunger und Krankheiten bis zur Hälfte der noch nicht Einjährigen dahinraffen. Angesichts dieses schweren Tributs zeugen die Paare zusätzliche Kinder, denn sie wissen, daß viele am Wegesrand zurückbleiben werden. «Die beiden ersten sind für die Krähen», sagt ein altes iranisches Sprichwort. Und die Chinesen haben ihre eigene Version: «Ein Sohn ist kein Sohn, zwei Söhne sind ein unzuverlässiger Sohn, und erst drei Söhne kann man als einen wirklichen Sohn rechnen.»

Die Aufrechterhaltung hoher Geburtenraten wird nicht dem Zufall überlassen. Verschiedene Wege, sie zu garantieren, sind in die Gesellschaftsstruktur eingewebt: etwa durch frühe Heirat, Hochachtung der weiblichen Fruchtbarkeit, Männlichkeitsvorstellungen. Solche Erwartungsmuster werden jedem heranwachsenden Kind eingebleut, und nur wenige können aus solchen Vorstellungen ganz herauswachsen. Es kann eine Generation und länger dauern, solche Verhaltensmuster zu verändern.

Die Wachstumsstrategie – oder: Warum die Leute große Familien wollen

> «Achtzehn Göttinnen vergleichbare Töchter sind nicht soviel wert wie ein Sohn mit einem Buckel.»
>
> Chinesisches Sprichwort

Es gibt einen beunruhigenden Grund dafür, daß die Geburtenraten in den meisten Ländern Süd-Asiens, Afrikas und des Mittleren Ostens nicht gesunken sind: Die Leute wollen nämlich große Familien, und sie glauben, daß dies in ihrem Interesse liegt. Zu oft begegnet man der Annahme, Leute, die außerhalb der Reichweite von Kliniken, Kondomen und Pillen leben, seien wie die Kaninchen und würden in ihrer Hilflosigkeit unübersehbare Mengen von Nachkommen zeugen. Das stimmt keineswegs. Jede Kultur verfügt über irgendeine Methode der Familienplanung, sei es nun Abtreibung, Kindestötung, lange Stillzeiten oder solche auf der ganzen Welt bekannten Methoden wie Coitus interruptus und Enthaltsamkeit. Mit diesen Mitteln drückten die Menschen in den Ländern Europas allmählich die Geburtenraten, lange bevor gefühlvolle Präservative und die Anti-Baby-Pille in Gebrauch kamen. Selbstverständlich sind diese Mittel nicht ganz und gar verläßlich: Sie verlangen ein erhebliches Maß an Selbstkontrolle, und Menschen sind nun einmal Menschen. So kann es schon vorkommen, daß ab und zu mal ein Kind außer der Reihe dabei herauskommt. Doch der Umstand, daß diese Methoden nicht in breiterem Umfang angewandt werden, deutet auf einen allerdings unangenehmen Schluß hin: daß die Leute ihre Familien planen. Und daß sie große Familien planen.

Untersuchungen über die Vorstellungen von Ehepaaren über die ideale Familiengröße kommen in vielen Gegenden häufig zu alarmierenden Ergebnissen. Bei Untersuchungen in *entwickelten* Ländern, die während der sechziger und siebziger Jahre durchgeführt wurden, gaben die Frauen im Durchschnitt an, für sie liege die ideale Familiengröße bei zwei bis dreieinhalb Kindern, und der Anteil der Frauen, die gerne fünf oder mehr Kinder gehabt hätten, überschritt nirgends 9 Prozent. Bei Untersuchungen in der Dritten Welt reichte die Bandbreite der idealen Familiengrößen von niedrigen 3,8 Kindern im ländlichen Thailand über vier und fünf Kinder in Chile, Indonesien, Korea und den Philippinen bis zu 5,1 Kindern in Malaysia. Der Anteil derjenigen, die fünf und mehr Kinder wollten, lag zwischen 21 Prozent in Taiwan und 66 Prozent in Indonesien. Die afrikanischen Frauen wollten die meisten Kinder: Ihre ideale Familiengröße reichte von 5,7 Kindern in Nigeria über 7,5 Kinder im ländlichen Ghana bis zu 9,4 Kindern bei einer Untersuchung in Kenia. Der Anteil derjenigen, die fünf oder mehr Kinder wollten, reichte in afrikanischen Untersuchungen von 61 bis 100 Prozent.

In diesen Gegenden blicken die Männer neidvoll auf den Vater, der zwei oder drei kräftige Söhne hat, und die Frauen sind eifersüchtig auf deren Mutter, denn solche Familien verfügen oft über zusätzliche Macht, Wohlstand und eine angesehene Stellung. Das Absinken der Kindersterblichkeit hat nun jedem unversehens die Möglichkeit verschafft, sich so zahlreich zu vermehren wie diejenigen, die sie bisher beneideten. Nur, wenn *alle* auf den Zehenspitzen stehen, kann keiner besser sehen.

Überall in diesen Kulturgebieten ist die Großfamilie so etwas wie eine private Aktiengesellschaft, mit deren Hilfe die Bedürfnisse und Absichten ihrer Angehörigen erfüllt werden, und zwar normalerweise, wie im Wirtschaftsleben, in Konkurrenz mit anderen Aktiengesellschaften. Im traditionellen Kampf um Land und Macht haben die größeren Aktiengesellschaften auch eine bessere Gewinnchance. Im größten Teil Afrikas bekommt ein Mann mit drei oder vier Söhnen auch mehr Land zur Bearbeitung zugewiesen. Der größere Überschuß, der so erwirtschaftet werden kann, erlaubt ihm, eine zweite oder gar noch eine dritte Frau zu heiraten, und diese werden miteinander darum konkurrieren, welche mehr Söhne gebären kann. Wie IBM oder General Motors verfolgt ein Mann so eine Wachstumsstrategie, doch akkumuliert er statt Kapital Menschen. Als Oberhaupt eines großen Heeres kann er seinen Einfluß und seine Machtmöglichkeiten in der Gemeinschaft beträchtlich steigern.

In Asien und in der arabischen Welt ist das Leben noch mehr Konkurrenzkampf, hier wird mit Zähnen und Klauen gekämpft. Streit um Landmarkierungen, Wasserrechte, Schulden ist gang und gäbe. Bevor sie sich auf die korrupte Polizei oder auf Gerichte verlassen, die dann unter Umständen doch gegen sie entscheiden, nehmen die Leute einfach das Recht in ihre eigenen Hände. In einer solchen Lage sind Söhne potentielle Kämpfer bei Cliquenfehden. Und je mehr Kinder man hat, um so mehr Bündnisse kann man, durch Heirat etwa, mit anderen Familien eingehen, deren Mittel, Wohlstand oder Macht als willkommene Ergänzung der eigenen gesehen werden.

Es gibt gute Gründe wirtschaftlicher ebenso wie soziopolitischer Natur, eine große Familie haben zu wollen. So ist eine der dringlichsten Überlegungen dabei, sich eine Altersversicherung zu verschaffen. In die Sozialversicherung fließen in Entwicklungsländern nur 5 Prozent des Bruttosozialprodukts (in Europa sind es 15 Prozent), und zudem gilt sie größtenteils nur für den modernen Sektor. Einer umfangreichen Untersuchung in mehreren asiatischen Ländern war zu entnehmen, daß die meisten städtischen Mittelschichtfamilien sich nicht auf finanzielle Altersunterstützung durch die Kinder verlassen wollten, während jedoch 62 bis 90 Prozent der armen Familien aus Stadt und Land dies tun würden. In Thailand nannten in ländlichen Gebieten 60 Prozent der Befragten wirtschaftlichen Nutzen als Hauptvorteil, wenn man viele Kinder habe. Nur 14 Prozent gaben auch Glück, Liebe oder Gesellschafthaben als Gründe an.

Kinder sind auch Arbeitskräfte. Die westliche Vorstellung von der Kindheit als einer Zeit des Spiels und der Freiheit von Verantwortung gibt es außerhalb der Eliten in den Entwicklungsländern nicht. Ein heranwachsendes Kind wird schon mit vier oder fünf Jahren zu einem Mini-Erwachsenen. Zunächst wird es mit kleineren Aufgaben betraut, zu denen man wenig Kraft oder Geschicklichkeit braucht. Im Süden Perus hüten melancholische, barfuß laufende Mädchen die Lamas der Familie. In Indien passen die Jungen auf die Kühe auf. Von allen Kindern wird erwartet, daß sie der Mutter jederzeit bei der Hausarbeit oder dem Vater auf den Feldern helfen. In den Städten werden sie zum Hausieren oder Betteln geschickt. Ich habe gesehen, wie kleine Mädchen von acht Jahren um Mitternacht in türkischen Kinos Sonnenblumenkerne verkauften, wie neunjährige Jungen in Nigeria auf Lastwagenparkplätzen Kugelschreiber verkauften, wie zwölfjährige indische Jungen für 13 Cent am Tag Schuhe machten. Mit dreizehn Jahren wird ein Kind Vollmitglied des Arbeitskräftereservoirs. Nach Schätzungen des Internationalen Arbeitsamtes mußten 1979 mindestens 52 Millionen Kinder auf der Welt arbeiten.

Durch die tiefverwurzelten geschlechtsbedingten Ungleichheiten, die es in vielen Teilen der Dritten Welt gibt, kommt es, daß die Söhne bei der Kosten-Nutzen-Rechnung, die Ehepaare im Rahmen ihrer Familienplanung aufmachen, die Töchter bei weitem übertrumpfen. Nach der Hindu-Religion kann nur ein Sohn die Begräbnisriten für die Seele seines Vaters ausführen: Ein rechtgläubiger Mann muß einen Sohn bekommen, sonst läuft er Gefahr, in minderwertiger Form, etwa als Schlange oder Schwein, wiedergeboren zu werden. Fast in allen Kulturen sind es die Söhne, die Namen und Ruf der Familie weitertragen und die Familiengüter erben. In Asien bekommen die Söhne die Aussteuer. Männer verdienen mehr als Frauen – daher bringen Söhne mehr Geld nach Hause, bevor sie heiraten, und können besser für ihre alten Eltern sorgen. So ist es nicht weiter verwunderlich, wenn indische Bräute traditionell mit dem Wunsch begrüßt werden: «Mögest Du Mutter von acht Söhnen werden.»

Denn ein Sohn reicht nicht. Solange die Kindersterblichkeit so hoch ist und noch irgendein Risiko besteht, daß man den einzigen Sohn verliert, muß man zwei Söhne haben. Bei einer Untersuchung im indischen Bundesstaat Gujarat ergab sich, daß die Ehepaare ihre Familienplanung so anlegten, daß in jedem Fall zwei Söhne zur Unterstützung der Eltern im Alter überlebten. Eine Mutter erklärte, die ideale Familie seien zwei Jungen und ein Mädchen, um jedoch sicher zu sein, daß auch zwei Söhne überlebten, konnten sie es sich nicht leisten, weniger als fünf Kinder zu haben, die über die schwierigen Jahre vor dem zehnten Lebensjahr gekommen sind. In jeder Straße im Dorf gab es Familien, in denen alle Söhne gestorben waren, und diese Fälle wurden als warnende Beispiele angeführt. In Gujarat kann sich ein altgewordenes Elternpaar auch auf seine Tochter und deren Mann verlassen, wenn es sein muß, doch wird das dann als über alle Maßen schändlich angesehen, und jede Mahlzeit muß mit tiefster Beschämung bezahlt werden.

«Keine Söhne gibt viele Kinder», heißt ein chinesisches Sprichwort. Die Familie, die anfänglich kein Glück hat, Söhne zu bekommen, muß es so lange versuchen, bis männliche Nachkommen da sind. Die zuvor schon erwähnte Untersuchung in mehreren Ländern Asiens fand heraus, daß ein Drittel der ländlichen Familien auf den Philippinen, zwei Fünftel in Korea und beinahe die Hälfte in Thailand es ganz einfach weiter versucht, mindestens einen Jungen in die Welt zu setzen, gleich, wie viele Töchter dabei in der Zwischenzeit geboren sind. Selbst diejenigen, die es dann irgendwann doch aufgeben wollten, hätten es nur getan, wenn sie zuvor drei oder vier Töchter hintereinander bekommen hätten.

Was aber ist mit den zunehmenden Nachteilen so vieler Kinder, die einem Außenstehenden geradezu ins Auge stechen? So komisch es auch klingen mag, ein Bauer sieht lieber sein Land zu nichts zusammenschrumpfen, wenn es durch Erbschaft aufgeteilt wird, und ein Landarbeiter mit einem armseligen und unsicheren Einkommen leistet sich lieber einen Haufen Kinder. Das alles sind für sie Kosten – doch in den Augen des armen Mannes sieht die Rechnung so aus, daß der Nutzen die Kosten bei weitem überwiegt.

In Khanna im indischen Bundesstaat Pandschab wußten die kleinen Landbesitzer sehr wohl um das Problem der Bodenzersplitterung durch Erbschaft. Doch der Soziologe Mahmut Mamdani von der Harvard-Universität fand heraus, daß sie dies als Problem ihrer Kinder und nicht als ihr Problem sahen. Ihre Hauptsorge galt ihrem eigenen Überleben in der Gegenwart. Sie hatten keinerlei Maschinen und benötigten daher zur Erntezeit reichlich zusätzliche Arbeitskräfte. Zu Hause einen weiteren Sohn großzufüttern, kostete nur ein Viertel von dem, was man einem Arbeiter, den man für die Ernte anstellte, bezahlen mußte. Die Kleinbesitzer hofften auch, sie könnten, wenn ihre Söhne hart arbeiteten oder in der nahegelegenen Stadt einigermaßen gut bezahlte Arbeit bekämen, genug zusammensparen, um noch Land dazuzukaufen. Damit würden sie sich vor dem ständig drohenden völligen Ruin retten können – und auch noch das Problem mit der Zersplitterung ihres Landes lösen. Jeder kannte eine oder zwei Familien, die dadurch, daß sie viele Söhne hatten, jetzt aus dem Schneider waren. Die landlosen Armen, ob in der Stadt oder auf dem Land, sahen in großen Familien ähnliche Vorteile. Je mehr potentielle Lohnempfänger es gebe, um so größer werde auch der Überschuß in der Familie ausfallen, argumentierten sie, denn die fixen Kosten für Miete und Wohnen erhöhten sich ja nicht.

Beide Standpunkte hätten eine gewisse Gültigkeit bei aufstrebender Wirtschaft mit raschen Produktivitätssteigerungen des Bodens. Doch wo, wie in den meisten Ländern der Dritten Welt, das Bevölkerungswachstum den Zuwachs an Beschäftigungsmöglichkeiten in Stadt und Land bei weitem überwiegt, sind sie irrational und gefährlich. Die Arbeiter werden geringere Löhne bekommen, weil es zu viele Arbeitskräfte gibt. Das Land wirft für jede zusätzliche Person, die es bearbeitet, geringeren Gewinn ab. Es handelt sich hier nicht einmal um ein Nullsummen-Spiel, bei dem ein Mann gewinnt, was der andere verliert: Es ist ein Minus-Summen-Spiel, bei dem praktisch alle verlieren.

Bei einer solchen gesellschaftlichen Lage sind Bevölkerungsprogramme meist ohne großen Erfolg geblieben. In der schon erwähnten Stadt Khanna wurde ein intensives Familienplanungs-Programm durchgeführt, das sich sowohl um die entsprechende Information als auch um die Versorgung mit Verhütungsmitteln kümmerte, die an die Haustür gebracht wurden. Die Geburtenrate sank von 40 pro 1000 im Jahre 1957 auf 35 pro 1000 im Jahr 1968, doch führten die Leiter dieses Programms das darauf zurück, daß das durchschnittliche Heiratsalter gestiegen war. Durch das Programm war praktisch niemand vom Nutzen einer kleineren Familie überzeugt worden. Alles, was man erreicht hatte, war, daß Paare, die ohnehin schon durch Enthaltsamkeit oder Coitus interruptus Geburtenkontrolle praktizierten, zu moderneren Mitteln übergingen. Mamdani fand heraus, daß viele Dorfbewohner die Pille aus Höflichkeit annahmen und sie dann wegwarfen. Eine Familie hatte mit den Schachteln sogar ein kleines Standbild gebaut. Die Leute traten den an der Ausführung des Programms Beteiligten mit zwar verhohlener, aber beträchtlicher Skepsis gegenüber. Die Leute dachten, sie wären amerikanische Spione oder Steuereintreiber. Nichts war so einfach wie die wahre Erklärung für diesen Mißerfolg: Es wurde massenhaft Geld ausgegeben, um die Leute dazu zu bringen, weniger Kinder zu kriegen, obwohl sie doch alle wußten, daß es besser war, mehr Kinder zu bekommen.

Diese Leute, die darauf bestehen, viele Kinder zu haben, sind also keineswegs wahnsinnig oder blöde. Sie handeln lediglich so, wie es in einer Konkurrenzgesellschaft, in der sie leben, ihrem subjektiv verstandenen Interesse entspricht. Doch steht dieses Interesse des einzelnen im Widerspruch zum Interesse der Gesellschaft als Ganzem. Die Leute haben große Familien, weil sie so der Armut entrinnen wollen, doch wird ihre Armut dadurch nur noch größer, weil alle nach derselben Strategie verfahren.

Die große Familie bringt privaten Gewinn. Meistenorts sind die Kosten, ein zusätzliches Kind großzuziehen, noch immer geringer als der potentielle Gewinn aus seiner Arbeit, aus dem mit ihm zu schließenden Heiratsbündnis oder aus seiner Altersunterstützung. Ein Kind ist ein gewinnbringendes Geschäft: Es bringt mehr ein, als man dafür investieren mußte.

Dem stehen massive gesellschaftliche Kosten gegenüber: Bodenerosion, Zersplitterung des Grundbesitzes, Arbeitslosigkeit. Doch muß die Familie selbst – auch wenn sie sich über den kausalen Zusammenhang zwischen ihrem eigenen Verhalten und den gesellschaftlichen Auswirkungen im klaren ist – die Kosten nicht unmittelbar tragen. Sie exportiert sie gewissermaßen, kehrt sie vor die Schwelle des Dorfes oder des Landes oder wälzt sie auf die Zukunft ab. Das Problem der Bodenzersplitterung wird erst die Kinder treffen – sollen sie sich doch darüber beklagen, wenn du tot bist. Sie können noch immer in die Stadt ziehen. Letzten Endes kann also das gesamte Dorf sein Bevölkerungsproblem exportieren.

Bisher hat sich erst eine Handvoll Familienplanungsprogramme diesem zentralen Punkt gestellt. Wenn die Einstellungen gegenüber großen Familien und zu den mit ihnen verbundenen privaten Kosten und Nutzen sich nicht ändern, mag es zwar als soziale Hilfe- oder Dienstleistung gelten, Verhütungsmittel zur Verfügung zu stellen, doch ist damit längst nicht gesagt, daß sich deshalb auch grundlegend etwas an den Geburtenraten in vielen Ländern ändert.

Kanonenfutter – oder: Wie man die Leute davon abhält, kleine Familien zu haben

> «Lasset die Kinder zu mir kommen und wehret ihnen nicht, denn solcher ist das Reich Gottes.»
>
> Markus-Evangelium 10,14

Der Wunsch nach großen Familien besteht nicht überall in der Dritten Welt. Auf allen Kontinenten gibt es einzelne Familien, die reich genug und arm genug sind, um sich eine Beschränkung der Kinderzahl zu wünschen und zu merken, daß dies ihrem wirtschaftlichen Interesse entspricht. Vielerorts geht der soziale Druck auch nicht so eindeutig in Richtung großer Familien als Ideal.

In Lateinamerika ist die Familie selten jene große, gewissermaßen wirtschaftlich organisierte Einheit wie in Afrika und in Süd-Asien. Knirschende Armut und akuter Arbeitsmangel haben Kinder immer zu einer beträchtlichen Last für die Armen gemacht. In allen Entwicklungsländern entstehen durch die Abwanderung in die Städte solche Lebensumstände für die Familien. In Südost-Asien ist die Stellung der Frau häufig angesehener als beispielsweise in Süd-Asien. In einigen Gegenden erben sie zu gleichen Anteilen aus dem Familienbesitz. Unter diesen Umständen wirkt die Fruchtbarkeitsdroge des Strebens nach einem Sohn nicht so stark.

In vielen Ländern müssen Arme, die tatsächlich kleine Familien haben wollen, große institutionelle Hindernisse überwinden, die sie entweder davon abhalten, sich wirksamer Mittel zur Geburtenkontrolle zu bedienen, oder auf ihr Gewissen einwirken und ihnen das Gefühl geben, sie täten etwas Falsches, wenn sie ihre Familie klein halten.

Für unsere übervölkerte Welt gibt es immer noch zu viele Regierungen und organisierte Religionen, die sich erschreckend geburtenfreudig aufführen. Zunehmend große Bevölkerungen liefern Kanonenfutter für Rivalitäten mit angrenzenden Staaten; Futter für Statistiken, mit denen man die Selbsteinschätzung von Stämmen und Volksgruppen in nationalen Streitigkeiten oder die Stellung eines Landes in der internationalen Gemeinschaft aufplustern kann; ja, selbst ihre Seelen lassen sich als Munition benutzen, die man in den Himmel feuern kann.

Trotz der bedauerlichen Folgen des Bevölkerungswachstums, die wir in Teil Zwei sahen, bleiben viele Regierungen davon unberührt. Nicht weniger als 64 von 130 Ländern, die in einer Untersuchung des Weltbevölkerungsrates aus dem Jahre 1976 berücksichtigt wurden, verfügten über keinerlei offizielle Politik zur Verringerung des Bevölkerungswachstums und unterstützten in keiner Weise Familienplanungsaktivitäten. Die Regierung von Kamerun war der Meinung, ihr Land sei unterbevölkert. Malawi, dessen Arbeiter sich zu Zehntausenden als Sklaven in den Bergwerken Südafrikas verdingen müssen, weil es daheim nicht genügend Arbeit gibt, verbot die massive Verbreitung von Familienplanungs-Hilfe und -Information. In Birma wurden Familienplanungs-Kliniken geächtet und die Einfuhr von Empfängnisverhütungsmitteln als ungesetzlich erklärt. In Ost- und Süd-Asien, wo das Bevölkerungsproblem am dringlichsten ist, lebten mehr als 90 Prozent der Bevölkerung in Ländern mit einer aktiven Bevölkerungspolitik. In Lateinamerika hatten allerdings nur 36 Prozent und in Afrika ganze 8 Prozent das Glück, in einem solchen Land zu wohnen.

Die Einstellungen der religiösen Hierarchien sind ein ebenso machtvolles Hindernis für die Ausbreitung der Familienplanung: vielleicht sogar ein noch mächtigeres als andere, weil sie sowohl auf die Politik der Regierungen als auch auf das Verhalten der normalen Menschen Einfluß nehmen.

Hinduismus und Buddhismus verhalten sich meistens neutral, obwohl die Lehre von der Gewaltlosigkeit Probleme bei Abtreibungen schafft und der Glaube an die Wiedergeburt (Reinkarnation) einige teils eigenartige Probleme aufwirft.

Doch erweisen sich der Islam und der römische Katholizismus als mächtige Kraft, die die Fruchtbarkeit auf Hochtouren halten. Die Länder mit dem schnellsten Bevölkerungswachstum in der Welt liegen hauptsächlich im islamischen Gürtel, der von Nord-Afrika über Südwest-Asien bis nach Pakistan und Bangladesh reicht, und in Mittel- und Süd-Amerika. In diesen Gegenden der Welt sind die Geburtenraten gewöhnlich ein ganzes Stück höher, als man angesichts der Einkommen im jeweiligen Land erwarten würde, und der Rückgang der Geburtenraten hinkte dort noch langsamer hinter dem Sinken der Sterberaten hinterher als sonstwo in der Dritten Welt.

Die Theologen und Theoretiker des Islam sind sich in ihren Ansichten über die Familienplanung keineswegs einig. Die Konferenz der Welt-Moslemliga erklärte 1975 rundheraus, die Geburtenkontrolle sei «von den Feinden des Islam erfunden» worden, und drängte die Gläubigen, «sich fortzupflanzen, Abtreibung zu unterlassen und die Pille zurückzuweisen». Demgegenüber gibt es viele einflußreiche Moslems, von ägyptischen Professoren des Islamischen Rechts über Großmuftis in Jordanien bis hin zu Führern der Lehrer an Koranschulen in Bangladesh, die sich offen für die Familienplanung ausgesprochen haben. Obwohl sich beide Seiten dabei auf Aussagen Mohammeds im Koran und in anderen heiligen Büchern berufen, kann keiner der Widersacher der Familienplanung auf eine Stelle verweisen, in der die Familienplanung ausdrücklich verboten würde. Sie müssen dabei mit den vermutlichen Implikationen solcher Bemerkungen argumentieren wie: «Ich (Allah) allein bin es, der für das Leben deiner Kinder sorgt», oder der folgende Spruch, mit dem allerlei gemeint sein kann: «Du sollst Kinder zeugen und zunehmen an Zahl. Denn ich werde stolz sein im Angesicht der unzähligen Zahl meiner Anhänger am Tage des Gerichts.» Die Befürworter der Familienplanung zitieren Stellen wie die, wo Mohammed einem Mann, der ihm sagt, er möchte seine Dienerin nicht schwängern, den Rat gibt: «Praktiziere den Coitus interruptus mit ihr, wenn du willst. Was ihr vorherbestimmt ist, wird sich auch erfüllen.» Verhinderungsmethoden wie Kondome oder Schaumpräparate werden einfach als moderne Form des «Rückziehers» ausgelegt. Während Kindestötung und Tötung menschlichen Lebens ausdrücklich verboten ist, sind sich die meisten Autoritäten darin einig, daß die Seele nicht vor dem 120sten Tag, einige sagen auch, dem 90sten nach der Empfängnis in den menschlichen Körper einzieht. Somit ist Abtreibung vor diesem Datum zulässig ebenso wie Methoden, die die Einnistung des befruchteten Eis verhindern wie die Pille oder die Spirale.

In Wirklichkeit liegt das Problem weniger darin, was irgendwelche Autoritäten glauben oder heilige Bücher sagen, sondern darin, was der gewöhnliche Moslem glaubt und was die religiösen Führer in den Dörfern, die *imams, maulanas* und *madrasa*-Meister, ihre Anhänger und Schüler lehren. Ihre Kenntnis der Schriften ist oft beschränkt, und rationale Argumente haben für sie häufig weniger Gewicht als dogmatische, aber inhaltlich wenig ausgewiesene Behauptungen und emotionale Appelle. Ich entdeckte diesen Sachverhalt in einem langen Gespräch über Familienplanung mit dem *muezzin* (dem Mann, der die Gläubigen zum Gebet ruft) einer winzigen Moschee in dem Dorf Agarogram im Comilla-Bezirk in Bangladesh. Er trug seine religiöse Dienstkleidung, Kappe, Kaftan, grünen Dhoti und spatenförmig zugeschnittenen Bart. Er war 50 Jahre alt und hatte zehn Kinder, hatte also seine eigenen Vorschriften befolgt. Familienplanung widerspricht dem religiösen Gesetz, erzählte er mir. Gott hat uns alle geschaffen, Gott ist überaus gnädig, Gott wird uns zu essen geben. Doch vor der Erschaffung eines Menschen im Bauch seiner Mutter hat Gott schon für Essen, Kleidung und Bildung gesorgt. Ich fragte ihn, ob es viele landlose Arbeiter im Dorfe gebe, die nicht genügend Arbeit finden könnten, um ihre Familien zu ernähren. Bereitwillig stimmte er mir zu, daß es sie gebe, und er gab auch zu, daß die Überbevölkerung der Hauptgrund dafür sei. Wie also hat Gott dann für diese Leute gesorgt, fragte ich ihn. Wenn Gott dies zuläßt, dann will er, daß es geschieht. Vielleicht will er uns strafen, wer kennt schon seine Absichten? Aber erlaubt Gott es nicht auch, die Intelligenz zu benutzen, um Leiden zu vermeiden? Wenn ein Auto auf dich zufährt, darfst du da nicht aus dem Weg springen? Gewiß dürfen wir das, Gott hat dem Menschen die Intelligenz dafür gegeben. Darfst du also deine Intelligenz dann nicht auch benutzen, um das Leiden zu großer Familien zu vermeiden? Nicht, wenn wir dazu religiöse Bestimmungen verletzen müssen. Welche Bestimmung gibt es denn, die dem widerspricht? Gott gab uns den Koran, unsere heilige Schrift, und darin wird nicht gelehrt, daß man die Familie planen solle. Aber gibt es irgendeine Lehranweisung, die sich gegen die Familienplanung ausspricht? Nicht ausdrücklich, aber Allah wollte, daß die Moslems sich ausbreiten und vermehren, und die Familienplanung will die Zahl der Kinder verringern. Gott hat schon jede Seele geschaffen, und wer kommen soll und wer sterben soll, hat er bis auf den letzten Tag, wo jeder vor dem Jüngsten Gericht stehen wird, geplant. Es ist nicht unsere Sache, uns da einzumischen. Aber wenn Gott eine Geburt vorherbestimmt hat, kann dann ein Mensch sie durch Verhütungsmittel verhindern? Er meinte, das gehe nicht, doch sei es uns nicht erlaubt, Verhütungsmittel zu benutzen. Wer diese Regel verletzte, begehe eine Sünde und werde dafür bestraft werden.

Hier wird nicht mit Verstand argumentiert. Hakt man bei den Gegnern der Familienplanung etwas nach, kommt gewöhnlich heraus, daß das der Ablehnung zugrundeliegende Gefühl Angst ist, Angst, daß Verhütungsmittel zur «Unmoral» und zum vorehelichen Geschlechtsverkehr führen könnten. Damit könnte die gesamte Sexualpolitik der Gesellschaft mit ihren arrangierten Ehen und der elterlichen Autorität, mit der Kontrolle des Vaters über die Töchter und der Kontrolle des Mannes über die Frau untergraben werden. Aus dieser Angst heraus ist die Kraft der Gegnerschaft gegen die Familienplanung zu erklären. Die Angst vor der ewigen Verdammnis, für die es keinen ausdrücklichen Beleg in irgendeinem religiösen Text gibt, ist nichts weiter als eine Rationalisierung.

Ebenso stark wie die unmittelbare Lehre wirkt sich die Lehre indirekt durch die Stellung der Frau auf die Fruchtbarkeit aus. Die Frau nimmt in islamischen Gesellschaften eine niedrige Stellung ein. Da sie meist keinen Zugang zu Arbeit außerhalb des Hauses und zu unabhängigen Einkommensquellen hat, kann sie ihr Streben nach Ansehen und Sicherheit nur durch die Bemutterung möglichst vieler Kinder, am liebsten möglichst vieler Söhne, unter Beweis stellen. Ihre niedrige sozio-ökonomische Stellung wird grundlegend verbessert werden müssen, wenn ihre Fruchtbarkeit verringert werden soll.

Die Gegnerschaft der Hierarchie der römisch-katholischen Kirche gegen eine wirksame Familienplanung ist einheitlicher vorgetragen worden und hat stärkere Auswirkungen auf die Politik gehabt als die islamische Opposition. Der Islam ist eine ziemlich demokratische Religion, in der sich jeder Gläubige unmittelbar auf Allah bezieht. Demgegenüber gibt der Katholizismus implizit dem Priester beträchtliche Macht über die ewige Seele des Gläubigen, da er ihm Absolution erteilen kann (oder nicht) und ihn exkommunizieren kann, und die armen Leute nehmen diese Ansprüche sehr ernst. Die katholischen Frauen in Lateinamerika sind vor das unerträgliche Dilemma gestellt worden, zu wählen zwischen dem Wohlergehen ihrer Seele in einem Leben nach dem Tod oder dem Wohlergehen ihrer Familie hier und jetzt.

Die Kernaussagen der offiziellen katholischen Haltung zur Familienplanung wurden in der 1968 verkündeten päpstlichen Enzyklika *Humanae Vitae* (Über das menschliche Leben) gemacht, die die traditionelle Ablehnung künstlicher Mittel zur Verhinderung der Fortpflanzung bestätigte. Papst Johannes XXIII. hat schon früher eine offizielle Untersuchungskommission zur Familienplanung eingesetzt, die sich für eine etwas liberalere Haltung ausgesprochen hatte. Aber Papst Paul VI. warf in seiner Enzyklika alle Ergebnisse dieser Kommission über den Haufen. Der gewundenen und zuweilen widersprüchlichen Logik von *Humanae Vitae* kann man nicht so leicht folgen. Im wesentlichen stellt sie die Behauptung auf, Gott habe den Liebesakt zu einem doppelten Zweck geschaffen: erstens, um Kinder zu schaffen, und zweitens, um die Ehepartner in Liebe zu vereinen. Er habe diese beiden Aspekte absichtlich so miteinander verbunden, daß sie mit natürlichen Mitteln nicht voneinander zu trennen seien. Dies sei ein Zeichen dafür, daß Gott nicht wolle, daß die Menschen beide Zwecke durch eine Einmischung in die Natur voneinander trennten. «Jeder eheliche Geschlechtsakt muß für die Übermittlung von Leben offen bleiben», hieß der Schlüsselsatz. Auf die Ebene der praktischen Anwendung heruntergeholt, heißt das, daß nur die sogenannte Rhythmus-Methode akzeptabel sei: Ehepaare, die die Größe ihrer Familie beschränken wollen, sollten ihren Geschlechtsverkehr auf die von Natur aus, also gottgegeben, unfruchtbaren Tage beschränken. Papst Johannes Paul II. ließ, trotz aufgeklärter Ansichten in sozio-ökonomischen Angelegenheiten, keinen Zweifel daran, daß er die Aussagen von *Humanae Vitae* unterstütze.

Kritiker dieser Enzyklika – darunter viele Katholiken – konnten die Schwächen dieser Argumentation rasch aufdecken. Die absichtliche Ausnutzung der unfruchtbaren Tage bedeutet eine bewußte Trennung zwischen den beiden Funktionen, die Gott im Liebesakt verbunden habe. Warum sollte die Kirche außerdem etwas gegen die Einmischung in den natürlichen Fortpflanzungsvorgang haben, wenn sie andere unnatürliche Einmischungen in gottgegebene menschliche Biologie durch die moderne Medizin und Chirurgie duldet? Viele katholische Theologen, einzelne Priester und einige nationale Hierarchien machten geltend, bei der Enzyklika handle es sich nicht um einen unfehlbaren Spruch, sondern lediglich um eine persönliche Feststellung, eine Anleitung, und letztendlich handele es sich um eine Gewissensentscheidung des jeweiligen Ehepaares. Doch die meisten Kirchenhierarchien in Lateinamerika unterstützten die von der Enzyklika *Humanae Vitae* verkündete Linie. Die Regierungen wagten es nicht, sich offen gegen einen so mächtigen öffentlichen Meinungsmacher wie die Kirche auszusprechen, selbst diejenigen Regierungen, die für die Familienplanung waren, konnten nur im stillen und unter der Hand etwas dafür unternehmen.

Man braucht nur irgendeine Frau im ländlichen Rio Grande do Norte im Nordosten Brasiliens zu fragen, wieviele Kinder sie will, und sie wird antworten: «Soviele, wie Gott will.» Nicht daß sie persönlich froh wäre über die Anzahl von Kindern, die dabei herauskommt, aber sie kann einfach keinen praktikablen Weg sehen, sie zu vermeiden. Die Vorstellung, daß sie selbst ihre eigene Fruchtbarkeit kontrollieren, daß sie mal für ein paar Jahre aufhören könnte, eine Baby-Fabrik zu sein, um ihren schon lebenden Kindern eine bessere Chance zu geben, diese Vorstellung ist für sie zu revolutionär, als daß sie selbst darauf käme.

In Rio Grande do Norte hat sich eine unheilige Allianz von männlichem Machismo und kirchlichem Dogma gegen den Wunsch der Frauen nach einer kleineren Familie verschworen. Die brasilianische Familienplanungs-Organisation Bemfam begann hier 1973 mit einem Programm, um den Frauen eine Alternative zu bieten. Einheimische Freiwillige wie Krankenschwestern und Lehrer verteilten die Pille und klärten die Frauen über die Notwendigkeit ihrer Anwendung auf. Doch das Programm kam nicht so richtig in Gang, wie es bei einigen erfolgreichen Programmen der Fall war. 1976 wurde erst eine von zehn Frauen im fruchtbaren Alter mit empfängnisverhütenden Pillen versorgt, und weniger als zwei Drittel dieser Frauen hatten sie länger als ein Jahr regelmäßig genommen. Die brasilianische Regierung hatte für Bemfam nur Kritik übrig, warf der Organisation vor, sie erhalte ihr Geld aus dem Ausland und wolle die Geburtenrate des Landes verringern (die Ende der siebziger Jahre bei 2,8 Prozent lag und sich alle 25 Jahre verdoppelte). Die Kirche war indirekt verantwortlich für diese Haltung der Regierung. In bezug auf andere Fragen ist die brasilianische Kirchenhierarchie sehr radikal und greift die Herrscher des Landes häufig wegen ihrer Gesellschafts- und Wirtschaftspolitik an. Die Regierung wollte sich nun nicht auch noch in dieser empfindlichen Angelegenheit der Familienplanung mit der Kirche anlegen und so die Gegensätze noch vertiefen.

Doch der direkte Einfluß der Kirche auf die örtlichen Verhaltensweisen richtete noch größeren Schaden an. Die Frauen des Nordostens kompensieren ihre bittere Armut durch einen tiefen und glühenden religiösen Glauben. Nicht daß sie so oft zur Messe gehen würden, aber sie wissen, daß sie sollten. Und sie verfügen über eine lebhafte und konkrete Vorstellung vom Paradies als einem Reich der Glückseligkeit und des Lichts, das sich am Ende des dunklen Tunnels, der für sie das Leben ist, für sie öffnet, ebenso wie sie eine gleichermaßen greifbare Vorstellung von der Hölle haben, die für sie ein Ort wirklicher körperlicher Qualen ist. Die Kirche nutzt diese Religiosität aus, um mit linkslastiger Rhetorik gegen die Familienplanung vorzugehen. So sagte Bischof Dom Eugenio Salles, die Kampagnen für Geburtenkontrolle seien eine Verschwörung der reichen industrialisierten Länder, um die armen Länder kleinzuhalten und sich so vor einer Umverteilung des Reichtums in der Welt zu drücken. Die reiche Elite Brasiliens wolle die Familienplanung auch nur, um damit die Bedrohung durch eine wachsende Zahl armer Menschen, die nach sozialer Gerechtigkeit schreit, abzuwehren. Der wohl wirksamste Feind des Programms war ein uralter italienischer Mönch, der durch die heilshungrigen Dörfer zog und unter freiem Himmel Tausenden von Menschen in seinen Predigten das unmittelbar bevorstehende Ende der Welt vorhersagte. Er wetterte gegen alle Arten von Freizügigkeiten, gegen Popmusik und Frauen in Hosen. Doch die größte Dosis Gift verspritzte er, wenn er auf die Pille zu sprechen kam. Jede Frau, die die Pille nehme, fahre bei ihrem Tod auf direktem Weg in die Hölle, drohte er, und ihr Mann gleich mit.

Die Frauen glaubten ihm. Jiuseppa Soares Acosta lebt in einer baufälligen Bruchbude in einer staubigen Straße der Ausläufer von Ceará Mirim, einer kleinen Provinzstadt. Sie war fünfzehnmal schwanger, obwohl sie erst 35 Jahre alt ist, und hat jetzt einen dicken Bauch, der sie ständig aussehen läßt, als wäre sie schwanger. Nur fünf Babies haben überlebt. Das jüngste, ein aufgedunsener, neun Monate alter Junge, hat ein eitrig entzündetes Ohr, doch kann sie sich keinen Arzt leisten: «Wenn du nicht die zehn Cruzeiros für das Krankenhaus hast, lassen sie dich auf der Türschwelle sterben.» Vor drei Jahren hat sie die Pille ein halbes Jahr lang genommen, doch sie bekam immer Kopfschmerzen davon. «Ich war ganz benommen und bin im Haus rumgelaufen wie eine Verrückte. Es war eine Sünde, ich weiß, es war eine Sünde. Ich glaube, wenn ich sterbe, wird das die größte Sünde sein, für die ich mich zu verantworten habe. Gott hat die Frauen dazu geschaffen, Kinder zu kriegen. Ein Baum, der keine Früchte trägt, sollte gefällt werden.»

Verbündeter der Kirche in dieser Schlacht gegen die Befreiung der Frauen ist der mächtige Machismo der lateinamerikanischen Männer. Einer der Gründe für die erstaunlich hohen Geburtenraten auf diesem Kontinent ist der Umstand, daß die meisten Männer nicht die herkömmlichen Methoden des Coitus interruptus oder der Enthaltsamkeit anwenden. Sie wollen Sex, wenn ihnen danach ist, so ist das eben, basta. Und wenn die Frau nicht will, dann wird sie eben gezwungen. Es ist sogar noch schlimmer, der *macho* will nicht nur sich und seiner Frau seine Männlichkeit unter Beweis stellen, sondern auch, vielleicht sogar in erster Linie, anderen Männern. Der einzige Weg, dies unzweifelhaft zu tun, ist, Frauen zu schwängern. «Einige Männer glauben, sie sind nur dann richtige Männer, wenn sie jedes Jahr ein Kind kriegen», beklagte sich eine Frau. «Ich muß die Pille heimlich nehmen. Wenn mein Mann das wüßte, würde er mich umbringen.» Ich habe Frauen mit blau und schwarz geränderten Augen gesehen, die aus eben diesem Grunde geschlagen worden waren. Kinderaustragen bindet die Frauen außerdem zu Hause fest, während der Mann dadurch mehr Freiheit hat. Die Frauen können so nicht so leicht mit anderen Männern durchbrennen, und so werden sie schließlich auch unattraktiv für andere Männer. Denn der *hombre muy macho* ist ebenso eifersüchtig wie untreu.

Man stelle sich die Lage einer Frau vor, die sich entschlossen hat, zum erstenmal die Pille zu nehmen. Sie weiß, sie braucht sie, gleichzeitig fühlt sie sich aber auch schuldig. Gott könnte sie dafür strafen – und ihr Mann sie obendrein noch schlagen. Doch nimmt sie ihr Herz in die Hände und schluckt die Pille. Dann kriegt sie Kopfschmerzen – die durch ihre Angst und ihre körperliche Schwäche noch verstärkt werden. Die Kopfschmerzen kommen ihr vor wie eine Warnung Gottes. Würde sie ein paar Monate durchhalten, gingen die Kopfschmerzen wahrscheinlich vorbei. Doch jetzt denkt sie nur noch daran, daß sie Schmerzen hat und ganz verwirrt ist. Und hört auf, die Pille zu nehmen. Man erzählt sich, eine Frau, die die Pille genommen habe, habe ein Kind bekommen, und als es seine kleinen Händchen zum erstenmal öffnete, seien sie voller Pillen gewesen. Ein verbreiteter Glaube ist auch, daß die Pillen sich im Bauch der Frau zu einer bösartigen Geschwulst anhäuften, die nur auf chirurgischem Weg entfernt werden könne. Solche Annahmen verbinden sich noch mit der am weitesten verbreiteten Furcht, die Pille verursache Krebs.

So bleiben denn neun von zehn Frauen ihrem Schicksal ausgeliefert, und ihre im Durchschnitt sieben Kinder werden als Ergebnis von Mal zu Mal schwächer, sind schlechter genährt, gekleidet und gebildet. Die armen Frauen Lateinamerikas sind die Märtyrer theologischer Spitzfindigkeiten, die weit weg von allen Hütten und Slums, wo die Folgen unter Schuldgefühlen, Schmerzen und in armseligen Verhältnissen erlitten werden, von Männern ersponnen worden sind. Glücklicherweise änderte die brasilianische Regierung 1978 ihre Haltung, akzeptierte die Notwendigkeit der Familienplanung und startete selbst ein Programm zur Verhinderung von Risikoschwangerschaften.

Auf der Isolierstation: Die Abtreibungsepidemie

Die Kirche spielt auch in einer anderen lateinamerikanischen Tragödie die Hauptrolle: bei der illegalen Abtreibung.

Das Ansteigen der Abtreibungszahlen ist weltweit zu beobachten. Für die Dritte Welt ist dies paradoxerweise ein hoffnungsvolles Zeichen. Die Abtreibung ist eine drastische Methode der nachträglichen Geburtenkontrolle für Frauen, die noch keine wirksame Verhütungsmethode gefunden haben. Sie zeigt, wieweit Frauen gehen, um ihre Familien nicht zu groß werden zu lassen, und dies ist ein sicheres Zeichen dafür, daß sie Familienplanungsprogrammen offen gegenüberstehen würden, wenn es welche gäbe. Doch ist die Abtreibung im größten Teil der Dritten Welt noch immer ungesetzlich oder stark eingeschränkt. 1977 verfügten nur zehn Staaten der Dritten Welt über Abtreibungsgesetze oder einschlägige politische Maßnahmen, die man als liberal hätte bezeichnen können. Am meisten ist sie in der Praxis noch in Lateinamerika eingeschränkt (sieht man von Cuba ab, das hierin eine liberale Politik verfolgt); der Hauptgrund dafür ist die Einstellung der Kirche.

Die offizielle katholische Meinung dazu, diesmal auch noch geteilt von den Gegnern der Enzyklika *Humanae Vitae,* ist, daß es eine Todsünde sei, menschliches Leben zu töten, und daß das Leben in dem Moment beginne, wo das Ei vom Samen des Mannes befruchtet wird. Damit ist eine Abtreibung, gleich in welchem Stadium der Schwangerschaft, ausgeschlossen. Für viele Kirchenmänner ist damit auch jegliche Verhütungsmethode ausgeschlossen, bei der ein Gegenstand in die Gebärmutter eingeführt werden muß, weil man von ihm annimmt, daß er das befruchtete Ei von der Einnistung in die Gebärmutter abhält und somit eine Art Abtreibung darstellt. Kirche und Staat haben den armen Frauen Lateinamerikas eine Falle gestellt, der sie nicht entrinnen können: Sie haben ihnen die richtigen Mittel zur Verhütung von Schwangerschaften vorenthalten und auch noch das letzte Mittel, die Abtreibung, für ungesetzlich erklärt. Doch sind die Frauen in ihrer Not so verzweifelt, daß sie in immer größerer Zahl bereit sind, das Gesetz zu brechen. Wie bei allen Verbrechen ohne Opfer, wie die Soziologen sagen – also alles vom Glücksspiel bis zur Prostitution –, haben Gesetze auch hier nur bewirkt, daß die Aktivitäten in den Untergrund verlegt wurden und in pervertierter Form blühen, durch Wucher, Einschüchterung und fürchterliche Umstände in den Dreck gezogen werden. In Lima, Panama, Buenos Aires und Asunción haben die Hälfte bis zwei Drittel aller Frauen zwischen 35 und 49 Jahren mindestens eine Abtreibung hinter sich gebracht, und die Zahl der Abtreibungen pro 1000 Lebendgeburten hat sich in nur fünf Jahren verdoppelt oder verdreifacht. In Bogotá in Kolumbien, wo die Abtreibung völlig illegal ist, stieg die Rate der Abtreibungsfälle von 115 pro 1000 Lebendgeburten im Jahre 1964 auf 147 im Jahre 1968, und eine Untersuchung aus dem Jahre 1975 kam zu dem Ergebnis, daß auf zwei Lebendgeburten beinahe eine Abtreibung kommt. Schätzungen zufolge kommen in der uruguayischen Hauptstadt Montevideo auf eine Lebendgeburt drei Abtreibungen.

Das Materno-Infantil, Bogotás größte Geburtsklinik, ist ein düsteres, gefängnisartig anmutendes Gebäude mit abblätternder Fassade und hallenden Fluren, gewiß nicht der freundlichste Ort, um ein Baby zur Welt zu bringen. Einer von fünf der rund 30000 Einweisungen im Jahr ist ein Fall mit Komplikationen, die nach einer Abtreibung aufgetreten sind. Neben der Intensivpflege-Station mit ihren Reihen von Babybetten, in denen zu kleine, kränkliche und kläglich weinende Babies liegen, ist eine stille Station. Hier schlafen die Patientinnen oder starren ins Leere, einige weinen in sich hinein. Hier liegen keine Babies. Das ist die Isolierstation, wo die schlimmsten Fälle mit Komplikationen nach einer Abtreibung behandelt werden. Im Stationszimmer trägt die Schwester die blanken Tatsachen über die Sterbefälle in ein purpurrotes Buch ein. Jede dieser trockenen, klinischen Eintragungen resümiert eine ungeschriebene Tragödie:

«30. 10. 1976, Fanny Osorio, 37, aus Bogotá, verheiratet, Todesursache Blutvergiftung und Bauchfellentzündung; 2. 11. 1976, Ana Lucia Garson, 22, ledig, aus Guayabal, Todesursache Blutvergiftung 4. Grades und Lungenembolie; 8. 11. 1976, Pedraza Transito, 18, ledig, Todesursache Blutvergiftung 3. Grades.» Und so weiter, alle paar Tage eine Eintragung.

Sogar bei meinem Besuch auf der Station begann sich eine junge Frau vor Schmerzen zu krümmen. Sie fiel aus dem Bett auf den Steinfußboden, stöhnte und sonderte eine gelbe Flüssigkeit ab. Ein Abszeß, entstanden nach einer verpfuschten Abtreibung, war aufgeplatzt. Zwei Krankenschwestern liefen rasch zu der Frau und hoben sie wieder in ihr Bett, sie war schlapp wie eine Flickenpuppe in ihrem fleckenübersäten Nachthemd. Ihr Kopf rollte zur Seite, ihre Augen starrten glasig irgendwohin, und aus ihrem halbgeöffneten Mund lief langsam der Speichel.

Luisa hatte Glück. Die Ärzte brachten sie über die Runden, und schon am selben Nachmittag hatte sie sich so weit erholt, daß sie mir erzählen konnte, wie es zu ihrer Einweisung gekommen war. Sie hatte schon zwei Kinder, ein fünfjähriges und ein sechs Monate altes Baby. Mit ihren 26 Jahren hatte sie noch nie irgendwelche Verhütungsmittel benutzt, seit sie mit sechzehn geheiratet hatte. Vor zwei Monaten hatte sie gemerkt, daß sie wieder schwanger war.

«Mein Mann wollte, daß ich abtreibe. Ich sagte ihm: Dieses eine Kind noch, doch er wollte nicht. Er drohte, er werde mich verlassen. Was sollte ich tun, allein mit den Kindern? Wer würde die Miete bezahlen? Wie hätte ich Arbeit finden können, wo ich doch schwanger war?» Sie wartete, bis die Schwester die Tropfflasche gewechselt hatte. Ihre Augen füllten sich mit Tränen, als sie zurückdachte. Dann beschrieb sie mir die Operation, für die sie 20 Dollar bezahlt hatte und die von einer *señora* im Hinterzimmer eines Bekleidungsgeschäfts durchgeführt wurde.

«Sie legte mich aufs Bett und gab mir einen Kräutertee. Dann legte sie mir ein Kissen auf den Magen, damit ich nicht sehen könnte, was sie tut. Es tat so weh, als ob sie ein Messer benutzen würde. Danach ging ich dann nach Hause, doch dann wurde mir schlecht, fürchterlich schlecht. Ich hatte Fieber. Mein Mann zahlte mir ein Taxi, und ich fuhr wieder zu der *señora.* Die stieß mich zurück und mißhandelte mich und gab mir ein paar Pillen. Doch das Fieber wurde noch schlimmer. Ich erbrach mich und hatte Magenschmerzen. Ich habe vor Schmerzen geschrien. Schließlich brachte mich mein Mann hierher, und sie sagten mir, ich hätte einen entzündeten Eierstock, der entfernt werden müßte.»

Solche Probleme sind unvermeidlich, wenn die Abtreibung illegal ist. Die meisten Abtreiber haben keinerlei medizinische Kenntnisse, und die hygienischen Bedingungen in den Slums, wo sie meistens arbeiten, sind schlecht. Dr. Armando Lozano, der leitende Arzt auf der Isolierstation im Materno-Infantil, erzählte mir: «Die meisten *señoras* benutzen ein Gummi- oder Plastikrohr, durch das sie solche Sachen wie Schirmspeichen, Stricknadeln oder sogar Stöcke und Drahtenden einführen. Und wir kriegen dann hier Frauen eingeliefert, deren Gebärmutter, Darm, Eingeweide, Blasen usw. zerstochen sind. Ein Mädchen wurde hier eingeliefert, dem waren die Gebärmutter, die Eingeweide und die Nieren aufgeschlitzt worden, als ob jemand mit einem Küchenmesser an ihr herumgeschnitzt hätte. Die hygienischen Bedingungen sind einfach unmenschlich. Es gibt keinerlei Desinfektion oder Sterilisation. Blutvergiftungen, Abszesse und Bauchfellentzündungen sind gewöhnlich die Folgen, und den meisten Patientinnen müssen wir dann die Gebärmutter oder die Eierstöcke herausnehmen. Das ist für sie oft eine schreckliche Tragödie, denn sie halten sich von nun an für unvollständig, und es kann passieren, daß ihr Mann sie nun nicht mehr als ganze Frau ansieht. Viele Paare sind durch solche Sachen auseinandergebrochen.»

Es ist ganz offensichtlich, daß Frauen abtreiben können, wenn sie das wollen, gleich ob das Gesetz es erlaubt oder nicht. Werden unerwünschte Schwangerschaften bis zu Ende ausgetragen, dann greifen die armen Frauen der Dritten Welt zuweilen zu weit schlimmeren Maßnahmen als Abtreibung. Verdeckte Kindestötung durch Vernachlässigung ist weitverbreitet. Nur wenige Mütter sind verzweifelt oder verderbt genug, um ihre Kinder umzubringen. Doch wenn ein Kind krank wird, was häufig geschieht, kann es schon vorkommen, daß die Mütter nicht alles tun, damit die Kinder wieder gesund werden. Ich habe mehrere Ärzte kennengelernt, die mir erzählten, sie hätten schon bei einigen Müttern erlebt, daß sie enttäuscht wirkten, wenn er ihre Kinder geheilt hatte.

In ganz Lateinamerika ist Kindesaussetzung überhaupt nichts Ungewöhnliches. In Asien werden Kinder oft als Hausdiener an eine reiche Familie «verkauft», wobei das Kind allerdings nicht in den Besitz des Käufers übergeht und ihn jederzeit wieder verlassen kann. Eine weitere Praxis, die sich immer weiter ausbreitet, ist der unumwundene Verkauf ganz junger Kinder zur Adoption, wobei die Adoptiveltern oft in westlichen Ländern leben, wo die Geburtenkontrolle und die Legalisierung der Abtreibung die vorher zahlreicher vorhandenen Reserven an unerwünschten und unehelichen Kindern eingeschränkt haben. Dieser Ausdruck der Ungleichheiten in der Welt gehört zu den geschmacklosesten, die es gibt.

Die Aufwärtsspirale: Weniger Kinder, höheres Einkommen

Die ständige Bevölkerungszunahme hat noch einen weit verheerenderen Effekt als die üblichen Teufelskreise, in denen die Armen gefangen sind. Es ist weniger ein Kreis als eine Spirale, auf der die Armen sich nach unten bewegen, während die weniger Armen nach oben steigen.

Familien mit höherem Einkommen und höherem Bildungsniveau tendieren dazu, kleinere Familien zu haben. Dadurch wird ihre Gesundheit und ihr Leistungsvermögen besser, und sie erhalten so zusätzliche Einkünfte, die sie investieren können, so daß sie imstande sind, ihr Einkommen und ihre Bildung weiter zu verbessern. Länder, deren Reichtum schneller zunimmt, haben der Tendenz nach ein langsameres Bevölkerungswachstum zu verzeichnen. Dadurch werden mehr Kapitalmittel für produktive Investitionen freigesetzt, wodurch der nationale Reichtum weiter vergrößert wird. Am anderen Ende der Skala verfügen arme Länder und große, arme Familien nur über einen geringen oder gar keinen Überschuß, den sie zur Verbesserung ihres Einkommens investieren könnten, so daß die Faktoren, nach denen bessergestellte Ehepaare sich für eine Beschränkung der Familiengröße entscheiden, nicht zum Tragen kommen. Daher haben sie also weiter große Familien und werden immer ärmer – und so weiter.

Der insgesamt feststellbare Entwicklungsfortschritt scheint die Geburtenraten zu bremsen – und umgekehrt ist eine niedrigere Bevölkerungswachstumsrate ein hervorragender Nährboden für wirtschaftliches Wachstum. Länder mit vergleichbarer Kultur, aber niedrigeren Geburts- und Wachstumsraten haben tendenziell auch höhere Pro-Kopf-Einkommen und alles andere, was damit verbunden ist: eine stärkere Verstädterung, einen höheren Anteil von Schreib- und Lesekundigen, mehr Industrie und mehr Dienstleistungen. Allerdings gilt dieser Zusammenhang nicht bei Ländern mit sehr verschiedenen kulturellen Systemen. In einigen Ländern kann es vorkommen, daß in den Anfangsstadien der Entwicklung die Geburtenraten noch *zunehmen,* weil die Mütter weniger Fehlgeburten haben und nicht so lange oder gar nicht stillen, was als natürliches Verhütungsmittel wirkt. Doch halten solche Zunahmen nur eine gewisse Zeit an.

Die großen Erfolgsstories auf dem Gebiet der Bevölkerungskontrolle passen recht gut zu der Vorstellung, daß die Gesamtentwicklung eines Landes den demographischen Übergangsprozeß beschleunigt. Singapur halbierte seine Geburtenrate in nur elf Jahren von 36 pro 1000 im Jahre 1964 auf 18 pro 1000 im Jahre 1975 (Großbritannien brauchte für die gleiche Spanne 60 Jahre); die Geburtenrate in Costa Rica sank im gleichen Zeitraum von 46 auf 29; die von Réunion von 44 auf 28; die von Hongkong von 34 auf 20. Kolumbien, Chile, Tunesien, Süd-Korea, Mauritius, Martinique und Trinidad und Tobago hatten während der gleichen

Zeit alle abnehmende Geburtenraten, und zwar mindestens um einen Punkt pro Jahr. Alle diese Länder stehen schon ganz schön weit oben auf der Entwicklungsleiter: Das ärmste dieser Länder, Kolumbien, hatte 1976 ein Pro-Kopf-Einkommen von 630 Dollar. Alle diese Länder haben einen vergleichsweise hohen Anteil von Städten, über zwei Fünftel ihrer Bevölkerung leben in kleinen und großen Städten. Zusätzlich haben viele dieser Länder noch den Vorteil, daß sie klein sind: Ihre Bevölkerung ist für die Versorgung mit Verhütungsmitteln leichter zu erreichen.

Die «Entwicklungspille» funktioniert dadurch, daß sie die Kosten-Nutzen-Rechnung des Kindergroßziehens verändert. Nicht etwa, daß die Leute weniger eigensüchtig oder verständiger als die wachstumsorientierten Dörfler in Afrika oder in Süd-Asien wären. Sie verfolgen noch immer ihr Privatinteresse vor irgendwelchen öffentlichen Interessen. Doch Kinder sind jetzt weniger ein wirtschaftlicher Nutzen als eine Belastung, und die Kosten für das Großziehen mehrerer Kinder übersteigen schließlich den zu erwartenden Gewinn bei weitem. Viele Kinder zu haben bedeutet nicht mehr, daraus Profit ziehen zu können.

Eines der mächtigsten Druckmittel in Richtung kleinere Familien, das durch die Entwicklung geschaffen wird, ist die Verstädterung. Auf dem Land werden Kinder gebraucht, sie helfen der Familie bei der Arbeit auf den Feldern, und durch das gemeinschaftliche Leben in der Großfamilie gibt es immer Großeltern oder Schwägerinnen, die bei der Kinderversorgung helfen. Privatsphäre und Freizeit sind den Leuten fremde Vorstellungen, so daß Kinder nicht als Fessel oder als Zerstreuung angesehen werden. Und wenn die Eltern alt werden, leben sie ganz selbstverständlich weiter im selben Haus wie ihre Kinder, die sich jetzt um sie kümmern. Die Verstädterung untergräbt die Großfamilie: Die zunehmende Wohnungsknappheit führt zur Zerschlagung der Familien in Einheiten von Eltern mit zwei Kindern. Die Mietkosten steigen, wodurch der Druck auf das Familienbudget und die Kosten für das Großziehen zusätzlicher Kinder zunehmen, während der Bedarf an Kinderarbeit weit geringer ist. Im Ergebnis liegt die Geburtenrate in den Städten gewöhnlich um sechs Punkte niedriger als in den ländlichen Gebieten. Einer Untersuchung von 1969 zufolge hatten Dorffrauen in Sierra Leone, die zwischen 45 und 50 Jahre alt waren, durchschnittlich je neun lebendgeborene Kinder, während entsprechende Stadtbewohner nur fünf hatten. Im gleichen Jahr hatten türkische Mütter aus der Stadt im Durchschnitt jeweils 4,7 Lebendgeburten gegenüber 6,4 bei den Müttern vom Lande.

Die Verbreitung der Bildung ist ein weiterer bedeutender Faktor. Sie bringt zusätzliche Kosten für Schulgebühren und Bücher mit sich, führt zu einer Einkommensverringerung, da die Rolle des Kindes als Mini-Handwerker geschmälert wird. Bis ein Kind alle seine Prüfungen hinter sich gebracht und seine unvermeidlichen Jahre der Jugendarbeitslosigkeit mit Herumlungern an Straßenecken verbracht hat, ist es groß genug, um von zu Hause wegzugehen und sich auf eigene Füße zu stellen: Die Investitionen in Kinder bringt immer weniger, fast gar keinen Gewinn. Die an den Rand gedrängten städtischen Armen brauchen selbstverständlich nach wie vor eine menschliche Altersversicherungspolice; da jedoch der moderne Sektor mehr Arbeitskräfte aufnimmt, deckt die Sozialversicherung einen zunehmend großen Anteil der Bevölkerung ab.

Durch die Verbreitung von Bildung für Frauen – die zuvor weder Schule noch Erwachsenenbildung kennenlernten – werden immer mehr Frauen motiviert und kommen zu Wissen darüber, wie sie die Größe ihrer Familie beschränken können und wollen. Einer Untersuchung aus dem Jahre 1960 zufolge hatten in Ghana städtische Frauen ohne Bildung im Durchschnitt mehr als sechs Lebendgeburten gegenüber von nur einer bei Frauen, die eine Oberschule besucht hatten. Die Verbesserung der Stellung der Frau wirkt sich auch noch durch andere Aspekte auf die Familiengröße aus. Wenn Frauen arbeiten, geraten sie in der Rolle der Arbeitnehmerin in Konflikt mit ihrer Rolle als Mutter, und wenn sie weniger Kinder haben, so hilft ihnen das, die Ansprüche an die ihnen zur Verfügung stehende Zeit zu verringern. Überall in der Welt schicken die Frauen sich an, in zunehmender Zahl arbeiten zu gehen. Der Prozeß vollzieht sich in Afrika und auf dem indischen Subkontinent nur langsam, dort machten die Frauen Mitte der siebziger Jahre etwa ein Drittel der Arbeitskräfte aus. In Lateinamerika stieg ihr Anteil von einem sehr geringen Prozentsatz von 18 Prozent im Jahre 1950 auf 22 Prozent im Jahre 1975. In Ost-Asien, wo die stärksten Rückgänge der Geburtenraten zu verzeichnen waren, stieg ihr Anteil von 28 Prozent auf den westlichen Ländern vergleichbaren Anteil von 38 Prozent. Die meisten Untersuchungen bestätigen, daß Frauen, die außer Haus regulärer Arbeit nachgehen, auch weniger Kinder haben.

Die Entwicklungspille kann, wenn sie in ungleichen Gesellschaften zur Wirkung kommt, erst einmal die bestehenden Ungleichheiten verschlimmern, denn es sind diejenigen, die besser dran sind, die damit beginnen, ihre Familie klein zu halten und sich so Vorteile zu verschaffen. Die Reichen werden reicher – und die Armen kriegen Kinder.

Kommen die Armen allerdings dann auch soweit, daß sie ihre Familien kleiner halten, dann können dadurch die Ungleichheiten verringert werden. Wo es zu viele Menschen gibt, führt das dazu, daß die Löhne gedrückt werden. Das Bremsen des Bevölkerungswachstums kann auf dem Arbeitskräftemarkt dazu führen, daß dieser Prozeß zum Stillstand kommt und umgekehrt wird. Wo es zu viele Pächter gibt, die Land suchen, und zu viele Arme in der Stadt, die eine Wohnung suchen, steigen die Pacht- und Wohnungsmieten, und die Reichen sahnen Extraprofite ab: Durch Bevölkerungskontrolle kann dieser Druck verringert werden, so daß die Mieten nicht mehr so hoch steigen müssen. Und wo Arbeitskräfteknappheit herrscht – oder wo zumindest keine große Reservearmee von Arbeitslosen besteht –, können die Armen sich besser organisieren, um ihre Rechte durchzusetzen. Eine Verlangsamung des Bevölkerungswachstums bei allen Bevölkerungsgruppen verringert nicht nur die Armut, sondern auch die Ungleichheit. Sie muß daher eine vorrangige Waffe jeder nach Gerechtigkeit strebenden Strategie sein.

Die Abwärtsspirale: Größere Familien, geringeres Einkommen

Der Satz, daß umfassende Entwicklung der beste Weg zur Verlangsamung ruinöser Bevölkerungswachstumsraten sei, gehörte einmal zum Reservoir gesicherten Wissens. Doch für solche Länder, die wirklich im scheinbar endlosen Rundlauf der Tretmühle gefangen sind, ist es zwecklos, in der Entwicklung das Heil zu sehen, denn der Bevölkerungsboom ist das größte Einzelhindernis für den wirtschaftlichen Fortschritt, der ja den Bevölkerungsboom beenden soll. Darum ist er auch das Hauptschloß an der nationalen Armutsfalle.

Einer der wesentlichsten Bestandteile wirtschaftlichen Fortschritts ist die Investition zur Verbesserung des Bodens, der Industrie, der Menschen. In den fortgeschrittenen Ländern ist es möglich, fast das gesamte Geld in die Verbesserung der Produktivität in allen Bereichen zu investieren, so daß die Einkommen rasch steigen können. In der Dritten Welt wird ein großer Batzen Geld in die Erschließung neuen Bodens, den Bau neuer Schulen oder Fabriken gesteckt, nur um die durch das Bevölkerungswachstum hervorgebrachten zusätzlichen Menschen zu ernähren, auszubilden und zu beschäftigen. Es ist errechnet worden, daß jedes Prozent Bevölkerungswachstum ein Land dazu zwingt, 4 Prozent seines Nationaleinkommens für solcherlei «demographische Investitionen» auszugeben – mit anderen Worten, zu stagnieren. In den ärmsten Ländern, wo die Sparquoten niedrig und die Wachstumsraten der Bevölkerung hoch sind, bleibt so nichts oder weniger als nichts übrig, um das Einkommen der Leute zu verbessern. Es wird also überhaupt kein wirkliches Wirtschaftswachstum geben, lediglich eine zwecklose Vervielfachung von allem und jedem auf gleichem oder niedrigerem Niveau. Der beim Internationalen Arbeitsamt beschäftigte Wirtschaftswissenschaftler Felix Pankert errechnete, daß in den 21 Entwicklungsländern, die er in seiner Untersuchung berücksichtigte, das Bevölkerungswachstum 70 Prozent des Zuwachses des Nationaleinkommens auffraß und daß nur 2,6 Prozent echten Investitionen mit einkommenverbesserndem Charakter zuflossen.

Nationale Armut, die durch rasches Bevölkerungswachstum verschlimmert wird, führt zu fortgesetztem schnellem Bevölkerungswachstum. Denn die armen Familien, die in armen Ländern die Masse der Bevölkerung ausmachen, neigen dazu, große Familien zu haben, die dafür sorgen, daß sie arm bleiben. Wie wir gesehen haben, besteht bei armen Familien die Wahrscheinlichkeit, daß sie gerade auf Grund ihrer Armut mehr Kinder kriegen wollen. Die Armen haben keine Ersparnisse und keine beruhigenden Stellungen mit Pensionsanspruch, deshalb brauchen sie Kinder als Altersversicherung weit mehr als Reiche. Haben sie Land, so fällt es ihnen schwerer, sich zur Erntezeit Arbeiter anzustellen oder zu mechanisieren, deshalb müssen sie sich mehr auf die Muskelkraft ihrer Söhne verlassen. Haben sie kein Land, brauchen sie das zusätzliche Einkommen, das die zur Arbeit gehenden Kinder oder Jugendlichen nach Hause bringen können. Den Armen fehlt es an Bildung und Ausbildung, daher wissen sie weniger über wirksame Methoden. Ihre Gesundheit ist schlecht, deshalb liegt die Kindersterblichkeitsrate sehr hoch, dem können sie durch größere Fruchtbarkeit entgegenwirken. Viele Kinder zu haben, ist oft nichts weiter als eine Überlebensstrategie, gleichzeitig hindert dies die Armen daran, über das reine Überlebensniveau hinauszukommen, ja, nicht selten setzen sie dadurch ihre Überlebensmöglichkeiten erst aufs Spiel. Die Armen der Dritten Welt beschwören häufig ihren Ruin auf lange Sicht herauf, indem sie versuchen, die unmittelbar drohende Katastrophe zu verhindern.

Überbevölkerung bedeutet auf der Familienebene, daß das gesamte Einkommen sofort wieder für den Verbrauch ausgegeben werden muß, so daß nichts übrigbleibt für Investitionen in Düngemittel, Pumpen, bessere Töpferscheiben oder Drehbänke, mit deren Hilfe sie die Produktivität heben könnten, oder für die Ausbildung, durch die sich die Lebenschancen der Kinder verbessern könnten.

Große Familien wirken sich für das Wohlergehen aller ihrer Angehörigen geradezu nachteilig aus. Eltern mit vielen Kindern haben nachgewiesenermaßen eine schlechtere körperliche und geistige Gesundheit als Eltern mit weniger Kindern. Sie sind größerem Stress ausgesetzt, sind häufiger unterernährt und werden häufiger krank. Dies wiederum wirkt sich auf das Leistungsvermögen der Brotverdiener aus und verringert ihre Verdienstmöglichkeiten.

Große Familien sind einer der vielen ineinandergreifenden Mechanismen, die wir in den folgenden Kapiteln untersuchen werden, durch die Armut erblich wird. Kinder aus größeren Familien sind in der Regel kleiner und schwächer bei der Geburt. Sie sterben häufiger noch im Kindesalter und werden öfter krank. Die Wahrscheinlichkeit, daß sie an Unterernährung leiden, ist größer. Eine Untersuchung (1963) in der kleinen kolumbianischen Stadt Candelaria fand heraus, daß nur eines von drei Kindern in Familien mit einem oder zwei Kindern unterernährt war, während es in den Familien mit fünf und mehr Kindern 44 Prozent waren. Die Familienausgaben für Essen betrugen 23 Pesos pro Person in Familien mit einem Kind, in Familien mit acht oder mehr Kindern waren es nur zehn Pesos.

Auf Grund der Unterernährung und anderer Entbehrungen haben Kinder aus großen Familien oft geringere geistige Fähigkeiten, die sie zum Mißerfolg in der Schule und zu schlechtbezahlter und unsicherer Beschäftigung in ihrem späteren Leben verdammen. Bei allen Tests, mit denen geistige Fähigkeiten gemessen werden, schneiden sie meistens schlechter ab: Eine britische Studie aus den fünfziger Jahren wies nach, daß Kinder mit sechs oder mehr Geschwistern bei Intelligenztests im Durchschnitt dreizehn Punkte weniger erzielten als Einzelkinder. Dieser Effekt kommt durch zwei Faktoren zustande: durch die katastrophalen Auswirkungen der Unterernährung auf die Gehirnentwicklung und durch ähnliche Auswirkungen des Mangels an Anregung. Kinder aus großen Familien haben weniger Kontakt zu den Eltern, weil die Eltern mehr am Hals haben und weniger Zeit für sie übrig haben und weil sie diese Zeit auch noch mit einer größeren Zahl von Geschwistern teilen müssen.

Ebenso wie eine Verlangsamung des Bevölkerungswachstums die Gleichheit vergrößern kann, vergrößert das Bevölkerungswachstum die Ungleichheit, indem es Besitzer kleiner und kleinster Stücke Land zum Verkauf zwingt, die Mieten hochtreibt, die Löhne drückt und es weit schwieriger macht, die Armen zu organisieren. Und wir haben in Teil Zwei schon gesehen, wie das Bevölkerungswachstum ganze Gemeinden in die Armut treiben kann dadurch, daß es Bodenverschlechterung, Entwaldung und Verwüstungsprozesse fördert.

Unten aussteigen: Auswege aus der Abwärtsspirale

Die Spirale von Übervölkerung und Armut ist nicht endlos. Hungersnot und Tod stehen am Ende, wo aus der Spirale ein simpler Teufelskreis wird. Doch gibt es einen weiteren schmerzvollen Weg, der heraus und zur Aufwärtsspirale führt. Denn die Armut selbst kann derartige Ausmaße erreichen, daß das Kindergroßziehen – genau wie bei wachsendem Wohlstand – anfängt, mehr zu kosten als es an zu erwartendem Nutzen bringt.

Dieser Punkt ist wahrscheinlich schon in vielen Ländern Süd-Asiens, auf Java und im Niltal erreicht worden. Das Land ist allmählich so weit aufgeteilt worden, daß die meisten Landwirtschaften keine großen Familien mehr tragen können, sie sind so klein geworden, daß ein Mann sie alleine bearbeiten kann, ohne daß er noch Hilfe von Familienangehörigen braucht. Die Überzahl an Arbeitskräften hat solche Ausmaße erreicht, daß die Löhne zu niedrig sind, um eine große Familie zu ernähren.

In Bangladesh haben Untersuchungen ergeben, daß die Frau eines Bauern um so eher Möglichkeiten der Familienplanung kennt, billigt und auch anwendet, je weniger Land ihr Mann besitzt. Bauern mit mehr als zwei Acres Land, die ich kennenlernte, waren entschlossen, so viele Söhne zu bekommen, wie sie zur Bearbeitung des Landes brauchten, ohne Leute anstellen zu müssen – im allgemeinen einen Sohn pro eineinhalb Acres Land, das sie besaßen –, und diese Leute schienen sich keine sonderlich großen Sorgen darüber zu machen, daß ihre Söhne weit kleinere Flecken Land erben würden, als sie selbst noch zur Verfügung hatten. Doch war die kritische Größe von eineinhalb Acres und weniger erreicht, die ein Mann gerade allein bewirtschaften kann, dann konnte man auch deutlich den Wunsch nach einer kleinen Familie verspüren. Da bleibt allerdings noch die Theorie, daß die Landlosen oder Beinahe-Landlosen auch zusätzliche Söhne haben wollen, damit sie zusätzlichen Lohn nach Hause bringen. Aber auch dieser Weg fängt an, unbegehbar zu werden, wenn die Armut wirklich beißend wird. In Bangladesh ist errechnet worden, daß ein männliches Kind mit etwa zwölf Jahren anfängt, die Aufwendungen wieder hereinzubringen, die gemacht werden mußten, um es so weit großzuziehen. Mit sechzehn Jahren wird der Junge dann diese Kosten voll hereingeholt haben, und mit 20 Jahren wird er so viel verdient haben, daß damit ein weiteres Kind großgezogen werden kann. Der Rückgang der Reallöhne, der durch die überzähligen Arbeitskräfte bewirkt wird, dehnt jedoch diesen Zeitraum in die Länge, den ein Kind benötigt, um die Aufwendung wieder hereinzuholen – sinken die Reallöhne um die Hälfte, dauert die Rückzahlungszeit doppelt so lange. Als noch kritischer erweist sich der Umstand, daß die zunehmende Armut zu einer Situation geführt hat, in der die Ärmsten offen eingestehen, daß sie zwar gerne mehr Söhne haben würden, es sich aber einfach nicht leisten können, sie bis zu dem Alter großzuziehen, in dem sie anfangen, Geld zu verdienen.

Auf diesem niedrigsten Niveau angelangt, dürfte es für ein mit Nachdruck durchgeführtes Bevölkerungsprogramm schließlich nicht mehr so schwer sein, aufgeschlossene Kunden zu finden. Wenn es dazu kommt, kann die Rate des Bevölkerungswachstums gesenkt werden, *bevor* die wirtschaftliche Entwicklung einsetzt, und von diesem Punkt an kann die Bewegungsrichtung auf der Spirale umgekehrt werden, der Entwicklungsprozeß kann sich rascher vollziehen, und das Bevölkerungswachstum kann noch weiter gebremst werden.

Etlichen armen und großen Ländern ist es gelungen, ihre Geburtenraten erheblich zu senken, bevor die mit der wirtschaftlichen Entwicklung verbundenen einschränkenden Faktoren ins Spiel kommen konnten. Zu diesen Ländern gehören Thailand (Pro-Kopf-Einkommen 1976: 380 Dollar), Indonesien (240 Dollar), Indien (150 Dollar), die Philippinen (410 Dollar) und Ägypten (280 Dollar). Es ist aufschlußreich, daß in all diesen Ländern die Landlosigkeit und die Arbeitslosigkeit solche Ausmaße erreicht haben, daß ihre Regierungen über nachdrückliche Familienplanungsprogramme verfügen und sich zur Familienplanung verpflichtet fühlen.

Es gibt jedoch auch noch einige andere Auswege aus der Abwärtsspirale.

Als erstes kann die Auslandshilfe für die Investitionen sorgen, die zu dem realen Wirtschaftswachstum führen, welches das Land selbst wegen des Bevölkerungsbooms nicht hervorzubringen imstande ist. Hierzu benötigte man jedoch Wirtschaftshilfe in sehr großem Umfang. Und wenn auch noch die gewöhnlich zur Anwendung kommenden Strategien des ungleichen Wachstums verfolgt würden, würde es zu lange dauern, bis die Vorteile dieser Entwicklung bis zu den Armen durchsickern und sie dazu anhalten, kleinere Familien zu wollen.

Bevor die Leute in den unteren Bereichen des Strudels noch nicht den absoluten Tiefpunkt erreicht haben, ist es in Konkurrenzgesellschaften unwahrscheinlich, daß sie ihre Familien freiwillig beschränken. Der zweite Lösungsweg wäre daher, sie durch Anwendung von Zwang dahin zu bringen, es doch zu tun. Die brutalen Schlachtereien bei Indiens Versuch mit der Zwangssterilisierung haben dazu geführt, daß offener Zwang verpönt ist. Doch sind indirekte Formen des Zwangs wie wirtschaftliche und soziale Anreize für kleine Familien und Behinderungen für große Familien beispielsweise in Singapur mit einigem Erfolg angewandt worden.

Der dritte Lösungsweg würde den Versuch unternehmen, den Konkurrenzcharakter des Dorflebens durch die Schaffung genossenschaftlicher Strukturen zu verringern, so daß jeder ein Interesse am gemeinschaftlichen Wohlergehen bekäme und widerstrebende Familien moralisch unter Druck gesetzt werden könnten. Man könnte auf Dorfebene bestimmte Sozialversicherungssysteme einführen. Schließlich kann die Lage der Armen durch eine Umverteilung des Bodens und eine Bodenreform selbst dann verbessert werden, wenn es kein wirtschaftliches Wachstum gibt, weil sie so zumindest einen Teil der Motivation in Richtung kleiner Familien bekommen, wie sie sonst durch eine Gesamtentwicklung des Landes vermittelt wird.

Die Aussichten: Düster

Wie stehen nun die Aussichten für die Bevölkerung der Dritten Welt im letzten Viertel des 20. Jahrhunderts?

1980 gab es deutliche Zeichen, daß die Geburtenrate in den Entwicklungsländern rascher abnahm als erwartet. Erfreulicherweise mußten die Vereinten Nationen ihre Prognosen nach unten korrigieren. Es steht zu erwarten, daß die Geburtenrate von 33,6 pro 1000 im Zeitraum 1975 bis 1980 auf 26,2 pro 1000 im Zeitraum 1995 bis 2000 sinken wird. Man nimmt an, daß die Weltbevölkerung im Jahr 2000 sich insgesamt auf 6,2 Milliarden (das sind 55 Millionen weniger als ursprünglich geschätzt) belaufen wird, von denen 4,962 Milliarden in den Entwicklungsländern leben werden.

Eine Verlangsamung des Bevölkerungswachstums ist jederzeit willkommen. Doch bedeutet das keineswegs, daß es deshalb kein Bevölkerungsproblem mehr gäbe oder daß man in dem Bemühen, diesem Problem zu Leibe zu rücken, auch nur einen Augenblick lang nachlassen dürfte. Denn die Tatsachen sehen so aus, daß die Zahl der in jedem Jahr zur Weltbevölkerung hinzukommenden Menschen in absoluten Angaben noch mindestens zwanzig Jahre lang steigen wird. 1980 kamen 76 Millionen neue Seelen zu den schon vorhandenen hinzu – das sind so viele, daß sie die Bevölkerung eines neuen großen Landes von der Größe Pakistans bilden könnten, welches das zehntgrößte Land der Erde ist; oder auch so viele, daß sie pro Stunde eines jeden Tages ein neues Dorf mit 9000 Einwohnern gründen könnten. Bis zum Jahr 2000 wird die Zahl der jährlich neu Hinzukommenden auf 93 Millionen gestiegen sein, das ist alle sieben Jahre ein neues Indien. Doch sind diese globalen Angaben, obgleich sie an sich schon hinsichtlich ihrer Folgen für die Nahrungsmittel- und Energienachfrage genügend Anlaß zur Sorge geben, von geringerer praktischer Bedeutung als die jeweilige nationale und lokale Lage, denn hier hat das rasche Bevölkerungswachstum die verheerendsten Auswirkungen auf die Umwelt, die Wirtschaft und auf die natürlichen und menschlichen Reserven.

Am düstersten sieht es für Afrika aus. Die afrikanische Bevölkerungswachstumsrate wird im Zeitraum 1980 bis 1985 mit 2,97 Prozent im Jahr ihren Höhepunkt erreichen. Schätzungen zufolge wird die Bevölkerung des schwarzen Kontinents, die 1980 472 Millionen betrug, bis Ende des Jahrhunderts auf 828 Millionen anwachsen. Afrikanische Eltern streben noch immer erschreckend hohe Familiengrößen an, und 1980 verfügten erst neun von 43 afrikanischen Regierungen über eine offizielle Politik, die zumindest den Versuch unternahm, die Fruchtbarkeit zu verringern. Ich glaube, das Hauptproblem liegt hier darin, daß die riesigen Ausmaße des afrikanischen Kontinents eine Illusion von räumlicher Weite hervorrufen, in die hinein man sich nötigenfalls ausbreiten könne. Doch ist der größte Teil des heute leeren Landes unfruchtbar oder ökologisch prekär, und die Bevölkerungsdichte in den Anbaugebieten ist bereits höher, als die schlechten Böden und die elementare Technologie ertragen können. Auf diese Weise droht das Bevölkerungswachstum Afrikas Ökosysteme zu zerstören.

Lateinamerika erreichte schon im Zeitraum 1955 bis 1960 mit 2,78 Prozent im Jahr den Höhepunkt seiner Bevölkerungswachstumsrate, doch nahm sie danach nur sehr langsam ab und belief sich im Zeitraum 1975 bis 1980 noch immer auf 2,66 Prozent im Jahr. Das langsame Sinken wird Erwartungen zufolge weitergehen und Ende des Jahrhunderts bei einer Wachstumsrate von 2,34 Prozent angelangt sein. Die Bevölkerung Lateinamerikas, die 1980 360 Millionen betrug, wird im Jahr 2000 wahrscheinlich den Stand von 608 Millionen erreicht haben. Wir haben schon die kulturellen Hindernisse betrachtet, die auf diesem Kontinent einer geringeren Fruchtbarkeit entgegenstehen. Obendrein ist jedoch zu bemerken, daß 1980 nur drei von 21 Regierungen über eine Politik zur Verringerung der Geburtenrate verfügten. In den meisten Ländern gibt es keine absolute Bodenknappheit, doch gibt es eine ernsthafte Bodenknappheit sozialer Natur, die durch die ungleiche Landverteilung und die politischen Widerstände gegen eine diesen Namen verdienende Landreform hervorgerufen wird. Daher wird das Bevölkerungswachstum auf diesem Kontinent nicht nur die Belastungen für die Umwelt verstärken, sondern auch zur Verschärfung der politischen Spannungen beitragen.

Der am dichtesten besiedelte Kontinent ist Asien. Seine Bevölkerung belief sich 1980 auf 2,563 Milliarden, das sind 58 Prozent der Weltbevölkerung und 78 Prozent der Bevölkerung der Dritten Welt. Hier in Asien ist die durch die Bevölkerung verursachte Belastung des Landes am größten. Vielleicht ist gerade das der Grund dafür, daß 90 Prozent der Länder Asiens über politische Maßnahmen zur Verringerung der Fruchtbarkeit und schlagkräftige Familienplanungsprogramme verfügen, die nun langsam Wirkung zu zeigen beginnen. In Ost-Asien zum Beispiel wird für den Zeitraum 1980–1985 nur noch eine Wachstumsrate von 1,16 Prozent jährlich erwartet; der Höhepunkt mit 1,99 Prozent lag zwischen 1955 und 1960. Daher steht zu erwarten, daß die Bevölkerung, die 1980 1,136 Milliarden betrug, bis zum Ende des Jahrhunderts nur auf 1,406 Milliarden steigen wird. 1979 führte China ein Paket drakonischer Maßnahmen mit dem Ziel ein, junge Familien dazu zu bewegen, nur ein Kind zu haben. Sollten die Maßnahmen greifen, könnte die Bevölkerungsgesamtzahl Ende des Jahrhunderts erheblich niedriger als heute liegen. In Ost-Asien gibt es eine egalitäre Land- und Einkommensverteilung und außerdem eine lange Erfahrung in der wirksamen Nutzung knapper Ressourcen. Es ist unwahrscheinlich, daß es in dieser Region große Probleme bei der Ernährung der erwarteten Bevölkerungszahlen geben wird. Ernster sieht die Lage in Süd-Asien aus. Der Höhepunkt der Bevölkerungswachstumsrate wurde im Zeitraum 1965 bis 1970 mit 2,52 Prozent im Jahr erreicht, und sie war bis 1975/80 nur leicht auf 2,49 Prozent abgesunken. Allerdings wird erwartet, daß die Rate bis zum Zeitraum 1995/2000 spürbar sinken wird – bis auf 1,91 Prozent. Dennoch wird die Bevölkerung dieser Region von 1,422 Milliarden im Jahr 1980 auf 2,205 Milliarden im Jahr 2000 ansteigen. Hier wird wohl die Malthusianische Hungermathematik als erstes anzuwenden sein, wobei die Lage durch zunehmende Umwelt- und soziale Spannungen wegen der wachsenden Landlosigkeit noch kompliziert wird.

Selbst wenn die Familienplanungsprogramme 100 Prozent der in Frage kommenden Paare erreichen, werden die Bevölkerungen nach wie vor auf schließlich stabile Zahlen zusteuern, die bei einigen Ländern und Regionen nahezu unvorstellbar hoch liegen. Es wird erwartet, daß die Entwicklungsländer jenes Fruchtbarkeitsniveau, bei dem jede verheiratete Frau gerade so viele Töchter hat, daß diese sie ersetzen, zu verschiedenen Zeitpunkten erreichen werden, die zwischen dem Jahr 2005 für Länder wie Thailand, Malaysia und Costa Rica und dem Jahr 2045 für viele afrikanische Länder liegen werden. Doch selbst wenn dieser Punkt erreicht sein wird, werden die Bevölkerungszahlen noch 60 bis 125 Jahre lang weiter ansteigen. Diese Verschiebung stellt sich ein, weil der größte Teil der jungen Generation sich noch seinen Weg durch die Altersstruktur bahnen muß. Die einzige Möglichkeit, diese Verschiebung zu vermeiden, ist, die Ein-Kind-Familie anzustreben. Diese Aussicht ist für afrikanische und asiatische Länder jedoch fürchterlich. Weltbank-Prognosen – die allerdings auf Grund des großen Zeitraums, über den sie sich erstrecken, notwendigerweise nur sehr grobe Näherungswerte sind – gehen davon aus, daß Indien, das 1980 eine Bevölkerung von 670 Millionen hatte, im Jahr 2150 mit einer stagnierenden Bevölkerung von 1,643 Milliarden wird fertig werden müssen. Indonesien, dessen Hauptinseln 1980 schon mit einer Bevölkerung von 144 Millionen aus nahezu allen Nähten platzten, dürfte unter der Last von schließlich 357 Millionen Menschen zusammenbrechen. Bangladesh, das jetzt schon seine Bevölkerung von 90 Millionen (1980) nicht ernähren kann, wird sich wohl damit abfinden müssen, daß es einmal 334 Millionen sein werden. Die drastischsten Zunahmen hat allerdings Afrika vor sich. Die 77 Millionen von Nigeria werden wohl auf 435 Millionen ansteigen. Kenia, das schon für seine gegenwärtige Bevölkerung von 16 Millionen nicht genug Land zur Verfügung hat, muß dann 94 Millionen auf die gleiche Fläche quetschen.

Soweit die Vorhersagen. Doch werden wahrscheinlich viele arme Länder nicht so schnell weiterwachsen können, wie die Prognosen angeben. Wenn es in der Landwirtschaft nicht zu unvorhergesehenen technologischen Durchbrüchen kommt oder wenn die Industrialisierung sich nicht weit schneller vollzieht, als es wahrscheinlich ist, wird etwas geschehen müssen. Das kann zweierlei sein.

Die erste Alternative ist die, daß die Geburtenraten durch koordinierte bevölkerungspolitische Maßnahmen stärker heruntergezogen werden. Es gibt eine Menge von Einzeltaktiken, die zusammen eine erfolgreiche Strategie zur Verringerung der Fruchtbarkeit ergeben. Wirksame Verhütungsmittel müssen in breitem Umfang öffentlich propagiert werden, sie müssen billig sein und in jedem Dorf beim Gemeindeverteiler erhältlich sein. Doch ist die Motivation, zur Empfängnisverhütung überzugehen, genauso wichtig, wenn nicht noch wichtiger. Anreize für kleine Familien werden sich, obwohl sie zeitweilig mit Stirnrunzeln betrachtet wurden, zunehmender Beliebtheit erfreuen, wenn die Situation sich in vielen Ländern immer weiter zuspitzt. Es gibt auch eine Menge sozialer Faktoren, von denen man weiß, daß sie zur Verringerung der Fruchtbarkeit beitragen, und die die Regierungen bewußt fördern können. Dazu gehören solche Faktoren wie die Hebung des Bildungsniveaus (besonders für Frauen), Gesundheitsfürsorge für Mutter und Kind, eine niedrigere Kindersterblichkeit, die Stellung der Frau, die Verfügbarkeit von Arbeit außer Haus für Frauen und die Umverteilung der Einkommen zugunsten der Armen. Neuere Maßnahmen wie die Selbsthilfe im Dorf und im Slum, Sozialversicherungseinrichtungen für Krankheit und Alter müssen erst noch ausprobiert werden.

Die zweite Alternative ist die, daß die Sterberaten wieder steigen, weil Unterernährung, Krankheiten und Katastrophen überhandnehmen. Wenn es dem Menschen nicht gelingt, die Lücke zwischen Geburtenraten und Sterberaten zu schließen, kann es durchaus passieren, daß die Natur eingreift und es für ihn tut. Und es werden überall die ärmsten Familien sein, die die Hauptwucht des Angriffs zu ertragen haben werden.

15. Der Mensch ist, was er ißt: Unterernährung

«Der Mensch ist, was er ißt.»
Ludwig Feuerbach

Angemessene Ernährung: das ist das grundlegende aller menschlichen Bedürfnisse und Rechte, und Hunger ist die schlimmste von allen Nöten, unter denen die Armen der armen Länder zu leiden haben. Hunger schwächt den Körper, schädigt das Zellgewebe. Er verdammt Mütter zu Kummer und Sorgen und Kinder zu Tod und Untauglichkeit. Er macht das Familienleben zu einem bitteren Kampf um das bißchen, was es gibt. Und er bedroht die wertvollste Eigenschaft des Menschseins: einen begabten und wachen Geist.

«Hunger» ist ein sehr emotionales und ungenaues Wort. Das viel zu häufig benutzte Wort «Hunger in der Welt» beschwört Bilder von Auszehrung, von geschrumpften Gliedern, starrenden Augen und Bettelschalen herauf. In Wahrheit sieht der Reisende in der Dritten Welt, obwohl es überall unter den Armen Unterernährung gibt, selten Menschen, die nur noch Haut und Knochen sind. In großer Zahl gibt es sie nur in extremen Situationen wie in Biafra, in Bangladesh und in der Sahelzone. Die alltägliche Wirklichkeit der Unter- oder Mangelernährung in der Dritten Welt ist weniger dramatisch. Das sind Erwachsene, die sich mühsam durchschlagen, die körperlich und geistig erschöpft und für Krankheiten anfällig sind. Das sind Kinder, nicht selten sterbende Kinder, weniger weil sie Hunger leiden, sondern weil Hunger und Krankheiten Hand in Hand arbeiten, aber häufiger noch sind das Kinder, die überleben und für das Leben nicht gerüstet sind.

Die Ernährungs- und Landwirtschaftsorganisation der Vereinten Nationen schätzte, daß es zu Beginn der siebziger Jahre 455 Millionen Menschen auf der Welt gab, die weniger als das Minimum an Nahrung zu sich nahmen, das der Mensch braucht, um auf die Dauer Leib und Seele zusammenzuhalten. Das war ein Viertel der gesamten Bevölkerung in den nicht-kommunistischen Entwicklungsländern. Davon lebten alleine 300 Millionen in Asien.

Die am weitesten verbreitete Form der Unterernährung ist bekannt als *Protein-Energie-Mangelernährung* (PEM). Sie entsteht, wenn die Nahrungsaufnahme sowohl hinsichtlich der Quantität als auch der Qualität unzureichend ist. Bis vor kurzem wurde dem Eiweißmangel mehr Aufmerksamkeit geschenkt, doch wird heute angenommen, daß die meisten Regionen eine ausreichende Eiweißaufnahme hätten, wenn sie nur genügend Kalorien zu sich nehmen würden. Kalorienmangel zwingt den Körper dazu, das wertvolle Eiweiß zu verbrennen, statt es zum Aufbau und zur Erneuerung des Zellgewebes zu gebrauchen.

Untersuchungen über das Ausmaß der Eiweiß-Energie-Mangelernährung sind in verschiedenen Teilen der Welt zu sehr unterschiedlichen Ergebnissen gekommen. Auf der Grundlage von etwa 25 Untersuchungen, die in den letzten zehn Jahren erstellt wurden, kam der Ernährungswissenschaftler der Weltgesundheits-Organisation WHO, Dr. E. M. DeMaeyer zu dem Schluß, daß der Mittelwert für gemäßigte Mangelernährung bei Kindern auf den Entwicklungskontinenten sich auf 19 Prozent belief und daß er für schwere Formen bei fast 3 Prozent lag. Am schlimmsten war die Situation in Asien, wo 31 Prozent an gemäßigter PEM litten und 3,2 Prozent sie in schwerer Form aufwiesen. Danach kam Afrika, wo 26 Prozent gemäßigte PEM und 4,4 Prozent schwere PEM hatten. Lateinamerika wies eine etwas bessere Ernährung auf, dort lag der Mittelwert für gemäßigte Mangelernährung bei 19 Prozent und für schwere bei 1,6 Prozent. In bestimmten Gebieten ist die Lage allerdings weit schlimmer – so hatten 90 Prozent der Kinder im Gebiet von Puno in Süd-Peru Untergewicht, bei einem Viertel war das in schwerer Form festzustellen. Auf der ganzen Welt litten von den reichlich 500 Millionen Kindern unter fünf Jahren in der Dritten Welt mehr als 100 Millionen an mehr oder minder schwerer Protein-Energie-Mangelernährung, davon 70 Millionen in Asien.

Es gibt zwei Hauptformen der PEM. *Kwashiorkor,* eine akute Form, ist für den ungeübten Betrachter kaum zu sehen. Das zerstörte Zellgewebe verbirgt sich unter einer wäßrigen Hautschwellung, und ein Kind kann dabei ein rundes, pausbackiges Mondgesicht haben. Doch hat es wenig von der Lebensfreude eines normalen Kindes. Es fühlt sich elend, ist geistesabwesend und inaktiv. Seine Haut kann dunkle Flecken aufweisen, und sein Haar ist meist dünn. Kinder, die an Kwashiorkor leiden, liegen meist 20 bis 40 Prozent unter dem Gewicht ihrer Altersgruppe.

Marasmus-Kranke haben meist über 40 Prozent Untergewicht. Ihre Nahrung ist über so lange Zeit derart armselig gewesen, daß ihr Körper sich darauf nicht mehr nur durch einen Wachstumsstopp einstellen konnte. Er wurde vielmehr gezwungen, auf sich selbst zurückzugreifen und sein eigenes Zellgewebe zu verbrauchen. Das an Marasmus erkrankte Kind sieht daher aus wie ein verschrumpelter alter Mann oder wie ein Fötus. Es weist kaum irgendwelches Fett auf, und seine Muskeln sind ausgezehrt. Seine Überlebenschancen sind gering.

An PEM leiden meist Kinder, obwohl auch bei Frauen manchmal leichte Formen von PEM auftreten. Bei der Austeilung der Nahrungsmittel einer Familie stehen die Kinder an letzter Stelle – und sie sind weit anfälliger für Krankheiten, aus denen sich häufig Fälle von Mangelernährung entwickeln. Doch gibt es andere Ernährungsmängel, unter denen auch

Erwachsene leiden können. Die verbreitetste Form ist die *Anämie*, die Blutarmut. Ungefähr ein Drittel aller Männer und zwei Drittel aller Frauen in Entwicklungsländern leiden unter Blutarmut. Ihr überwiegend vegetarischer Speiseplan enthält oft weniger verwertbares Eisen als Fleisch, und Magenparasiten wie Hakenwürmer filtern nicht selten einen großen Teil des verzehrten Eisens heraus. Frauen, die ihre Menstruation haben oder schwanger sind, kennen sehr wohl die Auswirkungen: Energiemangel, Müdigkeit, Konzentrationsschwäche. Ganz allgemein, verminderte geistige und körperliche Leistungsfähigkeit.

Hunger, als subjektive Erfahrung gesehen, ist mit Leiden verbunden. Er bedeutet, sich in einem Zustand fortwährend enttäuschter Begierde zu befinden. Die Armen sind meistens an diesen Zustand gewöhnt und merken gar nichts davon – sie wissen meist nicht einmal, wie ein Leben ohne ihn sein würde. Trotzdem ist er da. Hungererfahrung ist im Westen ironischerweise größtenteils auf solche Leute beschränkt, die sich überfressen haben und nun mehr oder minder zufällig eine zeitlich begrenzte Diät machen. Wer schon mal länger als ein paar Tage eine Radikaldiät durchgezogen hat, weiß, wie man sich dann fühlt. Der Leser kann ja mal, falls er es nicht schon getan hat, zwei oder drei Tage lang versuchen, mit 1000 Kalorien pro Tag auszukommen, und dann eine schwierige geistige Aufgabe und harte körperliche Arbeit wie das Umgraben des Gartens angehen. Er wird merken, daß seine geistigen Fähigkeiten langsamer funktionieren, daß er sich leichter ablenken und durcheinanderbringen läßt und daß er Schwierigkeiten hat, sich auf seine körperliche Arbeit zu konzentrieren. Er wird bei der Arbeit schneller müde und wird sich häufiger ausruhen müssen.

Hunger richtet aber auch auf wirtschaftlichem Gebiet Schaden an. Die Arbeit eines hungrigen Mannes ist weniger produktiv – er wird wahrscheinlich weniger produzieren und weniger verdienen, und daher wird er arm und hungrig bleiben. Die Nahrungsaufnahme hat unmittelbare und offensichtliche Folgen für die Arbeit. Der Körper verlangt mindestens so viel, daß er seinen Stoffwechsel und seine täglichen blanken Existenznotwendigkeiten bewältigen kann. Diese Funktionen ändern sich mit Alter und Klima. Überdies hängt das Minimum, also das Maß an körperlicher Arbeit, das eine Person zu leisten vermag, unmittelbar ab von der Kalorienmenge, die sie zu sich nimmt. Während des Zweiten Weltkriegs fanden die Deutschen heraus, daß sie die Kohlenproduktion in den Zechen des Ruhrgebiets einfach dadurch erhöhen konnten, daß sie den Kumpeln mehr zu essen gaben. Wurde die tägliche Kalorienzuweisung von 2800 auf 3200 Kalorien angehoben, so stieg die tägliche Fördermenge pro Mann von sieben auf neuneinhalb Tonnen. Bei einer anderen Untersuchung kam heraus, daß ein Handarbeiter 3000 Kalorien zu sich nehmen mußte, um seine hundertprozentige Arbeitsleistung bringen zu können, bei Landarbeitern waren es 3600 Kalorien. Sollten Handarbeiter von nur

2500 Kalorien pro Tag leben, sank ihr Leistungsvermögen auf 58 Prozent und das von Landarbeitern auf 44 Prozent. Wo der Speiseplan nur 1800 Kalorien pro Tag vorsieht, wie in den armen Schichten der Entwicklungsländer, können die Arbeiter keine Muskelkraft und keine Bewegungsgenauigkeit erzielen. Die Verhinderung körperlicher Anstrengungen und ausgedehnte Ruhe werden zu wesentlichen Anpassungsweisen an chronischen Hunger.

Ist ein Mann selbständig, kann er seine Leistung seinen Fähigkeiten anpassen. Doch auch dann werden seine Produktivität und sein Einkommen gewiß niedrig liegen. Ist ein hungriger Mann jedoch auf Lohnarbeit oder auf Fabrikarbeit angewiesen, so werden seine geringen Arbeitsergebnisse, seine Unfallhäufigkeit und sein Unvermögen, mit der Maschine oder anderen Arbeitern Schritt zu halten, bald auffallen, und er wird entlassen werden. Daher treibt die Mangelernährung die Menschen zu schlechtbezahlter Gelegenheitsarbeit oder in die Arbeitslosigkeit. Mit geringem Einkommen können sie auch nur geringe Mengen an Nahrungsmitteln kaufen, und so sind sie in einem Teufelskreis von Armut, Mangel- oder Unterernährung und untauglicher Arbeitskraft gefangen.

Die Mangelernährung beginnt in der Dritten Welt nicht erst mit der Geburt. Der arme Mensch leidet meist schon vom Augenblick der Empfängnis an Hunger, und er kommt oft schon verkümmert und zurückgeblieben auf die Welt. Dritte Welt-Kinder sind gewöhnlich kleiner als westliche Kinder: In Indien beispielsweise wiegt ein durchschnittliches Neugeborenes nur 2,7 Kilogramm gegenüber 3,4 Kilogramm in Großbritannien und in Skandinavien. Weit schwerwiegender ist jedoch die Auswirkung der Mangelernährung auf das in der Entwicklung befindliche Gehirn. Das menschliche Gehirn scheint in zwei Stadien zu wachsen. Im ersten, das von der zehnten bis zur 18. Schwangerschaftswoche dauert, wird schon die für den Erwachsenen später geltende Menge an Nervenzellen aufgebaut. Mangelernährung in diesem Stadium (vermittelt durch den Hunger der Mutter) hat ein Gehirn zur Folge, das für immer und unwiderruflich weniger Zellen aufweist als das potentielle Gehirn, und die geistigen Fähigkeiten werden zum Teil schon durch die einfache Beschränkung der Gehirngröße gemindert. Das zweite Wachstumsstadium dauert etwa von der 20. Schwangerschaftswoche bis zum vollendeten zweiten Jahr nach der Geburt. In dieser Phase werden die Rückenmarksscheidewände aufgebaut, die die Nervenzellen isolieren und die Impulsübertragung beschleunigen. In dieser Periode werden auch die Verbindungen zwischen den Nervenzellen, die Nervenfasern und Synapsen entwickelt, durch die das Gehirn und das Nervensystem zu einem komplexeren und wirkungsvolleren Kommunikationsnetz werden. Das Wachstum dieser Verbindungsfasern hängt zum einen davon ab, in welchem Umfang die zur Unterstützung des Zellwachstums nötigen Nährstoffe zur Verfügung stehen, und zum anderen davon, in welchem Maße die Umwelt Reize zu ihrer

Entwicklung bietet. Mangelernährung in diesem zweiten Stadium kann, insbesondere wenn noch ein Mangel an Anregung hinzukommt (was oft der Fall ist), zu einer nicht mehr aufzuholenden Entwicklungsverzögerung eines gesunden und funktionierenden Hirns führen.

Durch Tierversuche konnten die Auswirkungen der Mangelernährung in diesen entscheidenden Perioden des Gehirnwachstums nachgewiesen werden. John Dobbing von der Manchester University fand heraus, daß bei Versuchsratten das Gehirn um ein Viertel kleiner und leichter war. Bernard Cragg von der Monash University in Australien wies nach, daß unterernährte Ratten 40 Prozent weniger Synapsen – die wesentlichen Verbindungen zwischen Nervenzellen – hatten als normal gefütterte Ratten. Messungen bei Kindern haben diese Laborergebnisse bestätigt. Bei einer Gruppe chilenischer Babies, die in ihrem ersten Lebensjahr an Unterernährung starben, konnte nachgewiesen werden, daß sie 20 Prozent weniger Hirnzellen hatten als normal. Joaquin Cravioto untersuchte unterernährte Kinder im Südwesten Mexikos und fand dabei heraus, daß sie mit drei Jahren in ihrer Sprachentwicklung schon fast ein ganzes Jahr hinter normalen Kindern zurückgeblieben waren. Andere Untersuchungen ergaben, daß Kinder, die Perioden schwerwiegender Unterernährung erlebt hatten, bei Wahrnehmungstests weit schlechter abschnitten als ihre Geschwister, die nicht solche Erlebnisse gehabt hatten. Es fiel ihnen schwerer, Klangmuster mit Sehmustern in Verbindung zu bringen, die Bewegungsrichtung von Umrissen im Raum zu unterscheiden und den Weg zu beschreiben, den einer der Forscher ihren Arm führte, während sie die Augen geschlossen hatten. Wahrnehmungsfähigkeiten dieser Art sind von grundlegender Bedeutung sowohl für produktive Arbeit als auch für die Fähigkeiten, die dem Lesen- und Schreiben-Lernen zugrunde liegen, die ihrerseits wiederum unabdingbare Voraussetzungen für akademischen Erfolg sind.

Bei einem unter- oder mangelernährten Kind besteht daher eine größere Wahrscheinlichkeit, daß es in der Schule versagt. Es ist auch wahrscheinlich, daß bei ihm im Vergleich zu seinen normalen Geschwistern ein starker Mangel an Anregung besteht, denn es neigt dazu, geistesabwesend zu sein und wenig Interesse an der Erforschung der Umwelt zu zeigen, außerdem wird sich seine Mutter weniger um es kümmern, weil ihr die Beschäftigung mit ihm weniger Freude bringt. Größer ist bei ihm auch die Wahrscheinlichkeit, daß es Zeit zum Lernen durch Krankheit verliert, weil es anfälliger ist für Infektionskrankheiten.

Mit anderen Worten, das unterernährte Kind ist der geborene Schulversager. Und da in der Dritten Welt die Ausbildung noch strenger als im Westen ausschlaggebend ist für die Bezahlungsstufe, ist es zu einem Leben in Armut verdammt, das es wahrscheinlich später an seine Kinder weitergeben wird, zwar nicht durch seine Erbanlagen, aber durch seine Umwelt.

Die Debatte darüber, ob Umwelt oder Vererbung Intelligenzunterschiede verursachen, ist künstlicher Natur: Im wirklichen Leben ist die Umwelt vererbbar.

Die fatale Verschwörung: Hunger und Krankheit

Bis dahin haben wir uns mit der Mangelernährung allein beschäftigt. In der Praxis tritt sie jedoch gewöhnlich zusammen mit schlechter Gesundheit auf. Die Mangelernährung senkt die Widerstandsschwelle gegen Krankheiten, und die Krankheiten verschlimmern die Unterernährung. Hunger und Krankheit jagen einander auf einer abwärtsführenden Spirale, die in den Tod oder zu lebenslänglicher Behinderung führt.

Zellen brauchen, um zu wachsen, Eiweiß und Kalorien. Ohne sie können sich wesentliche Zellgewebe und Vorgänge nicht richtig entwickeln. Zu den von der Mangelernährung betroffenen Zellgeweben gehören die Schleimhäute und die Muskelwände der Gedärme. Sind sie geschwächt, kann das Essen nicht in vollem Umfang verarbeitet und genutzt werden. Auf diese Weise kann der Hunger selbst auch noch als Verursacher von Mangelernährung wirken. Hunger führt unmittelbar zu schlimmerem Hunger.

Außerdem führt Mangelernährung zu einer langsameren Erzeugung von Antikörpern und weißen Blutkörperchen, was sich in verminderter Widerstandsfähigkeit gegen Infektionen niederschlägt. Das Knochenmark, das die roten Blutkörperchen erzeugt, kann verkümmern und Blutarmut verursachen. Auf diese Weise hat die Mangelernährung dann auch noch da, wo sie nicht die unmittelbare Ursache für den Tod von Kindern ist, dazu beigetragen, indem sie das Kind anfälliger für Krankheiten gemacht hat. Bei vielleicht der Hälfte aller Krankheits- und Sterbefälle bei Kindern der Dritten Welt steht die Mangelernährung im Hintergrund. Eine Untersuchung in Lateinamerika wies nach, daß 8 Prozent der Sterbefälle von Kindern zwischen sechs Monaten und zwei Jahren unmittelbar auf Mangelernährung zurückzuführen waren, während sie bei 41 Prozent der Fälle mitverursachend gewirkt hat. Unterernährte Kinder fangen sich viel leichter jede der gerade umherschwirrenden Krankheiten ein. In einem Dorf in Guatemala wurde festgestellt, daß Kinder, die unter gemäßigter Unterernährung litten, dreimal häufiger Durchfall bekamen als gutgenährte Kinder, bei schweren Fällen von Mangelernährung lag die Anfälligkeit sogar fünfmal höher.

Umgekehrt haben Krankheiten drastische Auswirkungen auf die Mangelernährung. Krankheiten erhöhen den Nahrungsbedarf. Durch Fieber wird der Stoffwechsel im Körper beschleunigt und mehr Energie verbrannt. Es gibt etliche bakterielle Infektionen, die durch Stickstoffverlust zwei oder drei Kilo menschlicher Muskeln auffressen, und dieser Verlust kann nur durch die verstärkte Aufnahme von Eiweiß wieder wettgemacht werden. Gleichzeitig verringert die Krankheit jedoch die Nahrungsaufnahme. Der kranke Körper verbraucht weniger Nahrung als normalerweise und nimmt nicht einmal soviel auf, wie er verbraucht. Der Patient hat keinen Appetit, und er kann einige Nahrungsmittel nicht einmal vertragen. Überkommene Vorstellungen, wie man kranke Kinder füttern soll, machen alles oft noch schlimmer, als es sein müßte. Das kranke Kind wird auf dünne Schleimsuppen gesetzt oder bekommt sogar nur das Wasser, in dem Gemüse gekocht worden ist. Es bekommt also praktisch kein Eiweiß und wahrscheinlich auch nicht ausreichend Kalorien. Auf diese Weise wirken Natur und Kultur zusammen und machen aus einer Krankheit Mangelernährung. Eine schwere Krankheit ist für ein Kind häufig der erste Ruck, durch den der Ball der Unterernährung dann den Abhang hinunterrollt: So erklärt sich auch, weshalb in ein und derselben Familie ein Kind unterernährt sein kann, während ein anderes Kind völlig unbetroffen bleibt. Da Krankheiten in der Dritten Welt häufig auf mangelnde sanitäre Verhältnisse, das Fehlen von sauberem Wasser und unzureichende Impfung in den Dörfern zurückzuführen sind, ist die Vernachlässigung der Armen vom Lande durch die Regierungen beinahe ebenso für die starke Verbreitung der Mangelernährung unter den Kindern verantwortlich zu machen wie die Armut selbst.

Brust gegen Konserve

Es gibt heute eine von Menschen gemachte Epidemie, die diese Verbindung von Hunger und Krankheit noch verschlimmert: nämlich die weltweite Verbreitung konservierter Babymilch, die ironischerweise auch noch verkauft wird mit der Behauptung, sie verbessere die Ernährung des Kindes.

Muttermilch ist die billigste und beste Nahrung, die es für Kleinkinder in der Dritten Welt gibt. Sie enthält die erforderlichen Nährstoffe in den richtigen Proportionen, sie ist sauber und frei von Schmutzstoffen und Infektionen. Sie enthält Antikörper, die dem Kind Schutz gegen viele Krankheiten gewähren. Gerade das Kind, das der Mutterbrust entwöhnt und auf andere Nahrung gesetzt wird, läuft am ehesten Gefahr, sich eine Infektion zu holen, und die gefährlichsten Jahre im Leben eines Kindes sind nicht die ersten Monate, sondern die Zeit ab dem sechsten Monat bis zum vollendeten zweiten Lebensjahr. Das Auftreten von Durchfall in dem schon erwähnten guatemaltekischen Dorf war bei den Kindern zwischen sechs und zwölf Monaten doppelt so häufig festzustellen wie bei denen unter sechs Monaten. Bei Kindern im Alter von ein bis zwei Jahren lag die Durchfallhäufigkeit dreimal so hoch.

Je früher ein Kind entwöhnt wird, um so größer ist das Risiko, daß es sich eine ernstliche Krankheit zuzieht. Die Entwöhnung bedeutet praktisch überall in der Dritten Welt immer auch vermehrte Zufuhr von verschmutztem Wasser. Und frühes Entwöhnen kommt in der Dritten Welt immer mehr in Mode, da das in Blechkonserven verpackte Babymilchpulver immer weiter vordringt. Dieser Ersatz der Mutterbrust durch die Milchkonserven der Multis ist eines der traurigsten Beispiele für fehlgeleitete «Modernisierung». Milchkonserven sind zu einer Art Statussymbol geworden, sie gelten als Beweis für Fortschrittlichkeit. Die Oberschichten haben damit angefangen, und alle anderen eifern ihnen kräftig nach. Dem wird durch intensive Werbung auch noch nachgeholfen. Selbst da, wo die Werbung zur Vorsicht mahnt, konnte durch Untersuchungen nachgewiesen werden, daß die Aussage, die bei den Müttern hängenbleibt, die ist, daß Milchpulver der Muttermilch an Nährwert überlegen sei. Bei ungebildeten Frauen scheint der Umstand, daß die Konservenmilch in aufgelöstem Zustand weißer ist als die wäßrig aussehende Muttermilch, als Bestätigung ihres größeren Nährwerts angesehen zu werden. Die Apotheker empfehlen sie, weil sie daran verdienen. Selbst Ärzte, die es besser wissen sollten, empfehlen sie häufig. Hat eine Frau einmal damit angefangen, ihr Baby mit Konservenmilch zu füttern, trocknen ihre Brüste aus, und sie muß damit weitermachen, obwohl sie es sich vielleicht inzwischen anders überlegt hat.

Die überwältigende Mehrheit der Familien in der Dritten Welt lebt in wirtschaftlichen und sanitären Verhältnissen, bei denen Babymilch sich als katastrophales Rezept erweist. Das Milchpulver muß mit Wasser gelöst werden, das in den meisten Fällen verschmutzt ist. Die Sterblichkeitsrate unter den flaschengefütterten Säuglingen in Chile beispielsweise liegt dreimal so hoch wie bei brustgestillten Babies. Konservenmilch ist zudem sehr teuer, sie kostet etwa zwei Dollar pro Woche oder mehr. Arme Familien können sich einfach gar nicht genügend von dieser Milch leisten und lösen sie daher oft in zuviel Wasser. Da außerdem noch weniger Geld übrigbleibt, leidet darunter auch die Ernährung der älteren Kinder.

Große Familien sind in der Regel ärmer und krankheitsanfälliger als kleine Familien, und Mütter, die ihre Kinder mit der Flasche füttern, haben meist größere Familien als Mütter, die mit der Brust stillen. Der Grund: Brustststillen an sich ist eine natürliche Form der Empfängnisverhütung. Es kann das Wiedereinsetzen der Menstruation bis zu 18 Monaten hinausschieben und die Zeitabstände zwischen den Geburten auf bis zu zwei Jahre verlängern. Dr. Franz Rosa von der Amerikanischen Universität in Beirut hat errechnet, daß das Bruststillen die Paare der Dritten Welt besser vor unerwünschten Schwangerschaften schützt als alle Familienplanungsprogramme zusammen.

Die Ernährung von Babies mit der Flasche führt bei der armen Mehrheit direkt oder indirekt zu Mangelernährung und Infektionen. Daher ist energisches Handeln geboten, um diese Praxis zurückzudrängen. Ein Schritt in die richtige Richtung war die Vereinbarung vom Oktober 1979 zwischen den Nahrungsmittel-Multis einerseits und der WHO und UNICEF andererseits, worin sich die Multis verpflichteten, keinerlei Verkaufsförderung oder direkte Werbung in der Öffentlichkeit für Muttermilchersatz-Produkte zu betreiben. Die Förderung sollte lediglich auf Tatsacheninformation für das Gesundheitspersonal beschränkt werden. Doch selbst das reicht noch nicht. Flaschenmilch sollte so wie in Papua Neu-Guinea, nur auf Verschreibung hin erhältlich sein für Mütter, die aus medizinischen Gründen nicht die Brust geben können.

Im Schatten des Friedhofs

Pamplona Alta ist eine von Dutzenden staubiger Squatterstädte in der bergigen Wüste rund um Lima. Auf der höchsten sandigen Erhebung markiert ein Kreis aus behelfsmäßigen Holz- und Blechkreuzen den Kinderfriedhof. Ein trauriges Wahrzeichen der Armut. Der jüngste der kleinen hier aufgeworfenen Hügel ist mit Girlanden und Blumen bedeckt. Die älteren gehen schon allmählich in den Sand über, so als ob es sie niemals gegeben hätte. Ein armes Kind in einem armen Land kommt und geht wie der flüchtige Schatten eines Vogels. An dem Morgen, als ich diesen Ort besuchte, stieg eine kleine Beerdigungsprozession durch die Slumstraßen hier herauf. Vorneweg trägt der Vater in einem winzigkleinen Sarg sein totes Kind auf den Armen, sein Gesicht zeigt Kummer und Anklage ob all dieser Ungerechtigkeit.

Hier in der wirklichen Welt entsteht Mangelernährung aus dem komplizierten Zusammenwirken von wirtschaftlicher Knappheit, Fütterpraktiken und sanitären Verhältnissen. Nur wenige Erwachsene von Pamplona Alta sind ernsthaft unterernährt – dennoch sterben mitten unter ihnen Kinder an Unterernährung.

Die schiere Armut spielt eine wichtige Rolle. Ohne sorgfältiges Rechnen und gute Kenntnis der Ernährungsprinzipien ist es schwierig, mit den 12 Dollar, die hier viele Familien in der Woche verdienen, einen guten Speiseplan zusammenzustellen. Benutzt die Familie Konservenmilchpulver, wird es um so schwieriger. Ich lernte eine Familie mit fünf Kindern kennen, die in einem Holzschuppen wohnte, als Dach diente eine herunterhängende oder flatternde Plastikplane, die schwarz angestrichen war. Als letztes waren Zwillinge gekommen, und der blutarme Organismus der Mutter konnte nicht beide ernähren. Das eine Baby entwickelte eine akute Unterernährung und mußte in ein wohltätiges Krankenhaus eingeliefert werden, um dort so gut es ging wieder aufgepäppelt zu werden. Das andere wurde mit Milch aus der Konserve ernährt, die pro Woche 2,40 Dollar kostete, was etwa 20 Prozent des Familieneinkommens ausmachte.

Das Milchpulver für das Baby wurde in schmutzigem Wasser gelöst. In Lima regnet es nie, und Wasserleitungen gibt es erst seit kurzem bis zu einigen der *barriadas*. Die Bewohner von Pamplona Alta müssen ihr Wasser an den zerbeulten Tankwagen kaufen, die in den steilen Straßen auf und ab fahren. Das Barrel Wasser (ca. 164 Liter) kostet 15 Soles, zur Zeit meines Besuches im Jahre 1976 etwa sechzig Pfennig, und die durchschnittliche Familie braucht vier Barrels pro Woche – das sind weitere 10 Prozent des Familieneinkommens. Das Wasser ist schon nicht sauber, wenn es kommt, aber nachdem es ein paar Tage in einem rostigen Faß in der heißen Sonne gestanden hat, nur mit einer Plastikplane oder ein paar Brettern zugedeckt, die mit Steinen beschwert sind, haben sich die Bakterien vervielfacht. Einige Mütter kochen das Wasser für ihre Babies ab. Die meisten tun es nicht, denn Brennstoff kostet Geld, und das können sie sich nicht leisten. So sind also Mageninfektionen und Durchfallerkrankungen an der Tagesordnung. Selbst brustgestillte Kinder sind gefährdet, da sie auch ein bißchen Wasser brauchen.

Ein einfacher Magen-Darmkatarrh kann schon eine verhängnisvolle Abfolge von Ereignissen auslösen. Kinder mit Durchfall vertragen keine Milch, weil ihnen vorübergehend das Enzym Laktase fehlt, das den Milchzucker in der Milch verdaut. Die Mutter muß dann versuchen, das Kind ein paar Tage lang mit Suppen und Pürees zu füttern und es dann wieder allmählich auf Milch umzustellen. Statt dessen setzt sie das Kind häufig eine Woche lang und länger auf dünne Brühen und Zuckerwasser. Der Ernährungszustand des Kindes wird schlechter, die Widerstandsfähigkeit gegen Infektionen nimmt ab, und der nächste Anfall von Magenbeschwerden dauert schon länger. Das Gewicht des Kindes sinkt mit jeder Krankheit immer weiter unter das Normalgewicht.

Durchfall führt oft auch zu der Unterbrechung, nach der die Mütter, selbst wenn sie bis dahin mit der Brust gestillt haben, Konservenmilch füttern. Wenn das Kind Durchfall hat, muß die Mutter das Brustatillen unterbrechen – oft sogar auf Anraten des Arztes. Nur wenige Ärzte erzählen den Müttern auch, daß sie ihre Brüste weiter stimulieren sollen, damit die Milchproduktion nicht aufhört, bis das Kind wieder Milch vertragen kann. Werden die Brüste auch nur eine Woche lang nicht stimuliert, trocknen sie aus, und das Bruststillen ist nicht mehr möglich.

Der Kreislauf von Infektion, Unterernährung und erneuter Infektion setzt sich fort und kann leicht zu Unterernährung 3. Grades führen, bei der das Kind nur noch 60 Prozent oder weniger des Normalgewichts hat. Damit ist im allgemeinen der Punkt erreicht, wo es kein Zurück mehr gibt. Die Jesuskind-Klinik in Ciudad de Dios nimmt diese Fälle auf und ist nicht selten Endstation. Die Babies in den Wiegen und Bettchen sind erschreckend klein und schrumplig, und in einem liegen Zwillinge – sie sind immer die anfälligsten – nebeneinander, winzigklein geworden vom Hunger, die Gesichter mit braunen Flecken bedeckt, das Haar dünn, fast glatzköpfig. Mit speziellen Heilnahrungen und intensiver Pflege können sie sich oft wieder erholen, da dies jedoch ein teures Verfahren ist, kann nur eine ganz kleine Minderheit behandelt werden. Die Bücher der Klinik sind eine tragische Lektüre.

Claudia Espinosa wurde im Januar 1975 geboren. Im April desselben Jahres hatte sie Unterernährung 1. Grades, im August 2. Grades und im Dezember 3. Grades. Als sie im Januar 1976 in die Klinik eingewiesen wurde, wog sie gerade noch 5,4 Kilogramm – das sind 40 Prozent unter dem Normalgewicht für dieses Alter – und hatte ständig Durchfall, Schwellungen im Nacken, einen roten Rachen und eine laufende Nase. Der für die Ernährung zuständige Arzt schrieb in das Stationsbuch: «Ernährungsgeschichte: Muttermilch von der Geburt bis drei Monate, dann Konservenmilch je nachdem, wieviel Geld da war, manchmal keine. Mit vier Monaten Haferschleim und Kartoffelpüree. Aß gut, aß nichts bei Magenerkrankungen (oft). Bemerkungen: vernünftige Ernährung, aber zuwenig wegen Geldmangel.»

In Claudias Fall war Armut das Problem, bei Elizabeth Cuba Bellido lag es an den schlechten Ernährungspraktiken. Geboren am 26. Juni 1975, wurde sie im März 1976 in die Klinik eingeliefert, weil sie schon seit 30 Tagen ununterbrochen Durchfall hatte und am Abend zuvor alles, was man ihr zu essen gegeben, wieder erbrochen hatte. Als sie eingeliefert wurde, hatte sie Unterernährung 3. Grades. Sie war ausgetrocknet (dehydriert), hatte nur noch wenig subkutanes Fett und ihre Haut war mit Narben und Kratzern übersät. Sie hatte eine Infektion der Atemwege und eine Ohrenentzündung und benötigte eine Blutübertragung, weil sie unter akuter Blutarmut litt. «Ernährungsgeschichte: Die Muttermilch wurde schon nach einer Woche gestoppt, die Mutter bekam Mastitis (Brustentzündung). Der Arzt verschrieb Milchpulver. Die Tante kümmerte sich tagsüber um das Kind. Mit sieben Monaten schwere Durchfallerkrankung. Milch ganz abgesetzt, Ernährung mit Anis- und Zuckerwasser, dann Suppen. Mit acht Monaten wieder Erbrechen, Essen ganz abgesetzt bis auf Tee und Wasser.» Millionen von Kindern in der Dritten Welt sterben jährlich, weil ihre Mütter nicht wissen, wie sie sich bei Magen-Darmerkrankungen verhalten sollen, obwohl schon eine einfache Lösung aus Salz, doppeltkohlensaurem Natrium, Zucker und sauberem Wasser ihr Leben hätte retten können.

Auf solche Art und Weise erzeugt Unterernährung Krankheit, und Krankheit erzeugt Unterernährung, und Armut führt zu beidem, ebenso wie beide zur Armut führen.

Weltkannibalismus: Die ungleiche Verteilung von Nahrungsmitteln

Es sollte mittlerweile schon deutlich geworden sein, daß die sensationsheischende Darstellung der Massenmedien vom «Welthunger» auf peinliche Weise unpassend ist. Welthunger gibt es schlicht und einfach nicht, es gibt nur den Hunger in bestimmten Gegenden der Welt und bei bestimmten sozialen Gruppen. Die gesamten Nahrungsmittelreserven der Welt würden voll und ganz ausreichen, um jedem genug zu essen zu geben, wenn sie nur fair unter allen Ländern und sozialen Gruppen verteilt wären.

Langfristig gesehen hat die Entwicklung der Gesamtproduktion an Nahrungsmitteln in der Welt die Vorhersagen von Malthus widerlegt, der sagte, die Nahrungsmittelproduktion könne nicht mit dem Bevölkerungswachstum Schritt halten. 1975 lag die Pro-Kopf-Erzeugung um 7 Prozent höher als im Zeitraum von 1961 bis 1965. Doch handelt es sich hierbei um den Weltdurchschnitt. Die Zahlen der Entwicklungsländer sehen nicht so gut aus, obwohl ihre landwirtschaftliche Produktion insgesamt einen eindrucksvollen Anstieg zu verzeichnen hatte. Sie wuchs in den sechziger Jahren um 2,9 Prozent jährlich und verlangsamte sich in der ersten Hälfte der siebziger Jahre auf 2,5 Prozent im Jahr, womit sie aber immer noch wie in der erstgenannten Periode über dem Zuwachs der westlichen Landwirtschaft lag. Während jedoch die Bevölkerung des Westens nur sehr langsam gewachsen ist, hat die der Dritten Welt weit schneller zugenommen und die gesamte Steigerung in der Nahrungsmittelproduktion aufgebraucht. Daher wuchs die Pro-Kopf-Nahrungsmittelerzeugung zwischen 1960 und 1970 nur um 0,3 Prozent im Jahr, und in den darauffolgenden fünf Jahren ist sie eigentlich um 0,1 Prozent im Jahr gesunken, in Afrika um über 2 Prozent.

Das «Welternährungsproblem» ist deshalb auch weniger ein Problem der Gesamtproduktion als ein Problem der lokalen Produktion und vor allem der Verteilung. Die Weltnahrungsmittelversorgung ist nicht so verteilt, daß man sagen könnte, sie diene der Mehrung des Wohlergehens für alle Menschen. Die Verteilung ist ebenso ungleich, ungerecht und unausgewogen wie bei anderen Elementen des Lebens auch. Doch ist die Ungleichheit bei der Versorgung mit Nahrungsmitteln vielleicht die schädlichste all jener unzähligen Formen, in denen Ungleichheit auftritt. Es handelt sich hier nicht um Ungleichheit an materiellen Besitztümern, sondern es geht hier um das nackte Überleben und nicht um Annehmlichkeiten, Komfort und Stellung.

Diese Ungleichheit besteht sowohl international als auch national. Die Ernährungs- und Landwirtschafts-Organisation der Vereinten Nationen hat errechnet, daß der durchschnittliche Dritte Welt-Bewohner in den

Jahren 1972 bis 1974 pro Tag ganze 2210 Kalorien zu sich nahm, das sind nur 96 Prozent seines Energiebedarfs. Demgegenüber nahm der wohlgefütterte durchschnittliche Bewohner eines entwickelten Landes 3340 Kalorien pro Tag zu sich, das sind 31 Prozent mehr, als er brauchte.

In den Jahren 1972 bis 1974 bekamen die Menschen in 71 von 128 Entwicklungsländern einer Untersuchung zufolge weniger Nahrung, als sie gebraucht hätten. Dies war eine Verbesserung gegenüber den Jahren 1961 bis 1963, als 91 Länder unter der Bedarfsgrenze lagen, doch ist noch eine Menge Boden gutzumachen.

Eiweiß ist nicht weniger ungleich verteilt. Ein erwachsener Mann, der sich nach einem typischen westlichen Speiseplan ernährt, auf dem es viele tierische Eiweiße gibt, die wohl ausgewogen und leicht verdaulich sind, braucht nur rund 40 Gramm pro Tag. Doch nur zwei von 34 entwickelten Ländern hatten in den mittsiebziger Jahren eine Aufnahme von weniger als 80 Gramm zu verzeichnen. In der Dritten Welt sieht der typische Speiseplan so aus, daß die Armen sich von den Hauptgetreidearten ernähren, deren Eiweiß nicht so ausgewogen ist. Bei einem solchen Speiseplan müßte ein durchschnittlicher Mann 62 Gramm Eiweiß zu sich nehmen. 27 von 128 Entwicklungsländern hatten im Durchschnitt eine Aufnahme von weniger als 50 Gramm zu verzeichnen. Und da es gleichzeitig überall ein Defizit an Kalorien gab, dürfte ein großer Teil des Proteins als Energie verbrannt worden sein.

Der Überverbrauch der entwickelten Länder steht in engem Zusammenhang mit dem Unterverbrauch der Dritten Welt. Des einen Menschen Herzanfall ist eines anderen Menschen Unterernährung.

Ein großer Teil des besten Landes, das für die Inlandsversorgung mit Nahrungsmitteln in den Entwicklungsländern genutzt werden sollte, wird zum Anbau von für den Verkauf an den Westen bestimmten Ernten verwendet, zum Beispiel für Zucker, Tabak, Kaffee, Kakao und Tee. Im Nordosten Brasiliens steht das noch grüne Zuckerrohr dick und hoch und wiegt seine silbrigen Troddeln im Wind, während die Landarbeiter, die es pflanzen und schlagen, sich mit ihren kleinen Hütten an den Rand der Landstraße klemmen müssen und nicht einmal Platz für den Anbau von ein bißchen Gemüse haben. «Schafe fressen Menschen», pflegten die englischen Bauern zu klagen, die durch Einhegungen von Gemeindeland vertrieben wurden. In vielen Entwicklungsländern fressen die für den Verkauf bestimmten Ernten die Menschen.

Und Fleisch frißt Menschen. Die Fleischfresser der westlichen Welt sind auch Kannibalen, Menschenfresser. Das muß etwas ausführlicher erklärt werden.

Fleischproduktion ist an sich nichts Schlimmes. Es gibt viele landwirtschaftlich schlecht zu nutzende Gebiete, Hochländer und Trockengebiete, die kaum für etwas anderes zu gebrauchen sind. Doch wird in Lateinamerika auf erstklassigem, landwirtschaftlich nutzbarem Land Vieh für den Export in den Westen oder für den Verbrauch der einheimischen Eliten gezüchtet. Viehzucht ist bekanntlich eine denkbar wenig effiziente Methode, dem Boden Eiweiß zu entlocken. Getreide kann bis zu fünfmal mehr Eiweiß pro Acre hergeben, bestimmte Gemüse wie Bohnen sogar zehnmal soviel. Doch fressen Kühe nicht nur Gras. Ein großer Teil der Welteiweißvorräte – Korn, Sojabohnen, Milchprodukte und Fischmehl – wird an sie verfüttert. Der Ernährungswissenschaftler Frances Moore Lappé hat errechnet, daß ein Stier etwa 16 Pfund Korn fressen muß, um ein Pfund eßbares Fleisch zu erbringen, und daß in etwa ein Drittel der Weltvorräte an Getreidekörnern, zwei Drittel der Ölsamen, die Hälfte des Fischmehls und ein Drittel der Milcherzeugnisse an Vieh verfüttert werden. Die Zahlen des von der Ernährungs- und Landwirtschafts-Organisation der UNO herausgegebenen Vierten Berichts über die Welternährungssituation (Fourth World Food Survey) zeichnen ein erschreckendes Bild. In den Jahren 1972 bis 1974 wurden 43 Prozent der Weltgetreideerzeugung als Viehfutter benutzt, und das Fleisch wurde weitgehend im Westen verzehrt. Genau der gleiche Getreideanteil stand den Menschen in den Entwicklungsländern zur Verfügung. Dabei muß man bedenken, daß diese Menschen beinahe drei Viertel der Weltbevölkerung ausmachen.

Auf Grund seiner Vorliebe für Fleisch verbraucht ein durchschnittlicher Bewohner eines entwickelten Landes direkt oder indirekt rund eine Tonne Korn pro Jahr, und davon werden über drei Viertel zuvor in tierische Produkte umgewandelt. Die Menschen in den armen Ländern verbrauchen weniger als ein Fünftel dieser Menge, davon bis auf 13 Prozent alles in Form von Getreide. Westler, die sich den Kopf zerbrechen über den Bevölkerungsdruck, dem die Weltnahrungsmittelproduktion ausgesetzt ist, sollten daran denken, daß ihre Durchschnittsfamilie von vier Angehörigen mehr Korn verbraucht als ein armes indisches Ehepaar mit achtzehn Kindern.

Ein großer Teil des Eiweißes, das für die Viehzucht verschwendet wird, deren Fleisch dann der Westen ißt, kommt aus den armen Ländern: Ölsamen und Erdnüsse aus West-Afrika, Fischmehl aus Peru, Sojabohnen aus Brasilien und so weiter und so fort. Ich erinnere mich an den Hunger, den die kleinen Jungen in Kano in Nord-Nigeria hatten, an ihre traurigen Gesichter mit der weißen, schuppigen Kwashiorkor-Haut. Ich kaufte mir eine Portion gekochtes Maniok als Imbiß, und mir fiel zufällig ein bißchen davon zu Boden. Ein halbes Dutzend dieser Jungen warf sich darauf wie ein Rudel Wölfe, und sie kämpften verzweifelt miteinander darum. Draußen am Stadtrand lagen Säcke voller stark eiweißhaltiger Erdnüsse zu Pyramiden aufgetürmt, die für den Export in den Westen bestimmt waren.

Einer der traurigsten Aspekte dieses unsäglichen Geschäfts ist der massive Eiweißverbrauch durch Haustiere im Westen. Großbritanniens sechs

Millionen Hunde und fünf Millionen Katzen verbrauchen rund eineinhalb Millionen Tonnen Nahrung im Jahr, wovon das meiste tierischen Ursprungs ist, das allerdings zu einem gewissen Teil nicht für den menschlichen Konsum geeignet wäre. Der Gegenwert in Korn würde ausreichen, um die gesamte Bevölkerung Ägyptens zu ernähren. In den Vereinigten Staaten gibt es 40 Millionen Hunde und 23 Millionen Katzen. Ein gehätscheltes westliches Haustier verbraucht wahrscheinlich das Produktionsergebnis von mehr Land als ein durchschnittlicher Bewohner der Dritten Welt. Hunde fressen auch Menschen.

Nun ist es allerdings nicht so, daß die Westler von ihrem reichlich gefüllten Speisezettel großen Nutzen hätten. Vielmehr bringen sie sich damit um. Übermäßiger Kalorienverbrauch führt zur Dickleibigkeit, womit sich die Anfälligkeit für tödlich verlaufende Herzkrankheiten erhöht. Allem Anschein nach kommt bei übermäßigem Verbrauch tierischer Fette dasselbe heraus. Die verminderte Aufnahme von Grünpflanzenfasern trägt noch zur Anfälligkeit für Gefäßerkrankungen bei. Die Reichen der Welt fressen die Armen und sich selbst.

Die Nahrungsmittelverteilung *innerhalb* der Länder der Dritten Welt ist nicht weniger ungleich. Im Nordosten Brasiliens erhielt das ärmste Fünftel der städtischen Haushalte einer Untersuchung zufolge nur 1500 Kalorien pro Tag – eine Menge, bei der der menschliche Körper nicht mehr zu anstrengender Arbeit fähig ist. Am anderen Ende der Skala nahm das reichste Zehntel 3300 Kalorien pro Person und Tag zu sich. Schulkinder aus Familien mit geringem Einkommen in Haiderabad bekamen pro Tag nur 1376 Kalorien und 36 Gramm Eiweiß, während die Kinder reicherer Leute 2485 Kalorien und 69 Gramm Eiweiß erhielten. In fast allen Untersuchungen tauchen die städtischen Armen als die am schlechtesten ernährten auf. Die Armen vom Lande sind mit gewöhnlich 300 Kalorien pro Tag besser dran. Das liegt daran, daß sie oft wenigstens ein kleines Stückchen Garten haben oder irgendwelche Naturalien als Bezahlung erhalten. Andererseits brauchen sie aber auch mehr Kalorien.

Innerhalb jeder Gruppe haben Familien mit Kindern um so schlechtere Speisezettel, je mehr Kinder sie haben. Eine Untersuchung über Armenhaushalte in Colombo, Sri Lanka, fand heraus, daß über die Hälfte der unterernährten Familien (die pro Tag 1800 Kalorien oder weniger hatten) vier oder mehr Kinder hatten. Bei den zureichend ernährten Haushalten (2800 Kalorien und mehr) hatte mehr als die Hälfte keine Kinder und ein weiteres Drittel nur eins. Aber es gibt auch keine Ernährungsgleichheit innerhalb der armen Familien. Die Männer, die arbeiten, haben absoluten Vorrang, Mütter und Kinder kriegen, was übrigbleibt, und das ist normalerweise im Hinblick auf den Kaloriengehalt und auf andere Nährstoffe mangelhaft.

Diese kriminelle Mißverteilung der Weltnahrungsmittelvorräte ist nur deshalb möglich, weil das Einkommen so ungleich verteilt ist. Der Weltnahrungsmittelmarkt richtet sich bei seiner Versorgung nach der *effektiven* Nachfrage, also nach der Kaufkraft. Was auch immer diejenigen, die Geld haben und bezahlen können, wollen, gleich ob es verschwenderische Beefsteaks sind oder Hundefutter, sie bekommen es. Und die Armen können sich kaum das leisten, was sie brauchen. Der Weltnahrungsmittelmarkt richtet sich mit seiner Versorgung so lange nicht nach menschlichen Bedürfnissen, bis die Einkommensverhältnisse in der Welt gleichgewichtiger verteilt sind.

Aussichten

Der Ausblick auf die achtziger und neunziger Jahre und die Ernährungslage für die wachsende Weltbevölkerung während dieses Zeitraums fiel düster aus. Die Entwicklungsländer, die sich einmal selbst mit Nahrungsmitteln versorgen konnten, wurden in zunehmendem und erschreckendem Maße abhängig von Importen aus Nordamerika, Südasien und Argentinien. Ihre Netto-Getreidedefizite (Einfuhren minus Ausfuhren) stiegen von nur 10 Millionen Tonnen im Jahr 1963 (4 Prozent des Bedarfs) auf 32 Millionen Tonnen im Jahr 1975 (8 Prozent des Bedarfs). Die Ernährungs- und Landwirtschaftsorganisation der UNO nimmt an, daß diese Defizite noch weiter steigen werden: bis zum Ende des Jahrhunderts auf schwindelerregende 153 Millionen Tonnen, das sind nicht weniger als 20 Prozent des Bedarfs. Dazu wird es größtenteils deshalb kommen, weil die Zunahme der Nahrungsmittel*erzeugung* voraussichtlich auf Grund des Bevölkerungsanstiegs und der steigenden Einkommen hinter der Steigerung der *Nachfrage* zurückbleiben wird.

Es bestehen ernsthafte Zweifel, ob diese erwartete Lücke geschlossen werden kann. Nordamerika wäre die wichtigste, wenn nicht die einzige Quelle, aus der die benötigten Mengen kommen könnten, und es müßte dazu seine Getreideausfuhr von 1977 mehr als verdoppeln. Doch gibt es in dieser Region jetzt nur noch wenige brachliegende Anbauflächen, die aktiviert werden könnten. Die Kosten für die auf Farmen benötigte Energie steigen rasch, und bei vermehrtem Einsatz von Düngemitteln nehmen die Gewinne trotz der zusätzlichen Ernteerträge ab. Die Verlegung auf Energieanbau (Zucker, Mais, süße Hirse) zur Umwandlung in Alkohol als Brennstoff für Autos würde riesige Flächen Landes einnehmen, die sonst zur Nahrungsmittelproduktion genutzt werden könnten.

Eine ernstzunehmende Unwägbarkeit ist auch das Weltklima. Die Klimatologen sind sich nicht einig, ob wir auf eine neue «kleine Eiszeit» zugehen, während der die kühleren Temperaturen die Nahrungsmittelproduktion drücken würden, aber nur wenige Wissenschaftler würden abstreiten, daß unser Klima in gefährlichem Maße unvorhersehbar wird. Das bedeutet, daß bei zwei oder mehr aufeinanderfolgenden Schlechtwetterjahren mit den entsprechenden Ernteeinbrüchen die internationalen Nahrungsmittelreserven völlig unzureichend sein werden. Selbst wenn Nordamerika den erforderlichen zusätzlichen Überschuß produzieren kann, kann es passieren, daß viele Entwicklungsländer, die gleichzeitig schweren Kostenbelastungen durch ihre Ölimporte ausgesetzt sind, gar nicht das Geld aufbringen können, um vermehrte Nahrungsmittelimporte zu bezahlen. Es wäre für jedes Land besser, wenn es sich nicht so sehr auf den Westen verließe und statt dessen ein maximales Ausmaß an machbarer Selbstversorgung bei der Nahrungsmittelproduktion anstrebte. Das bedeutet anhaltende Forschungsanstrengungen und Investitionen in die Landwirtschaft, einen Schritt in Richtung organischer, energiesparender Anbaumethoden und eine stärkere Konzentration auf die kleineren Bauern, die, wie Forschungen immer wieder zeigen, aus ihrem Land mehr herausholen. Aber auch hier sind der Geschwindigkeit, mit der die Produktion gesteigert werden kann, Grenzen gesetzt. Im größten Teil Asiens gibt es nur sehr wenig Land, das zusätzlich in den Anbau einbezogen werden könnte, allerdings wäre es möglich, die bewässerten Flächen erheblich auszudehnen. Afrika und Lateinamerika könnten ihre Anbauflächen erweitern. Doch stehen dem in Lateinamerika schwerwiegende politische Hindernisse entgegen (der hartnäckige Widerstand gegen Bodenreformen), und in Afrika trifft die effiziente Nutzung des Bodens auf technologische und finanzielle Handicaps. Und auf allen drei Kontinenten gibt es, wie wir gesehen haben, viele Gebiete, wo die übermäßige Ausbeutung des Bodens durch übermäßiges Abgrasen, Roden von Wäldern, Verwüstung und andere Bodenzerstörungsprozesse zu einer ständigen Verminderung der Bodenerträge geführt hat. Beim Meer sieht es ähnlich aus. Durch Überfischen ist die Fähigkeit der Weltmeere, eine anhaltende Versorgung zu garantieren, schon jetzt in Mitleidenschaft gezogen. Der Weltfischfang nahm in den sechziger Jahren um 5,6 Prozent im Jahr zu, und diese Zuwachsrate ging zwischen 1970 und 1977 dramatisch auf weniger als 1 Prozent im Jahr zurück.

Zudem wird das Problem überall ebensosehr in der Verbesserung des *Verbrauchs* und der *Verteilung* der Nahrungsmittel liegen wie in der Steigerung der *Produktion*. Das bedeutet, daß die Nahrungsmittelreserven, die den Armen zur Verfügung stehen, vergrößert werden müssen: Sie müssen ein ausreichendes Einkommen haben, um sich ihr Essen kaufen zu können, und dafür sind Arbeitsplatzbeschaffungs-Programme nötig; oder sie müssen genügend Land bekommen, damit sie ihre Versorgung selber bewerkstelligen können, und dafür ist eine Bodenreform vonnöten. Man muß den Leuten aber auch beibringen, wie sie die Mittel, die sie schon haben, besser ausnutzen können: wie man mehr und ausgewogenere Eiweißmischungen, mehr mineralhaltige und vitaminreiche Gemüse anbauen und kochen kann; wie man Nahrungsmittelverluste durch Verarbeitung und Lagerung verringern kann; wie man die Nahrung von Babies und Kleinkindern nahrhafter machen kann und wie man Trinkmischungen ansetzt, mit denen an Durchfall erkrankte Kinder ihren Wasserhaushalt wieder auffüllen; und von welch entscheidender Bedeutung es ist, daß Kinder Muttermilch erhalten und daß sie sie wegen der Verlängerung der Zeitspannen zwischen den Geburten möglichst lange bekommen.

Nach Prognosen der FAO wird die Zahl der Unterernährten in der Welt leicht zurückgehen: von 415 Millionen in den Jahren 1974 bis 1976 auf 390 Millionen gegen Ende des Jahrhunderts. Wenn das stimmt, dann würde das bedeuten, daß die Zahl der Hungernden sich in den nächsten zwanzig Jahren kaum verändern würde. Doch selbst das könnte sich noch als viel zu optimistisch erweisen.

Unterernährung ist nicht das Ergebnis einer unzureichenden Weltnahrungsmittelproduktion. Sie ist das Ergebnis von Armut; von schwerwiegenden Ungleichheiten in der Verteilung von Einkommen und Land; von Voreingenommenheit der Regierungen gegen die Armen bei der Versorgung mit sauberem Wasser und sanitären Installationen, wodurch so viel Unterernährung vermieden werden könnte. Letzten Endes ist Unterernährung das Ergebnis all der Verelendungsprozesse und diskriminierenden Verhältnisse, mit denen sich dieses Buch beschäftigt, und man kann ihr nur zu Leibe rücken, wenn man sie alle angreift.

16. Das kontrollierte Sterben
Die Krankheiten der Armut

«Jeder Dollar, der für Ärzte und Krankenhäuser ausgegeben wird, kostet hundert Menschenleben.»

Jorge de Ahumada

Wer arm ist, lebt auch gefährlich. Alle neunzehn Mitglieder der Familie Pena leben in einer Baracke mit zwei Räumen in El Codito, einer am Berghang gelegenen Slum-Vorstadt außerhalb Bogotás, der Hauptstadt Kolumbiens. Das Gebäude steht ein paar Schritte von einem steilen Abhang entfernt, von dem aus man hinunterblickt in einen Sandsteinbruch. Nur ein Stapel Reisig für das Herdfeuer hindert die Kinder daran, über den Rand des Abgrunds zu fallen.

Der Familienvater, Francisco Pena, kam vor 25 Jahren mit seiner Frau Amparo aus dem ländlichen Boyaca in die Stadt. Sie hofften damals, hier werde es ihnen besser gehen, doch müssen sie sich heute eingestehen, daß es ihnen nur noch schlechter ging. Francisco arbeitet im Steinbruch. Er verdient zwischen 1 Dollar 50 und 3 Dollar pro Wagenladung fertiger Sandsteinbrocken oder Sand, und er braucht eineinhalb Tage, um die Steine zu schneiden, zu brechen oder zu mahlen. Viele Männer bringen ihre Frauen und Kinder mit, damit es schneller geht. Doch die Arbeit ist riskant. Überall fliegen Steinbrocken oder Splitter durch die Gegend, der feine Staub dringt in die Lungen, größere Steine und Felsbrocken fallen auf die Leute. Francisco hat jetzt seit sechs Monaten nicht gearbeitet, weil er sich bei der Arbeit mit dem Vorschlaghammer einen Bänderriß am Arm zugezogen hat.

Gesundheitsrisiken gehören zum Lebensraster der Armen. In ihren Wohnbehelfen, wo sie wie die Sardinen eingequetscht sind, breitet sich jede Krankheit, die sich irgendeiner von ihnen gefangen hat, rasch aus. Amparo und Francisco wohnen in einem ihrer beiden Zimmer mit elf ihrer zwölf Kinder. Im anderen wohnt ihre älteste Tochter mit ihrem Mann und ihren vier Kindern. In diesem Zimmer wird auch gekocht, und der dicke Qualm, der von dem Holzfeuer aufsteigt, verursacht häufig Lungen- und Augenbeschwerden. Ihr Speisezettel ist armselig, und er schützt sie kaum vor Krankheiten: Maissuppen, weißer Reis oder Nudeln, kaum jemals Fleisch, Bohnen oder Frischgemüse.

Die Siedlung hat keinen Wasseranschluß. Das Wasser müssen sie sich fast zwei Kilometer entfernt an einem Bach holen. Abends gehen die Kinder mit angeschlagenen alten Töpfen und Ölkanistern dorthin, füllen sie, hängen sie an Bambusstangen auf und stolpern so wieder nach Hause.

Der Bach ist stark verschmutzt, vor allem durch die Exkremente der Anwohner. Abflußkanäle gibt es nicht. Nur die wenigsten Anwohner haben Klos, und die sind auch nichts weiter als Erdlöcher. Ich fragte die Penas, ob sie ein Klo haben. Amparo antwortete: «O nein, wir sind nur arme Leute vom Land, wir gehen die Straße hoch in die Büsche.»

Der Gesundheitszustand der Penas ist erschreckend. Amparo, die mit ihren 42 Jahren noch ganz attraktiv aussieht, verliert etwas von ihrem Charme, wenn sie lacht: Sie hat nämlich keine Vorderzähne. Drei ihrer Kinder starben im ersten Lebensjahr. Die Kinder, die überlebt haben, kriegen alle naslang die verschiedensten Krankheiten. Als ich sie besuchte, sah die Lage folgendermaßen aus: Die 14 Monate alte Enkeltochter hatte Durchfall und seit zwei Wochen nichts Festes mehr gegessen. Sie stolperte mit leerem, geistesabwesendem Blick umher. Amparos achtzehn Monate alter Sohn hatte einen stark ausgeweiteten Magen, was wahrscheinlich auf Mangelernährung zurückzuführen war. Der Dreieinhalbjährige hatte am Bein eine schlimme Narbe, weil ihm kochend heißes Wasser aus einem umgestürzten Topf darübergelaufen war (selbst Unfälle sind unter den Armen weiter verbreitet). Der vierzehn Jahre alte Sohn bekommt regelmäßig Brechanfälle und hustet Blut aus, vermutlich hat er Tuberkulose. Die Familie hat bisher für keine dieser Beschwerden irgendwelche ärztliche Hilfe erhalten oder gesucht. Amparo beschwert sich, die nächste Klinik, wo die Behandlung kostenlos sei, liege zu weit weg. Man müsse hinlaufen und lange warten und sei so einen ganzen Tag unterwegs, und bei so vielen Leuten, um die sie sich zu kümmern habe, könne sie so lange nicht wegbleiben. «Eher würde ich noch einen Arzt bezahlen», bemerkt sie mit ärgerlicher Stimme. «Aber geht ihr denn auch mal zum Arzt?» fragte ich sie. «Nein, das können wir uns nicht leisten.» Sie akzeptieren Krankheiten fatalistisch als etwas, was eben zum Leben gehört, was unvermeidlich ist. Krankheiten hat man eben, man kann höchstens hoffen, daß man dabei einigermaßen heil über die Runden kommt.

Wie bei Familie Pena entstehen Gesundheitsprobleme der Massen auf dem Land und der an den Rand der Städte gedrängten Armen aus ihrer Armut und aus der gefahrvollen Umgebung, in der sie leben. Ihr eigenes, allen Regeln der Hygiene spottendes Verhalten kommt noch hinzu. Die Gesundheitseinrichtungen sind weit weg oder zu teuer, es ist so, als gäbe es sie gar nicht.

Das Leben ist schwer – und kurz

Die Krankheitsverteilung in der Dritten Welt sieht völlig anders aus als im Westen. Die Hauptkiller in den reichen Ländern sind Wohlstandskrankheiten. Krebs verursacht 15 Prozent aller Sterbefälle. Kreislauferkrankungen raffen 32 Prozent dahin. In den Entwicklungsländern bietet die Verteilung der Krankheiten genau das umgekehrte Bild: Krebs und Kreislauferkrankungen verursachen nur je 4 und 15 Prozent der Sterbefälle. Die Hauptkiller in der Dritten Welt sind Infektionen, Parasitenbefall und Erkrankungen der Atemwege, die häufig durch Unterernährung gefördert werden. 44 Prozent aller Sterbefälle sind auf diese Krankheiten zurückzuführen, in den typischen entwickelten Ländern sind es dagegen nur 11 Prozent. Die Todesrate unter Kindern durch diese Krankheiten liegt sogar noch höher.

In den armen Ländern sind Krankheiten in einem Ausmaß verbreitet, wie es sich kein wohlbehüteter Westler auch nur vorstellen kann. Eine Milliarde Menschen ist von Fadenwürmern befallen, je eine halbe Milliarde wird vom Trachom, einer Augenkrankheit, die zur Blindheit führt, oder von Hakenwürmern heimgesucht. Eine Untersuchung in Tansania kam zu dem Ergebnis, daß nicht einmal eine Person von hundert frei von Parasiten war. Eine Weltbank-Untersuchung indonesischer Bauarbeiter entdeckte, daß bis zu 87 Prozent von ihnen Hakenwürmer, bis zu zwei Dritteln Rundwürmer und bis zu 58 Prozent Peitschenwürmer hatten.

Infolgedessen haben die Menschen eine weit geringere Lebenserwartung als die der entwickelten Regionen, wo 1977 ein neugeborenes Baby damit rechnen konnte, zwischen 70 und 75 Jahre alt zu werden. In Lateinamerika betrug die Lebenserwartung bei der Geburt nur 61 Jahre, in Ost-Asien nur 52 Jahre, 49 Jahre in Süd-Asien und ganze 46 Jahre in Afrika. Solche Statistiken können womöglich bei vielen Leuten das falsche Bild entstehen lassen, der durchschnittliche Afrikaner falle mit 46 tot um. In Wirklichkeit sieht es so aus, daß jeder, der die Kindheit hinter sich gebracht hat, bessere Chancen hat, älter zu werden. Ein Zwanzigjähriger in Kolumbien kann erwarten, daß er 60 Jahre alt wird, in Nigeria, daß er 59 Jahre alt wird, oder in Indien, daß er 57 Jahre alt wird. In den wirklich ungesunden Gegenden der Welt sterben sogar die Erwachsenen jung: im Tschad und im Zentralafrikanischen Kaiserreich wird ein Zwanzigjähriger im Schnitt mit 51 sterben, in Gabun und Guinea mit 49.

In der Dritten Welt sind die Jahre der Kindheit weniger die glücklichsten Jahre des Lebens als die gefährlichsten. Wenn die Babies kommen, mag sein, daß sie wie die Engel auf Wolken vom Himmel herabschweben. Aber die Chance, daß sie viel zu früh wieder gehen müssen, ist doch allzu groß. Die Kindersterblichkeit verlangt einen schrecklichen Tribut. Von den 122 Millionen Kindern, die 1979 geboren wurden, hatten 12 Millionen noch vor ihrem ersten Geburtstag und weitere 5 Millionen vor dem fünften Geburtstag zu sterben. Die wahren Zahlen können durchaus noch höher liegen, vor allem in den ländlichen Gebieten, wo ein Kind oft schon wieder verschwindet, bevor es im Geburtsregister eingetragen ist. In den ärmsten Regionen stehen seine Chancen kaum besser als fünfzig zu fünfzig.

In solchen Gegenden haben die Eltern es gelernt, mit der Kindersterblichkeit zu leben und Kinderkrankheiten und Tod mit stoischer Ruhe zu ertragen, obwohl es ihre Lebenstragödie ist, daß ihre lieben Kleinen sie jederzeit für immer verlassen können. Und doch ist das Kind, das früh stirbt, vielleicht besser dran. Denn einige, die überleben, werden von einer Qual nach der anderen befallen. Ein guatemaltekisches Kind, dessen Gesundheitsfortschritte in allen Einzelheiten notiert worden sind, fing an mit einer Erkrankung der Atemwege und einer Bindehautentzündung, als es einen Monat alt war. Während der ersten 24 Monate folgte dann eine ununterbrochene Abfolge von Krankheiten und Gebrechen: fünf langanhaltende Durchfallerkrankungen, zehn Lungenentzündungen, vier Bronchitiserkrankungen, sechs Bindehautentzündungen, außerdem Masern, ein Abszeß, einmal Soor, eine Mundschleimhautentzündung, Verbrennungen, Rundwürmer, Salmonellen, die Ruhr und eine Mandelentzündung. Bei jeder Infektion ging das Gewicht des Kindes weiter zurück, ohne daß das Kind die Möglichkeit gehabt hätte, den Verlust wieder wettzumachen. Mit zwei Jahren hatte es dann das Gewicht eines normalen sechsmonatigen Babys.

In dem Maße wie die Kinder älter werden, nimmt das Krankheitsrisiko allmählich ab, verschwindet aber nie ganz. Bei einer internationalen Vergleichsuntersuchung von Schulkindern ergab sich, daß in Bangladesh 97 Prozent der Kinder irgendeine Sorte Würmer hatten, in Sri Lanka waren es 95 Prozent und in Venezuela 93 Prozent. Eine Untersuchung in Bangkok entdeckte, daß Schulkinder im Alter von zehn bis vierzehn Jahren durchschnittlich jeweils drei Erkrankungen, gesundheitliche Mängel oder Befallserscheinungen durch Parasiten hatten: Zwei Drittel hatten ein Trachom (ein Augenleiden), ein Drittel Hautkrankheiten, ein Viertel Läuse, ein weiteres Viertel O-Beine und jeder Fünfte einen Kropf.

Der Kreislauf von Armut und Krankheit

Einzeln betrachtet sind die Krankheiten, die die Armen in den armen Ländern befallen, ein bösartiges Gebräu vieler Faktoren. Hitze und Feuchtigkeit der Tropen schaffen ideale Brutbedingungen: Die Nähe der Menschen zu den Elementen liefert sie hoffnungslos ihren Angriffen aus.

Krankheitsverursachende Organismen haben sich Seite an Seite mit den Menschen entwickelt. In ihrem Kampf ums Überleben haben sie sich der Ökologie ihres auserwählten Opfers, des Menschen, angepaßt, seinem Essen, seinen Ausscheidungen, seinen Wasch-, Arbeits- und Schlafgewohnheiten. Viele dieser Organismen haben Lebenszyklen von erstaunlicher Komplexität entwickelt und verbringen ihr Leben teils im Menschen, teils in Insekten, Schnecken oder anderen Tieren, wo sie nicht nur ihren jeweiligen Gastgeber ausbeuten, sondern auch noch aus deren

Beziehungen untereinander Nutzen ziehen. Die Schlafkrankheit, die im tropischen Afrika und (als Chagas-Krankheit) in Lateinamerika heimisch ist, wird durch Einzeller-Parasiten, die Trypanosomen, verursacht, die durch den Stich der Tsetsefliege übertragen werden. Die Fliege brütet in bewaldeten Flußtälern, und da die Menschen in der Nähe von Wasser leben müssen, ist es schwer, ihrem Einzugsbereich zu entkommen. Eine der verbreitetsten und schwierigsten Erkrankungen ist die Malaria, die von dem einzelligen Plasmodium verursacht wird, das durch Mückenstiche in das Blut der Menschen gelangt. Obwohl nun schon seit zwanzig Jahren oder länger Programme zur Ausrottung der Malaria betrieben werden, ist die Malaria noch immer weit verbreitet und sogar wieder verstärkt im Kommen. Rund 600 Millionen Menschen leben in malariaverseuchten Gebieten in 60 Ländern, und die Krankheit tötet allein in Afrika pro Jahr eine Million Kinder. Solche Krankheiten wie die Schlafkrankheit und die Malaria sind als Übertragungskrankheiten bekannt, bei denen es mehr auf die als Überträger fungierenden Insekten als auf die menschlichen Verhaltensweisen ankommt. Ausrottungskampagnen sind häufig der einzig gangbare Weg zu ihrer Bekämpfung.

Die meisten Tropenkrankheiten werden noch durch die Lebensgewohnheiten ihrer menschlichen Opfer begünstigt. Die größte Gruppe von Tropenkrankheiten wird über die Ausscheidungen der Menschen übertragen. Der Hakenwurm klammert sich mit seinen fürchterlichen Zähnen an die Magenwand und lebt vom Blutsaugen, wobei er chemische Substanzen abgibt, die ein Gerinnen des Blutes verhindern. Seine Eier werden mit dem Stuhl ausgeschieden. Benutzen die Leute keine Klos, schlüpfen die Larven aus und leben im Boden. Bei der nächstbesten Person, die vorbeikommt, um sich zu erleichtern, bohrt sich die Larve in die Fußsohlenhaut. In vielen Gegenden sind bis zu 95 Prozent der Bevölkerung vom Hakenwurm befallen, und er stellt eine der wichtigsten Ursachen für Blutarmut dar. Schistosomiasis, auch als Bilharziose oder Bilharzia-Krankheit bekannt, ist eine Krankheit, die durch das Wasser übertragen wird und an der rund 250 Millionen Menschen in 71 Ländern leiden. Andere durch Fäkalien übertragene Krankheiten wie die Cholera, Typhus oder die Ruhr benötigen zu ihrer Übertragung keine vermittelnden Gastgeber wie Schnecken, sondern können direkt von einer Person auf die andere, etwa durch schmutzige Hände, oder indirekt durch verschmutztes Wasser übertragen werden.

Krankheit ist, wie Hunger, an sich schon etwas Schlechtes. Sie verursacht Schmerzen und bringt einen um den Verstand. Sie untergräbt das Wohlbefinden der Menschen auf der Welt.

Krankheit gedeiht ganz allgemein in der Umgebung von Armut gut und trägt zu ihrer Verewigung bei, so daß sie sich erfolgreich vervielfachen kann. Chronische Krankheitsanfälligkeit verursacht Armut, und

Armut schafft den idealen Nährboden für Krankheiten, ein sich immer wieder selbst infizierender und wiederholender Lebenszyklus.

Krankheiten verursachen dem einzelnen, der Familie und dem Land konkrete finanzielle Kosten. Sie verringern das Leistungsvermögen eines Menschen ebenso wie Hunger. Sie heben die Lebenshaltungskosten der Erkrankten, denn die medizinische Behandlung muß bezahlt werden, und sie senken gleichzeitig sein Einkommen, weil sie ihm Arbeitszeit wegnehmen. Wenn es einen armen Bauern während der Zeit der Aussaat oder des Pflanzens oder während der Erntezeit erwischt, und das geschieht oft, weil die Regenzeit immer besonders ungesund ist, kann das für ihn der erste Schritt auf dem Weg in die Verschuldung und die Landlosigkeit sein. Stirbt der Erkrankte, muß die Familie die oft ruinösen Kosten für sein Begräbnis aufbringen, und gleichzeitig hat sie auch noch ein arbeitsfähiges Familienmitglied verloren.

Kranke Menschen brauchen mehr zu essen. Bei chronischen oder langandauernden Krankheiten wird das ohnehin knappe Essen verschwendet, weil der Körper es nicht so wirksam verarbeiten kann. Parasiten wie Hakenwürmer, Bandwürmer und Rundwürmer sind freßgierige Geschöpfe, sie haben sich nicht umsonst ausgerechnet das menschliche Verdauungssystem zum Aufenthaltsort erkoren, denn so können sie mühelos wegfressen, was der Gastgeber ißt, oder den Gastgeber selbst verzehren. Sie können innere Blutungen verursachen. Ein Befall mit Hakenwürmern des Typs *ancylostoma duodenale* kann den Verlust von vier Millilitern Blut pro Tag verursachen – das sind pro Jahr rund eineinhalb Liter. Eine Untersuchung in Panama kam zu dem Ergebnis, daß man bei Mageninfektionen zusätzliche Nahrungsmittel im Wert von 10 Dollar beschaffen mußte, was beinahe 2 Prozent des durchschnittlichen Einkommens und einen entsprechend größeren Prozentsatz des Einkommens armer Familien ausmachte. Eine andere Untersuchung in Kolumbien fand heraus, daß ein starker Rundwurm-Befall die aus Kohlehydraten verarbeitete Kalorienmenge um 30 Prozent kürzen konnte.

Krankheiten schmälern das Einkommen. Bei überraschend auftretenden Krankheiten muß womöglich der Brotbringer der Familie sich ins Bett legen, und arme Leute in armen Ländern haben keinerlei Sozialversicherung, auf die sie dann zurückgreifen können. Ein Malariaanfall kann einen Mann drei Tage lang von der Arbeit abhalten, und wenn er Lohnarbeiter ist, wird er während dieser Zeit auch nichts verdienen und seine Familie wahrscheinlich nichts essen. In Gegenden, wo die Malaria zu Hause ist, wird die durch sie verursachte Abwesenheitsrate von der Arbeit auf 25 Prozent geschätzt. Kinder, die zur Schule gehen, sind in der gleichen Weise betroffen, wobei die Krankheit noch als weiteres Problem zu den vielen anderen Nachteilen hinzukommt, mit denen Kinder aus armen Verhältnissen ohnehin schon zu kämpfen haben. Arbeiter in Entwicklungsländern verlieren im Jahr weit mehr Arbeitszeit durch Krankheiten als westliche Arbeiter, wo die Verlustquote bei 2 bis 7 Prozent liegt. In Burma und Mexiko gehen dagegen 12 Prozent der Arbeitstage verloren, in Ägypten, Chile und Kolumbien 15 Prozent, in Guatemala 16 Prozent und in Ecuador 29 Prozent.

Langanhaltende Krankheiten werfen einen Mann nicht unbedingt um, doch sie zehren an seiner Kraft und schmälern sein Leistungsvermögen, das durch Hunger und Hitze ohnehin schon gering sein mag. Bilharziose soll Schätzungen zufolge die Arbeitsfähigkeit um 15 bis 80 Prozent verringern. Den Hakenwürmern sagt man nach, daß sie in Syrien die Arbeitsleistung bis auf die Hälfte vermindern. Daher stimmt die These, daß ein dauernd kranker Mann auch ein ärmerer Mann ist. Auf der Karibikinsel Santa Lucia verdienten manche Arbeiter auf Grund ihrer Bilharzia-Erkrankung 30 Prozent weniger als die Gesunden.

Einer Weltbank-Studie aus Indonesien zufolge erwiesen sich Landarbeiter und Gummizapfer mit durch Hakenwürmer verursachter Blutarmut um ca. 20 Prozent weniger leistungsfähig als ihre Kollegen, die nicht an Blutarmut litten. Es zeigte sich, daß die Ansichten der Vorarbeiter über «faule» oder «schwache» Arbeiter sich in den meisten Fällen auf solche Arbeiter bezogen, die an Blutarmut litten. Arbeiter mit hochgradiger Blutarmut verdienten weniger als ihre Kollegen, weil sie wegen geringerer Leistungen bestimmte Zulagen nicht erhielten. Wegen ihres geringeren Einkommens nahmen sie auch weniger Kalorien, Eiweiß, Vitamine und Eisen als nicht-anämische Arbeiter zu sich. Diese schlechtere Ernährung trug zu einem geringeren Leistungsvermögen bei und senkte die Widerstandsfähigkeit gegen Krankheiten noch weiter.

Häufige Abwesenheit von der Arbeit und niedrige Produktivität tragen auf landesweiter Ebene gesehen zur nationalen Armut bei. Sie bedeuten, daß Farmen und Fabriken mehr Leute einstellen müssen, als sie in Wirklichkeit brauchen. Niedrige Produktivität bedeutet, daß der für Investitionen unerläßliche Überschuß gering bleibt, und in der Familie erschweren Krankheiten noch die Bemühungen, für bestimmte Investitionen Geld zu sparen. Krankheiten können auch viele Gegenden, die große Leistungen erbringen könnten, versperren: Die Flußblindheit und die Schlafkrankheit haben die Flußtäler der westafrikanischen Sahelzone geleert, während die Tsetsefliege in großen Teilen Afrikas die Entwicklung einer gemischten Landwirtschaft verhindert hat.

Der soziale und physische Hintergrund fast jeder Tropenkrankheit und des von ihr beeinflußten Lebenskreislaufs wird in den meisten Fällen nicht durch menschliche Entscheidungen, sondern durch Armut bestimmt. Beispielsweise würde es schon ausreichen, Schuhe zu tragen, um Schmarotzer wie die Bilharzia und den Hakenwurm davon abzuhalten, sich durch die Fußhaut zu fressen. Wenn die Armen jedoch keine Schuhe tragen, so hat das nur einen Grund: Sie können sich keine Schuhe leisten, häufig genug nicht für sich selbst und mit Sicherheit nicht für die rasch

wachsenden Füße ihrer Kinder. Überfüllte, schlecht beleuchtete und gelüftete Wohnungen oder Hütten tragen noch zum Ausbrüten von Krankheiten bei. Masern (die für unterernährte Kinder bei weitem schlimmer sind als für andere), Keuchhusten, Tuberkulose breiten sich unter diesen Bedingungen rascher aus. In Strohdächern nisten Insekten, und in den Lehmböden lauert der Wundstarrkrampf. Die Bediensteten der Gesundheitsbehörden drängen die Leute, sich Blechdächer, Betonböden und Fenster zuzulegen, doch die meisten Leute muß man dazu nicht erst überreden. Heute sind diese Sachen überall in der Dritten Welt Statussymbole, egal ob sie der Gesundheit nützen oder nicht. Jeder, der so viel Geld übrig hat, wird sich diese Dinge anschaffen, und wenn es nur darum geht zu beweisen, daß er sie sich leisten kann. Wer noch immer in fensterlosen Hütten mit Strohdächern lebt, tut das, weil er so arm ist und nicht anders kann. Wenn die Leute sich nicht genug waschen, verschlimmert das solche Krankheiten wie Lepra, Krätze oder Trachom. Doch sind die wenigsten schmutzig, weil sie es wollen oder von Natur aus wären. Daß sie sich nicht so oft waschen, liegt auch meist nicht an ihrer Unwissenheit. In Obervolta können sich die Leute nicht oft waschen, weil eine Frau nur wenig Wasser den langen Weg vom Brunnen auf ihrem Kopf nach Hause tragen kann. In den Squattersiedlungen von Lima oder Nairobi kostet Wasser teures Geld, und Seife ebenfalls. Wo immer Wasser mit Geld oder wertvoller Zeit bezahlt werden muß, wird es für die zum Überleben unerläßlichen Bedürfnisse wie Trinken von Mensch und Tier und Kochen aufbewahrt.

Oder nehmen wir die scheinbare Idiotie, Wasser nicht abzukochen oder zu filtern. Wasserfilter kosten Geld, Brennstoff auch. Bei einer Untersuchung in der peruanischen Stadt Ica zeigte sich, daß die Frauen das Wasser nicht abkochten, weil es zuviel Zeit gekostet hätte, die Felder nach Brennholz abzusuchen, das immer weniger wird, und weil Holz und Kerosin überall immer teurer wurden.

Schlechte Ernährung trägt zur Krankheitsanfälligkeit bei, doch ißt kein Mensch schlecht, weil ihm das gefällt. Wenn die Teepflücker Sri Lankas sich von ungesäuertem Brot, die brasilianischen Zuckerarbeiter sich von Tortillas oder die Kleingrundbesitzer Javas sich von blankem Reis ernähren, dann liegt das sicher nicht daran, daß sie die Ernährungsgrundsätze nicht kennen. Wenn die Armen Geld ausgeben müssen, etwa bei Hochzeiten und Begräbnissen, sieht man, daß sie sehr wohl um den Wert abwechslungsreicher Nahrung wissen, denn auf den Tafeln finden sich neben den wichtigsten Getreidesorten Gemüse und Fleisch. Sie würden jeden Tag so essen, wenn sie könnten. Ihre Mahlzeiten sind in erster Linie deshalb unausgewogen und arm an schützenden Stoffen, weil sie selbst arm sind.

Die Krankheit der Vernachlässigung

Die vielleicht verheerendste Ursache von Krankheiten in der Dritten Welt sind unsauberes Wasser und schlechte sanitäre Verhältnisse. Sie sind das Ergebnis einer anderen Sorte von Armut: Armut auf Grund offizieller Nachlässigkeit oder gar Vernachlässigung. Die Versorgung mit sauberem Wasser könnte mehr Menschenleben gerettet haben als irgendeine andere Einzelmaßnahme – doch haben die Regierungen beschlossen, weit mehr Geld für Ärzte und Krankenhäuser auszugeben. Schmutziges Trinkwasser überträgt Cholera, Typhus und die Ruhr, und das Trinkwasser der vernachlässigten Armen ist fast immer verschmutzt. Wasserlöcher, die gleichzeitig als Toilette, Bad, Waschhaus und Brunnen dienen, geben Krankheiten wie den Guineawurm und Schistosomiasis weiter.

Hier wie bei allen anderen Bereichen sind die ländlichen Gebiete in schändlicher Weise diskriminiert worden. Eine Untersuchung der Weltgesundheitsorganisation der UNO fand heraus, daß nur 22 Prozent der ländlichen Bevölkerung in den Entwicklungsländern sich 1975 des Zugangs zu sicherer Wasserversorgung erfreuen konnten, gegenüber 77 Prozent der Stadtbewohner. Die Wasserversorgung auf dem Land betrug zwischen niedrigen 19 Prozent im Süden und Osten Asiens und 21 Prozent in Schwarzafrika und schon besseren 32 Prozent in Amerika. Es wurde kein Versuch unternommen, diese ungleiche Verteilung auszugleichen, die staatlichen Ausgaben auf diesem Gebiet trugen sogar noch zur Vertiefung der Kluft bei: Vier Fünftel des zwischen 1971 und 1975 für die Verbesserung der Wasserversorgung ausgegebenen Geldes flossen in die Stadtgebiete, deren Anteil an den Investitionen für die Kanalisierung der Abwässer belief sich sogar auf 97 Prozent. Eine bessere Versorgung mit Wasser kann sich drastisch auf die Gesundheit der Bevölkerung auswirken. Untersuchungen in Ostafrika haben ergeben, daß durch den Anschluß an die Versorgung mit sauberem Wasser das Auftreten von Cholera um bis zu 90 Prozent zurückging, Typhus um 80 Prozent, Trachom um 60 Prozent und Lepra um die Hälfte. Die Armen mögen schmutziges Wasser ebensowenig wie die Reichen: Die scheinbare Gleichgültigkeit, mit der sie irgendeine wahrscheinlich infizierte Brühe trinken, kommt daher, daß sie sich damit abgefunden haben, nur so ihr Bedürfnis stillen zu können, nicht daher, daß sie ihnen so gut schmeckt. Die Versorgung des Dorfes mit sauberem Wasser steht meist an erster Stelle ihrer Forderungskataloge an die Regierung.

Der Umgang mit den Exkrementen ist eines der wichtigsten Glieder in der Übertragungskette vieler Krankheiten. Auch hier treffen wir wieder auf die gleiche grobe Diskriminierung der Armen. Die entsprechenden Einrichtungen sind entweder schlecht oder es gibt gar keine, was in den meisten ländlichen Gebieten der Fall ist. Der WHO-Untersuchung zufolge verfügten 1975 nur 6 Prozent der ländlichen Haushalte in Asien, 25

Prozent in Amerika und 28 Prozent in Afrika über angemessene sanitäre Anlagen. Demgegenüber konnten sich auf allen drei Kontinenten rund drei Viertel der Stadtbevölkerung solcher Sanitäreinrichtungen erfreuen.

Die sanitären Verhältnisse gehören zu den wenigen Bereichen, wo die traditionellen Überzeugungen ein ebenso großes Hindernis darstellen wie die Armut. Die Theorie, daß Krankheiten durch Bakterien und Würmer übertragen oder verursacht werden, ist in den zurückgebliebenen ländlichen Gebieten nicht sehr weit verbreitet. Peruanische Mütter glauben beispielsweise, Durchfall hole man sich durch kalten Luftzug. Afrikaner glauben nicht selten, er sei auf magische Kräfte eines Feindes zurückzuführen. Es ist nicht leicht, die Leute davon zu überzeugen, daß es einen Zusammenhang zwischen ihren Ausscheidungsgewohnheiten und der Gesundheit in der Gemeinde gibt.

Zum Teil liegt das Problem bei der Wahl der richtigen Sanitärtechnologie. Die Porzellantoilette mit Wasserspülung der reichen, regnerischen und gemäßigten Regionen ist für die Tropen ganz und gar ungeeignet. Sie ist zu teuer und verschwendet zu viel Wasser. Verschwendet wird damit auch eine der größten nutzbaren Quellen organischen Düngers, die es in der Dritten Welt gibt. Ideal wäre es, wenn die Exkremente in jeder Familie oder für das ganze Dorf in Kompostlatrinen gesammelt werden könnten, dort könnten sie Methangas erzeugen und als Dünger sicher verwahrt werden. Was man tatsächlich jedoch brauchte, ist im Grunde nichts weiter als ein vernünftig angelegtes Loch im Boden, das weit genug von der Wasserquelle entfernt ist. Und dafür braucht man keine Investitionen außer einem gewissen Maß an Wissen und Schweiß.

Die Geschichte vom Kampf gegen die Krankheit in den Tropen ist eine traurige Geschichte. Die großen Ausrottungsfeldzüge und Impfanstrengungen retteten Millionen von Kindern vor einem frühen Tod, doch sie überließen sie einem Leben der Erschöpfung und Entkräftung, denn die Gesundheit der meisten Erwachsenen und die Krankheiten, die zwar nicht töten, aber schwächen, wurden vernachlässigt. Der Bevölkerungszuwachs, der sich durch die Sterblichkeitskontrolle ohne Geburtenkontrolle ergab, trieb die Armuts-, Unterernährungs- und Krankheitszahlen noch weiter in die Höhe. Und den Armen wurde fast überhaupt keine Gesundheitsfürsorge zuteil.

In den Landgebieten Obervoltas dürfte ein Arzt gut und gerne für 200000 Menschen zuständig sein. Richtige ärztliche Versorgung ist unmöglich. Meistens ist sie nicht mehr als ein Besuch in einem Dorf einmal im Jahr, bei dem die Kinder geimpft und so die Bevölkerungszahlen in die Höhe getrieben werden. Ich sprach mit den Menschen, die in einem großen Anwesen lebten, das rund 40 Leute beherbergte. Einige der Bewohner behielten nach einer Hirnhautentzündung ständige Hirnschädigungen zurück. Alle kriegen andauernd irgendwelche Magenbeschwerden. In der Regenzeit, wenn jede Kraft dringend auf den Feldern gebraucht wird, ist die Situation am schlimmsten. Malariaanfälle und Guineawurmfieber bannen die Menschen jedesmal drei Tage lang auf ihre Schlafmatten. Ich fragte sie, ob sich jemals der Arzt um ihre Beschwerden gekümmert habe. Das Familienoberhaupt antwortete, nicht ohne eine Spur Sarkasmus in seiner Stimme: «Der Arzt ist nur für die Kinder da, nicht für die Erwachsenen.»

Doch selbst Kinder werden ernstlich vernachlässigt. 1979 waren weniger als 10 Prozent der Kinder in den Entwicklungsländern gegen die sechs wichtigsten tödlichen Krankheiten geimpft, obwohl ein solcher Schutz nicht einmal drei Dollar pro Kind kostet.

Die Gesundheitssysteme der Dritten Welt vernachlässigen zum größten Teil die Armen, und zwar nicht etwa, weil es nicht genügend Geld gäbe, das man für sie ausgeben könnte, sondern weil unangemessene westliche Modelle übernommen worden sind: unangemessen hinsichtlich der Kosten, der Herangehensweise und der Technologie. Die meisten Probleme mit der Gesundheit in der Dritten Welt (und in diesem Punkt trifft das auch für die Industrieländer zu) haben ihre Ursache in der Umwelt. Schon mit verhältnismäßig einfachen Vorbeugemaßnahmen lassen sie sich an der Wurzel bekämpfen. Doch statt dessen wird im Kleinen mit teuren Heilmethoden und Kuren an den Symptomen herumgedoktert, wovon nur die Privilegierten etwas haben.

Die gute Gesundheit in den westlichen Gesellschaften, wie sie heute gegeben ist, ist weniger der Arbeit von Ärzten und Krankenhäusern zu verdanken als den Fortschritten der Volksgesundheit: durch bessere Versorgung mit sauberem Wasser und bessere Kanalisierung der Abwässer auf Grund öffentlicher Maßnahmen, durch bessere Wohnungs- und Ernährungsbedingungen auf Grund steigender Einkommen. Die Zahl der Sterbefälle bei Keuchhusten, Masern und Tuberkulose beispielsweise ist in Europa schon auf ein niedriges Niveau abgesunken, lange bevor es wirksame Behandlungsmethoden für diese Krankheiten gab. Selbst heutzutage könnte man die Krankheiten, die an die Stelle der älteren Generation von tödlichen Krankheiten getreten sind – Krebs und Herzbeschwerden –, ganz erheblich verringern, wenn man sich entschließen könnte, die Umwelt entsprechend zu gestalten, das Rauchen zu ächten, pflanzliche Fette stärker zu nutzen und gereinigtes Weißmehl aus dem Verkehr zu ziehen. Doch statt dessen wird der größte Teil des Geldes in teure Arzneimittel, hochtechnologisierte Chirurgie und Bestrahlungsmethoden gesteckt, obwohl all das nichts zur Verringerung des Auftretens solcher Krankheiten beiträgt.

Die westliche Medizin betreibt ihr Geschäft mit der Heilung, nicht mit der Verhütung von Krankheiten. Sie hat sich immer mit dem einzelnen unabhängig von seiner Umwelt beschäftigt. Sie hat ihn immer wie ein komplexes Stück Maschine, wie ein Auto behandelt. Dabei hat man sich wundersame Mittel und Wege einfallen lassen, wie man mit den funktionswichtigen Teilen herumspielen kann, um sie wieder auf Trab zu bringen. Noch heute wird kaum ein Gedanke daran verschwendet, welche allgemeinen Bedingungen es sein könnten, die die Maschine ursprünglich außer Kraft gesetzt haben, etwa der Straßenzustand oder die Qualität des verwendeten Öls oder Benzins. Selbst für den Westen ist die westliche Medizin eine teure und wenig wirkungsvolle Methode zur Verbesserung der Gesundheit der Gemeinschaft. Sie hilft nicht nur, kranke Leute oder Staatshaushalte dem Bankrott zuzuführen, sondern leistet auch keinen Beitrag zur Verringerung des Auftretens von tödlich verlaufenden Krankheiten.

Für die armen Länder der Welt ist die westliche Herangehensweise an das Gesundheitsproblem geradezu katastrophal gewesen. Durch sie konzentrierte man sich auf verschwenderische Gebäude, importierte Geräte und Arzneien und für teures Geld ausgebildetes Gesundheitspersonal. Durch diese hohen Kosten ist die Gesundheitsfürsorge, jegliche Gesundheitsfürsorge in fast allen Ländern der Dritten Welt außerhalb der Reichweite der Mehrheit der Bevölkerung angesiedelt worden.

Da die armen Länder nur über geringe öffentliche Mittel verfügen, bedeutet die Benutzung kostenintensiver Technologie, daß nur minimale Gesundheitsfürsorgemaßnahmen ergriffen werden können. Die meisten Entwicklungsländer wenden weniger als 2 Prozent ihres Bruttosozialprodukts für Gesundheit auf, während es in der Bundesrepublik Deutschland 5,8 Prozent und in der UdSSR 3,4 Prozent sind. Der pro Kopf der Bevölkerung aufgewandte Betrag lag oftmals bedauerlich niedrig: 1976 in 50 von 86 Entwicklungsländern, die in einer Studie der Weltbank erfaßt wurden, unter 6 Dollar pro Jahr, in entwickelten Ländern dagegen zwischen 82 und 550 Dollar pro Jahr. Doch ist die nach westlichem Vorbild organisierte Gesundheitsfürsorge in der Dritten Welt keineswegs billiger, sondern in einigen Fällen sogar teurer als im Westen. Die Gesamtversorgung mit medizinischen Dienstleistungen ist spärlich. In den fortgeschrittenen Ländern des Westens kamen auf einen Arzt zu Beginn der siebziger Jahre zwischen 480 (Österreich) und 760 Patienten (Großbritannien). In den noch etwas wohlhabenderen Entwicklungsländern Lateinamerikas und Asiens hinkte dieses Verhältnis schon beträchtlich hinterher: 1400 Menschen auf einen Arzt in Singapur, 1660 in Brasilien, 2180 in Kolumbien. Je ärmer das Land, um so schlechter die Versorgung. In Sri Lanka muß jeder Arzt 4010 Leute versorgen, in Indien 4160. In Indonesien kommen auf jeden Arzt 18100 Leute, in Nepal 36450. Schlecht ist die Versorgung auch überall in Afrika: Senegal und die Elfenbeinküste weisen 15000 Menschen pro Arzt aus, Nigeria 25000, der Tschad 44000, Obervolta 60000 und Malawi 86000. Andere medizinische Versorgungseinrichtungen sind gleichfalls schwach ausgebildet. Wo es in westlichen Ländern ein Krankenhausbett für 110 oder weniger Menschen gibt, sind es in Entwicklungsländern zwischen 300 und 7000 Menschen, für die im Krankheitsfall ein einziges Krankenhausbett zur Verfügung steht. Zahnärzte sind in den Entwicklungsländern noch dünner gesät. In Frankreich und in der Bundesrepublik Deutschland kommen auf einen Zahnarzt 2000 Leute, Indien hat nur einen für 66000, Nigeria einen für 580000, und im Tschad und in Ruanda muß ein Zahnarzt zwei Millionen Menschen behandeln.

Selbstverständlich handelt es sich bei allen diesen Zahlen, die sämtlich vom Beginn oder aus der Mitte der siebziger Jahre stammen, nur um Durchschnittswerte. Doch sind diese minimalen Versorgungsniveaus keineswegs gleichmäßig über das jeweilige Land verteilt. Das bißchen, was es an derartigen Einrichtungen jeweils gibt, befindet sich größtenteils in den Städten, so wie alle anderen Segnungen der Zivilisation. Auf den Philippinen, in Honduras und in Kolumbien mußte jeder Landarzt sechsmal so viele Leute behandeln wie sein Kollege aus der Stadt. In Kenia waren es sechzigmal so viele. Hauptstädte sind sogar noch stärker begünstigt. Dort gibt es die größten Krankenhäuser mit den besten und teuersten Apparaturen, dort sind die Ärzteschulen und die ehrgeizigsten Ärzte. In Port-au-Prince, der Hauptstadt von Haiti, kommen 1350 Leute auf einen Arzt, im Rest des Landes ist das Verhältnis 1:33000; in Dakar kommen auf einen Arzt 4000 Leute, im übrigen Senegal 44000.

Selbstverständlich kann man sich auf den Standpunkt stellen, schließlich müsse man ja irgendwohin bauen, auch wenn die zur Verfügung stehenden Mittel knapp seien, und dann könne man ja auch in den Städten bauen; die Leute vom Land könnten ja in die Stadt kommen, wenn sie einen Arzt brauchten. Aber in Wirklichkeit können sie das eben nicht, und sie kommen auch nicht, weil die Landstraßen verdreckt und durch den Regen oft unbenutzbar sind, und öffentliche Transportmittel gibt es nicht. Wenn sie kommen, dann nur, wenn es um Leben oder Sterben geht, denn Transport und Behandlung kosten häufig mehr, als sie sich leisten können (kostenlose Gesundheitsversorgung gibt es nur selten in der Dritten Welt), und Zeit ist auch für sie Geld. Sie werden kaum ihre Felder vernachlässigen, wenn sie einen Tag laufen müssen, um sich einen Guineawurm entfernen zu lassen.

Untersuchungen in etlichen Ländern der Dritten Welt haben ergeben, daß die nach westlichem Vorbild errichteten Gesundheitseinrichtungen für die arme Mehrheit geographisch, wirtschaftlich und gesellschaftlich nicht erreichbar sind – sie sind zu weit weg, zu teuer und durch die mit ihnen verbundene Kultur und Sprache unzugänglich. In den Städten angesiedelte Gesundheitseinrichtungen dienen nicht den Menschen einer ganzen Region, sondern lediglich denen in der unmittelbaren Umgebung. Eine indische Untersuchung wies nach, daß fast zwei Drittel aller Patienten, die die Dienste einer Gesundheitseinrichtung in Anspruch nahmen, aus weniger als einer Meile Entfernung kamen, und für jede weitere halbe Meile Entfernung verringerte sich der Anteil der Gemeinschaft, der diese Einrichtung aufsuchte, um die Hälfte. Weniger als 1 Prozent aller Leute, die mehr als vier Meilen weg wohnten, benutzte noch diese Einrichtung. In Ghana stammten vier Fünftel der stationären Patienten in den fünf größten Krankenhäusern aus den Städten, wo sich diese Krankenhäuser befanden.

Außer in den Ländern, wo es wirksame Programme nach dem Vorbild der «Barfuß-Ärzte» gab, blieb die ländliche Mehrheit der Bevölkerung praktisch unbeachtet und ohne Zugang zu den modernen Gesundheitseinrichtungen. Eine Untersuchung im Pandschab ergab, daß bei 5000 Krankheitsfällen nur jeder Zehnte von Bediensteten der staatlichen Gesundheitseinrichtungen behandelt wurde. Drei von zehn wurden privat behandelt, in den meisten Fällen von den herkömmlichen Heildoktoren. Alle anderen wurden gar nicht behandelt. In Kolumbien hatte 1975 nach Schätzungen über ein Drittel der Bevölkerung keinerlei Zugang zu Gesundheitseinrichtungen. Im Süden Perus lag der Anteil der Unversorgten bei 56 Prozent. Selbst in den gutversorgten Städten suchen die Armen nicht die Gesundheitseinrichtungen auf, weil sie nicht in den Squattersiedlungen liegen oder zuviel kosten. In Neu-Delhi werden nur 7 Prozent der Krankheitsfälle von Ärzten behandelt. In Cali, einer großen kolumbianischen Stadt mit einem Arzt pro 900 Menschen, suchten drei Fünftel aller Slumbewohner niemals eine Gesundheitseinrichtung auf, und zwei von fünf Kindern, die starben, hatten während der letzten beiden Tage vor ihrem Tod keine ärztliche Betreuung.

Den größten Teil der Schuld an dieser Situation tragen die Regierungen. Sie haben ihre knappen Mittel fälschlicherweise für einige wenige Glückliche ausgegeben. Doch noch zwei andere Gauner spielen in diesem Melodram eine Hauptrolle: Ärzte und Arzneien.

Die Medizin-Mafia: Ärzte und Arzneien

Der typische Dritte-Welt-Doktor ist ein überaus interessantes Stück sehr unpassender Technologie. Er ist für die Verbesserung der Gesundheit seiner Landsleute ungefähr so nützlich wie eine winzige Rolls-Royce-Flotte für den Transport von Menschenmassen. Bis vor einigen Jahren wurde er fast bis ins letzte Detail seinem westlichen Gegenstück nachgebildet. Normalerweise lernt er, wie man akute medizinische Probleme mit chirurgischen Mitteln oder Arzneimitteln behandelt, und seine Ausbildung ist unerhört teuer. So kostete die Ausbildung eines diplomierten Arztes 1965 in den USA 19630 Dollar, in Guatemala 19000 Dollar, in Jamaica und Kenia 24000 Dollar, in Kolumbien 29000 Dollar und in Senegal 84000 Dollar. Wenn er mit seiner Ausbildung fertig ist, wird dieser Arzt oft besser die gängigen westlichen Beschwerden behandeln können – an denen etwa seine privaten Elitepatienten leiden – als die verschiedenen Sorten von Wurmbefall, Fieber und Mangelernährungszuständen, von denen die überwiegende Mehrheit der Bevölkerung seines Landes heimgesucht wird. Wenn er ein besonders heller Kopf ist, wird er sogar einen Teil seiner Ausbildung zur Vervollkommnung seiner Kenntnisse westlicher Gebrechen in Frankreich, Großbritannien oder den USA verbracht haben. Das Endprodukt ist ein Mann, der seine Kenntnisse und Fähigkeiten beinahe überall auf der Welt zu höchsten Gehältern anbieten kann. Da er das weiß und sein Arbeitgeber das weiß, muß er hoffnungslos überbezahlt werden, damit er in seinem eigenen Land bleibt.

Doch in den «Busch», wo er wirklich gebraucht würde, kriegen ihn keine zehn Pferde. Von seinem Karrierestandpunkt aus gesehen gibt es alles, was er zu brauchen glaubt, nur in der Stadt. Vom persönlichen Standpunkt aus gesehen ist die Stadt der einzige Ort, wo er mit einer lukrativen Privatpraxis jenes extrem hohe Einkommen verdienen kann, das ihm seines Erachtens zusteht. Und die Stadt ist der einzige Ort, wo er bei der Elite, zu der er gehört, Eindruck schinden kann mit dem verschwenderischen Konsumverhalten, das ihm dieses Einkommen ermöglicht. Seine Ethik auferlegt ihm die Pflicht, Leiden zu lindern, doch abgesehen von einer kleinen Minderheit, der große Bewunderung gebührt, meidet er jene Orte, wo das Leiden am größten ist. Die Dienstleistung, die er zu bieten hat, wird nicht durch die Bedürfnisse der Menschen bestimmt, sondern dadurch, ob sie bezahlen können oder nicht. Er geht dahin, wo das Geld ist, und er braucht auch aus seinem Berufsgewissen keine Mördergrube zu machen, denn wo das Geld ist, gibt es auch die besten Möglichkeiten, ein «ausgezeichneter» Arzt zu werden, jedenfalls was er für «ausgezeichnet» hält.

Das Geld ist in den reichen Städten seines eigenen Landes. In den reichen Städten der reichen Länder ist aber noch mehr Geld. Nachdem sein Land sich krummgelegt hat, um ihm seine Ausbildung zu ermöglichen, nimmt er häufig seine Beine und sein ganzes Fachwissen in die Hand und geht nach Europa, Nordamerika oder Südasien, um es dort anzuwenden. Die Wanderung der Dritte-Welt-Doktoren zu fetteren Weidegründen ist der vielleicht breiteste Strom im großen Intelligenztransfer. Einer Studie der Weltgesundheitsorganisation über dieses Problem aus dem Jahre 1971 war zu entnehmen, daß die Entwicklungsländer 63000 Ärzte an den Westen verloren und dafür nur 1300 vom Westen erhielten. Je ärmer das Land, um so größer war die Wahrscheinlichkeit, daß ihm seine Ärzte davonlaufen: Länder mit einem Pro-Kopf-Einkommen von 800 Dollar und weniger mußten zusehen, wie zwischen 10 und 60 Prozent ihrer Ärzte im Ausland arbeiteten. Bei den Ländern, wo das Pro-Kopf-Einkommen zwischen 800 und 2000 Dollar lag, arbeiteten nur 10 Prozent und weniger Ärzte im Ausland. Länder mit einem Pro-Kopf-Einkommen von 2000 und mehr Dollar hatten einen Zustrom von Ärzten zu verzeichnen.

Von Haitis Ärzten arbeiten mehr im Ausland als daheim. Die Philippinen hatten einen Nettoverlust von zwei Dritteln ihrer Ärzte zu verzeichnen, Jamaica, Paraguay und Syrien verloren zwischen zwei Fünfteln und der Hälfte ihrer Ärzte an das Ausland. In den USA gab es mehr Ärzte oder Medizinstudenten aus Thailand als in allen Provinzkrankenhäusern Thailands zusammen, genaugenommen viermal so viele wie der gesamte Jahresausstoß an Ärzten von allen Medizinausbildungsstätten des Landes.

Die westlichen Länder am anderen Ende dieser Pipeline menschlicher Arbeitskraft nahmen dafür mit geringen oder für sie gar keinen Kosten ausgebildete Ärzte auf, die einen beträchtlichen Teil ihres eigenen Bedarfs an ausgebildetem Personal deckten. 1970 gab es in Großbritannien und Nordirland 21 000 ausländische Ärzte, die meisten aus Commonwealth-Ländern. Der Krankenhausdienst in Großbritannien wäre ohne sie zusammengebrochen. In den USA gab es 1972 68 000 ausländische Ärzte, nahezu ein Viertel aller Ärzte des Landes.

Dieser ganze bedauerliche Transferverkehr ist ein Maßstab für die Bedeutungslosigkeit der medizinischen Ausbildung im größten Teil der Dritten Welt für die Gesundheitsbedürfnisse der Dritten Welt. Wir haben gesehen, wie radikal sich die Krankheitsmuster der reichen und der armen Länder voneinander unterscheiden. Wären die Ärzte der Entwicklungsländer richtig ausgebildet, so daß sie die Mehrheit ihres eigenen Volkes behandeln könnten, könnten sie ihre Fertigkeiten im Westen weit weniger gut verkaufen.

Doch profitieren die reichen Länder auch noch in anderer Weise von den schlechten Gesundheitsverhältnissen in der Dritten Welt. Sehr wenige Entwicklungsländer können ihre Arzneien selbst herstellen, weil ihnen die Mittel dazu fehlen, daher wird das Arzneimittelgeschäft von den multinationalen Unternehmen monopolisiert. Arzneimittel können bis zu 40 Prozent des nationalen Gesundheitshaushalts der Entwicklungsländer auffressen. Es sind unnötig viele verschiedene Markenerzeugnisse auf dem Markt, so daß dadurch die Medizinkosten hochgetrieben werden. Die Arzneimittelpreise liegen oft höher als im Westen. Schätzungen zufolge kosten pharmazeutische Produkte in Kolumbien ungefähr 155 Prozent mehr als auf dem Weltmarkt. Valium wurde zum zweiundachtzigfachen, Librium zum fünfundsechzigfachen des internationalen Marktpreises verkauft. Der Wirtschaftswissenschaftler Constantine Vaitsos hat errechnet, daß die überhöhten Arzneimittelpreise Kolumbiens 1968 etwa 20 Millionen Dollar Devisen gekostet haben dürften. Die übliche Rechtfertigung für die hohen Preise lautet, sie seien unerläßlich zur Finanzierung von Forschung und Entwicklung neuer Arzneimittel. Doch gibt es keinerlei Beweis dafür, daß die in der Dritten Welt gemachten Profite in Forschungen gesteckt werden, von denen man annehmen kann, daß sie auch der Dritten Welt zugutekommen. Im Gegenteil, die wichtigsten Gebrechen der Armen in der Welt erfahren nur geringfügige Beachtung im Vergleich mit den Krankheiten der Reichen.

Nicht nur in dieser Hinsicht werden die Entwicklungsländer über den Löffel barbiert. Der Generaldirektor der Weltgesundheitsorganisation, Dr. Halfdan Mahler, zählte 1975 bei der Weltgesundheitskonferenz eine Reihe fragwürdiger Praktiken auf: «In den Herkunftsländern nicht zum Verkauf zugelassene Arzneimittel – oder solche, die dort aus Gründen der Sicherheit oder der Unwirksamkeit vom Markt zurückgezogen worden sind – werden manchmal in Entwicklungsländer exportiert und dort auf den Markt gebracht. Es kommt auch vor, daß Produkte, die nicht den Qualitätsanforderungen des exportierenden Landes entsprechen, ja selbst Produkte, deren Haltbarkeitsfrist abgelaufen ist, in Entwicklungsländer ausgeführt werden, von denen man weiß, daß sie nicht in der Lage sind, Qualitätskontrollmaßnahmen durchzuführen.»

Arzneimittel werden in der Dritten Welt mit den gleichen harten Methoden auf den Markt geworfen wie im Westen. Es kann gut sein, daß mehr Geld für Werbung als für Forschung ausgegeben wird. In einigen Fällen sind Ärzten Angebote gemacht worden, sie könnten sich kostenlos eine medizinische Ausrüstung verdienen oder Gratis-Urlaub machen. Die Werbeanzeigen, die Verkaufsförderungs-Prospekte und die Waschzettel stellen oft Behauptungen über die Heilkräfte der jeweiligen Arzneimittel auf, die in den Herstellerländern nicht geduldet würden. Chloramphenicol beispielsweise, ein Erzeugnis der Firma Parke-Davis, ist in den Vereinigten Staaten als Antibiotikum für einige schwerwiegende bakterielle Infektionen angezeigt. In Mexiko und Mittelamerika wird es für ein dermaßen breites Spektrum von Krankheiten angeboten, daß es einem vorkommen muß, als handele es sich um eine Wunderdroge: Ruhr und ruhrähnliche Infektionen, Mandel-, Rachenentzündungen, Infektionen der Harnwege, der Gebärmutter und der Sehorgane, Brucelloseerkrankungen, Venenentzündungen und Frambösie.

Das düsterste Kapitel ist jedoch, daß die Dritte Welt, nachdem die Versuchsbestimmungen für Arzneimittel in den reichen Ländern sehr streng geworden sind, zu einem Labor für Experimente mit Menschen als Versuchskaninchen wird, wo Arzneimittel schon in einem früheren Entwicklungsstadium verabreicht werden, als dies im Westen erlaubt wäre.

Alle diese hier aufgeführten Aktivitäten sind in den Ländern, in denen sie festzustellen sind, nicht verboten. Jeder Staat hat die Freiheit, so argumentieren die Pharmakonzerne, selbst über die Einführung von Schutzgesetzen zu bestimmen, mit denen Regelungen der Preise, der Gewinnbesteuerung, der Qualität und der Einhaltung der Haltbarkeitsdaten sowie der Verpflichtung zu wahrheitsgetreuer Information getroffen werden. Gewiß, diese Freiheit haben sie, ebenso wie ein armer Mann auch die Freiheit hat, einen Maßanzug zu tragen oder einen Mercedes zu fahren. In Wirklichkeit haben zur Zeit die allermeisten Länder nicht genügend Arzneimittelexperten zur Prüfung der Qualität und der von den Herstellerfirmen beigefügten Informationen.

Für die Zukunft ist zu hoffen, daß die Entwicklungsländer einzelner Regionen zusammenarbeiten, um die wenigen ausgebildeten Kräfte zusammenzufassen und eigene Herstellungskapazitäten für solche Produkte zu erstellen, bei denen der Patentschutz abgelaufen ist. Die WHO tritt dafür ein, sich an ein Sortiment von 200 grundlegenden Arzneimitteln zu halten, die man dann in großen Mengen kaufen und nicht erst selber prüfen müßte. Am besten lassen sich die Kosten für Arzneimittel allerdings dadurch senken, daß man viel mehr für die Verhütung von Krankheiten ausgibt.

Die Gesundheitssysteme müssen insgesamt nach den von der WHO vorgeschlagenen Richtlinien für die primäre Gesundheitsfürsorge umorganisiert werden, und es ist ermutigend zu sehen, daß eine Reihe von Ländern dies mittlerweile in Angriff zu nehmen scheint. Dazu gehört, daß den Dörfern und Slums zumindest Grundlagen einer Gesundheitsversorgung zur Verfügung gestellt werden, wozu einigermaßen ausgebildete sogenannte Barfuß-Ärzte gehören, die von der jeweiligen Gemeinde selbst ausgewählt und mit den grundlegenden Hilfsmitteln versehen werden. Das Hauptgewicht der Arbeit müßte bei den vorbeugenden Maßnahmen liegen, also bei besseren sanitären Verhältnissen, besserer Ernährung und Familienplanung. Man kann die Kosten dadurch senken und die bewußte Beteiligung der Menschen dadurch heben, daß man sie in freiwillige Arbeitsmaßnahmen einbezieht. Die höheren Gesundheitseinrichtungen müßten eine neue Ausrichtung erhalten und den unteren Ebenen des Gesundheitswesens dienen, ihre Mittel und Ausbildungskapazitäten müßten von den städtischen Privilegierten weg und hin zu den armen Massen orientiert werden, damit erreicht wird, was WHO-Generalsekretär Halfdan Mahler als «Gerechtigkeit bei der Gesundheit» bezeichnet hat.

Bei der Gesundheit wie bei so vielen Lebensbereichen in den Entwicklungsländern gibt es ein duales System. Auf der einen Seite gibt es eine moderne, nach westlichem Vorbild aufgebaute Medizin mit teuren Arzneimitteln und teuren Ärzten, die nur die Reichen sich leisten können oder die Lohnabhängigen in den Städten, die der Krankenversicherung angehören. Auf der anderen Seite stehen die armen Massen, die ihrem eigenen Wissen und Wollen überlassen bleiben, die gezwungen sind, sich direkt beim Apotheker mit Medikamenten zu versorgen, zu den traditionellen Heildoktoren zu laufen oder in den allermeisten Fällen die Krankheiten geduldig über sich ergehen zu lassen und zu hoffen, daß sie irgendwann doch einmal aufhören werden.

Die wenigen erfreuen sich hochkarätiger Gesundheitseinrichtungen, die teilweise aus der Regierungskasse bezahlt werden, welche aus der gesamten Bevölkerung gefüllt wird. Dieser Dienst an ihrer Gesundheit verbessert – zusammen mit dem sauberen Wasser und den sanitären Anlagen, die es in ihren Wohngebieten gibt – ihr Leistungsvermögen bei der

Arbeit, hebt die Bildungschancen ihrer Kinder und trägt dazu bei, daß dieses Privileg erblich wird.

Demgegenüber ist die arme Mehrheit froh, wenn sie überhaupt etwas von Gesundheitseinrichtungen und sanitären Anlagen zu sehen kriegt, und der Umstand, daß es davon nichts oder kaum etwas für sie gibt, trägt dazu bei, sie und ihre Kinder zu dauernder Armut zu verdammen.

17. Die Entfremdungsmaschine: Die Ungebildeten und die Verbildeten

«Je mehr jemand studiert, um so mehr wird er zum Narr.»
Mao Tse-tung

Wie wichtig es ist, lesen und schreiben zu können, mußte Pablo Cruz Guayara auf die harte Tour erfahren. 62 Jahre hatte er sich ganz gut durchs Leben geschlagen, ohne lesen und schreiben zu können. Vor 30 Jahren kauften er und ein Freund 75 Acres armseliges, von der Bodenerosion zerfressenes Land im Magdalena-Tal in Kolumbien und teilten es untereinander. Drei Jahrzehnte lang bearbeiteten sie das Land, bauten Maniok, Bohnen, Bananen und Mais für ihre Familien und Tabak für den Markt an. Das Leben war hart, doch Guayara kam über die Runden. Er lebte noch immer in seinem schilfgedeckten Haus aus Bambus und Lehm, das nur ein Zimmer hatte, doch hin und wieder konnte er sich eine Kiste Coca-Cola leisten. Er kaufte sogar einen Traktor, obwohl er ihn nur auf ein paar Feldern gebrauchen konnte, weil sein Land durch Felsen, Wasserrinnen und Bäche zu stark zergliedert war. Daher reute ihn der Kauf bald. Ein cleverer Geschäftsmann hatte ihm eingeredet, er brauche so einen Traktor, und da er die Broschüren nicht selber lesen konnte, hatte er nicht alles richtig überprüfen können.

Eines Tages im Jahre 1975 wurde ihm aus heiterem Himmel ein amtliches Dokument mit rotem Wachssiegel überbracht. Er mußte es sich von einem Freund vorlesen lassen. Es stammte von einem mächtigen einheimischen Geschäftsmann, der nun Guayaras Grund und Boden beanspruchte. Wie es schien, hatte es in den alten Verträgen, mit denen Guayara und sein Freund das Land nach dem Kauf untereinander aufgeteilt hatten, Unklarheiten gegeben. Da sie beide nicht lesen und schreiben konnten, hatten sie sich die Dokumente nicht genau angesehen. Sein Partner hatte bei seinem Tod kein schriftliches Testament hinterlassen, und dessen Sohn und Erbe hatte Schulden gemacht, dafür bei dem Geschäftsmann sein Land verpfändet und ihm die Teilungsurkunden als Sicherheit überlassen. Da die Schulden nicht regelmäßig abgetragen wurden, hielt sich der Gläubiger jetzt an dem Land schadlos. Und die Urkunden, die ihm überlassen worden waren, bezogen sich auch auf Guayaras Land.

Guayara ging dagegen gerichtlich vor – und verlor. Er ging in die Berufung und verlor wieder. Als ich ihn kennenlernte, strengte er gerade einen Prozeß beim höchsten Gerichtshof des Landes an, allerdings ohne große Hoffnung. Er hatte bereits 1000 Dollar für Gerichtskosten aufwenden müssen, wofür er 8 Acres Land, die nicht Streitgegenstand waren, weil er sie erst kürzlich erworben hatte, verkaufen mußte. Er zeigte mir seine Papiere und reichte mir ein Bündel Steuerformulare und verschiedene Unterlagen über allerlei Transaktionen als Bestätigung dafür, daß er jahrelang von jedermann als rechtmäßiger Eigentümer des Landes angesehen worden war. Er wußte, ich würde sie lesen können. Er konnte sie sich nur ansehen und nicken. Weil er und sein Freund damals nicht lesen und schreiben konnten, würde Guayara nun das Land verlieren, für das er und seine Familie geschuftet und gespart hatten, das Land, das er kannte wie die Schwielen seiner Hände, das die einzige Grundlage seiner Stellung, seines Stolzes, ja seines Überlebens war.

Cualberto Altamira, der in einem Holzschuppen mit einem Dach aus Plastikplane in einer Squattersiedlung von Lima lebt, hat ebenfalls Grund zu bedauern, daß er nicht lesen und schreiben kann. Vor ein paar Jahren, als er nach Lima kam, verlor er seine Papiere, und wenn man in Peru seine Papiere nicht in Ordnung hat, ist man praktisch ausgestoßen. Ohne Heiratsbescheinigung konnte er keine amtliche Bewilligung für den Bau eines Hauses bekommen. Ohne seinen Militärdienstausweis konnte er keine reguläre Arbeit kriegen. Ohne seine Geburtsbescheinigung gab es ihn gar nicht. Altamira ging zu einem Anwalt in einer der Hintergassen, der ihm für 20 Dollar ein paar Ersatzpapiere verschaffte. Erst als er sie einem Arbeitgeber vorlegte, bei dem er sich um Arbeit beworben hatte, erfuhr er, daß diese Papiere nichts wert waren – der Militärdienstausweis war nichts weiter als ein Schulheft. Er ist nun bei einem wirklich qualifizierten Anwalt gewesen, der ihm sagte, alle Papiere zu beschaffen, werde etwa 160 Dollar kosten, soviel wie drei Monatslöhne. Da er jedoch nur zwei oder drei Tage in der Woche arbeiten kann, weil er nicht nachweisen kann, daß er den Militärdienst abgeleistet hat, weiß er nicht, wie er das Geld zusammensparen soll. So ist er gefangen in der Unterwelt amtlicher Nichtexistenz.

Erst nachdem ich diese beiden Männer kennengelernt hatte, ist mir vollständig klargeworden, was es bedeutet, nicht lesen und schreiben zu können. Es bedeutet nicht nur, daß man nicht an die besserbezahlten Arbeiten in Ämtern, Büros und Fabriken herankommt. Es bedeutet nicht nur, daß man auf Kultur verzichten muß, vom nationalen Leben ausgeschlossen ist, in einigen Ländern sogar nicht wählen darf. Es ist auch ein politischer Sachverhalt, eine Behinderung für benachteiligte Individuen und Gruppen im erbitterten Kampf um Vorteile und ums Überleben in der Dritten Welt. Nicht lesen und schreiben zu können, bedeutet hilflos zu sein in einem modernen Staat, der mit Hilfe komplexer Gesetze und Regelungen besteht. Wer nicht lesen und schreiben kann, ist der Gnade derjenigen ausgeliefert, die es können. Er ist voll und ganz abhängig von der zuweilen fragwürdigen Ehrlichkeit und Befähigung von Rechtsanwälten und Beamten. Er kann keine Zeichen und keine offiziellen Verlautbarungen lesen. Sucht er eine Arbeit, kann er nicht in den jeweiligen Spalten der Zeitungen nachsehen, ob es etwas für ihn gibt, er muß herumlaufen in der Hoffnung, irgendwann mal über einen Job zu stolpern. Ist er Bauer, muß er sich auf andere Leute verlassen, die ihm sagen müssen, daß es neues Saatgut gibt. Er kennt seine Rechte kaum, und er weiß noch weniger, wie er sie durchsetzen kann. Er ist das gefundene Fressen für Ausbeuter und Betrüger. Vielleicht kann er sein bißchen Kleingeld zählen – doch man kann ihn um sein Erbe betrügen.

Nicht lesen und schreiben zu können, ist eine persönliche Tragödie und ein mächtiger Hebel zur Erhaltung von Ungleichheit und Unterdrükkung. Ihre Ausbreitung in der heutigen Welt mag als Maßstab dafür dienen zu ermessen, wie weit die Bildung in der Dritten Welt noch hinterherhinkt. Während der sechziger und siebziger Jahre, in denen ungeheure Anstrengungen zur Bekämpfung dieser Geißel unternommen worden sind, sank die Zahl der Analphabeten in der Erwachsenenbevölkerung von 59 Prozent im Jahre 1960 auf 41 Prozent im Jahre 1980. Doch durch das Bevölkerungswachstum hat die Zahl der Analphabeten eigentlich zugenommen: von 701 Millionen im Jahre 1960 auf 795 Millionen 20 Jahre später. Und es wurde erwartet, daß ihre Zahl 1990 bei 870 Millionen liegen und damit pro Jahr um 7 Millionen zunehmen würde. 1980 konnten in Lateinamerika nur 20 Prozent der Erwachsenen nicht lesen und schreiben, dagegen lag die Analphabetenrate in Asien bei 38 Prozent und in Afrika bei beängstigenden 61 Prozent.

Der Analphabetismus lastet, wie andere Formen der Bildungsbenachteiligung, am schwersten auf denjenigen Gruppen, die auch schon anderweitig benachteiligt sind. In den ländlichen Gebieten liegt die Analphabetenquote weit höher als in den Städten. In Marokko konnte 1971 beispielsweise nur die Hälfte der Erwachsenen in den Städten nicht lesen und schreiben, auf dem Land waren es 88 Prozent. In El Salvador konnte einer von drei Stadtbewohnern nicht schreiben, bei den Landbewohnern waren es zwei von dreien. Das Analphabetentum konzentriert sich auf die unteren Einkommensschichten, die an den Rand der Gesellschaft gedrängten Massen und die Frauen.

Doch ist der Analphabetismus bei alledem im Grunde nur der schärfste Ausdruck einer allgemeineren Entbehrung: des Mangels an Bildung bei den Armen, sei es akademischer Bildung, durch die sie Chancengleichheit im Rennen um die Arbeitsplätze bekämen, sei es mehr praktischer Bildung, mit deren Hilfe sie ihr Land besser bearbeiten oder ihre Arbeit in der Werkstatt besser verrichten könnten. Bildung ist nicht nur der Schlüssel zu persönlicher Bereicherung. Unter den Bedingungen der Dritten Welt sollte sie der zentrale Mechanismus sein, durch den ganze Dörfer und Stadtgemeinden lernen, wie sie sich, ihr produktives Potential und ihre Hilfsmittel entwickeln können.

Statt dessen ist Bildung lediglich zu einem weiteren Versicherungsmechanismus der wenigen zur Erzielung eines hohen Einkommens und zur Verewigung des Elends für die vielen geworden. Sie ist eine Entfremdungsmaschine, durch die junge Menschen dazu gebracht werden, sich von ihrer Familie und von Handarbeit abzuwenden, den Dörfern den Rücken zu kehren, die doch gerade ihre Verpflichtung, ihre Lebenskraft und ihre Anpassungsfähigkeit benötigen. Sie bringt nicht einmal genügend Leute hervor, deren Fertigkeiten für den modernen Sektor geeignet sind, sondern sie schafft eine große Klasse fehlgeleiteter Drohnen und unnützer Mandarine.

Zahlenspielerei

Wenn die Bildung in den meisten Ländern als Werkzeug zur Entwicklungshilfe und zur Herbeiführung von Chancengleichheit versagt hat, so liegt das nicht daran, daß die Regierungen nicht für eine ausreichend rasche Ausweitung der Bildung gesorgt hätten. Die Bildung ist in der Dritten Welt eine der Boom-Industrien gewesen. In Zahlen gemessen sind die Errungenschaften beträchtlich. 1960 gingen 45 Prozent der Kinder im Grundschulalter und 21 Prozent der Kinder im Haupt- und Oberschulalter in den weniger entwickelten Regionen zur Schule. 1970 lagen diese Anteile schon bei 62 Prozent bezüglich der Kinder im Grundschulalter und bei 32 Prozent der Kinder im Haupt- und Oberschulalter. In absoluten Zahlen macht sich der Fortschritt noch erstaunlicher aus: von 99 Millionen Grundschülern im Jahre 1960 auf 171 Millionen im Jahre 1970; von 36 Millionen Haupt- und Oberschülern auf 76 Millionen; und schließlich: aus 5,3 Millionen Hochschülern wurden 13,3 Millionen.

Die Einschulungsquoten stiegen während der sechziger Jahre doppelt so schnell wie die Bevölkerungsraten. Hinter diesen Zahlen versteckten sich ungeheure Anstrengungen zum Bau neuer Schulen, zur Eröffnung neuer Oberschulen und Universitäten, zur Ausbildung von Lehrern und Lehrerslehrern. Der Bildung wurden große Anteile der Staatshaushalte, oft über 20 Prozent, zugeschanzt, weil die Regierungen sie als einen der wichtigsten Beiträge zur Entwicklung und nationalen Integration ansahen. Zum Vergleich, in den USA flossen 1973 nur 18 Prozent, in Schweden 14 Prozent des Staatshaushalts in die Bildung.

Doch alle diese Anstrengungen und Ausgaben führten großenteils dazu, daß haufenweise Leute produziert wurden, die nicht zur Gesellschaft und zur Wirtschaft der Entwicklungsländer paßten. Viel Geld wurde einfach verschwendet. So traurig es klingen mag, aber je ärmer ein Land ist, desto mehr kostet es, die Schüler, gleich auf welcher Ebene, zu einem Abschluß zu bringen. Wenn ein wohlhabendes Land zehn Schüler am einen Ende auf das Bildungsfließband hebt, dann kommen dabei am anderen Ende neun oder zehn Fertigprodukte herunter. Bei einem armen

Land sind es nur vier oder fünf, weil ein großer Teil der Mittel durch Versager und Sitzenbleiber verlorengeht. In der Dominikanischen Republik, wo die Grundschule offiziell sechs Jahre dauert, braucht man statistisch pro Schüler neun Jahre, damit dabei ein einziger erfolgreicher Abschluß herauskommt. Auf dem Land braucht man sogar 27 «Schülerjahre» dafür. Im ländlichen Kolumbien dauert es statt der offiziellen fünf Jahre für das Durchlaufen der Grundschule für einen einzigen Schüler 66 «Schülerjahre».

Die Finanzierung der Bildungsanstrengungen wird für die Entwicklungsländer zu einer immer größeren Belastung. 1965 mußten je 1000 arbeitende Erwachsene nur 336 Schüler mittragen. 1975 waren es 430, und Erwartungen zufolge wird diese Zahl bis 1985 auf 456 steigen.

Die Folge daraus ist, daß der große Bildungsboom vorüber zu sein scheint und daß die Länder es schwer haben werden, wenigstens das jetzt erreichte Niveau zu halten. Schon Ende der sechziger Jahre hatte sich die Zunahme der Einschulungsquoten merklich verlangsamt. 1960 setzten zwei regionale Bildungskonferenzen in Afrika und Asien das verlockende Ziel, bis 1980 die Einschulung aller Kinder im Grundschulalter zu erreichen. Doch gibt es nicht die geringste Chance, daß auch nur auf einem der drei Entwicklungskontinente diese Zielmarke ins Blickfeld geriete. Zu Beginn der siebziger Jahre forderten die Ölpreiserhöhungen und die wachsenden Schuldenlasten von den öffentlichen Ausgabenprogrammen ihren Tribut. Bis 1975 waren die Einschulungsquoten mehr oder minder zum Stillstand gekommen: bei 62 Prozent für die Kinder im Grundschulalter, 35 Prozent für die Kinder im Haupt- und Oberschulalter und 4,5 Prozent für die jungen Leute im Studentenalter (zum Vergleich die Quoten der entwickelten Länder: jeweils 94 Prozent, 84 Prozent und 16 Prozent).

Bei einer Fortsetzung der gegenwärtigen Trends wird es bis 1985 nach Erwartungen der UNESCO keine bemerkenswerten Fortschritte bei den Einschulungsquoten geben. Sie werden vielmehr im großen und ganzen auf dem für 1975 gültigen Niveau stehenbleiben, und zwar auf allen drei Kontinenten: bei 78 Prozent der Kinder im Grundschulalter und 57 Prozent der Kinder im Haupt- und Oberschulalter in Lateinamerika; in Asien bei je 64 Prozent und 35 Prozent; und in Afrika jeweils bei 51 Prozent und 31 Prozent.

Das tragische Ergebnis dieser Entwicklung ist, daß die Zahl der Kinder in der Dritten Welt, die nicht zur Schule gehen, im nächsten Jahrzehnt beträchtlich zunehmen wird. Die UNESCO sagt voraus, daß die Zahl der Kinder im Grund-, Haupt- und Oberschulalter, die nicht zur Schule gehen, von 305 Millionen im Jahre 1975 auf 405 Millionen im Jahre 1985 ansteigen wird.

Versager von der Wiege an

All diese Anstrengungen und Opfer haben das Elend nicht lindern können. Wenn sie überhaupt etwas bewirkt haben, dann eine Zunahme der Ungleichheit. Denn in Wirklichkeit sind es die Armen, die bei der Bildung, dem Hauptweg zu höherer Bezahlung, in den meisten Entwicklungsländern den Schwarzen Peter zugeschoben bekommen. Sie kommen nicht so leicht zu Bildung, und selbst dann, wenn sie Zugang zu Bildung haben, ist die Wahrscheinlichkeit, daß sie als akademische Versager dastehen, größer.

Der Zugang zu Bildung hängt ab von der Entfernung und vom Einkommen. Es besteht ein unmittelbarer Zusammenhang zwischen Nicht-zur-Schule-gehen, Häufigkeit des Fehlens im Unterricht und Versagen in der Schule einerseits und der Entfernung zur Schule andererseits. Je weiter weg, desto mehr Probleme. Selbst wenn die Schulen entsprechend der Bevölkerungsdichte gleichmäßig über das Land verteilt wären, sähen sich die weniger dicht besiedelten ländlichen Gebiete, verglichen mit den Städten, im Nachteil. In den Tiefen des afrikanischen Buschs trifft man oft auf kleine Schülertrupps, die, auf dem Kopf eselsohrige Schulbücher gegen die Sonne, kurz nach Einbruch der Dämmerung die staubige Landstraße entlangtrotten, eine Stunde oder mehr von der nächsten Schule entfernt.

Doch sind die Schulen nicht gleichmäßig verteilt. In den ländlichen Gebieten gibt es weniger Schulen, und die, die es gibt, haben meist schlechteres Personal und schlechtere Ausrüstung. Die Lehrer leben, wie alle akademisch Gebildeten in der Dritten Welt, lieber in den Städten, wo sie alle Attribute dessen, was sie Zivilisation nennen, vorfinden. Der Busch gilt ihnen als eine Art Exil, wo nur Heilige oder Nichtskönner hingehen. Viele Landschulen haben nur einen Lehrer und einen einzigen Klassenraum, in dem alle Altersgruppen unterrichtet werden. In den ärmsten Ländern (mit einem Pro-Kopf-Einkommen unter 250 Dollar im Jahr 1972) bietet nur ein Drittel der ländlichen Grundschulen alle Klassenstufen an. Kinder, die ihre Grundschulkenntnisse vervollständigen wollen, müßten noch viel weiter zur Schule gehen, was als noch größere Abschreckung vor weiterem Schulbesuch wirkt. Die Städte sind auf allen drei Kontinenten weit besser versorgt als das Land. In Afrika bieten 79 Prozent aller städtischen Grundschulen den Unterricht für alle Klassen an, auf dem Land sind es nur 54 Prozent. In Asien liegen die Anteile bei 94 Prozent in der Stadt und 66 Prozent auf dem Land. Am größten klaffen beide in Lateinamerika auseinander, wo 88 Prozent der städtischen Schulen ein vollständiges Programm anbieten, während es auf dem Land nur 34 Prozent sind. Auf der Sekundarebene von Haupt- und Oberschulen sieht es weit schlimmer aus. Nahezu alle Schulen der Sekundarstufe befinden sich in großen Städten, so daß Schüler vom Land sich ein Zimmer nehmen oder in ein Internat gehen müssen. Bei den wenigen, die sich das leisten können, verstärkt die Trennung von ihrem Zuhause die wachsende geistige Entfremdung, die der Unterrichtsstoff bei den Schülern vom Lande hervorruft. Der erste Schritt zum Verlassen des Dorfes für immer ist damit gemacht.

Als Ergebnis dieser überaus starken Unterversorgung verfügt der durchschnittliche Erwachsene aus ländlichen Gebieten über weniger Bildung als der entsprechende Städter. 1969 hatten in Kenia 80 Prozent der Erwachsenen vom Lande über 25 Jahre noch keine Schule besucht, bei den Stadtbewohnern waren es nur 47 Prozent. In Kolumbien hatten 1973 38 Prozent der über zwanzigjährigen Landbewohner keine Schule besucht, bei den Städtern waren es nur 14 Prozent. In Indien besuchten 79 Prozent der über Fünfundzwanzigjährigen vom Lande niemals eine Schule, bei den städtischen Erwachsenen waren es 47 Prozent. Diese großen Unterschiede in der Versorgung mit Bildungseinrichtungen und -angeboten werden durch die Landflucht noch verschlimmert: Fast jeder Dorfjunge, dem die Grundschule mit dem vollen Lehrplan zuteilgeworden ist, wird prompt in die nächstbeste Metropole gehen nach dem Motto: Soll das Dorf doch in seiner Unwissenheit verrotten.

Doch geht es den Squattergebieten der großen Städte nicht viel besser. Die Schulen sind dort dünner gesät und von geringerer Qualität als in den eigentlichen Städten, so daß ein Kind aus den Slums eine kleinere Chance hat, zur Schule gehen zu können. In Lusaka, der Hauptstadt von Sambia, konnte in der Slumvorstadt Matero nur eines von 385 Kindern auf Anhieb einen Grundschulplatz bekommen – in dem etablierteren Stadtteil Kapwepwe hingegen war das schon bei einem von sechs Kindern der Fall.

Einmal in der Schule, haben die Kinder der Armen weit weniger Chancen, sie auch beenden zu können. In Guatemala schließen nur 4 Prozent der Kinder auf dem Land die Grundschule erfolgreich ab, in den Städten sind es 50 Prozent. In vier lateinamerikanischen Ländern, in denen die UNESCO eine entsprechende Untersuchung durchführte, durchlief die Hälfte der Stadtschüler die gesamte Grundschule, von den Landkindern schaffte das nur eins von fünfen.

Der Abgang von Schulversagern gehört zu den chronischen Gebrechen der Bildungssysteme in den armen Ländern. Er ist der konkrete Ausdruck für die Behinderungen, denen die Armen bei der Bildung ausgeliefert sind. Selten nur gibt es eine Schulpflicht – dafür reichen die finanziellen Mittel nicht. Je älter die Kinder werden, um so mehr von ihnen verlassen die Schulen, so wie ein gelangweilter Student aus der Mittelschicht im Westen die Universität verläßt. Von je 100 Schülern, die 1970 in Entwicklungsländern in die erste Klasse der Grundschule eingetreten sind, erreichten nur 70 die zweite Klasse und 61 die dritte. In der vierten Klasse waren nur noch 53 übrig, und 46 erreichten die fünfte Klasse. Das bedeutete gegenüber den

1965 Eingeschulten eine leichte Verbesserung, denn von ihnen erreichten nur 38 Prozent die fünfte Klasse.

In einigen Ländern liegt die Ausfallquote hoch. Von 100 Schülern, die 1962 in Kolumbien in die erste Klasse eingeschult wurden, fielen schon vor der zweiten Klasse 36 aus. Die Aufnahme in die dritte Klasse schafften 22 nicht, acht kamen beim Sprung in die vierte Klasse zu Fall, weitere fünf schafften es nicht in die fünfte Klasse, und vier nicht in die sechste Klasse. Nur 24 der anfänglich 100 standen das ganze Rennen durch, und viele von ihnen hatten eine Klasse wiederholen müssen. Diese Zermürbung in den ländlichen Gebieten ist erschreckend. In Kolumbien, wo ohnehin nur eine von sieben Landschulen auch die Klassen vier und fünf anbietet, bleiben bei Klasse fünf nur noch 3 Prozent der Schüler vom Lande übrig, in der Stadt sind es 44 Prozent.

Die paar Jahre, die die vorzeitigen Schulabgänger auf den Schulbänken verbracht haben, waren für sie verschwendete Zeit, Zwangsarbeit, Zuchthaus. Sie werden kaum etwas aufgeschnappt haben, was für sie in ihrem Arbeits- und Familienleben von Bedeutung sein könnte. Womöglich haben sie nicht einmal gelernt, die Fremdsprache zu sprechen, geschweige denn sie zu lesen und zu schreiben, in der die Bildung ihnen in der Schule so oft vermittelt wird. Und wenn sie die gröbsten Anfangsgründe von Lesen und Schreiben gelernt haben, so werden doch nur wenige so weit gekommen sein, daß sie die geschriebenen Materialien der wirklichen Welt, die Lektüre von Zeitungen, Formularen und Büchern bewältigen können. Somit werden sie auf Grund mangelnder Praxis wieder vergessen, was sie gelernt haben, und aus dem halbwegs Lese- und Schreibkundigen, der von der Schule vorzeitig abging, wird bald wieder ein ganzer Analphabet.

Es gibt viele Gründe für das schlechte Abschneiden der Armen im Bildungsrennen. Die Schulen sind weiter weg, und beim Kampf um die knappen Schulplätze fehlt ihnen der soziale Draht zum Schulleiter. Die Eltern sind zu arm, um die direkten und indirekten Kosten der Schule zu tragen. Nur wenige Entwicklungsländer haben bisher die Schulgebühren abgeschafft, die meisten erheben sie selbst noch für die Grundschule, und solche Gebühren können für die Armen wie ein Verbot wirken. Die Gebühren für die Schulen der Sekundarstufe in Uganda beispielsweise belaufen sich auf 40 Prozent des Mindestlohns, und es gibt nur wenige Arbeiter auf dem Land oder im informellen Sektor, die auch nur den Mindestlohn verdienen würden. In Kamerun belaufen sich die Schulgebühren auf ein Viertel des Mindestlohns, auf den Philippinen auf ein Achtel. Darüber hinaus sind aber noch die Schulbücher, die Schreibstifte, das Papier, die Schuluniformen, die Schuhe usw. zu bezahlen. Ein Ausschuß, der in Sri Lanka eine Umfrage durchführte über die Gründe dafür, daß Kinder nicht die Schule besuchen, erhielt von armen Eltern oft zur Antwort: «Wie können wir denn unsere Kinder in die Schule schicken, so zerlumpt, wie sie sind, und von ihnen erwarten, daß sie mit den Bessergestellten die Schulbank drücken?» Und wenn die Kinder dann älter werden, müssen die Eltern auch noch auf die Arbeitskraft des Kindes verzichten, mit der das Einkommen der Familie aufgebessert werden könnte. Arme Familien sind erstaunlich bereitwillig, wenigstens einem Kind den Schulbesuch zu erlauben. Doch wenn es dann keine sonderliche Begeisterung zeigt, sind sie auch sehr schnell wieder bereit, es von der Schule zu nehmen, wodurch sie wieder alles zunichte machen, was sie bisher schon hineingesteckt haben. Je ärmer die Familie, um so größer ist das Opfer, das sie für den Schulbesuch eines Kindes bringen muß und um so größer ist die Wahrscheinlichkeit, daß das Opfer umsonst war.

Das arme Kind wird in seiner schulischen Leistung durch die Armut seiner Eltern behindert. Es ist anfälliger für Krankheiten und wird daher mehr Zeit durch Fehlen verlieren. Wenn Verwandte krank sind, muß es unter Umständen in der Schule beurlaubt werden, weil es die Arbeit für den Kranken verrichten muß.

Durch diese Behinderungen erreichen viele Kinder aus den unteren sozioökonomischen Klassen und aus den ländlichen Gebieten nicht ihre volle Leistung, die sie in der Schule bringen könnten – eine Verschwendung menschlicher Talente. Die Entwicklungsökonomen Sebastian Piñera und Marcelo Selowsky haben errechnet, daß mit dieser Verschwendung von Talenten auch der Beitrag des Bildungswesens zur wirtschaftlichen Leistungsfähigkeit eines Landes abnimmt und daß Reformen mit dem Ziel der Herstellung größerer Chancengleichheit in der Bildung den Wert des Beitrags der Bildung zur wirtschaftlichen Entwicklung um 26 bis 145 Prozent erhöhen können.

Die tragischste Behinderung vieler armer und auf dem Lande lebender Kinder mag jedoch sein, daß sie nach scheinbar «objektiver Prüfung» im Durchschnitt über weniger vom westlichen Bildungssystem vorausgesetzte Intelligenz verfügen als ihre wohlhabenderen Klassenkameraden. Bei Intelligenztests auf den Philippinen brachten es Kinder aus armen Familien auf bis zu 10 Prozent weniger Punkte als Kinder aus bessergestellten Elternhäusern, und Kinder vom Land hinkten 3 bis 4 Punkte hinter den Stadtkindern hinterher. Kamen die Kinder aus großen Familien – die es unter den Armen häufiger gibt –, drückte das den Punktestand noch weiter nach unten.

Es ist höchst unwahrscheinlich, daß das arme oder auf dem Land lebende Kind von seinen Erbanlagen her weniger intelligent sein sollte als sein reicher oder in der Stadt lebende Kumpel, obwohl schon ein paar weitere Generationen Landflucht und eingeschränkte soziale Mobilität womöglich am Ende zu dieser Auswirkung führen mögen. Gegenwärtig ist es eindeutig die Nahrung, nicht die Natur, eher die erbliche Umwelt als reine Vererbung, die wie ein Fluch auf dem armen Kind lastet. Wir haben gesehen, welche verheerenden Auswirkungen Unterernährung für das sich entwickelnde Gehirn haben kann. Ein Kind kann schon im Mutterleib zum Bildungsversager verdammt sein, und sein Schicksal kann dann in den ersten zwei Lebensjahren besiegelt werden. Erziehung und Bildung beginnen im Elternhaus – in den meisten Ländern verbringt das Kind hier sechs bis acht Jahre, bevor es in die Schule eintritt, genügend Zeit, um nicht wieder gutzumachenden Schaden anzurichten.

Unterernährung muß nicht immer ein Todesurteil für die Intelligenz sein. Anregung kann noch wichtiger sein für das in Entwicklung befindliche Gehirn als gute Ernährung. Wenn eine Mutter mit einem Kind spielt, seine kleinen Muskeln übt, ihm Spielsachen gibt, mit denen es lernen kann, die Außenwelt wahrzunehmen und zu beeinflussen, dann werden die Nervenverbindungen, die die Grundlage für seine späteren Fähigkeiten bilden, sich in aller Ruhe entwickeln. Laboruntersuchungen mit Tieren haben ergeben, daß Unterernährung zu nur 70 Prozent des normalen Suchverhaltens führt. So entwickelten z. B. Ratten, die sowohl unterernährt waren als auch ohne Anregung aufwuchsen, nur 10 Prozent ihres normalen Verhaltens. Bei Menschen kann der familiäre Hintergrund je nach dem Grad der Anregung, den das Kind erhalten hat, bei Intelligenztests Unterschiede von 10 bis 20 Prozent hervorrufen. Eine Untersuchung in Jamaica ergab, daß unterernährte Kinder aus einem Elternhaus mit anregender Umgebung bei Tests geringfügig besser abschnitten als wohlgenährte Kinder aus nichtanregendem Elternhaus. Kommen jedoch beide nachteiligen Bedingungen zusammen, ist das Ergebnis katastrophal. Unterernährte Kinder aus Elternhäusern, wo sie auch noch vernachlässigt wurden, brachten es bei IQ-Tests auf 40 Prozent weniger Punkte als wohlernährte Kinder aus Elternhäusern, in denen sie reichlich Anregung erhielten.

Und das Kind aus einer armen Familie ist wahrscheinlich eher unterernährt und erfährt vermutlich weniger Anregung. Sein Eltern«haus» ist vielleicht eine dunkle, fensterlose Hütte, in der es nur ein paar spärliche Habseligkeiten gibt. Seine Mutter wird, geplagt von den Ansprüchen, die die zahlreichen Kinder an sie stellen, wenig Zeit haben, sich um die Entwicklung jedes einzelnen Kindes zu kümmern. Kinder, die kürzer hintereinander gekommen sind – wie es bei armen Familien, die keinerlei Verhütungsmittel anwenden, oft der Fall ist –, schnitten bei Intelligenztests schlechter ab als Kinder, die in größeren Abständen nacheinander geboren wurden. Die meisten Kinder der Dritten Welt haben keine Spielsachen. Wenn sie drei oder vier Jahre alt sind, fangen sie an, sich selber welche zu machen. Aber solche typisch westlichen Entwicklungshilfen für die Intelligenz wie farbige Kästchen, Würfel und Scheiben, die man zusammenfügen kann, gibt es überhaupt nicht.

Bestimmte Erziehungstraditionen einiger Kulturen können diesen Mangel an Spielsachen dadurch wettmachen, daß die Eltern viel Zeit darauf verwenden, mit den Kindern zu spielen. Doch viele Kulturen in Afrika und Lateinamerika überlassen die Kinder sich selbst.

Bei all diesen Behinderungen der Armen ist nicht weiter erstaunlich, daß es vor allem die Kinder der Privilegierten sind, die beim Bildungsrennen durchhalten und gewinnen. Die obersten Bereiche der Oberschulen und Universitäten werden so fast ausschließlich zum Reservat der Elite-Kinder. So hat beispielsweise das Kind eines Staatsbeamten in Obervolta neunmal mehr Chancen, einen Platz in einer Schule der Sekundarstufe zu bekommen als das Kind eines Arbeiters aus dem informellen Sektor und sechzigmal mehr Chancen als das Kind eines Bauern. An der Elfenbeinküste ist die Chance eines Angestellten aus dem modernen Sektor, sein Kind auf eine Schule der Sekundarstufe schicken zu können, vierundzwanzigmal größer als die eines Bauern. Die Kinder von Freiberuflern, Beamten oder Lehrern in Kenia haben eine tausendfach größere Chance, die Universität zu besuchen, als die Kinder eines Bauern. In den ersten Jahren der Unabhängigkeit platzten die Aufnahmeregister von Schulen, Oberschulen und Universitäten fast aus den Nähten, und die Elite des modernen Sektors war noch klein. In jenen Tagen (die in den wenigsten Entwicklungsländern noch anhalten) war es für den Sohn eines Bauern leichter, auf der sozioökonomischen Leiter eine oder mehrere Sprossen nach oben zu klettern. Doch in dem Maße, wie sich die Entwicklung der Bildung verlangsamt und wie der moderne Sektor seine Schlüsselpositionen, die bis dahin noch unbesetzt waren, auffüllt, neigt die Elite immer mehr dazu, sich selbst zu rekrutieren, weil ihre Kinder im großen Bildungsspiel ungeheure Vorteile haben.

Dennoch scheint das System völlig unparteiisch zu funktionieren und Versetzung und Versagen nur nach der Fähigkeit zu verteilen. An der Oberfläche sieht es nicht so aus, als sei es zuungunsten der Armen gestrickt. Einige Kinder armer Eltern können durchaus ihren Weg bis ganz obenhin machen und machen ihn auch, sie schaffen so die illusionäre Hoffnung, alle anderen könnten das im Prinzip auch. Der Wirtschaftswissenschaftler Charles Elliot hat diesen Vorgang als den «Vertrauensmechanismus» bezeichnet, ein ausgemachter Schwindel auf Kosten der Armen. Denn wenn das Bildungssystem der Elite hilft, ihre Stellung und ihre Privilegien an ihre Kinder weiterzugeben, so trägt es auch dazu bei, daß die Armen bleiben, was sie sind: arm. Es ist nur ein weiterer jener miteinander verschränkten Mechanismen, die dazu dienen, die Armen zu einer neuen Kaste werden zu lassen, der nur noch unter großen Schwierigkeiten zu entkommen ist. Denn die Kinder der Armen haben es in der Schule schwerer und versagen leichter. Da Bildung jedoch der Schlüssel zu höheren Einkommen ist, sind sie dazu verdammt, sich mit niedrigen Löhnen und unsicheren Lebensumständen abzufinden. Das Bildungssystem garantiert mit, daß auch die Kinder der Armen arm sind. Und mit seiner scheinbar objektiven Prüfung der Fähigkeiten verschafft es eine perfekte Entschuldigung für die Verewigung der großen Ungleichheiten.

Scheinbar gibt es keine Erklärung dafür, daß die Armen aus Stadt und Land bereit sind, dermaßen große Opfer zu bringen, damit ihre Kinder diese zermürbende Desorientierungsübung über sich ergehen lassen, bei der sowieso die meisten irgendwann ins Abseits geraten und liegenbleiben. Doch sie haben durchaus ihre Gründe dafür.

In den meisten prämodernen Kulturen nahm die Handarbeit eine niedere Stellung ein und war nach Möglichkeit zu vermeiden. Heute wird ein Schulabschluß als Fahrkarte aus dem Elend und der Enge des Landlebens und aus dem Fluch der Handarbeit angesehen. Für denjenigen, der sein Geld in den Schulbesuch für seinen Sohn steckt, kommt dies dem Kauf eines teuren Lotterieteilnahmescheins gleich. Seine Chancen sind, wenn er arm ist, zwar dünn, doch man kann ja nie wissen, er könnte einer der wenigen Auserwählten sein, und dann ist er alle seine Sorgen los. Jeder kennt mindestens einen, der es geschafft hat, und das macht allen anderen Mut, es auch mal zu versuchen. In Afrika wird die gesamte Großfamilie von Großeltern, Onkeln, Vettern und Neffen sparen, damit ein Kind bis in die Sekundarstufe, die Oberschule gelangt, und das ganze Dorf wird womöglich etwas beisteuern, damit einer seiner Söhne die Universität besuchen kann. Sie alle tun das nicht aus Barmherzigkeit: Vielmehr handelt es sich um eine Investition, von der sie hoffen, daß sie sich eines Tages auszahlen wird. Wer Glück hat, dem winkt ihren Erwartungen zufolge ein netter Job bei der Regierung, und er kann dann seinen Brüdern, Vettern und Nachbarn helfen, Anstellungen als Gärtner, Fahrer, Putzer usw. zu bekommen. Oder wenn er sogar bis auf höchste Ebenen vordringen sollte, könnte er ein bißchen seine Beziehungen spielen lassen und arrangieren, daß das Dorf bei der Versorgung mit Straßen, Strom, Wasserleitungen oder sonst irgendeiner Angelegenheit berücksichtigt wird. Der Wert der Bildung liegt, vom Verbraucherstandpunkt aus betrachtet, gerade in ihrem Seltenheitswert. Wenn jeder Erfolg hätte, würde den Gewinnern kein so großer Gewinn winken. An einer Lotterie mit einigen dicken Gewinnen nehmen immer mehr Leute teil als an einer Lotterie mit vielen kleinen Gewinnen.

Als Belohnung – und das ist der Grund für das ganze Gedrängel und die Beharrlichkeit – winkt der riesige Einkommensunterschied zwischen einem einfachen Landarbeiter oder Bauern und einem hochgestellten Kopfarbeiter. In Großbritannien zum Beispiel verdient ein Abteilungsleiter bei der Stadtverwaltung nur etwa dreimal soviel wie ein Müllmann. In einem Entwicklungsland wird er das Zehn- oder Zwanzigfache verdienen. Diese großen Unterschiede stammen aus der Kolonialzeit, als die Bürokratien mit Europäern besetzt waren, denen man auch europäische Gehälter zahlen mußte, und als man den einheimischen Eltern genügend Anreiz schaffen mußte, ihre Kinder auf die Schule zu schicken, damit die

Kolonialverwaltung genügend Bürogehilfen hatte. Als die Länder dann unabhängig wurden, erbten die Einheimischen die Arbeitsstellen des weißen Mannes und hofften, nun auch die damit verbundenen Gehälter zu bekommen.

Vor allem anderen wurde die Bildung zur Leiter in die höchsten Regionen. Je höher das Bildungsniveau, um so höher das durchschnittliche Einkommen. In Sri Lanka konnte ein Mann mit Grundschulbildung 1969/70 erwarten, das 1,6fache dessen zu verdienen, was ein Mann ohne diese Bildung nach Hause trug; ein Mann mit mittlerer Schulbildung durfte das 2,4fache erwarten; ein Mann mit mittlerer Reife das 4,2fache; ein Mann mit Abitur verdiente in etwa das 6,4fache; und einer mit einem Universitätsabschluß das 10,7fache. Auf Grund dieser Einkommensunterschiede sind private Ausgaben für Bildung in der Dritten Welt eine gute Geldanlage. Das zusätzliche Einkommen, das man nach Abzug der Steuer dabei verdient, beläuft sich bei einem Abschluß der Sekundarstufe auf eine Zinsrate von 18,5 Prozent, gemessen an den ursprünglichen Kosten. Die Gewinnrate aus Hochschulbildung liegt bei stattlichen 22 Prozent der Investitionssumme pro Jahr. Das ist ungefähr die doppelte Rate dessen, was man in entwickelten Ländern erwarten kann, wo die Lohn- und Gehaltsunterschiede weit geringer sind.

Bei der Auswahl für die erstrebten, besserbezahlten Posten gilt nicht die für die jeweilige Stelle erforderliche Fertigkeit als Maßstab für Können und Intelligenz, es werden auch keine besonderen Tests zur Messung der Leistungsfähigkeit für den jeweiligen Job durchgeführt. Die Bewertung richtet sich einzig und allein nach der Zahl der abgelegten Examen und der dabei angehäuften Punktezahl oder dem Notendurchschnitt. Dieses System tiefgreifender Einkommensunterschiede auf der Grundlage von Bewertung nach Examen oder Schulabschlüssen hat zu verschiedenen pathologischen Symptomen der Bildung in der Dritten Welt geführt (allerdings leidet auch der Westen daran, wenngleich in milderer Form). Wenn Examen so ungeheuer stark ins Gewicht fallen, wird dadurch zum Pauken ermutigt und schöpferisches, selbständiges Denken unterdrückt. Wer einmal in einem Entwicklungsland gelehrt hat, kommt nicht umhin zu bemerken, wie schwer es ist, das Selbstbewußtsein der Studenten zu stärken und ihre Fähigkeit zu selbständigem Urteil zu schulen. Häufig liegt der Grund schon bei dem ungeheuren Gewicht der Erwartungen von seiten der Verwandten, das auf den Studenten lastet. Sie können es sich nicht leisten zu versagen. Sie können keine Risiken eingehen. Meine Studenten in Nigeria sagten mir, wenn sie ihre Examen nicht beständen, dann wäre es besser, sie wären tot – niemals mehr würden sie sich in ihrem Heimatdorf blicken lassen können. Damit erklärte sich auch ihre eingefleischte konservative Einstellung. Es war ihnen unangenehm, wenn ich sie nach ihrer Meinung fragte. Ich war dafür da, meine Meinung zu sagen, sie hatten das nur zu notieren, und zwar wortwörtlich, es auswendig zu lernen und im Examen wieder herunterzurasseln. Jemandem, der meine eigenen Meinungen aufschrieb, würde ich sicher gute Noten geben, meinten sie. In Indien darf dem Erfolg nichts im Wege stehen: Dort sind schon Aufsichtspersonen während des schriftlichen Examens ermordet worden, weil sie Kandidaten vom Abschreiben abhalten wollten.

Wegen des Imports dieser ehrfurchtgebietenden Stücke Papier ist die gesamte Bildungsstruktur auf den unteren Ebenen auf die Vorbereitung der Schüler für die Zeugnis-Schnitzeljagd am Ende ausgerichtet. Zwischen 65 und 95 Prozent der Grundschulabsolventen werden keine weitere Bildung erhalten, dennoch ist der Lehrstoff der Grundschule in den meisten Ländern nicht für das Leben, sondern für die Sekundarstufe konzipiert. Nur eine winzige Minderheit der Oberschüler – zwischen 0,3 und 11 Prozent einer internationalen Untersuchung zufolge – erreicht die Hochschule, dennoch ist die in der Sekundarstufe vermittelte Bildung großenteils eine Vorbereitung auf die Universität, und die Abschlußprüfungen sind im Grunde Aufnahmeprüfungen für die Universität. Keine der früheren Stufen ist in sich abgeschlossen, jede ist nur Vorbereitung für die nächsthöhere, noch akademischer geartete Stufe, keine Vorbereitung für das Leben und für die Arbeit. Die meisten verlassen daher die Schulen unfertig, nachdem sie einen Prozeß der systematischen Entfremdung und Desorientierung über sich haben ergehen lassen, ungeeignet für die Arbeit im modernen Sektor, ungeeignet auch für eine jener niederen Tätigkeiten in ihrem Dorf (wo sie ja auch gar nicht mehr hinwollen) und gebrandmarkt als Versager obendrein. In einem der letzten Jahre fielen bei einem Mathematik-Examen für die mittlere Reife in Sri Lanka 81 Prozent der Prüflinge durch, im Fach Englisch waren es 86 Prozent. Die Delegation des Internationalen Arbeitsamts bemerkte nach ihrem Besuch in diesem Land in einem Bericht: «Das ganze System scheint darauf ausgerichtet zu sein, entweder Versager und Abgänger oder Schüler mit mittlerer Reife hervorzubringen, die dann hoffen, irgendwelche Bürojobs zu kriegen.»

Die übermäßige Bedeutung von Examen trägt auch zu einem weiteren traurigen Aspekt der Bildung in der Dritten Welt bei: den Sitzenbleibern. Wer durch dieses System ganz und gar entmutigt wird, geht von der Schule ab. Die etwas Hartnäckigeren wiederholen eine Klasse in der Hoffnung, so die nächste Hürde in diesem Rennen doch noch zu schaffen. Die Versetzung erfolgt selten automatisch, sondern normalerweise wird sie erst nach kleineren Prüfungen oder auf Grund der Bewertung durch den Lehrer ausgesprochen. Die Zahl der Schüler, die die eine oder andere Klasse wiederholen, ist extrem hoch, was darauf hindeutet, daß die Erwartungen der Lehrer wahrscheinlich viel zu hochgesteckt sind oder daß die Art von Bildung, die vermittelt wird, aus den Schülern einfach nicht das Beste herausholt. In Afrika wiederholen 10 bis 46 Prozent der Schüler ihre erste Klasse in der Grundschule, in Lateinamerika sind es 18 bis 35 Prozent. Das letzte Grundschuljahr, nach dem die Schüler ihr Grundschul-Abschlußzeugnis erhalten oder auch nicht erhalten, wird am häufigsten wiederholt. Zwischen 20 und 54 Prozent der afrikanischen Schüler wiederholen das sechste Grundschuljahr. Doch bis sie da angelangt sind, wird es nur noch eine kleine Minderheit von Schülern geben, die bis dahin noch nicht ein oder zwei Klassen wiederholt haben.

Die Lotosesser: Arbeitslose mit Bildung

Die silberglänzende Oase hoher Gehälter, die durch alle Wüsten von Familienopfer und Ängsten hindurchschimmert, ist keine Fata Morgana. Es gibt sie, und es gibt auch Leute, die es schaffen, diese Wüste zu durchqueren und die Oase zu erreichen. Doch am Ufer des kühlen Wassers gibt es nicht genügend Platz für alle, die sich auf die Reise gemacht haben und angelangt sind.

Durch die unmäßigen Einkommensunterschiede machen sich auch unmäßig viele auf den Weg, von denen dann viele nicht einmal hoffen dürfen, eine hochbezahlte Stelle zu bekommen, wenn sie alle Examen geschafft haben. Das Problem ist von der gleichen Art und hat die gleichen Ursachen, nämlich die Ungleichheit, wie das der überzähligen Massen von Landflüchtigen, die in die Städte strömen, angezogen von dem grotesken Einkommensgefälle zwischen Stadt und Land. In der Kolonialzeit waren es nicht so viele, die die Oberschule durchliefen, die meisten von ihnen konnten denn auch realistischerweise damit rechnen, hohe Einkommen zu haben und letztlich auch eine Bürostelle zu bekommen. Nach der Erringung der Unabhängigkeit haben sich diese Erwartungen nicht geändert. Doch wurde die Bildung rascher ausgebaut als die Zahl der Stellen, auf die man als gebildeter Mensch ein Anrecht zu haben glaubte.

Das Ergebnis war ein Überangebot an qualifizierten Leuten mit überzogenen Hoffnungen und der Fluch der Arbeitslosigkeit für Gebildete. Immer mehr, die die lange Ausbildungszeit hinter sich gebracht hatten, mußten am Ende feststellen, daß nicht so viele Stellen zu vergeben waren, wie es Bewerber gab. Manchmal waren die Planer daran schuld: In Indien wurden zum Beispiel an den Universitäten lange Zeit mehr Studienplätze für Ingenieure zur Verfügung gestellt, als die Wirtschaft nachher aufnehmen konnte. Hinzu kam, daß die Arbeitslosen mit Bildung Schwierigkeiten hatten, sich von ihren hochfliegenden Berufsträumen zu trennen. Auf einem freien Markt fällt der Preis einer Ware, wenn das Angebot die Nachfrage übersteigt. Doch das Überangebot an Gebildeten führte nicht zu einer Verringerung der Einkommensunterschiede. Die Gewerkschaften ebenso wie die Politiker und Bürokraten, die auf diese Weise ihr eigenes Einkommensniveau zu halten versuchten, sorgten dafür, daß die Gehälter hoch blieben.

Für alle Gebildeten bis hin zu den Abiturienten – also die Hochschulabsolventen ausgeschlossen – gilt, daß ihre Chancen, arbeitslos zu sein, um so größer sind, je höher sie auf der Bildungsleiter gestiegen sind. In Sri Lanka ergab eine Untersuchung des Internationalen Arbeitsamts, daß 25 Prozent der Nichtgebildeten im Alter von fünfzehn bis 24 Jahren 1969 arbeitslos waren, während der Anteil der Arbeitslosen bei denjenigen, die sechs bis zehn Jahre zur Schule gegangen waren, bei 39 Prozent und bei denen mit mittlerer Reife bei 51 Prozent lag. Eine ähnliche Verteilung ergab sich 1965 bei einer Untersuchung im indischen Bundesstaat Kerala: Nur 6 Prozent der Analphabeten waren arbeitslos, bei den Abiturienten war es jeder dritte. Das Risiko, arbeitslos zu sein, verringerte sich jedoch bei den Hochschulabsolventen (13 Prozent Arbeitslose) und bei den Promovierten (9 Prozent).

Die Arbeitslosen mit Bildung sind in erster Linie Opfer der hohen Erwartungen, die das System in ihnen geweckt hat. Selbstverständlich steht ihnen frei, Stellen anzunehmen, wo sie körperlich arbeiten müssen. In Sri Lanka wollten drei Viertel der Leute mit mittlerer Reife eine Beschäftigung «mit weißem Kragen», und weniger als einer von fünfen wollte die nächstbeste Arbeit annehmen. Die meisten bleiben ja auch nicht dauernd arbeitslos. Wenn sie lange genug durchhalten, ergibt sich meist doch irgend etwas Passendes für sie, und ihr Platz in der Warteschlange wird dann von der nächsten Generation hoffnungsvoller junger Leute eingenommen. Doch die Wartezeit wird immer länger, je mehr die Zahl der Arbeitslosen steigt. Der Kerala-Studie zufolge mußten Abiturienten im Durchschnitt viereinhalb Jahre warten, bis sie einen Job bekamen.

In Calcutta lernte ich einen dieser modernen Lotosesser kennen. Rattan Ram war seit zwei Jahren beim Arbeitsamt als Arbeitsloser gemeldet, nämlich seit er seinen Heimatstaat Bihar verlassen hatte und in Calcutta angekommen war. Mit seinen 22 Jahren hatte der schwarzhaarige, braunäugige junge Mann fatale elf Jahre in der Schule zugebracht: genug um seine Ansprüche unglaublich hochzuschrauben, zu wenig, um einem Arbeitgeber seine Anstellung erstrebenswert vorkommen zu lassen. Warum ist er aus Bihar weggegangen, fragte ich ihn. «Hier muß man ein paar Jahre warten, bis man einen Job kriegt. Dort würde man nie einen kriegen», antwortete er mir. «Job» bedeutet «guter Job», versteht sich. Sein Vater besaß sogar ein bißchen Land. Warum konnte er dort nicht arbeiten? «Diese Art von Arbeit mag ich nicht. Vielleicht gehe ich wieder zurück, wenn mein Vater stirbt.» Rattan hatte keine genaue Vorstellung, welche Art von Arbeit er gerne hätte, es mußte nur eine «mit weißem Kragen» sein, gut bezahlt mußte sie sein und nach Möglichkeit eine Stelle im öffentlichen Dienst. «Im öffentlichen Dienst, das ist gut», teilte er mir mit, «da kannst du nämlich deine Stelle behalten, egal was passiert.» Unter 800 Rupien (damals 80 Dollar) im Monat würde er mit Sicherheit keine Stelle annehmen, obwohl seine Chancen, eine solche Summe jemals zu verdienen, fast gleich Null waren, denn das war das Doppelte des Anfangsgehalts eines Grundschullehrers. Diese Summe wurde im Wirtschaftsjargon als sein «Verweigerungsgehalt» bezeichnet. Weniger würde er nicht akzeptieren, denn würde er es tun, so wäre er dadurch bei seiner Suche nach dem Idealjob behindert, von dem er hoffte, ihn bis an sein Lebensende behalten zu können. So verbrachte er denn seine Tage damit, in den Straßen von Calcutta herumzulaufen, zwischen Kino und Arbeitsamt, Arbeitsamt und Kino hin und her zu pendeln und auf Kosten der schwindelerregend großen Geduld eines Onkels zu leben, der ein kleines Geschäft hatte und für den Rattan kleinere Aushilfsarbeiten im Büro und im Haushalt erledigte.

Es gibt wenig Hoffnung, daß diese Verschwendung durch Gebildetenarbeitslosigkeit bald ein Ende nehmen wird – es sei denn, es würde eine radikale Politik der Beschneidung der übermäßigen Einkommensunterschiede eingeleitet. In den entwickelten Ländern würden nur wenige auf die Idee kommen, sie bekämen einen Bürojob, bloß weil sie durch die Maschinerie der Sekundarstufe gedreht worden sind. Da fast jeder die Sekundarstufe hinter sich gebracht hat, kommt ihr kein Seltenheitswert mehr zu. Doch die armen Länder sind von der Entmystifizierung von Schulabschlüssen noch meilenweit entfernt.

Narzissen im Regenwald: Ein bedeutungsloser Lehrplan

Die ganze Bildung hat etwas Komisches an sich, überall. In den meisten Gesellschaften, den vergangenen wie den gegenwärtigen, zeichnet sie sich dadurch aus, daß sie ihrem Inhalt nach bedeutungslos ist. Sie scheint einfach länger zu brauchen, um sich der veränderten Wirklichkeit anzupassen, sie scheint weiter hinter der tatsächlichen gesellschaftlichen Entwicklung hinterherzuhinken als die meisten anderen Kulturbereiche mit Ausnahme der Religion. Der Ursprung des Mißverhältnisses zwischen Bildung und Wirklichkeit in der Dritten Welt muß in der Kolonialzeit gesucht werden. In den Anfangszeiten des Kontakts mit den späteren Kolonialherren und genaugenommen auch später wurde die Bildung von der christlichen Kirche beherrscht. Die Päpstliche Bulle von 1493 erlaubte Spanien und Portugal, die Welt zu unterjochen, doch wurde ihnen aufgetragen, «tugendhafte und gottesfürchtige Männer zu entsenden, die die Eingeborenen den christlichen Glauben und gesunde Sitten lehren und sie ihnen einflößen sollten». Missionare waren die Pioniere der westlichen Bildung in Asien und in Afrika.

Weit davon entfernt, die einheimischen Traditionen und Kulturen – gleich wie hoch sie entwickelt sein mochten – zu achten, setzten sie alles daran, sie auszulöschen, in der Überzeugung, es handele sich dabei um Teufelswerk oder bestenfalls um Erzeugnisse einfältiger Unwissenheit. Wenn sie Missionsschulen errichteten, dann ging es ihnen nicht darum, Fertigkeiten und Kenntnisse zu vermitteln, die bei der Arbeit in der Werkstatt oder auf den Feldern von Nutzen sein konnten, sondern darum, den Glauben zu predigen, den Eingeborenen die Sprache der Kolonialherren beizubringen und sie das Lesen zu lehren, damit sie die Bibel studieren konnten. Und es ging ihnen darum, ihre Religionen auszuradieren, weil sie ihnen als Götzendienerei erschienen, und ihre Sitten und Gebräuche zu vernichten, die sie für barbarisch und böse hielten. Die *African Times* vom 1. Juli 1880 verkündete: «Die gebildete Elite, die mehr oder minder unter dem Einfluß des christlichen Glaubens steht, ist und bleibt unersetzlich als Vorhut des großen Heeres der Zivilisation, das sich über das unwissende Barbarentum des heidnischen Afrika ergießen muß.» Die wesentliche Aufgabe der Missionsschulen war es, ihre Schüler der Gesellschaft und Kultur der Eingeborenen zu entfremden, ihnen Verachtung einzuflößen und sie einer Gehirnwäsche zu unterziehen, um sie zur Avantgarde der fremden Kultur zu machen, eine Avantgarde, die nun auszieht, den Einfluß der fremden Kultur im eigenen Volk zu verbreiten.

Die Kolonialverwaltungen interessierten sich erst viel später für die Bildung. Nämlich als sie sich mit dem Problem konfrontiert sahen, daß sie auf Grund der Ausbreitung der Kolonialregierungen und -wirtschaften immer mehr untergeordnetes Personal brauchten, das ihnen dabei helfen sollte, das Ganze am Laufen zu halten, weil es zu teuer war, für derart gemeine Zwecke Europäer zu importieren. Der Franzose Albert Sarraut faßte den Zweck der kolonialen Bildung noch 1923 in perfekter Weise zusammen: Demnach sollte sie «aus der arbeitenden Masse Eliten von Kollaborateuren heranziehen, die als technische Assistenten, Vorarbeiter, Angestellte oder Bürogehilfen die unzureichende Anzahl von Europäern aufstocken und den wachsenden Bedarf der kolonialen Landwirtschafts-, Industrie- und Handelsbetriebe befriedigen sollen».

Die Produkte dieser von der Regierung unterstützten Bildungsmaßnahmen mußten loyal, diszipliniert und imstande sein, die Kolonialsprache zu lesen und zu schreiben, damit sie die Verwaltungsaufgaben, für die sie vorgesehen waren, ausführen konnten. Die Massenbildung wurde vernachlässigt, weil man sie für unnötig hielt, statt dessen wurde eine eingeborene Elite nach dem Ebenbild der Europäer geschaffen, die diesen bei der Beherrschung und Ausbeutung ihrer Landsleute behilflich sein sollte. Diese neuen Eliten und ihre Erben wandten sich später gegen ihre Kolonialherren und verlangten die Unabhängigkeit. Doch ihre Kinder unterrichteten sie größtenteils weiter wie zuvor.

In Lateinamerika sah die Situation anders aus. Dort gab es eine europäische Elite, die natürlich ihre Kinder gemäß ihrer eigenen Kultur erzog. Für die ländlichen Massen, die Indios, die afrikanischen Sklaven und die armen Weißen, konnte Bildung etwas Gefährliches sein. Denn man benötigte diese Menschen für die Arbeit auf den Feldern der großen Landgüter, und dafür brauchte man keine Bildung. Die landbesitzenden Klassen widersetzten sich häufig der Ausbreitung der Bildung unter ihren Arbeitern. Gelangte die Bildung doch zu den armen Massen, dann nahm sie wenig Rücksicht auf deren indianisches oder afrikanisches Erbe, sondern drängte ihnen die iberische Kultur in iberischen Sprachen auf.

Die Erringung der politischen Unabhängigkeit in Afrika und Asien brachte nicht auch die kulturelle Unabhängigkeit mit sich. Form und Inhalt der Bildung blieben großenteils europäisch. Die Bildung war auf Theorie und realitätsfremde Fakten, nicht auf das praktische Leben im Dorf abgestimmt. Selbst auf den Hochschulen überwogen die Geisteswissenschaften die Naturwissenschaften, und die Verteilung der Studenten schien den Bedürfnissen der Länder wenig Rechnung zu tragen. 1977 veröffentlichte die UNESCO einige Zahlen über universitäre Lehrveranstaltungen, die sich als bedrückender Lesestoff erwiesen. In Brasilien, Indonesien und an der Elfenbeinküste gab es beispielsweise mehr Jurastudenten als Medizinstudenten, desgleichen in Algerien, Marokko, Senegal und Kolumbien. Obwohl alle Entwicklungsländer unbedingt ihre wissenschaftlichen Forschungs- und Entwicklungskapazitäten erweitern müßten, damit sie nicht mehr so stark von westlicher Technologie abhängig sind, gab es in fast allen Entwicklungsländern mehr Studenten der Sozialwissenschaften als der Naturwissenschaften – sogar wesentlich mehr. Im Bereich Landwirtschaft, der zwei Drittel der Bevölkerung der Dritten Welt beschäftigt und der Grundstein der Entwicklung sein muß, gab es fast überall wenige Studenten, dafür aber viel mehr Ingenieure, im Verhältnis zwei zu eins bis sechzehn zu eins.

In der Schule beherrschten die englische und die französische Literatur die Klassenzimmer Afrikas und Asiens, und zwischen Lehrstoff und wirklicher Erfahrung klaffte ein tiefer Abgrund, in den die verwirrten Geister der Schüler kopfüber hineinfielen. 1968 besuchte ich mehrere Schulen der Sekundarstufe in Afrika. In all diesen Schulen wurden die Schüler schon alleine durch die Entfernung von ihrem Heimatort und ihrem Elternhaus entfremdet. Und sie mußten die Schriften von Dichtern aus fremden Gefilden lesen, zudem in einer Sprache, die sie nur teilweise verstanden.

Es kommt zu allem noch hinzu, daß oft in der Sprache der früheren Kolonialmacht unterrichtet wird. So wird das Kind in seinen ersten Schuljahren in eine Welt fremdartiger Gedanken gestürzt, die in einer fremdartigen Sprache zum Ausdruck gebracht werden.

Doch ist es nicht so leicht, sich diesem Problem mit der Sprache zu entziehen. In den meisten afrikanischen Ländern sind Englisch, Französisch oder Portugiesisch offizielle Landessprache. In vielen Ländern gibt es Dutzende von Stammessprachen, die sich untereinander nicht verstehen, so daß selbst dann, wenn eine der einheimischen Sprachen als offizielle festgelegt würde, auch diese für viele Schüler eine fremde Sprache wäre. Viele der einheimischen Sprachen sind bisher nicht einmal niedergeschrieben und systematisiert worden. Selbst diejenigen Sprachen, die in dieser Hinsicht weiter sind, können erst dann für den Schulunterricht genutzt werden, wenn es auch genügend Lehrer gibt, die sie sprechen. Schulbücher müssen in dieser Sprache geschrieben, herausgegeben, gedruckt und verteilt werden – das kostet alles eine Menge Geld in einem Land, wo der Markt zu klein ist, als daß es sich kommerziell lohnen würde. In den höheren Klassen kommen immer mehr Probleme zusammen: Wissenschaft, Mathematik, Geographie usw. machen viele Schwierigkeiten hinsichtlich des Vokabulars. Es müssen Begriffe für die einheimischen Sprachen erfunden werden, wenn es noch keine entsprechenden gibt. In Yoruba ist es zum Beispiel schwer, Farben genau zu bezeichnen, da ein und dasselbe Wort *pupa* für alles benutzt wird, was irgendwie mit Rot zu tun hat, einschließlich rosa, orange und braun. Elektrizität muß fast nach Pidgin-Manier übersetzt werden als *ina mona mona*, das Licht, das vom Blitz kommt. In Sri Lanka mußte ein Projekt, das mit der Unterrichtung der Naturwissenschaften in einheimischen Sprachen beginnen wollte, erst einmal neue Wörter finden, die sich oft einfach an das Englische anlehnten: aus Prisma wurde *prismaya*, aus Siphon *siphonaya*. Und wie soll man Desoxyribonukleinsäure oder Pi-Meson in Tamil, Igbo oder Quechua sagen?

Diese Sprachenvielfalt und die Knappheit an Materialien mag zur Erklärung des Einflusses beitragen, den die alten Kolonialmächte noch immer auf ihre ehemaligen Untertanen ausüben. Die Schulbuchmärkte werden im größten Teil der Dritten Welt von amerikanischen, englischen, französischen und spanischen Verlagen beherrscht. Während Spanien 1974 1789 und Großbritannien 1306 verschiedene Schulbücher veröffentlichten, kamen in Bangladesh nur fünf, in Bolivien elf und in Ghana zwei Schulbücher heraus. Nur Länder mit einem großen Inlandsmarkt und einer etablierten eigenen Verlagspolitik entgingen dem Schulbuch-Kolonialismus. Nigeria veröffentlichte 97 Titel, Indonesien 476 und Indien 529.

Es wäre Aufgabe der Regierungen gewesen, die beträchtlichen Benachteiligungen der Armen auf den Gebieten der Bildung und der Gesundheit durch entsprechende Dienstleistungen auszuräumen. Statt dessen mußten die Armen erfahren, daß sie hier wie in der Landwirtschaft, dem Wohnungsbau und der Industrie diskriminiert wurden. Die staatlichen Anstrengungen kamen wieder unverhältnismäßig stark denjenigen zugute, die schon durch die Ungleichgewichte auf wirtschaftlichem Gebiet privilegiert waren. Durch die Ungerechtigkeit der Menschen wurden die Ungerechtigkeiten der Natur noch verschlimmert.

Die Regierungen hatten recht, wenn sie glaubten, die Bildung sei als

Eckstein der Entwicklung anzusehen. Doch durfte es nicht diese Art von Bildung sein, die aus bedeutungslosem akademischem Zeugs, fremden Begriffen und Empfindungen besteht, jene Sorte Bildung, die den Kindern Träume von der Großstadt in den Kopf setzt und sie so für ihre Rolle im Dorf unempfänglich macht, jene Sorte Bildung, die die vielen als Versager brandmarkt, damit die wenigen sich unmäßiger Erfolgsprämien erfreuen können. Die Bildung sollte in den Entwicklungsländern ein machtvolles Werkzeug zur Verbesserung der Gemeinschaftsverhältnisse sein – in einigen Ländern und bei einigen Pilotprojekten wird sie das auch schon. Am dringendsten ist der Bildungsbedarf auf den Dörfern, die Dorfbewohner brauchen Bildung im weitesten Sinne: für alle Altersgruppen, gleich ob im Schulalter oder schon älter. Sie brauchen die Grundbegriffe des Lesens und Schreibens, des Rechnens, eben alles das, was man im täglichen Leben braucht. Sie brauchen praktische Kenntnisse: wie man sich um seine Ernährung und seine Gesundheit kümmert, wie man die Familiengröße regelt, welche gesetzlichen Rechte sie haben und wie man sie durchsetzen kann, wie man sich in Genossenschaften und Gewerkschaften organisiert und wie man den Boden oder die Werkstatt leistungsfähiger macht.

Was sie nicht brauchen ist ein Bildungssystem, das dem Dorf den Lebenssaft aussaugt; was sie brauchen ist eine Bildung, die dem Dorf wieder Leben einhaucht. Was sie nicht brauchen ist ein Bildungssystem, das Armut und Ungleichheit verewigt, sondern eines, das Schluß damit macht.

18. Das ärmste Geschlecht: Die Frauen

Gebeugt von der Last eines halben Zentners oder mehr dicker, knorriger Brennholzäste stolpert eine Frau die schmutzige Landstraße in Kenia entlang, ihr Gesicht ist straff gespannt wie eine Trommel, weil der Riemen des Jochs, mit dem sie das Holz trägt, um ihre Stirn geschlungen ist. Neben ihr schlendert ihr Mann, ungebeugt von der Last des zusammengelegten Schirms, den er trägt. Ein typisch kenianischer Anblick. Denn in Kenia wie in vielen anderen Teilen der Welt sind die Frauen die wichtigsten Lasttiere. Ursprünglich mag es einmal zu dieser Praxis gekommen sein, weil der Mann die Hände frei haben mußte, um die Angriffe wilder Tiere oder rivalisierender Stämme abzuwehren. Die Gefahren sind verschwunden – doch der Brauch paßte den Männern allzu gut, als daß sie zugelassen hätten, daß er ausstirbt.

Vielleicht die Hälfte der ländlichen Haushalte in Kenia wird in der Praxis von Frauen geführt. Da die Bevölkerung zunimmt und der Landbesitz abnimmt, gehen immer mehr Männer in die Städte, um dort Arbeit zu suchen, und die Frauen, die zu Hause bleiben, dürfen sich um das Land und die Familie kümmern. Daher sind Kenias Frauen aus hartem, knorrigem Holz geschnitzt, muskulöser als ihre drahtigen Mannsbilder. Es sind Frauen wie Rachel Mwangene, eine vierunddreißigjährige wohlgebaute Frau aus den Taita-Bergen, wo sie alleine mit dem Haus, vier Kindern, drei Kühen, sieben Ziegen, einem Schaf und zwei Acres Land fertigwerden muß. Ihr Mann ist Gelegenheitsarbeiter in Mombasa und verdient 40 Dollar im Monat, wovon er allerdings nur sechs bis sieben Dollar nach Hause bringt, die seine Mutter zur Kontrolle in die Hand bekommt. Der Rest geht für seine Miete, Essen, Fahrgeld, vermutlich auch für Wein und Frauen drauf. Die Familie wohnt in einer kreisrunden Lehmhütte mit einem Durchmesser von reichlich dreieinhalb Metern, das schilfgedeckte Dach läuft spitz zu wie eine Zwergenkappe. Das geräumigere Haus mit dem Blechdach nebenan steht leer, weil Rachel keine Zeit findet, die bröckelnden und stellenweise durchlöcherten Mauern auszubessern. Hausbau und Hausreparaturen sind (bis auf die Holzrahmen) im größten Teil Kenias ebenfalls Frauenarbeit.

Rachel hat einen langen Tag. Sie steht auf, «wenn der Himmel anfängt hellzuwerden», dann bereitet sie das Frühstück, macht die Kinder für die Schule fertig und das Haus sauber. Dann geht sie zu dem Stück Land, das sie besitzen, es sind gut drei Kilometer bergauf, bergab zu laufen. Dort pflockt sie die Tiere zum Grasen an und geht zum Acker, wo sie Mais, Maniok und Kichererbsen pflanzt, den Acker umgräbt oder Unkraut jätet. Als Essen nimmt sie ein paar Happen auf dem Feld zu sich. Wenn sie nach Hause zurückgeht, sammelt sie alles Brennholz, das sie finden kann, auf. Dann holt sie Wasser eine halbe Stunde weit vom Haus entfernt, zurück geht es den ganzen Weg bergauf. Wenn die Sonne untergeht, kocht sie zum Abendessen *ugali* (Maisbrei) in einem Topf, der auf drei Steinen steht. Der Brei muß so steif wie ein Brotteig werden. «Eine Stunde lang muß man dauernd rühren», beklagt sie sich, «und es wird immer schwerer, bis einem der Schweiß nur so läuft.» Außerdem muß sie die Maiskörner mahlen, zweimal pro Woche muß sie dafür gut drei Kilometer bis zum nächsten Nachbarn laufen, der eine Handmühle besitzt.

Die Frauen der Dritten Welt haben ein hartes Los. Sie sind die Ärmsten der Armen, sie haben doppelte Unterdrückung zu ertragen: die nationalen und internationalen Ungerechtigkeiten und das Familiensystem, nach dem ihr Mann, ihr Vater, ihre Brüder das Sagen (und notfalls das Schlagen) haben. Selbst da, wo die wirtschaftliche Entwicklung den armen Männern echten Nutzen bringt, dem Weibervolk muß sie deshalb noch lange nicht nützen, oft genug schadet sie ihm sogar. Denn Ungleichheit und Ausbeutung gibt es nicht nur zwischen, sondern auch in den Familien. Die Männer erfreuen sich größerer Privilegien, die Frauen tragen die schwere Last. Die unfaire Verteilung von Macht, Mitteln und Verantwortung unter den Geschlechtern wird durch uralte Traditionen legitimiert, durch die Sozialisation den Frauen anerzogen, häufig sogar gesetzlich sanktioniert und überall notfalls durch männliche Gewalt durchgesetzt.

Der Platz reicht nicht aus, um hier auch nur die spektakulärsten geschlechtsspezifischen und kulturellen Ungleichheiten näher zu beschreiben, denen die Frauen in den Entwicklungsländern ausgesetzt sind: etwa die schreckliche Prozedur der weiblichen Beschneidung, die weit grausamer ist als die Beschneidung bei Männern, weil sie absichtlich und unwiederbringlich die Fähigkeit der Frau beeinträchtigt, sexuellen Genuß zu erleben; die Bedrohung durch die Vielweiberei, der moslemische und afrikanische Frauen ausgesetzt sind; die skandalöse Leichtigkeit, mit der Moslem-Männer ihre Ehe lösen können, und die scheinbar malerischen Variationen des Versteckens und Vermummens der Frauen wie die indische Sitte der *purdah* und der Schleier des Islam; und die beinahe weltweite Gewohnheit der Männer, sich zu berauschen, gewalttätig zu werden oder fremdzugehen (was nur den Männern erlaubt ist, versteht sich). Ich werde mich auf eine kurze Skizzierung dieser Benachteiligungen, die am meisten zum Elend der Frauen beitragen, ihrer Ursprünge und ihrer Verbreitung beschränken.

Besitzlos, unbeachtet und überarbeitet

Ungleicher Zugang zu den Produktionsmitteln – zu Land, Kapital und Ausbildung – ist die wichtigste Quelle der Armut, und arme Frauen haben noch geringere Chancen als arme Männer, dies alles oder auch nur etwas davon zu bekommen.

Frauen stellen die größte Gruppe landloser Landarbeiter dar, die es auf der Welt gibt. Obwohl sie in den meisten Regionen einen großen Teil der Landarbeit machen, stehen sie sich doch fast überall nicht besser als Pächter oder Angestellte ihrer Männer. Sie haben keinen Besitztitel über das Land, das sie bearbeiten, und noch weniger Sicherheiten, als sie irgendein Pächter haben würde. Ihr Ehemann kann sich von ihnen scheiden lassen und sie zum Teufel jagen, und tut er es nicht, so können es nach seinem Tod seine männlichen Verwandten tun. Landbesitz geht immer auf die Männer über. Nach indischer Sitte werden alle männlichen Nachkommen einer Familie bei ihrer Geburt gemeinsame Besitzer des Landes – aber selbst erwachsene weibliche Nachkommen können es nicht erben. Nach islamischem Gesetz können Frauen zwar Land erben und besitzen. «Doch wenn sie sich entschließen, dir einen Teil davon zu vermachen», sagt der Koran den Ehemännern, «dann kannst du es als dein rechtmäßiges Eigentum ansehen.» Und die Praxis sieht denn auch entsprechend aus. Die Existenz von Mitgift und Brautgeld bedeutet implizit, daß Frauen rein theoretisch ein Anrecht auf einen Teil des Familienlandes haben – doch bei beiden Praktiken wird ihr Anteil gemeinhin dem Ehemann oder dem Vater übereignet. Selbst bei Landreformmaßnahmen und Verfahren, bei denen einzelne Besitztitel über Gemeindeland erwerben, wird in der Regel nur den Männern das Eigentum übertragen in der Annahme, daß die Frauen dadurch ohnehin etwas davon haben. Dieser Umstand, daß die Frau nicht Eigentümerin des Landes ist, erweist sich in der Praxis als schwerwiegende Behinderung, dann nämlich, wenn die Frau in der Hauptsache das Land bearbeitet, wie in denjenigen Gebieten, wo die Männer auf der Suche nach Arbeit von zu Hause weggehen müssen. Sie kann dann keine Kredite aufnehmen, weil sie kein Land als Sicherheit vorzeigen kann, sie hat keinerlei Macht, unternehmerische Entscheidungen zu treffen, keinen Anreiz, irgendwelche Verbesserungen vorzunehmen. Bei vielen Rechtssystemen ist sie vielleicht nicht einmal berechtigt, ohne ihren Mann irgendwelche Verträge abzuschließen.

Doch sind dies nicht die einzigen Probleme der Bäuerinnen. Obwohl sie in den meisten Gegenden eine entscheidende Stellung in der Produktion und bei der Lagerung der Ernte- und Nahrungsmittelvorräte einnehmen, sind sie die Opfer grober Diskriminierung durch landwirtschaftliche Entwicklungsprogramme gewesen, die oft zu einer Verschlechterung ihres relativen Einkommens geführt haben. Häufig dürfen nur Männer Mitglieder von Genossenschaften werden. Durch Programme, die Anbau und Ernte für den Verkauf fördern, sind die Einkommen der Männer gehoben worden, während die Frauen die zusätzlich anfallende Arbeit zu leisten hatten – wobei ihre eigenen, für die Ernährung wichtigen Anbauprodukte auf weiter weg liegende oder weniger fruchtbare Felder verlegt wurden. Das Personal der landwirtschaftlichen Förderprogramme ist fast ausschließlich männlich, und diese Programme sind auch fast ausschließlich darauf ausgerichtet, Männern zu helfen. Durch diese Voreingenommenheit der Programme werden in der Regel Leistungsfähigkeit und Einkommen der Männer gehoben, während die der Frauen stagnieren oder abnehmen. Zudem werden diejenigen landwirtschaftlichen Tätigkeiten, die besonders von Frauen ausgeführt werden – wie Unkrautjäten, Ernten oder Einlagern von Nahrungsmitteln –, zu Engpässen, wodurch ein großer Teil des durch die Verbesserung der männlichen Tätigkeiten wie Pflügen oder Wasserkontrolle erreichten Nutzens wieder zunichte gemacht wird.

Auch die industrielle Entwicklung und die Verstädterung können sich schädlich für die Interessen der Frauen auswirken. Die Fabrikproduktion macht häusliche Fertigkeiten überflüssig, aus denen Frauen ihr zusätzliches Einkommen beziehen. Doch befinden sich die Frauen bei der Konkurrenz mit den Männern um reguläre Fabrikarbeit im Nachteil, weil sie über eine geringere Ausbildung verfügen und außerdem Kinder kriegen. Daher werden sie unverhältnismäßig stark in den informellen Sektor abgedrängt, wo die Einkommen niedriger sind. In Nairobi verdient die Hälfte der arbeitenden Frauen weniger als einen Elendslohn – bei den Männern sind es nur 20 Prozent.

Auf diese Weise hat die Entwicklung wahrscheinlich die ungleiche Einkommensverteilung zwischen den Geschlechtern noch verschlechtert. Eine Fortsetzung dieses Trends kann die Lage der Familien nur verschlimmern, und zwar nicht nur für den rasch zunehmenden Anteil von Haushalten mit Frauen als Familienoberhaupt (in Afrika je nach Land zwischen einem Fünftel und der Hälfte), sondern auch da, wo der Mann Familienoberhaupt ist. Es ist eine traurige Tatsache, daß die Männer oft ihr Einkommen für Alkohol, Spiel oder anderes verschleudern, bei denen es um nichts weiter geht, als Stellung und Beliebtheit unter den Männern zu gewinnen, während Frauen sich meistens vorrangig nach den Bedürfnissen der Familie richten.

Der «Fortschritt» hat womöglich auch die ohnehin schon ungerechte Verteilung der Arbeit zwischen Männern und Frauen noch verschlechtert. Aus den meisten Untersuchungen in entwickelten wie in Entwicklungsländern geht hervor, daß Männer mehr Freizeit für persönliche Bedürfnisse oder Nichtstun haben als Frauen. Zentralafrika kann wahrscheinlich als Extremfall gelten: Einer Untersuchung in Zaire zufolge arbeiteten dort die Männer nur 30 Prozent von dem, was die Frauen leisteten. In den meisten Ländern Afrikas und Asiens ist es so, daß die

Frauen sechzehn Stunden am Tag arbeiten, wodurch ihre eigene Gesundheit wie die ihrer Babies aufs Spiel gesetzt wird, was sie wahrscheinlich auch geneigter macht, noch mehr Kinder zu haben, damit sie ihnen später wenigstens einen Teil ihrer Arbeitslast abnehmen.

Außer der Arbeit im Haushalt und der Kinderversorgung gibt es drei weitere, meistenteils schwere Verrichtungen, die fast überall zu den Aufgaben der Frauen zählen: Wasserholen, Brennholz sammeln und Mehl mahlen aus Körnern und Wurzeln. Zum Wasserholen – bis zu 20 Liter pro Gang – brauchen die Massai-Frauen aus dem kenianischen Rift-Tal bis zu fünf Stunden am Tag. Etwa einen halben Zentner Brennholz pro Tag zum Kochen zu sammeln dauert vielleicht zwei Stunden, in stark entwaldeten Gebieten viel länger. Die Herstellung von Mehl durch Mahlen von Mais oder Hirse oder durch das Trocknen und Stampfen von Maniok oder Yams dauert eine weitere Stunde pro Tag und ist eine außerordentlich schwere Arbeit, und das jeden Tag.

Außerdem breitet sich dieser doppelte Arbeitstag der Frauen – währenddessen sie als vollwertiger Bestandteil der wirtschaftlichen Produktion arbeiten und ohne Bezahlung die gesamte Hausarbeit verrichten und die Kinder versorgen – sowohl in Agrar- als auch in Industriegesellschaften noch weiter aus. Der doppelte Arbeitstag ist häufig das Ergebnis kultureller Rückständigkeit zugunsten des Mannes. So mußten die afrikanischen Frauen in vorkolonialen Zeiten den Ackerbau für die Ernährung besorgen, weil die Männer zur Jagd gingen und Krieg führten. Heute gibt es nicht mehr viel zu jagen, und das Kriegführen ist Sache von Berufskriegern – doch noch immer müssen die Frauen die Felder bestellen. Sie erzeugen Schätzungen zufolge 70 Prozent der einheimischen Nahrungsmittel-Selbstversorgung in Afrika. Die Abwanderung der Männer auf der Suche nach Arbeit belastet immer mehr Land-Frauen in Afrika und Asien mit einem doppelten Arbeitstag. In früheren Stadien der Industriegesellschaft gingen die Männer zur Arbeit, während ihre Frauen im Haushalt nach dem Rechten sahen. Heute gehen auch die Frauen arbeiten, normalerweise allerdings für eine schlechtere Bezahlung als die Männer – und sie kümmern sich noch immer um den Haushalt. Der doppelte Arbeitstag hat von allen Unterdrückungen, denen Frauen ausgesetzt sind, am längsten überdauert. Es gibt ihn selbst noch in den sozial am weitesten fortgeschrittenen Ländern, kapitalistischen wie sozialistischen. Gleiche Verantwortung für Haushalt und Kinderversorgung wird die letzte Errungenschaft der Frauenrevolution sein. Der Grund dafür mag darin zu suchen sein, daß die Männer weit stärkere psychologische Schranken gegenüber als weiblich erachteten Tätigkeiten haben als Frauen gegenüber «männlichen» Betätigungen. Desgleichen tragen Frauen Männerkleidung, nicht aber umgekehrt. Der «Wildfang» wird allgemein bewundert – aber über die «Heulsuse» macht man sich lustig.

Bildung und Gesundheit: Das verlorene Potential

Obwohl es Eva war, die als erste in den Apfel vom Baum der Erkenntnis biß, nahm Adam dann den größeren Teil der Frucht an sich. Bildung ist der Weg zu höherer Bezahlung, höherem Leistungsvermögen und größeren fachlichen Kenntnissen, doch für Frauen ist dieser Weg mit weit mehr Hindernissen übersät als für Männer.

Von den insgesamt 795 Millionen Analphabeten der Dritten Welt im Jahre 1980 waren nicht weniger als 480 Millionen (60 Prozent) Frauen. Genau die Hälfte aller erwachsenen Frauen in den Entwicklungsländern waren Analphabetinnen, bei den Männern war es nur einer von dreien. Der Anteil der erwachsenen Frauen in Afrika, die nicht lesen und schreiben konnten, lag mit 73 Prozent erheblich höher als der der Männer, die auf 48 Prozent kamen; in Asien bezifferte sich das Verhältnis auf 47 Prozent für Frauen zu 30 Prozent für Männer, in Lateinamerika auf 23 Prozent zu 18 Prozent. Die Zahlen der weiblichen Analphabeten sind auch schneller gestiegen als die der Männer, nämlich um mehr als fünf Millionen pro Jahr in den siebziger Jahren, während es bei den Männern nur zwei Millionen pro Jahr waren.

Es kommt auch viel häufiger als bei Männern vor, daß Frauen in Entwicklungsländern nicht die Schule besuchen. Zwar ist der Rückstand der Frauen seit 1960 etwas kleiner geworden, doch er bleibt noch beträchtlich. 1975 waren 70 Prozent der Jungen im Alter zwischen sechs und elf Jahren eingeschult, aber nur 53 Prozent der Mädchen. In Lateinamerika und Ost-Asien lag die Einschulungsquote von Kindern im Grundschulalter bei beiden Geschlechtern fast gleich hoch – doch in Süd-Asien und in den arabischen Ländern lag sie weit auseinander. Auf den höheren Schulebenen waren stärkere Unterschiede feststellbar: 42 Prozent der Jungen im Alter von zwölf bis siebzehn besuchten die Schule, doch nur 28 Prozent der Mädchen; bei den achtzehn- bis dreiundzwanzigjährigen jungen Männern lag die Quote bei 11 Prozent, doch bei den gleichaltrigen jungen Frauen über 6 Prozent. Auf je 100 Jungen der ersten Altersgruppe, die regulär die Schule besuchten, kamen 75 Mädchen; in der zweiten Altersgruppe waren es nur noch 66 und in der dritten nur noch 54 Mädchen.

Die Ursachen für die Behinderungen der Frauen bei ihren Bildungsbemühungen sind hauptsächlich bei ihnen zu Hause zu suchen. Von Mädchen erwartet man schon weit früher als von Jungen, daß sie ihr Bündel Erwachsenenarbeit auf sich nehmen, weil die Mütter es ohne ihre Hilfe einfach nicht schaffen. Sieben Jahre alte Mädchen arbeiteten einer Untersuchung in Obervolta zufolge mehr als fünf Stunden am Tag, während gleichaltrige Jungen mit ganzen 40 Minuten davonkamen. Fünfzehnjährige Mädchen kamen schon auf einen Neun-Stunden-Tag, die Jungen ihres Jahrgangs nur auf viereinhalb Stunden. Familien, die es sich nicht leisten können, allen ihren Kindern den Schulbesuch zu ermöglichen, geben immer den Jungen den Vorrang. Die Frauen der Dritten Welt heiraten im allgemeinen auch früher als die Männer – zwei von fünfen schon, bevor sie zwanzig Jahre alt sind.

Häufig arbeitet aber auch die Anlage des Schulsystems gegen die Mädchen. Es gibt nur wenige, weitverstreut liegende Schulen, in den meisten Fällen gemischte Schulen für Jungen und Mädchen, und selbst in den Grundschulen sind die Lehrer meist Männer, in Afrika und Asien gibt es doppelt so viele männliche wie weibliche Lehrer. Wenn die Mädchen dann elf, zwölf Jahre und älter sind, sträuben sich die Familien zunehmend dagegen, daß sie von Männern unterrichtet werden, neben pubertierenden Jungen auf der Schulbank sitzen und den langen Weg zur Schule gehen sollen, was immer auch ein weiter Weg an vielen Männeraugen vorbei ist. All das zusammen wirkt sich immer stärker dahingehend aus, daß Mädchen mit dem Eintritt in die Pubertät von der Schule genommen werden.

Auf dem Gebiet der Gesundheit scheint die Natur Frauen mit einer Kopflänge Vorsprung gegenüber den Männern versehen zu haben. Mag sein, daß der weibliche Organismus schon vom Augenblick der Empfängnis an potentiell dauerhafter angelegt ist als der männliche, weil im allgemeinen mehr Jungen empfangen und geboren werden als Mädchen. Wie groß dieser Vorsprung ist, läßt sich am Beispiel von entwickelten Ländern ersehen, wo man annehmen kann, daß beide Geschlechter im großen und ganzen die gleiche Ernährung und die gleiche Gesundheitsfürsorge erhalten. Hier konnten die Frauen Ende der siebziger Jahre damit rechnen, im Durchschnitt 76 Jahre alt zu werden, das sind acht Jahre (oder 12 Prozent) mehr als bei den Männern, und die Kindersterblichkeit lag bei Mädchen unter einem Jahr rund 25 Prozent niedriger als bei Jungen dieses Alters.

In den meisten Entwicklungsländern kommt ein großer Teil dieses Potentials nicht zur Geltung. Die Kindersterblichkeit von Mädchen liegt nur 10 Prozent unter der von Jungen, und die durchschnittliche Lebensdauer von 56 Jahren liegt nur zwei Jahre (oder 4 Prozent) über der der Männer. In ein paar Ländern (Indien, Bangladesh, Nepal) leben die Männer sogar länger als die Frauen. Dieser Sachverhalt, daß die Frauen nicht ihr volles Gesundheitspotential erreichen, ist ein sehr konkreter Maßstab für den physischen Tribut an übermäßiger Belastung durch Arbeit und Fortpflanzung und für die geschlechtsspezifische Diskriminierung bei der Verteilung der Nahrungsmittel und der Gesundheitsfürsorge in der Familie. Es gibt eindeutige Hinweise aus einigen Ländern, die vermuten lassen, daß Jungen bei ähnlichen Beschwerden eher ins Krankenhaus gebracht werden als Mädchen. Wir haben schon gesehen, daß das Essen in der Familie ungleich verteilt wird. Der Vater und die männlichen Kinder erhalten nicht nur hinsichtlich der Quantität, sondern auch bezüglich der Qualität den Vorrang. In vielen Regionen wird die Frau ihren Männern zuerst auftischen und selbst erst essen, wenn die Männer fertig gegessen haben.

Während der Schwangerschaft und der Stillzeit ist der Nahrungsbedarf der Mutter weit größer: Sie braucht fast so viele Kalorien wie ihr Mann und mehr Eiweiß. Doch gewöhnlich bekommt die Mutter während dieser Zeit keine besonderen Rationen – in einigen Kulturen gibt es sogar schädigende Ernährungstabus, die im Ergebnis dafür sorgen, daß die Mutter sogar weniger Nährstoffe erhält als normalerweise. Daher kann die Leibesfrucht nur wachsen und das Baby nur gestillt werden um den Preis, daß die Mutter von ihrer Substanz abgibt. Wenn sich dies bei etlichen, kurz aufeinanderfolgenden Schwangerschaften wiederholt, führt es zur Auszehrung der Mutter.

Ich habe in Kapitel 14 einige der Folgen beschrieben, die sich aus einer großen Zahl von Schwangerschaften für Körper und Geist ergeben. Hinzu kommen noch die spezifischen Gesundheitsrisiken bei der Geburt der Kinder. Die Gefahr von Blutstürzen, Infektionen oder Blutvergiftungen durch Abtreibungen sind in der Dritten Welt viel größer, weil die Frauen oft Kinder austragen, wenn sie noch zu jung oder schon zu alt für eine unkomplizierte Schwangerschaft sind, außerdem folgen die Schwangerschaften meist zu kurz aufeinander. Die meisten armen Frauen haben so viele Aufgaben zu erfüllen, daß sie so lange arbeiten müssen (selbst schwere Arbeiten wie Wasserholen oder Brennholz sammeln), bis sie vor lauter Schmerzen nicht mehr arbeiten können. Die sanitären Verhältnisse sind auch nicht gerade für die Geburt von Kindern geschaffen, oft sogar erschreckend. Daher ist der Tod im Kindbett oder im Gefolge der Geburt allzu verbreitet: Die Weltgesundheits-Organisation schätzt, daß in Afrika und Asien jedes Jahr eine Million Kinder durch den Tod der Mutter Halbwaisen werden.

Einige der Handicaps, denen Frauen ausgeliefert sind, lassen sich zu einem Index weiblicher Benachteiligung zusammenfassen, der konkretere Hinweise auf die Behinderungen der Frauen in den verschiedenen Teilen der Welt zuläßt als jeglicher Streit über gesellschaftliche oder politische Prinzipien. Der Index mißt die Differenz zwischen der Lebenserwartung und dem Anteil von Analphabeten bei Männern und Frauen – zwei Faktoren also, in denen sehr viele andere Einflüsse zur Geltung kommen. Der Index wird folgendermaßen berechnet. Jedes Land oder jede Region erhält zum einen eine Angabe, die sich auf die Rate der Lese- und Schreibkundigen bezieht: den prozentualen Anteil der Lese- und Schreibkundigenquote bei erwachsenen Frauen an der entsprechenden Quote bei erwachsenen Männern; zum anderen einen Wert für die Lebenserwartung: die weibliche Lebenserwartung bei der Geburt als Prozentsatz der männlichen Lebenserwartung. Dann nimmt man den Durchschnitt beider Werte. Und dieser Durchschnitt, ausgedrückt als der Prozentsatz des Durchschnittswerts der entwickelten Länder, ist der Index weiblicher Benachteiligung. Alle Angaben stammen aus der «Datensammlung über die Frauen der Welt», welche 1980 in Washington von der Bevölkerungsbehörde (*World's Women Data Sheet*, Population Reference Bureau, Washington 1980) herausgegeben wurde. Der Wert 100 als Durchschnitt der entwickelten Länder beinhaltet praktisch Gleichheit von Männern und Frauen bei Lese- und Schreibkundigen und einen 12-Prozent-Vorsprung der Frauen hinsichtlich der Lebenserwartung. (Selbstverständlich wird damit keine Gleichheit der Geschlechter für alle Bereiche behauptet.) Höhere Werte weisen eine gewisse Korrelation zu höheren Einkommen auf. Doch erweisen sich vor allem kulturelle Einflüsse als sehr stark.

Lateinamerika und die Karibik schneiden dabei überraschend gut ab. Die wohlhabenderen Länder der südlichen Halbkugel kommen auf einen Wert von 99, die karibischen Länder auf 97 und die Länder des tropischen Südamerika auf 94. Der Indexwert Mittelamerikas liegt in dieser Kulturregion mit 93 am niedrigsten. Ost-Asien hält sich ganz gut mit seinen 95,3, und Südost-Asien schneidet mit 84,5 besser ab, als man auf Grund seines niedrigen Einkommens erwarten könnte. Die niedrigsten Werte erhielten die islamische und die schwarzafrikanische Kulturregion. Nur der Süden Afrikas, wo in einigen Ländern die Einschulungsquote von Mädchen höher liegt als die von Jungen, sticht mit einem Indexwert von 98,2 davon ab. Südwest-Asien und Ostafrika kommen dem mit 74,2 bzw. 73,4 am nächsten. Danach kommt Nordafrika mit 68,5. Westafrika und Süd-Asien – wo sich der Islam mit dem Hinduismus überlagert – kommen nur auf einen Wert von 64,7. Am unteren Ende der Tabelle rangiert Mittel-Afrika mit abgrundtiefen 62,7.

Innerhalb jeder Kulturregion stehen niedrigere Index-Werte für die Benachteiligung der Frauen in einem Zusammenhang mit höheren Geburtenraten. Die Aussage ist eindeutig: Wenn man das Los der Frauen verbessert, so kann das eine wichtige Maßnahme zur Verringerung der Bevölkerungswachstumsrate sein.

Konsequenzen

Die Unterdrückung der Frauen geht nicht nur die Frauen etwas an. Frauen sind Wirtschaftsproduzenten und die wichtigsten Personen bei der Ernährung und beim Großziehen der Kinder von der Empfängnis an. Wenn sie zu leiden haben, müssen auch Produktion und Reproduktion leiden.

Die Vernachlässigung der Frauen als Bäuerinnen, Verantwortliche für die Nahrungsmittellagerung, Verarbeiter von Nahrungsmitteln und Köchinnen hat zur Folge, daß die Menge der erzeugten Nahrungsmittel und der Anteil und die Qualität der auf den Tisch gelangenden Nahrungsmittel erheblich geringer ist, als sie sein könnten. Die geringe Produktivität der Frauen in der Landwirtschaft, in der kleinen Industrie ebenso wie in den kleinen Dienstleistungsbetrieben, bedeutet einen Verlust für das Familieneinkommen – und für das Nationaleinkommen. Sie ist ein bedeutender Faktor für die individuelle und nationale Armut.

Noch schwerwiegender ist die Auswirkung der Benachteiligung von Frauen auf die Entwicklung der Kinder. Die gleichen Faktoren, die eine starke Veranlagung für Schwierigkeiten in der Schwangerschaft erkennen lassen (schlechte Gesundheit und schlechte Ernährung, zu kurze Abfolge der Schwangerschaften, Überarbeitung usw.), führen auch zu Untergewicht bei Babies, körperlichen Behinderungen und unterentwickelten Gehirnen bei Kleinkindern. Die Entwicklung des Kindes hängt auf das engste von den Kenntnissen der Mutter über Ernährung, Gesundheit und Erziehung der Kinder ab. So trägt etwa Unkenntnis der Grundbegriffe des Stillens, der Zubereitung von Päppelessen bei Krankheiten und der Behandlung von Durchfallerkrankungen zur Unterernährung bei. Unkenntnis hygienischer Prinzipien kann die Mutter – da sie in der Regel das Wasser holt, das Essen zubereitet und das Haus säubert – zum wichtigsten Kettenglied bei der Übertragung von Krankheiten werden lassen. Unkenntnis über die günstigen Auswirkungen anregender Beschäftigung mit dem Kind kann (in Verbindung mit schlichtem Zeitmangel) zu einer frühen Beschränkung der geistigen Entwicklung des Kindes und schließlich zum Versagen in der Schule führen. Das alles betrifft selbstverständlich Jungen ebenso wie Mädchen. Die Männer erkaufen sich also ihren Vorteil gegenüber den Frauen sehr teuer, nämlich um den Preis des Verlustes eines großen Teils ihres eigenen körperlichen und geistigen Potentials.

Daher können Programme, die auf Hilfe für Frauen abstellen, sehr viel breitere Auswirkungen haben: Sie können die Armut der Familien mildern, die Qualität der menschlichen Reserven verbessern und die Bevölkerungswachstumsrate verringern. Frauen sind das entscheidende Kettenglied jener Teufelskreise, die Armut erblich werden lassen. Sie sind vermutlich die meistversprechende Stelle, an der man ansetzen muß, um diese Teufelskreise zu durchbrechen.

Alle Entwicklungspläne, Programme und Projekte, die in irgendeiner Form Auswirkungen für Frauen haben könnten, sollten daraufhin untersucht werden, ob es möglich ist, jegliches Moment zu entfernen, durch das die Interessen der Frauen verletzt werden könnten – mehr noch, es sollten Elemente eingebaut werden, die in diesem Sinne hilfreich wirken. Gesetzliche Diskriminierungen sollten beseitigt werden; das Wichtigste: Frauen sollten zusammen mit ihren Männern Land besitzen und Kredite aufnehmen können, technische Beratung erhalten und anderweitig unterstützt werden. In der kleinen Industrie sollte dafür gesorgt werden, daß sie sich in Genossenschaften organisieren und daß ihnen Hilfe bei der Verbesserung der Produktivität, der Qualität und der Vermarktung zuteil wird. Die Erleichterung der Belastung durch die Arbeit im Haushalt ist von entscheidender Bedeutung. Gleiche Verteilung der Pflichten im Haushalt sollte von allen politischen Führern als positiv hervorgehoben, vielleicht sogar gesetzlich festgehalten werden (wie es beim Familiengesetz Kubas aus dem Jahre 1975 der Fall ist). Doch kann man davon ausgehen, daß die Männer, wenn es darum geht, daß sie ihren fairen Anteil an der Hausarbeit auf sich nehmen, keine raschen Fortschritte machen werden. In der Zwischenzeit kann man die Aufgaben der Frauen erleichtern, indem man die Wasserstellen und die Brennholzsammelstellen näher an die Siedlungen legt bzw. pflanzt, indem man für eine größere Verbreitung besserer Haushaltsgeräte sorgt wie Öfen mit geringerem Brennstoffverbrauch, Mahlwerke und Mühlen für Körner und Wurzeln oder Wasserbehälter, die das Wasser von Dächern auffangen. Bei der Gesundheitsfürsorge und Gesundheitserziehung sollte schwangeren und stillenden Müttern eindeutig Vorrang gegeben werden (dazu sollte auch die Vermittlung von Familienplanungsmethoden gehören, damit die nächste Schwangerschaft und Geburt nicht zu rasch erfolgt). Die Unterrichtung über praktische Grundbegriffe der Kinderversorgung müßte zum offiziellen Lehrstoff jeder höheren Klasse der Grund- und Oberschulen und zum Ausbildungsprogramm der Lehrer gehören, zugleich müßte sie Bestandteil von informellen Erwachsenenbildungsprogrammen, für Frauen wie für Männer, sein. Schließlich müssen Frauen weit stärker in die Politik und das gemeinschaftliche Handeln auf allen Ebenen einbezogen werden, damit sichergestellt ist, daß ihre Sicht der Dinge auch berücksichtigt wird. Die Frauenbewegung muß bei der Hebung des Bewußtseins eine wichtige Rolle spielen: Nur wenige Rechte der Frauen wurden erreicht, ohne daß sie dafür zunächst hätten kämpfen müssen.

Die Frauen sind nicht nur eine Hälfte der Menschheit, sondern sie sind die Ernährer *aller* kommenden Generationen. Die Armut, auch die Armut unter den Männern, kann nicht beseitigt werden, wenn nicht zugleich auch die besonderen Unterdrückungsmechanismen beseitigt werden, denen Frauen ausgesetzt sind.

FÜNFTER TEIL

Die Machtstrukturen

«Es gibt immer mehr Elend unter den niedrigeren Klassen als Menschlichkeit in den höheren.»

Victor Hugo, Les Misérables

Armut und Ungleichheit in den sich entwickelnden Nationen werden oft beschrieben, als handelte es sich um Naturerscheinungen. Manchmal auch, als ob sie unbeabsichtigtes Ergebnis unglücklicher Fehler wären. Oder als wären sie eine unvermeidliche, wenngleich bedauerliche und nur zeitweise auftretende Notwendigkeit auf der Rollbahn vor dem Abheben der Wirtschaft zum Höhenflug.

In Wirklichkeit beruhen schlimme Ungleichheiten selten auf dem Zufall. Normalerweise sind sie vielmehr das Ergebnis absichtsvoller und berechnender Versuche der Reichen, ihren Wohlstand zu vermehren, den Abstand zwischen sich und den Massen zu vergrößern. Häufig läßt sich das nur um den Preis größeren absoluten Elends bewerkstelligen.

Die nationale Armut der Entwicklungsländer ist nicht allein das Ergebnis der Unbilden der Natur. Die internationale Wirtschaftsordnung fügt den natürlichen Hindernissen die Ungerechtigkeit hinzu. Durch sie beuten die westlichen Länder die Schwäche der armen Länder zu deren weiterer Schwächung aus. Die Mechanismen, die sie sich dabei zunutze machen, wollen wir in Kapitel 19 untersuchen. Die Armut der Armen und der Reichtum der Reichen innerhalb eines jeden Landes sind ebensowenig Zufall. Die entwicklungspolitischen Maßnahmen waren geprägt von einem Vorurteil gegen die Armen, die Zurückgebliebenen und die Bewohner der ländlichen Regionen, sie waren verbunden mit einem Dreh zugunsten der Reichen, der Verwestlichten und der Bewohner der Städte, und dafür gab es einen einfachen Grund. Die Politik bestimmt die Entwicklungsrichtung, und die privilegierten Gruppen haben unendlich viel mehr Zugang zu politischer Macht als die Armen. In Kapitel 20 werden wir uns mit den Ursachen dieses Sachverhalts und den Aussichten auf Veränderung beschäftigen.

Insgesamt haben diese internationalen und nationalen Vorgänge eine Welt ausgeprägter Ungleichheiten zur Folge, eine Welt, in der es noch niemals so viele Möglichkeiten zur Schaffung von Wohlstand, aber auch noch nie so viel unglaubliche Armut gegeben hat wie heute. Kapitel 21 beleuchtet die Tatsachen und faßt zusammen, durch welche Mechanismen Armut und Ungleichheit erzeugt worden sind.

Dennoch ist die Armut der armen Leute und armen Nationen keine ungetrübte Segnung für die Reichen, die einen Teil ihres Reichtums der Ausbeutung der Armen verdanken. Der moderne Sektor der Dritten Welt wird in seiner weiteren Ausdehnung blockiert durch die schiere Armut der Massen, die zu seinen Gunsten vernachlässigt worden sind. Das wirtschaftliche Wachstum des Westens lahmt, weil es den riesigen potentiellen Märkten, welche die Armen der Dritten Welt darstellen, an Kaufkraft fehlt. Die Extreme von Reichtum und Armut erweisen sich zugleich als die größte Bedrohung der Umwelt und des Weltfriedens. Kapitel 22 untersucht diese Zusammenhänge.

So sind denn die Schicksale der Überprivilegierten und der Unterprivilegierten unlösbar miteinander verbunden. Die Extreme von Wohlstand und Armut sind miteinander verstrickt und stehen einander im Wege. Sie verhindern, daß die Möglichkeiten der Menschheit in einer sicheren Zukunft zur vollen Entfaltung kommen, die allein möglich sein wird in einer Welt weit größerer Gleichheit.

19. Wer hat, dem wird gegeben: Die unfaire Weltwirtschaft

> «Da sprachen alle Fürsten ... Also wollen wir an ihnen handeln: sie am Leben lassen ... doch müssen sie Holzhauer und Wasserschöpfer werden für die ganze Gemeinde ...»
>
> Josua 9, 19ff

Die dem Teeanbau vorbehaltenen Hochlandflächen Sri Lankas sind von eigenartiger Schönheit. Der dicke grüne Teppich dichter Büsche überzieht die weithin sichtbaren Hügelketten so gleichmäßig wie das Grün dichtwachsenden Rasens einen Golfplatz. Kleine, weiße Fabriken sprenkeln ihn wie niedliche Kaffeemützen. Die Pflückerinnen mit ihren pastellfarbenen Saris, die zum Schutz mit Sacktuch umwickelt sind, pflükken immer zwei Blätter und eine Knospe, zwei Blätter und eine Knospe und werfen sie mit einer geschickten Bewegung in den Korb auf ihrem Rücken.

Kommt man näher, verflüchtigt sich die Idylle. Ich besuchte Sri Lanka 1975, bevor die Landgüter verstaatlicht wurden und die Teepreisanhebungen dem Land endlich Erleichterung verschafften. Leiden und Elend der Teearbeiter waren typisch für die Drangsal, die den Armen der Dritten Welt durch die Stellung ihres Landes in der Weltwirtschaftsordnung auferlegt wurde, einer Ordnung, die die meisten dieser Länder zur Produktion von Waren verurteilt, deren Preise wilden Schwankungen unterliegen, während die Preise der westlichen Maschinen, die sie benötigen, allmählich immer höher klettern. Einer Ordnung, die die meisten nichterdölproduzierenden Länder immer tiefer in Schulden stürzt.

Teeplantagen waren eine unmenschliche Erfindung – eine Art totaler Institution, um den Begriff des Soziologen Erving Goffman zu gebrauchen, wie Gefängnisse oder Irrenhäuser, wo die Leute geboren werden, aufwachsen, heiraten, sich vermehren und sterben, immer in Sichtweite der Pflanzungen, von denen ihr Leben abhängig ist. Der Wohnraum von Puryana Supaya, einem siebenunddreißigjährigen Tamilen vom Landgut Langland, war typisch für die dort überall herrschenden Wohnverhältnisse: eine dunkle fensterlose Zelle, ungefähr 10 Quadratmeter groß, die als Schlafzimmer, Küche und Wohnzimmer dienen mußte für Supaya, seine Frau und ihre drei kleinen Kinder. Diese Zelle lag in einer Reihe mit etwa zwanzig anderen ähnlich aussehenden Räumen, und die Reihe lag Rükken an Rücken mit einer weiteren solchen Reihe. In der Zelle Supayas gab es außer zwei Kochtöpfen weiter keinerlei Habseligkeiten. Nachts schlief die Familie auf Säcken, die sie auf dem kalten Betonboden ausbreitete. Supaya verdiente 1975 fünf Rupien am Tag, ca. 60 Cent. Die Arbeit der Männer bestand in Hacken, Unkrautjäten, Büsche stutzen und neue anpflanzen, doch gab es nicht immer Arbeit: Supaya mußte sich jeden Morgen vor der Fabrik anstellen und warten, ob es überhaupt für ihn Arbeit gäbe. Und er war froh, wenn er mal mehr als vier Tage pro Woche Arbeit hatte. Seine Frau war als Pflückerin besser dran, für sie gab es regelmäßiger Arbeit. Sie verdiente 3,76 Rupien am Tag. Ein Teil ihres Verdienstes bestand aus einer Zulage, die sie bekam, wenn sie pro Tag mehr als 15 Kilo Blätter pflückte. Daher beteten die tamilischen Arbeiter oft in ihren kleinen Hindu-Tempeln um Regen, denn der Regen läßt die Büsche zusätzliche Blätter treiben und macht so das Pflücken leichter.

Die Supayas konnten froh sein, wenn sie zusammen im Schnitt mehr als 200 Rupien (damals rund 26 Dollar) pro Monat verdienten. Ihre Ration an Grundnahrungsmitteln, deren Preise von der Regierung gestützt wurden, kostete etwa 150 Rupien und umfaßte wirklich nur das Allernotwendigste: gut dreieinhalb Kilo Reis pro Kopf, 4 Kilo Mehl, jeweils 14 Gramm Zucker, Tee und Trockenfisch, vielleicht 100 Gramm Gewürze für die Soße über den Reis und zwei Dosen Kondensmilch. Der einzigartige Versuch, in Sri Lanka eine Art Wohlfahrtsstaat zu errichten, garantierte den Armen wenigstens das Überlebensminimum, zudem kostenlosen Schulbesuch und kostenlose Inanspruchnahme der Gesundheitseinrichtungen. Die Abgaben für eine Unterstützungskasse beliefen sich auf 36 Rupien. Es blieben ganze 14 Rupien, knapp drei Rupien pro Person, im Monat (rund 40 Cent) für alles andere übrig, also für Hülsenfrüchte, Grüngemüse, Fleisch und Fisch, Kleidung, Seife, Öl zum Kochen, Kerosin, Haushaltsartikel. Die Supayas können von ihrem Geld lediglich ihr Essen kaufen, und dann essen sie noch kein Fleisch oder Fisch. Sie verkaufen sogar einen Teil ihrer Ration, den Zucker und den Tee, um Geld für mehr Mehl und Reis zu bekommen. Ich fragte Supaya, was sie an diesem Tag gegessen hätten. Er zeigte mir ein einfaches, flaches *chapati*-Brot: davon hatte jeder drei, das war alles.

Der Grund für das Elend solcher Leute wie Supaya ist der Preis für die billige Tasse Tee der westlichen Hausfrau. Der Teepreis fiel ab 1954 selbst nominal immer weiter, von damals 2,61 Rupien pro Pfund (engl. Pfund = 453,59 Gramm) auf 1,53 Rupien im Jahre 1969. Zum Teil sank der Preis so stark, weil die Erzeugerländer sich nicht einig waren. Das Angebot wuchs schneller als die Nachfrage. Uganda, Kenia und Malawi fingen alle an Tee anzubauen, und die Länder trafen keinerlei Absprachen untereinander, um Angebot und Nachfrage zu planen. Während also die Teepreise sanken, stiegen Sri Lankas Kosten für den Import von Nahrungsmitteln, Erdöl, Düngemitteln, Fertiggütern und Maschinen immer weiter. 1974 entsprach eine gegebene Menge der Exportgüter Sri Lankas wertmäßig nur 43 Prozent der Importe, die es 1954 damit hatte erwerben können.

So nimmt es nicht wunder, daß Sri Lanka immer mehr mit chronischen Zahlungsbilanzschwierigkeiten zu kämpfen hatte. Sogar noch Anfang der sechziger Jahre hatte das Land pro Jahr im Durchschnitt einen Bilanzüberschuß von 36 Millionen Dollar zu verzeichnen, doch von 1966 bis 1975 schloß es seine Zahlungsbilanz jedes Jahr mit einem durchschnittlichen Defizit von 60 Millionen Dollar ab. Sri Lanka mußte also zunehmend Schulden machen. 1975 beliefen sich seine Auslandsschulden auf eine Milliarde Dollar, und die Rückzahlungskosten für diese Kapitalsumme samt Zinsen fraß jedes Jahr 20 Prozent der Exporteinnahmen auf.

Der Preisverfall beim Tee führte im ganzen Land zu niedrigeren Einkommen, so daß der Betrag, den die Leute für Fertigwaren ausgeben konnten, abnahm und das Land sogar Industrie verlor. Die Zahl der in der Industrie Beschäftigten nahm zwischen 1972 und 1976 um ein Drittel ab. Da die Zahl der Arbeitskräfte rascher zunahm als die der Arbeitsplätze, kletterte die Arbeitslosenzahl über die Millionengrenze, und jeder Fünfte war arbeitslos.

Gleichzeitig waren jedoch die Regierungseinnahmen zurückgegangen, und so mußte ein Teil der wohlfahrtsstaatlichen Leistungen abgebaut, die freien Essenrationen und die Preisstützungsmaßnahmen gekürzt werden. Für arme Leute wie Puryana Supaya kam es in diesen Jahren hageldick von allen Seiten. Letzten Endes waren sie es, auf denen die Ungerechtigkeit des Weltwirtschaftssystems lastete.

Auf der Berg- und Talbahn: Preisschwankungen

Den Entwicklungsländern muß der Weltmarkt oft wie ein Spielcasino vorkommen, in dem die Würfel gewichtet, die Karten gezinkt und das Rouletterad manipuliert sind, so daß immer nur die Banken des Westens gewinnen.

Die launische Frau Fortuna führt das Regiment über ihre Deviseneinkommen. Zum Beispiel: 1970 nahm Tansania 26 Millionen Dollar aus dem Export von Sisal ein. Während der nächsten drei Jahre hatte es eine Glückssträhne: Der Sisalpreis stieg immer höher, und 1974 «setzte» Tansania 60 Prozent weniger Sisal als 1970 – und strich Gewinne in Höhe von 67,4 Millionen Dollar ein, zweieinhalbmal mehr also. Doch dann wendete sich das Glück, und die Preise fingen an abzusacken. 1976 verdiente das Land mit einem Einsatz an Sisal, der in etwa dem von 1974 entsprach, nur die Hälfte vom 74er Gewinn.

Unterdessen hatten jedoch die Preise für Chips, welche die Banken verkauften – also die Fertigprodukte und die Maschinen, die die Dritte Welt aus dem Westen importiert –, kräftig zugenommen. Tansanias Präsident Julius Nyerere beschwerte sich denn auch: Warum soll Tansania dieses Jahr zweimal so viele Sisalballen wie im letzten Jahr rüberreichen, um denselben Traktor zu kaufen? Auf beiden Seiten war die gleiche Menge schwerer Arbeit, knappen Landes und Kapitals in eine gegebene Warenmenge eingegangen wie im Jahr zuvor. Doch plötzlich sollte der tansanische Sisalarbeiter doppelt soviel schwitzen müssen, während der französische, japanische oder britische Arbeiter keinen Handschlag zusätzlich tun mußte.

Die Dritte Welt muß sich nicht nur diese schwindelerregende Berg- und Talfahrt steigender und fallender Preise gefallen lassen, zwanzig Jahre lang, bis 1973, sanken ihre Preise unaufhörlich, während die Preisfahrt des Westens immer höhere Höhen erreichte. Die Handelsbedingungen entwickelten sich zuungunsten der armen Länder, das heißt, sie mußten immer mehr exportieren, um die gleiche Menge Fertigprodukte kaufen zu können.

Um zu verstehen, wie es dazu kam, müssen wir bis in die Kolonialzeit zurückgehen. Die Kolonien sind immer als Rohstoffquelle – Metalle, Rohfasern, Nahrungsmittel – ausgebeutet worden. Spanien melkte Gold und Silber aus Lateinamerika heraus, und später wurde ein großer Teil der westlichen Hemisphäre in eine große Plantage verwandelt, die Zukker, Baumwolle und Tabak für Europa produzierte. Dann wurde das Plantagensystem auch noch in Asien und in Afrika eingeführt. Da ihr eigenes Metall- und Brennstoffangebot hinter der Nachfrage zurückblieb, fingen die Industrieländer an, ihre Kolonien auszuplündern und sie ihrer Rohstoffe zu berauben.

So hatten also die Kolonien einerseits die Funktion, die Versorgung mit Rohstoffen zu garantieren – und andererseits, ihren «Mutter»-Ländern die verarbeiteten Güter abzukaufen. Nicht selten wurde diese Funktion ausdrücklich zur Sprache gebracht. So bemerkte der französische Politiker Jules Ferry 1885: «Die Gründung einer Kolonie ist die Schaffung eines Marktes.» Ein anderer Franzose, Paul Leroy-Beaulieu, resümierte 1874: «Die nützlichste Funktion einer Kolonie besteht darin ... daß sie dem Handel des Mutterlandes einen wohlfeilen Markt bietet, seine Industrie in Gang bringt und erhält und den Bewohnern des Mutterlandes – den Industriellen ebenso wie den Arbeitern und den Verbrauchern – steigende Profite, Löhne und Warenangebote verschafft.» War das Wirtschaftsleben der Kolonie dann gewaltsam auf die Bedürfnisse der Kolonialmacht getrimmt worden, kam man auch nicht mehr umhin, sich die politische Kontrolle zu verschaffen: Das System sorgte für seinen Fortbestand. Als die Kolonien dann die Unabhängigkeit errangen, hatten sie noch immer ihre Bergwerke, Plantagen und alles, was so damit verbunden war, von ihnen war ihr Deviseneinkommen abhängig. Es war nicht so einfach, Alternativen zu entwickeln. Noch immer hatten sie ihr traurigkleines Transportwesen aus der Kolonialzeit, dessen Geleise und Hauptüberlandstraßen samt und sonders zum wichtigsten Hafen führten – als sichtbares Symbol dafür, daß der Zweck ihrer Wirtschaft nicht die Versorgung der eigenen Bevölkerung, sondern der Dienst für fremde Herrschaft war. Noch immer gab es die Ableger der alten kolonialen Handelsgesellschaften, die ihren Handel monopolisierten. Die Verbindungsglieder der wirtschaftlichen Untertänigkeit waren nicht nur für den Augenblick geschmiedet worden.

In der gegenwärtig gültigen internationalen Arbeitsteilung bestehen mehr als drei Viertel der Exporte der Dritten Welt aus Primärerzeugnissen, und beinahe zwei Drittel ihrer Einfuhren sind verarbeitete Produkte. Liberale Wirtschaftstheoretiker seit Ricardo haben dies als einen natürlichen und gewinnbringenden Sachverhalt angesehen, demzufolge jede Nation sich auf diejenigen Produkte spezialisierte, die sie am billigsten herstellen konnte, so daß angeblich jeder von den dadurch niedrigeren Preisen profitierte. Allerdings hatte die gegenwärtige Arbeitsteilung ihren Ursprung nicht in dieser vergleichsweise vorteilhaften Vorstellung, sondern in Gewalt und Unterdrückung – oder, bei den Ländern, die keine Kolonien waren, im vorzeitigen Zwang zum Freihandel durch die Kanonenboot-Diplomatie.

Primärerzeugnisse sind mit wenigen Ausnahmen ein ungünstiger Geschäftszweig, wenn man damit einen stabilen Lebensunterhalt erreichen will, doch die meisten Entwicklungsländer sind von einem, zwei, höchstens drei Produkten abhängig. Daher sind ihre Zahlungsbilanz und ihre Deviseneinkünfte, die sie brauchen, um Maschinen für ihre halbflügge Industrie einzukaufen, ganz und gar den launischen Winden des Warenhandels ausgeliefert. Mitte der siebziger Jahre setzten viele Länder noch immer nur auf eine Trumpfkarte. Zwei Drittel der Exporte des Tschad waren Baumwolle, zwei Drittel der chilenischen Ausfuhren Kupfer. Der Export des Kongo bestand zu 65 Prozent aus Holz, Kuba führte zu vier Fünfteln Zucker aus, Ghana zu zwei Dritteln Kakao. Drei Viertel der von Liberia ausgeführten Erzeugnisse waren Eisenerze, neun Zehntel der Exporte von Mauritius waren Zucker, und Ägyptens Ausfuhr bestand zu drei Fünfteln aus Garn. Drei Fünftel des Exports von Sri Lanka waren Tee, Kupfer machte drei Fünftel der Ausfuhren Zaires und neun Zehntel der Ausfuhren Sambias aus. In vielen Ländern war Kaffee der Hauptdevisenbringer, sein Anteil belief sich in Haiti auf 37 Prozent, in Ruanda auf 43 Prozent, in Äthiopien auf 48 Prozent, in Kolumbien auf 50 Prozent, in Uganda auf 61 Prozent und in Burundi auf 84 Prozent.

Demgegenüber haben die reichen Länder ihren Handel auf viele verschiedene Branchen verteilt, von denen jede als Versicherung gegen Probleme in den anderen ausgelegt ist. Nur selten macht ein einzelnes Produkt mehr als 15 Prozent der Ausfuhren aus. Nur ein paar Entwicklungsländer haben mit Erfolg versucht, ihren Außenhandel zu diversifizieren, damit sie durch das Auf und Ab auf dem Weltmarkt nicht so sehr geschüttelt werden. Von den Ländern, deren wichtigste Exportartikel verarbeitete Produkte sind, haben Singapur, Korea, Brasilien, Mexiko und Indien eine stark gestreute Exportzusammensetzung. Es gibt sogar ein paar Erzeugerländer mit landwirtschaftlichem Schwerpunkt, die eine etwas breitere Produktpalette anbieten, so daß sie wenigstens etwas vor einem plötzlichen Bankrott geschützt sind, wenn bei einem Produkt die Luft aus dem Markt heraus ist. Zu ihnen gehören Marokko, Mozambique, Thailand und Tansania.

Die Gefahr der Abhängigkeit von einem oder zwei Primärerzeugnissen liegt in dem wahnwitzigen Preisverhalten auf diesen Märkten. Kakao beispielsweise lag 1949 bei 21,5 Cent pro Pfund (engl. Pfund = 453,59 Gramm), stieg bis 1954 auf 57,8 Cent, fiel 1956 auf 27 Cent. 1958 ging er wieder hoch bis auf 44,3 Cent, 1965 sackte er auf ganze 17,2 Cent ab. 1969 sauste er hoch auf 45,7 Cent und plumpste 1971 auf 25,8 Cent. Seitdem geht es bergauf, auf und davon, 1977 war er bei 231 Cent angelangt. Zukker stieg von mickrigen 8 Cent pro Pfund im Jahre 1970 auf die schwindelnde Höhe von 47,5 Cent im Jahre 1974, im April 1977 war er wieder da angelangt, wo er angefangen hatte, bei 10 Cent das Pfund. Bei diesem Preis lohnte es sich einfach nicht mehr, Zucker anzubauen. Kaffee, der 1954 bei 80 Cent pro Pfund lag, war bis 1971 auf 45 Cent abgefallen. Von da an stieg der Kaffeepreis wider alle Vernunft auf 315 Cent im April 1977, und danach begann er wieder zu sinken.

Derartige Schwankungen machen alle Planungen und Haushaltsansätze der Entwicklungsländer zunichte. Wenn ein Land nicht den größten Teil des Marktangebots irgendeiner Ware kontrolliert oder einem starken Kartell angehört, kann es die Preisentwicklung seines wichtigsten Ausfuhrprodukts niemals mit Genauigkeit vorhersagen oder gar kontrollieren. Durch irgendeinen glücklichen Umstand kann plötzlich die Inflation angeheizt werden und zu übermäßigen Importkäufen führen, das geht dann eine Weile so weiter, auch wenn die Preise schon angefangen haben zu sinken. Die Kreditraten müssen in den dürren Jahren ebenso zurückgezahlt werden wie in den fetten Jahren des Booms. Ein plötzlicher Preisverfall kann auch Entwicklungspläne gefährden. Sambia läßt sich als grausames Beispiel dafür heranziehen: 1977 fiel der Kupferpreis drastisch ab und erreichte real das niedrigste Niveau seit zwanzig Jahren. Der Preis lag so niedrig, daß viele Minengesellschaften mit Verlust arbeiteten, und Sambias Bergwerke das Land mehr Devisen für Importe kosteten, als es durch den Export von Kupfer hereinholen konnte. Jahr für Jahr wies die Zahlungsbilanz tiefrote Zahlen aus. Sambia konnte seine Schulden nicht mehr zurückzahlen und auch keine neuen Kreditgeber finden. Die Hälfte der Staatseinkünfte stammte 1975 aus dem Kupferexport – im Januar 1978 belief sich dessen Beitrag auf Null. Der Haushalt von 1978 brachte eine drastische Einschränkung aller Regierungsausgaben, auch eine Beschneidung der Kapitalinvestitionen – den Grundlagen für Entwicklung – um ein Drittel, in realen Zahlen. Die Nahrungsmittelsubventionen mußten gekürzt werden, was zu Preissteigerungen führte, die wiederum eine Senkung des Ernährungsstandards der armen Bevölkerung zur Folge hatten. Der Internationale Währungsfonds lieh Sambia einen Teil des Geldes, welches das Land benötigte, um sich seine zeternden Gläubiger etwas vom Leib zu halten, doch war dieser Kredit an die Bedingung geknüpft, daß Sambia seine Währung drastisch abwerte und seine Wirtschaft deflationiere. Sambia wurde behandelt, als ob seine Schwierigkeiten auf irgendwelche geistigen Verirrungen des Landes selbst zurückzuführen seien, während die Verrücktheit der Weltwirtschaftsordnung der wirkliche Grund dafür war. Das Roulette war zum russischen Roulette geworden, und nun hatte der Hammer eine geladene Kammer getroffen.

Die Schwankungen der Preise für Primärerzeugnisse kommen einem noch seltsamer vor, wenn man sie mit den Preisen für verarbeitete Produkte vergleicht. Die Nachfrage nach Familienautos kann sich je nach den Höhen und Tiefen des Handelskreislaufs verändern, ebenso wie etwa die Nachfrage nach Kupfer – warum fallen dann die Preise für Autos in einer Phase wirtschaftlicher Depression nicht auf 1000 Dollar pro Auto, und warum schießen sie während eines Konjunkturbooms nicht auf 10000 Dollar in die Höhe? Der liberalen Wirtschaftslehre zufolge soll der Marktpreis das Verhältnis von Angebot und Nachfrage widerspiegeln, und daraus läßt sich in der Tat zumindest ein Teil der Unterschiede im Verhalten zwischen Primärerzeugnissen und verarbeiteten Produkten erklären. Das Angebot von landwirtschaftlichen Erzeugnissen – insbesondere von solchen aus der Dritten Welt mit ihren unsicheren Niederschlagsverhältnissen und ihren Krankheitsepidemien und Seuchen – unterliegt häufig beträchtlichen Veränderungen. Andererseits bleibt die Nachfrage nach Nahrungsmitteln im großen und ganzen stabil. Landwirtschaftliche Produkte, die nur im Westen oder in Ländern wie Australien und Neuseeland erzeugt werden, wo es weniger wetterwendische Klimaverhältnisse gibt, können stetiger angeboten werden und so auch preisstabiler sein.

Bei industriellen Rohstoffen wie Erzen besteht eine größere Wahrscheinlichkeit, daß das Angebot Veränderungen unterliegt, wenn sie hauptsächlich aus der Dritten Welt kommen, weil dort auf Grund der politischen Instabilität und der Probleme bei der Beschaffung von Ersatzteilen für die Bergwerke leichter Produktionsschwierigkeiten auftreten können. Die Nachfrage nach Erzen verändert sich außerdem stärker als die Nachfrage nach Nahrungsmitteln, je nachdem ob der Wirtschaftskreislauf des Westens sich gerade in seiner steigenden oder seiner fallenden Phase befindet.

Doch ist der Handel mit Primärerzeugnissen nicht nur eine einfache Angelegenheit des Gleichgewichts zwischen Erzeugerangebot und Verbrauchernachfrage. Zwischen beiden gibt es eine ganze Reihe von Mittelsmännern, und ihr Verhalten trägt zu einem großen Teil zu den starken

Schwankungen bei. Primärerzeugnisse werden von Exportkaufleuten aufgekauft, die sie an bestimmte Warenhändler verkaufen, die sie an die Importeure verkaufen, die sie an die verarbeitenden Unternehmen oder an den Einzelhandel verkaufen. Der Theorie zufolge sollten die Warenhändler die Preise dadurch stabil halten, daß sie Angebot und Nachfrage einander angleichen. Wenn die Preise steigen, sollten sie vom Lager verkaufen und Profite machen, um so die Preise zu drücken. Wenn die Preise fallen, sollten sie angebotene Ware aufkaufen, solange sie billig ist, und so den Preis wieder in die Höhe treiben. Doch dieses rationale Verhaltensmodell hat wenig mit der Wirklichkeit der Spekulation zu tun. Die Warenhändler verschlimmern die Preisinstabilität noch mehr. Steigt der Preis für irgendeine Ware, und sie nehmen an, er werde noch weiter steigen, kaufen sie, soviel sie in die Finger kriegen, in der Hoffnung, zu einem höheren Preis verkaufen zu können, und dadurch wird der Preis noch weiter in die Höhe getrieben – eine sich selbst erfüllende Prophezeiung. Erst wenn die Händler merken, es steckt nicht mehr viel drin, es geht wieder abwärts, hören sie auf, bei steigenden Preisen zu kaufen. Der Höhepunkt ist erreicht. Danach fangen die Preise wieder an zu fallen. Und sie fallen schnell, denn die Händler haben ihre Läger so vollgestopft, daß sie den Verbraucherbedarf noch auf Monate hinaus befriedigen können, sie brauchen also eine Zeitlang nichts mehr einzukaufen. Die Spekulanten treten normalerweise nicht etwa dann auf den Plan, um billig einzukaufen, wenn die Preise fallen. Weit gefehlt. Wenn sie der Meinung sind, die Preise fallen weiter, verkaufen sie alles, was sie haben, weil sie befürchten, sie würden auf ihren billigen Waren sitzenbleiben, und durch ihre Verkäufe drücken sie den Preis noch weiter nach unten – noch so eine sich selbst erfüllende Prophezeiung. Alle halten sie sich mit dem Kaufen noch zurück, solange es geht, wenn sie der Meinung sind, der Preis werde noch weiter fallen. Doch wenn er dann die Talsohle des Abgrunds erreicht hat, kaufen sie wieder wie verrückt. Mit anderen Worten, die meiste Zeit tun die Spekulanten genau das Gegenteil von dem, was die meisten tun würden. Sie kaufen mehr, wenn die Preise steigen, und weniger, wenn sie fallen. Die Preise der Primärerzeugnisse der Dritten Welt würden sicher mit den Veränderungen in Angebot und Nachfrage steigen und fallen. Doch durch die Geschäftigkeit der Horter und Spekulanten werden aus Bergen und Tälern himmelhoch aufgetürmte Gipfel und schrecklich gähnende Abgründe.

Abwärts mit dem Aufzug: Die Verschlechterung der Handelsbedingungen

Preisschwankungen sind an sich schon nichts Gutes. Sie halten nicht gerade zu wirtschaftlichem und hartem Arbeiten an. Sie fördern vielmehr eine

Casinomentalität. Doch wenn wenigstens auf lange Sicht der durchschnittliche Wert der wichtigsten Ausfuhrgüter eines Landes mehr oder minder stabil bliebe, ließe sich das ja noch so hinnehmen. Der zweite Punkt, der den Ländern der Dritten Welt Kopfzerbrechen machte und immer noch macht, ist jedoch, daß die Preise ihrer Exportgüter über einen langen Zeitraum in realen Werten gefallen sind. Bis 1973/74 der Boom bei Primärerzeugnissen begann, hatte der Posten von Importgütern, den man mit dem Gegenwert einer bestimmten Menge von Exportgütern kaufen konnte, abgenommen, und zwar seit 1953.

Nach 1973 wurde dieses Bild allerdings durch die Ölpreiserhöhungen erheblich verändert. Die wichtigsten Erzeugerländer der Organisation Erdöl exportierender Länder (OPEC) setzten einseitig ihre Preise hoch, und schon 1975 hatten sich ihre *terms of trade*, ihre Handelsbedingungen, auf 227 Prozent des Standes von 1954–56 verbessert. Dies verschlechterte die Handelsbedingungen der reichen Länder, nahm ihnen ihre 11 Prozent Vorsprung und brachte sie, gemessen an dem, was sie mit ihren Exporten kaufen konnten, auf das Niveau von vor zwanzig Jahren zurück. Die nicht-erdölerzeugenden Entwicklungsländer zogen allerdings aus diesem Sieg im Handelskrieg ihrer ölreichen Brüder und Schwestern keinerlei Gewinn. Im Gegenteil, sie gehörten zu den Verlierern, so daß sie 1975 für eine bestimmte Menge ihres Exports 21 Prozent weniger Importe einkaufen konnten als zwanzig Jahre zuvor: im Falle der ärmsten Länder (Durchschnittseinkommen unter 200 Dollar) sogar 32 Prozent weniger. Zu all den anderen Ungerechtigkeiten, unter denen die meisten Entwicklungsländer zu leiden haben, kamen jetzt auch noch die hohen Ölpreise hinzu.

Die Standarderklärung für die Verschlechterung der Handelsbedingungen zwischen 1953 und 1973 lautet, es gebe eine allgemeine Tendenz dahin, daß das Angebot der Dritten Welt an Primärerzeugnissen schneller wachse als die entsprechende Nachfrage. Zu viele neue Länder begannen auf der Suche nach neuen Devisenquellen mit der Produktion dieser oder jener Ware, ohne zu berücksichtigen, daß auch andere dasselbe tun könnten oder täten. Daher war das Überangebot zum Teil zurückzuführen auf mangelnde Organisation und Koordination der Erzeugerländer. Andererseits hat die Nachfrage nach bestimmten Erzeugnissen, vor allem nach Gummi und Rohfasern, auf Grund der Einführung synthetischer Erzeugnisse abgenommen.

Doch brauchen nicht nur die Regierungen mehr Organisation und Koordination. Während Autos beispielsweise von einigen wenigen Branchenriesen hergestellt werden, die ihre Produktion entsprechend der Marktlage verringern oder steigern können, werden landwirtschaftliche Produkte häufig von einer Masse von Kleinproduzenten angebaut, von denen jeder seinen Gewinn machen möchte, ohne sich darum zu kümmern, daß auch seine Mitproduzenten das möchten. Kleine Landwirte passen ihre Erzeugnisse nicht nach rationalen Kriterien dem Verhalten der Marktpreise an. Gehen die Preise in die Höhe, erweitern sie ihre Kapazitäten in der Hoffnung auf zukünftigen Gewinn. Daher werden die Kakaobauern der Elfenbeinküste mehr Bäume, die brasilianischen Landwirte ein paar Hundert zusätzliche Kaffeebüsche pflanzen, und ein paar Jahre später wird es kommen, wie es kommen muß, es wird eine Überproduktion geben, und die Preise werden zu Boden gehen. Ein Kaffeebusch braucht bis zu seiner Reife fünf Jahre, ein Teebusch sechs, eine Ölpalme sieben, Gummibäume und Kokospalmen acht Jahre und ein Kakaobaum fünfzehn. Fehler lassen sich kaum ausbügeln. Der Kleinbauer reagiert auf Preissenkungen nicht wie auf Preiserhöhungen: Er wird seine Büsche oder Bäume, die ihn bis zu ihrer Reife so viel liebevolle Pflege gekostet haben, nicht ausreißen und damit eine Investition zerstören, die bis zu dem Zeitpunkt, wo sie hätte Gewinn bringen können, fünf Jahre brauchte. Je länger ein Baum lebt, um so weniger wird er ihn zerstören wollen, vielmehr wird er alles, was dieser Baum an Früchten trägt, verkaufen wollen, gleich zu welchem Preis. Er kann sein Angebot nicht einfach verringern, weil der Markt es so will, genausowenig wie sein Land es kann, wenn es arm ist. Beide müssen sie verkaufen, denn sie brauchen das Geld.

Demgegenüber tendieren westliche Produzenten, gleich ob Regierungen, Gesellschaften oder Arbeiter, dazu, sich auf allen Ebenen gut zu organisieren. Sinkt zum Beispiel die Nachfrage nach Autos, kommt eine Senkung der Preise oder der Löhne der Arbeiter nicht in Frage. Die Hersteller machen, im Unterschied zu den Primärerzeugerländern und den Kleinbauern, selber die Preise, denn sie kontrollieren auch die Vermarktung und Verteilung ihrer Produkte. Die Arbeiter der Autoindustrie sind organisiert und kampfbereit, ein Ja zu Lohnkürzungen ist von ihnen nicht zu erwarten. Daher entläßt das Unternehmen Leute, wenn die Preise sinken, und die Regierung des Landes bezahlt die Rechnung mit Arbeitslosengeld. Auch die westlichen Bauern sind gut organisiert in Verbänden, die ihren Interessen Nachdruck verleihen: Dadurch haben sie sich hohe Garantiepreise und Schutzzölle gegen konkurrierende Importe verschaffen können. Dieser Umstand verringert nicht nur die Nachfrage des Westens nach einer Reihe von landwirtschaftlichen Produkten aus der Dritten Welt, sondern er führt auch zu Überschüssen, die dann auf den Weltmarkt geworfen werden und dort die Preise drücken. Treffen dann die kaum oder nicht organisierten Primärerzeuger der Dritten Welt, seien es Nationen oder einzelne, auf dem Weltmarkt auf die wohlorganisierten und wohlhabenden Länder, Unternehmen und Arbeiter des Westens, so hat das für sie eine Verschlechterung der Handelsbedingungen zur Folge.

Der Wohlstand ist es, der den westlichen Interessen zu ihrer guten Organisation verhilft: Die Regierungen haben größere Reserven, die Hersteller können sich leisten, auf Lager zu produzieren, um die Preise hochzutreiben, die Arbeiter haben Streikkassen, Sozialversicherung und Arbeitslosenunterstützung. Umgekehrt sind die Regierungen der Dritten Welt schlecht organisiert, weil sie arm sind. Häufig müssen sie selbst bei niedrigen Preisen weiterproduzieren, weil ihre Reserven klein sind und weil sie das Geld brauchen, um zahlen zu können. Sie haben keine Kontrolle über die Vermarktung ihrer Produkte: das machen Unternehmen in London, New York und Tokio für sie. Außer beim Erdöl und zu einem gewissen Teil auch bei Zinn, Bauxit und Phosphaten ist es keinem ihrer Zusammenschlüsse gelungen, die Preise ihrer Produkte auf Dauer und mit Sicherheit anzuheben. Die Bauern der Dritten Welt haben bei den meisten Anbauprodukten die Produktivität durch besseres Saatgut, mehr Dünger und bessere Anbaumethoden gesteigert. Doch hat sich das in vielen Fällen nicht in höheren Einkommen für sie niedergeschlagen. Statt dessen hat sie der Westen durch niedrigere Preise enteignet. Gleichzeitig aber hat der Westen, haben die westlichen Arbeiter dafür gesorgt, daß sie auch die Früchte ihrer höheren Produktivität ernten. Die Aussage ist eindeutig: Weil die Reichen sich leichter organisieren können, werden sie noch reicher; weil die Armen das nicht können, werden sie noch ärmer.

Private Imperien: Die Multis

Die armen Nationen werden jedoch nicht nur durch die scheinbar unpersönlichen Kräfte des Weltmarkts ausgeblutet. Sie werden direkt durch die großen multinationalen Konzerne ausgebeutet, die einen wachsenden Teil des wirtschaftlichen und gesellschaftlichen Lebens in der Dritten Welt beherrschen. Sie sind die Kanonenboote und Soldaten des neuen Wirtschaftsstils des Imperialismus. Die weltumspannenden Riesen können maßgeblichen Einfluß auf entscheidende Entwicklungsaspekte ausüben wie die Handelsbilanzen, die Ausrichtung des industriellen Wachstums, die Wahl der Technologie, das Ausmaß der Ausbeutung natürlicher Reserven, ja sogar auf die Kultur, die Werte und Erwartungen der gewöhnlichen Leute. Der Gesamtumfang der westlichen Investitionen in der Dritten Welt belief sich 1967 auf 33 Milliarden Dollar. Bis 1975 hatten sie sich auf 68 Milliarden Dollar mehr als verdoppelt, und allein in jenem Jahr wurden weitere 10 Milliarden Dollar investiert. Der bei weitem größte Investor in der Dritten Welt sind die Vereinigten Staaten, deren Gesamtinvestitionsvolumen sich 1976 auf 29 Milliarden Dollar belief. Danach kamen Japan und die Bundesrepublik Deutschland mit je 6 Milliarden Dollar, gefolgt von Großbritannien mit etwas mehr als 5 Milliarden Dollar. Der größte Teil dieser Kapitalsummen – rund 35 Prozent im Jahre 1972 – wurde in Erdöl investiert, weitere 30 Prozent flossen der verarbeitenden Industrie zu, und 10 Prozent gingen in den Bergbau.

Nicht alle Regionen wurden gleichermaßen von den Multis unterwandert. Etwas mehr als die Hälfte der Gesamtinvestitionen fiel 1972 auf

Lateinamerika, Afrika hatte 21 Prozent und Asien 18 Prozent abbekommen. Von den einzelnen Ländern hatte Brasilien 1976 mit 9 Milliarden Dollar am meisten ausländische Investitionen zu verzeichnen, danach folgten Indonesien mit 6,4 Milliarden Dollar (1976) und Mexiko mit 4,7 Milliarden Dollar (1975).

Die großen, weltweit operierenden Konzerne bieten den Ländern der Dritten Welt, die bereit sind, die mit ihnen verbundenen beträchtlichen Nachteile zu ertragen, auch beträchtliche Vorteile. Der wichtigste Vorteil ist wahrscheinlich der, daß sie der Zahlungsbilanz in diesen Ländern mit einem sofortigen Kapitalzufluß auf die Sprünge helfen und sie auch auf längere Sicht (so zumindest sehen die Hoffnungen aus) durch die dort angesiedelten verarbeitenden Betriebe entlasten, weil diese Produkte herstellen, die sonst eingeführt werden müßten, oder sogar auch etwas für den Export produzieren. (Allerdings sieht das in der Praxis so aus, daß viele Multis oft mehr an Teilen importieren, als sie an Waren exportieren.) Die multinationalen Unternehmen helfen auch dadurch, daß sie für ein rasches Wachstum des Industriesektors nach westlichen Richtlinien sorgen, und das ist es, was die meisten Entwicklungsländer vor allem wollen. Die weltweit agierenden Wirtschaftsgiganten bringen ein einzigartiges Paket in das Geschäft ein, das die armen Länder nur unter großen Schwierigkeiten selber zusammenbringen könnten: Kapital, Technologie, Managementerfahrung und Zugang zu einem gut ausgebauten, weltweit gespannten Vermarktungsnetz. Sie setzen nur selten mehr als ein organisatorisches Skelett ausländischen Führungspersonals auf den höchsten Unternehmungsebenen ein und bilden große Mengen Einheimischer als Büroangestellte, Buchhalter, Managementassistenten und Facharbeiter aus.

Doch die Multis tun dies nicht aus reiner Menschenfreundlichkeit, der mit ihnen geschlossene Handel schließt auch schwerwiegende Kosten mit ein. Mit der Zeit können sie die Kommandohöhen der einheimischen Industrie beherrschen, da sie durch ihre ungeheuer großen Vorteile hinsichtlich ihrer Mittel und ihres Know-how den ansässigen Firmen weit voraus sind. Tochtergesellschaften multinationaler Unternehmen befehligen heute große Teile der Industrie in vielen Ländern. 1957 produzierten sie nur 12 Prozent der Ausfuhren Lateinamerikas, doch 1966 waren es schon 41 Prozent. In Brasilien flossen 70 Prozent der Profite des Jahres 1970 aus den dynamischsten Wirtschaftsbereichen den Multis zu; multinationale Konzerne kontrollierten die gesamte Reifen- und Autoindustrie und zwei Drittel des Maschinen- und Apparatebaus. 1976 kontrollierten die ausländischen Anleger 33 Prozent der brasilianischen Elektromaschinen-Industrie, 44 Prozent der Gummiindustrie, 51 Prozent der chemischen Industrie, 55 Prozent der Herstellung nichtelektrischer Maschinen, 61 Prozent der Eisen- und Stahlindustrie und 100 Prozent der Automobilindustrie. 1970 kontrollierten multinationale Unternehmen 45

Prozent der Anlegerwerte der mittleren und großen Industrie Mexikos. In Nigeria lagen 1968 70 Prozent des Anlagekapitals in der verarbeitenden Industrie in den Händen ausländischer Kapitaleigner. In Ghana wurden 1974 50 Prozent des Verkaufs von Fertigprodukten über Konten von Firmen in ausländischem Besitz abgewickelt. In der Türkei befanden sich 54 Prozent der Elektromaschinenindustrie, 56 Prozent der Papierindustrie, 59 Prozent der Gummiindustrie und 74 Prozent der Textilindustrie in ausländischer Hand.

Es ist mit großen Gefahren verbunden, wenn man ausländischen Unternehmen ein derart großes Maß an Macht in seinem Land überläßt, denn sie streben möglichst große Profite für westliche Eigentümer und Aktienbesitzer an und nicht das größtmögliche Wohlergehen ihres Gastlandes. Durch eine Vorverlegung oder einen Aufschub ihrer Devisengeschäfte können sie die Wechselkurse zu ihren eigenen Gunsten beeinflussen. Außer in Ländern, die über seltene und wertvolle Rohstoffe verfügen und daher ein bestimmtes Maß an Kontrollmöglichkeiten behalten konnten, liegt in den meisten Ländern die Entscheidung über das Ausmaß der Ausbeutung und Erschöpfung der Naturvorräte, von den Metallen bis zu den Wäldern, in den Händen von Ausländern. Die multinationalen Konzerne propagieren und vermarkten ihre Erzeugnisse ohne Rücksicht auf die tatsächlichen Bedürfnisse der Verbraucher, sie bringen die Armen dazu, mehr für unnötige Artikel wie Coca-Cola oder Milchpulver auszugeben, so daß ihnen noch weniger für ihre wirklich lebenswichtigen Ausgaben übrigbleibt. Ihre Vermarktung des westlichen Lebensstils übt einen zerstörerischen Einfluß auf die einheimischen Kulturen aus.

Der letzte und keineswegs geringste Nachteil der transnationalen Konzerne ist der, daß sie Geld verdienen und es nach Hause überweisen, denn das ist ja schließlich ihre Anwesenheit.. Die erklärten Gewinne der Multis liegen in der Dritten Welt häufig höher als im Westen – ihre leitenden Manager würden das damit begründen, daß sie durch die politischen Risiken gerechtfertigt sind. Die Profite amerikanischer Unternehmen beliefen sich zwischen 1965 und 1968 im Durchschnitt auf 17,5 Prozent in weniger entwickelten Ländern, aber auf 7,9 Prozent in entwickelten Ländern. Normalerweise werden Profite damit verteidigt, daß man sie unbedingt für neue Investitionen brauche. Doch diese Begründung trifft für Multis in der Dritten Welt einfach nicht zu. Jedes Jahr holen sie dreimal soviel an Profiten heraus, wie sie hineingesteckt haben, und das bezieht sich auch nur auf die erklärten Profite. Von 1971 bis 1974 belief sich der durchschnittliche Nettoabzug von Gewinnen auf 7,5 Milliarden Dollar im Jahr. Außerdem wird ein zunehmend großer Teil der Investitionen aus den im Lande erwirtschafteten Profiten finanziert: durchschnittlich 40 Prozent von 1970 bis 1976.

Ein großer Teil der Einkünfte multinationaler Unternehmen stammt aus Ansprüchen auf geistiges Eigentum, das nach Ansicht vieler Entwicklungsländer zum gemeinsamen Erbe der gesamten Menschheit gehören sollte. Die Multis halten ihr Know-how fest im Griff. Eine Untersuchung in fünf Ländern (Indien, Türkei, Ägypten, Pakistan und Trinidad) fand heraus, daß 89 Prozent aller Patente Ausländern gehörten. In Chile stieg der Anteil der Patente in ausländischer Hand von 65 Prozent im Jahre 1937 auf 95 Prozent im Jahre 1967. Ende der sechziger Jahre kostete die Bezahlung der westlichen Technologie die Dritte Welt schätzungsweise 1,5 Milliarden Dollar pro Jahr in kostbaren Devisen. Prognosen zufolge sollte diese Ziffer bis 1980 auf das Sechsfache steigen. Und die eingesetzte Technologie wurde selten ohne einschränkende Bedingungen eingebracht: Die Benutzer müssen häufig die Produktionseingaben wie Rohstoffe und Ersatzteile vom Lieferanten beziehen und dürfen die mit dieser Technologie erzeugten Produkte nicht exportieren.

Die technologische Abhängigkeit der Entwicklungsländer ist zum Teil eine Folge der massiven Konzentration von Wissenschaft und Forschung im Westen. 1973 verfügten die Entwicklungsländer nur über 12,6 Prozent des gesamten Forschungspersonals in der Welt, sie hatten nur 2,9 Prozent der Weltausgaben für Forschungszwecke vorzuweisen, und ihnen gehörten nur 6 Prozent der Patente. Mit ihren unterentwickelten Bildungssystemen, die obendrein noch den Schwerpunkt auf die Geisteswissenschaften legen, bringt die Dritte Welt nur eine kleine Zahl hochqualifizierter Wissenschaftler hervor. Der Westen mit seinen höheren Gehältern entzog ihnen außerdem während der sechziger Jahre noch rund 30000 pro Jahr. Von Anfang der sechziger Jahre bis 1972 kauften die Vereinigten Staaten 90000 Wissenschaftler aus der Dritten Welt ein, Großbritannien erwarb 84000 und Kanada 56000. Die Handels- und Entwicklungskonferenz der Vereinten Nationen (UNCTAD) hat errechnet, daß dieser Abfluß von Menschen – in einer dem Technologiestrom entgegengesetzten Richtung – alleine diesen drei Ländern Wissen im Wert von 51 Milliarden Dollar erbrachte, das sind rund 4,6 Milliarden mehr als die Hilfe, die sie der Dritten Welt im gleichen Zeitraum zukommen ließen.

Das wirkliche Einkommen der Multis liegt mit ziemlicher Sicherheit weit höher, als die offiziellen Zahlen vermuten lassen. Die gigantischen weltumspannenden Konzerne haben keine Moral. Ihre Ethik umfaßt gerade das Minimum dessen, was man braucht, um politisch überleben zu können. Untersuchungen verschiedener Behörden der Vereinigten Staaten zufolge schrecken sie auch vor Verbrechen nicht zurück, wenn sie glauben, damit durchzukommen. 1977 gaben nicht weniger als 360 US-Konzerne zu, sie hätten «fragwürdige Zahlungen» in fremde Länder gehen lassen – also Bestechungsgelder. Die 95 größten Konzerne hatten innerhalb weniger Jahre je eine Million Dollar für solche Zwecke ausgegeben.

Eine der beliebtesten Praktiken, um hart unter dem Wind zu segeln, sind die als Transferpreisgestaltung bekannten Schliche. Die meisten Tochtergesellschaften der transnationalen Konzerne schließen Import- und Exportgeschäfte mit anderen Filialen derselben Muttergesellschaft ab. So fällt es den Multis leicht, ihren Tochtergesellschaften für die ihnen gelieferten Importgüter zu hohe Preise anzusetzen und für die von diesen an die Muttergesellschaften exportierten Erzeugnisse zu niedrige Preise zu berechnen, wodurch sie somit versteckte Profite abschöpfen. Kaum ein Entwicklungsland verfügt über Buchhaltungsexperten, die in der Lage wären, diesen Tricks auf die Schliche zu kommen. Aus Untersuchungen in Lateinamerika geht hervor, daß die multinationalen Unternehmen die Preise ihrer Lieferungen an Tochtergesellschaften regelmäßig um etwa 40 bis 700 Prozent zu hoch veranschlagen und die an die Muttergesellschaften gelieferten Waren etwa 40 Prozent unter dem gängigen Preis bezahlen. Auf der Grundlage ähnlicher Daten hat der Wirtschaftswissenschaftler Constantine Vaitsos errechnet, daß die US-amerikanischen Pharmakonzerne in Kolumbien, die in einem Jahr gegenüber der Steuer 6,7 Prozent Gewinne erklärten, in Wirklichkeit eine Gewinnrate von 79 Prozent zu verzeichnen hatten. Die Gummigesellschaften gaben an, sie hätten Profite in Höhe von 16 Prozent gehabt, hatten aber in Wahrheit 43 Prozent verdient. Wenn diese Zahlen repräsentativ sind, dann haben die Multis zu Beginn der siebziger Jahre in Wirklichkeit Einkünfte in Höhe von 20 bis 90 Milliarden Dollar in ihr jeweiliges Stammland rückgeführt.

Mittel für wessen Entwicklung?

Die multinationalen Konzerne sind auch die Schlüsselagenten bei einem anderen Raubzug, der auf lange Sicht das zukünftige Wachstum eines großen Teils der Dritten Welt gefährden könnte: nämlich bei der Versteigerung ihrer Naturreserven an den verschwenderischen Westen. Nordamerika und Westeuropa verbrauchen zusammen etwa zwei Drittel der Weltimporte an fossilen Brennstoffen, drei Viertel der Metallerze, Eisen und Stahl und vier Fünftel der Nicht-Eisenmetalle und Nicht-Metalle. 1975 verbrannten Nordamerika und Europa etwas mehr als die Hälfte des gesamten Welt-Energieverbrauchs. Während die Lateinamerikaner pro Kopf 813 Kilogramm Kohle-Äquivalent verbrauchten, die Asiaten mit 545 Kilogramm und die Afrikaner mit nur 395 Kilogramm auskamen, verbrauchten die US-Amerikaner pro Kopf nahezu 11000 Kilogramm und die Europäer 4000 Kilogramm pro Person. Aus diesen Angaben geht eindeutig hervor, welche Bevölkerung in welchen Teilen der Welt es ist, von der die größte Bedrohung für die Naturvorräte der Erde ausgeht.

Während die weniger entwickelten Länder 1970 ein Drittel der Weltproduktion an Mineralien erzeugten, verbrauchten sie nur 6 Prozent. Vier Fünftel ihrer Produktion wurden in den Westen exportiert. Und die westlichen Länder außer Nordamerika und Ozeanien wurden in zunehmendem Maße abhängig von Importen. 1950 importierte Westeuropa 65 Prozent seines Verbrauchs der neun wichtigsten Mineralien – 1970 waren es 73 Prozent. Der Importanteil am japanischen Verbrauch stieg im gleichen Zeitraum von 17 auf 83 Prozent, und Japans Multis durchkämmten die ganze Welt, um sich mit langfristigen Verträgen ihre Versorgung mit Mineralien zu sichern.

Für die Dritte Welt besteht die größte Gefahr dieser hohen Verbrauchsrate des Westens ganz offensichtlich darin, daß ihre Vorräte sich erschöpfen. Nach Schätzungen der US-Bergbaubehörde können die heute bekannten Reserven an Silber, Quecksilber und Flußspat schon in weniger als fünfzehn Jahren aufgebraucht sein; den Blei-, Zinn- und Zinkreserven gibt sie noch zwanzig Jahre; Kupfer und Wolfram gehen womöglich noch vor Beginn des neuen Jahrhunderts zu Ende; und die Vorräte an Bauxit (für Aluminium), Schwefel, Antimon und Titan werden, soweit heute bekannt, Anfang des 21. Jahrhunderts ausgehen. Die bekannten Reserven an Treiböl dürften nicht weit über die Jahrhundertwende hinausreichen.

In Wirklichkeit kann man annehmen, daß die meisten dieser Mineralien noch nicht ganz so schnell völlig erschöpft sein werden. In dem Maße wie die Vorräte an hochwertigen Erzen ausgehen, werden die Preise steigen und einen Anreiz für neue Erforschungsanstrengungen und Entdekkungen neuer Lagerstätten geben. Außerdem wird dadurch auch die Ausbeutung weniger wertvoller Erze rentabel. Diese sind unreiner, und ihr Abbau und ihre Raffinierung gestalten sich teurer, doch es gibt sie noch in großer Zahl. Dieser Mechanismus hat bislang den Weltvorrat an bekannten Lagerstätten aufrechterhalten. Es wäre jedoch geradezu törichter Optimismus anzunehmen, daß dieser Prozeß sich bis in alle Ewigkeit als unser Schutzengel erweisen werde. Denn bei einigen Mineralien – wie Wolfram, Zinn, Mangan – sind die bekannten Reserven seit Ende der vierziger Jahre zurückgegangen oder haben nur leicht zugenommen.

Wenn die realen Preise für die wichtigsten Mineralien steigen, werden diejenigen Länder der Dritten Welt, die auf reichen Lagerstätten sitzen, selbstverständlich davon profitieren. Aber für die Länder, die über keine solchen Vorräte verfügen, wird die Schranke, die sie überwinden müssen, um den Industrialisierungssprung zu schaffen, noch höher werden. Die Spieleinsätze werden erhöht werden, und es wird einige Spieler geben, die nicht mehr mitbieten können. Das plötzliche Ansteigen der Ölpreise in den Jahren 1973–75 war nur ein Vorbote der Probleme, die in der Zukunft auf uns zukommen, und es bedeutete für die Industrialisierungsfortschritte der armen Länder, die nicht zu den mit Ölreichtum gesegneten gehören, einen ernsthaften Rückschlag. Zur Ausbeutung weniger hochwertiger Metallerze braucht man mehr Energie, daher wird die sich verschärfende Energiekrise mit Sicherheit auch die Preise für andere Materialien ansteigen lassen. Durch die Preissteigerungen bei den Mineralvorräten wird die Wiederverwendung auch weit wirtschaftlicher. Doch der größte Teil des wiederverwendbaren Materials einschließlich der wertvollen, ehemals meist Ländern der Dritten Welt gehörenden Vorräte, wird auf den Müllhalden des Westens zu finden sein.

Auf kürzere Sicht haben die Erzeugerländer der Dritten Welt allerdings andere legitime Beschwerden gegenüber den Bergbau-Multis vorzubringen. Die transnationalen Unternehmen haben den größten Teil ihrer Verarbeitungsanlagen in den reichen Verbraucherländern angesiedelt, so daß die in den armen Ländern geförderten Mineralien größtenteils im Rohzustand oder Fast-Rohzustand ausgeführt werden. 1970 verarbeiteten sie nur 29 Prozent der auf ihrem Territorium geförderten Mineralien und nahmen so auch nur 30 Prozent des Endwerts ein, den sie hätten erreichen können, wenn sie selbst die Erze bis zum Metallstab-Stadium verarbeitet hätten. Die restlichen 70 Prozent sackten die Schiffsgesellschaften und Raffinerien, nicht selten Schwesterunternehmen der Bergbaukonzerne, ein.

Die Bergbaugesellschaften haben die Erforschung neuer Lagerstätten in den Entwicklungsländern vernachlässigt, weil sie Angst hatten, sie könnten nationalisiert werden, und weil sie hohe Steuersätze oder Einmischung von seiten der Regierungen befürchteten. In den letzten Jahren sind 85 Prozent der Erforschungsinvestitionen in den reichen Ländern getätigt worden. Als Folge davon verfügen die Entwicklungsländer mit 49 Prozent der Erdoberfläche nur über 38 Prozent der geschätzten Erzvorräte, obwohl es möglich ist, daß sie über weit mehr Reserven verfügen, die aber noch nicht entdeckt und ausgebeutet worden sind, weil die dazu nötigen Erforschungen nicht angestellt wurden. Bis dato haben die großen Bergbau-Multis das für die Erforschung erforderliche Kapital, die Technologie und die Fachkräfte monopolisiert. Wenn die Regierungen der Entwicklungsländer ihre Reserven ausweiten möchten, werden sie selber mehr für deren Erforschung tun müssen, sie werden dazu Finanzierungshilfe aus dem Ausland beschaffen und für eine Zusammenfassung der Fachkräfte und des Know-how mit anderen in gleicher Weise interessierten Ländern sorgen müssen.

Im Schuldturm

Die gewichteten Würfel im Welthandels-Casino und die steigenden Industrialisierungskosten haben zu einem weiteren chronischen Problem der Entwicklungsländer geführt, zu einem Problem, von dem alle gewohnheitsmäßigen Spielcasinobesucher befallen sind: Schulden.

Seit 1950 haben die meisten nicht-ölerzeugenden Entwicklungsländer dazu tendiert, sich auf Defizite ihrer laufenden Zahlungsbilanzen einzulassen. Dies war zum Teil auf die Verschlechterung der Handelsbedingungen zurückzuführen, teilweise auf die hohen Kapitalgüterimporte, die für die Entwicklung als wesentlich angesehen wurden. Bis 1975 wuchsen ihre Zahlungsbilanzdefizite einfach nur immer weiter. Sie beliefen sich 1973 auf 15,6 Milliarden Dollar. Dann kamen die Erdölpreissteigerungen. 1974 schossen die Defizite auf insgesamt 39,5 Milliarden Dollar hoch und erreichten 1975 mit 52,8 Milliarden Dollar einen Höhepunkt. Bis Mitte 1977 waren sie ein bißchen zurückgegangen, beliefen sich aber immer noch auf 39 Milliarden Dollar. Doch Ende der siebziger Jahre kam es erneut zu einem steilen Ansteigen der Defizite in den nicht-erdölerzeugenden Entwicklungsländern, man erwartete, daß sie 1980 bei etwa 70 Milliarden Dollar angelangt sein würden, während die Überschüsse der Erdöl exportierenden Länder sich auf rund 100 Milliarden Dollar belaufen würden.

Die nicht-erdölerzeugenden Entwicklungsländer haben ihre anhaltenden Defizite dadurch gedeckt, daß sie einen immer höheren Schuldenberg aufgehäuft haben. Nur so konnten sie weiter die für ihre Entwicklung erforderlichen Maschinen und solche wesentlichen Güter wie Nahrungsmittel und Dünger importieren. Ihre Schulden stiegen zwischen 1969 und 1976 von 54,6 Milliarden Dollar auf mehr als das Dreifache dieses Betrages, nämlich 172 Milliarden Dollar, und 1979 hatten sie sich mit einem Stand von 391 Milliarden Dollar nochmals mehr als verdoppelt. Innerhalb dieser Gesamtsumme stiegen die Schulden bei privaten Geldgebern – Banken und Exporteuren – zu geschäftsüblichen Zinsraten doppelt so schnell wie die Schulden bei Staaten und internationalen Organisationen, deren Kreditbedingungen weniger hart sind. Diese Schulden mußten gemacht werden, um den sofortigen Bankrott zu verhindern, doch um den Preis der Belastung der Zukunft. Die Schulden selbst wurden allmählich zu einer ebenso großen, wenn nicht größeren, Last für die Zahlungsbilanz wie die Probleme mit den Handelsbedingungen. Die Schuldendienstzahlungen – das ist die Rückzahlung des Kapitals plus Zinsen – nahmen rasch zu: von 7,6 Milliarden Dollar im Jahre 1969 auf 25,6 Milliarden Dollar im Jahre 1976 und 72 Milliarden Dollar im Jahre 1979. Es wurden neue Schulden gemacht, um den Schuldendienst für alte Schulden leisten zu können, und die gesamte Schuldenlast stieg ins Unermeßliche. Einige große, nicht zur Gruppe der Erdölexporteure gehörende Länder hatten in den siebziger Jahren so hohe Schuldenberge angehäuft, daß der Schuldendienst 20 Prozent ihrer Exporteinkünfte auffraß – eine überaus gefährliche Lage, wenn man bedenkt, welch plötzlichen Veränderungen die Preise für Primärerzeugnisse ausgesetzt sein können.

Von Zeit zu Zeit erreichen viele Länder der Dritten Welt das Stadium, wo sie in ein akutes Schuldenkrankheitsstadium treten. Ihre Probleme bei der Schuldentilgung werden so groß, daß die privaten Kredite austrocknen, die Exporteure nicht länger auf Kredit liefern wollen, die Exportversicherungsgesellschaften ihre Exporte nicht mehr unter Vertrag nehmen, keine Bank ihnen mehr Geld leihen will und selbst internationale Entwicklungsbanken es nicht mehr wagen, ihnen noch etwas zu leihen. An einem solchen Punkt angelangt, reicht die Schuldenkrise bis weit in das politische und gesellschaftliche Gewebe des betroffenen Landes hinein. Sie beschneidet den Lebensstandard der Armen, vermehrt die Ungleichheit und stärkt den Einfluß rechter und rechtsradikaler Gruppen.

Die Kreditwürdigkeits-Falle

Länder mit einem akuten Anfall von Schuldenkrankheit werden gezwungen, ihre «Kreditwürdigkeit» durch das Schlucken bitterer Medizin zu beweisen – eine Heilmethode bei Verschuldung, die dem Patienten oft schlechter bekommt als die Krankheit selbst.

Der Internationale Währungsfonds (IWF) ist zum wichtigsten Arzt und Berater in solchen Fällen geworden: In zunehmendem Maße warten Banken und staatliche Kreditinstitute darauf, daß der IWF dem Patienten ein einwandfreies Gesundheitszeugnis ausstellt, bevor sie ihm Geld leihen. Früher oder später sieht sich dann der akute Schuldner gezwungen, zum Währungsfonds zu gehen und um einen Zusatzkredit zu bitten, und er muß sich die Pille verabreichen lassen, obwohl er weiß, daß sie mit fürchterlichen Krämpfen seines gesamten Systems verbunden ist.

Die Gläubiger und ihre Bedingungen für die Vergabe weiterer Kredite sind nicht das Hauptproblem bei alledem. Sie sind nicht daran interessiert, ein Land in die Knie zu zwingen. Sie sind lediglich dafür verantwortlich, daß das geliehene Geld auch wieder zurückgezahlt wird. Die Wurzel des Problems ist in erster Linie darin zu suchen, daß so viele Schulden gemacht werden, und daran ist wiederum die gesamte Weltwirtschaftsordnung schuld.

Der an akuter Schuldenkrankheit leidende Patient muß genügend Medizin einnehmen, um zeigen zu können, daß er nicht, sobald er aus dem Krankenhaus entlassen worden ist, wieder einen Rückfall erleiden wird – mit anderen Worten, daß er nicht wieder anfangen wird, erschreckend hohe Zahlungsbilanzdefizite zu produzieren, die ihn dann trotz dieser Lebensrettungs-Kredite davon abhalten, seine Rückzahlungsverpflichtungen einzuhalten. Ein Land, das mehr Kredite will, muß erst einmal seine Zahlungsbilanz gesunden lassen.

Im allgemeinen besteht der Internationale Währungsfonds auf einer schnellen und schmerzlichen Abwertung der Landeswährung. Damit sollen die Importe verteuert und die Importrechnung verkleinert werden. Doch ist diese Behandlung mit Nebenwirkungen verbunden. Die Inflation wird angeheizt. Kann das Land sich nicht selbst mit Nahrungsmitteln versorgen – was bei vielen Ländern der Dritten Welt der Fall ist –, so treibt das die Nahrungsmittelpreise nach oben und trifft damit die Ernährung und die Arbeitsleistung der Ärmsten.

Hausgemachte Deflation ist ebenfalls Bestandteil der üblichen IWF-Verschreibungen so wie ein richtiger harter Aderlaß oder das Setzen eines Dutzends Blutegel. Die Deflationspolitik soll die Kaufkraft des Landes verringern, damit es sich weniger Einfuhren erlauben kann. Doch auch hier gibt es wieder sehr unangenehme Nebenwirkungen. Die Zinssätze werden erhöht, und dadurch läßt die Investitionstätigkeit nach. Von der Regierung wird erwartet, daß sie ihre eigenen Ausgaben rigoros zusammenstreicht. Dies kann zur Beschränkung wichtiger Entwicklungsprojekte führen, die Beschneidung von Nahrungsmittelsubventionen nach sich ziehen – was wiederum die Ärmsten am härtesten trifft –, die Transport- und Benzinpreise hochtreiben und zu Steueranhebungen führen.

Nicht selten wird dem Patienten auch geraten, ausländisches Kapital heranzuziehen und die multinationalen Konzerne aufzufordern, sich doch im Land niederzulassen. Damit ist dann eine ganze Reihe weiterer Bedingungen verbunden, die Kontrolle über die Rückführung von Profiten soll gelockert und unfolgsame Gewerkschaften sollen mal scharf rangenommen werden.

Die Länder der Dritten Welt zwingen sich nicht selten selbst zu solchen Einschränkungen. Ihre Schuldenprobleme und der erforderliche Nachweis der Kreditwürdigkeit treiben sie zu solchen Maßnahmen. Das ist auch der Grund, weshalb engagierte Nationalisten und Sozialisten in der Dritten Welt paradoxerweise den multinationalen Unternehmen die Türen öffnen. Regierungen, die mit dem Absacken ihrer Einkünfte aus der Ausfuhr von Primärerzeugnissen fertigwerden müssen, sehen sich häufig gezwungen, die Ausgaben zu kürzen und die Steuern zu erhöhen.

Doch die Selbstverarztung ist der vom IWF verschriebenen Dosis noch immer vorzuziehen. Die Statuten des IWF sehen vor, daß er Aus- und Einfuhrkontrollen nicht erlauben darf, weil sie mit (wenn auch leichten) Behinderungen für den Rest der internationalen Wirtschaftsgemeinschaft verbunden sind. Dennoch sind gerade diese Methoden eine weniger schmerzhafte Weise, Zahlungsbilanzdefizite zu verringern, und Einfuhrkontrollen sind zudem ein Schutz für die einheimische Industrie.

Im Ergebnis kommt bei dem Kreditwürdigkeits-Paket, gleich ob selbst- oder vom IWF auferlegt, in etwa das gleiche heraus. Die Realeinkommen sinken. Die ärmsten Gruppen sind am stärksten betroffen, Unterernährung und Krankheiten mit all ihren Folgen für Arbeit und Bildung nehmen automatisch zu. Die vermehrte Anfälligkeit der Armen wird die kleinen Landbesitzer noch eher zum Verkauf ihres Landes treiben – also wird auch die Ungleichheit auf dem Land zunehmen. Die einheimische Industrie kann durch höhere Zinssätze und durch das Schrumpfen des Inlandmarktes ernstlich erschüttert werden. Abwertung und höhere Zinssätze sind nicht nur etwas Schlechtes: Sie machen Kapital teuer und ermutigen so die Wirtschaft, mehr arbeitsintensive Methoden einzuführen. Doch wird der Wert solcher Maßnahmen aufgehoben, wenn die Multis mit ihren in höchstem Maße kapitalintensiven Methoden in die Lücke stoßen, die die bankrott gegangenen einheimischen Unternehmen hinterlassen.

Die Kreditwürdigkeits-Falle verlangsamt Reformen, die auf eine Verringerung von Ungleichheiten abzielen, bringt wichtige Entwicklungsprogramme zu Fall und stärkt den politischen Einfluß reformfeindlicher Gruppen. Eine sozialistische Regierung wird sich bei der Akzeptierung eines solchen Kreditwürdigkeits-Pakets schwertun, das womöglich all ihren Prinzipien widerspricht; doch ein Aufschub führt zu noch strengeren Anforderungen. Wenn es zu Verzögerungen kommt, wird die Regierung sich auf Grund der Verschuldung und abnehmenden Staatseinnahmen gezwungen sehen, einige Elemente dieses Pakets einzuführen. Im Ergebnis kommt es in der Dritten Welt normalerweise zu Straßenunruhen und lähmenden Streikbewegungen. Kommt es zu Wahlen, verliert die Regierung sie vielleicht. Verliert sie sie nicht, wird das Chaos im Inneren zunehmend zur Anwendung von Unterdrückungsmaßnahmen, zur Aufhebung der Menschenrechte und zum Eingreifen des Militärs treiben. Manchmal ist die Verschuldung darauf zurückzuführen, daß die Regierung sich durch eine unvorsichtige Ausgabenpolitik Stimmengewinne oder Ruhm verschaffen möchte. Häufiger jedoch liegen die Gründe für die Verschuldung bei der Weltwirtschaftsordnung. Die Kreditgeber gewähren zwar oft Zahlungsaufschübe, schließlich ist es besser, man bekommt das Geld später zurück als gar nicht. Doch der Westen will keine grundlegenden Reformen zulassen, so daß die Schuldnerländer immer wieder Krisen erleben, durch die der innere Ungleichmechanismus noch verschärft wird. Zu solchen Vorgängen ist es zum Teil oder insgesamt immer wieder in Brasilien, Ghana, Indonesien, Chile, Peru, der Türkei, in Ägypten und in vielen anderen Ländern gekommen.

Eine Reform der Weltwirtschaftsordnung ist nicht nur für einen verstärkten Mitteltransfer in die Dritte Welt von wesentlicher Bedeutung, sondern auch als Erleichterung für die erforderlichen inneren Reformen. Die nationalen und internationalen Reformen stehen in engem Zusammenhang miteinander: Soziale Gerechtigkeit auf weltweitem Niveau wird auch der Sache der sozialen Gerechtigkeit in den Entwicklungsländern helfen.

Mit der einen Hand geben: Die sogenannte Entwicklungshilfe

«Geben ist seliger als nehmen.»
Apostelgeschichte 20, 35

Das Wort Hilfe meint Beistand in eine Richtung, gewissermaßen im Einbahnverkehr. Bei dem Wort Hilfe schwingt so etwas wie Barmherzigkeit, Nächstenliebe, Wohltätigkeit mit. Hilfe gibt dem Gebenden ein Gefühl der Wärme und Selbstgerechtigkeit ob der eigenen Großzügigkeit, und vom Nehmenden wird erwartet, daß er Dank empfindet. Es setzt einer Weltwirtschaftsordnung, die den armen Ländern so viel nimmt, die Krone der Ironie auf, wenn das bißchen, das die Reichen davon zurückgeben, das Etikett «Hilfe» erhält. Und jetzt geben sie weniger zurück als jemals zuvor. 1962 belief sich die Hilfe der westlichen Geberländer auf 0,52 Prozent ihres gemeinsamen Bruttosozialprodukts. Man hätte erwarten können, daß mit steigendem Wohlstand die Hilfe mehr als anteilig zugenommen hätte, denn ein Reicher hat mehr übrig, wenn man von seinen Grundbedürfnissen ausgeht. Doch statt dessen kam es zu einem stetigen Rückgang des Anteils der Hilfeleistungen am Bruttosozialprodukt; 1973 erreichte er mit 0,3 Prozent den absoluten Tiefstand, stieg bis 1975 wieder leicht an auf 0,35 Prozent, um bis 1979 wieder auf 0,34 Prozent zurückzugehen. Das zweite Entwicklungsjahrzehnt endete 1980, ohne daß der Westen auch nur zur Hälfte sein 1971 selbstgesetztes Ziel von 0,7 Prozent des Bruttosozialprodukts erreicht hätte.

Vielleicht ging nun langsam der Sinn für die Kolonialschuld verloren und der Unmut über die wachsende politische Aufmüpfigkeit der Entwicklungsländer nahm zu.

Der größte Rückgang bei der Entwicklungshilfe war bei den drei Ländern zu verzeichnen, die sich zu Beginn der sechziger Jahre als die großzügigsten Geberländer erwiesen hatten. Die Entwicklungshilfe Großbritanniens ging stetig zurück: Von 0,52 Prozent des Bruttosozialprodukts (BSP) im Jahre 1962 auf 0,38 Prozent im Jahre 1977. 1979 stieg sie wieder auf 0,52 Prozent, was allerdings größtenteils durch einen Wandel im Meßverfahren für Entwicklungshilfe hervorgerufen wurde, und ab 1980 wurde sie dann von der Regierung Thatcher stark gekürzt. Die Entwicklungshilfe der Vereinigten Staaten ging von 0,56 Prozent des BSP im Jahre 1962 auf den Rekordtiefstand von 0,19 Prozent im Jahre 1979 zurück. Dies kam zum Teil durch gesetzliche Behinderungen der Beitragszahlung bei bestimmten internationalen Organisationen, doch allein diese Verzögerungen waren schon symptomatisch für die wachsende Engstirnigkeit, wenn nicht Feindseligkeit gegenüber den Ansprüchen der Dritten Welt. Die staatliche Entwicklungshilfe Frankreichs ging auf weniger als die

Hälfte zurück: von 1,27 Prozent des BSP im Jahre 1962 auf 0,59 Prozent im Jahre 1979. Sowohl Großbritannien als auch Frankreich bezeichnen die Entwicklungsgelder, die sie an ihre Niederlassungen und Kolonien zahlen, als «Entwicklungshilfe».

Daß die westliche Entwicklungshilfe nicht noch stärker zurückging, ist durch das Auftreten einer neuen Art von Geberländern zu erklären – kleine und wohlhabende Länder des Nordens mit aufgeklärten Wählern. Schweden, das 1962 nur 0,12 Prozent seines BSP als Entwicklungshilfe vergab, war schließlich das erste Land, das die 0,7-Prozent-Zielmarke überschritt: 1979 vergab es 0,94 Prozent seines BSP als Entwicklungshilfe, während es die Niederlande und Norwegen auf 0,93 Prozent brachten. Danach folgte Dänemark mit 0,75 Prozent. Alle vier Länder waren dem politischen Grundsatz gefolgt, den Anteil der Entwicklungshilfe am Nationaleinkommen zu halten oder zu erhöhen.

Große Bedeutung erlangte in der ersten Hälfte der siebziger Jahre die Hilfe der Erdölerzeugerländer. 1973 gaben sie den Entwicklungsländern 1,3 Milliarden Dollar. Zwei Jahre später war ihre Hilfe schon auf 5,5 Milliarden Dollar angestiegen – das waren überaus beachtliche 2,7 Prozent ihres gemeinsamen Bruttosozialprodukts, oder anders gerechnet, das Achtfache dessen, was die westlichen Länder durchschnittlich gaben. Doch danach nahm diese Hilfe von Jahr zu Jahr ab und erreichte 1979 einen Anteil von 1,28 Prozent am BSP. Die Gesamtsumme für dieses Jahr lag mit 4,7 Milliarden Dollar sogar nominal unter dem vier Jahre zuvor gezahlten Betrag. Das Hilfsaufkommen der kommunistischen Länder erwies sich als noch weniger glaubwürdig. 1979 gaben Osteuropa und die UdSSR ganze 0,7 Milliarden Dollar, das ist ein Fünfundzwanzigstel ihrer BSP, allerdings schließt dieser Betrag nicht die Hilfe der Sowjetunion für Kuba ein, die sich 1978 Angaben zufolge auf 3 Milliarden Dollar belief.

Der Gesamt-Entwicklungshilfebetrag des Jahres 1979 betrug 29,6 Milliarden Dollar, von denen 24,2 Milliarden aus dem Westen kamen.

Was nun sollte man, zumindest theoretisch, von guter Entwicklungshilfe erwarten? Soweit es die Herkunft und die Adressaten anbelangt, sollte sie sich gewiß nach dem alten Grundsatz richten: «Jeder nach seinen Fähigkeiten, jedem nach seinen Bedürfnissen.» Will man als Wohltäter erscheinen, sollte die Hilfe ohne Eigeninteressen oder Bedingungen gegeben werden. Doch in den meisten Fällen entspricht die «Hilfe» keiner dieser Erwartungen.

Die tatsächlich geleistete Hilfe steht in keinem Verhältnis zur Zahlungsfähigkeit. Die mächtigste Wirtschaftsnation der Welt, die USA, gab 1979 nur 0,19 Prozent ihres BSP. Die Schweiz, die das höchste Pro-Kopf-Einkommen des Westens zu verzeichnen hat, gab 0,19 Prozent, ebenso wie das wohlhabende Österreich. Die Bundesrepublik und Japan fingen endlich an zu zeigen, daß sie bereit waren, wenigstens einen Teil der Verantwortung zu tragen, die ihnen durch ihre überragende Wirtschaftskraft zufiel. Japans Hilfe stieg von 0,2 Prozent des BSP im Jahre 1976 auf 0,26 Prozent im Jahre 1979 – was allerdings für ein Land mit derart engen Verbindungen zur Dritten Welt noch immer bei weitem zu wenig ist. Die Bundesrepublik hob ihre Entwicklungshilfeleistungen von 0,33 Prozent im Jahre 1977 auf 0,44 Prozent im Jahre 1979, aber auch die Bundesrepublik verfügte über einen riesengroßen Zahlungsbilanzüberschuß mit den nicht-ölerzeugenden Entwicklungsländern und hätte daher ruhig das Ziel von 0,7 Prozent erreichen dürfen.

Welch geringen Stellenwert die Entwicklungshilfe bei vielen westlichen Regierungen, aber auch in der Öffentlichkeit der westlichen Länder besitzt, ist aus der Ausgabenverteilung in den USA zu ersehen. 1975 gaben die USA wenig mehr als 4 Milliarden Dollar Entwicklungshilfe. Das war kaum mehr als die 3,7 Milliarden Dollar, die die Amerikaner für Börsenmaklergebühren und Geldanlageberatung ausgaben, aber es war weniger als die 4,3 Milliarden Dollar, die sie für den Friseur, den Schönheitssalon und für Bäder locker machten. Zweimal soviel wie für die Entwicklungshilfe ging für nicht dauerhaftes Spielzeug und für Sportartikel drauf, für Tabakwaren gingen viermal so viele Dollars in Rauch auf, und Getränke schluckten das Sechsfache.

Das Maß an Entwicklungshilfe steht offenbar in keinem Verhältnis zur Zahlungsfähigkeit, sondern ist abhängig von politischen Einstellungen mit weit in die Geschichte zurückreichenden kulturellen Ursprüngen. In den USA gibt es schon seit Jahrhunderten eine Tendenz zur Abgeschlossenheit, die sich in jüngster Zeit noch verstärkt hat, weil viele Länder der Dritten Welt ihren politischen und wirtschaftlichen Führungsanspruch zurückweisen. Die isolationistischen Einstellungen der Schweizer Bürger kamen im Juni 1976 bei einem Referendum zum Vorschein, als darüber abgestimmt werden sollte, ob das Land zum Kapitalfonds der Internationalen Entwicklungsgesellschaft, die den ärmsten Entwicklungsländern Geld leiht, einen Beitrag leisten sollte oder nicht. 65 Prozent der Abstimmungsteilnehmer waren dagegen. Bei einer Umfrage in Großbritannien kam 1977 heraus, daß zwei Drittel der Befragten der Meinung waren, das Land sei zu arm, um sich auch noch um Entwicklungshilfe zu kümmern, und weniger als die Hälfte waren der Meinung, Großbritannien solle Entwicklungshilfe zahlen. Bei einer Lou-Harris-Umfrage in den USA ergab sich 1980, daß 82 Prozent der amerikanischen Interviewpartner für Kürzungen der Entwicklungshilfe waren. Die wirtschaftliche Rezession ließ bei den westlichen Regierungen und in der Öffentlichkeit dieser Länder Sorge um die eigenen inneren Probleme aufkommen, wobei kaum gesehen wurde, daß Zugeständnisse an die Dritte Welt vielleicht die beste Lösung für diese Probleme darstellen könnten.

Solche Einstellungen sind auf das geradezu chauvinistische Unwissen über das Ausmaß der Not in der Dritten Welt zurückzuführen. Statt blind der öffentlichen Meinung zu folgen, sollten sich die politischen Führer mehr darum bemühen, sie zu ändern. Eine ethnozentrische Erziehung in den Schulen könnte dazu beitragen, daß die Kinder über die Probleme von drei Vierteln der Menschheit besser unterrichtet wären. Mit Ausnahme einer Handvoll westlicher Länder glänzt dieses Schulfach, die Erziehung der öffentlichen Meinung, durch Abwesenheit. Es ist aufschlußreich, daß die drei Länder mit den höchsten Entwicklungshilfeausgaben auch am meisten für die Unterrichtung und Erziehung der Bürger in Sachen Entwicklung ausgaben. 1975 gab Schweden 30 Cent pro Kopf der Bevölkerung dafür aus, Norwegen und die Niederlande jeweils 20 Cent. Im Gegensatz dazu waren es in der Bundesrepublik Deutschland nur vier Cent und in Großbritannien mickrige 0,6 Cent.

Die Entwicklungshilfe geht nicht an diejenigen, die sie am dringendsten brauchen. 1975 ging der größte Hilfsbetrag pro Kopf der Bevölkerung – nämlich 11,60 Dollar – an die reichste Gruppe von Entwicklungsländern, an diejenigen mit 1000 Dollar und mehr Einkommen pro Einwohner. Die am wenigsten entwickelten Länder bekamen nur 7 Dollar 50, doch die anderen Länder mit einem durchschnittlichen Pro-Kopf-Einkommen von weniger als 200 Dollar pro Jahr, wo 46 Prozent der Weltbevölkerung lebten, erhielten am wenigsten, nur 3 Dollar 40 pro Person.

Die Verteilung der Entwicklungshilfe steht in keinem Verhältnis zu den Bedürfnissen, sondern richtet sich nach dem Kundenkreis, den historischen Bindungen, der politischen Zuverlässigkeit im Kalten Krieg. Diesbezüglich sind die sonst so großzügigen Araber die schlimmsten Missetäter, sie geben ganz überwiegend an andere arabische oder der Moslem-Liga angehörende Länder. 1975 erhielten arabische Länder 81 Prozent der von den OPEC-Ländern gewährten Entwicklungshilfe – allein Ägypten erhielt schon 42 Prozent vom Gesamt. 1976 wurde die Hilfe nicht ganz so parteiisch vergeben, doch noch immer erhielten nur fünf Länder – Ägypten, Syrien, Indien und Jordanien – 70 Prozent der OPEC-Hilfe.

Wichtig sind auch die Entwicklungshilfebedingungen. Im Idealfall sollte die Hilfe ganz und gar gewährt und nicht geliehen werden. Sie sollte zudem multilateralen Charakter tragen, das heißt, sie sollte über die Vereinten Nationen und ihre Organisationen, über die Weltbank und die regionalen Entwicklungsbanken kommen, denn diese haben die nötige Unparteilichkeit und Erfahrung, wirksame Programme im wirklichen Interesse der Nehmerländer zu erstellen. Die Entwicklungshilfe sollte auch nicht an den Einkauf von Gütern im Geberland gebunden sein, denn auf diese Weise wird der Entwicklungshilfe-Empfänger davon abgehalten, sein Geld für das günstigste Angebot auszugeben, und seine Handelsabhängigkeit vom Geberland verstärkt sich noch.

Der Zuschußanteil an der Entwicklungshilfe ist langsam aber sicher von Jahr zu Jahr gestiegen und hat 1977 89 Prozent erreicht. Da der Kreditanteil bei der früheren Entwicklungshilfe zurückgezahlt werden mußte, fraß die Rückzahlung früherer Entwicklungshilfekredite in zunehmendem Maße die Hilfszahlungen auf – 1975 machten sie 22 Prozent der gesamten Entwicklungshilfezahlungen aus. Die Entwicklungshilfe wird noch immer großenteils bilateral abgewickelt. 1977 kamen nur 31 Prozent über die multilateralen Organisationen, obwohl dies gegenüber 1965, als dieser Anteil nur 6 Prozent betrug, schon eine große Verbesserung bedeutete.

Und der größte Teil der Entwicklungshilfe ist noch immer an den Erwerb von Gütern im Geberland gebunden. Rund 60 Prozent der Entwicklungshilfe war 1975 noch auf diese Weise gebunden, allerdings ging der Prozentsatz im darauffolgenden Jahr auf 48 Prozent zurück. Am unerfreulichsten verhielten sich in dieser Hinsicht die USA, Großbritannien und Frankreich, die 1976 60 Prozent ihrer Entwicklungshilfe unter solchen Bedingungen vergaben, aber auch Belgien, Kanada und die Niederlande verhielten sich nicht viel besser. Derart gebundene Hilfe ist eine verschleierte Subvention der Exportunternehmen des Geberlandes. Und insofern ist sie typisch für die Entwicklungshilfe, wie sie heute vergeben wird: im Grunde nämlich als Förderung des nationalen Eigeninteresses.

Wieviel sind wir der Dritten Welt wirklich schuldig?

Unter dem Strich sollte es möglich sein zu errechnen, wieviel es ist, was die westlich beherrschte Weltwirtschaftsordnung den Entwicklungsländern an Wert entzieht mit Methoden, die die Dritte Welt selbst nicht als legitim ansieht. Hier ist nicht der Ort, und ich bin auch nicht der geeignete Mann für die Erstellung einer solchen Rechnung, aber in groben Zügen läßt sich doch die Größenordnung umreißen.

Erstens: Nach Schätzungen von Paul Bairoch, Professor für Wirtschaftsgeschichte an der Universität Genf, kostete die Verschlechterung der Handelsbedingungen die Dritte Welt 1962 zwischen 3,5 und 11 Milliarden Dollar und 1970 mindestens fünf Milliarden Dollar. Nimmt man die niedrigste Angabe für 1962 als Durchschnittswert für die gesamte Periode der Verschlechterung der Handelsbeziehungen von 1953 bis 1973, so käme man zu der Schätzung, daß die Kosten für die armen Länder bei mindestens 70 Milliarden Dollar lagen. Die Rückzahlung dieser Summe zu den gegenwärtig gültigen Zinssätzen würde im Jahr rund 7 Milliarden Dollar kosten.

Zweitens: Zur Zeit holen die multinationalen Konzerne wenigstens 7 Milliarden Dollar mehr heraus, als sie hineinstecken, und zwar nach ihren offiziellen Angaben; wahrscheinlich liegt die wirkliche Summe, die über die Gütertransferzahlungen herausgeholt wird, ein ganzes Stück höher.

Drittens: Der Intelligenztransfer, die Abwanderung der für teures Geld ausgebildeten Fachkräfte und Akademiker, kostet die Dritte Welt pro Jahr mindestens 5 Milliarden Dollar.

Viertens: Die Schuldendienstzahlungen der Nicht-Erdölerzeugerländer, die als Ergebnis all der Unausgewogenheit der Weltwirtschaftsordnung angefallen sind, beliefen sich zwischen 1971 und 1976 im Durchschnitt auf 16 Milliarden Dollar.

Fünftens: Sicher wäre es auch angebracht, über Wiedergutmachungszahlungen nachzudenken: für all die Steuern, Pacht- und Mietzinsen, Abgaben, Diebereien und Plündereien, Handelsgewinne und zu einem Bruchteil des wirklichen Werts aufgekauften Rohstoffe, die den armen Ländern von den Kolonialregimen abgepreßt wurden. Hinzu kommen noch die Schäden für Leben, Eigentum und Industrie durch die ungebetene Eroberung und Unterdrückung und den aufgezwungenen «Freihandel». Abzüglich, um fair zu sein, eines Betrags für alle echt produktiven Investitionen wie Eisenbahnen, Straßen und Bewässerungssysteme. Ich werde nicht einmal den Versuch unternehmen zu schätzen, wie hoch die Gesamtsumme ausfiele, aber sehr wahrscheinlich wäre sie astronomisch groß.

Nur um eine vage Vorstellung zu bekommen, seien die Berechnungen in Erinnerung gerufen, welche die chilenische Regierung unter Salvador Allende anstellte, als sie über die Ausgleichszahlungen für die Nationalisierung der Kupfer-Multis zu entscheiden hatte. Die Chilenen schätzten damals, daß die Gesellschaften Extraprofite in Höhe von 774 Millionen Dollar gemacht hatten und daß sie nicht nur kein Recht auf eine Entschädigung hatten, sondern eigentlich Chile noch 378 Millionen Dollar schuldig waren.

Läßt man die Frage der Wiedergutmachung einmal außer acht, so belaufen sich die Kosten der Ungleichgewichte in der herrschenden Weltwirtschaftsordnung selbst nach den konservativsten Schätzungen auf mindestens 35 Milliarden Dollar im Jahr. Selbstverständlich handelt es sich bei dieser Zahl nur um eine äußerst grobe Schätzung, doch gibt sie zumindest eine vage Vorstellung von der Größenordnung der Entwicklungshilfe, die notwendig ist, um einfach nur die Bilanz wieder in Ordnung zu bringen, von wirklicher Hilfe wollen wir gar nicht erst reden. Es handelt sich dabei um das Zweieinhalbfache des Betrages, den die westlichen Nationen 1977 herausgerückt haben, oder um rund 0,75 Prozent ihres Bruttosozialprodukts. Paul Bairoch hat errechnet – wobei er eher von den Bedürfnissen als von Ansprüchen ausging –, daß die westlichen Länder 2 Prozent ihres Nationaleinkommens als Entwicklungshilfe herausrücken müßten, wenn sie den Ländern der Dritten Welt helfen wollten, höhere Wachstumsraten zu erlangen.

Der Nutzen für die Armen der Dritten Welt wäre weit größer als die Kosten für den Westen. Würde man diese Hilfe auf die ärmeren Länder (mit einem Pro-Kopf-Einkommen von weniger als 520 Dollar im Jahr 1976) konzentrieren, so kämen dabei 7 Prozent ihres Bruttosozialprodukts heraus. Dadurch könnten sich ihre wirklichen, Wachstum hervorbringenden Investitionen verdoppeln. Ginge diese Hilfe ganz an die ärmsten Länder (mit einem Pro-Kopf-Einkommen von weniger als 265 Dollar im Jahr 1976), so kämen dabei 19 Prozent ihres BSP zusammen, und dies würde die Lebensaussichten von 1,21 Milliarden Menschen von Grund auf verändern.

Wenn verhindert werden soll, daß der Kapitalabfluß sich in der Zukunft fortsetzt, wird es notwendig sein, einige der Ungleichgewichte und Unbilligkeiten der internationalen Wirtschaftsordnung in Übereinstimmung mit den Vorstellungen der Länder der Dritten Welt zu korrigieren, wie sie selbst sie im Verlauf des gesamten Nord-Süd-Dialogs unterbreitet haben.

Der neue gemeinsame Fonds für Primärerzeugnisse wird, wenn er jemals zustandekommen sollte, dazu beitragen, den Preisschwankungen auf diesem Markt entgegenzuwirken. Um zu verhindern, daß sich die Preise langfristig verschlechtern, müssen die Entwicklungsländer sich koordinieren, um das Angebot zu begrenzen. Es wird noch mehr solcher Primärerzeuger-Kartelle wie die OPEC geben müssen. Doch die Entwicklungsländer werden niemals zu Wohlstand gelangen, solange die Primärerzeugnisse ihre wichtigste Einkommensquelle darstellen. Sie müssen ihr Angebot diversifizieren, und jedes Land sollte versuchen, ein größtmögliches Maß an Selbstversorgung bei Nahrungsmitteln und Energie zu erreichen. Die Entwicklung der Industrie ist ein schwierigeres Problem. Da es ganz so aussieht, als ob der Westen sich bald protektionistischer aufführen wollte, scheint es das beste zu sein, wenn die Entwicklungsländer regionale Märkte aufbauen würden, bei denen sich jedes Land in der jeweiligen Region auf bestimmte Erzeugnisse spezialisiert.

Bei solchen Reformen würde die Schuldenlast zu einem weniger bedrückenden Problem. Zwischenzeitlich sollte sich der Internationale Währungsfonds zu einer toleranteren Haltung gegenüber Ein- und Ausfuhrkontrollen durchringen und bei den Ausgabenbescheinigungen, die er den Schuldnerstaaten auferlegt, etwas mehr das Wohlergehen der Armen im Auge behalten. Mit einer gestärkten Zahlungsbilanz wären die Entwicklungsländer weniger der Gnade der Multis ausgeliefert und könnten ihre eigenen Handelsbedingungen diktieren, statt miteinander darum zu konkurrieren, wer von ihnen den Multis die größten Zugeständnisse einräumt.

20. Es ist was faul im Staate: Die Politik der Armut

«Deine Tasche entscheidet.»
Schmiergeldforderung in Ghana

Das Krebsgeschwür der Korruption

Als ich in West-Nigeria lebte, hatte ich einen Diener namens Sonntag. Er war vom Stamm der Efik, der in der Ost-Region ansässig ist. Der geschmeidige, kraftvolle junge Mann zog sich eines Nachmittags beim Fußball einen ballonartig anschwellenden Bruch zu. Er mußte ins Krankenhaus und wurde dort operiert, was ihn offiziell 18 Dollar und damit den größten Teil seines Monatslohns kostete. In Wirklichkeit zahlte er jedoch 36 Dollar. Die zusätzlichen 18 Dollar gingen als Schmiergelder für die Krankenschwestern drauf, die vom Stamm der Yoruba waren und ihm im Vertrauen gesagt hatten, daß womöglich nicht alles ganz so gut abgehen könnte, wenn er nicht noch was draufzahlte. Wenn er das jedoch täte, könne er sogar eine Sonderbehandlung und die doppelte Menge Penicillin bekommen (denn mehr ist immer besser). Die Krankenschwestern wurden für ihre Arbeit vom Staat bezahlt, doch sie erwarteten jetzt auch noch von den Patienten eine Bezahlung, die ja schon durch ihre Steuern und Gebühren bezahlt hatten. Die Schwestern verhielten sich ganz so, als ob diese öffentliche Dienstleistung ihr eigenes privates Geschäft wäre.

Bei allen Angelegenheiten zwischen Bürgern und Beamten war, wenn auch unsichtbar, Korruption im Spiel. Sogar das Gesetz wurde nach der Zahlungsfähigkeit verwaltet. Ich reiste mal mit einem jener Lastwagen, die für den Personentransport umgebaut worden sind. Der geldgierige Besitzer des Lasters hatte mindestens 20 Tonnen Yams-Wurzeln auf der Ladefläche, so daß vielleicht noch ein Meter Platz übrigblieb, wo sich zwölf Passagiere zusammendrängen mußten. Die Ladung überstieg alle gesetzlichen Grenzwerte, so daß die erstbesten zwei Polizisten uns anhielten. Sie hatten dem Gesetz Genugtuung zu verschaffen, doch schlugen sie vor, man könne die Gesetzesübertretung gegen ein kleines Entgelt übersehen: Sie wollten das Gesetz für uns außer Kraft setzen, so als wäre das Gesetz nichts weiter als ihre persönliche Laune. Der Fahrer gab ihnen denn auch seine zwei Dollar und konnte weiterfahren. Ein paar Kilometer weiter auf der Landstraße durch den Busch brach dann die Hinterachse, und wir mußten die Nacht auf dem Dach verbringen.

Keiner kontrolliert die Kontrolleure in einem Land, in dem die Korruption grassiert. Wollte man den Führerschein machen – mit dem man zu einem lukrativen Chauffeurjob kommen konnte –, mußte man dem Prüfer 20 Dollar zahlen, erzählte mir Sonntag. Zahlte man, dann konnte man die Prüfung bestehen, egal wie schlecht man fahren konnte. Zahlte man nicht, konnte man eine noch so gute Fahrqualität nachweisen, nichts konnte einen vor dem Durchfallen retten. Wollte man eine gute Uhr kaufen und dafür wenig bezahlen, mußte man nach Lagos fahren, dort verkauften die Zolloffiziere die Sachen, die sie konfisziert hatten. Ihre Aufgabe war es, Schmuggel zu verhindern, doch ein paar von ihnen waren die größten Schmuggler im ganzen Land.

Und wenn man einen Job haben wollte in einem Land, in dem an gute Jobs nur schwer ranzukommen ist, dann mußte man natürlich auch dafür zahlen. Bei einer der unzähligen Korruptionsuntersuchungen in Nigeria kam heraus, daß der Stadtsyndikus von Igbo, der selber für seinen Job 800 Dollar gezahlt hatte, von jedem, der einen Bürojob bei der Stadt haben wollte, 200 Dollar verlangte, es sei denn, derjenige gehörte zufällig zu seiner Familie, in diesem Fall bekam er die Stelle umsonst. In derselben Stadt versprachen drei Stadträte drei verschiedenen Schneidern denselben Auftrag im Wert von 34 Dollar für jeweils sechs Dollar Schmiergeld. Ehrlich ist die Korruption dort, wo der Bestochene auch liefert, wofür er geschmiert worden ist. In diesem Fall handelte es sich um unehrliche Bestechung.

Die Korruption ist ein Krebsgeschwür am Herzen der meisten Länder der Dritten Welt. Es frißt und nagt an den Vertrauensgrundlagen zwischen Regierten und Regierenden. Es steht für die beiden wichtigsten Schwächen des sich entwickelnden Staates: für die unheilige Ehe von politischer und wirtschaftlicher Macht, wobei das Geld sich Einfluß erkauft und die Macht das Geld anzieht; und für die «Weichheit» des Staates – um einen Begriff des Wirtschaftswissenschaftlers Gunnar Myrdal zu benutzen –, seine Unfähigkeit, seine eigenen Gesetze und Regeln durchzusetzen, so daß Reformen, selbst wenn sie gesetzlich festgeschrieben sind, selten auch durchgeführt werden.

Die Korruption hat alle Teile des öffentlichen Gebäudes befallen wie ein Holzwurm. Bei einer offiziellen Untersuchung über Schmiergeldpraktiken und Korruption in Ghana, deren Bericht 1975 vorgelegt wurde, wurde aufgedeckt, daß solche Praktiken in nicht weniger als 54 Regierungsabteilungen gang und gäbe waren: «Die Liste war eine Aufzählung praktisch aller staatlichen Ministerien, Ämter, Körperschaften und Einrichtungen des Landes.» Die Untersuchungskommission zählte 162 verschiedene Tätigkeiten auf, bei denen Bestechungspraktiken im Spiel waren. Hier ein paar Beispiele: die Ernennung, Beförderung, Versetzung von Beamten; die Verzollung von Waren; die Qualitätseinstufungen von Kakao; die Ausgabe von Arbeitskarten an Arbeitslose; die Zuweisung von Marktständen; die Weitergabe von Prüfungsfragen an Studenten und

Schüler; Privilegien für Gefangene; der Verkauf von Akten über Verbrechen an die darin untersuchten Verbrecher. Nichts war heilig, nichts sicher vor Schmiergeldern und Bestechung: Sogar die Angestellten der Leichenhäuser verlangten Schmiergeld, wenn sie den Verwandten den Leichnam herausgeben sollten. Und Priester ließen sich «beschenken», wenn sie Leute, die nicht zur Kirche gegangen waren, in geweihtem Boden beerdigen sollten.

Die am weitesten verbreitete Methode, der sich Beamte in Ghana bedienten, bestand darin, die Bürger mit den komplexen Vorgängen des bürokratischen Papierkriegs zu verwirren und ihnen auf die Nerven zu fallen oder sie unerträglichen Verzögerungen auszusetzen – und ihnen dann beiläufig beizubringen, daß ein Schmiergeld (ein sogenanntes «Beschleunigungsgeld») eventuell für eine rasche Lösung oder eine Vorzugsbehandlung sorgen könnte. Solche Schmiergelder werden selten ganz offen verlangt. Statt dessen werden Andeutungen gemacht, wobei sich mittlerweile eine Betrugssprache herausgebildet hat. Ihr Vokabular reicht vom vergleichsweise direkten: «Machen Sie was locker», «Da brauche ich etwas Futter», «Lassen wir doch Ihre Tasche entscheiden» über eher zweideutige Sprüche wie: «Sind Sie stark?», «So was geht nach Bedarf», «Wollen Sie mir nicht den Hals länger machen?», «Besuchen Sie mich doch mal im Dunkeln», «Daß ich nicht lache» bis hin zu bizarren Redewendungen wie: «Putzen Sie Nanas Sandalen», «Schreien Sie mal wie ein Nashornvogel» oder «Da muß sich erst ein bißchen Wasser unter meiner Achsel sammeln».

Die weitverbreitete Korruption, so schloß die Untersuchungskommission (und ihr Schluß gilt für alle Entwicklungsländer mit solchen Problemen), schuf ein Klima moralischer Verkommenheit und macht jegliche Regierung zur Farce. Sie war ein Zeichen für die Unfähigkeit der Regierung, und sie untergrub zugleich die Fähigkeit jeder Regierung zu regieren. Die Korruption wurde nur selten aufgedeckt – häufig waren diejenigen, die für ihre Aufdeckung verantwortlich waren, selbst korrupt. Beweisen ließ sich so etwas selten: Wenn der Schmiergeldzahler bekommen hatte, wofür er bezahlt hatte, war er's zufrieden und hielt den Mund. Und war er ein Opfer der Korruption und wurde obendrein betrogen, so konnte er nichts beweisen, da es für Korruptionsgeschäfte keine geschriebenen Verträge gibt.

Die Korruption schwächt nicht nur die Regierung, und sie untergräbt nicht nur auf allen Ebenen die soziale Disziplin. Sie ist außerdem ein weiterer jener Mechanismen, durch die Ungleichheiten geschaffen und verschlimmert werden. Korruption ist die Ausnutzung eines öffentlichen Amtes zu privaten Gewinnzwecken. Einige Leute behaupten, sie werde durch die niedrigen Löhne im öffentlichen Bereich verursacht und könne durch eine Anhebung der Löhne beseitigt werden. Doch in den meisten Ländern werden die im öffentlichen Dienst Arbeitenden ohnehin schon überbezahlt, wenn man ihr Einkommen vergleicht mit dem durchschnittlichen Einkommen. Bezahlt man die Leute besser, so ist es gut möglich, daß sie dann noch höhere Erwartungen haben und zusätzlich auch die Schmiergelder noch höher ansetzen. Durch die Korruption werden die Einkommensunterschiede vergrößert: Sie gibt Leuten, die ohnehin schon vielfach besser verdienen als der arme Mann, noch zusätzliche, steuerfreie und nicht kontrollierbare Einkünfte. Die Korruption, die der Politikwissenschaftler Stanislaw Andrewski als Kleptokratie (Herrschaft der Diebe) bezeichnet hat, benutzt ihre politische Macht zur Erzielung eines wirtschaftlichen Überschusses.

Und je höher das Amt, desto höher auch die Gewinngelder. Nkrumah, 1960–1966 Präsident von Ghana, wurde nachgesagt, er habe 8 Millionen Dollar abgesahnt. Trujillo, der zwei Jahrzehnte lang Präsident der Dominikanischen Republik war, häufte 400 Millionen Dollar auf. Der venezolanische *Caudillo* Marcos Pérez Jiménez besaß ganze 105000 Bolivar, als er 1948 sein Amt übernahm. Als er 1958 ging, hatte er ein Vermögen von 80 Millionen Bolivar zusammengerafft. Bei dem öffentlichen Verfahren, das gegen ihn angestrengt wurde, kam heraus, daß er für große Staatsaufträge zum Bau von Brücken, Flugzeugen, Panzern und Raketenabschußrampen Kommissionsgelder genommen hatte. Ein anderer Trick bestand darin, daß er Geschäftsleute zwang, ihre Waren zu überhöhten Preisen an die Regierung zu verkaufen und ihm den zu hoch bezahlten Differenzbetrag zu überlassen. Mit ähnlichen Mitteln häufte der Diktator von Nicaragua, Somoza, genügend Reichtümer an, um seit den dreißiger Jahren die Hälfte des Bodens und der Industrie in seinem Land aufzukaufen. Er verwandelte politische Macht in wirtschaftliche Macht, die seine politische Macht noch stärker werden ließ.

Vom Standpunkt des «Verbrauchers» her gesehen bedeutet Korruption, daß Geld das Sagen hat. Importlizenzen, Staatsaufträge, Arbeit, schulischen oder akademischen Erfolg hat oder bekommt man nicht nach rationalen Prinzipien wie Bedarf, Fähigkeit oder dem Platz in der Warteschlange, sondern danach, wieviel man bezahlen kann. Die Reichen können sich noch mehr Vorteile gegenüber den Armen erkaufen. Und wie wir noch sehen werden, können sie sich auch von Gesetzen freikaufen, deren Ziel es ist, wenigstens etwas vom zusätzlichen Wohlstand und Einkommen zugunsten der Armen umzuverteilen. Korruption macht soziale Reformen zunichte. Sie kann auch die Entwicklung pervertieren und lähmen. Sie kann die gesamte Wirtschaft eines Staates untergraben, rationales Planen zur Farce machen und zur minderwertigen Ausführung von großen Bauvorhaben führen, die im Endeffekt mehr Menschenleben als Material kostet.

Die in Indien übliche Korruption führte 1974 und 1975 zum politischen Chaos, als Demonstranten gegen die Korruption die Ministerpräsidentin Indira Ghandi veranlaßten, den Ausnahmezustand zu verhängen. Indien ist von unten bis oben mit Korruption durchsetzt. Die Besitzer von Läden, wo Nahrungsmittelrationen abgegeben werden, heben die Lebensmittelkarten von Toten oder Verschwundenen auf und bekommen für sie weiter die entsprechenden Rationen, die sie dann auf dem schwarzen Markt verkaufen. Panschen ist allgemein üblich, bei der Milch ebenso wie bei Arznei- und Düngemitteln: Von Zeit zu Zeit findet denn auch irgendwo ein stilles Massaker statt, weil Dutzende von Menschen an gepanschtem Schnaps oder an giftigen Pillen sterben, die als Allheilmittel verkauft worden sind.

Im Bundesstaat Bihar ist die Verwaltung oft wie ein privates Familienunternehmen geführt worden. 1970 gab der Aiyar-Ausschuß einen Bericht über die Korruptionsanklage gegen sechs ehemalige Minister ab, die zwischen 1946 und 1967 im Amt gewesen waren. Dem ehemaligen Ministerpräsidenten dieses Bundesstaates, Krishna Ballabh Sahay, wurde nachgewiesen, er habe seinem eigenen Sohn in Hintanstellung qualifizierterer Bewerber Schürfrechte gegeben und ihm für zehn Jahre die Pachtzinsen dafür erlassen. Er hielt den Staat dazu an, die beinahe bankrotte Autofirma eines Freundes zu übernehmen. Er hielt die Hand über die Schwarzmarktpraktiken anderer Freunde, indem er Verfahrensakten gegen sie aus dem Verkehr ziehen ließ.

Der frühere Minister für Bewässerung im Bundesstaat Bihar, Mahesh Prasad Sinha, schusterte von ihm begünstigten Firmen Aufträge zu, indem er die Ausschreibungsbedingungen entsprechend zurechtbog. Er erlaubte auch die zu hohe Bezahlung bestimmter Aufträge. So wurden die wichtigsten Aufträge nicht nach dem Wettbewerbsprinzip, sondern auf Korruptionsbasis vergeben, und es wurde keine strenge Überwachung der Bauausführung durchgesetzt. Die Schutzwälle bei verschiedenen Staudammprojekten brachen dann auch unter den Wasserfluten zusammen, Millionen von Menschen wurden obdachlos, ihre Ernten und Felder ruiniert.

Die Korruption hat in der Dritten Welt Vorläufer in den traditionellen Gesellschaften. Die einheimischen Reichen hatten ihre Bürokraten und Steuereinnehmer, die Steuern und Abgaben einzutreiben hatten, und nicht immer fand alles seinen Weg bis zur Schatzkammer. In Afrika erhielten die Häuptlinge gewöhnlich Geschenke für die Zuteilung von Landrechten oder die Schlichtung von Streitigkeiten als persönliches Entgelt für persönliche Dienste. Und kleine Könige und Kaiser lebten davon, daß sie von durchreisenden Handelsleuten Schutzgelder kassierten.

Dann kamen die Europäer mit der ihnen eigenen Heuchelei. Für sie hatte der Staat angeblich dem Gemeinwohl zu dienen und sich unparteiischer, rationaler Mittel zu bedienen, alle waren angeblich gleich vor dem Recht. Doch verletzten sie mit ihren eigenen Praktiken diese Theorie: Die Angestellten der Ost-Indien-Gesellschaft bereicherten sich mit allen erlaubten und unerlaubten Mitteln. Die Korruption modernen Stils ist größtenteils eine europäische Erfindung: Sie ist nichts weiter als die Wirklichkeit der Gier von einzelnen oder Gruppen, die sich hinter der schönen Fassade der Rationalität versteckt. Bei der Erringung der Unabhängigkeit wurden die neuen Staaten nicht auf wundersame natürliche Weise zu unparteiischen Bürokratien. Persönliche Methoden des Eine-Hand-wäscht-die-andere entsprachen mehr den einheimischen Traditionen als langwierige Verfahren, zumal die Mehrheit der Bevölkerung nicht lesen und schreiben konnte. Und die Mentalität des Schnell-Reichwerdens breitete sich zunehmend aus, weil die Leute in dem von der Unabhängigkeit geschaffenen gesellschaftlichen Vakuum in der einzigen allgemein anerkannten Weise ihren Status zu heben suchten, die es gab: durch Zurschaustellung materiellen Wohlstands. Die indische Korruptionskommission beklagte sich über «die Markttendenz, immer größeren Wert auf materielle Güter zu legen, und die umsichgreifende Manie, mit allen Mitteln, mit fairen oder mit faulen Methoden, reich zu werden».

Diese Faktoren erklären die größere *Neigung* zur Korruption in der Dritten Welt. Die *Gelegenheit* dazu liegt in der Armut der Wirtschaft und der Komplexität der bürokratischen Regeln. Der Staat hat die Kontrolle über so viele wertvolle und knappe Mittel, angefangen bei den Arbeitsplätzen über die Häuser bis hin zu Aufträgen und Lizenzen. Offiziell sind diese Sachen alle frei oder haben einen Festpreis, aber da die Nachfrage das Angebot bei weitem übersteigt, kann man ohne weiteres ein Aufgeld oder Schwarzmarktpreise dafür verlangen.

Die Korruption kann so beitragen zur Armut der Massen ebenso wie zum Reichtum der Eliten. Wenn ein Geschäftsmann Schmiergelder zahlen will, so sieht er darin nichts weiter als eine Investition, die einen Profit abwerfen wird wie jede andere Investition auch, etwa wenn sie ihm hilft, keine Steuern zu zahlen, ihm erlaubt, dem Staat oder öffentlichen Auftraggebern überzogene Preise abzuverlangen oder weniger Material zu benutzen, als das Gesetz von ihm verlangt. Gleichwie, der Extraprofit, der eine solche Schmiergeld-«Investition» rechtfertigt, wird den Massen entzogen. Entweder verliert der Staat von seinen Einkünften, die für Entwicklungsvorhaben ausgegeben werden könnten, oder die Bürger selbst müssen mehr für die Waren bezahlen. Schmiergelder scheinen nur aus der Tasche des Geschäftsmannes zu kommen, aber in Wirklichkeit müssen alle Bürger dafür bezahlen.

Und überall, wo die Machthaber und Politiker durch Korruption reich werden, kann man davon ausgehen, daß ihre Politik keine Gefahr für die Reichen und keine Erleichterung für die Armen bringt. Wenn die Politik als Weg zu Reichtum und nicht nur als Weg zur Macht angesehen wird, werden sich ihr auch immer weniger Idealisten und immer mehr Opportunisten zuwenden, deren Mitmischen den Verfallsprozeß nur noch beschleunigt.

Plutokraten: Die Macht des Geldes

Durch Korruption wird politische Macht genutzt, um wirtschaftliche Macht zu gewinnen. Doch der umgekehrte Vorgang ist ebenso verbreitet: Wirtschaftliche Macht wird eingesetzt zur Erringung politischer Macht. Wenn sie alle ihre Mittel einsetzen, können die Wohlhabenden für sich oder für die von ihnen begünstigten Kandidaten öffentliche Ämter erhalten. Sie können die Ausrichtung der Entwicklungspolitik bestimmen und allen Reformen, die sich gegen ihre Privilegien richten, Hindernisse in den Weg stellen. Durch diese beiden ineinander übergehenden Prozesse neigen die politischen und wirtschaftlichen Eliten der armen Länder dazu, miteinander zu verwachsen und zu verschmelzen. Politische und wirtschaftliche Ungleichheiten sind ineinander verschränkt und bringen politische Maßnahmen mit dem Ziel der Verringerung von Ungleichheit zu Fall.

Es ist sicherlich nicht erstaunlich, daß die Privilegierten versuchen, Einfluß auf die Politik auszuüben. Im immerwährenden Kampf um Überleben und Vorteil, wie er in den meisten Entwicklungsländern tobt, richten sich alle Bestrebungen auf den Staat. Der Staat kontrolliert den Zugang zu Krediten, Lizenzen und selbst zu Rohstoffen. Er entscheidet über Einfuhrzölle und über viele Preise und Aufträge. Er ist in fast allen Ländern die wichtigste Quelle für günstige Geschäfte. Er ist es zudem, der Gesetze verabschiedet, mit denen das Gleichgewicht von Wohlstand und Einkommen zwischen den gesellschaftlichen Gruppen geregelt wird: die Einkommensteuer, indirekte Steuern, Mindestlohnbestimmungen, Mieten in Stadt und Land, Pachtzinsen und, was am explosivsten ist, Gesetze über die Landverteilung und die Rechte der Gewerkschaften. Theoretisch hat der Staat die Macht, durch seine Kontrolle über Polizei und Armee, den größten Macht- und Gewaltkonzentrationen in jedem Land, seine Entscheidungen in allen diesen Belangen der gesamten Gesellschaft aufzuerlegen (obwohl in der Praxis seine Macht, den Reichen Regeln vorzuschreiben, oft begrenzt ist). Wo soviel auf dem Spiel steht, werden die Privilegierten nicht dastehen und zusehen, wie der demokratische Prozeß seinen Gang nimmt. Je größer die Kluft zwischen ihnen und den Massen ist, desto weniger Skrupel haben sie, für die Erhaltung oder Vertiefung dieser Kluft zu kämpfen.

Die moderne Großindustrie, die großen Landeigentümer und der moderne Sektor der Städte haben deshalb den größten Teil der Investitionen und Vorteile einsacken können, weil sie von ihrem höheren Organisationsgrad und ihrem größeren Einfluß Gebrauch gemacht haben, um alles nach ihren Vorstellungen einzurichten, statt nach denen der kleinen Handwerker, Werkstattbesitzer oder selbstversorgerischen Bauern.

Die lokale Macht des großen Mannes ist in der Dritten Welt ungeheuer groß. Er hat das Geld, Wählerstimmen zu kaufen, Politiker, Verwaltungsbeamte und Polizisten zu bestechen und Rechtsanwälte zu bezahlen. Er hat gesellschaftlichen Einfluß und kann auf die Karriere der Beamten Einfluß nehmen. Er hat wirtschaftliche Macht über viele Menschen, weil er Land, Häuser, Unternehmen besitzt. Und er nutzt alle diese Mittel, um dafür zu sorgen, daß die Dinge nach seiner Pfeife tanzen.

Gewöhnlich schafft er es, daß Kandidaten gewählt werden, die nach seinem Geschmack sind. Wählerstimmen sind in vielen Entwicklungsländern marktgängige Waren, und die Stimme des armen Mannes ist auf allen drei Kontinenten leicht zu kaufen, sei es durch direkte Bezahlung, sei es durch das Versprechen von Arbeit oder anderer materieller Vorteile. Geschichten über den Kauf von Wählerstimmen zum Preis von etwa fünf Rupien oder zwei Tageslöhnen sind in Indien gang und gäbe. Der Politikwissenschaftler F. G. Bailey fand bei einer Wahluntersuchung in Orissa heraus, daß die Kandidaten die Leute für ihre Stimmabgabe damit bezahlten, daß sie ihnen versprachen, sie würden dann «Beauftragte». Die Leute verkauften bereitwillig ihre Stimmen, so fand er heraus, weil sie arm waren und Geld brauchten. Die Regierung war weit weg, und freie Wahlen bedeuteten ihnen wenig mehr als eine leere Formalität ohne größere Auswirkungen auf die weiteren Ereignisse. Der Verkauf der Stimme erschien ihnen als legitimes Geschäft, durch das man dem scheinbar Nutzlosen noch einen Nutzen abgewinnen konnte. Zwar war dann die Wahl geheim, aber die Stimmenverkäufer hielten normalerweise ihre geschäftliche Abmachung ein.

Wo man die Stimmen nicht kaufen kann, kann man immer noch auf Wahlbetrug und Einschüchterung zurückgreifen. Die Wurzeln der Demokratie sind in der Dritten Welt noch so zart, daß derlei Praktiken breite Anwendung finden. Gefälschte oder gestohlene Wahlzettel werden an Freunde ausgegeben, die so mehrfach wählen können. Tote kommen auf geheimnisvolle Weise zur Wahl, und für Lebende gehen andere zur Wahl. Bekannte Anhänger politischer Gegner werden gewaltsam vom Gang zur Wahlurne abgehalten. Die Wahlen in Pakistan von 1977 waren ein wahres Freudenfest betrügerischer Praktiken, und die anschließenden Proteste gegen die Wahlbetrügereien führten zur Militärdiktatur. Bei den Wahlen in West-Nigeria gruben 1965 die Parteien Gräben rund um die Wahllokale und ließen nur politische Anhänger zur Wahl eintreten. In Indien gibt es eine Methode, die als «Gefangennahme der Wahlkabine» bezeichnet wird – gedungene Gauner reißen die Kontrolle über das Wahllokal an sich und lassen nur Anhänger oder freundlich gesinnte Wahlbetrüger, die sich für andere ausgeben, durch. Für alle diese Praktiken braucht man Geld, daher ist es von erheblichem Vorteil, wenn man sich gutstellt mit den reichsten Anhängern.

Doch manchmal braucht es weder Stimmenkauf noch Wahlbetrug, um die Leute so wählen zu lassen, wie der Reiche es will, etwa da, wo ein reicher Mann eine ganze Ortschaft seinen wirtschaftlichen Einfluß spüren läßt. Der *cacique* ist eine in allen armen Ländern vertraute Figur (aber auch in einigen reichen Ländern). In Asien ist er vielleicht der größte Landbesitzer oder das Oberhaupt einer Kaste, in Afrika der Dorfhäuptling, der Transportunternehmer oder der Ernteaufkäufer, in Lateinamerika der Großgrundbesitzer oder der Rechtsanwalt, auf den alle kleinen Landbesitzer bei ihren zahlreichen Rechtsstreitigkeiten untereinander angewiesen sind.

In Kolumbien beispielsweise werden ganze Dörfer und Gemeinden so wählen, wie der *cacique* es will, nahezu ohne Ausnahme. In einem Wahlbezirk werden alle Wahlkampagnenfähnchen rot sein für die Liberalen – und an der Grenze zum nächsten Wahlbezirk ist nur noch Blau für die Konservativen zu sehen. Es gibt sogar in den Städten *caciques* – Ladenbesitzer, auf die die Armen angewiesen sind, wenn sie Nahrungsmittel kaufen wollen oder anschreiben lassen müssen, oder Hausbesitzer und Vermieter, von denen es abhängt, ob man ein Dach über dem Kopf hat oder nicht. Politiker, die die Wahlen auf Grund der von den *caciques* zusammengetrommelten Stimmen gewonnen haben, wagen es nicht, Reformen in Angriff zu nehmen, die gegen deren Interessen verstoßen. Daher sind die gesellschaftspolitischen Vorstellungen der beiden wichtigsten Parteien Kolumbiens in ihrer konservativen Ausrichtung auch fast nicht voneinander zu unterscheiden. Dem Witz zufolge unterscheiden sie sich nur in einem Punkt: die Konservativen gehen um neun Uhr zur Messe, die Liberalen um zehn.

Wahlen kosten Geld, und wo es im politischen Wettbewerb hart auf hart geht, können die Privilegierten beträchtlichen Einfluß auf die Politik einer Partei bekommen, wenn sie ihr Wahlkampfspenden zukommen lassen. In Indien ging es der Congress-Partei zwei Jahrzehnte lang nach der Erringung der Unabhängigkeit gut, am Anfang, weil sie für die Freiheit gekämpft hatte, danach großenteils, weil sie an der Regierung war und bei den Arbeitsstellen, der Kreditvergabe, der Wasserversorgung, der Stromversorgung, dem Schulbau usw. das Sagen hatte. Machte die andere Seite auch Versprechungen, so hatte die Congress-Partei dadurch die besseren Möglichkeiten, sich daran zu halten. 1969 spitzte sich der politische Wettbewerb zu, als Indira Ghandi die Congress-Partei spaltete und zwei einander bekriegende Fraktionen entstanden. Bei den Wahlen von 1971 mußte dann auch mehr ausgegeben werden für den Kauf von Wählerstimmen, für Speisungen und Feste, für Zahlungen an die ansässigen Bosse, für Jeeps für die Kandidaten und für Lastwagen, mit denen man die Wähler zu den Wahllokalen karren konnte. 1969 waren Spenden von Firmen an politische Parteien verboten worden, doch die Großwirtschaft war als einzige Quelle imstande, die hohen Kosten für den Wahlkampf aufzubringen. Die Congress-Partei Indira Ghandis trat im Wahlkampf mit einem Programm durchschlagender sozialer Reformen an, doch ihre Schulden bei den «Geldsäcken», wie man in Indien sagt, verhinderten, daß sie das Programm auch ausführen konnte. Außer der Verstaatlichung der Banken und der Abschaffung der Privatschatullen der Radschahs wurden keinerlei grundlegende Veränderungen zur Umverteilung von Wohlstand und Einkommen eingeleitet.

Trotz all dieser Tücken kommen Reformgesetze und sogar zu weitgehenden Reformen entschlossene Regierungen manchmal durch. Dann greifen die Privilegierten auf ihren lokalen Einfluß zurück, auf Verwaltungsbeamte, Richter und Polizei, um die Durchsetzung der Reform zu verhindern, mit anderen Worten, um sich dem Gesetz zu entziehen oder gar um sich ihm zu widersetzen. Das Gesetz ist in der Form, in der es in der ganzen Welt gemeinhin behandelt wird, eine Waffe, die die Reichen leicht handhaben können, die der Arme aber kaum in die Hand nehmen kann. Damit die Rechtsanwälte was zu arbeiten haben, sind Gesetze immer in einer gequälten Sprache abgefaßt, die von der altehrwürdigen britischen Gesetzessammlung oder dem Code Napoléon abgeguckt worden ist. Sie sollen dem gemeinen Volk nicht verständlich sein, damit jeder, der sich des Rechts bedienen möchte, die Rechtsanwälte bemühen muß.

In fast allen Entwicklungsländern verhindern die Gesetzesinstitutionen die Gleichheit vor dem Gesetz. Da es sehr teuer ist, Anwalt zu werden, ist gewährleistet, daß weitgehend nur Angehörige der Elitefamilien Jura studieren und Rechtsanwälte, Staatsanwälte und Richter werden. Die Schöffen werden gewöhnlich aus den besitzenden Klassen ausgewählt. Selbst wenn die Armen Zugang zum Recht haben, fallen die Entscheidungen meist zugunsten der Reichen aus. Doch es ist schwierig, zu seinem Recht zu kommen. Vor Gericht zu gehen, fällt dem Armen wegen der Kosten weit schwerer als dem Reichen, gleich ob es sich um Anwaltsgebühren, Kosten für Dokumente oder Geld und verlorene Zeit für die Fahrt zum Gericht handelt. Der Arme wird selten auf Kaution freigelassen werden oder zu Geldstrafen verurteilt und eher in Untersuchungshaft oder ins Strafgefängnis gesteckt. Die Gesetzesform ist eine der Haupthindernisse für die Erlangung von Gerechtigkeit für die Armen in der Dritten Welt.

Die Privilegierten ignorieren Reformgesetze nicht nur, häufig brechen sie auch die grundlegendsten Gesetze gegen den Mißbrauch von Gewalt. In Asien und Lateinamerika ist Gewalt von Grundbesitzern weitverbreitet – dafür mögen die Berichte in Teil Zwei über die Schikanen gegen kolumbianische Bauern oder die Einschüchterung von Landarbeitern in Indien zeugen. Der vom Grundbesitzer bezahlte Gauner ist eine vertraute Institution: Es gibt immer genug arme Leute, die bereit sind, sich auf diese Weise gegen ihre Schicksalsgenossen gebrauchen zu lassen. Diese Art von Tätigkeit wird besser bezahlt als Landarbeit, und es ist noch immer besser, Gewalt auszuteilen als ihr ausgesetzt zu sein.

Pfandarbeit ist in Indien seit der Verfassung von 1947 gesetzlich verboten. Amtliche Untersuchungen der bundesstaatlichen Regierungen – die alle bestrebt sind nachzuweisen, wie sozial fortschrittlich sie doch sind – haben oft behauptet, Pfandarbeit existiere nicht mehr. Doch sie blüht nach wie vor. Mitte der siebziger Jahre wurde die Zahl der Schuldsklaven auf eine halbe Million geschätzt. So hielt es denn Frau Ghandi während des Ausnahmezustands für angebracht, sie noch einmal zu verbieten. Das Gesetz zur Abschaffung des Pfandarbeitssystems ermutigte zur Bildung örtlicher Überwachungsausschüsse, die aktiven Anteil nehmen sollten an der Beseitigung der Pfandarbeit, und es verpflichtete die einzelnen Bezirksverwaltungen zu untersuchen, in welchem Ausmaß diese Praxis noch bestehe. Mit diesen Vorkehrungen sollte das jahrhundertealte Problem der Nichtanwendung von Gesetzen auf lokaler Ebene überwunden werden. Doch es kam, wie es kommen mußte, auch das neue Gesetz wurde nicht angewandt. Eine Untersuchungsdelegation des Internationalen Arbeitsamtes, die Indien 1977 besuchte, fand keinerlei Hinweis auf irgendwelche Aktivitäten in dieser Richtung oder auch nur auf die Existenz von Überwachungsausschüssen; dem Bericht zufolge hatten nur wenige Bezirksverwaltungen überhaupt Untersuchungen eingeleitet. Schon früher waren auch andere Reformgesetze ignoriert worden. Die indischen Bodenreform-Gesetze, die den Armen Land verschaffen sollten, wurden hauptsächlich durch ihre Umgehung honoriert – großer Landbesitz wurde einfach unter allen Familienmitgliedern bis hinunter zum winzigsten Balg in der Wiege aufgeteilt. Praktisch jeder Bundesstaat verfügte über Mindestlohnregelungen, doch sie waren das Papier nicht wert, auf dem sie standen. Die Delegation des Internationalen Arbeitsamts fand heraus, daß die Löhne im Durchschnitt meistenorts nur bei der Hälfte des Mindestlohns lagen.

In den meisten armen Ländern ist der Staat schwach oder «weich». Er hat nicht die volle Kontrolle über seinen eigenen Apparat. Der Kopf kann nicht sicher sein, ob die Hand auch tut, was er von ihr verlangt, und er hat auch keine Mittel und Wege hervorgebracht, dies zu kontrollieren (dafür braucht man eine wachsame Presse, die frei ist von staatlicher Kontrolle und Interessenklüngeln, und eine solche Presse fehlt in den meisten Ländern der Dritten Welt). Die Verwaltung arbeitet nicht wirkungsvoll, die Verfahrensformen werden lax gehandhabt, die politische Richtlinien-Disziplin ist schwach. Selbst Diktaturen leiden an dieser Schwäche. Doch in den meisten Ländern handelt es sich nicht nur einfach um wichtigtuerische Inkompetenz. Die Fehler, die begangen werden, sind keineswegs völlig wahllos und beliebig. Vielmehr bilden die Fehler ein Muster, und die Inkompetenz ist eine voreingenommene Inkompetenz. Das System versagt konsequent zugunsten der Reichen.

Der Staat ist mit anderen Worten nicht einheitlich weich. Wollte man ihn genauer beschreiben, so müßte man feststellen, daß es sich um einen Staat mit einem weichen Zentrum und einem außerordentlich harten Äußeren handelt: weich gegenüber den Reichen, hart gegenüber den Armen, Diktatur der Elite über die armen Massen, während die Reichen nicht selten, im wahrsten Sinne des Wortes, noch bei Mord davonkommen.

Durch die verschiedenen, oben beschriebenen Mechanismen vermögen die Reichen sogar den eigentlichen Staatsapparat, die Verwaltungsmaschinerie, den Gesetzes- und Gesetzesdurchsetzungsapparat auf lokaler Ebene zu kontrollieren. Solange dieser Griff nicht gelockert wird, wird es immer äußerst schwierig sein, Gesetze von der Art zu verabschieden und in die Tat umzusetzen, wie sie vonnöten sind zur Beseitigung von Armut und zur Verringerung von Ungleichheiten. Maßnahmen zur Bekämpfung des durch die Hintertür geltend gemachten politischen Einflusses der Privilegierten lassen sich nur schwer entwerfen und ausführen. Die Armen müssen auf jeden Fall in Bauernverbänden, Gewerkschaften und Genossenschaften organisiert werden, damit sie ihren Rechten Nachdruck verleihen können. Das Rechtswesen bedarf einer Reform, damit auch die Armen gleiche Zugangsmöglichkeiten bekommen – vielleicht durch die Schaffung «barfüßiger Rechtsanwälte» oder von Volksgerichten. Die politische Richtlinien-Disziplin in der Verwaltung könnte beispielsweise durch die Einsetzung eines örtlichen Ombudsmanns gestärkt werden. Oder es wäre auch denkbar, daß eine politische Partei mit großem Massenanhang die Leistung der örtlichen Verwaltungen beaufsichtigt. Doch alle diese Maßnahmen können von den Reichen auch bekämpft werden, indem sie ihre alten Methoden anwenden. Sie werden einen Weg finden, um jegliche Reform zu pervertieren, solange die Quelle ihrer politischen Macht – ihre wirtschaftliche Macht – unangetastet bleibt. Ebenso werden wohl die Armen politisch schwach bleiben, solange sie wirtschaftlich schwach sind.

Eine Wirtschaftsreform ohne eine politische Reform ist schwierig, ebenso wie eine politische Reform ohne eine Wirtschaftsreform schwer durchzuführen ist. Beide müssen Hand in Hand gehen, so wie politische und wirtschaftliche Privilegien Hand in Hand gegangen sind und gehen.

Pflugscharen werden zu Schwertern: Die äußere Instabilität der Entwicklungsländer

Wenn die Politik dazu beigetragen hat, die Armen arm zu halten, so hat sie auch dazu beigetragen, die armen Länder arm zu halten.

Die typische Dritte Welt-Regierung ist oft instabil, häufiger in Kriege und Bürgerunruhen verstrickt als Industrienationen. Durch diese Instabilität wird die Entwicklung verlangsamt, werden Geldmittel für Schwerter verbraucht, wo sie für Pflugscharen ausgegeben werden sollten. Politische Instabilität verschärft die Armut, und Armut liefert Zündstoff für die Instabilität, früher oder später führt dies zur Diktatur und zur Unterdrückung. So kommt zu all den anderen Entbehrungen der armen Länder noch die Entbehrung der Freiheit hinzu.

Die äußere Instabilität ist ein weiterer Fluch, den die Kolonialmächte hinterließen, als sie abzogen. Die Europäer zogen die Grenzen zwischen ihren Besitzungen nach dem Zufall, bei irgendeinem Vorposten, wo sie zufällig auf eine rivalisierende Garnison trafen – oder sie zogen mit kühnem Federstrich willkürliche Linien durch unerforschtes Land, durch weiße Flecke auf der Landkarte. Sie durchschnitten uralte Reiche und Stammesgebiete und stückelten sie dann mit der gleichen Kavaliersattitüde gegenüber bestehenden Bindungen in einzelne Teile, die sie gewohnheitsgemäß als Verwaltungseinheiten bezeichneten.

Als die Spanier und Portugiesen Lateinamerika unter sich aufteilten, folgten sie im großen und ganzen den Linien, die ein Papst festgelegt hatte, der niemals seinen Fuß auf diesen Kontinent gesetzt hatte. Als die Kolonien dann unabhängig wurden, bildeten sich die neuen spanischsprachigen Staaten entsprechend den Grenzen der alten Vize-Königreiche oder entsprechend den Machtgrundlagen der militärischen Caudillos, die für die Unabhängigkeit kämpften. Für die neuen Grenzen gab es keine tiefverwurzelten Legitimationen, und so wurden sie bald in einer Reihe teurer und fruchtloser Kriege in Frage gestellt. Von 1865 bis 1870 wurde Paraguay im Krieg gegen die Dreier-Allianz von Uruguay, Argentinien und Brasilien auf einen Bruchteil seines ursprünglichen Territoriums reduziert. Bolivien verlor die nitratreiche Atacama-Wüste und damit auch seinen Zugang zum Meer im Pazifischen Krieg von 1879, in dem es sich mit Peru gegen Chile verbündete. Als der hundertste Jahrestag dieses Krieges nahte, sprach man wieder von einer Revanche. Bolivien verlor dann noch mehr Gebiet im Chaco-Krieg gegen Paraguay (1935–37). 1941 gerieten sich Ecuador und Peru über große Landstriche des Amazonaswaldes in die Haare. Argentinien und Chile streiten sich seit jeher um die vom Wind gepeitschten Ödlandflächen und Inseln Patagoniens. Keine dieser alten Wunden ist jemals richtig ausgeheilt.

In Asien und besonders in Afrika (das noch vor seiner Erforschung in Stücke geschnitten wurde) sind die Gebiete, welche die Imperialmächte räumen mußten, noch willkürlicher gestückelt. Die eingeborenen Gruppen, die sie übernahmen, hielten jedoch an diesen Grenzen fest, als ob sie heilig wären, und bewaffneten sich bis an die Zähne, um sie zu verteidigen. Das scheint komisch zu sein, doch läßt sich dies dadurch erklären, daß die herrschenden Eliten, die die Macht übernahmen, größtenteils der gebildeten Schicht von Europäern entstammten und nicht zu den traditionellen Machtgruppen gehörten. Die einzige Quelle ihrer neuen Macht, ihres Wohlstands und ihrer Stellung war der neue künstliche Staat. Wären die Staaten nach Maßgabe der ursprünglichen ethnischen und politischen Komponenten umgebildet worden, so wäre die Macht möglicherweise an die traditionellen Herrscher zurückgefallen. Doch das Klammern an die

Striche auf der Landkarte konnte nicht verhindern, daß viele Staaten heute lauthals Gebietsansprüche an andere Staaten stellen. In jüngster Zeit sind immer öfter Gebietsansprüche gestellt worden und Grenzstreitigkeiten ausgebrochen: durch die Suche nach Öl und anderen Rohstoffen auf der ganzen Erde, durch die Möglichkeit, Erze vom Meeresboden zu fördern, und durch den Kampf um die schwindenden Fischvorräte.

In Afrika drang Somalia in die Ogaden-Wüste in Äthiopien ein und erhob Ansprüche auf ein Gebiet, das im 19. Jahrhundert erobert wurde. Somalia erhebt ähnliche Ansprüche auf Teile Kenias und Dschibutis, wo es größere Volksgruppen somalischer Abstammung gibt. Unter der Oberfläche brodelt ständig ein Konflikt zwischen Obervolta und Mali um die genaue Grenzziehung örtlicher Regierungsbezirke in der ehemaligen Kolonie Französisch-Westafrika. Algerien wurde in Streitigkeiten mit Marokko und Mauretanien über das Schicksal der früheren Spanischen Sahara verwickelt.

In Asien schuf die Zerstückelung Borneos durch die Kolonialmächte einen ständigen Zankapfel zwischen Indonesien, Malaysia und den Philippinen. Die beiden ersteren standen Anfang der sechziger Jahre am Rande eines Krieges gegeneinander. Die Grenzen in Indochina, über die die Bergstämme ständig hin und her ziehen, sind umstritten. Doch Süd-Asien hat am meisten unter den Grenzproblemen zu leiden gehabt. Indien führte 1962 Krieg gegen China wegen der McMahon-Grenzlinie zwischen beiden, die nach Aussage Chinas dem schwachen Tibet von den Westmächten aufgezwungen worden war. Das Gebiet, um das es in diesem Konflikt ging, ist so abgelegen und dünn besiedelt, daß China eine Militärstraße quer durch das von Indien beanspruchte Gebiet Aksai Chin bauen konnte, ohne daß die Inder etwas merkten. Indien und Pakistan führten 1965 wegen Kaschmir Krieg. Dieser Staat, in dem hauptsächlich Moslems leben, wurde von den dort Herrschenden ohne Befragung der Bevölkerung an das vorwiegend hinduistische Indien übertragen. Afghanistan und Pakistan liegen sich ständig wegen der geteilten Pathan-Region in den Haaren.

Selbst den Nahost-Konflikt hinterließ der Westen der Dritten Welt. Die Engländer beschlossen, als sie Palästina als Mandatsgebiet des Völkerbundes regierten, ohne Rücksicht auf die Meinung der dort lebenden Bevölkerung, dies sei nun der rechte Ort, wo das jüdische Volk eine «nationale Heimstatt» errichten könne, nachdem es durch die Verfolgung in Europa in den Zionismus getrieben worden war.

Als Ergebnis all dieser latenten und offen ausgetragenen Spannungen hat die Welt seit dem Zweiten Weltkrieg nicht einen einzigen Tag Frieden erlebt. Dem ungarischen Kriegsanalytiker Istvan Kende zufolge gab es zwischen 1945 und 1976 nicht weniger als 133 Kriege, in die 80 Staaten verwickelt waren. Im Durchschnitt waren pro Tag zwölf Kriege im Gange, die praktisch alle in der Dritten Welt stattfanden.

So gibt denn die Dritte Welt einen großen Teil ihrer beschränkten Finanzmittel für Rüstung, für sinnlose Rüstungswettläufe aus, die allein den westlichen Lieferanten riesige Profite bringen. Nach Schätzungen des Internationalen Instituts für Friedensforschung in Stockholm (SIPRI) wurden Ende der siebziger Jahre in der ganzen Welt pro Jahr rund 10 Milliarden Dollar im Waffenhandel umgesetzt. Drei Viertel der Waffen gehen in die Dritte Welt, und fast zwei Drittel der Zahlungen gehen an den Westen. 1979 gab die Welt mindestens 400 Milliarden Dollar für Kriege, Armeen und Waffen aus – das ist eine Million pro Minute –, mehr als vierzehnmal soviel, wie für Entwicklungshilfe aufgebracht wurde. Diese Summe ergibt 100 Dollar für jeden auf der Erde lebenden Menschen – mehr als das gesamte Jahreseinkommen von Hunderten von Millionen armer Menschen in Afrika und in Asien. Nur zum Vergleich: 15 Milliarden Dollar pro Jahr könnten jedem Menschen bis 1990 sauberes Wasser und sanitäre Anlagen verschaffen; mit 240 Millionen Dollar im Jahr könnte man alle Kinder der Welt gegen die sechs wichtigsten tödlich verlaufenden Krankheiten impfen; der Preis eines einzigen Kampfdüsenjägers entspricht dem Geld, das man für 40000 Dorfapotheken oder die Klassenzimmerausrüstung für 600000 Kinder aufbringen müßte. Würden sich nur die beiden Supermächte darauf einigen, ihre Militärausgaben gleichmäßig um 10 Prozent zu verringern, so könnte damit das gegenwärtige Entwicklungshilfeniveau auf das Doppelte angehoben werden – ohne daß die Sicherheit darunter leiden müßte. Doch das Jahr 1979 mußte erleben, wie US-Präsident Carter einen neuen Rüstungswettlauf in Gang setzte, indem er eine Verdoppelung der US-Militärausgaben bis 1985 ankündigte.

Das durchschnittliche Entwicklungsland gab 1976 etwa 4 Prozent seines Bruttosozialprodukts für Militärzwecke aus. Das ist nicht mehr als bei einem durchschnittlichen westlichen Land, doch die armen Länder können sich das nicht leisten. Diese 4 Prozent sind Bestandteil ihres geringen Wirtschaftsüberschusses, und wenn sie für Entwicklungszwecke ausgegeben würden, wäre das durchaus zu merken.

Zwölf der dreizehn Länder, die 1975 mehr als 10 Prozent ihres Bruttosozialprodukts für Verteidigungszwecke ausgaben, waren Entwicklungsländer. Die Militärausgaben armer Länder lagen oft höher als die Ausgaben für die Entwicklung von Schlüsselbereichen der Wirtschaft. So gab beispielsweise Indien 1973 doppelt soviel für Waffen und für die Streitkräfte aus wie für die Bildung und viermal soviel wie für die Gesundheit. Der Iran gab 73 Dollar pro Einwohner für die Verteidigung aus, aber nur 29 Dollar für die Bildung und 9 Dollar für die Gesundheit.

In einzelnen Ländern sah es zum Teil noch sehr viel schlimmer aus. So werden die Entwicklungsanstrengungen einiger Nahoststaaten durch ihre Militärausgaben stark behindert. Das Institut für Strategische Studien in London errechnete, daß Ägypten 1975 23 Prozent seines Bruttosozialprodukts in den Militärhaushalt steckte. Der Militärhaushalt von 1976 belief sich auf 6,1 Milliarden Dollar, zwei Fünftel aller Regierungsausgaben. Der Irak gab 18,7 Prozent seines BSP für das Militär aus, Syrien 15,1 Prozent und Jordanien 12,2 Prozent. Der Iran, traditionell mit dem Irak verfeindet, gab 17,4 Prozent seines BSP für das Militär aus. Die Türkei, die sich in Zypern und in der Ägäis Griechenland als Sparringspartner erkoren hat, gab 9 Prozent, Pakistan 7,2 Prozent und Süd-Korea (das durch die Großmächte vom Norden getrennt wurde) 5,1 Prozent für derlei Zwecke aus.

So trug denn auch die äußere Instabilität der Entwicklungsländer dazu bei, daß sie arm blieben, denn so sahen sie sich veranlaßt, für Waffen auszugeben, was sie hätten in die Entwicklung stecken können. Doch steht die äußere Instabilität in engem Zusammenhang mit der inneren Instabilität. Sie hat zum übermäßigen Anwachsen der Armeen geführt, zur Hebung des Nationalprestiges und der Bedeutung des Landes beigetragen und somit die Wahrscheinlichkeit vergrößert, daß es zu Militärputschen kommt. Und aggressiver Nationalismus ist seit undenkbaren Zeiten eine gängige Masche der herrschenden Gruppen zur Ablenkung von Konflikten im Inneren gewesen. Armeen sind für die Unterdrückung abweichender Meinungen im Inneren ebenso nützlich wie für die Kriegführung gegen einen äußeren Feind.

Militärs und Klassen: Die innere Instabilität der armen Länder

> «Eine Gesellschaft, die sich aufteilt in eine große, verarmte Masse und eine kleine, begünstigte Elite, bringt entweder eine Oligarchie (diktatorische Herrschaft der kleinen Oberschicht) oder eine Tyrannei (Diktatur mit Rückhalt aus dem Volk) hervor.»
>
> Seymour Martin Lipset

«Erneut Staatsstreich in Dahomey». Nachrichten solcher Art hat es schon so oft gegeben, daß sie nur noch als «Füller» auf einer Innenseite mit einzeiliger, zwölf Punkt großer Überschrift erscheinen. Instabilität in der Dritten Welt? Das ist halt so. Sie ist Bestandteil des in den Medien verbreiteten Stereotyps über die Dritte Welt, daneben gibt es noch Hungersnöte und Katastrophen. Nach Berechnungen des Politikwissenschaftlers Professor S. E. Finer gab es zwischen 1962 und 1975 nicht weniger als 104 Staatsstreiche, fast alle in der Dritten Welt. Dahomey (heute Benin) erlebte zwischen 1958 und 1973 sechs Staatsstreiche, Bolivien ebenfalls sechs, der Sudan fünf. 1975 hatte ein Viertel aller souveränen Staaten mit Vertretung in den Vereinten Nationen Regierungen, die durch einen Staatsstreich an die Macht gekommen waren.

Die innere Instabilität trägt wie die äußere Instabilität zur Armut der Dritten Welt bei. Sie untergräbt das Vertrauen ausländischer Kapitalinvestoren und läßt einheimische Anleger verstärkt mit dem Gedanken liebäugeln, das Geld doch lieber auf Schweizer Bankkonten unterzubringen, als es in die Landwirtschaft oder in die Industrie zu investieren. Da eine herrschende Gruppe nach der anderen sich dieser Praxis anschließt, ist die Entwicklungspolitik ständigen Schwankungen und Kehrtwendungen ausgesetzt, und das Führungspersonal von Entwicklungsprojekten muß andauernd befürchten, daß mitten im Projekt die Köpfe rollen.

Politische Stabilität ist ein wertvoller Schatz, den die Bürger jener Handvoll gehätschelter Demokratien im Westen allzu leicht als selbstverständlich ansehen. Fast jede westliche Nation hat Zeiten der Revolution und des Bürgerkriegs erlebt. Und wenn es bestimmten Nationen gelungen ist, während der letzten hundert Jahre nichts dergleichen durchmachen zu müssen, so kann man mit Fug und Recht annehmen, daß diese Stabilität zumindest zu einem Teil auf den Kolonialismus und den Neo-Kolonialismus zurückzuführen war. Wie jener große Kolonialist Cecil Rhodes bemerkte, bedeuteten die Kolonien neues Land für die Unterbringung der überzähligen Arbeitskräfte und neue Märkte für den Verkauf der überschüssigen Produkte. Ohne diese Ablaßventile wären die Arbeitslosigkeit weit stärker, die Einkommen niedriger und die Klassenkämpfe erbitterter gewesen, Revolution oder Faschismus wären das Ergebnis gewesen. «Wenn man Bürgerkriege vermeiden will, muß man imperialistisch werden», sagte Rhodes. Es ist denn auch auffallend, daß diejenigen großen Industrieländer, die beim Rennen nach den Kolonien zu spät kamen – Deutschland, Japan und Italien – dem Faschismus und Militarismus erlagen.

Die Dritte Welt hat keinen äußeren Suppentopf, aus dem sie schöpfen kann, um die unregierbaren Massen bei Laune zu halten: im Gegenteil, ihr eigener Suppentopf ist geplündert worden, damit der Westen sich diesen Dienst erweisen konnte.

Für stabile demokratische Regierungsformen braucht man andere Voraussetzungen, die zu errichten meist mehrere Generationen in Anspruch nimmt. Sie brauchen Legitimation, das heißt, der Staat muß sich bei seiner Herrschaftsausübung der allgemeinen Zustimmung seiner Bürger gewiß sein können. Kann er das nicht, muß er auf Zwangsmittel zurückgreifen. Wenn Palastintrigen über die Nachfolge, die Abwechslung in der Macht, verhindert werden sollen, so bedarf es eines festen Vorrats an Kriterien, nach welchen Regeln die Macht von einer herrschenden Gruppe auf die andere übergehen kann, und an diese Kriterien müssen sich alle Anwärter für die Macht halten. Dazu bedarf es – wie Aristoteles am Beispiel der griechischen Stadtstaaten als erster bemerkte – einer großen, an der Machtausübung beteiligten Mittelschicht, die als Puffer zwischen den Reichen und den Armen dient. Nur wenige Staaten der Dritten Welt weisen auch nur eine dieser Voraussetzungen auf.

Der moderne Staat in der Dritten Welt ist von fremder Hand aufgesetzt worden und verfügt über wenig Legitimation. In vielen Staaten wurde die Unabhängigkeit von der Kolonialmacht durch Subversion, bewaffneten Aufstand oder massive Bürgerunruhen erkämpft und nicht durch Vereinbarungen auf der Grundlage breiter Volksabstimmungen erlangt. Allen Staaten und Regierungen, die durch Gewalt entstanden sind, fällt es schwer, sich eine starke Legitimation zu verschaffen, die sie von der Notwendigkeit befreien würde, mit Gewalt zu regieren. Und die neuen Staaten hatten mit tiefverwurzelten Einstellungen der Bevölkerung gegenüber der Regierung zu kämpfen, die sich während der Kolonialzeit entwickelt hatten. Kolonialsteuern und -abgaben, Zwangsarbeit, Zwang zum Anbau bestimmter Produkte für den Verkauf, erpresserische Mieten und Pachtzinsen – alle diese Ansprüche der Regierung waren ungerecht, bösartige Auflagen, die nur ein Narr bereitwillig oder vollständig erfüllt hätte. Den kolonialisierten Völkern wurde es fast zum natürlichen menschlichen Reflex, Anordnungen der Regierung jeweils nur so wenig zu befolgen, wie es möglich war, ohne im Gefängnis zu landen oder von einer Strafexpedition heimgesucht zu werden. Sie lernten, wie man etwas verbirgt, wie man etwas vormachen kann, sie lernten, die Kolonialbeamten zu belügen und zu betrügen, dem Cäsar vorzuenthalten, was nach dessen eigener Ansicht des Cäsars zu sein hatte, und die Mutigeren gingen zu offenem und zuweilen gewaltsamem Widerstand über. In der Kolonialzeit wurden diese mehr oder minder entschlossenen Formen der Rebellion als heldenhaft und lobenswert angesehen. Leider sterben Gewohnheiten und Einstellungen, welche einer neuen Generation von Kindern anerzogen worden sind, nicht so rasch aus, so daß diese negativen Haltungen auch nach der Unabhängigkeit beibehalten worden sind. In Indien beispielsweise rief Mahatma Gandhi 1921 in Bardoli zu einem allgemeinen Steuerstreik auf, und 1930 war er der Anführer einer feierlichen Prozession zum Meer, wo die Teilnehmer als Protest gegen die britischen Salzsteuern selbst Salz wuschen. Er verlieh der Steuerhinterziehung eine Aura des Patriotismus, später sollte sie unter indischer Regierung nicht weniger Verbreitung finden als unter der britischen. Er war auch der Pionier zivilen Ungehorsams mit dem Ziel der Schaffung völlig chaotischer Zustände. Seine Methoden wurden 1974 und 1975 gegen eine demokratisch gewählte indische Regierung verwandt.

Wo die neuen Regierungen selbst gewisse Versäumnisse und Schwächen aufweisen – Korruption, Günstlingswirtschaft aller Art, Zurschaustellung von Wohlstand durch die herrschende Elite –, werden die negativen Einstellungen gegenüber Staat und Regierung noch verstärkt. Daher sind Treueverhältnisse weniger an den Staat gerichtet als an Primärgruppen: Großfamilie, Dorf, Stamm. Der Staat wird lediglich als ein Mittel zur Interessendurchsetzung bestimmter Gruppen angesehen, die dies notfalls auf Kosten aller anderen Bürger tun.

In den meisten Ländern der Dritten Welt gibt es keinen stabilen Konsens darüber, wie die Machtübergabe, ein Wechsel in der Ausübung der Macht, zu vollziehen sei. Von der Macht ausgeschlossene Gruppen zögern nur selten, sich bei ihrem Griff nach der Macht der Gewalt zu bedienen, wenn die herrschende Ordnung nicht ihren Interessen entspricht. Schon ein einziger erfolgreicher Staatsstreich, der es schafft, für mehrere Jahre Regierungsmacht zu geben, kann das Einverständnis über die Regeln des Machtwechsels auf Dauer untergraben. Diktaturen und aus Staatsstreichen hervorgegangene Regierungen haben keine allgemein akzeptierten Regeln des Machtwechsels, nicht einmal für sich selbst. Viele leiten ihre zeitweilige Stabilität aus der Macht einer einzigen Persönlichkeit und ihrem charismatischen Einfluß ab: Wenn sie geht, bricht dann unter Umständen ein Chaos los. Aus einem Militärputsch hervorgegangene Regierungen sind nicht selten noch weniger stabil als die von ihnen vertriebenen Regimes. Ihre Herrschaft beruht einzig und allein auf dem Recht der Macht, das schon von der nächstbesten Gruppe von Hauptleuten, die zu dem Schluß gekommen ist, sie könne es besser machen, gegen sie geltend gemacht werden kann. Der englische Politologe S. E. Finer hat errechnet, daß die Hälfte aller Militärregime sich nicht länger als zwei Jahre halten kann. Drei von fünf solcher Regime bringen es auf höchstens fünf Jahre. Wer durch das Schwert hochkommt, kann leicht durch das Schwert fallen.

Einige aus einem Staatsstreich hervorgegangene Regierungen versuchen, sich zu demokratischen Regimen zu entwickeln, indem sie sich im nachhinein per Wahlurne eine breitere Zustimmung verschaffen. Andere bereiten ihr Volk schrittweise auf eine Rückkehr zur Demokratie vor. Doch selbst da, wo die Demokratie eine gewisse Tradition hat, ist sie in Ländern, die auch Perioden der Diktatur erlebt haben, selten stabil. In den meisten lateinamerikanischen Ländern hat es in der Vergangenheit auch Zeiten klassischer parlamentarischer Regierungsform gegeben, und in vielen dieser Länder haben sie sich nahezu wie ein Uhrwerk mit der Herrschaft militärischer Caudillos abgewechselt.

In vielen Ländern Asiens und Afrikas haben Stämme und andere Gruppen, die einen eigenen Staat anstrebten, nicht nur die Regierungsform, sondern sogar die territoriale Integrität des Staates angegriffen. Die Kurden, die über den Iran, die Türkei, Syrien und den Irak verteilt leben, haben in diesem Jahrhundert fast unaufhörlich ihren eigenen Staat gefordert. Indonesien sah sich der Bedrohung durch Aufstände auf den Süd-Molukken, auf Sumatra und in Westirian ausgesetzt. Die Pathanen in Pakistan, die Mizos und Nagas in Indien, die Karen und Shans in Birma, die Montagnards in Vietnam, die Moslems auf den südlichen Philippinen, sie alle haben von Zeit zu Zeit nach den Waffen gegriffen und versucht, sich einen Staat zu erobern, der ihren eigenen Begriffen von Nation entsprechen sollte. Die Teilung Indiens war das Ergebnis des Verlangens der Moslems nach einem eigenen Staat, und sie führte selbst wiederum zu weiteren Problemen: zum ständigen Anspruch Kaschmirs auf Autonomie von Indien, zum Aufstand in Ost-Pakistan, der zur Gründung des Staates Bangladesh führte.

Afrika ist zerrissen von Sezessionskriegen und Aufständen: Katanga im Kongo, Biafra in Nigeria, Araber im von Schwarzen beherrschten Tschad, Schwarze im von Arabern beherrschten Sudan, Eriträer in Äthiopien.

Palästinensische Flüchtlinge haben Probleme in Jordanien und im Libanon verursacht, islamische Sekten schufen Unruhe im Irak und in Syrien, doch im allgemeinen haben die weit homogeneren Bevölkerungen der arabischen und lateinamerikanischen Staaten weniger Probleme mit dem Separatismus gehabt. In Afrika und in Asien macht die Armut zusammengehörige Gruppen mit starkem Gruppenbewußtsein anfällig für separatistische Neigungen. Sitzt eine solche Gruppe auch noch auf Bodenreichtümern, wie in Katanga (Kupfer) und in Biafra (Öl), wird sie nicht einsehen wollen, warum sie mit einer weit größeren und ärmeren Gruppe teilen soll. Sitzen sie nicht auf Reichtümern, werden sie ihre Armut leicht der Mißwirtschaft der herrschenden Gruppe anlasten und in der Abspaltung ihr Heil suchen.

Die Prozesse raschen wirtschaftlichen Wandels und beschleunigt ablaufender Verstädterung sind an sich schon Ursache politischer Instabilität.

Männer und Frauen, die in das komplexe Gewebe gesellschaftlicher Verpflichtungen und Werte der traditionellen ländlichen Gesellschaft eingebettet sind, fühlen sich von extremen oder ethnisch motivierten politischen Bewegungen nicht so leicht angezogen. Doch die Entwicklung verändert die Länder der Dritten Welt und macht sie zu Massengesellschaften, wie die Politikwissenschaftler sagen, zu Gesellschaften, deren Mitglieder keine Wurzeln haben, keine starken sozialen Bindungen, kein Vertrauen in die Stabilität des Gesellschaftssystems.

Zunehmende Landlosigkeit und Arbeitslosigkeit bringen eine immer größere Klasse von Menschen ohne Eigentum hervor, die nicht einmal über eine stabile Einkommensquelle verfügen und daher auch kein Interesse an der Erhaltung des Status quo haben können. Der Verstädterungsprozeß zerreißt noch mehr soziale Bindungen, zersetzt die Großfamilie, schwächt Traditionen, stabile Glaubenssätze und Wertmaßstäbe. Die Leute werden empfänglicher für die Angebote tausendjähriger, nationalistischer, ethnischer oder extremistischer Bewegungen. Ähnliche Bedingungen in westlichen Ländern früher in diesem Jahrhundert trugen zum Entstehen des Faschismus und des Kommunismus bei: In Deutschland half die Wirtschaftskrise und die Ruinierung der kleinen Geschäftsleute und Handwerker durch die Großunternehmen den Nazis, zu Wählerstimmen und an die Macht zu kommen. Das zaristische Rußland erlebte ein außerordentlich rasches Wachstum der Industrie und der Städte – und die vom Lande kommenden Entwurzelten wurden zum neuen Proletariat und zum Heer der Revolution.

Eine neue Quelle politischer Instabilität und Konflikte in der Dritten Welt erhält in zunehmendem Maße größere Bedeutung: die soziale Polarisierung und die Armut. Das Fehlen einer nennenswerten Mittelschicht ist eine Gefahr für stabile demokratische Verhältnisse. Wo sich eine reiche Elite und eine Masse armer Menschen gegenüberstehen, haben die Armen bei einem Aufstand nichts zu verlieren, während die Reichen schon durch Reformen zu viel zu verlieren haben. Es gibt keinen Mittelweg: Wer nicht für Reformen ist, ist gegen sie. Wenn es zu irgendwelchen erheblichen Veränderungen kommen soll, muß eine Seite verlieren, was die andere gewinnt.

Wie wir im nächsten Kapitel sehen werden, haben sich Armut und Ungleichheit in den meisten Ländern der Dritten Welt verschlimmert. Statische, jahrhundertealte Armut wird oft mit stoischer Ruhe ertragen. Aber zunehmende Armut und Ungleichheit haben noch immer in der Geschichte politische Unruhen hervorgerufen. In der Dritten Welt sind sie heute explosiver denn je, weil mit ihnen eine Revolution steigender Erwartungen einherging, wie es einmal formuliert worden ist. Dafür haben die Sonntagsreden von Regierungen und die Zunahme des Wohlstands im kleinen modernen Sektor gesorgt, zu dem sich alle berufen fühlen, aber nur wenige Einlaß erhalten. Die gesamte Dritte Welt lebt mit der Spannung ständiger Erwartungen, die weit über die Grenzen des Machbaren hinausgehen.

Regierungen aller Schattierungen, demokratische ebenso wie andere, haben großartige Versprechungen gemacht, Fortschritt und Chancengleichheit verkündet, um damit Wählerstimmen zu gewinnen oder Zutrauen zu erringen, zuweilen auch, um die Leute zu größeren Leistungen anzuspornen. Transistorradios oder Parteiaktivisten haben diese Versprechungen bis in das abgelegenste Buschdorf getragen. Doch nur ein paar Regierungen von denen die nicht auf Ölreichtum zurückgreifen können, konnten den von ihnen geweckten Erwartungen entsprechen. Die finanziellen Mittel waren immer knapp, und die Machtpolitik hat die Reformen häufig scheitern lassen. Die Massen vergleichen die großen Sprüche mit der Wirklichkeit und merken die Diskrepanz. Ruhig nehmen sie zur Kenntnis, daß die Versprechungen des Wahlkampfes und durch Putsche an die Macht gelangter Politiker ständig gebrochen werden. Je länger die eingefahrenen Bahnen nicht die versprochenen Güter liefern, um so vielversprechender wird für sie die direkte Aktion.

Das eigentliche Pulverfaß bilden die städtischen Gebiete. Das Potential für ein Chaos gärt unter der Oberfläche, es ist eine diffuse Spannung, die durch Entbehrungen, Ungerechtigkeit und schlichten Hunger entsteht. Durch die Blutzuckerarmut, die unter hungerleidenden Menschen sehr verbreitet ist, kann die Anspannung und Irritierbarkeit noch erhöht werden und zum Siedepunkt gelangen. Jederzeit kann es losbrechen, manchmal als Revolution oder als Demonstration, häufiger jedoch als unorganisierter Akt der Gesetzlosigkeit. Ich erlebte einmal, wie ein Dieb sich vom Stand eines Händlers auf dem Markt von Ibadan in Nigeria eine Uhr schnappte. Der Besitzer schrie auf, und Hunderte von Leuten liefen plötzlich wie in Panik hinter dem Dieb her. Als sie ihn kriegten, wurde er in die Ecke getrieben, geschlagen und fast zu Tode gesteinigt. Es war ein erschreckender Ausbruch kollektiven Zorns. Das Gesetz ist nur eine Fassade, und in den meisten Entwicklungsländern ist sie noch brüchiger und bröckeliger als in einem amerikanischen Getto an einem heißen Sommerabend.

Meist ist die Unzufriedenheit der Bürger ungesteuert. Nur zwei, nicht der Elite angehörende Gruppen stellen eine Art organisierter Herausforderung dar: die Gewerkschaften (gleich ob Arbeiter- oder Bauerngewerkschaften) und die Studenten. Außer in Lateinamerika und in einigen einzelnen Ländern wie Sri Lanka sind die Gewerkschaften klein. Normalerweise sind nur die städtischen Arbeiter – eine schon privilegierte Gruppe – organisiert, und wenn das der Fall ist, so werden ihre Streiks für höhere Löhne der Sache der wirklichen Armen in Stadt und Land wohl kaum dienlich sein. In den meisten Ländern der Dritten Welt mit ziemlich niedrigen Einkommen können sie nicht als Vorhut im Kampf für gesellschaftliche Gerechtigkeit angesehen werden.

Die Studenten stellen eine größere Bedrohung dar, nicht nur wegen ihrer Demonstrationen, sondern weil sie, wenn sie es schaffen, über ihren eigenen egoistischen Horizont hinauszublicken, imstande sind, den Enttäuschungen der Massen Ausdruck zu verleihen sowie theoretische Perspektive und Organisationsfähigkeiten zu vermitteln. Sie stellen in ganz Lateinamerika, in Südost-Asien und im Nahen Osten eine explosive Kraft dar, weniger allerdings in den ärmeren Ländern Süd-Asiens und Schwarzafrikas. Ihre große Demonstrationsfreudigkeit erklärt sich aus dem ungeheuren Druck, dem sie ausgeliefert sind, zum einen von seiten ihrer Familie, die für sie Opfer gebracht hat und nun Erfolg sehen möchte, zum anderen weil sie nach ihrem Abschluß womöglich arbeitslos sein werden. Die regierungsfeindliche Einstellung bildet sich bei den Studenten durch Schul- und Hochschulgebühren, Mensapreise, Durchfallquoten bei Prüfungen und die Lage auf dem Arbeitsmarkt. Am gefährlichsten wird es, wenn die Studenten auch die Arbeitslosen mit Bildung anstecken, die in den meisten Fällen ein geringeres Bildungsniveau haben und als Gruppe erstaunlich inaktiv sind.

In Afrika und im größten Teil Asiens gibt es wenige Anzeichen dafür, daß die Studenten, die Arbeitslosen mit Bildung oder die Arbeiter zu einer organisierten Vorhut der Revolution oder auch nur nennenswerter Reformen würden. Da wo Gruppen von ihnen revolutionäre Parteien gebildet haben, blieben sie gewöhnlich ein kleiner Haufen, der sich ohne Heer im Hintergrund in vereinzelten Vorgefechten verlor.

Auf Grund all ihrer enttäuschten Erwartungen und potentiellen Gesetzlosigkeit gibt es kaum Anzeichen, daß die Armen Afrikas und Asiens so etwas wie Klassenbewußtsein entwickeln. Die auf dem Land lebende Mehrheit der Bevölkerung verfügt fast über keine Organisation und ist zudem nur selten in zwei sauber auseinanderzuhaltende Klassen mit einander entgegengesetzten Interessen geteilt. Im ländlichen Asien gibt es ein Kontinuum vom landlosen Landarbeiter über den Klein- und Kleinstbesitzer von Land, der teils Landbesitzer, teils Landarbeiter ist, bis zu selbstversorgerisch wirtschaftenden kleinen Landbesitzern und Großgrundbesitzern, und obwohl die mittlere Einkommensschicht klein ist, betrachten sich die Armen nicht als zusammenhängende Gruppe. Im größten Teil Afrikas südlich der Sahara haben die meisten auf dem Land noch Zugang zu Grund und Boden.

Selbst in den Stadtgebieten sind die nicht der Elite Angehörenden untereinander gespalten. Die Arbeiterklasse ist im Vergleich zu den an den Rand der Gesellschaft gedrängten städtischen Armen eine privilegierte Gruppe. Und von diesen Armen sind die meisten selbständig beschäftigt und haben daher keinen deutlich ausmachbaren Unterdrücker, gegen den sie aufbegehren könnten. Die informell Beschäftigten arbeiten in kleinen Betrieben in engem Kontakt mit dem Unternehmer, der häufig nicht weniger unterdrückt und diskriminiert wird wie sie selbst. An der Wohnungsfront reichen die Bewohner vom Besitzer-Besetzer selbsterrichteter, mietfreier Schuppen über den Untermieter bei Verwandten und den Besitzer von einem oder zwei Grundstücken bis zum großen Grundstücks- und Hauseigentümer und zum Spekulanten. Wo Klassengegensätze offen zutagetreten – wie etwa zwischen den Kasten der Landarbeiter und der Landbesitzer in Indien – gehen andererseits soziale Bindungen quer durch sie hindurch. In der Regel sind sich die Menschen ihrer Zugehörigkeit zu einer Kaste, einem Stamm, einer Sprache, einer Religion, einem Dorf, einer Fraktion oder Familie weit bewußter als ihrer Zugehörigkeit zu einer Klasse.

So läßt sich erklären, warum die Armen in Afrika und Asien im großen und ganzen nicht nach kollektiven Lösungen für ihre Armut gesucht haben, sei es mit dem Wahlzettel, sei es mit dem Gewehr, und warum die Aussichten für radikale Reformen oder Revolution in den meisten Ländern nicht gerade rosig sind. Die meisten denken gar nicht an eine Veränderung des Systems der Ungleichheit, sondern sie hoffen lediglich darauf, sie oder ihre Gruppe werde schließlich doch noch auf der richtigen Seite des Grabens landen. Sie greifen lieber zu individuellen Lösungen, zu Zaubereien, Hexereien, Gebeten, treten irrationalen Sekten bei, die ihnen das tausendjährige Morgen versprechen, oder hängen sich an mächtige Bosse an, die ihnen von Zeit zu Zeit ein paar Krümel überlassen. Oder sie suchen sich Sündenböcke, denen sie die Verantwortung für ihre Schwierigkeiten in die Schuhe schieben, und greifen gemeinschaftliche Feinde an, die nicht selten ebenso Opfer des Systems sind wie sie selbst.

Das alles bedeutet, daß die innere Instabilität in Afrika und Asien oft ziellos und chaotisch ist und daß sie sich aus den voneinander getrennten Handlungen vieler unterschiedlicher Gruppen zusammensetzt, die mit einander widersprechenden Absichten kämpfen. In den meisten Ländern gibt es keine eindeutige und einheitliche Gruppe, die für Reformen kämpft und sich den besser organisierten Interessengruppen der Privilegierten entgegenstellt.

In Lateinamerika sieht die Lage nicht viel klarer aus. Da Sprache, Religion und Kultur in den einzelnen Ländern allen gemein sind, gibt es weniger Gegensätze, durch die die zentralen Probleme von Privileg und Armut überdeckt werden könnten. Die städtischen Arbeiter und die Studenten haben sich hier schon oft zusammengetan, während es in vielen Ländern unter den Landbewohnern Organisationen wie Bauernverbände gibt. Da es sich bei den Latifundien, dem Großgrundbesitz, um ein System offener Ausbeutung handelt, ist es leichter, die landlosen Landarbeiter, die Pächter mit Arbeitsverpflichtungen und die Kleinbesitzer, die einen Teil ihres Einkommens aus Fremdarbeit beziehen müssen, zum Handeln gegen die Großgrundbesitzer zusammenzuführen. So schlossen sich zum Beispiel in Peru alle drei Bauerngruppen bei der Besetzung der großen Landgüter zusammen.

Daher ist auch das Potential für radikale Reformen in Lateinamerika weit größer. Paradoxerweise ist aber auch das Potential für erbitterten Widerstand gegen jegliche Reform unter den privilegierten Gruppen entsprechend größer. Daher gibt es keine größere Wahrscheinlichkeit als anderswo für ein Gelingen von Reform oder Revolution. In den meisten Ländern können die Privilegierten noch auf die Unterstützung durch Polizei und Armee zählen, und diese Unterstützung ist gewöhnlich ausschlaggebend.

Diktatur und Entwicklung

Den Armen der armen Länder wird das vielleicht grundlegendste aller Menschenrechte vorenthalten: das Recht auf Arbeit, auf angemessene Unterkunft, auf Freiheit von Hunger und Krankheit. Sie müssen auch ohne jene etwas feineren Rechte auskommen, die allgemein gemeint sind, wenn westliche Politiker über das Thema Menschenrechte reden: politische Freiheiten und Bürgerrechte.

Die Internationale Menschenrechtserklärung der Vereinten Nationen stellt eine beeindruckende Aufzählung von Idealen dar: Sie fordert die Freiheit von Folter (Art. 6) und willkürlicher Verhaftung (Art. 10); das Recht auf eine faire Gerichtsverhandlung und die Annahme der Unschuld des Angeklagten bis zum Nachweis seiner Schuld (Art. 12); die Freiheit zu friedlicher Versammlung und die Vereinigungsfreiheit (Art. 21); die Freiheit der Meinung und des Ausdrucks (Art. 20); und das Recht auf Beteiligung an der Regierung durch bei freien Wahlen frei gewählte Vertreter (Art. 22). Es gibt vermutlich nur zwei Länder in der Dritten Welt – Costa Rica und Barbados –, die nicht wenigstens eines dieser Rechte zu einem gewissen Grad mit Füßen treten.

Alle Rechtsverletzungen aufzuzählen, wäre Zeitverschwendung. Nehmen wir doch nur das Recht auf Freiheit von Folter als Beispiel – es erweist sich als guter Indikator für andere Rechte, denn wer gefoltert wird, ist auch fast immer willkürlich verhaftet worden und erhält auch meist keinen fairen Prozeß, wobei der Grund für die Verhaftung und die Folter oft die Wahrnehmung der Rechte auf Meinungs- und Vereinigungsfreiheit ist. Amnesty International verzeichnet in ihrer jährlichen Untersuchung dieses Problems Beweise für Folter in nicht weniger als 57 Ländern der Dritten Welt – 22 in Afrika, zwanzig in Lateinamerika, sieben in Asien und acht im Nahen Osten. Und daß ein Land bei dieser Auflistung nicht erwähnt wird, beweist nach Aussage des Berichts noch nicht, daß dort nicht gefoltert würde, sondern lediglich, daß es dafür keine eindeutigen Beweise gibt und daß es schwer ist, Beweise zu erbringen. «Es gibt nicht viele Staaten in Afrika», lautet der Kommentar von Amnesty, «wo im Verlauf der letzten zehn Jahre nicht mit Foltermethoden gegen politisch Andersdenkende im Inneren oder unterdrückte Volksminderheiten oder religiöse Gruppen vorgegangen worden wäre.» Oder an anderer Stelle: «Costa Rica ist das einzige Land in Lateinamerika, aus dem Amnesty International in den vergangenen Jahren keinerlei Hinweise auf die Anwendung von Folter erhalten hat.»

Die allgemeine Lage der Freiheit in der Welt ist von der in New York ansässigen Organisation Freedom House seit 1973 jedes Jahr geprüft worden. Der aus dieser Prüfung hervorgegangene Bericht ordnet die Nationen nach dem Maß der politischen Freiheiten und Bürgerrechte, derer sich die Bürger dieser Länder erfreuen können. Die Verwendung westlicher kapitalistischer Kriterien in diesem Bericht läßt ihn im Hinblick auf seine Ergebnisse als voreingenommen gegenüber den kommunistischen Ländern erscheinen, doch mag er als nützlicher Hinweis dienen.

Als frei eingeordnet werden von Freedom House solche Demokratien, wo die politischen Führer frei gewählt werden, Wettbewerb zwischen politischen Parteien stattfindet, volle Meinungsfreiheit und gesetzlich garantierte Rechte gegeben sind (Kategorie Eins), zudem solche Länder, in denen es diese Rechte zwar gibt, wo diese aber auf einer weniger sicheren Grundlage beruhen, durch Ungleichheit, Analphabetismus und durch eine starke Verbreitung gesellschaftlicher Gewalt gefährdet sind (Kategorie Zwei). Nur 21 Länder der Dritten Welt von 123 kamen im Freedom-House-Untersuchungsbericht von 1978 in die Gruppe der politisch freien Länder. Nur vier gelangten in die Kategorie Eins: Costa Rica, Barbados, Venezuela und die Bahamas (und nur die beiden ersten wurden auch in die oberste Kategorie hinsichtlich der Bürgerrechte aufgenommen).

Die Mitte des Spektrums bildeten 35 zum Teil freie Nationen mit unterschiedlichen Graden der Einschränkung von Freiheiten, de facto Ein-Parteien-Staaten, die aber keine vollständigen Diktaturen waren, wo also auch andere Gruppen zur Geltung kamen. In den meisten dieser Staaten gab es eine jeweils unterschiedliche Anzahl politischer Gefangener und eine mehr oder minder scharf ausgeprägte Zensur.

Am anderen Ende der Skala kamen mit einem zahlenmäßigen Verhältnis zu den freien Ländern von drei zu eins 68 Nationen, die als politisch unfrei eingestuft wurden. Dazu gehörten das kapitalistische Chile und Uganda ebenso wie sozialistische Länder wie Kampuchea. 32 dieser Länder waren nahezu völlige Despotien mit selbsternannten Herrschern, die auf Wünsche des Volkes kaum oder keine Rücksicht nahmen. Bei 36 handelte es sich um nicht gewählte diktatorische Regime, wo die Herrscher die Wünsche des Volkes bis zu einem gewissen Grad berücksichtigten.

Nicht ganz so wirkungsvoll war die Unterdrückung auf der Seite der Bürgerrechte: Nur 18 Staaten der Dritten Welt kamen in die unterste Kategorie, wo eine vollständige Meinungskontrolle herrschte, die sogar bei privaten Unterhaltungen eine allesbeherrschende Atmosphäre der Furcht entstehen ließ. In der nächsten darüberliegenden Kategorie rangierten 27 Nationen, hier konnten abweichende Meinungen in gewissem Maße bei privaten Gesprächen, illegalen Demonstrationen oder in Form von Untergrundliteratur zum Ausdruck kommen.

Kombiniert man beide Skalen von Freedom House für politische Freiheiten und Bürgerrechte, so erhält man eine dritte Skala, die von Zwei für offene Demokratien bis Vierzehn für uneingeschränkte Tyranneien reicht. Die durchschnittliche Punktezahl für westliche Demokratien liegt bei Zweieinhalb. Der Durchschnitt der Dritten Welt liegt bei Zehn, dem entspricht eine Diktatur mit einigen wenigen begrenzten Demokratieelementen oder eine Demokratie mit vielen Merkmalen einer Diktatur. Unter den Entwicklungskontinenten erweist sich Afrika als der despotischste (mit einem durchschnittlichen Punktestand von 11,2) und Lateinamerika als der am wenigsten despotische (mit durchschnittlich 8,6 Punkten). Angesichts des Sachverhalts, daß nur jedes sechste Entwicklungsland als politisch frei eingestuft werden kann, muß man zugeben, daß die Diktatur mit jeweils unterschiedlichen Härtegraden die in der Dritten Welt vorherrschende Regierungsform ist. Autoritäre Regime von rechts oder von links scheinen eine beinahe unvermeidliche Begleiterscheinung nationaler Armut zu sein.

Das Wort «Diktator» stammt aus dem Lateinischen. Der römische Senat ernannte in Zeiten äußeren oder inneren Notstandes oder Haders Diktatoren, denen alle Machtbefugnisse übertragen wurden. Dabei ging man davon aus, daß der Diktator nach sechs Monaten wieder abzudanken habe, doch als dann die Klassenauseinandersetzungen und die Grenzkriege Roms zu einer chronischen Erscheinung wurden, wurde die Diktatur in der Form des Kaiserreiches auf Dauer eingerichtet.

Der typische Staat der Dritten Welt leidet unter ständigem Befall durch innere und äußere Bedrohungen seiner Sicherheit. Es kommt viel häufiger zu Unruhen als im Westen, die, wenn sie nicht rasch unter Kontrolle gebracht werden, zu Plünderungen, Brandstiftungen und zum völligen Zusammenbruch der zivilen Ordnung führen. Streiks gibt es nicht so oft, aber wenn es dazu kommt, stellen sie eine größere Zerreißprobe dar. So hängt beispielsweise das Überleben Indiens als Nation davon ab, ob es gelingt, Nahrungsmittel per Eisenbahn aus den Bundesstaaten mit einem Überschuß in die hungernden Bundesstaaten zu transportieren: Jegliche Unterbrechung der Lieferungen würde in den von der Versorgung abgeschnittenen Gebieten zum Ausbruch des völligen Chaos führen. Darum wurde auch der Eisenbahnerstreik von 1973 mit besonderer Gewalt niedergeschlagen.

Die Notwendigkeit von Diktaturen ändert sich in umgekehrter Proportion zur Achtung der Regierung und der Gesetze unter den Bürgern, und wir haben gesehen, daß es an dieser Achtung in der Dritten Welt – manchmal zu Recht, manchmal zu Unrecht – häufig fehlt. Zu diesen Faktoren kommen noch mörderische Zusammenstöße zwischen einzelnen Bevölkerungsgruppen und bewaffnete Aufstände hinzu, so daß es schwer zu verstehen wäre, wenn ein Staat, der von derart vielen Unruheherden bedroht wird, ohne diktatorische Vollmachten als funktionierende Einheit überleben wollte. Westliche Regierungen, die sich ähnlichen Bedrohungen ausgesetzt sehen, antworten darauf ebenfalls rasch in ähnlicher Weise. In Nord-Irland mußten Katholiken damit rechnen, daß ihnen um Mitternacht Soldaten ohne Durchsuchungsbefehl auf der Suche nach IRA-Terroristen die Türen eintreten würden. In Italien und in der Bundesrepublik Deutschland führten die Aktivitäten der Roten Brigaden und der Roten Armee Fraktion zu Freiheitsbeschneidungen für alle Bürger.

Auf einer niedrigeren Ebene lassen sich die Störungen, unter denen die Dritte Welt zu leiden hat, bis auf ihre Wurzeln in Armut und Ungleichheit zurückverfolgen. Die durch sie geschaffenen Spannungen kommen häufig in falschverstandenen individuellen Lösungsversuchen wie Verbrechen und Krawallen, in falschverstandenen Lösungsversuchen in Gruppen wie Streit zwischen bestimmten Bevölkerungsteilen und Abspaltung von Landesteilen oder in organisierteren Formen wie Streiks, Demonstrationen und Aufständen zum Ausdruck. Alle diese Symptome der Unzufriedenheit lassen autoritäre Herrschaftsformen wahrscheinlicher werden.

Je ärmer eine Nation, desto wahrscheinlicher ist es, daß sie ohne politische Freiheiten und Bürgerrechte auskommen muß. Bei einem Vergleich des Ranglistenplatzes der nicht vom Ölreichtum profitierenden Länder auf den Freedom-House-Wertskalen mit dem durchschnittlichen Pro-Kopf-Einkommen im Jahr 1976 entdeckte ich, daß die schlimmsten Diktaturen (mit dreizehn oder vierzehn Punkten) im Durchschnitt ein Einkommen von 245 Dollar zu verzeichnen hatten. Weniger repressive Diktaturen und sehr eingeschränkte Demokratien (mit neun bis zwölf Punkten) kamen auf ein durchschnittliches Pro-Kopf-Einkommen von 580 Dollar. Die offeneren politischen Systeme mit acht oder weniger Punkten erreichten ein Einkommen von 760 Dollar. Die Gründe für diesen Zusammenhang zwischen Armut und Diktatur liegen in den Auswirkungen des Hungers, des Analphabetismus und der Arbeitslosigkeit. Allgemein gilt: Je ärmer ein Land, desto kleiner die stabilisierend wirkende Mittelschicht und um so stärker die Polarisierung zwischen Privilegierten und Armen.

Diktaturen in der Dritten Welt entstehen oft schrittweise in dem Maße, wie die Zivilregierung immer umfassendere Machtbefugnisse übernimmt, um mit den Auseinandersetzungen im Lande fertig zu werden. Häufiger jedoch entstehen Diktaturen aus einem Staatsstreich oder einer Machtübernahme durch die Militärs. Die Militärs sehen ihre Aufgabe zum Teil darin, die nationale Einheit und Ordnung zu erhalten. Verschärfen sich die zivilen Auseinandersetzungen zum Beinahe-Bürgerkrieg, erhalten die Militärs größere Macht, und damit vergrößert sich auch die Wahrscheinlichkeit, daß sie die ganze Macht an sich reißen. Als zentralisierte Hierarchie mit einer strengen Disziplin und guten Kommunikationsstrukturen zwischen dem Oberbefehlshaber und den Offiziersrängen ist die Armee unter Umständen eher imstande, ihre eigene Politik zur Ausführung zu bringen als Politiker und Bürokraten – doch sie verfügt nur selten über Personal, das die Gesellschafts- und Wirtschaftspolitik auch formulieren könnte. Normalerweise greift das Militär nicht ein, ohne daß es auch selbst eine besondere Sorge vorzubringen hat, etwa Unzufriedenheit mit der Bezahlung und den Dienstbedingungen, Kürzungen der Waffenausgaben, Erniedrigungen des Landes im außenpolitischen Bereich, Gefahren für die Stellung der Armee als Ganzes oder für die Stellung ihrer wichtigsten Führer. Doch solche Umstände treten in jedem Entwicklungsland fast unvermeidlich auf. Zwar sind autoritäre Regime, vor allem Militärregime, zuweilen in der Lage, eine künstliche Ruhe im Land herzustellen. Doch auf Grund der Schärfe der sozialen Polarisierung in den armen Ländern sind die Diktaturen im Gegensatz zwischen Privileg und Armut selten unparteiisch. Einige blockieren auf die Verringerung der Ungleichheit abzielende Reformen, andere setzen radikalere Reformen durch, als unter einem Regime mit vollen Bürgerrechten möglich gewesen wären.

Leider sind Reformen blockierende Diktaturen häufiger anzutreffen als Reformen betreibende. In Ländern mit starker Polarisierung tendiert die militärische Hierarchie meistens nach rechts. Ihre Offiziere stammen oft aus der gleichen Klasse wie die Landbesitzer und die städtischen Privilegierten. Der Einfluß von Europäern und Amerikanern bei der Ausbildung, in vielen Fällen zusätzlich noch die Erfahrungen bei der Bekämpfung linker Guerillagruppen, haben viele hohe Offiziere zu dermaßen fanatischen Antikommunisten gemacht, daß jeder, der für Umverteilungsmaßnahmen eintritt, zum gefährlichen Revolutionär abgestempelt wird. Es hat auch linke Militärputsche gegeben – in Ägypten, Peru, Libyen, Äthiopien –, doch sind sie in der Minderheit, obgleich sie vielleicht immer häufiger auftreten werden.

Der Verlust des Wahlrechts nimmt dem Armen oft die einzige politische Waffe, auch wenn sie noch so armselig und unvollkommen ist. Das Wahlrecht ist – wie wir gesehen haben – keine Garantie dafür, daß eine Reformregierung gewählt wird, doch ist damit verbunden, daß die Regierungen den Armen zumindest einige Zugeständnisse machen müssen, selbst wenn sie nur darin bestehen, daß sie Strom und Wasser und Arbeit bei öffentlichen Bauvorhaben in die Wahlbezirke der an den Rand Gedrängten bringen. Wird ihnen auch noch das Wahlrecht genommen, kommt der einzige Druck auf die Regierenden von den organisierten Interessengruppen: den Großkapitalisten und Grundbesitzern, dem Militär, der Bürokratie mit ihrem Kontingent an Technokraten, ausländischen Regierungen und der internationalen Finanzwelt, gelegentlich (wenn sie Glück haben) auch von den Gewerkschaften und Bauernverbänden. Denn weil sie so schlecht organisiert sind, haben die Armen unter nicht-sozialistischen Diktaturen weniger Einfluß als in einer Demokratie, so daß sie sich auf die mehr oder minder große Aufgeklärtheit ihrer Regierenden verlassen müssen.

Das ganze Problem des Gegensatzes von Diktatur und Demokratie in der Dritten Welt rückte mit Jimmy Carters Aufstieg zum US-Präsidenten in das Rampenlicht der Öffentlichkeit. Die USA kürzten ihre Hilfeleistungen für etliche lateinamerikanische Länder wegen deren Menschenrechtsverletzungen, und die Geberländer der Europäischen Gemeinschaft fingen ebenfalls an, ihre Entwicklungshilfe von der Einhaltung der Menschenrechte abhängig zu machen, obwohl in der Praxis bekannte Menschenrechtsverletzer wie der Iran und Süd-Korea Hilfe bekamen, wann immer Kalte-Kriegs-Überlegungen die moralischen überwogen. Bei dieser ganzen Debatte bedeuteten Menschenrechte im allgemeinen immer politische Freiheiten und Bürgerrechte.

Wie wir gesehen haben, kommen die größten Gefahren für die politischen Freiheiten und die Bürgerrechte in der Dritten Welt von Armut und Ungleichheit. Die Menschenrechte werden mit anderen Worten durch Strategien der ungleichen Entwicklung und durch die ungerechte Weltwirtschaftsordnung behindert. Die beste Art und Weise für westliche

Staaten, auf eine Verbesserung der Menschenrechte zu dringen, ist, zur Verringerung von Armut und Ungleichheit beizutragen. Das können sie, indem sie nachdrücklich egalitäre Entwicklungsstrategien verlangen und sich nicht länger gegen eine Reform der Weltwirtschaftsordnung sperren.

Mit anderen Worten, die Sache der politischen Rechte läßt sich am besten dadurch voranbringen, daß man sich auf die ökonomischen Rechte konzentriert. Die Entwicklungshilfe-Geberländer sollten sich nicht in erster Linie darum kümmern, welche Freiheiten und Rechte in der Verfassung theoretisch verankert sind, vielmehr sollten sie sich zu allererst um das tatsächliche Wohlergehen der Armen kümmern, die niemals imstande sein werden, ihre politischen Rechte wahrzunehmen, wenn ihre wirtschaftliche Lage nicht verbessert wird. Praktisch gesehen bedeutet das, daß man autoritäre Regime danach unterscheiden sollte, ob und in welchem Umfang sie den Armen helfen oder nicht; ob sie Reformen blokkieren oder Reformen betreiben; ob sie die Bürgerrechte ihres Volkes verletzen, um seine wirtschaftlichen Rechte abzuschneiden oder ob sie die Bürgerrechte einschränken, aber für eine Verbesserung der wirtschaftlichen Rechte sorgen.

Die wirklich reformorientierten Regime verdienen alle nur erdenkliche Hilfe. Wenn es ihnen gelingt, das Los der Armen zu verbessern und die Ungleichheit zu verringern, wird dies zu einer Verminderung der zivilen Auseinandersetzungen und zu einer baldigeren Wiederherstellung der politischen Freiheiten führen. Gegen Reformen eingestellte Regierungen sollten vorsichtiger behandelt werden. Ihnen sollte man die Militärhilfe kürzen, die solchen Regimes doch nur hilft, Forderungen nach Reformen zu unterdrücken. Es dürfte ebenfalls ratsam sein, solche finanzielle Hilfe zu verringern, die in irgendeiner Weise für Unterdrückungsmaßnahmen oder für große Prestigeobjekte vorgesehen war, welche ohnehin kaum zur Hilfe für die Armen genutzt würden. Die Gesamthilfe für solche Regime sollte man wahrscheinlich nicht vermindern, doch sollte sie stärker an Projekte und Programme gebunden sein, die ganz besonders zur Verbesserung der wirtschaftlichen Lage der Armen beitragen. Und da das Schuldenproblem überall den reformfeindlichen Gruppen in die Hand arbeitet, können die Aussichten für friedliche Reformen durch Veränderungen der Weltwirtschaftsordnung verbessert werden.

Die Freiheit hat kaum Chancen in einer Welt derart ausgeprägter Ungleichheiten, und es ist unnütz, auf politische Freiheiten und Bürgerrechte zu drängen, ohne zugleich auch auf jene Art von Gleichheit zu drängen, durch die sie erst Bedeutung erlangen. Wenn der Wohlstand nicht bald größere Teile der Bevölkerung erreicht und wenn die absolute Verelendung der Ärmsten nicht gemildert oder ausgemerzt wird, werden Diktaturen, gleich ob rechte, linke oder in der Mitte angesiedelte, weiter die vorherrschende Regierungsform in der Dritten Welt sein.

21. Reiche und Arme: Armut und Ungleichheit

«Ein Wachstumsprozeß, der nur der wohlhabendsten Minderheit zugutekommt und der die Unterschiede zwischen und in den Ländern aufrechterhält oder noch vergrößert, ist nicht Entwicklung. Er ist Ausbeutung.»

Cocoyoc-Deklaration 1974

Man kann Armut auf viele verschiedene Weisen definieren, doch alle Definitionen kommen zum gleichen Schluß. In einer Zeit, in der von Menschen gemachte Apparate auf dem Mars landen und zu den äußeren Planeten unseres Sonnensystems reisen, leben eine bis eineinhalb Milliarden Menschen auf unserem Heimatplaneten Erde in absoluter und äußerster Armut. Während die Menschheit nach den Sternen greift, ist einer von drei Menschen außerstande, sein menschliches Leben würdevoll und frei von Not zu leben, ja außerstande, wirklich Mensch zu sein. Es sind die Vergessenen, die Unterernährten, die Unterbeschäftigten, die Analphabeten, die unter miserablen Bedingungen Wohnenden, die gesundheitlich schlecht Versorgten. Die Armen, die im Mittelpunkt aller Entwicklungsprogramme hätten stehen müssen, an denen jedoch der Prozeß der ungleichen Entwicklung vorbeigegangen, über die er hinweggerollt ist, die er niedergewalzt hat.

Die Schätzungen über das Ausmaß der Armut in der Dritten Welt zeigen beträchtliche Übereinstimmung, gleich welcher Maßstab im einzelnen angelegt wurde. 1976 errechnete das Internationale Arbeitsamt für einen Bericht, der der Welt-Arbeitskonferenz vorgelegt werden sollte, daß rund 1,21 Milliarden Menschen – das sind zwei Drittel der Bevölkerung der nicht kommunistischen Entwicklungsländer – «ernstlich arm» seien. Sie setzten das Existenzminimum mit einer Summe fest, die in Westeuropa 500 Dollar jährlich entsprochen hätte. Auf Grund niedrigerer Lebenshaltungskosten entsprach dem in Lateinamerika ein Betrag von 180 Dollar, in Afrika 115 Dollar und in Asien 100 Dollar. 700 Millionen Menschen oder 40 Prozent dieser oben genannten Gesamtbevölkerung waren notleidend – das heißt, sie hatten nur die Hälfte oder weniger des Einkommens, das als Existenzminimum festgelegt worden war. In den zehn Jahren nach 1963 hatte sich die Zahl der ernstlich Armen nach Schätzungen des Internationalen Arbeitsamtes um 119 Millionen erhöht, während die Zahl der Notleidenden um 43 Millionen gestiegen war.

Etwas grobere Schätzungen des Weltbank-Wirtschaftswissenschaftlers Montek Ahluwalia passen gut zu diesen Angaben. Bei einer Untersuchung über die Einkommen von 44 Entwicklungsländern im Jahr 1969 fand er heraus, daß 48 Prozent sehr arm waren (Jahreseinkommen unter 75 Dollar) und daß 31 Prozent extrem arm waren (Einkommen unter 50 Dollar). Der Anteil der sehr Armen lag am niedrigsten in Lateinamerika (17 Prozent), doch lagen 44 Prozent der Afrikaner und nicht weniger als 57 Prozent der Asiaten unterhalb der Armutsgrenze.

Die Angaben des Internationalen Arbeitsamtes von 700 Millionen oder 40 Prozent Notleidenden fällt fast zusammen mit zwei anderen Maßzahlen für Entbehrungen. Die ILO errechnete auch, daß 1975 40 Prozent der Arbeitskräfte in den nicht kommunistischen Ländern arbeitslos oder unterbeschäftigt waren.

Zwei Drittel ernstlich Arme, zwei Fünftel Notleidende: Keine eindrucksvolle Bilanz nach zwei Jahrzehnten Wachstumsanstrengungen. Sie sind es, die am wenigsten verdienen, im Grunde sogar noch draufzahlen, wenn ihre Länder sich entwickeln. Dieses ungeheure Heer der Verelendeten, diese Legionen der Verdammten dieses Lebens, sie sind die unterste Schicht der großen Weltpyramide. Sie sind das eigentliche Problem der Entwicklungsfrage, denn wenn Entwicklung irgend etwas bedeuten soll, dann muß sie die Beseitigung dieses großen Leidens bedeuten.

Der Begriff Armut ist nicht leicht zu definieren, da wir es mit zwei Begriffsmodellen zu tun haben: der absoluten Armut und der relativen Armut.

Wenn wir von absoluter Armut sprechen, meinen wir damit ein Einkommensniveau, das für die Menschen wirkliche körperliche Leiden verursacht wie Hunger, Krankheiten und das Hinsterben unschuldiger Kinder. Der Hunger ist der schmerzliche Brennpunkt der absoluten Armut. Krankheiten gehen damit Hand in Hand. Beide bringen körperliche Beschwerden mit sich und, was noch schlimmer ist, hindern Kinder und Erwachsene daran, ihre vollen körperlichen und geistigen Fähigkeiten zu entfalten. Wer es sich nicht leisten kann, genügend zu essen, um sich gegen Krankheiten zu schützen und für produktive Arbeit zu befähigen, leidet immer auch auf anderen Gebieten: Seine Wohn- und Sanitärsituation ist wahrscheinlich dann auch schlecht genug, um noch zu den Krankheiten beizutragen, seine Bildung wahrscheinlich unangemessen, um ihm eine Beschäftigung zu verschaffen, von der er sich ernähren könnte. Alle Aspekte der absoluten Armut zusammen vorenthalten den von ihr Betroffenen eine vollwertige, manchmal auch eine im geringsten menschliche Existenz. Es kommt hinzu, daß 1980 mehr als 40 Prozent aller Erwachsenen Analphabeten waren. Die meisten Armen gehören zu allen drei Kategorien, viele zu den 455 Millionen Unterernährten.

Die absolute Armut hat sowohl absolut als auch hinsichtlich des Anteils der Betroffenen an der Bevölkerung zugenommen. Zwei Drittel der absolut Armen leben in Asien. Jüngste Untersuchungen auf diesem Kontinent malen ein alarmierendes, ja erschreckendes Bild. In vielen Ländern ist der Anteil der unter der Armutsgrenze liegenden Bevölkerung gestiegen, und die Realeinkommen der ärmsten Gruppen haben abgenommen.

- In Pakistan hatten 1966/67 64 Prozent der Bevölkerung ein geringeres Einkommen als das Armutseinkommen, mit dem sie sich Nahrungsmittel zur Deckung von 95 Prozent ihres Kalorienbedarfs hätten kaufen können. Fünf Jahre später war dieser Anteil auf 74 Prozent gestiegen.
- Im Pandschab, Indiens fruchtbarer Kornkammer, stieg der Anteil der unter der Armutsgrenze liegenden Bevölkerung während der sechziger Jahre von 18 auf 23 Prozent.
- In Bihar, Indiens ärmstem Bundesstaat, stieg er während der sechziger Jahre von 41 auf 59 Prozent.
- In Bangladesh schoß die Zahl der absolut Armen in den zehn Jahren nach 1963 von 40 auf 61 Prozent der Bevölkerung hoch.
- In Uttar Pradesh, dem größten Bundesstaat Indiens, nahm die Menge an Nahrungsmitteln, die ein Landarbeiter mit seinem Lohn kaufen konnte, in vielen Dörfern ab. In Muzaffarnagar konnte sich ein Pflüger von seinem Tagelohn 1954/55 6,58 Kilogramm Weizen kaufen, 1967/68 waren es nur noch 3,12 Kilogramm.
- Die Reallöhne in der philippinischen Landwirtschaft fielen von 3,84 Peso am Tag im Jahre 1954 auf 1,48 Peso am Tag im Jahre 1974 (zu konstanten Preisen von 1965).

Untersuchungen, denen sich *Trends* in der Entwicklung der Armut entnehmen ließen, sind für Afrika und Lateinamerika nicht so leicht zu bekommen. Doch kann man Studien über das *Auftreten* von Armut zu Beginn und Mitte der siebziger Jahre entnehmen, daß die Zahlen sehr hoch liegen. Für Afrika errechnete der Vizepräsident der Weltbank, Hollis Chenery, daß 1970 über die Hälfte der Bevölkerung Äthiopiens, Ugandas, Kenias, des Sudan und Tansanias unter der sehr niedrig angesetzten, nach indischen Angaben errechneten Armutsgrenze lagen – und seine Untersuchung schloß nicht die ärmsten afrikanischen Länder der Sahelzone ein. Andere Untersuchungen, die vom Internationalen Arbeitsamt durchgeführt wurden, gaben Hinweise, daß in Sierra Leone 1970 70 Prozent der ländlichen Haushalte unter der Armutsgrenze lagen; in Kenia und Tansania sollen es (1974 bzw. 1969) 88 Prozent gewesen sein; in Lesotho (1967–69) 91 Prozent. Der Kalorienverbrauch kann als Hinweis auf die Einkommen dienen – und in 15 von 42 afrikanischen Ländern war 1972–74 die Kalorienaufnahme geringer als 1961–63.

Schätzungen für Lateinamerika weisen geringere Zahlen für absolute Armut aus. Chenery macht Angaben in Höhe von 14 bis 19 Prozent für Mexiko, Brasilien, Peru und Kolumbien. Andere Untersuchungen, die höher angesetzte Armutsgrenzen benutzten, die den Erwartungen in dieser Region eher entsprachen, wiesen nach, daß 1970 im Durchschnitt 62 Prozent der Landbevölkerung mit ihren Einkommen nicht ihre

Grundbedürfnisse befriedigen konnten – die Spanne reichte von 8 Prozent in Argentinien bis zu über 70 Prozent in Honduras.

Relative Armut kann nahezu ebenso zerstörerisch wirken wie absolute Armut, in dem Sinne, daß sie einem Sorgen bereiten, ja einen nicht mehr loslassen und so alle Lebensfreude vergällen kann. Wer nicht körperlich leidet, kann dennoch geistig leiden, wenn er vergleicht, wieviel besser es doch anderen Leuten geht, und wenn er dafür keinen vernünftigen Grund sehen kann. Relative Entbehrung ist in hohem Maße abhängig von den Erwartungen, die ein Mensch hat. Ein Unberührbarer in Indien mag womöglich nichts entbehren im Vergleich zu einem Brahmanen, wenn dem Kastensystem die Gehirnwäsche gelungen ist und er glaubt, die offensichtlichen Unterschiede seien von Natur aus gegeben und gerechtfertigt. Doch sind die Erwartungen heute in der Dritten Welt hoch, und allenthalben werden Sonntagsreden über Gleichheit gehalten. Die Eliten vergleichen ihre Länder mit dem Westen und fühlen sich benachteiligt. Die Armen vergleichen sich mit den Eliten und fühlen sich benachteiligt. Armut bringt in der egalitären Stimmung des 20. Jahrhundert den Wurm des Neids mit sich, der sich unvermeidlich als Antwort auf die Ungerechtigkeiten und Ungleichheiten einstellt. Relative Armut bedeutet in der Dritten Welt meistens auch Schande: Schande, daß man nur ein Strohdach auf dem Haus hat, während das des Nachbarn aus Blech ist, Schande, daß die Mitgift oder die Hochzeitsfeier der Tochter so kläglich ausfällt.

Relative Armut ist mit anderen Worten geistiges Leiden, das sich aus der Ungleichheit ergibt. Ausgeprägte Ungleichheit macht die Last der Armut um so unerträglicher. In vielen Fällen kann der übermäßige Reichtum eines Mannes die unmittelbare Ursache für die Not eines anderen sein.

Die Ungleichheit hat wie die Armut sowohl international als auch in vielen einzelnen Ländern zugenommen.

Die Verteilung des Welteinkommens ist noch ungleicher als die groteske Ungerechtigkeit der Verteilung in irgendeinem Land der Welt. 1976 machte die Bevölkerung der Industrieländer nur 24 Prozent der Weltbevölkerung aus, aber sie sackte 78 Prozent des Welteinkommens ein. Die Entwicklungsländer hatten mit 76 Prozent der Bevölkerung nur 22 Prozent des Einkommens. Das durchschnittliche Einkommen in den Industrieländern lag bei 6110 Dollar pro Person, das war das Elffache des Pro-Kopf-Einkommens der Entwicklungsländer (542 Dollar). Die untersten und ärmsten 43 Prozent der Weltbevölkerung verfügten nur über 3,6 Prozent des Welteinkommens, sie hatten damit nur ein Achtunddreißigstel des durchschnittlichen Einkommens der obersten 24 Prozent der Weltbevölkerung.

Diese Zahlen, die sich auf Angaben der Weltbank stützen, erhält man, wenn man die Angaben über das Nationaleinkommen zu den jeweils gültigen Wechselkursen in US-Dollar umrechnet. Sie neigen dazu, die Ungleichheit zwischen Arm und Reich zu übertreiben, weil die Preise in der Dritten Welt niedriger sind. 1968 begannen die Vereinten Nationen mit ihrem Internationalen Vergleichs-Projekt, das den Versuch unternehmen sollte, für 16 Länder mit unterschiedlichen Einkommensniveaus die verschiedenen Nationaleinkommen auf der Grundlage der realen Kaufkraft zu vergleichen. Die Untersuchungsergebnisse dieses Projekts zeigten, daß bei einer Berücksichtigung der Preisunterschiede das durchschnittliche Pro-Kopf-Einkommen der entwickelten Marktwirtschaftsländer nur achteinhalbmal höher lag als das der Entwicklungsländer. Dennoch ist die Kluft sehr tief.

Nach Berechnungen des Wirtschaftswissenschaftlers David Morawetz wuchs der absolute Abstand zwischen dem Durchschnittseinkommen pro Einwohner in den westlichen Ländern und dem in den Entwicklungsländern zwischen 1950 und 1975 in konstanten Dollars des Jahres 1974 von 2218 Dollar auf 4863 Dollar. In der gleichen Zeit veränderte sich der relative Abstand kaum. Das durchschnittliche Einkommen in einem Entwicklungsland blieb bei rund 7 Prozent des durchschnittlichen westlichen Einkommens stehen. Während die vom Ölpreis hochgetriebenen Einkommen der Nahost-Länder ihren relativen Abstand zum Westen erheblich verringerten und China und Ost-Asien leichte Verbesserungen zu verzeichnen hatten, stellten die Einkommen in Lateinamerika, in Süd-Asien und in Afrika 1975 einen kleineren Prozentsatz der westlichen Einkommen als 1950 dar.

Lebensqualität

Diese Einkommensungleichheiten sind schon schockierend genug, doch die reinen Zahlen können nur wenig von der wirklichen Bedeutung der Ungleichheit im Alltag vermitteln. Um ein Gefühl dafür zu bekommen, müssen wir uns etwas konkreteren Erscheinungsformen der Ungleichheit zuwenden.

Vergleichen wir beispielsweise ein typisches armes Land wie Indonesien mit einem reichen Land wie Kanada etwa im Jahre 1970. Ein neugeborenes Kind in Kanada hatte damals eine Lebenserwartung von 73 Jahren, ein Neugeborenes in Indonesien durfte nur 48 Lebensjahre erhoffen. Die Chance des indonesischen Kindes stand eins zu drei, daß es zur Schule gehen würde, das kanadische Kind aber würde zur Schule gehen. Der durchschnittliche kanadische Erwachsene hatte acht oder neun Jahre lang die Schule besucht, der durchschnittliche Indonesier acht Monate. Der Kanadier aß am Tag 98 Gramm Eiweiß, hauptsächlich in Form von Fleisch. Der Indonesier bekam nur 43 Gramm, und die fast ganz in Form von Gemüsen. Rund 35000 Indonesier mußten sich einen Arzt teilen, in Kanada waren es nur 670. Alle Kanadier hatten Zugang zu sauberem

Wasser, doch nur jeder Sechzehnte in Indonesien konnte das von sich behaupten. Das alles sind Ungleichheiten, die sich nicht nur auf materielle Besitztümer beziehen, sondern auf Leben, denkende Menschen aus Fleisch und Blut, auf Wohlergehen und Vertrauen in die Welt.

Der Overseas Development Council der Vereinigten Staaten (Rat für Entwicklung in Übersee) hat den Versuch unternommen, den menschlichen Gehalt der internationalen Ungleichheiten zusammenzufassen. Die bei diesem Rat beschäftigten Wissenschaftler versuchten, über das Problem hinwegzukommen, daß relativer Wohlstand und Armut gemeinhin auf der Grundlage von Durchschnittsangaben des Bruttosozialprodukts pro Einwohner gemessen werden. Denn dieser grobe Maßstab sagt nichts aus über die großen Ungleichheiten innerhalb der einzelnen Länder, und ihn als Maßstab des Fortschritts zu akzeptieren, würde bedeuten, das Wachstum des gesamten materiellen Wohlstands als Entwicklungsziel anzunehmen, egal wie ungleich dieser Wohlstand verteilt wird. Daher entwickelte der Rat einen sogenannten Index für physische Lebensqualität (Physical Quality of Life Index, PQLI). Man gab jedem Land Punkte von eins (für die, die am schlechtesten abschnitten) bis 100 (für die Besten), bezogen auf die Erwartung für das Jahr 2000: für die Lebenserwartung mit einem Jahr, die Kindersterblichkeit und den Anteil der Lese- und Schreibkundigen. Die PQLI-Zahl eines jeden Landes erhielt man, wenn man den Mittelwert aller drei Punktekontos errechnete. Der Index läßt ein recht gutes Urteil über den erreichten Stand in der Gesundheitsversorgung, im Bildungswesen und bei der Ernährung zu (deren Stand seinerseits widerspiegelt, wie es mit der Arbeit, den Löhnen, dem Landbesitz usw. steht). Da ein Land nur dann einen hohen Durchschnitts-Punktestand erreichen kann, wenn große Teile der Bevölkerung lesen und schreiben können und bei guter Gesundheit sind, gibt dieser Index auch Hinweise darauf, ob und in welchem Umfang die Segnungen der Entwicklung auch die Mehrheit der Bevölkerung erreicht haben. Den höchsten Punktestand erzielten Norwegen, Schweden und Island mit 97 Punkten. Die entwickelten Länder kamen insgesamt im Durchschnitt auf 94 Punkte.

Im allgemeinen läßt sich sagen: Je reicher ein Land, desto höher der Punktedurchschnitt. Die 45 ärmsten Länder (mit einem durchschnittlichen Pro-Kopf-Einkommen von 166 Dollar im Jahre 1976) kamen nur auf einen mittleren Punktewert von 40. Die 38 Länder mit einem im unteren Mittelbereich liegenden Pro-Kopf-Einkommen (von durchschnittlich 429 Dollar) kamen auf 67 Punkte, während die 38 bei den Einkommen im oberen Mittelbereich liegenden auf 68 Punkte kamen. Bei einigen Ländern lagen die Punktwerte jedoch weit höher, als zu erwarten gewesen wäre. Trotz des niedrigen Einkommens von 200 Dollar pro Person im Jahre 1976, erreichte Sri Lanka den erstaunlich hohen Punktewert von 82; darin spiegelt sich die hohe Zahl der Lese- und Schreibkundigen und die hohe Lebenserwartung sowie die geringe Kindersterblichkeit, die das Land auf Grund seiner kostenlosen Bildung, seines Gesundheitswesens und seiner Subventionierung der Nahrungsmittelzuteilung zu erreichen vermochte. Unter den beim Einkommen im unteren Mittelbereich liegenden Ländern schnitt Guyana mit 84 Punkten am besten ab. Der Index gibt den Wert der egalitären Entwicklungsstrategien wider, die auf das Wohlergehen der Armen abzielen. Brasilien, das eine in höchstem Maße ungleiche Wachstumsstrategie verfolgte, kam nur auf 66 Punkte, obwohl es ein Pro-Kopf-Einkommen von 1140 Dollar erreicht hatte.

Doch selbst diese verfeinerte Meßweise kann noch keinen Eindruck von der wirklichen Lebensqualität als subjektiver Erfahrung vermitteln. Sie kann nicht die von vielen Leuten gestellte Frage beantworten: Wie zufrieden ist in der Dritten Welt der Mann auf der Straße mit seinem Schicksal? Ist er glücklich trotz seiner Armut? Es muß vielen romantisch gestimmten Reisenden aus dem Westen aufgefallen sein, daß der barfüßige afrikanische Bauer in seiner Lehmhütte, mit seinen Mangobäumen und Bananenstauden vor der Tür, der ganzjährigen Wärme und seinem engen Gemeinschaftsleben anscheinend zufriedener ist als der isolierte Westler, der für kurze Zeit den Verkehrsstaus, dem Fernsehen, dem abwechslungsreichen Essen daheim und dem stressigen, entfremdeten Arbeitstrott den Rücken gekehrt hat. Mag sein, daß der Bauer wirklich einmal glücklich gewesen ist, doch die Revolution der steigenden Erwartungen scheint ihm einen großen Wurm der Unzufriedenheit eingeschossen zu haben.

Glücklicherweise verfügen wir heute über etwas mehr Information, als Eindrücke und Einfühlungsgabe allein vermitteln können. Von 1974 bis 1976 hat das Internationale Gallup-Institut die erste weltweite Meinungsumfrage in sechzig Ländern durchgeführt, die von der Charles F. Kettering-Stiftung finanziert wurde. Die Ergebnisse, die in achtzehn dicken Bänden zusammengefaßt wurden, lassen vermuten, daß die meisten Menschen in den Entwicklungsländern mit fast jedem Aspekt ihres Lebens weniger zufrieden sind als die Menschen in den reichen Ländern. Um das Maß der Zufriedenheit zu ermitteln, wurden die interviewten Personen gebeten anzugeben, wo sie selbst sich auf einer elfstufigen «Gebirgskarte» sehen würden, wobei die unterste Stufe «das schlechteste Leben, das man sich vorstellen kann» bezeichnet und die oberste Stufe das bestmögliche. Auf die Frage, ob sie mit ihrem Lebensstandard zufrieden seien, stuften sich weniger als 30 Prozent der Europäer und Amerikaner auf den untersten sechs Stufen ein, gegenüber 33 Prozent der Lateinamerikaner, 73 Prozent der südlich der Sahara lebenden Afrikaner und 82 Prozent der Inder. Es stellte sich heraus, daß Dritte Welt-Bewohner mit ihrer persönlichen Gesundheit, ihrer Wohnsituation, ja sogar mit ihrem Familienleben weit unzufriedener waren (Lateinamerikaner waren allerdings erheblich zufriedener als die anderen). Zwei Drittel der Westler und der Lateinamerikaner stuften sich in den drei obersten Kategorien für Familienglück ein, doch nicht einmal jeder fünfte Afrikaner und weniger als einer von acht Indern konnte das von sich behaupten. Mit dem Verbrechen stand es in der Dritten Welt noch schlimmer als in den USA: 40 Prozent der Amerikaner wußten im Umkreis von 20 Minuten Stellen, wo sie Angst hätten herumzulaufen. Bei den Bewohnern der Dritten Welt waren das 47 bis 57 Prozent.

Im allgemeinen machten sich die Menschen in den Entwicklungsländern weit mehr Sorgen als die Menschen in den Industrieländern, vor allem im Hinblick auf ihre Finanzen. Auch im Gesamtergebnis erwiesen sie sich als weniger glücklich. Diejenigen, die sich als sehr glücklich bezeichneten, überwogen gegenüber denjenigen, die sich «nicht allzu glücklich» fühlten, im Verhältnis sieben zu eins in Skandinavien, in Großbritannien fünf zu eins und in den USA vier zu eins. In Lateinamerika waren beide Gruppen in etwa gleich groß, aber in Afrika überwogen die Nicht-allzu-Glücklichen die Glücklichen im Verhältnis fünf zu eins und in Indien im Verhältnis zehn zu eins.

Diese Ergebnisse werfen die nostalgischen Ansichten, die Menschen in den armen Ländern seien zufriedener und glücklicher als die Menschen in den reichen Ländern, völlig über den Haufen. Ihre Unzufriedenheit bezog sich auf die tagtäglichen schlechten Erfahrungen mit der absoluten Armut: auf den Mangel an genügend Essen, auf das häufige Kranksein, auf die knappen Mittel für angemessene Kleidung und Unterkunft. Aber mit Sicherheit bezog sie sich auch auf ihre relative Armut, wenn sie ihre Lage mit der der Überprivilegierten in ihrem Land und mit den Erwartungen verglichen, die die Politiker, die Medien und ihre eigenen Augen in ihnen geweckt haben.

Die beiden Nationen

Auch innerhalb der meisten Länder der Dritten Welt fallen die Ungleichheiten ins Auge. Die meisten Länder bestehen aus zwei Nationen: aus den Privilegierten und dem Volk. Aus denjenigen, die vom Wirtschaftswachstum profitieren, und denjenigen, die nichts davon haben. Aus den Festgästen und den Bettlern, für die nur die Krümel übrigbleiben, oder den Gaffern draußen vor der Tür. Die beiden Nationen in der Dritten Welt, das sind nicht nur die Kapitalisten und die Arbeiter, nicht einmal nur die Landbesitzer und die Landlosen. Gewiß, diese Teilungen gibt es, wie wir gesehen haben, auch, doch durch sie hindurch zieht sich die Zweiteilung in Gewinner und Verlierer des Entwicklungsspiels.

Gewinner sind alle, die es geschafft haben, einen Fuß in die Tür zum modernen, verwestlichten Sektor zu setzen, gleich ob beim Staat oder einer Privatfirma. Staatsangestellte bis hinunter auf die unterste Ebene mit ihren viel zu hohen Gehältern, ihrer durch nichts zu erschütternden Arbeitsplatzsicherheit, ihren Nebenverdiensten. Die Eigentümer, Manager und Gehaltsempfänger der modernen Unternehmen, gleich ob national oder multinational. Die fetten Absahner in der Stadt: Besitzer städtischer Grundstücke, die alles einsacken, was aus der durch die Landflucht entstandenen Goldmine herauszuholen ist, Geschäftsleute, Export-Import-Kaufleute. Auf dem Land sind es die Großgrundbesitzer und auf etwas niedrigerer Ebene diejenigen, die genügend Land besitzen, um eine erhebliche Menge für den Verkauf produzieren zu können. Beide Gruppen haben überproportional von den staatlichen Infrastrukturleistungen profitiert, von den neuen Straßen, vom Kredit, von Erschließungsmaßnahmen. Dann gibt es noch eine neue Schicht von Privilegierten auf dem Lande – von denen einige zuvor zu den Unterprivilegierten gehörten – das sind die Nutznießer der begrenzten Entwicklungsprojekte und der Schein-Landreformen. Diese Leute, wie Großbauern, bekommen weit mehr von den staatlichen und internationalen Mitteln ab, als ihnen eigentlich zustehen würde.

Und dann gibt es noch die Verlierer, das ländliche und städtische Sub- und Lumpenproletariat, eine buntscheckige Mischung Unglückseliger, die es gerade dadurch, daß sie so gemischt sind, nicht schaffen, sich zu einer Veränderung des Systems, unter dem sie leiden, zusammenzutun, zu organisieren und zusammenzuarbeiten. Der größere Teil von ihnen lebt auf dem Land. Da sind zunächst die *minifundistas*, Besitzer so kleiner Stücke Land, daß sie davon nicht ihre Familie ernähren können und auf anderweitige Arbeit angewiesen sind. Trockenlandbauern können sich selbst mit großen Landstücken auf der Seite der Benachteiligten wiederfinden, weil ihr Land nur eine geringe Produktivität hat. Beide Gruppen sind so arm, daß sie und ihr Einkommen zum größten Teil vom Arbeitsmarkt abhängig sind. Die landlosen Landarbeiter sind noch stärker gefährdet. Außerhalb der Landwirtschaft sind die Arbeiter der totgeweihten traditionellen Industrien, die kleinen Selbständigen oder unsicher Beschäftigten des städtischen informellen Sektors und die Arbeitslosen die Verlierer.

Das Maß an Ungleichheit in den meisten Ländern der Dritten Welt ist weit größer als in einem typischen Industrieland. In früheren Kapiteln haben wir einige konkrete Formen dieser Ungleichheit kennengelernt, etwa bei der Ernährung, bei der Wohnsituation, dem Wasser, der Bildung usw. Hinsichtlich der Einkommen ist diese Ungleichheit geradezu niederschmetternd. Der Weltbank-Wirtschaftswissenschaftler Montek Ahluwalia hat errechnet, daß in einem typischen Entwicklungsland die reichsten 20 Prozent der Bevölkerung 53 Prozent des Privateinkommens einstekken, während die ärmsten 40 Prozent ganze 12 Prozent des Privateinkommens bekommen. In westlichen Ländern erhalten diese untersten zwei Fünftel 16 Prozent des gesamten Einkommens. In sozialistischen Ländern, die trotz noch bestehender Ungleichheiten den bislang höchsten Grad an Gleichheit erreicht haben, liegt ihr Anteil bei 25 Prozent.

Wie groß die Ungleichheit ist, läßt sich dadurch sehr gut anschaulich machen, daß man mißt, wievielmal reicher im Durchschnitt ein Angehöriger der obersten 20 Prozent im Vergleich zu seinem Gegenstück aus den untersten 40 Prozent ist. Auch hier schneiden die sozialistischen Länder mit hohen Egalitätsquoten am besten ab: In der Tschechoslowakei liegt das durchschnittliche Einkommen der obersten 20 nur 2,25 mal höher als das der untersten 40, in Ungarn 2,79 mal höher (alle Angaben stammen aus verschiedenen Jahren zwischen 1957 und 1971). Einige entwickelte Länder des Westens haben annähernd ähnliche Verhältnisse erreicht. Japans oberste Zwanzig beziehen das 3,86fache der untersten 40, und das Hauptland des privaten Unternehmertums, die Vereinigten Staaten, weist eine Egalitätsrate von 3,96 auf. In Großbritannien beträgt die Diskrepanz das 4,14fache, in Schweden das 6,28fache, in der Bundesrepublik Deutschland das 6,86fache. Frankreich weist eine außergewöhnlich hohe ungleiche Verteilung auf: die Reichsten kriegen das 11,3fache dessen, was den Ärmsten zufällt. (Alle Einkommensangaben vor Steuer.)

Nur ein paar Entwicklungsländer können egalitäre Verteilungen vorzeigen. Die ärmsten 40 Prozent erhalten in Sri Lanka, Thailand, Pakistan und Korea 17 Prozent und mehr des Gesamteinkommens, doch am egalitärsten ist Taiwan, wo die obersten Zwanzig nur das 3,93fache des Einkommens der untersten 40 erhalten. Taiwan und Korea haben beide außergewöhnlich hohe Wachstumsraten gehabt. In Taiwan nahm das Einkommen der ärmsten 40 Prozent beinahe dreimal rascher zu als das der obersten 20 Prozent.

Im typischen Entwicklungsland liegen die reichsten 20 Prozent im Durchschnitt neunmal besser als die ärmsten 40 Prozent. Viele Länder, die angeblich ihr «Wirtschaftswunder» an raschem Wachstum erleben, sind durch hochgradige Ungleichheit gekennzeichnet. In Kenia verdienten die Reichsten das 13,6fache der Ärmsten, in Brasilien das 12,3fache. In Brasilien hat sich die Kluft zwischen Arm und Reich während der sechziger Jahre vertieft, das Durchschnittseinkommen der reichsten Gruppen wuchs nämlich um 8,4 Prozent im Jahr, während das der Ärmsten nur um 5,2 Prozent stieg.

Die meisten Länder, die ein ungleiches Entwicklungsmodell verfolgt haben, mußten erleben, wie das Wirtschaftswachstum eine Verschärfung der bestehenden Disparitäten mit sich gebracht hat. In der Tat scheinen schon die ersten Stadien des Wirtschaftswachstums zu einem raschen Absinken des Anteils der Armen am Gesamteinkommen zu führen, während sie gleichzeitig ein schnelles Ansteigen des Anteils der Reichsten zeitigen. Die von dem beim Internationalen Arbeitsamt beschäftigten Wirtschaftswissenschaftler Felix Paukert gesammelten Zahlen zeigen, daß der Einkommensanteil der ärmsten 40 Prozent, der bei Ländern mit einem Durchschnittseinkommen von weniger als 100 Dollar bei 17 Prozent liegt, in Ländern mit 300 bis 500 Dollar mittlerem Einkommen nur noch bei 12,4 Prozent liegt. Erst wenn ein Land die Grenze von 500 Dollar Durchschnittseinkommen überschritten hat, steigt auch der Anteil der Ärmsten wieder – doch wie es scheint, erreicht er nie wieder den hohen Stand, den er vor dem Beginn der Entwicklung hatte. Gleichzeitig steigt der Anteil der reichsten 20 Prozent – der bei Ländern mit weniger als 100 Dollar gerade über der Hälfte liegt – bei Ländern mit 200 bis 300 Dollar Durchschnittseinkommen auf 58 Prozent, und er nimmt, wenn das Land wohlhabender wird, nur langsam wieder ab.

Paukerts Zahlen sind zugegebenermaßen nur grobe Näherungen und im strengen Sinne nicht vergleichbar. Doch überzeugt das durch sie zutagetretende Muster. Einige Länder wie Korea und Taiwan haben die Wachstumsfrüchte breit verteilt. Doch das Wirtschaftswachstum des vorherrschenden Modells ist wie ein dunkler Tunnel, in dem Gleichheit und Gerechtigkeit verschwinden, um nach einer langen und schmerzvollen Zeit wieder aufzutauchen. Die Erstellung des modernen Sektors füllt zunächst nur die Taschen einer kleinen Elitegruppe – eben jener reichsten 20 Prozent – und versetzt der gesamten übrigen Gesellschaft einen schweren Schlag. Langsam aber sicher weitet sich der moderne Sektor dann aus, immer mehr Leute werden als Bürobeschäftigte, Handarbeiter, Zulieferer usw. einbezogen. In dem Maße, wie die Expansion sich fortsetzt, sickert der Nutzen des Wachstums auch bis zu breiteren Kreisen durch. Letzteres ist die traditionelle Rechtfertigung dieser Wachstumsstrategie gewesen, doch hat sich erwiesen, daß das Sickern manchmal weniger als langsames Tröpfeln sein kann und daß die untersten 40 Prozent dann für lange Zeit zunehmender relativer und zuweilen auch absoluter Armut ausgesetzt werden, die durchaus weit länger anhalten kann, als politisch und moralisch tragbar ist.

Wenn der Anteil der Ärmsten am gesamten Nationaleinkommen rascher abnimmt als das Gesamt zunimmt, dann können die Armen ärmer werden, während das Land insgesamt zur gleichen Zeit reicher zu werden scheint. So war beispielsweise in West-Malaysia der durchschnittliche Haushalt 1970 14 Prozent besser dran als 1957. In Wirklichkeit gibt es jedoch keine Durchschnittshaushalte. Tatsächlich sahen nur die obersten 40 Prozent, daß sich bei ihrem Einkommen wirklich etwas zum Besseren verändert hatte, das Realeinkommen aller anderen verschlechterte sich. Die Einkommen der untersten 20 Prozent nahmen um ein Drittel ab. Im gleichen Zeitraum nahmen auf den Philippinen die Einkommen der meisten Gruppen zu, während sie für das ärmste Fünftel des Landes um 11 Prozent abnahmen.

Einige Beobachter meinen, die Verschärfung der Ungleichheit gehöre unvermeidlich zum Wachstumsprozeß, sie gehöre zu den Kinderkrankheiten. Einige behaupten sogar, sie sei wünschenswert, weil so die Gewinner bei diesem Spiel einen ausreichend großen Überschuß für Investitionen bekämen, während sonst, wenn der Topf gleichmäßiger aufgeteilt würde, mehr für den Verbrauch ausgegeben würde und die Investitionen letztlich darunter zu leiden hätten. Diese Theorie ist sowohl moralisch als auch von der Sache her unhaltbar. Wer behauptet, daß Ungleichheit und damit verbundene Ungerechtigkeiten für das Wachstum nötig seien, der sagt damit, daß soziale Ungerechtigkeit ein zu rechtfertigendes Mittel ist, wenn man damit nur den materiellen Wohlstand vermehrt. Damit werden alle menschlichen Werte auf den Kopf gestellt. In der Praxis sieht das denn auch so aus, daß die Reichen der Dritten Welt sich nicht oft so verhalten wie die puritanischen Kapitalisten Westeuropas: Sie neigen eher dazu, ihr Kapital auf Schweizer Nummernkonten ins Trockene zu bringen (was, wenn es abgestellt würde, eine ganze Menge zur Sache der Gerechtigkeit in der Dritten Welt beitragen könnte) oder es prahlerisch für aus dem Westen importierte Ge- und Verbrauchsgüter, für Mercedes und Martini draufzuhauen. Die Ausgaben der reichen Eliten der Entwicklungsländer schaffen nicht so viele einheimische Arbeitsplätze wie die Ausgaben der Armen für ihre lebensnotwendigen Dinge, die im Land von einheimischen Stoffen hergestellt werden. Dort wo ihre Ausgaben doch die einheimische Industrie anregen, bringen die starken Einkommensungleichheiten die falsche Sorte Industrie hervor, die nämlich, welche die Wünsche der Reichen erfüllt, statt die Bedürfnisse der Armen zu befriedigen, kapitalintensive Industrie statt Arbeitsplätze schaffende Industrie.

Die Entwicklung in Taiwan und Korea hat deutlich gezeigt, daß rasches Wachstum auch in Verbindung mit größerer Gleichheit einhergehen kann und daß beide keineswegs unvereinbar sind. Im ländlichen Bereich, wo in beiden Ländern eine egalitäre Masse von Kleinbesitzern überwiegt, können sie sogar als eindeutiger Beweis dafür herangezogen werden, daß größere Gleichheit bei der Nahrungsmittelerzeugung ein weit schnelleres Wachstum hervorbringen kann.

Es ist nicht das Wachstum an sich, sondern das von den meisten Ländern der Dritten Welt verfolgte Wachstumsmodell, das die Ungleichheiten vermehrt hat. Auf fast allen Gebieten wurde unangebrachten westlichen Rastern gefolgt, die dazu führten, daß nur kleine Mengen hochklassiger Investitionen getätigt werden konnten. Sie wurden fast vollständig dem modernen, städtischen Sektor und dem aufkommenden kapitalistischen Bauern zugeleitet, mit anderen Worten, den schon Privilegierten, bei gleichzeitiger Diskriminierung der Unterprivilegierten. Und der gestärkte, von allen Seiten begünstigte moderne Sektor ging dann dazu über, den nicht-modernen Sektor durch die Konkurrenz abzuwürgen.

Die Mechanismen der Verarmung

Die Natur selbst ist ungleich und bringt Armut hervor. Ein Stück Land liegt niedrig genug, um ständig bewässert werden zu können, ein anderes liegt trocken und ist auf unregelmäßige Niederschläge angewiesen. Dieses Gebiet weist fruchtbares Schwemmland auf, jenes stark ausgelaugten Lateritboden. Das eine Land sitzt auf einem Vermögen aus Erdöl, das andere verfügt über nichts weiter als die Arbeitskraft seiner Bewohner. Katastrophen treffen die einen und verschonen die anderen – der Sturm macht des einen Haus dem Erdboden gleich und läßt das des anderen stehen, der einen Familie ruinieren die Blattläuse die Ernte, der anderen Ernte lassen sie unberührt. Traditionelle Systeme wie Almosen, Patronat oder gegenseitige Hilfe konnten die Unebenheiten der Natur etwas einebnen. Doch überall in der Dritten Welt ist heute der Verfall dieser Systeme weit fortgeschritten. Die meisten nicht-kommunistischen Gesellschaften tendieren heute dazu, die Ungleichheiten der Natur zu verschlimmern, statt sie zu verringern. In vielen Ländern hat dies in zunehmendem Maße Armut erzeugt.

An dieser Stelle möchte ich gerne einen kleinen Ausflug in die Theorie machen in der Hoffnung, damit eine systematische Betrachtungsweise des Entstehens von Armut und Ungleichheit anbieten zu können. Es lassen sich vier Arten von Verarmung unterscheiden: geographische, wo der Hauptfaktor ein natürlicher oder ökologischer Vorgang ist; gesellschaftliche, wo die Verelendung sich aus den akzeptierten Grundregeln der Gesellschaft heraus entwickelt; wirtschaftliche, wo die Marktkräfte sie hervorbringen; und politische, wo sie durch die Anwendung der Staatsgewalt aufgezwungen wird.

Geographische Verelendung kann sich auf Grund ganz und gar natürlicher Vorgänge ergeben, wie langfristigen Veränderungen der erdweiten Wettermaschine, was etwa einen Rückgang der Niederschläge zur Folge haben kann – wie in der Sahelzone, wo sich anscheinend die Niederschlagsgürtel des Äquators nach Süden verschoben haben – oder durch kurzzeitig auftretende Naturkatastrophen wie Dürren, Erdbeben oder tropische Wirbelstürme. Gegenwärtig reichen die technologischen Fähigkeiten des Menschen nicht aus, um solche Vorgänge zu verhindern, obgleich es möglich ist, die Menschen durch sichere Häuser, dürreresistentere Anbausorten, bessere Bewässerung und wirkungsvollere Organisation für solche Notfälle besser zu schützen. Letztendlich muß man jedoch eingestehen, daß es derart unproduktive Gebiete auf der Welt gibt, daß nur die Abwanderung ihren Bewohnern ein Leben oberhalb der Überlebensgrenze sichern könnte.

Allgemeiner ausgedrückt kann man sagen, daß geographische Verelendung das Ergebnis einer Wechselwirkung zwischen Bevölkerung und Technologie in empfindlichen Ökosystemen ist. Man könnte dies auch die «ökologische» Variante nennen, und man findet sie vor bei jener Art von Bodenverschlechterung, wie sie bei Verwüstungsprozessen und Entwaldung am Werk sind. Die Wurzel dieses Vorgangs liegt darin, daß der Boden die zur Zeit auf ihm lebende Bevölkerung nicht ernähren kann (geschweige denn in Zukunft noch besser ernähren könnte), wenn keine Änderung der gegenwärtig angewandten Technologie eintritt. Als Reaktion darauf müßte zunächst das Bevölkerungswachstum begrenzt und/oder die Belastung des entsprechenden Landesteils durch Abwanderung in weniger belastete Gegenden verringert werden. Und man müßte eine Technologie einführen, mit deren Hilfe die Bevölkerung sich bei vernünftigem Einkommen am Leben erhalten kann, ohne daß dadurch der Boden geschädigt würde.

Gesellschaftliche Verelendung entsteht als Wechselwirkung ökologischer Faktoren – Geographie, Technologie, Bevölkerung – mit den Grundregeln des Gesellschaftssystems. Sie bringt gewöhnlich in vermehrtem Maße Ungleichheit als Folge mit sich. Überall wo Land in Privatbesitz ist und einzelnen gehört, stellt sich notwendig Ungleichheit ein, selbst wenn die Bevölkerung nicht zu stark angewachsen ist. Ein Bauer muß in einem Jahr mit Pestbefall fertig werden, der seine Ernte zerstört. Er leiht sich Geld von einem anderen Bauern, und die Schuldenrückzahlung belastet seine Einkommenssituation und macht ihn noch anfälliger. Sobald derselbe Mann zweimal von einer Katastrophe betroffen ist, wird er vermutlich sein Land verlieren, und schon hat sein Gläubiger doppelt soviel Land. Durch das Bevölkerungswachstum wird dieser Vorgang noch ungeheuer beschleunigt: Das Land wird immer weiter unterteilt, bis es so klein ist, daß es diejenigen, die davon leben müssen, nicht mehr ernähren kann, so werden die Familien dann gezwungen, sich Arbeit zu suchen, wodurch die Löhne noch geringer werden, weil das Angebot an Arbeitskräften die Nachfrage bald bei weitem übersteigt. Das ist zwar eine stark schematisierte Darstellung des Ganzen, aber im wesentlichen läuft dies im größten Teil Asiens so ab. Auch hier müßte die erste Reaktion darauf so aussehen, daß man versucht, das Bevölkerungswachstum zu verringern und die Anbautechnologie zu verbessern, so daß eine Familie sich von einem noch kleineren Stück Land ernähren kann. Zudem müssen die Schwachstellen des Gesellschaftssystems verändert werden, man muß die privaten Grundbesitzrechte beschränken und Land an Landlose verteilen – doch nicht als private Grundstücke einzelner Personen oder Familien, sonst würde sich der gleiche Vorgang wiederholen, sondern als genossenschaftlichen Besitz, zumindest aber als genossenschaftlich bearbeitete Landgüter. Zudem muß der Staat reichlich billige Kredite zu Verbrauchszwecken zur Verfügung stellen.

Die dritte Art der Verarmung ist wirtschaftlicher Natur. Ihre erste Form, die *Verelendung durch ungleichen Tausch*, tritt immer dann auf, wenn zwei ungleiche Parteien auf dem Markt zu Kauf und Verkauf aufeinandertreffen. Da überall die Kommerzialisierung auf dem Vormarsch ist und die selbstversorgerische Landwirtschaft verdrängt (die mit sehr wenig Austausch über den Markt auskommt), nimmt diese Form der Verelendung auf allen Kontinenten zu. Kein Markt auf der Welt ist ein gänzlich freier Markt, der gleichen Tausch zwischen gleichstarken Tauschpartnern voraussetzt. Das Ergebnis jedes Kaufvorgangs wird durch die Kaufkraft der Beteiligten bestimmt: Wer am stärksten, am reichsten, am besten informiert ist, am besten organisiert ist, schneidet dabei gewöhnlich am besten ab. Die Preise auf einem Markt mit ungleichem Tausch geben das Verhältnis von Angebot und Nachfrage nicht ganz wahrheitsgetreu wieder, sondern sie sind durch die relative Marktmacht des einen oder anderen verzerrt.

Dieser Vorgang ist extrem stark verbreitet, und er wird durch den Bevölkerungszuwachs noch verschlimmert. Es gibt ihn auf dem Arbeitsmarkt, wo zu viele Arbeiter auf der Jagd nach zu wenig Arbeit sind und zu viele Grundbesitzer und Unternehmer Gauner für sich arbeiten lassen, die dafür sorgen, daß die Löhne niedrig bleiben und die Arbeiter sich nicht organisieren. Es gibt diesen Vorgang auf dem Weltmarkt für Primärerzeugnisse, wo die Armut die Länder der Dritten Welt dazu zwingt, selbst bei niedrigen Preisen zu produzieren und zu verkaufen, und es gibt ihn auf dem Weltmarkt für Maschinen und Fertigwaren, wo die westlichen Länder, Unternehmen und Arbeiter die Preise selber machen können, weil sie besser organisiert sind und nach wie vor die Macht dazu haben. Auf diesen Vorgang kann man nur so reagieren, daß man die schwächeren Beteiligten mit mehr Muskeln bepackt, indem man ihnen hilft, sich zu organisieren, und sie mit Mitteln und Erfahrung unterstützt. Das heißt, man muß Genossenschaften armer Erzeuger und armer Verbraucher gründen. In vielen Fällen kann dies bedeuten, ihnen Land zur Bearbeitung zu überlassen, damit sie nicht mehr so stark auf den Arbeitsmarkt angewiesen sind.

Die zweite Form wirtschaftlicher Verelendung wird durch *ungleiche Konkurrenz* zwischen Leuten auf derselben Tauschseite des Marktes verursacht: zum Beispiel zwischen kleinen Reisbauern mit primitiver Technologie und mechanisierten Großerzeugern, oder zwischen Leuten, die in Heimarbeit spinnen, und großen Spinnfabriken. Der Großerzeuger kann seine Waren billiger verkaufen als der kleine Mann, und zwar zu Preisen, die das Einkommen des Kleinen immer weiter verringern, bis es unter der Überlebensgrenze liegt. An dem Punkt angelangt, kann der kleine Mann nicht mehr als unabhängiger Erzeuger weitermachen und muß sein gesamtes Einkommen als abhängiger Arbeiter verdienen.

Selbstverständlich gibt es zwischen gleich großen Erzeugern immer Ungleichheiten hinsichtlich ihrer Fertigkeiten und ihres Leistungsvermögens. Doch starke Produktivitätsunterschiede sind im allgemeinen das Ergebnis anderer Faktoren wie dem Zugang zu Kapital, Kredit, staatlichen Dienstleistungen, Märkten usw. Als unmittelbare Reaktion auf ungleiche Konkurrenz kann man den Zugang zu Kapital und staatlichen Dienstleistungen für alle Erzeuger ebnen.

Politische Verelendung, die vierte Art, schließt die Anwendung staatlicher Gewalt durch bestimmte gesellschaftliche Gruppen ein, sie führt zur Entstehung und Verstetigung starker Ungleichheiten und hält die Armen an der Grenze des Überlebens.

Die erste Variante ist jene Art von Zwangsenteignung, Versklavung und Unterdrückung, welche der iberischen Eroberung Lateinamerikas folgte und die sich heute in mehr oder minder scharfer Form in gewissen Ländern und Gegenden Asiens und Afrikas vollzieht. Im Verlauf dieses Vorgangs ergreift die Elite den Staatsapparat – sei es auf nationaler, sei es auf lokaler Ebene – und benutzt seine überwältigende Gewalt zur Unterstützung von Enteignungen und zur Unterdrückung von Aufständen der Armen gegen die Ungerechtigkeiten der Reichen. Manchmal – wie in vielen lateinamerikanischen Ländern – vollzieht sich dieser Vorgang auf nationaler Ebene, und die einzige Reaktion darauf kann politisches Handeln sein, vom Wahlkampf bis zur Revolution. Je extremer die Unterdrückung, um so extremer muß auch der Widerstand sein. Zuweilen haben die Reichen den lokalen Staatsapparat zu ihrem Privatspielzeug gemacht: Hier kann die Antwort nur in einer Stärkung der zentralen Kontrolle über die lokale Regierung und Verwaltung sein; man muß die Korruption beseitigen, denn sie gibt den Reichen einen großen Teil ihres politischen Einflusses, und man muß den Armen helfen, sich zu organisieren, damit sie ihre Rechte in jeder erdenklichen Weise, von gewerkschaftlicher bis zu politischer Aktivität, fordern und verteidigen können.

Die anderen Formen politischer Verelendung schließen nicht notwendig die Anwendung staatlicher Gewalt ein. Sie sind tückischer und weiter verbreitet, und sie können sich manchmal sogar unter sozialistischen und kommunistischen Regimen noch halten. Die zweite Form ist *grobe Diskriminierung durch staatliche Investitionen und Unterstützung* zugunsten der privilegierten gesellschaftlichen Gruppen, vor allem zugunsten des modernen, privilegierten und städtischen Sektors und zuungunsten des ländlichen, informellen und armen Sektors. Damit muß nicht unbedingt der Gebrauch von Gewalt verbunden sein (außer vielleicht gegen eventuelle Unruhen), denn diese Praxis ist rationalisiert und durch allerlei trügerische Argumente wie dem Zwang zur «Modernisierung» oder zur «Produktionssteigerung» mit einer Scheinlegitimation versehen.

Die dritte Form der politischen Verarmung meint die *Selbsterhöhung der den Staat personell tragenden Gruppe* – wie Politiker oder Bürokraten – zu einer «neuen Klasse», einer neuen privilegierten Elite, wie sie der jugoslawische Philosoph Milovan Djilas in den kommunistischen Staaten entstehen sah. Das Staatspersonal verschafft sich selbst durch Wahlen oder Erlässe hohe Einkommen und Nebeneinkünfte, die über die Steuern von der Allgemeinheit finanziert werden. Diese Form wird wahrscheinlich noch weiter bestehen, auch wenn alle anderen schon beseitigt worden sein sollten. Es gibt sie in einem gewissen Umfang in allen Entwicklungsländern, doch ist sie etwa in einem Land wie Indien weniger stark entwikkelt, weil die Beamten dort verhältnismäßig bescheidene Gehälter haben, als in Afrika, wo die Schwarzen ohne Umschweife in die Fußstapfen der Weißen traten und auch ihre Gehälter erbten. Am stärksten ausgeprägt ist diese Form in den am wenigsten entwickelten Ländern wie Obervolta.

Hier gibt es nur zwei nennenswerte Menschengruppen: Bauern und Regierungsangestellte. Da es nur ganz wenig Industrie gibt, finanziert sich der Staat durch Entwicklungshilfe (die eigentlich allen zugute kommen sollte), durch eine Wahlsteuer von rund 3 Dollar pro Person, sofern sie älter als vierzehn Jahre ist, und durch indirekte Steuern und Zollabgaben, welche die Masse der Bevölkerung zu tragen hat. Den nationalen Statistiken ist zu entnehmen, daß die 5 Prozent der Bevölkerung, die im Staats-«Dienst» beschäftigt sind, das sind fast alle öffentlichen Dienstleistungen, sich 40 Prozent des Bruttosozialprodukts aneignen. Das bedeutet, daß die Staatsbediensteten in grotesker Weise unmittelbar auf Kosten der Bauern überbezahlt sind. Sie sind eine neue Mandarin-Klasse, welche die Armen ebenso ausbeutet, als wären diese Arbeiter in ihren Fabriken. Der Staat baut zwar Straßen, Schulen, Brunnen, organisiert die Gesundheitsfürsorge usw. Doch diese Dienstleistungen erreichen zum größten Teil noch immer nur eine kleine und vorwiegend in der Stadt lebende Minderheit, von der wiederum ein großer Teil beim Staat beschäftigt ist. So zahlen denn die armen Bauern für Staatsbedienstete, damit diese sich zu hohe Gehälter gewähren und staatliche Dienstleistungseinrichtungen für sich und ihre Familien hinstellen.

Als Reaktion auf diese Unterstützung des Staates für bestimmte gesellschaftliche Gruppen und auf die selbstbeschlossene Überbezahlung der Staatsangestellten müßte die Organisierung der Armen, vor allem der Armen vom Lande, in Interessengruppen, Gewerkschaften und politischen Parteien in Angriff genommen werden.

Die meisten dieser Verarmungsmechanismen finden ihr Gegenstück auf internationaler Ebene. So kommen arme Länder zu ihrer Armut: Der gesellschaftlichen Verarmung entspricht die wachsende Schuldenlast; dem ungleichen Tausch entsprechen die unfairen Handelsbedingungen; der ungleichen Konkurrenz entspricht die zerstörerische Wirkung der leistungsstärksten Erzeuger auf die Industrien jener Länder, die sich nicht gegen sie geschützt haben. Die politische Verarmung wird erfreulicherweise etwas schwächer, doch war sie stark verbreitet, als die Vereinigten Staaten sich noch einzumischen pflegten, um reaktionäre Regierungen und multinationale Konzerninvestitionen zu verteidigen, und es gibt sie noch immer durch die Bedingungen, an die bestimmte Entwicklungshilfeleistungen geknüpft sind, und durch die Überbezahlung der internationaler Bürokraten und Berater.

Sind die Armen erst einmal arm, dann besteht die Tendenz, daß sie es auf Grund der Kreislaufmechanismen, die in früheren Teilen des Buchs beschrieben wurden, auch bleiben. Die Armen haben kein Kapital, um ihr Los zu verbessern. Sie sind unterernährt und deshalb krank, daher ist ihre Arbeitskraft weniger produktiv – doch sie können sie nicht produktiver machen, weil ihnen das Geld fehlt, um ihr Land und ihre Werkzeuge zu verbessern. Darum bleiben sie arm, und weil sie arm sind, können sie sich nicht so leicht mit anderen ihrer Art zusammentun und sich organisieren, um ihr Los zu verbessern. Und wenn sie in eine Konkurrenzsituation mit den Reichen geraten, werden sie wahrscheinlich noch ärmer.

Wenn Nationen arm bleiben, dann seltsamerweise auf Grund desselben Vorgangs im Großen. Und die Kinder der Armen bleiben ebenfalls arm, weil die Umwelt der Armut erblich ist. Wie ihre Eltern sind die Kinder der Armen unterernährt und nicht gesund. Daher versagen sie in der Schule (falls sie jemals eine besuchen), verlieren beim Rennen um Arbeitsplätze und bleiben arm.

Armut verewigt sich selbst, und Ungleichheit verstärkt sich selbst. Konkurrenz zwischen sozialen Gruppen ist wie mehrere Monopoly-Partien gleichzeitig spielen, die Spielmarken, die man in einem Spiel gewonnen hat, helfen einem auch, die anderen Partien leichter zu gewinnen. Solange man in dieser Konkurrenzsituation bleibt, kann sich dieser einmal gewonnene Vorteil unaufhörlich fortsetzen, es sei denn, es käme jemand, der das Spielbrett über den Haufen wirft.

Aussichten: Wachstum und weitere Armut

Die Bilanz des Wirtschaftswachstums in der Dritten Welt ist beeindrukkend, es vollzog sich schneller als das der Industrieländer in vergleichbaren Stadien ihres Wachstums. Paul Bairoch hat errechnet, daß das Pro-Kopf-Einkommen der westlichen Gesellschaften während ihrer Industrialisierungsperiode um rund 1 Prozent im Jahr stieg. Während der fünfziger Jahre stieg das Pro-Kopf-Einkommen der Entwicklungsländer im Rhythmus von 2,8 Prozent im Jahr und beschleunigte sich während der sechziger Jahre auf 3,2 Prozent im Jahr. Das Pro-Kopf-Einkommen der entwickelten Länder mit ihrem weit langsameren Bevölkerungswachstum nahm während dieser beiden Jahrzehnte noch rascher zu. In den siebziger Jahren begann der Wachstumsrhythmus der Dritten Welt den des Westens zu überholen, der durch die Ölpreissteigerungen und das Stagnieren des Handels aus dem Tritt gekommen ist. Die westlichen Wachstumsraten des BSP pro Person verlangsamten sich von 1970 bis 1975 auf 1,9 Prozent im Jahr, während die Wachstumsraten der Entwicklungsländer mit 3 Prozent weitermachten.

Doch ist das Wirtschaftswachstum in der Dritten Welt sehr ungleich verteilt gewesen, es konzentrierte sich zum größten Teil auf einige begünstigte Regionen: Lateinamerika, die ölreichen Nahost-Staaten und Ostasien.

Wieder einmal schien das Gleichnis von den Talenten, nach dem gegeben werde dem, der hat, am Werk zu sein. Je reicher das Land, um so rascher das Wachstum, und die Korrelation ist wirklich verblüffend. In den Ländern mit einem Pro-Kopf-Einkommen zwischen 1000 und 2000 Dollar war das Einkommen seit 1960 im (ungewichteten) Durchschnitt um 4,4 Prozent im Jahr gestiegen. Je niedriger das Einkommen lag, um so langsamer vollzog sich das Wachstum: In den Ländern mit 500 bis 1000 Dollar wuchsen die Einkommen um 2,9 Prozent im Jahr. Um nur 1,54 Prozent wuchsen sie in den Ländern der 160 bis 250-Dollar-Marge, und in den ärmsten Ländern mit einem Einkommen von 150 Dollar und weniger wuchsen die Einkommen nur noch um erbärmliche 0,66 Prozent im Jahr. Sechs der 17 Länder dieser ärmsten Gruppe hatten zwischen 1960 und 1975 sogar negative Wachstumsziffern zu verzeichnen.

Durch das ungleiche Wachstum hat sich das Feld der Entwicklungsländer stark auseinandergezogen. An der Spitze befindet sich eine Führungsgruppe die ganz offensichtlich in nicht allzu ferner Zukunft zu den Industrieländern gehören werden: in Südost-Asien sind es Singapur, Hongkong, Süd-Korea und Taiwan; in Lateinamerika sind es Brasilien, Argentinien und Mexiko. Die Erdölerzeugerländer benutzen ihren zeitweiligen Reichtum zum Aufbau von Industrien, die auch auf längere Sicht ein stetes Einkommen sichern sollen: dazu gehören Algerien, Libyen, der Iran, der Irak, die arabische Halbinsel, Venezuela und vielleicht Nigeria. Unter den Ländern, die zur Zeit weder sonderlich reich an wichtigen Rohstoffen noch bei ihrer Industrialisierung weit gediehen sind, sehen Malaysia, Kenia und die Elfenbeinküste so aus, als könnten sie die darauffolgende Welle neuer Industriestaaten bilden.

Doch diese Erfolgsstories werden an den grundlegenden Problemen der Unterentwicklung nicht viel ändern können. Mit Blick auf das Jahr 2000 können wir feststellen, daß das Wachstumsrennen große Teile der Welt und große Bereiche der Gesellschaft selbst der Länder mit der schnellsten Entwicklung weit zurücklassen wird. Das Problem der absoluten Armut wird in Süd-Asien, in Indonesien, Haiti, Bolivien und den meisten Ländern südlich der Sahara vorherrschend sein, daran wird sich auch nichts ändern, wenn die kleinen modernen Sektoren dieser Länder sich noch so gut entwickeln. Nehmen wir zum Beispiel Indien, das schon 1976 unter den stärksten Wirtschaftsnationen der Welt an dreizehnter Stelle lag. Indien hat die drittgrößte städtische Bevölkerung der Welt, es verfügt über mehr ausgebildete Wissenschaftler als die meisten Länder Europas, seine riesige Industriekapazität deckt einen großen Bereich von Produkten ab, und jetzt wird es auch noch zu einem Großexporteur von Fertigprodukten wie von Maschinen. Dennoch lag das indische Pro-Kopf-Einkommen 1976 noch immer bei nur 150 Dollar, und damit gehörte es zu den ärmsten Ländern der Welt. Außerhalb der Städte und einiger privilegierter Bundesstaaten erweist sich die Armut von 80 Prozent derjenigen, die in den indischen Dörfern leben, als derart massiv und träge, daß sie von der geschäftigen Ausbreitung des modernen Sektors bisher nahezu unberührt geblieben ist.

Wahrscheinlich wird auch bei 20 bis 40 Prozent der Bevölkerung in den neuen Industriestaaten noch lange akute Armut weiterbestehen, wenn die ungleichen Wachstumsstrategien, wie sie in diesem Buch dargestellt worden sind, nicht geändert werden. Das gesamte Spektrum wirtschaftlicher und menschlicher Entwicklungsprobleme wird bestehen bleiben, es werden lediglich regionale und Klassenprobleme daraus. Weite Bereiche auf dem Land werden weiterhin darunter zu leiden haben, ebenso wie das ländliche und städtische Subproletariat der wohlhabenderen Gegenden. Vielleicht werden die Problemgebiete allmählich etwas an Umfang verlieren, vielleicht werden auch die Gruppen der Ausgeschlossenen zahlenmäßig etwas kleiner, doch kann es noch ein Jahrhundert dauern, um sie aufzunehmen, und ihre Nachkommen werden die gesellschaftlichen Versager und Nicht-Beschäftigbaren des 22. Jahrhunderts sein.

Nehmen wir Brasilien zum Beispiel, dessen ehemaliger Präsident, Emilio Medici, sinnigerweise einmal bemerkte, das Land käme schon ganz gut voran, nur seine Bewohner nicht. Sein Bruttosozialprodukt von 126 Milliarden Dollar im Jahre 1976 machte Brasilien zur zehntgrößten Wirtschaftsmacht der Welt, und sein Pro-Kopf-Einkommen von 1140 Dollar im Jahr 1976 war in den zehn Jahren zuvor jährlich um 6,2 Prozent gestiegen. Brasilien entwickelte sich mit großen Schritten zu einem der weltgrößten Autohersteller, Stahlkocher und Schiffsbauer. Doch sein sogenanntes Wirtschaftswunder beschränkte sich auf den Süden des Landes, und es ist selbst da auf diejenigen gesellschaftlichen Gruppen beschränkt, die regelmäßig im modernen Sektor beschäftigt sind. Ausgeschlossen bleiben die 40 oder 50 Prozent der Stadtbevölkerung, die im informellen Sektor als Hausierer und Händler arbeiten. Ausgeschlossen bleiben 30 Prozent der ländlichen Arbeitskräfte, die landlose Arbeitskräfte sind. Ausgeschlossen bleiben auch die meisten jener 30 Prozent der Bevölkerung Brasiliens, die in den Bundesstaaten des Nordostens leben. Alles in allem hat noch die Hälfte der Brasilianer unter akuter Armut, Überbevölkerung, Krankheiten, Unterernährung, Arbeitslosigkeit und offizieller Vernachlässigung zu leiden, was auf Grund des Wohlstands der Mittelschichten um so demoralisierender und schmachvoller ist. Während ihr Land sich rasch entwickelt, bleiben sie unterentwickelt.

Wie viele Menschen im Jahre 2000 tatsächlich noch in absoluter Armut leben werden, ist eine offene Frage, deren Beantwortung großenteils vom Handeln der Regierungen in der bis dahin verbleibenden Zeit abhängt. Nach Schätzungen der Weltbank lebten 1980 780 Millionen Menschen, das waren 24 Prozent der Bevölkerung in den Entwicklungsländern, in Armut. Die Weltbank sagte voraus, daß bei einer Fortsetzung der zur Zeit feststellbaren Trends die Zahl der Armen bis 1990 auf 800 Millionen ansteigen werde. Bei höheren Wachstumsraten, verstärkter Entwicklungshilfe, größerem Handelsumfang und falls kein Einbruch in der Industrieversorgung eintrete, könne die Zahl der Armen auch niedriger liegen, etwa bei 590 Millionen. Das Internationale Arbeitsamt, das die Armutsgrenze höher ansetzt, damit auch Grundbedürfnisse über die Ernährung hinaus berücksichtigt werden können, sagte 1980 voraus, 1987 werde die Zahl der Armen bei 1,157 Milliarden Menschen liegen, was 43 Prozent der Bevölkerung der Entwicklungsländer entspräche.

Über das Ausmaß der absoluten Armut am Ende des Jahrhunderts kann man nur Vermutungen äußern, denn es wird in überaus hohem Maß davon abhängen, welche Politik verfolgt werden wird. Bei rascherem Wirtschaftswachstum, Umverteilung der Vermögenswerte und Einkommen zugunsten der Armen und langsamerem Bevölkerungswachstum könnte die gesamte Armut nach Meinung des Vizepräsidenten der Weltbank, Hollis Chenery, auf 200 Millionen Menschen heruntergezogen, jedoch nicht ganz beseitigt werden. Der Wirtschaftswissenschaftler beim Internationalen Arbeitsamt, Keith Marsden, ist der Meinung, daß sich bei einem langsameren Anwachsen der Entwicklungshilfe und des Handels und bei einer Verschärfung der Nord-Süd-Konfrontation statt einer Verbesserung der Nord-Süd-Kooperation die Zahl der Armen im Jahr 2000 auf 1,5 Milliarden belaufen könnte. Doch bei einer starken Erhöhung der Entwicklungshilfe, einer Liberalisierung des Handels und politischen Maßnahmen zur Umverteilung in den Entwicklungsländern könne die Zahl der Armen auf Null heruntergeschraubt werden. Wenn allerdings die nichts Gutes verheißende Konstellation zu Beginn der achtziger Jahre andauern sollte, dann könnte es bis zum Jahr 2000 sehr wohl auch mehr als 1,5 Milliarden Arme auf der Welt geben. Doch muß auch diese Konstellation nicht als unveränderliches Schicksal hingenommen werden. Sie kann durch mutiges politisches Handeln verändert werden.

22. Die Grenzen des ungleichen Wachstums

Wachstum ist lange Zeit angebetet worden als die Rettung für West und Ost, Nord und Süd. Wirtschaftliches Wachstum, die quantitative Vermehrung materiellen Wohlstands, wurde gesucht auf Kosten der Gerechtigkeit und allgemeiner moralischer Grundsätze. Es wurde als Front benutzt, an der es galt, Privilegien auf Kosten der Armen zu vermehren und von sozialen Reformen abzulenken.

All das bedeutet nicht, daß, zumindest in der Dritten Welt, Wachstum nicht notwendig sei. Ein ausgewogeneres und ausgeglicheneres Wirtschaftswachstum ist von so wesentlicher Bedeutung wie soziale Gerechtigkeit, wenn die absolute Armut beseitigt werden soll.

Es scheint, als wäre die Welt an einem entscheidenden Wendepunkt ihrer Geschichte des Wirtschaftswachstums angelangt. An diesem Punkt ist das Schicksal der reichen und der armen Nationen enger miteinander verknüpft als jemals zuvor, beider Zukunft ist, so seltsam es klingen mag, auf das engste verbunden mit dem Schicksal der ärmsten eineinhalb Milliarden. Bis jetzt wurde das Wachstum entweder unmittelbar auf ihre Kosten oder durch ihre völlige Ignorierung erzielt. Doch jetzt haben wir ein Stadium erreicht, in dem weiter anhaltendes Wachstum der entwickelten Länder und (wenn sie darauf bestehen) der Entwicklungsländer unmöglich werden könnte, wenn die Ärmsten nicht stärker herangeholt werden. Bis jetzt ging das Wachstum zu Lasten sozialer Gerechtigkeit. Zukünftiges Wachstum dürfte auf mittlere Sicht von der Erringung sozialer Gerechtigkeit abhängig sein. Erst jetzt, während der achtziger Jahre, nähert sich die Welt den drei Grenzen, die dem ungleichen Wachstum gesetzt sind.

Die erste Grenze besteht in der andauernden mangelnden Nachfrage auf dem Weltmarkt, was nicht nur dadurch zu begründen ist, daß die arabische Halbinsel so wenige Bewohner hat, die ihren Ölreichtum unmöglich ganz ausgeben können, sondern auch durch die Existenz von mehr als einer Milliarde ernstlich armer Menschen, die sich das Grundlegendste für ein menschenwürdiges Leben nicht leisten können.

Die zweite Grenze liegt in dem manchmal nicht wieder gutzumachenden Schaden, der den Ökosystemen, von denen das menschliche Leben abhängt, mit der Überausbeutung der Ressourcen durch Reiche und Arme zugefügt wird.

Die dritte Grenze bringt die größte nur vorstellbare Bedrohung des Wirtschaftswachstums und der Ökosysteme mit sich: Es ist die Gefahr eines Atomkrieges, die heute mehr denn je zuvor mit Fortschritten bei der Bekämpfung von Armut und Ungleichheit in der Dritten Welt verbunden ist.

Die wirtschaftlichen Kosten der Ungerechtigkeit

Das ungleiche Wachstum auf nationaler wie auf internationaler Ebene hat die Armen im Stich gelassen. Und jetzt ist der Augenblick gekommen, wo es für diese Unterlassungen zu büßen hat. Es ist gerade die Ungleichheit des Wachstums, die ihm jetzt Entwicklungsgrenzen setzt. Der moderne Sektor der Entwicklungsländer weitet sich vor allem gerade deshalb langsamer aus, weil es die Armut der durch ihn vernachlässigten Gruppen gibt. Die Industrieländer werden in ihrem Wachstum gebremst, weil es die Armut jener Entwicklungsländer gibt, denen angemessen zu helfen sie sich weigern.

Eines der Haupthindernisse für das Industriewachstum in der Dritten Welt ist die mangelhafte Nachfrage nach Industrieerzeugnissen. In den allerkleinsten Ländern wird der Markt nie für eine allseits entwickelte Industrie ausreichen. Aber ein Markt von vier bis acht Millionen Menschen reicht durchaus schon für die Industrialisierung aus, wie man am Beispiel der skandinavischen Länder, der Schweiz und Österreichs sehen kann. In den meisten Entwicklungsländern ist die Nachfrage weniger deshalb ungenügend, weil sie nicht genügend Menschen hätten – sondern weil diese Menschen so arm sind.

Die Armut der Massen wird in zunehmendem Maße dem industriellen Wachstum in der Dritten Welt Grenzen setzen. Die an die Stelle von Importen tretende Industrie, die sich zuerst entwickelte, sorgte sich in der Hauptsache um die Wünsche der privilegierten Klassen, die sich zuvor durch Einfuhren versorgt hatten. Die Errichtung dieser Industrien und des modernen Staates erweiterte die privilegierten Klassen um die städtischen Lohn- und Gehaltsempfänger: Doch wenn die Nachfrage dieser Gruppen einmal befriedigt ist, kann die Nachfrage insgesamt nur noch langsam zunehmen. Sie kann nur so schnell zunehmen, wie die Produktivität der ländlichen und städtischen Armen zunimmt. Daher setzt die Diskriminierung dieser Gruppen dem Wachstum des modernen Sektors Grenzen.

Angesichts dieser Beschränkungen der inneren Nachfrage haben die industrialisierenden Nationen der Dritten Welt bisher immer auf die reichen Märkte des Westens geschaut in der Hoffnung, sie könnten den durch den Importersatz erreichten Schwung in exportorientiertes Wachstum umsetzen. Länder mit sehr dürftigem inneren Markt hoffen sogar darauf, sie könnten ihre Industrialisierung mit exportorientiertem Wachstum beginnen.

Doch auch exportorientiertes Wachstum setzt sich selbst Grenzen, wie die billigen Kleidermacher in Hongkong und Taiwan und die billigen Stahlkocher in Brasilien und Süd-Korea jetzt merken, da die Protektionszäune rund um die westlichen Länder in die Höhe wachsen. Der Protektionismus mag bedauerlich sein, aber er ist unvermeidlich. Der Hauptgrund dafür ist, daß der westliche Markt sich weit langsamer ausweitet als in der Vergangenheit. Auch wenn er noch nicht ganz gesättigt ist, so flacht das exponentielle Wachstum der Vergangenheit doch ab, und dafür gibt es eine ganze Reihe von Gründen.

Einer der Gründe mag sein, daß Individuen und Gesellschaften nicht unbegrenzt in der Lage sind, materielle Güter aufzunehmen. Auch wenn es nicht dem westlichen Konsummaterialismus entspricht, dies zuzugeben, darf man doch wohl davon ausgehen, daß es für den menschlichen Bedarf an materiellen Gütern eine Obergrenze gibt. Natürlich gibt es noch immer Winkel der Armut, doch die Versorgung mit den wichtigsten Gebrauchsgütern hat mittlerweile einen sehr hohen Stand erreicht. Einen Markt zu beliefern, der im wesentlichen nur noch die Ersetzung oder Verbesserung des Vorhandenen braucht, ist ein weit weniger lukratives Geschäft, als einen rasch expandierenden Markt von einem niedrigen Ausgangspunkt an vollzustopfen. Der westliche Markt stagniert auch noch in zwei weiteren Belangen: Das Bevölkerungswachstum hat sich stark verlangsamt und in einigen Ländern begonnen, sich ins Negative zu kehren. Und die neue Technologie der Mikroelektronik erlaubt die Herstellung von Produkten mit weit weniger Bestandteilen als bisher.

Die Arbeitsplätze im Westen würden bei diesem Markt ohnehin nicht sehr rasch zunehmen. Durch «Produktivitäts»verbesserungen sind sie sogar noch weiter bedroht. Und die Produktivität bewegt sich nun durch die neue Technologie der Mikroprozessoren am Rande noch rascheren «Fortschritts». Diese winzigen Prüf- und Steuervorrichtungen, diese Mini-Computer aus winzigen Silikonchips, sind so billig, daß sie in jede Maschine eingebaut werden können. Bisher vollzog sich das Vordringen der Automation noch langsam, weil man zur Ausführung hochkomplizierter Tätigkeiten und zur Einrichtung und Korrektur von Maschinen noch menschliche Arbeitskräfte benötigte. Doch die neuen Roboter können das alles alleine.

Das westliche Wachstum ist auch durch Faktoren begrenzt, die sich als kurzfristig, genausogut aber auch als längerfristig erweisen können und die mit den komplizierten Wechselbeziehungen von Handelsbilanzen, Wechselkursen und Inflation zu tun haben. Einer dieser Faktoren ist die dämpfende Wirkung der steigenden Ölkosten gewesen. Dadurch wurden Länder unerhört reich, deren Bevölkerung zum Leidwesen der Weltwirtschaft so klein ist, daß sie unmöglich ihr ganzes Geld für Importe aus anderen Ländern ausgeben kann. So hatten denn diese Länder hohe Zahlungsbilanzüberschüsse zu verzeichnen, während andere Länder entsprechende Defizite vorzuweisen hatten. Viele westliche Länder befürchteten, wenn sie das Wachstum ihrer Wirtschaften über ein sehr bescheidenes Maß hinaus anheizten, würde dies zu verstärkten Importen und somit zu einer weiteren Verschlechterung ihrer Zahlungsbilanz führen. Andere Länder wie die Bundesrepublik Deutschland und Japan hatten selbst große Überschüsse zu verzeichnen und fürchteten zu rasches Wachstum wegen der damit verbundenen Inflationsgefahren.

Außerdem stellt die Dritte Welt eine Bedrohung für die Arbeitsplätze in den westlichen Ländern dar. Es sind nicht nur die Regierungen der Dritten Welt, sondern auch die multinationalen Konzerne, die eine Strategie des exportorientierten Wachstums verfolgen. Dritte Welt-Länder in einem mittleren Entwicklungsstadium bieten ihnen unschlagbar gute Bedingungen: Die Löhne sind niedrig, die Gewerkschaften schwach oder verboten, die Sozialleistungen winzig und die Sozialversicherungskosten minimal. Die Ausbildungsmängel der Arbeitskräfte werden in dem Maße unproblematischer, wie die neue Produktionstechnologie Möglichkeiten zur Ausführung komplizierter Vorgänge durch weniger qualifizierte Arbeitskräfte eröffnet. Die Arbeiter der Dritten Welt lassen sich tatsächlich sehr rasch zur Anwendung der modernsten und produktivsten Methoden anlernen. So macht sich also die Dritte Welt daran, nicht mehr nur arbeitsintensive Waren in den Westen zu exportieren, bei denen jeder ihr zugesteht, daß sie dafür am besten geeignet ist, sondern in zunehmendem Umfang auch kompliziertere Erzeugnisse von elektrischen Gebrauchsgütern und Elektronik bis hin zu Stahl und Schiffen. Die Dritte Welt exportiert nicht nur mehr in den Westen, sie stellt auch einen immer größeren Teil der Güter, die sie aus dem Westen einzuführen pflegte, selber her.

Der Westen könnte der Herausforderung durch die Industrialisierung der Dritten Welt einzig und allein mit einem verstärkten Export von Maschinen, Kapital und Erfahrung begegnen. Doch das langsamere Wachstum des Inlandsmarkts der Entwicklungsländer – auf Grund der Armut des größten Teils der Bevölkerung – wird die diesbezüglichen Erfolgschancen beschränken. So konkurrieren denn die Industrien des Westens und der Dritten Welt miteinander auf einem eingeschränkten Markt, der vom gesamten Westen und den Eliten der Dritten Welt gebildet wird. Immer wenn die Marktnachfrage nachläßt, wird diese Konkurrenz zum Nullsummen-Spiel, bei dem der Gewinner nur gewinnen kann, wenn der Verlierer verliert. Daher muß sich der gegen die Dritte Welt gerichtete Protektionismus des Westens auch verstärken, es sei denn der Markt in der Dritten Welt selbst wüchse rascher. Der Protektionismus mag als blind und dumm bezeichnet werden, doch solange die betroffenen Arbeiter das Wahlrecht und die Gewerkschaften das Streikrecht haben, ist er unvermeidlich.

Es gibt eine Alternative zu Protektionismus und Handelskriegen zwischen Nord und Süd. Sie liegt ganz und gar bei dem ungeheuren Marktpotential, das zur Zeit noch schlummert, und zwar nicht, weil es sich um einen nahezu gesättigten Markt wie im Westen handelte, sondern um einen derart verzweifelt armen Markt, daß jeder zusätzlich verdiente Pfennig für Nahrungsmittel ausgegeben wird. Dieser Markt sind die eineinhalb Milliarden Armen in der Welt, von denen die Hälfte wirklich notleidend ist. Es sind arme Menschen, die die grundlegendsten Dinge zum Leben brauchen, sich aber nicht leisten können: Blechdächer, Fenster, Betonfußböden, Kleidung, Schuhe, Wasserfilter, Düngemittel, bessere Werkzeuge und einfache Maschinen, Fahrräder, billige Karren, Radios. Kleine Geschäftsleute, die Taschenrechner, Registrierkassen, bessere Drehbänke und Pressen gebrauchen könnten. Menschen, deren Leistungsvermögen durch all diese Sachen erheblich verbessert würde, so daß sie mehr verdienen und mehr Ver- und Gebrauchsgüter kaufen könnten.

Dieser schlummernde Riesenmarkt könnte den derzeit vorhandenen nicht-kommunistischen Weltmarkt verdoppeln. Würde seine Kaufkraft gestärkt, so könnten für eine sehr lange Zeit alle Fabriken der Dritten Welt voll ausgelastet sein und alle Arbeitslosen des Westens in den Industriebetrieben arbeiten, die ihnen die dann benötigten Maschinen liefern.

Es gibt zwei Handlungsstrategien, um diesen Riesen zu wecken. Die eine ist internationaler Natur. Der Bericht der Nord-Süd-Kommission unter Leitung von Willy Brandt aus dem Jahr 1980 schlug Rahmenveränderungen vor, die für alle Seiten annehmbar scheinen: eine erhebliche Verstärkung der Entwicklungshilfe und der Investitionen, eine Liberalisierung des Handels, eine Reform der internationalen Institutionen und möglicherweise eine internationale Entwicklungssteuer.

Die zweite Handlungsstrategie verlangt nationale Veränderungen in den Entwicklungsländern. Es muß ein politischer Weg gefunden werden, den Armen die Produktionswerte, Land und Kapital, zugänglich zu machen und die staatlichen Investitionen und Hilfeleistungen umzuverteilen, weg von der Nachahmung des westlichen modernen Sektors und hin zu den Kleinproduzenten und den vernachlässigten Gebieten auf dem Land und an den Rändern der Städte. In einigen Ländern wird der Widerstand gegen derartige Reformen wohl so stark sein, daß nur eine Revolution sie bewerkstelligen kann. In anderen Ländern dürften sich die Veränderungen auf friedlichere Weise vollziehen.

Leider gab es im Westen und im Süden eine Tendenz, die jeweils andere Seite zu Reformen anzuhalten, selbst aber keine Reformen zu betreiben, wobei zwei weitere Akteure außer acht gelassen wurden: die Erdöl exportierenden Länder und der sowjetische Block. Den Erdöl exportierenden Ländern mit ihren großen Zahlungsbilanzüberschüssen fällt eine große Verantwortung bei der Erleichterung der durch die Ölpreissteigerungen für die anderen Entwicklungsländer anfallenden Belastungen zu, sie müssen dafür sorgen, daß ihre Überschüsse wieder den Armen zugeleitet werden, damit die Weltnachfrage wieder angeregt werden kann. Sie können nicht länger aus der Gleichung herausgehalten werden, und Reformforderungen sollten mit der gleichen Nachdrücklichkeit an sie wie an den Westen gerichtet werden. Die kommunistischen Länder haben weniger Mittel übrig, und sie trifft auch keinerlei Kolonialschuld. Doch sollten sie sich in weit größerem Umfang, insbesondere mit technischer Hilfe, beteiligen. Kuba hat ein Beispiel für eine internationalistische Haltung gegeben und Ärzte und Lehrer zur Hilfe in ärmere Länder geschickt, die UdSSR und Osteuropa sollten seinem Beispiel folgen.

Der größte Teil der Debatte um Veränderungen hat sich jedoch zwischen Westen und Süden zugetragen. Die Länder des Westens zeigten keine Bereitschaft, das Ausmaß der für eine Stärkung der Kaufkraft der Dritten Welt nötigen Veränderungen zu akzeptieren – während sich die meisten Eliten des Südens nur widerstrebend bereit zeigten oder sich als unfähig erwiesen, die notwendigen Reformen und die Neuverteilung der Regierungsausgaben durchzuführen. Jede Seite hat die Widerstände der anderen Seite als Entschuldigung der eigenen Untätigkeit angeführt. Jede Seite wartet darauf, daß die andere guten Willen zeigt – was das sicherste Rezept dafür ist, daß weiter schlechter Wille, Pattsituation und Stillstand vorherrschend bleiben. Man schiebt sich gegenseitig den schwarzen Peter zu und könnte bis in alle Ewigkeit so weitermachen.

Die Lösung liegt für jeden der vier wichtigsten Akteure selbstverständlich darin, eben diejenigen Reformen in die Wege zu leiten, die jeder von sich aus vorantreiben kann, da jeder ein aufgeklärtes Eigeninteresse an deren Verwirklichung hat.

Die arabische Halbinsel kann ihre Einkünfte aus dem Ölgeschäft einfach gar nicht ausgeben, und sie sollte, wie Mexiko und Venezuela dies für Mittelamerika getan haben, dazu übergehen, das Öl an die Dritte Welt billiger abzugeben und die Entwicklungshilfe zu erhöhen. Kein Öl exportierendes Überschußland kann ein Interesse daran haben, von Nachbarn umgeben zu sein, bei denen die durch Armut und Ungleichheit verursachten Spannungen jeden Augenblick zum Ausbruch kommen können.

Vielleicht mögen die Kommunisten dazu neigen, lieber zur Revolution als zu Reformen zu ermutigen. Doch im größten Teil Süd-Asiens und Schwarzafrikas liegt die Revolution in ferner Zukunft, und durch Entwicklungshilfe könnten sie hier mehr Freunde finden. Letzten Endes hat der sowjetische Block ein starkes Interesse am Weltfrieden, und Zusammenarbeit zur Beendigung der Armut in der Welt wäre ein wichtiger Schritt zur Sicherung des Friedens.

Der Westen sollte dem Süden Zugeständnisse machen, gleich ob der Süden selbst zu Reformen bereit ist. Derartige Zugeständnisse würden die Weltwirtschaft wieder stärker auf Trab bringen, und dies würde die Arbeitslosigkeit im Westen verringern, ohne gleichzeitig die Inflation anzuheizen.

Die Eliten des Südens würden ihren Wohlstand schließlich weniger gefährdet und ihr Leben weniger bedroht sehen, wenn sie besser florierenden Wirtschaften und stabileren politischen Situationen vorstehen könnten, wie sie durch die Beseitigung der absoluten Armut und der schlimmsten Ungleichheit zuwege kämen.

Die zweite Grenze: Die ökologischen Kosten der Ungleichheit

Die Verknappung der Reserven an Land, Wasser, Mineralen und Energie mag vielleicht auf lange Sicht schließlich allem Wirtschaftswachstum eine äußere Grenze setzen, vielleicht auch nicht. Jedenfalls könnten Durchbrüche auf technologischen Gebieten wie der Sonnenenergie oder der Kernfusion, der Genmanipulation zur Schaffung neuer Getreidesorten, die ihren Stickstoff selbst binden könnten, kosteneffektiver Methoden zur Herstellung von einzelligem Eiweiß aus Abfällen, Fortschritten auf dem Gebiet der Materialwissenschaft diese Verknappung und Zwangslage überwinden helfen. Bei allen diesen Fortschritten wäre es möglich, die Zahl der Menschen, welche die Erde ernähren kann, wachsen zu lassen oder umgekehrt bei stagnierender Bevölkerung den Lebensstandard zu heben, den diese sich erlauben kann. Doch es liegt in der Natur der Sache, daß derartige Durchbrüche nicht vorhersagbar sind.

Unmittelbarer von Belang ist die Frage, ob mittelfristig, das heißt, für die nächsten 50 Jahre, Wachstum aufrechterhalten werden kann. Das Wachstumsmuster, das bisher verfolgt worden ist, ist mit Gewißheit nicht aufrechtzuerhalten. Begrenzte Reserven werden ohne Rücksicht auf zukünftige Generationen verbraucht, als wären sie unbegrenzt. Ökologische Systeme werden über alle Maßen ausgebeutet, so daß bei einigen ein unwiderruflicher Verfallsprozeß ihrer Fähigkeit, menschliches Leben zu erhalten, eingesetzt hat.

Die beiden Extreme: unmäßiger Wohlstand und unannehmbare Armut, stellen die größte Bedrohung für die Umwelt dar. Die wohlhabenden Verbraucher der reichen Länder und die Eliten der Dritten Welt einerseits und die Ärmsten der Armen in den ökologisch empfindlichen Gegenden der Erde andererseits sägen beide auf ihre jeweils eigene Art und Weise an dem Ast, auf dem wir alle sitzen.

Der unmäßige Energieverbrauch des Westens – der pro Kopf vierzehnmal höher liegt als in der Dritten Welt – hat die Welt bereits in eine Wirtschaftskrise gestürzt. Der Westen führt auch beim Verbrauch anderer knapper Ressourcen und bei der Verursachung von Umweltverschmutzungen durch ihre Verarbeitung und Verwendung. Dieser Verbrauch hat nicht nur unmittelbare Auswirkungen, er wirkt auch als Vorführung, die sich die Eliten und Massen der Dritten Welt zum Vorbild nehmen. Die

Verbraucher und die multinationalen Konzerne des Westens sind letzten Endes verantwortlich für zahlreiche Umweltgefahren mit erdumspannenden Auswirkungen, etwa für die Verschmutzung der Weltmeere und der Atmosphäre, für den Zusammenbruch ganzer Meeresbevölkerungen wie die der Wale und der Heringsfische oder für das wahllose Abholzen der tropischen Wälder, so daß etliche billigere Arten bald ausgestorben sein könnten.

Am anderen Ende der Skala stellen auch die Ärmsten eine ernsthafte Bedrohung für die Umwelt dar. Ihre Armut zwingt sie, wie wir gesehen haben, die langfristige Produktionsfähigkeit vieler Gebiete dermaßen zu zerstören, daß es schwierig, wenn nicht unmöglich sein dürfte, noch eine Umkehr einzuleiten; sie verkürzen die Brachperioden, fällen Bäume, die sie als Brennholz verfeuern, und pflanzen keine neuen, überweiden ganze Gebiete mit ihren Herden. Die Investitionen zur Umkehrung des damit verbundenen Prozesses der Entwaldung und Bodenverschlechterung erweisen sich als viel teurer, als es wäre, diesen Prozeß zu verhindern. Doch es hat keinen Zweck, die Armen zu ermahnen oder zu erziehen, damit sie von ihren zerstörerischen Praktiken ablassen. Wenn sie vor der Wahl stehen, hier und jetzt zu überleben oder auf lange Sicht ihren Kindern die Zukunft zu sichern, dann werden sie sich unweigerlich für ihr eigenes Überleben entscheiden. Nur massive Entwicklungshilfe und technische Unterstützung können diesen Bevölkerungen das Überleben sichern helfen, ohne daß dabei ihre Lebensgrundlagen zerstört werden, sie müssen in die Lage versetzt werden, erträglichere Mittel zur Nahrungs- und Brennstoffbeschaffung anzuwenden.

Die auf diese Weise stark verringerte Ungleichheit und erheblich verstärkte Zusammenarbeit zwischen Nord und Süd ist von wesentlicher Bedeutung, wenn die Fähigkeit der Erde, menschliches Leben zu erhalten, bewahrt und wiederhergestellt werden soll.

Die dritte Grenze: Ungleichheit und Bedrohung des Friedens

Die letzte Grenze des ungleichen Wachstums ist die gefährlichste von allen: Es ist die Gefahr eines Atomkrieges. Am Vorabend des Dritten Entwicklungsjahrzehnts (1981–1990) liegt es offen auf der Hand, daß der Weltfrieden ebenso wie der Wohlstand in der Welt auf das engste verbunden ist mit dem Kampf gegen Armut und Ungleichheit in der Dritten Welt. Wenn es zu einem dritten Weltkrieg kommen sollte, dann dürfte er wohl mit einiger Gewißheit – wenn nicht per Zufall – in der Dritten Welt beginnen.

1980 war das strategische Gleichgewicht der beiden Supermächte in eine neue Phase getreten. Die Macht der Sowjetunion hatte sich auf alle

Bereiche der Welt ausgeweitet. Viele neue Staaten der Dritten Welt schlossen sich im Verlauf der siebziger Jahre dem kommunistischen Machtbereich an: darunter Äthiopien, Mozambique, Angola, Süd-Vietnam, Laos, Kambodscha (Kampuchea) und Afghanistan. Zum erstenmal ist die gesamte Welt, sind alle Landmassen und Ozeane zum Schachbrett für Manöver der Supermächte geworden. Und sie konzentrierten sich in zunehmendem Maße auf die Dritte Welt, nicht nur weil sie das wichtigste Schlachtfeld der miteinander konkurrierenden ideologischen und Wirtschaftssysteme war, sondern auch wegen der Erdöl exportierenden Länder und der Öllieferrouten, die in der Dritten Welt lagen.

In diesen Reisighaufen fielen die glühenden Kohlen des Iran und Afghanistans, und von neuem wurden die Beziehungen des Westens zum Süden und zu den Sowjets mit Hysterie erfüllt. Die beiden Ereignisse waren so neu eigentlich gar nicht. Der Iran war nicht das erste Öl exportierende Land, in dem eine prowestliche Regierung von Anti-Westlern zum Teufel gejagt wurde. Und die Kampfunterstützung der Sowjets für eine ohnehin schon kommunistische Regierung in Afghanistan war nicht mehr eine «Invasion» als vorher schon die Unterstützung Kubas für Angola und Äthiopien oder, was dem gleichkommt, als die Hilfe der Franzosen und Belgier für Zaire gegen die dort kämpfenden Aufständischen oder die lange Geschichte der US-Interventionen in der Dritten Welt, angefangen bei Guatemala über die Dominikanische Republik bis zu Chile und Vietnam.

Es war vielmehr das Zusammentreffen der wirtschaftlichen und politischen Bedingungen im Westen und in der Dritten Welt, wodurch diese heute herrschende explosive Atmosphäre entstand, in der solche oder ähnliche Funken öfter vorkommen und gefährlicher werden können. Die meisten Regierungen des Westens hatten es versäumt, annehmbare politische Maßnahmen vorzubereiten, mit deren Hilfe man den gestiegenen Ölkosten und der fortgesetzten Inflation hätte entgegentreten können. Die Wirtschaftslehre des Monetarismus gewann auf beiden Seiten des Atlantischen Ozeans an Boden, zum Teil als Reaktion zur Bestrafung der wachsenden Gewerkschaftsmilitanz. Ausgabenkürzungen beim Staat und hohe Zinssätze verstärkten den deflationären Effekt der steigenden Ölpreise, und die Arbeitslosigkeit stieg in einem Maße, wie man es seit den dreißiger Jahren nicht gekannt hatte. Dadurch wurde der Zerfall des gesellschaftlichen Konsenses der fünfziger und sechziger Jahre beschleunigt. Die Temperaturen der sozialen Konflikte stiegen, die Verbrechensquoten nahmen zu, das Konflikt-Verhalten der Gewerkschaften verstärkte sich, und in vielen Ländern entstanden terroristische Gruppen. In den USA gaben die Unruhen und Gewalttaten in den Warteschlangen an den Tankstellen während der Ölkrise von 1979 einen Vorgeschmack auf das Chaos, das schlimmere Ölverknappungen nach sich ziehen könnten.

Durch all diese Entwicklungen machte sich allmählich ein Gefühl des

Unbehagens und der Unsicherheit breit, das die Massenmedien und viele Politiker, vor allem in den Vereinigten Staaten und in Großbritannien, zur Schürung des Fremdenhasses und des hysterischen Antikommunismus benutzten. Das lange Zeit Unvorstellbare – ein Atomkrieg – wurde plötzlich wieder etwas, über das wie besessen nachgedacht wurde. Vor diesem weltweiten Hintergrund verkündete Präsident Carter, der angesichts der von iranischen Studenten als Geiseln gehaltenen Amerikaner in Teheran nicht schwach dastehen wollte, die überaus gefährliche Doktrin, die USA würden zur Sicherung «ihres» Ölnachschubs militärisch eingreifen. Es blieb unklar, was geschähe, wenn in einem der Erdöl exportierenden Länder oder einem der Länder entlang der Öllieferrouten durch einen Aufstand im Inneren ein kommunistisches oder linksgerichtetes Regime an die Macht käme, das dann die Russen zur Unterstützung gegen konterrevolutionäre Kräfte um Hilfe bitten würde. Die Drohungen Carters schienen implizit den Völkern das Recht abzusprechen, die Regierungsform ihrer Wahl zu errichten oder sich Verbündete ihrer Wahl zu suchen. Sie konnten ausgelegt werden als der Versuch, den Weltfrieden auf dem schwankenden Boden der politischen Stabilität in den Ländern der Dritten Welt festzubinden.

Und wie es scheint, ist diese Stabilität noch schwankender geworden, als sie ohnehin schon war. Die Zahl der Flüchtlinge in der Welt – ein Thermometer für die Hitze der politischen Spannungen – hatte sich von 2,5 Millionen im Jahr 1974 auf 10 bis 12 Millionen im Jahr 1980 drastisch erhöht. Die steigenden Ölpreise zusammen mit der Rezession und dem zunehmenden Protektionismus im Westen trafen vor allem die Zahlungsbilanzen der meisten nicht-ölexportierenden Länder der Dritten Welt, so daß sie gezwungen waren, Programme zur Befriedigung der steigenden Erwartungen ihrer Bewohner zu kürzen. In den beiden Hauptkonfliktgebieten – in Mittelamerika und der Karibik; und entlang dem sich vom südlichen Afrika bis nach Pakistan hinziehenden Bogen – nahmen Konflikte und Instabilität sogar noch weiter zu, nicht zuletzt wegen der Rivalität der beiden Supermächte.

Doch man muß zunächst die Ursachen der Instabilität richtig verstehen, bevor man sich ihrer Lösung zuwenden kann. Diese Ursachen sind nicht bei irgendeiner dunklen Verschwörung zwischen Moskau, Havanna und den einheimischen Revolutionären zu finden, sondern bei den Ungleichheiten und der Armut innerhalb des jeweiligen Landes. In El Salvador, Guatemala und Honduras gibt es geradezu groteske Ungleichheiten zwischen großen Landbesitzern und kleinen Landbesitzern oder Landlosen, und eine Stabilisierung wäre nur durch eine weitreichende, nicht nur zum Schein durchgeführte Agrarreform zu erreichen. Ungleiche Verteilung des Landes, regionale Ungleichheiten und Überbleibsel des Feudalismus sind die Quellen der Instabilität im Iran, in Oman und in Pakistan, und sie lagen auch der kommunistischen Machtübernahme in

Afghanistan zugrunde. Es gibt nur einen einzigen Weg, die Revolution in einem Land der Dritten Welt zu entwaffnen, nämlich dadurch, daß man sich der Lösung der gesellschaftlichen und wirtschaftlichen Probleme annimmt, die die Leute zu Revolutionären werden lassen, indem man weitreichende Reformen einleitet, für eine Umverteilung und die Schaffung von Arbeitsplätzen sorgt. Der Widerstand gegen Reformen ist die Hauptursache von Instabilität und Revolution. Doch sollte auch eine radikale Reform, besonders auf dem Land, vorsichtig vorgehen und damit anfangen, den Bauern Land in Privatbesitz zu übergeben und sie dann auf freiwilliger Basis in Genossenschaften zusammenzufassen. Reformen, die durch Gewaltanwendung, Unterdrückung und Säuberungen auf das äußerste vorangetrieben werden, führen ebenfalls zu Aufständen und Instabilität, wie in Äthiopien, Afghanistan und Kampuchea zu sehen war. Reformen sollten vielmehr mit Klugheit angegangen werden, sich der Zustimmung der Bevölkerung versichern.

Eine erhebliche Aufstockung der Entwicklungshilfe und große Handelszugeständnisse zusammen mit vorsichtigem Drängen auf Reformen im Inneren sind vonnöten. Doch der neue Kalte Krieg führte in einigen Ländern des Westens zu einer Erhöhung der Militärausgaben und zur Kürzung der Entwicklungshilfe-Haushalte. Die Verstärkung der militärischen Unterstützung für reaktionäre Regimes machte es diesen leichter, Widerstand im Inneren zu unterdrücken und sich Reformen entgegenzustemmen. Auf ähnliche Weise erlaubte die unbedachte Unterstützung der Sowjetunion für die Regierungen in Äthiopien und Afghanistan die zu rasche Durchführung zu radikaler Programme und die Eindämmung des sich daraus ergebenden Widerstandes.

Die Alternativen, zwischen denen der Norden und zuvor die Führer des Südens zu wählen haben, sind klar und eindeutig: Entweder soziale Gerechtigkeit und radikale, weitreichende Reformen auf nationaler und internationaler Ebene, und zwar ohne Aufschub und ohne Täuschungsversuche. Oder eine Welt stagnierender Wirtschaften, obszöner Armut, zusammenbrechender Ökosysteme, eine Welt der Revolutionen und Konterrevolutionen, ständiger Kriege und Bürgerkriege, drohender Konflikte zwischen den Supermächten, eine Welt ständig in Angst und Schrecken. Mit anderen Worten, eine Welt, die in etwa so aussieht wie die, in der wir heute leben.

Literatur

Deutschsprachige Bücher und Zeitschriften, die die Informationen dieses Bandes vertiefen und ergänzen

Bücher

ADLER-KARLSSON, GUNNAR: Der Kampf gegen die absolute Armut, Frankfurt a. M. 1978

Arbeitsgruppe Bielefelder Entwicklungssoziologen (Hg.): Subsistenzproduktion und Akkumulation, Saarbrücken 1979

Arbeitsgruppe Dritte Welt Bern: Exportinteressen gegen Muttermilch, Reinbek bei Hamburg 1975

ALBERTINI, RUDOLF VON: Europäische Kolonialherrschaft 1880–1940, Zürich/Freiburg 1976

ALBRECHT, U./ERNST, D./LOCK, P./WULF, H.: Rüstung und Unterentwicklung. Iran, Indien, Griechenland und Türkei: Die verschärfte Militarisierung, Reinbek bei Hamburg 1976

AMIN, SAMIR: Die ungleiche Entwicklung, Essay über die Gesellschaftsformation des peripheren Kapitalismus, Hamburg 1975

Amnesty International: Bericht über die Folter, Frankfurt a. M. 1975

ARMANSKI, GERHARD: Die kostbarsten Tage des Jahres. Massentourismus – Ursachen, Folge, Probleme, Berlin 1978

Autorenkollektiv: Afrika. Geschichte von den Anfängen bis zur Gegenwart, 2 Bde., Köln 1979

BARNET, RICHARD J./MÜLLER, RONALD E.: Die Krisenmacher. Die Multinationalen und die Verwandlung des Kapitalismus, Reinbek bei Hamburg 1975

BAUMHÖGGER, GOSWIN: Dominanz oder Kooperation. Die Entwicklung der regionalen Kooperation in Ostafrika. (Hamburger Beiträge zur Afrikakunde Bd. 22), Hamburg 1978

BENNHOLDT-THOMSEN, EVERS u. a.: Lateinamerika – Analysen und Berichte, Berlin 1977–1981 (5 Bde.)

BETHKE, J. V./KOOPMANN, G.: Multinationale Unternehmen und Entwicklungsländer, Hamburg 1975

BEUTH, HEINZ-WILLI: Bestimmungsfaktoren der Außenpolitik Kameruns, Frankfurt a. M./Bern 1975

BLEY, HELMUT/TETZLAFF, RAINER (Hg.): Afrika und Bonn. Versäumnisse und Zwänge deutscher Afrika-Politik, Reinbek 1978

BOECK, ANDREAS: Interne Konsequenzen externer Abhängigkeit. Eine vergleichende empirische Analyse der Dependenz am Beispiel der Industriearbeiterschaft Venezuelas, Kolumbiens und Perus, Meisenheim am Glan 1979

BÖTTGER, BARBARA: 700 Millionen ohne Zukunft? Faschismus oder Revolution in Indien und Bangladesh, Reinbek bei Hamburg 1975

BOSSE, HANS: Diebe, Lügner, Faulenzer. Zur Ethno-Hermeneutik von Abhängigkeit und Verweigerung in der 3. Welt, Frankfurt a. M. 1979

BREIDENSTEIN, GERHARD: Internationale Konzerne, Reinbek b. Hamburg 1977

BURO, ANDREAS: Autozentrierte Entwicklung durch Demokratisierung? Lehren aus Vietnam u. a. Ländern der Dritten Welt, Frankfurt a. M./New York 1981

Cardoso, Fernando H./Faletto, Enzo: Abhängigkeit und Entwicklung in Lateinamerika, Frankfurt a. M. 1976

Castro, Josué de: Nicht die Überbevölkerung ist Ursache des Hungers. Sondern der Hunger ist die Ursache der Überbevölkerung, Frankfurt a. M. 1973

Collins, Joseph/Lappé, Francis Moore: Vom Mythos des Hungers. Die Entlarvung einer Legende: Niemand muß hungern. Frankfurt a. M. 1978

Council on Environmental Quality: Global 2000. Der Bericht an den Präsidenten, Frankfurt a. M. 1980

Däubler, Wolfgang/Wohlmuth, Karl (Hg.): Transnationale Konzerne und Weltwirtschaftsordnung, Baden-Baden 1978

Davidson, Basil: Vom Sklavenhandel zur Kolonisation. Afrikanisch-europäische Beziehungen zwischen 1500–1900, Reinbek b. Hamburg 1966

Dennhardt, J./Pater, S. (Hg.): Entwicklung muß von unten kommen. Perspektiven autonomer Entwicklung und exemplarische Projekte in der Dritten Welt, Reinbek bei Hamburg 1980

Draguhn, Werner/Hofmeister, Rolf u. a. (Hg.): Politisches Lexikon Asien und Südpazifik, München 1980

Duve, Freimut: Der Rassenkrieg findet nicht statt, Düsseldorf 1971

Echeverria, B./Kurnitzky, H. (Hg.): Lateinamerika: Entwicklung der Unterentwicklung, Berlin 1969

Elsenhans, Harmut (Hg.): Migration und Wirtschaftsentwicklung, Frankfurt a. M./New York 1978

Elsenhans, Harmut (Hg.): Agrarreform in der Dritten Welt, Frankfurt a. M./New York 1979

Esser, Klaus: Lateinamerika. Industrialisierungsstrategien und Entwicklung, Frankfurt a. M. 1979

Evers, Tilman: Bürgerliche Herrschaft in der Dritten Welt. Zur Theorie des Staates in ökonomisch unterentwickelten Gesellschaftsformationen, Frankfurt a. M. 1977

Falk, R./Wahl, P.: Befreiungsbewegungen in Afrika. Politische Programme, Köln 1980

Fanon, Frantz: Die Verdammten dieser Erde, Reinbek bei Hamburg 1969

Feder, Ernest (Hg.): Gewalt und Ausbeutung. Lateinamerikas Landwirtschaft, Hamburg 1973

Feder, Ernest: Erdbeer-Imperialismus. Studien zur Agrarstruktur Lateinamerikas, Frankfurt a. M. 1980

Fischer-Weltalmanach '82, Frankfurt 1981

Frank, André Gunder: Kapitalismus und Unterentwicklung in Lateinamerika, Frankfurt a. M. 1968

Frank, André Gunder: Weltwirtschaft in der Krise. Verarmung im Norden, Verelendung im Süden, Reinbek bei Hamburg 1978

Frank, André Gunder: Abhängige Akkumulation und Unterentwicklung, Frankfurt a. M. 1980

Fröbel, F./Heinrichs, J./Kreye, O. (Hg.): Die Armut des Volkes. Verelendung in den unterentwickelten Ländern. Auszüge aus Dokumenten der Vereinten Nationen, Reinbek bei Hamburg 1974

Fröbel, F./Heinrichs, J./Kreye, O.: Die neue internationale Arbeitsteilung, Reinbek bei Hamburg 1977

Fröbel, F./Heinrichs, J./Kreye, O. (Hg.): Krisen in der kapitalistischen Weltökonomie, Reinbek bei Hamburg 1981
Galeano, Eduardo: Die offenen Adern Lateinamerikas. Die Geschichte eines Kontinents von der Entdeckung bis zur Gegenwart, Wuppertal 1973
George, Susan: Wie die anderen sterben. Die wahren Ursachen des Welthungers, Berlin 1980
Gantzel, Klaus Jürgen (Hg.): Herrschaft und Befreiung in der Weltgesellschaft, Frankfurt a. M. 1975
Grohs, G./Tibi, B. (Hg.): Zur Soziologie der Dekolonisation in Afrika, Frankfurt a. M. 1973
Hanisch, Rolf/Tetzlaff, Rainer (Hg.): Die Überwindung der ländlichen Armut in der Dritten Welt. Probleme und Perspektiven kleinbäuerlicher Entwicklungsstrategien, Frankfurt a. M. 1979
Hanisch, Rolf/Tetzlaff, Rainer (Hg.): Historische Konstitutionsbedingungen des Staates in der Dritten Welt, Frankfurt a. M. 1981
Hanisch, Rolf/Tetzlaff, Rainer (Hg.): Staat und Entwicklung. Studien zum Verhältnis von Herrschaft und Gesellschaft in Entwicklungsländern, Frankfurt a. M./New York 1981
Herrera, A. O./Scolnik, H. D. u. a.: Grenzen des Elends. Das Bariloche-Modell: So kann die Menschheit überleben, Frankfurt a. M. 1977
Herres, Franz R.: ASEAN – Ein Weg aus der Unterentwicklung. Grenzen und Möglichkeiten regionaler wirtschaftlicher Zusammenarbeit, München 1981
Hofmeier, Rolf/Schattner, Susanne u. a.: Die wirtschaftliche und rohstoffpolitische Bedeutung Afrikas und seiner Regionen (Südafrika, Schwarzafrika, Nordafrika) für die Bundesrepublik Deutschland, Hamburg 1981
Holenstein, Anne-Marie/Power, Jonathan: Hunger – Welternährung zwischen Hoffnung und Skandal, Frankfurt a. M. 1976
Illy, H. F./Sielaff, R./Werz, N.: Diktatur – Staatsmodell für die Dritte Welt?, Freiburg/Würzburg 1980
Khan, K. M./Matthies, V.: Collective Self Reliance: Programme und Perspektiven der Dritten Welt. Einführung und Dokumente, München/London 1978
Kidron, Michael/Segal, Ronald: Hunger und Waffen. Ein politischer Weltatlas zu den Krisen der 80er Jahre, Reinbek 1981
Kivouvou, Prosper: Angola – Vom Königreich Kongo zur Volksrepublik, Köln 1980
Ki-Zerbo, Joseph: Die Geschichte Schwarz-Afrikas, Wuppertal 1979
Körner, Peter: Rüstung und Unterentwicklung in Afrika. Beanspruchung knapper Ressourcen für militärische Zwecke, Hamburg 1980
Krause, Karla: Weiße Experten nicht gefragt. Selbsthilfe in indonesischen Dörfern, Reinbek 1981
Kreye, Otto (Hg.): Multinationale Konzerne. Entwicklungstendenzen im kapitalistischen System, München 1974
Krippendorff, Ekkehard: Internationales System als Geschichte. Einführung in die internationalen Beziehungen 1, Frankfurt a. M./New York 1975
Lappé, Francis Moore: Die Öko-Diät, Frankfurt a. M. 1978
Linhard, José/Voll, Klaus (Hg.): Weltmarkt und Entwicklungsländer, Rheinstetten 1976
Lühring, Anneliese: Bei den Kindern von Concepción. Tagebuch einer deutschen Entwicklungshelferin in Bolivien, Reinbek 1976

Lühring, Joachim: Urbanisierung und Entwicklungsplanung in Ghana (Hamburger Beiträge zur Afrikakunde Bd. 20), Hamburg 1976
Luther, Hans-Ulrich: Ökonomie, Klassen und Staat in Singapur, Frankfurt a. M. 1980
Luther, Hans-Ulrich: Süd-Korea. (K)ein Modell für die Dritte Welt? Wachstumsdiktatur und abhängige Entwicklung, München 1981
Massarat, M.: Hauptentwicklungsstadien der kapitalistischen Weltwirtschaft, Lollar/Lahn 1976
Meadows, Dennis: Grenzen des Wachstums, Stuttgart 1972
Meueler, Erhard (Hg.): Unterentwicklung. Wem nützt die Armut der Dritten Welt?, 2 Bde., Reinbek bei Hamburg 1974
Meyns, Peter: Nationale Unabhängigkeit und ländliche Entwicklung in der 3. Welt. Das Beispiel Tansania, Berlin 1977
Mezger, Dorothea: Konflikt und Allianz in der internationalen Rohstoffwirtschaft: das Beispiel Kupfer, Bonn/Bremen 1977
Mirow, Kurt Rudolf: Die Diktatur der Kartelle. Zum Beispiel Brasilien – Materialien zur Vermachtung des Weltmarktes, Reinbek bei Hamburg 1978
Mooney, Pat Roy: Saat-Multis und Welthunger. Wie die Konzerne die Nahrungsmittel der Welt plündern, Reinbek bei Hamburg 1981
Myrdal, Gunnar: Politisches Manifest über die Armut in der Welt, Frankfurt a. M. 1970
Myrdal, Gunnar: Asiatisches Drama. Eine Untersuchung über die Armut der Nationen, Frankfurt a. M. 1973
Nestvogel, Renate: Verstärkung von Unterentwicklung durch Bildung? Schulische und außerschulische Bildung im Kontext gesamtgesellschaftlicher Entwicklung in Kamerun, Bonn 1978
Nohlen, Dieter/Nuscheler, Franz (Hg.): Handbuch der Dritten Welt, 4 Bde., Hamburg 1974–1978
Nord-Süd-Kommission: Das Überleben sichern. Gemeinsame Interessen der Industrie- und Entwicklungsländer, Köln 1980
North American Congress on Latin America: Weizen als Waffe. Die neue Getreidestrategie der amerikanischen Außenpolitik, Reinbek bei Hamburg 1976
Nuscheler, Franz/Ziemer, Klaus: Politische Herrschaft in Schwarzafrika. Geschichte und Gegenwart, München 1980
Orborn, Helmut: Die Lage der Schwarzen in Südafrika/Azania – und ihr politischer Widerstand im 20. Jahrhundert, Berlin 1980
Ostrowsky, Jürgen/Geissler, Wolf: Südafrika – Rassismus, Imperialismus, Befreiungskampf, Köln 1978
Rauch, Theodor: Das nigerianische Industrialisierungsmuster und seine Implikationen für die Entwicklung peripherer Räume (Hamburger Beiträge zur Afrikakunde Bd. 24), Hamburg 1981
Rodney, Walter: Afrika. Geschichte einer Unterentwicklung, Berlin 1975
Schoeller, Wolfgang: Weltmarkt und Reproduktion des Kapitals, Frankfurt a. M. 1976
Schmidt, Alfred (Hg.): Strategien gegen Unterentwicklung. Zwischen Weltmarkt und Eigenständigkeit, Frankfurt a. M./New York 1976
Schweers, Rainer: Kapitalistische Entwicklung und Unterentwicklung, Frankfurt 1980
Senghaas, Dieter (Hg.): Imperialismus und strukturelle Gewalt. Analysen über

abhängige Reproduktion, Frankfurt a. M. 1972
SENGHAAS, DIETER (Hg.): Peripherer Kapitalismus. Analysen über Abhängigkeit und Unterentwicklung, Frankfurt a. M. 1974
SENGHAAS, DIETER: Weltwirtschaftsordnung und Entwicklungspolitik. Plädoyer für eine Dissoziation, Frankfurt a. M. 1977
SENGHAAS, DIETER (Hg.): Kapitalistische Weltökonomie. Kontroversen über ihren Ursprung und ihre Entwicklungsdynamik, Frankfurt a. M. 1979
SENGHAAS, DIETER/MENZEL, ULRICH (Hg.): Multinationale Konzerne und Dritte Welt, Opladen 1976
SIEBOLD, THOMAS/TETZLAFF, RAINER (Hg.): Strukturelemente der Weltgesellschaft. Studien zu Konflikt und Kooperation in den Nord-Süd-Beziehungen, Frankfurt a. M. 1981
SONNTAG, HEINZ RUDOLF (Hg.): Lateinamerika: Faschismus oder Revolution, Berlin 1974
SOTELO, IGNACIO: Soziologie Lateinamerikas. Probleme und Strukturen, Stuttgart 1973
SOTELO, I./ESSER, K./MOLTMANN, B.: Die bewaffneten Technokraten. Militär und Politik in Lateinamerika, Hannover 1975
Starnberger Studien 4: Strukturveränderungen in der kapitalistischen Weltwirtschaft, Frankfurt a. M. 1980
STEINBACH, UDO/HOFMEIER, ROLF u. a. (Hg.): Politisches Lexikon Nahost, München 1981 (2. neubearb. Aufl.)
STRAHM, RUDOLF H.: Überentwicklung – Unterentwicklung. Ein Werkbuch mit Schaubildern und Kommentaren über die wirtschaftlichen Mechanismen der Armut, Stein b. Nürnberg 1975
STUDIER, ALPHONS (Hg.): Seerechtskonferenz und Dritte Welt. Positionen-Konzeptionen-Kontroversen, München/London 1980
TETZLAFF, RAINER: Die Weltbank: Machtinstrument der USA oder Hilfe für die Entwicklungsländer? Zur Geschichte und Struktur der modernen Weltgesellschaft, München/London 1980
TÉVOÉDJRÉ, ALBERT: Armut. Reichtum der Völker, Wuppertal 1980
TIBI, BASSAM/BRANDES, VOLKHARD (Hg.): Handbuch 2 – Unterentwicklung, Frankfurt a. M. 1975
TINBERGEN, JAN (Hg.): Der Dialog Nord-Süd, Frankfurt a. M./Köln 1977
ULBRICH, WOLFGANG: Bergbauliche Ressourcen im südlichen Afrika (Hamburger Beiträge zur Afrikakunde Bd. 19), Hamburg 1976
WEROBÉL-LA ROCHELLE, JÜRGEN M./HOFMEIER, ROLF u. a. (Hg.): Politisches Lexikon Schwarzafrika, München 1978
WITTFOGEL, KARL A.: Orientalische Despotie, Frankfurt a. M./Berlin/Wien 1977
WOLDE-GEORGIS, BENZING: Das neue Äthiopien. Vom Kaiserreich zur Revolution, Köln 1980
WULF, HERBERT: Rüstungsimport als Technologietransfer. Die negativen Auswirkungen von Rüstungsimporten auf die Industrialisierung in Peripherieländern, München/London 1979

AIB
Bezug: Antiimperialistisches Informationsbulletin
Liebigstr. 46, 3550 Marburg

asb-Rundbrief
Bezug: Aktion Selbstbesteuerung e. V.
Blumenstr. 38, 7000 Stuttgart 38

Blätter des iz3w
Bezug: iz3w
Postfach 5328, Kronenstr. 16 (Hinterhaus), 7800 Freiburg i. B.

der überblick
Bezug: Dienste in Übersee
Gerokstr. 17, 7000 Stuttgart 1

Dritte-Welt-Materialien
Bezug: Informationszentrum 3. Welt
Walderseestr. 47, 3000 Hannover 1

Entwicklungspolitische Korrespondenz (EPK)
Bezug: EPK
Postfach 2846, 2000 Hamburg 19

epd-Entwicklungspolitik
Bezug: epd
Friedrichstr. 2–6, 6000 Frankfurt 17

FORUM (entwicklungspolitischer Aktionsgruppen)
Bezug: Magazin Verlag
Königsweg 7, 2300 Kiel 1

IKA (Zeitschrift für internationalen Kulturaustausch)
Bezug: CON
Westerdeich 38, 2800 Bremen 1

ila-info
Bezug: Informationsstelle Lateinamerika e. V.
Römerstr. 88, 5300 Bonn

Informationsdienst Südliches Afrika
Bezug: issa
Blücherstr. 14, 5300 Bonn 1

Informationszentrum Bolivien-Informationsblatt
Bezug: Karin Schmidt
Blücherstr. 26, 5300 Bonn 1

Lateinamerika-Nachrichten
Bezug: FDCL
Savignyplatz 5, 1000 Berlin 12

Nicaragua-aktuell
Bezug: Magazin Verlag
Königsweg 7, 2300 Kiel 1

Paraguay-Rundbrief
Bezug: Paraguay AG c/o Dieter Krämer
Im Hopfengarten 13, 6300 Lahn-Rödgen 1

Peripherie
Bezug: CON
Westerdeich 38, 2800 Bremen 1

pogrom
Bezug: Gesellschaft für bedrohte Völker
Postfach 159, 3400 Göttingen

1073/2

932/8